# 사례별 경리 세무회계, 부가가치세 원천세, 법인세 세금, 가산세 세법

경영정보사 편

경영정보사

■ 저자 이진규 (약력)
(현)삼일인포마인 세무상담위원
(현)비즈폼, 이지분개 세무상담위원
    20여년간 세무상담
(현)경영정보사 도서 집필 및 발간
(전)국세청 세무조사관

■ 저자 저서
법인관리 및 법인세무 컨설팅
법인기업의 세무회계실무
세법의 가산세 및 세무회계실무
부가가치세 및 원천세 실무
세금개요 및 절세

---

**사례별 경리 세무회계, 부가가치세
원천세, 법인세 세금, 가산세 세법**

2025. 08 04. 초판 발행
저　　자 : 이　진　규
발 행 인 : 강　현　자
발 행 처 : 경영정보사
신고번호 : 제2021 - 00026호

주　　소 : 대구시 동구 동촌로 255
　　　　　태왕 아너스 101동 401호
전　　화 : 080 - 250 - 5771
홈페이지 : www.ruddud.co.kr
E-Mail　 lee24171@naver.com

정　　가　　25,000원

# 머리말

이 책은 중소기업의 세무회계실무를 담당하고 있는 실무자를 위하여 편집한 도서로 가능한 서술적인 설명은 생략하고, 사례중심으로 설명을 하였습니다.

상업부기 및 회계에 대한 전문교육을 이수하고 기업에서 막상 회계실무를 담당하다 보면 교육을 통하여 배우지 못하였던 여러 가지 복잡한 거래 사례를 접하게 되며, 특정 사안에 대하여 그 처리방법을 찾지 못하여 많은 시간을 낭비할 수도 있을 것입니다.

저자는 이와 같은 애로사항을 답변해드리는 회계 및 세무업무 전문 상담 사이트인 '이지분개'를 관리하면서 질의내용을 분석하여 회계업무의 전처리과정을 실무적으로 가장 쉽게 접근할 수 있도록 단원별로 이 한 권에 책에 수록하였습니다.

이 책은 특히 실무에서 회계처리를 함에 있어 발생하는 내용 중 그 처리에 있어 다소 까다로운 부분을 사례별로 예시를 들었으며, 실무에서 편리하게 활용할 수 있도록 각고의 노력을 기울였습니다.

본서를 통하여 기업의 회계처리업무에 관한 모든 궁금 점을 해결할 수는 없습니다만, 많은 부분은 도움이 될 것으로 믿습니다.

끝으로 중소기업의 회계업무를 담당하시는 분들에게 본서가 유익한 참고도서가 되기를 바랍니다.

2025년 8월
저자 이 진 규

# 목 차

사례별 경리 세무회계, 부가가치세
원천세, 법인세 세금, 가산세 세법

## CONTENTS .....

경영정보사 홈페이지
무료 이용
(지정) 아이디     aa11
(지정) 비밀번호 aa1111

## 제1부  부가가치세

[01] 부가가치세 개념 — 3

[02] 부가가치세 납세의무자 및 사업자등록 — 5

[03] 납세지, 주사업장 총괄납부, 사업자단위 과세 — 7

[04] 부가가치세 과세거래 — 9

[05] 재화 또는 용역의 공급시기 — 11

[06] 간주공급, 개인적공급, 사업상증여, 폐업시 잔존재화 등 — 13

[07] 사업의 포괄양도양수, 영업권 양도, 대리납부 — 18

[08] 세금계산서 발급시기, 월합계 세금계산서, 선발급 — 23

[09] 세금계산서 작성 및 공급시기, 공동도급, 단가인하, 잠정가액 — 30

[10] 전자세금계산서, 계산서 의무발급 사업자 — 38

[11] 전자세금계산서 발급과 국세청 전송 ... 40
[12] 전자세금계산서 수정발급과 가산세 적용 ... 42
[13] 전자세금계산서 발급방법 등 ... 52
[14] 영수증 발급대상자 및 영수증 발급 ... 54
[15] 현금영수증, 현금영수증 의무발행 사업자, 현금매출명세서 제출 ... 56
[16] 신용카드 매출 및 신용카드 매출전표등 발행세액공제 ... 64
[17] 신용카드 매출 회계처리 ... 66
[18] 영세율 및 영세율 부가가치세 신고 ... 67
[19] 면세제도 및 면세대상 ... 76
[20] 부가가치세 과세표준, 마일리지 ... 80
[21] 과세표준에서 차감하여야 하는 것 ... 83
[22] 세금계산서 발급대상이 아닌 것, 손해배상금 등 ... 85
[23] 간주공급시 과세표준 계산 ... 87
[24] 토지와 건물 일괄 공급시 과세표준 안분계산 ... 89
[25] 매입세액공제, 매입자발행세금계산서, 경정청구 ... 92
[26] 신용카드매출전표·현금영수증 매입세액공제 ... 95
[27] 면세재화 매입에 대한 의제매입세액공제 ... 102
[28] 재활용폐자원 등에 대한 매입세액공제 특례 ... 106
[29] 대손세액공제 및 대손세액공제 사례 ... 108
[30] 대손세액공제 신청 및 회계처리 사례 ... 112

[31] 매입세액 불공제     114

[32] 공통매입세액 중 면세사업분 불공제     119

[33] 부가가치세 신고 및 납부기한     125

[34] 부가가치세 신고 및 실무 유의사항     127

[35] 부가가치세 납부 또는 환급 회계처리     133

[36] 부동산 임대수익 부가가치세 신고 및 납부     137

[37] 폐업자 및 휴업자와의 거래 세무 문제     141

# 제2부 원천세 실무

[01] 과세대상 근로소득 및 비과세소득     149

[02] 종업원 선물, 포상금, 경조사비, 종업원 할인판매 등     161

[03] 이자소득세 원천징수     167

[04] 기타소득 및 기타소득세 원천징수     171

[05] 경품 지급과 기타소득세 원천징수 실무     182

[06] 원천징수대상 사업소득 및 사업소득세 원천징수     186

[07] 간이지급명세서 및 지급명세서 제출, 가산세     192

[08] 주민세 종업원분 신고 및 납부     197

# 제3부  사례별 세무회계 실무

[01] 퇴직연금 세무실무 및 회계처리 … 203

[02] 업무용 승용차 과세 특례 … 212

[03] 차량과 관련한 세무회계 … 222

[04] 수익적 지출, 자본적 지출 … 231

[05] 기숙사 또는 사택 관련 세무회계 … 236

[06] 골프회원권 및 콘도회원권 세무회계 … 240

[07]  판매 촉진과 관련한 세무회계, 사은품, 상품권, 샘플, 마일리지 … 246

[08] 손해배상금 및 클레임 세무회계 … 254

[09] 금융상품, CMA, MMF, 보험료 세무회계 … 256

[10] 소프트웨어, 프로그램 세무회계 … 264

[11] 4대보험, 두루누리, 연말정산 회계처리 … 266

[12] 수출실무 및 회계처리 … 282

[13] 수입실무 및 회계처리 … 292

[14] 외화환산손익 및 외환거래 회계처리 … 304

[15] 전기오류수정손익 … 309

[16] 가산세 및 적용 사례 … 318

[17] 지출증빙, 제척기간, 소멸시효 … 347

## PDF 파일 제공 [경영정보사 홈페이지]

도서 지면 관계상 본 서에 수록하지 못한 아래 자료는 경영정보사 홈페이지에서 다운로드받아 사용하시면 됩니다.

- ☐ 조세 체계 및 분류, 법령 검색
- ☐ 법인과 개인기업의 세금
- ☐ 간이과세자 부가가치세 신고·납부
- ☐ 부가가치세 과세유형 전환과 재고납부(매입)세액
- ☐ 보세구역과 부가가치세
- ☐ 철 또는 구리스크랩 매입자 납부제도
- ☐ 일용근로자 근로소득세, 노무 및 4대보험 실무
- ☐ 배당소득세 원천징수
- ☐ 퇴직금 및 퇴직소득세 원천징수, 퇴직금 중간정산
- ☐ 반기별 신고 및 납부
- ☐ 대손상각
- ☐ 국고보조금 세무회계
- ☐ 리스 세무회계
- ☐ 위탁판매 및 수탁판매 세무회계
- ☐ 주식 이동시 반드시 검토할 사항
- ☐ 법인의 주주에 대한 이익배당 및 세무회계
- ☐ 배당과 관련한 세무실무
- ☐ 자본금 증자 및 감자 세무회계
- ☐ 가수금 출자전환
- ☐ 비상장법인의 주식양도양수와 세무실무
- ☐ 법인의 부동산 취득 관련 제비용 및 회계처리
- ☐ 법인의 부동산 양도 및 추가 과세 등
- ☐ 건설중인 자산, 토지, 건물 일괄 취득시 취득가액 계산
- ☐ 비상장법인 주식 평가, 주식 평가와 관련하여 유의할 사항
- ☐ 자기 주식 취득 목적 및 취득 유형, 자기주식 회계처리
- ☐ 비상장법인의 자기주식 거래와 조세 문제
- ☐ 주식 양도에 대한 양도소득세 등 세무
- ☐ 법인 폐업 및 청산 세무실무
- ☐ 외부감사제도 및 감사인 선임

## PDF 파일 제공 [경영정보사 홈페이지]

- ☐ 창업중소기업 등에 대한 법인세·소득세 감면
- ☐ 중소기업에 대한 특별세액 감면
- ☐ 고용을 증대시킨 기업에 대한 세액공제
- ☐ 통합고용세액공제
- ☐ 통합투자세액공제
- ☐ 중소기업 고용증가 인원 사회보험료 세액공제
- ☐ 근로소득을 증대시킨 기업에 대한 세액공제
- ☐ 성과공유 중소기업 경영성과급 세액 공제
- ☐ 연구 및 인력개발비 세액공제
- ☐ 기업부설연구소 설립 및 전담부서 설치
- ☐ 법인세 공제·감면시 유의사항, 공제감면세액 공제 순서
- ☐ 세액공제·감면의 중복적용배제
- ☐ 공제감면에 대한 농어촌특별세 납부
- ☐ 최저한세 및 세액공제액의 이월공제
- ☐ 임원퇴직금, 급여, 상여금 세무 문제
- ☐ 기업업무추진비(접대비) 손금산입 및 손금불산입
- ☐ 기부금의 손금산입 및 손금불산입
- ☐ 감가상각비, 내용연수표, 중고자산, 감가상각 의제
- ☐ 세무조정 개요 및 손금불산입
- ☐ 유가증권 평가
- ☐ 세무조정 사항의 소득처분
- ☐ 익금불산입, 배당금수익, 임대보증금 간주익금
- ☐ 손익의 귀속사업연도, 진행기준
- ☐ 소규모법인 등의 성실신고확인제
- ☐ 특수관계자 외의 거래와 부당행위계산부인
- ☐ 가지급금 인정이자 및 지급이자 손금불산입
- ☐ 본지점 회계처리 및 세무실무
- ☐ 주식매수선택권(스톡옵션) 비과세 등 세무
- ☐ 법인세 세율 및 법인세 납부, 분납
- ☐ 법인세비용 회계처리
- ☐ 법인세 중간예납세액 신고 및 납부
- ☐ 법인지방소득세 신고 및 납부
- ☐ 2025년 개정 세법
- ☐ 2026년 개정 세법(안)

# 2025년 세제 개편안(2026년 시행 예정)

1) 2025년 세제 개편안(2026년 시행)은 법인세 세율 1% 인상외에 실무에서 적용하여야 하는 세법 개정 내용은 특별히 없습니다.

2) 2025년 세제 개편안 주요 내용은 아래 정책 브리핑 자료를 참고하시되, 전체 자료는 경영정보사 홈페이지 개정 세법 또는 기획재정부 보도자료에서 [2025년 세제개편안 발표] 자료를 다운로드받아 참고하시기 바랍니다.

### (2026년 7월 31일) 정책 브리핑 새 정부 첫 세제개편안 발표

기획재정부는 2021년 7월 31일 서울 은행회관에서 세제발전심의위원회를 열고 '2025년 세제개편안'을 발표했습니다.

'진짜 성장을 위한 공평하고 효율적인 세제'를 비전으로 경제강국 도약 지원, 민생안정을 위한 포용적 세제, 세입기반 확충 및 조세제도 합리화를 3대 목표로 잡았습니다.

## ■ 경제강국 도약 지원

1) 인공지능(AI), 문화 산업 등을 중심으로 미래전략산업에 대한 지원을 강화한다. 우선 인공지능(AI)을 국가전략기술로 지정한다. 이에 따라 중소기업은 해당 기술 연구개발(R&D) 비용의 40~50%, 중견기업은 30~45%, 대기업은 30~40%를 세액공제 받게 된다.

2) 데이터센터 투자 시 △대기업은 기본 6%에 증가분 10%로 최대 16% △중견기업은 최대 18%(기본 8%+증가분 10%) △중소기업은 최대 35%(기본 25%+증가분 10%)의 세금이 감면된다.

3) 자동차·선박의 AI 지능형 자율 주행·운항 기술과 관련 설비·실증은 국가전략기술에 포함돼 세제 혜택을 준다. 방위 산업에서는 방산 물자의 '글로벌 공급망 진입·안정화 기술'과 관련 시설을 신성장·원천기술에 추가한다.

4) 또 웹툰 콘텐츠 제작비에 대한 소득·법인세 세액공제 항목을 신설했다. 공제율은 일반기업 10%, 중소기업 15%다.

5) 고용 창출에 어려움을 겪는 기업을 위해 통합고용세액공제 기준을 완화한다. 특히 지방에 있는 중소기업 공제액이 1인당 최대 1550만원에서 2000만원으로 확대된다.

6) 자본시장 활성화를 위해 정부는 일정 요건을 충족하는 고배당 기업으로부터 받은 배당소득에 대해 내년부터 분리과세를 허용하기로 했다.

고배당 기업은 현금배당이 전년 대비 감소하지 않은 상장법인 중 배당성향이 40% 이상이거나, 배당성향 25% 이상이면서 직전 3년 대비 5% 이상 배당을 늘린 기업이 해당된다.

이에 따라 그간 최대 45%에 달하던 종합소득 과세 대상에서 제외돼, 고배당 기업 투자자의 세 부담이 상당 폭 완화될 전망이다. 정부는 이를 통해 증시 활성화를 유도하겠다는 입장이다.

분리과세 세율은 배당소득 규모에 따라 달라진다. 과세표준이 △2000만원 이하면 14% △3억원 이하일 경우 20% △3억원 초과 시 35%가 적용된다.

현행 종합소득세율(6~45%)보다 최대 30%포인트(p) 이상 낮은 수준이다.

7) 지역성장 지원을 위해 10만원 초과 20만원 이하 고향사랑기부금에 대한 세액공제율이 기존 15%에서 40%로 상향된다.

인구감소지역, 성장촉진지역, 고용위기지역, 산업위기지역 등으로 공장 또는 본사를 이전할 경우, 최대 15년간 세액감면 혜택이 주어진다.

## ■ 민생안정을 위한 포용적 세제

이외에 정부는 다자녀 가구, 소상공인을 위한 세제 지원 정책도 시행할 예정이다.

1) 취약계층 지원 강화를 위해 정부는 총급여 7000만원 이하이면서 자녀가 2명 이상인 가구에 대해 신용카드 등 소득공제 한도를 기존 300만원에서 최대 400만원으로 상향하기로 했다.

2) 자녀 1인당 월 20만원의 보육수당도 비과세 대상에 포함된다.

3) 미취학 아동에만 지원했던 교육비 공제에 초등학교 1~2학년 자녀의 예체능 학원비도 추가한다. 지출액의 15%가 공제되며, 연간 300만원 한도 내에서 혜택을 받을 수 있다.

4) 다자녀 가구에 대한 월세 공제 대상 주택 기준도 완화된다. 기존에는 전용면적 85㎡ 이하 또는 시가 4억원 이하였지만, 내년부터는 100㎡ 이하 및 시가 4억원 이하로 확대된다.

5) 사적연금을 종신형으로 수령할 경우 원천징수세율이 현행 4%에서 3%로 인하된다.

6) 소상공인과 중소기업 지원도 강화된다.
지역사랑상품권도 기업 업무추진비에 비용으로 인정받을 수 있게 되며, 소상공인의 경영 악화로 노란우산공제 해지 시 '퇴직소득'으로 인정받을 수 있는 기준도 완화된다.

7) '착한 임대인' 세액공제를 3년 연장하고, 사회적기업의 기부금 손금(비용) 인정 한도를 확대한다. 중소기업의 스마트기업 설비투자와 관련한 세액공제 특례도 신설된다.

■ **세입기반 확충 및 조세제도 합리화**

1) 법인세는 2022년 이전 수준으로 환원된다. 세율은 구간별 세율을 각각 1%포인트(p)씩 인상한다.

일반 법인의 경우 과세표준 2억원 이하 구간은 9%에서 10%로, 2억~200억원 구간은 19%에서 20%로, 200억~3000억원 구간은 21%에서 22%로, 3000억원 초과 구간은 24%에서 25%로 각각 1%p 오른다. 소규모 법인 역시 구간별로 동일하게 1%p씩 인상된다. 이번 개정은 내년 1월 1일 이후 개시하는 사업연도부터 적용된다.

2) 증권거래세율도 2023년 수준으로 환원한다. 코스피 거래에 대한 증권거래세율은 현행 0%(농어촌특별세 0.15% 별도)에서 0.05%(농특세 0.15%)로 조정된다. 코스닥·K-OTC는 0.15%에서 0.2%로 인상되며, 코넥스 시장은 0.1%로 유지된다.

3) 지난 정부에서 50억원으로 올렸던 주식 양도소득세 관련 대주주 기준을 10억원으로 다시 낮춘다.

기재부는 이번 개편안으로 전년 대비 2026년 ~ 2030년 합계 8조 1672억원의 세수가 더 걷힐 것으로 내다봤다. 개편안은 오는 8월 14일까지 입법예고된 뒤 차관회의, 국무회의를 통해 최종 확정돼 9월 3일 이전 정기국회에 제출될 예정이다.

[출처] 대한민국 정책브리핑(www.korea.kr)

# 2026년 이후 시행 주요 개정 세법(안)

[세법 개정(안) 법인세율 환원(법인법 §55①)

| 현 행 | 개 정 안 |
|---|---|
| □ 법인세율 및 과표구간<br><br>○ (일반법인)<br><br>| 과 표 | 세 율 |<br>\|---\|---\|<br>\| 0~2억원 \| 9% \|<br>\| 2~200억원 \| 19% \|<br>\| 200~3,000억원 \| 21% \|<br>\| 3,000억원 초과 \| 24% \|<br><br>○ (성실신고확인대상 소규모 법인\*)<br><br>\* ①~③ 요건을 모두 갖춘 법인<br>① 지배주주등 지분율 50% 초과<br>② 부동산임대업이 주된 사업이거나 부동산임대수입·이자·배당소득이 매출액의 50% 이상<br>③ 상시근로자 수가 5인 미만<br><br>\| 과 표 \| 세 율 \|<br>\|---\|---\|<br>\| 200억원 이하 \| 19% \|<br>\| 200~3,000억원 \| 21% \|<br>\| 3,000억원 초과 \| 24% \| | □ 법인세율 상향 조정<br><br>○ (좌 동)<br><br>\| 과 표 \| 세 율 \|<br>\|---\|---\|<br>\| 0~2억원 \| 10% \|<br>\| 2~200억원 \| 20% \|<br>\| 200~3,000억원 \| 22% \|<br>\| 3,000억원 초과 \| 25% \|<br><br>○ (좌 동)<br><br><br><br><br><br><br><br>\| 과 표 \| 세 율 \|<br>\|---\|---\|<br>\| 200억원 이하 \| 20% \|<br>\| 200~3,000억원 \| 22% \|<br>\| 3,000억원 초과 \| 25% \| |

<적용시기> '26.1.1. 이후 개시하는 사업연도 분부터 적용

[세법 개정(안)] 중소기업 특별세액감면 적용기한 연장(조특법 §7)

| 현 행 | 개 정 안 |
|---|---|
| □ 중소기업 특별세액감면<br><br>ㅇ (감면율) 소재지·기업규모·업종에 따라 법인세·소득세의 5~30% 감면<br><br>ㅇ (한도) 1억원<br><br>- 직전연도 대비 상시근로자 감소시 1명당 5백만원 차감<br><br>ㅇ (적용기한) '25.12.31. | □ 적용기한 연장<br><br>ㅇ (좌 동)<br><br><br><br><br><br>ㅇ '28.12.31. |

[세법 개정(안)] 생계형 창업중소기업 세액감면 적용 기준금액 상향(조특법 §6)

| 현 행 | 개 정 안 |
|---|---|
| □ 생계형 창업중소기업<br><br>ㅇ (기준금액) 연간 수입금액 8천만원 이하<br><br>ㅇ (감면율) 5년간 소득세·법인세 50~100% 감면<br>  * 일반 창업중소기업 5년간 0~50% | □ 기준금액 상향<br><br>ㅇ 8천만원 → 1억 4백만원<br><br>ㅇ (좌 동) |

<적용시기> '26.1.1. 이후 개시하는 과세연도 분부터 적용

**[세법 개정(안)] 상가임대료 인하 임대사업자에 대한 세액공제 적용기한 연장**
**(조특법 §96의3①)**

| 현 행 | 개 정 안 |
|---|---|
| □ 상가임대료 인하 임대사업자의 임대료 인하액 세액공제 | □ 적용기한 연장 |
| ㅇ (공제액) 임대료 인하액의 70% (종합소득금액 1억원 초과시 50%) | |
| ㅇ (임대인) 「상가임대차법」상 부동산임대업 사업자등록을 한 임대사업자 | ㅇ (좌 동) |
| ㅇ (임차인*) 「소상공인기본법」상 소상공인, 임대차 계약기간이 남은 폐업 소상공인<br>　* 단, '21.6월 이전부터 계속 임차한 경우에 한함 | |
| ㅇ (적용기한) '25.12.31. | ㅇ '28.12.31. |

**[세법 개정(안)] 상용근로자 간이지급명세서 월별 제출시기 유예**
(법률 제19196호 소득법 §81의11·부칙, 법률 19193호 법인법 §75의7·부칙)

| 현 행 | 개 정 안 |
|---|---|
| □ 간이지급명세서 제출 | □ 시행시기 유예 |
| ㅇ 상용근로소득 : 매월 | ㅇ (좌 동) |
| ㅇ 시행시기 → '26.1.1. 이후 | ㅇ 시행시기 → '27.1.1. 이후 |

**[세법 개정(안)] 현금매출명세서 제출 의무 범위 확대(부가법 §55, 부가령 §100)**

| 현 행 | 개 정 안 |
|---|---|
| □ 현금매출명세서 제출 의무 업종<br><br>ㅇ 예식장업<br><br>ㅇ 부동산중개업<br><br>ㅇ 보건업(병원, 의원 한정)<br><br>ㅇ 변호사업, 공인회계사업, 세무사업, 의사업, 약사업 등<br><추 가> | □ 제출 의무 업종 추가<br><br><br><br>ㅇ (좌 동)<br><br><br><br><br>ㅇ 미디어 콘텐츠 창작업 |

<적용시기> '26.4.1. 이후 신고하는 분부터 적용

**[세법 개정(안)] 현금영수증 가맹점 소득세 세액공제 적용기한 연장 (조특법 §126의3②)**

| 현 행 | 개 정 안 |
|---|---|
| □ 현금영수증 발급 시 소득세 세액공제<br><br>ㅇ (대상) 현금영수증 가맹점<br><br>ㅇ (요건) ❶ 5천원 미만 거래, ❷ 전화망을 통한 발급<br><br>ㅇ (세액공제) 발급 건당 20원<br><br>ㅇ (적용기한) '25.12.31. | □ 적용기한 연장<br><br><br><br>ㅇ (좌 동)<br><br><br><br>ㅇ '28.12.31. |

[개정 세법(안)] 증권거래세율 환원(증권령 §5)

| 현 행 | 개 정 안 |
|---|---|
| □ 증권거래세 세율<br><br>ㅇ 기본세율: 0.35%<br><br>ㅇ 탄력세율<br><br>❶ (코스피) 0%(농특세 0.15%)<br><br>❷ (코스닥·K-OTC) 0.15%(농특세 없음)<br><br>❸ (코넥스) 0.1%(농특세 없음) | □ 세율 조정<br><br>ㅇ (좌 동)<br><br>ㅇ 탄력세율<br><br>❶ 0.05%(농특세 0.15%)<br><br>❷ 0.20%(농특세 없음)<br><br>❸ (좌 동) |

<적용시기> 영 시행일 이후 양도하는 분부터 적용

**[개정 세법(안)] 주식 양도소득세 대주주 기준 환원(소득령 §157①·②)**

| 현 행 | 개 정 안 |
|---|---|
| □ 국내 주식 대주주 과세기준<br><br>ㅇ (판정) 종목별 일정 지분율 또는 일정 보유금액 이상<br><br>- (지분율) 코스피 1%, 코스닥 2%, 코넥스 4% 이상<br><br><br>- (보유금액) 50억원 이상 | □ 과세기준 조정<br><br>ㅇ (좌 동)<br><br><br><br><br><br>- 10억원 이상 |

| 구 분 | 지분율 | 보유금액 | 구 분 | 지분율 | 보유금액 |
|---|---|---|---|---|---|
| 코스피 | 1% | | 코스피 | | |
| 코스닥 | 2% | 50억원 | 코스닥 | 좌 동 | 10억원 |
| 코넥스 | 4% | | 코넥스 | | |

<적용시기> 영 시행일 이후 양도하는 분부터 적용

[개정 세법(안)] 고배당기업에 대한 배당소득 분리과세 도입(조특법 §104의27 신설)

| 현 행 | 개 정 안 |
|---|---|
| <신 설> | □ 고배당기업 배당소득 분리과세<br><br>ㅇ (대상) 고배당 상장법인\* 주주(거주자)<br><br>　\* 전년 대비 현금배당이 감소하지 않은 ❶ 또는 ❷ 충족 법인<br>　❶ 배당성향 40% 이상<br>　❷ 배당성향 25% 이상 및 직전 3년 평균 대비 5% 이상 배당 증가<br><br>　- (제외) 공모·사모펀드, 리츠, 투자목적회사(SPC) 등<br><br>ㅇ (과세특례) 고배당기업 배당소득은 금융소득 종합과세 대상에서 제외하여 분리과세<br><br>　- (대상) 현금배당액(중간·분기·결산배당 포함)<br>　- (적용세율) 3단계 누진세율<br><br>| 과세표준 | 2천만원 이하 | 2천만원 초과<br>3억원 이하 | 3억원 초과 |
|---|---|---|---|
| 적용세율 | 14% | 20% | 35% |<br><br>ㅇ (적용기간) '28.12.31.이 속하는 사업연도에 귀속되는 배당분까지 |

<적용시기> '26.1.1. 이후 개시하는 사업연도에 귀속되는 배당 분부터 적용

# 제1부

# 부가가치세 실무

# 01 부가가치세 개념

## ❶ 최종소비자가 부담하는 간접세이며, 일반소비세다.

① 부가가치세란 재화 또는 용역의 소비행위에 대하여 부과되는 일반소비세로 재화 또는 용역을 공급하는 자가 공급받는 자로부터 징수·납부하는 간접세이다. 간접세란 조세를 부담하는 자(부가가치세의 경우 최종소비자)외 납부하는 자가 다른 세금을 말한다.

예를 들어 컴퓨터 대리점에서 컴퓨터를 1,100,000원에 구입하였다고 하자 이 경우 컴퓨터가격에는 반드시 부가가치세라는 세금이 포함되어 있다. 소비자는 컴퓨터 구입가격에 부가가치세가 포함되어 있는지를 모르고 컴퓨터를 구입하였지만, 컴퓨터 대리점은 컴퓨터를 판매하고자 하는 가격이 1,000,000원 이면 컴퓨터 가격의 10%(100,000원)를 소비자로부터 덧붙여 받는다.

이와 같이 물품대금의 10%를 덧붙여 받는 금액이 부가가치세인 것이다. 그러면, 소비자가 물품가격의 10%를 세금(부가가치세)으로 컴퓨터대리점에 더 준 돈은 어떻게 되는가? 컴퓨터대리점 사업자는 소비자가 컴퓨터 구입시 부담한 부가가치세를 소비자를 대신하여 세법이 정하는 바에 의하여 관할 세무서에 납부하여야 한다.

② 일반소비세란 특정한 소비가 아닌 일반적인 소비에 대하여 부과하는 조세란 의미로 특정한 물품, 특정한 장소 입장행위, 특정한 장소에서의 유흥음식행위 및 특정한 장소에서의 영업행위에 대하여 부과하는 개별소비세와 구분된다.

## ❷ 부가가치세는 일정 기간 단위(과세기간)로 신고·납부한다.

많은 소비자로부터 컴퓨터 판매시마다 받는 부가가치세를 매일 납부한다면 매우 번거로운 일이므로 일정 기간(3개월 또는 6개월 단위) 동안 모아 두었다가 컴퓨터를 판매할 시 덧붙여 받은 부가가치세를 납부하는 것이다.

컴퓨터 대리점이 소비자에게 판 컴퓨터를 구입하는 과정을 살펴보면, 컴퓨터 대리점은 생산공장으로부터 컴퓨터를 880,000원(부가세 포함)에 구입하였다고 하자. 컴퓨터 생산공장은 대리점에 컴퓨터대금 800,000원에 부가가치세 80,000원을 덧붙여 880,000원에 판매하고, 컴퓨터 생산공장이 대리점으로부터 받은 부가가치세 80,000원은 컴퓨터 생산공장이 컴퓨터대리점을 대신하여 일정 기간 내 세무서에 부가가치세를 납부하여야 하는 것이다.

이와 같이 부가가치세는 물품을 구입한 자가 부담하고 물품을 판매한 자가 물품을 구입한 자로부터 부가가치세를 받아 두었다가 물품을 구입한 자를 대신하여 납부하는 세금인 것이다.

## ❸ 과세사업자는 매입시 부담한 매입세액을 공제받을 수 있다.

사업장 관할 세무서에 일반과세사업자로 사업자등록을 한 자에 한하여 사업과 관련하여 물품 구입시 물품대금의 10%를 부가가치세로 더 준 매입세액(단, 불공제로 특정한 경우 제외)은 사업자가 물품판매시 물품대금의 10%를 부가가치세로 더 받아 둔 매출세액에서 공제를 받을 수 있다.

◪ 사업자의 물품 등 매입 및 매출과 부가가치세

| 컴퓨터 제조공장 | | | 컴퓨터 대리점 | | | | | 소비자 | |
|---|---|---|---|---|---|---|---|---|---|
| 컴퓨터 판매 | | → | 컴퓨터 매입 | | → | 컴퓨터 매출 | | → | 매입가액 |
| 공급가액 | 800,000 | | 공급가액 | 800,000 | | 공급가액 | 1,000,000 | | 1,100,000 |
| 매출세액 | 80,000 | | 매입세액 | 80,000 | | 매출세액 | 100,000 | | |

**보 충** 컴퓨터대리점의 부가가치세 납부 계산 사례
① 매출 공급가액 1,000,000원 + 매출 부가가치세(부가세예수금) 100,000원
② 매입 공급가액   800,000원 + 매입 부가가치세(부가세대급금)  80,000원
③ 납부할 부가가치세 (부가세예수금 - 부가세대급금)           20,000원
 - 매출시 소비자로부터 받은 부가가치세(매출세액) 100,000원에서 매입시 컴퓨터 생산공장에 지급한 부가가치세 80,000원(매입세액)을 공제한 금액을 납부한다.

## 02 부가가치세 납세의무자 및 사업자등록

### ❶ 사업자 개념

사업자란 영리목적에 불구하고, 사업상 독립적으로 재화 또는 용역을 공급하는 자를 말하며, 부가가치세 납세의무자란 사업자로서 부가가치세가 과세되는 재화 또는 용역을 공급하는 자를 말한다. 납세의무자는 재화 또는 용역 공급시 거래상대방으로부터 부가가치세를 징수하여 일정 기간 단위로 신고·납부하여야 한다.

### ❷ 사업장 및 사업자등록

사업자는 사업개시일로부터 20일 이내에 **사업장**이 속하는 관할세무서에 사업자등록을 신청하여야 한다. 다만, 신규로 사업을 하고자 하는 자는 사업개시일 전이라도 사업자등록을 할 수 있다.

사업장은 사업자가 사업을 운영하기 위하여 거래의 전부 또는 일부를 이행하는 고정된 장소로 부가가치세 납세지는 각 사업장의 소재지로 한다. 한편, 사업장이 둘 이상인 사업자는 각 사업장마다 사업자등록을 하여야 한다.

사업자등록을 하고자 하는 사업자는 사업자등록신청서를 관할세무서장에게 제출하여야 하며, 신청서에는 다음의 서류를 첨부하여야 한다. 한편, 사업의 허가·등록전에 등록을 하는 때에는 사업허가신청서 사본, 사업등록신청서 사본, 사업신고서 사본이나 사업계획서로 이에 갈음할 수 있다.

① 사업장을 임차한 경우에는 임대차계약서 사본
② 상가건물을 임차한 경우 해당 부분의 도면
③ 법령에 의하여 허가를 받거나 등록 또는 신고를 하여야 하는 사업의 경우에는 사업허가증 사본, 사업등록증 사본 또는 신고필증 사본

## ❸ 사업자 분류

### [1] 과세사업자
과세 재화 또는 용역을 공급하는 사업자는 일반과세자와 간이과세자로 구분한다. 간이과세자란 소규모 사업자의 납세편의를 위하여 일정 요건을 충족(예를 들어 연간 매출액이 4,800만원 이하인 경우)하는 경우 간이과세자가 될 수 있으며, 간이과세자 부가가치세 신고 및 납부특례에 대한 사항은 간이과세자편을 참고한다.

### [2] 면세사업자
면세되는 재화 또는 용역(면세편 참조)을 공급하는 사업자

## ❹ 사업자등록사항의 변경 및 정정신고

사업자가 다음 각 호의 어느 하나에 해당하는 경우에는 지체 없이 사업자의 인적사항, 사업자등록의 변경 사항 및 그 밖의 필요한 사항을 적은 사업자등록 정정신고서를 세무서장에게 제출(국세정보통신망에 따른 제출을 포함한다)하여야 한다.

1. 상호를 변경하는 경우
2. 법인의 대표자를 변경하는 경우
3. 사업의 종류에 변동이 있는 경우
4. 사업장을 이전하는 경우
5. 상속으로 사업자의 명의가 변경되는 경우
6. 공동사업자의 구성원 또는 출자지분이 변경되는 경우
7. 사업자 단위 과세 사업자가 종된 사업장을 신설하거나 이전하는 경우
8. 사업자 단위 과세 사업자가 종된 사업장의 사업을 휴업하거나 폐업하는 경우

▶ **업종 추가 또는 변경에 대하여 사업자등록 정정신고를 하지 못한 경우**
사업자가 새로운 사업의 종류를 추가한 경우에는 사업자등록정정신고를 하여 업종을 추가한 사업자등록증을 교부받아야 하는 것이나 사업자등록 정정신고를 이행하지 아니하거나 지연신고한 경우에도 가산세 등 불이익은 없으며 추가되는 업종에 대한 세금계산서 및 계산서를 발급할 수도 있다.

# 03 납세지, 주사업장 총괄납부, 사업자단위 과세

## ❶ 납세지 개념

납세지란 납세자와 국가·지방자치단체간의 법률관계의 이행장소를 결정하는 장소적 기준이 되는 곳으로 납세지는 납세자의 신고, 신청, 청구 및 납부 등의 행위의 상대방이 되는 과세 관청을 결정할 때의 기준이 된다.

### [1] 세목별 납세지
① 종합소득세 : 주소지 관할세무서
② 법인세 : 법인 등기부상 본점 소재지 관할 세무서
③ 부가가치세, 원천세 : 사업장 소재지 관할 세무서

### [2] 부가가치세 납세지
① 사업장 관할 세무서를 납세지로 하며, 사업장은 사업자가 사업을 운영하기 위하여 거래의 전부 또는 일부를 이행하는 고정된 장소로 한다.
② 부가가치세는 각 사업장별로 사업자등록을 하고, 각 사업장별로 부가가치세를 신고 및 납부하여야 한다. 단, 2군데 이상의 사업장이 있는 거주자의 납세편의를 제공하기 위하여 주사업장 총괄 납부와 사업자 단위 신고 납부제도가 있으며, 그 내용은 다음과 같다.

## ❷ 주사업장 총괄납부

사업장이 둘 이상인 사업자가 다음에 정하는 바에 따라 주된 사업장의 관할 세무서장에게 주사업장 총괄납부를 신청한 경우에는 **납부할 세액을 주된 사업장에서 총괄하여 납부**할 수 있다.

① 주된 사업장은 법인의 본점(주사무소를 포함한다. 이하 같다) 또는 개인의 주사무소로 한다. 다만, 법인의 경우에는 지점을 주된 사업장으로 할 수 있다.

② 주된 사업장에서 총괄하여 납부하는 사업자(주사업장 총괄납부 사업자)가 되려는 자는 그 납부하려는 **과세기간 개시 20일 전**에 주사업장 총괄 납부 신청서를 주된 사업장의 관할 세무서장에게 제출(국세정보통신망에 의한 제출 포함)하여야 한다.

## ❸ 사업자단위 과세 사업자

① 사업장이 둘 이상인 과세사업자는 사업자 단위로 해당 사업자의 본점 또는 주사무소 관할 세무서장에게 등록을 신청할 수 있다. 이 경우 등록한 사업자를 사업자 단위 과세사업자라 한다.

② 사업장단위로 등록한 과세사업자가 사업자 단위 과세사업자로 변경하려면 사업자단위 과세사업자로 적용받으려는 과세기간 개시 20일 전까지 사업자의 본점 또는 주사무소 관할 세무서장에게 변경등록을 신청하여야 한다.

[개정 세법] 2019년 이후 사업장이 하나인 사업장단위 과세 사업자가 신규사업장 개설시 즉시 사업자단위 과세·주사업장 총괄 납부 신청 가능

③ 사업자 단위 과세사업자로 등록신청을 한 경우에는 사업자 단위 과세 적용 사업장에 한 개의 사업자등록번호를 부여하며, 사업자 단위 사업자로 승인을 받은 사업자는 각 사업장을 대신하여 그 사업자의 본점 또는 주사무소의 소재지를 부가가치세 납세지로 하여 부가가치세를 신고 및 납부하여야 한다.

④ 사업자 단위 과세사업자는 사업자등록번호가 하나이므로 세금계산서 수수시 세금계산서 비고란에 실제로 재화 또는 용역을 공급하거나 공급받는 종된 사업장의 소재지 및 상호를 기재하여야 하는 것이며(부가가치세법 시행령 제67조제2항제8호), 부가가치세 신고시 각 사업장별 부가가치세 과세표준 및 납부세액(환급세액) 신고명세서를 별도로 제출하여야 한다.

▶ **총괄납부제도와 사업자 단위 과세제도의 차이**
총괄납부의 경우 **부가가치세 납부만** 주된 사업장에서 총괄하여 납부하고 기타 세금계산서 발급 및 신고 관련 업무는 사업장별로 하여야 하나 사업자 단위과세제도의 경우 세금계산서 발행 및 신고·납부를 사업자단위로 일괄하여 본점에서 관리한다.

# 04  부가가치세 과세거래

## ❶ 개요

과세거래란 재화 또는 용역의 공급시 부가가치세를 거래 징수하여야 하는 거래를 말한다. 다만, 면세(면세 편 참조) 및 영세율(영세율 편 참조)로 특별히 규정한 것은 부가가치세를 징수하지 아니한다.

## ❷ 재화의 공급

재화의 공급이란 계약상 또는 법률상의 모든 원인에 의하여 재화를 인도 또는 양도하는 것을 말하며, 재화의 공급은 다음에 규정하는 것으로 한다.

① 현금판매·외상판매·할부판매·장기할부판매·조건부 및 기한부판매·위탁판매 기타 매매계약에 의하여 재화를 인도 또는 양도하는 것
② 자기가 주요자재의 전부 또는 일부를 부담하고 상대방으로부터 인도받은 재화에 공작을 가하여 새로운 재화를 만드는 가공계약에 의하여 재화를 인도하는 것
③ 재화의 인도대가로서 다른 재화를 인도받거나 용역을 제공받는 교환계약에 의하여 재화를 인도 또는 양도하는 것
④ 경매·수용·현물출자 기타 계약상 또는 법률상의 원인에 의하여 재화를 인도 또는 양도하는 것. 단, 「국세징수법」 제61조의 규정에 따른 공매 및 「민사집행법」의 규정에 따른 강제경매에 따라 재화를 인도 또는 양도하는 것은 재화의 공급으로 보지 아니한다.

▶ **재화의 공급에 해당하지 아니하는 경우**
1. 담보로 제공하는 것
2. 사업에 관한 모든 권리와 의무를 포괄적으로 승계하는 사업양도

## ❸ 용역의 공급

용역의 공급이란 계약상 또는 법률상의 모든 원인에 의하여 역무를 제공하거나 재화·시설물 또는 권리를 사용하게 하는 것을 말하며, 다음의 사업에 해당하는 모든 역무 및 그 밖의 행위로 한다. 단, 고용관계에 의한 근로의 제공은 독립된 사업자가 제공하는 용역의 공급이 아니므로 과세거래에서 제외한다.

① 건설업
② 숙박 및 음식점업
③ 운수업
④ 통신업
⑤ 금융 및 보험업
⑥ 부동산업 및 임대업
⑦ 사업서비스업, 공공행정, 국방 및 사회보장행정
⑧ 교육서비스업, 보건 및 사회복지사업
⑨ 오락, 문화 및 운동관련 서비스업
⑩ 기타 공공, 수리 및 개인서비스업, 가사서비스업

▶ **채무면제 또는 상품권 구입은 재화 또는 용역의 공급이 아님**
1. 채권을 면제하여 주거나 채무를 면제받는 거래 및 상품권을 구입하는 거래의 경우 재화 또는 용역의 공급이 아니므로 세금계산서 발급대상이 아니다.
2. 세금계산서 발급대상이 아님에도 세금계산서를 발급한 경우 매출자는 세금계산서 불성실가산세(공급가액의 3%)를 부담하여야 하며, 매입자는 매입세액을 공제를 받을 수 없다.

# 05 재화 또는 용역의 공급시기

## ❶ 개요

공급시기란 거래가 발생한 시점으로 **재화 또는 용역을 공급하는 때(거래시기)**에 재화 또는 용역을 공급받는 자에게 세금계산서를 발급하여야 한다. 다만, 세금계산서 발급의무가 면제되는 경우에는 발급하지 않아도 된다.

## ❷ 재화의 공급시기

### [1] 일반적인 공급시기
① 재화의 이동이 필요한 경우에는 재화가 인도되는 때
② 재화의 이동이 필요하지 아니한 경우에는 재화가 이용가능하게 되는 때
③ 제1항 및 제2항 규정을 적용할 수 없는 경우에는 재화의 공급이 확정되는 때

### [2] 거래형태별 공급시기
① 현금·외상판매 또는 할부판매의 경우 재화가 인도되거나 이용가능하게 되는 때
② 장기할부판매의 경우에는 대가의 각 부분을 받기로 한 때
장기할부판매란 재화를 공급하고 그 대가를 월부, 연부 또는 그 밖의 할부의 방법에 따라 받는 것 중 다음 각 호의 요건을 모두 갖춘 것을 말한다.
1. 2회 이상으로 분할하여 대가를 받는 것
2. 해당 재화의 인도일의 다음 날부터 최종 할부금 지급기일까지의 기간이 1년 이상인 것
③ 반환조건부판매·동의조건부판매 기타 조건부 및 기한부 판매의 경우에는 그 조건이 성취되거나 기한이 경과되어 판매가 확정되는 때
④ 완성도기준지급 또는 중간지급조건부로 재화를 공급하거나 기타 공급단위를 구획할 수 없는 재화를 계속적으로 공급하는 경우는 대가의 각 부분을 받기로 한 때 다만, 재화가 인도되거나 이용가능하게 되는 날 이후에 받기로 한 대가의 부분에 대해서는 재화가 인도되거나 이용가능하게 되는 날을 재화의 공급시기로 본다.

⑤ 재화의 공급으로 보는 **가공의 경우에는 가공된 재화를 인도하는 때**
⑥ 자가공급, 개인적공급, 사업상증여의 경우에는 재화가 사용 또는 소비되는 때
⑦ 폐업시 잔존하는 재화의 거래시기는 폐업하는 때로 하되, 폐업 전에 공급한 재화의 공급시기가 폐업일 이후에 도래하는 경우에는 그 폐업일을 공급시기로 본다.
⑧ 수출재화의 경우 내국물품을 외국으로 반출하거나 대외무역법에 의한 중계무역 방식으로 수출하는 경우에는 수출재화의 선(기)적일

## ❸ 용역의 공급시기

### [1] 일반적인 공급시기
역무가 제공되거나 재화·시설물 또는 권리가 사용되는 때로 한다. 단, 사업자가 공급시기가 도래하기 전에 재화 또는 용역에 대한 대가의 전부 또는 일부를 받고, 이와 동시에 그 받은 대가에 대하여 세금계산서 또는 영수증을 발급하는 경우 그 발급하는 때를 각각 당해 재화 또는 용역의 공급시기로 본다.

### [2] 거래형태별 공급시기
① 통상적인 공급의 경우에는 역무의 제공이 완료되는 때
② 완성도 기준지급·중간지급·장기할부 또는 기타 조건부로 용역을 공급하거나 그 공급단위를 구획할 수 없는 용역을 계속적으로 공급하는 경우에는 그 대가의 각 부분을 받기로 한 때
③ 제1항 및 제2항의 규정을 적용할 수 없는 경우에는 역무의 제공이 완료되고 그 공급가액이 확정되는 때
④ 사업자가 부동산임대용역을 공급하고 전세금 또는 보증금을 받은 경우 예정신고기간 또는 과세기간의 종료일

# 06　간주공급(개인적공급, 사업상증여 등)

## ❶ 개요

과세대상인 재화의 공급은 원칙적으로 계약상 또는 법률상의 모든 원인에 의하여 재화를 인도 또는 양도하는 것으로 한다. 그러나 통상의 거래가 아니더라도 **재화의 공급으로 간주**하여 과세하는 경우가 있으며, 이러한 공급을 간주공급이라고 한다. 간주공급에는 자가공급, 개인적공급, 사업상증여, 폐업시 잔존재화 등이 있으며, 간주공급은 세금계산서 발급대상이 아니다.

## ❷ 자가공급

사업자가 자기의 사업과 관련하여 생산하거나 취득한 재화를 자기의 사업을 위하여 직접 사용·소비하는 경우 중 아래의 것은 재화의 공급으로 본다.

### [1] 면세전용
과세사업자가 부가가치세가 면제되는 재화 또는 용역을 공급하는 사업을 위하여 사용 소비되는 재화로서 예를 들어 과세인 우등고속버스를 면세인 일반버스로 전용하는 경우가 이에 해당한다.

### [2] 비영업용 소형승용차로 전환 및 주유소의 업무용승용자동차 주유
① 택시운수업자가 영업용으로 취득한 소형승용자동차를 임직원의 업무용으로 사용하는 경우 (당초 매입세액이 공제되지 아니한 것은 제외한다)
② 주유소가 판매목적으로 매입한 유류를 임직원의 업무용 소형승용차(경승용차 제외)에 주유한 경우

### [3] 직매장 반출
부가가치세는 사업장마다 등록을 하여야 한다. 따라서 2이상의 사업장이 있는 사

업자가 자기사업과 관련하여 생산 또는 취득한 재화를 타인에게 직접 판매할 목적으로 다른 사업장에 반출하는 것은 재화의 공급으로 본다. 이 경우 과세표준은 취득가액이 원칙이나 취득가액에 일정액을 가산하여 공급하는 경우에는 그 공급가액으로 한다. 그러나 총괄납부승인 또는 사업자 단위 신고·납부승인을 얻은 사업자가 총괄납부 또는 사업자 단위 신고·납부를 하는 과세기간에 반출하는 것은 이를 재화의 공급으로 보지 아니한다.

□ 부가가치세법 기본통칙 10-0-1 【재화의 자가공급에 해당되지 아니하는 경우】
사업자가 자기의 사업과 관련하여 생산하거나 취득한 재화를 자기의 과세사업을 위하여 다음 각호의 예시와 같이 사용하거나 소비하는 경우에는 재화의 공급으로 보지 아니한다.
1. 자기의 다른 사업장에서 원료·자재 등으로 사용하거나 소비하기 위하여 반출하는 경우
2. 자기사업상의 기술개발을 위하여 시험용으로 사용하거나 소비하는 경우
3. 수선비 등에 대체하여 사용하거나 소비하는 경우 (2011. 2. 1. 개정)
4. 사후무료 서비스제공을 위하여 사용하거나 소비하는 경우 (2011. 2. 1. 개정)
5. 불량품 교환 또는 광고선전을 위한 상품진열 등의 목적으로 자기의 다른 사업장으로 반출하는 경우 (1998. 8. 1. 개정)

## ❸ 개인적 공급

사업과 직접 관계없이 개인적인 목적 또는 기타의 목적을 위하여 사업자가 재화를 사용·소비하거나 사용인 또는 기타의 자가 재화를 사용·소비하는 것으로서 사업자가 그 대가를 받지 아니하거나 시가보다 낮은 대가를 받는 것으로 한다. 다만, 매입세액이 공제되지 아니하는 것은 과세되는 재화의 공급으로 보지 아니한다.

### [1] 종업원 선물의 세무처리

사업자가 복리후생목적으로 선물을 구입하여 종업원에게 증정하는 경우에는 그 매입세액은 공제가 가능하다. 그러나 직원에게 주는 선물은 재화의 공급(개인적 공급)에 해당되는 것이므로 부가가치세가 과세된다. 즉, 종업원 선물용으로 물품 등을 구입할 시 부가가치세 매입세액을 공제받는 경우에는 그 선물을 종업원에게 지급할 시 부가가치세 매출세액을 계산하여 납부하여야 하는 것이다. 단, 매입세액을 공제받지

않는 경우 부가가치세를 납부하지 않아도 되므로 실무에서는 종업원 선물 구입의 경우 매입세액불공제하고, 과세대상 급여로 처리를 한다.

### [2] 취득 또는 생산한 재화를 직원에게 무상으로 증정하는 경우
개인적공급에 해당하므로 시가를 과세표준으로 하여 부가가치세를 신고하여야 하며, 과세표준은 재화를 무상으로 증정받은 직원의 근로소득에 합산하여 근로소득세를 원천징수하여 납부하여야 한다.

□ 부가가치세 집행기준 10-20-2 [개인적 공급 또는 사업상 증여에 해당되지 않는 사례]
① 사업자가 자기생산·취득재화를 자기의 사용인에게 복리후생을 위하여 실비변상적이거나 무상으로 공급하는 다음의 것에 대하여는 재화의 공급으로 보지 아니한다.
1. 작업복·작업모·작업화
2. 직장체육비·직장연예비와 관련된 재화
3. 다음 각 목의 어느 하나에 해당하는 재화를 제공하는 경우 각 목별로 각각 **사용인 1명당 연간 10만원을 한도로 하며, 10만원을 초과하는 경우** 해당 초과액에 대해서는 재화의 공급으로 본다.
  가. 경조사와 관련된 재화
  나. 설날·추석, 창립기념일 및 생일 등과 관련된 재화
② 광고선전물의 배포
사업자가 자기생산·취득재화를 광고선전 목적으로 불특정다수인에게 무상으로 배포하는 경우 (직매장·대리점을 통하여 배포하는 경우를 포함한다)에는 재화의 공급으로 보지 아니한다.
③ 기증품(할증품)의 과세
사업자가 자기의 제품 또는 상품을 구입하는 자에게 구입당시 그 구입액의 비율에 따라 증여하는 기증품 등은 주된 재화의 공급에 포함되므로 재화의 공급으로 보지 아니한다.

## ❹ 사업상증여

사업자가 자기의 고객이나 불특정다수인에게 재화를 증여하는 경우에 증여하는 재화의 대가가 주된 거래인 재화공급의 대가에 포함되지 아니하는 것은 재화의 공급

으로 보아 부가가치세를 과세한다. 단, 사업을 위하여 대가를 받지 아니하고 다른 사업자에게 인도 또는 양도하는 견본품과 매입세액이 공제되지 아니하는 것은 과세되는 재화의 공급으로 보지 아니한다.

### ▶ 경품을 물품으로 지급하는 경우 부가가치세가 과세됨

1. 경품을 금전이나 상품권 또는 농·축·수·임산물 등으로 지급하는 경우에는 부가가치세 과세대상이 아니나 과세물품인 경우 사업상증여로 보아 부가가치세를 징수하여 납부하여야 한다.
2. 경품의 부가가치세과세표준은 시가로 하며, 세금계산서는 발급하지 아니한다.

□ 부가가치세 집행기준 10-20-1 [사업상 증여 유형]
① 판매장려금
사업자가 자기 재화의 판매촉진을 위하여 거래상대방의 판매실적에 따라 일정률의 장려금품을 지급 또는 공급하는 경우 금전으로 지급하는 장려금은 과세표준에서 공제하지 않지만, 재화로 공급하는 경우에는 사업상 증여에 해당된다.
② 경품의 과세
사업자가 자기의 고객 중 추첨을 통하여 당첨된 자에게 재화를 경품으로 제공하는 경우에는 사업상 증여에 해당된다.

[사업상 증여에 해당하는 사례]
주유소를 운영하는 사업자 김정성은 주유소를 이용하는 고객 중 이용실적에 따라 김치냉장고, 침대, 청소기, 세제 등 물품을 무상으로 제공하고 있다. 이 경우 김정성이 제공하는 물품에 대하여 매입세액을 공제받은 경우 사업상 증여에 해당하여 재화의 공급으로 보아야 한다.

### ◆ 부수재화용역에 대한 부가가치세 과세여부
(부가46015-1015 생산일자 : 1999.04.12.)
사업자가 거래상대자와 사전약정에 의하여 재화의 공급시 주된 거래인 재화의 공급대가에 통상적으로 포함되어 덤으로 공급하는 재화는 주된 거래인 재화의 공급에 포함되어 부가가치세가 과세되지 아니하는 것임.

◆ 사은품을 제공하는 경우 과세여부
(소득46011-21044 생산일자 : 2000.07.26.)
[요지]
사업자가 자기 상품을 구매하는 고객에게 구매금액에 따라 값의 일부를 할인하여 주거나 덤을 주는 경우 또는 사은품을 제공하는 경우 그 할인금액이나 덤 또는 사은품을 구매고객의 과세소득에 해당하지 아니하는 것임.

[회신]
사업자가 자기 상품을 구매하는 고객에게 구매금액에 따라 값의 일부를 할인하여 주거나 덤을 주는 경우 또는 사은품을 제공하는 경우 그 할인금액이나 덤 또는 사은품은 구매고객의 과세소득에 해당하지 아니하는 것입니다. 또한 마일리지, 사이버머니 적립제도 등의 방법으로 일정기간의 구매실적에 따라 사은품 또는 사례금을 제공하는 경우에도 그 사은품 등은 구매고객의 과세소득에 해당하지 아니하는 것입니다.

1. 질의내용
사업자가 판매촉진을 위하여 구매자에게 사은품 등을 제공하는 경우 그 사은품 등이 구매자의 기타소득에 해당하는지 여부?

## ❺ 폐업시 잔존재화 과세

사업자가 사업을 폐지하는 때에 잔존하는 재화는 자기에게 공급하는 것으로 본다. 그리고 사업자등록을 한 다음 사실상 사업을 개시하지 아니하게 되는 때에도 또한 같다. 폐업시 사업에 사용하던 재고자산 및 감가상각자산이 있는 경우 재고자산은 그 시가를, 감가상각자산은 '과세표준 감가상각자산의 간주공급시 과세표준'을 공급가액으로 간주하여 부가가치세를 납부하여야 한다. 단, **매입세액이 불공제된 재화의 경우에는 간주공급에서 제외한다.**

# 07 사업의 포괄양도양수, 대리납부

## ❶ 개요

포괄양도양수란 사업장별로 그 사업에 관한 모든 권리와 의무를 포괄적으로 승계시키는 것을 말한다. 포괄적인 양도양수는 재화의 공급으로 보지 아니하며, 이 경우 그 사업에 관한 권리와 의무 중 다음 각 호의 것을 포함하지 아니하고 승계시킨 경우에도 해당 사업을 포괄적으로 승계시킨 것으로 본다. 또한 양수자가 승계받은 사업 외에 새로운 사업의 종류를 추가하거나 사업의 종류를 변경한 경우를 포함한다.

1. 미수금 및 미지급금에 관한 것
2. 당해 사업과 직접 관련이 없는 토지·건물 등에 관한 것

재화의 공급으로 보지 아니하는 사업의 양도에 해당하는 경우 양도인은 부가가치세 폐업확정 신고시 사업양도신고서(별지 제19호 서식) 및 사업양도양수계약서를 작성하여 제출하여야 한다.

[서식] 사업양도신고서 : 국세청홈페이지 → 국세정책제도 → 통합자료실 → 세무서식

□ 사업양도의 구체적 범위 [부가가치세법 집행기준 10-23-1]
재화의 공급으로 보지 아니하는 사업양도란 사업장별로 사업용 자산을 비롯한 물적·인적시설 및 권리와 의무를 포괄적으로 승계시키는 것을 말하며(미수금, 미지급금, 사업과 관련없는 토지·건물 등 제외), 다음과 같은 사례가 포함된다.
1. 개인인 사업자가 법인설립을 위하여 사업장별로 그 사업에 관한 모든 권리와 의무를 포괄적으로 현물출자하는 경우
2. 과세사업과 면세사업을 겸영하는 사업자가 사업장별로 과세사업에 관한 모든 권리와 의무를 포괄적으로 양도하는 경우
3. 과세사업에 사용·소비할 목적으로 건설 중인 독립된 제조장으로서 등록되지 아니한 사업장에 관한 모든 권리와 의무를 포괄적으로 양도하는 경우
4. 사업과 관련없는 특정 권리와 의무, 사업의 핵심적 구성요소가 아닌 일부 자산, 채권, 채무를 제외하고 사업에 관한 모든 권리와 의무를 승계시키는 경우

5. 사업의 포괄적 승계 이후 사업양수자가 사업자등록만을 지연하거나 사업자등록을 하지 아니한 경우
6. 사업을 포괄적으로 승계받은 자가 승계받은 사업 외에 새로운 사업의 종류를 추가하거나 사업의 종류를 변경한 경우(2006. 2. 9. 이후 사업양도분부터 적용한다)
7. 주사업장 외에 종사업장을 가지고 있는 사업자단위과세사업자가 종사업장에 대한 모든 권리와 의무를 포괄적으로 승계시키는 경우
8. 2 이상의 사업장이 있는 사업자가 그 중 한 사업장에 관한 모든 권리와 의무를 포괄적으로 양도하는 경우
9. 「상법」에 따라 분할하거나 분할합병하는 경우에는 같은 사업장 안에서 사업부문별로 구분하는 경우
10. 「법인세법」 제46조제2항 또는 제47조제1항의 요건을 갖춘 분할의 경우

## ❷ 영업권 양도와 부가가치세 및 기타소득세 거래징수

사업장을 포괄적으로 사업을 양도하면서 영업권에 대한 대가를 받는 때에는 재화의 공급으로 보지 아니하여 부가가치세가 과세되지 아니한다. 즉, 영업권을 포함한 그 사업에 관한 채권, 채무 등 일체의 인적·물적 권리와 의무를 포괄적으로 양도하는 경우에 한하여 부가가치세가 과세되지 아니하는 사업 양도에 해당한다.

단, 영업권을 제외하여 양도하거나 영업권에 대하여 별도의 대가를 받는 경우에는 사업의 양도에 해당하지 않으며, 이 경우 양도인은 세금계산서를 교부하여야 하며, 양수인은 권리금 지급에 대하여 기타소득세(그 대금을 지급할 때 지급하는 금액의 60%를 필요경비로 차감한 금액의 20%) 및 지방소득세(기타소득세의 10%)를 원천징수하여 신고 및 납부하여야 한다.

**[개정 세법] 기타소득에 해당하는 영업권의 필요경비율 조정**
(2019년 이후) 60%, (2018.4월~12월) 70%, (2018년 3월 이전) 80%.

한편, 양도소득 과세대상 사업용고정자산(토지, 건물 및 부동산에 관한 권리)과 함께 양도하는 영업권은 양도소득에 해당한다.

◆ 영업권에 대한 세금계산서 발급 시기
(부가, 서면-2017-부가-1820 [부가가치세과-1843] , 2017.07.30)
부가가치세가 과세되는 사업을 영위하는 사업자가 사업과 관련된 영업권을 양도하는 경우에는 부가가치세가 과세되는 것이나, 사업장별로 그 사업에 관한 모든 권리와 의무를 포괄적으로 승계시키는 경우에는 부가가치세가 과세되지 아니하는 것임

◆ 고정자산과 같이 양도되지 않은 영업권은 기타소득에 해당함
(서면1팀-297, 2008.03.07.) 사업용 고정자산(소득세법 제94조 제1항 제1호 및 제2호의 자산을 말함.)과 함께 양도되지 않는 영업권 양도는 소득세법 제21조 제1항 제7호에 규정된 기타소득에 해당되므로, 동 기타소득에 대한 필요경비는 같은 법 제21조 제2항, 같은 법 시행령 제202조의 규정에 의하여 당해연도의 총 수입금액에 대응하는 비용의 합계액을 필요경비로 하여 계산된 기타소득금액에 대하여 같은 법 제145조 규정에 의한 원천징수의무를 이행하기 바람.

◆ 부가가치세가 과세되지 아니하는 사업의 양도 (부가46015-778, 1998.04.22.)
부가가치세법 제6조 제6항의 규정에 의하여 부가가치세가 과세되지 아니하는 사업의 양도는 양도인이 양수인에게 모든 사업시설 뿐만아니라 영업권 및 그 사업에 관한 채권, 채무 등 일체의 인적·물적 권리와 의무를 포괄적으로 양도하여 사업의 동일성을 유지하면서 경영주체만을 교체하는 것을 말하는 것이며, 다만, 사업과 직접 관련이 없거나 사업의 동일성을 상실하지 아니하는 범위내에서 일부 권리·의무를 제외하여도 사업의 양도로 보는 것임

◆ 영업권 양도 후 대금이 확정되는 경우 기타소득의 수입시기
(서면-2011-소득세과-369 생산일자 : 2011.04.29.)
영업권 양도 후 대금이 확정되는 경우 기타소득의 수입시기는 그 대금을 청산한 날, 자산을 인도한 날 또는 사용·수익일 중 빠른날로 하는 것임

○ 소득세과-335, 2011.4.11.
개인사업자가 영업권을 법인에게 양도한 후 대금을 청산하기 전에 자산을 인도 또는 사용·수익하였으나 대금이 그 이후 확정된 경우, 그 기타소득의 수입시기는 「소득세법」제39조제1항 및 같은법 시행령 제50조 제1항 제1호에 따라 그 대금을 청산한 날, 자산을 인도한 날 또는 사용·수익일 중 빠른 날로 하는 것입니다.

## ❸ 사업양도와 사업을 양수받는 자의 대리납부(법52④)

① 사업의 양도에 따라 그 사업을 양수받는 자는 그 대가를 지급하는 때에 재화를 공급받는 것으로 보지 않음에도 불구하고 그 대가를 받은 자로부터 부가가치세를 징수하여 그 대가를 지급하는 날이 속하는 달의 다음 달 25일까지 사업의 양수에 따른 대가의 가액과 부가가치세액 등을 적은 부가가치세 대리납부신고서와 함께 사업장 관할 세무서장에게 납부할 수 있으며,(법52④, 영95⑤) 2018년 이후부터 포괄양도 해당여부가 불분명한 경우에도 양수자(매입자)가 부가가치세액을 대리납부한 경우 재화·용역의 공급으로 본다.

② 동 제도는 포괄 사업양도양수에 대하여 세무상 다툼이 되는 사례가 매우 빈번하여 이를 보완하기 위한 제도이다. (포괄양도양수에 해당함에도 세금계산서를 발급한 경우 매입자에게는 매입세액을 불공제하고 신고불성실가산세 적용)

▶ 대리납부 절차
1. 매수인 → 세금계산서 발급(공급자 : 매도인, 공급받는자 : 매수인)
2. 매수인 → 매도인으로부터 부가가치세를 수취하여 다음달 25일까지 '대리납부신고서' 제출 및 부가가치세 납부
3. 매도인 → 매도인이 매수인에게 지급한 부가가치세는 매도인의 부가가치세 신고시 '사업양수자의 대리납부 기납부세액'으로 공제

▶ 매수인 회계처리
1. 매도인으로부터 부가가치세 수취
보통예금      1000 / 부가세예수금    1000
2. 대리납부
부가세예수금  1000 / 보통예금        1000

▶ 매도인 회계처리
매수인에게 부가가치세 지급
선납세금      1000 / 보통예금        1000

◼ **포괄적 사업양도양수를 잘못 판단하여 세금계산서를 발급 또는 미발급한 경우 세무상 문제**

| 유 형 | 양도자 | 양수자 |
|---|---|---|
| 사업의 포괄양도양수에 해당함에도 세금계산서를 발급한 경우 | 1. 매출 감액 → 매출세액환급<br>2. 세금계산서합계표불성실 가산세는 적용되지 않음 | 1. 매입세액불공제<br>2. 신고불성실가산세 |
| 사업의 포괄양도양수에 해당하지 아니함에도 세금계산서를 발급하지 않은 경우 | 1. 매출누락 과세<br>2. 세금계산서 미발급가산세<br>3. 신고불성실가산세<br>4. 납부불성실가산세 | 세금계산서를 발급받지 못하였으므로 매입세액공제를 받을 수 없음 |

▶ **포괄양도양수와 창업중소기업 감면 여부**

사업의 양수를 통하여 종전의 사업을 승계하거나, 종전의 사업에 사용되던 자산을 인수 또는 매입하여 같은 종류의 사업을 하는 경우에는 창업으로 보지 않으므로 창업중소기업에 대한 세액감면을 적용받을 수 없다.

◼ **포괄양도양수 회계처리 사례**

[예제] 자산 3억원, 부채 1억원의 사업장을 포괄양도양수에 의하여 3억원에 인수하다. 포괄적인 양도양수 요건에 해당하여 세금계산서는 교부받지 아니하였다.

| | | | |
|---|---|---|---|
| 자산 | 300,000,000 / | 부채 | 100,000,000 |
| 영업권 | 100,000,000 | 자본금 | 300,000,000 |

# 08 세금계산서 발급시기, 선발급

## ❶ 세금계산서 발급의무자

① 일반과세자로 등록된 사업자로서 세금계산서를 반드시 발급하여야 하는 업종인 제조업, 도매업, 건설업 등을 영위하는 사업자로서 부가가치세가 과세되는 재화 또는 용역을 사업자에게 공급하는 경우에는 반드시 세금계산서를 발급하거나 전자세금계산서(법인 및 전년도 수입금액이 8천만원 이상인 개인사업자)를 발급하여야 한다.

② 전자세금계산서 발급의무자가 전자세금계산서를 발급하지 아니한 경우 및 전자세금계산서 발급의무자 이외의 사업자가 종이세금계산서를 발급하지 아니한 경우 세금계산서미발급가산세(공급가액의 2%)가 적용된다.

③ 제조업, 도매업, 건설업 등을 영위하는 사업자가 사업자등록이 없는 개인에게 재화 또는 용역을 공급하는 경우에는 주민등록기재분(비고란에 기재)으로 세금계산서를 발급하여야 한다. 단, 거래상대방이 물품대금을 신용카드로 결제하는 경우 거래상대방이 사업자이든 개인이든 세금계산서를 발급하지 아니할 수 있다.

④ 영수증 발행사업자(소매, 음식숙박업 등)는 세금계산서 발급의무가 없는 것이나 영수증 발행사업자 중 소매, 음식숙박업 등은 거래상대방의 요구가 있는 경우 세금계산서를 발급하여야 한다.

**[세무리스크] 승용차 처분시 세금계산서를 발급하지 않은 경우**
당초 매입세액을 공제받지 못한 승용자동차 등의 매각시에도 세금계산서를 발급하고 부가가치세를 납부하여야 함에도 이를 신고 누락한 법인에 대하여 부가가치세를 추징함

▶ **세금계산서 발급의무의 면제 [부령 제71조 ①]**
1. 택시운송 사업자, 노점 또는 행상을 하는 사람, 그 밖에 기획재정부령으로 정하는 사업자가 공급하는 재화 또는 용역

2. 소매업 또는 미용, 욕탕 및 유사 서비스업을 경영하는 자가 공급하는 재화 또는 용역. 다만, 소매업의 경우에는 공급받는 자가 세금계산서 발급을 요구하지 아니하는 경우로 한정한다.
3. 자가공급, 개인적공급, 사업상증여, 폐업시 잔존재화에 해당하는 재화
4. 재화의 직수출
5. 용역의 국외공급
6. 외국항행용역의 공급(공급받는 자가 국내에 사업장이 없는 비거주자 또는 외국법인인 경우와 외국항행용역으로서 항공기의 외국항행용역 및 「항공법」에 따른 상업서류 송달용역으로 한정한다)에 따른 재화 또는 용역
7. 공급받는 자가 국내에 사업장이 없는 비거주자 또는 외국법인인 경우
외교공관등에 공급하는 재화 또는 용역
8. 부동산 임대용역 중 간주임대료가 적용되는 부분
9. 「전자서명법」 제2조제10호에 따른 공인인증기관이 같은 법 제15조에 따라 공인인증서를 발급하는 용역. 다만, 공급받는 자가 사업자로서 세금계산서 발급을 요구하는 경우는 제외한다.
10. 간편사업자등록을 한 사업자가 국내에 공급하는 전자적 용역
11. 그 밖에 국내사업장이 없는 비거주자 또는 외국법인에 공급하는 재화 또는 용역. 다만, 그 비거주자 또는 외국법인이 해당 외국의 개인사업자 또는 법인사업자임을 증명하는 서류를 제시하고 세금계산서 발급을 요구하는 경우는 제외한다.

▶ **신용카드매출전표 또는 현금영수증 발급시 세금계산서 발급의무 면제**
일반과세사업자가 신용카드매출전표 또는 현금영수증을 발급한 경우에 세금계산서를 발급하지 아니한다. [부법 제33조 ②]

## ❷ 세금계산서 발급시기

### [1] 원칙
세금계산서는 사업자가 재화 또는 용역의 공급시기(공급시기 편 참조)에 재화 또는 용역을 공급받는 자에게 발급하여야 한다.

## [2] 월합계 세금계산서 발급

다음 각 호의 어느 하나에 해당하는 경우에는 재화 또는 용역의 공급일이 속하는 달의 다음 달 10일(그 날이 공휴일 또는 토요일인 경우에는 바로 다음 영업일을 말한다)까지 세금계산서를 발급할 수 있다.

1. 거래처별로 1역월(1曆月)의 공급가액을 합하여 해당 달의 말일을 작성 연월일로 하여 세금계산서를 발급하는 경우
2. 거래처별로 1역월 이내에서 사업자가 임의로 정한 기간의 공급가액을 합하여 그 기간의 종료일을 작성 연월일로 하여 세금계산서를 발급하는 경우
3. 관계 증명서류 등에 따라 실제거래사실이 확인되는 경우로서 해당 거래일을 작성 연월일로 하여 세금계산서를 발급하는 경우

◆ 1역월을 초과하여 월합계 세금계산서를 발급할 수 없음
(제도46015-12172, 2001.07.16.)
사업자가 월합계 세금계산서를 교부함에 있어, 1역월의 범위를 초과하여 합계한 공급가액으로 당해 재화 또는 용역의 공급일이 속하는 과세기간 내에 세금계산서를 교부한 경우, 당해 세금계산서의 공급가액 중 1역월의 범위를 초과하여 월을 달리하여 교부한 공급가액에 대하여는 세금계산서 교부불성실 가산세를 과세하고, 당해 세금계산서의 매입세액은 공급받는 자의 매출세액에서 공제하는 것이나, 매입처별합계표불성실 가산세를 공급받는 자의 납부세액에 가산하거나 환급세액에서 공제하는 것임.

◆ 월합계 세금계산서는 임의로 정한 기간의 말일자로 발급하여야 하는 것임
(서면3팀-277, 2004.02.18.)
사업자가 고정거래처에 대하여 거래처별로 1역월의 공급가액을 합계하여 세금계산서를 교부하는 경우에는 당해 월의 말일자를 발행일자로 하는 것이나, 고정거래처와의 거래가 아닌 일반적인 거래에 있어서는 부가가치세법 제9조에 규정된 공급시기를 발행일자로 하여 세금계산서를 교부하여야 하는 것임

## [3] 장기할부판매, 완성도기준지급조건부, 중간지급조건부 공급

대가의 각 부분을 받기로 한 때를 재화의 공급시기로 본다. 다만, 완성도기준지급조건부, 중간지급조건부의 경우 재화가 인도되거나 이용가능하게 되는 날 이후에 받기로 한 대가의 부분에 대해서는 재화가 인도되거나 이용가능하게 되는 날을 그 재화의 공급시기로 본다.

1. 장기할부판매의 경우
2. 완성도기준지급조건부로 재화를 공급하는 경우
3. 중간지급조건부로 재화를 공급하는 경우

■ **중간지급조건부 거래 [부칙 제18조]**
계약금을 받기로 한 날의 **다음 날**부터 재화를 인도하는 날 또는 재화를 이용가능하게 하는 날까지의 기간이 6개월 이상인 경우로서 그 기간 이내에 계약금 외의 대가를 분할하여 받는 경우

■ **완성도기준지급조건**
완성도기준지급조건이란 당해 용역의 제공이 완료되기 전에 건설공사의 완성도에 따라 그 완성비율만큼 대가를 지급하기로 한 계약에 의한 공급을 말하는 것으로서 계약금을 지급하기로 한 날로부터 잔금을 지급하기로 한 날까지의 기간이 6월 미만인 경우에도 용역의 제공이 완료되기 이전에 완성도에 따라 그 완성비율에 해당하는 대가를 받기로 하는 경우에는 완성도기준지급 조건부 공급에 해당한다.
(부가46015-217, 1998.02.06)

## ❸ 공급시기 도래 전 세금계산서 선발급

사업자가 공급시기가 도래하기 전에 대가의 전부 또는 일부를 받고(반드시 대가를 받은 경우에 한함) 세금계산서를 발급하는 경우에는 그 발급하는 때를 당해 재화 또는 용역의 공급시기로 한다.

한편, 사업자가 재화 또는 용역의 거래시기가 도래하기 전에 세금계산서를 발급하고 그 세금계산서 발급일로부터 **7일 이내**에 대가를 지급받는 경우에는 그 세금계산서를 발급한 때를 재화 또는 용역의 공급시기로 본다. 단, 다음 각호의 요건을 모두 충족하는 경우에는 세금계산서를 발급받은 날로부터 7일 경과 후 대가를 지급받더라도 그 발급받은 때를 재화 또는 용역의 공급시기로 본다.

1. 거래 당사자 간의 계약서.약정서 등에 대금청구시기와 지급시기가 별도로 기재될 것
2. 대금청구시기와 지급시기가 30일 이상 차이가 나지 않을 것

[개정 세법] 선발행 세금계산서 발급 사유 확대(부가가치세법 제17조)
세금계산서 발급 후 동일 과세기간 이내에 대가를 받는 경우
단, 조기환급을 받기 위해서는 30일 이내에 대가를 지급받아야 함
〈시행 시기〉 2018.1.1. 이후 재화 또는 용역을 공급하는 분부터 적용

[개정 세법] 선발급 세금계산서 공급시기 특례 요건 완화(부가법 §17③)
(종전) 동일 과세기간 내에 공급시기 도래 및 대가수령
(개정) 동일 과세기간 내에 공급시기 도래
<적용시기> '22.1.1. 이후 재화 또는 용역을 공급하는 분부터 적용

□ 부가가치세 집행기준 39-0-1 [공제되지 아니하는 매입세액의 범위]

**선발급세금계산서 시점별 매입세액 공제 여부 판단 사례**

사업자 (주)한라는 아래와 같은 방법으로 세금계산서를 발급받았다. 각 사례별 매입세액 공제 여부 판단 기준

| 번호 | 대가 지급일 | 세금계산서 발급일 | 매입세액 공제 여부 | 부연 설명 |
|---|---|---|---|---|
| 1 | 2020. 2. 28. | 2020. 2. 28. | 공제 | 대가지급일과 세금계산서 발급일 일치 |
| 2 | 2020. 2. 28. | 2020. 3. 31. | 공제 | 대가지급일 이후 동일 과세기간에 세금계산서 발급 |
| 3 | 2020. 2. 28. | 2020. 8. 31. | 공제 | 대가지급일 이후 다른 과세기간에 세금계산서 발급 |
| 4 | 2020. 7. 7. | 2020. 6. 30. | 공제 | 발급일부터 7일 내에 대가 지급 |
| 5 | 2020. 6. 28. | 2020. 2. 28. | 공제가능 | 발급일이 속한 과세기간에 공급시기가 도래하고 대가 지급 |

□ 부가가치세법 제17조(재화 및 용역의 공급시기의 특례) -요약-
① 사업자가 제15조 또는 제16조에 따른 재화 또는 용역의 공급시기가 되기 전에 재화 또는 용역에 대한 대가의 전부 또는 일부를 받고, 그 받은 대가에 대하여 제32조에 따른 세금계산서 또는 제36조에 따른 영수증을 발급하면 그 세금계산서 등을 발급하는 때를 각각 그 재화 또는 용역의 공급시기로 본다. <개정 2017. 12. 19.>
② 사업자가 재화 또는 용역의 공급시기가 되기 전에 제32조에 따른 세금계산서를 발급하고 그 세금계산서 발급일부터 7일 이내에 대가를 받으면 해당 세금계산서를 발급한 때를 재화 또는 용역의 공급시기로 본다.

③ 제2항에도 불구하고 다음 각 호의 어느 하나에 해당하는 경우에는 재화 또는 용역을 공급하는 사업자가 그 재화 또는 용역의 공급시기가 되기 전에 제32조에 따른 세금계산서를 발급하고 그 세금계산서 발급일부터 7일이 지난 후 대가를 받더라도 해당 세금계산서를 발급한 때를 재화 또는 용역의 공급시기로 본다.
<개정 2017. 12. 19., 2018. 12. 31., 2021. 12. 8.>
1. 거래 당사자 간의 계약서·약정서 등에 대금 청구시기(세금계산서 발급일을 말한다)와 지급시기를 따로 적고, 대금 청구시기와 지급시기 사이의 기간이 30일 이내인 경우
2. 재화 또는 용역의 공급시기가 세금계산서 발급일이 속하는 과세기간 내(공급받는 자가 제59조제2항에 따라 조기환급을 받은 경우에는 세금계산서 발급일부터 30일 이내)에 도래하는 경우

**[개정 세법] 착오로 인하여 선발급된 세금계산서의 매입세액공제 인정범위 확대 (부가령 §75)**

| 종 전 | 개 정 |
| --- | --- |
| □ 착오로 공급시기 이전 발급된 세금계산서에 대한 매입세액공제 인정 요건 | □ 세금계산서 발급기한 확대 |
| ㅇ 세금계산서 발급일로부터 공급시기가 30일 이내에 도래 | ㅇ 30일 이내 → 6개월 이내 |
| ㅇ 관할 세무서장이 거래사실 확인 후 결정·경정하는 경우 | ㅇ (좌 동) |

<적용시기> 2022.2.15. 이후 재화 또는 용역을 공급하는 분부터 적용

□ 부가가치세법 시행령 제75조(세금계산서 등의 필요적 기재사항이 사실과 다르게 적힌 경우 등에 대한 매입세액 공제)
법 제39조제1항제2호 단서에서 "대통령령으로 정하는 경우"란 다음 각 호의 어느 하나에 해당하는 경우를 말한다. <개정 2022. 2. 15., 2023. 2. 28.>
8. 재화 또는 용역의 공급시기 전에 세금계산서를 발급받았더라도 재화 또는 용역의 공급시기가 그 세금계산서의 발급일부터 6개월 이내에 도래하고 해당 거래사실이 확인되어 법 제57조에 따라 납세지 관할 세무서장등이 결정 또는 경정하는 경우

## ❸ 공급시기 이후 세금계산서를 발급한 경우 세무리스크

세금계산서는 공급시기가 속하는 날의 다음달 10일까지 발급하여야 함에도 공급시기가 지난 이후 세금계산서를 발급하는 경우 공급자는 공급가액의 1%를, 공급받는자는 공급가액의 0.5%를 가산세로 부담하여야 한다.

한편, 해당 **과세기간**의 부가가치세 **확정신고기한일 이후** 세금계산서를 발급하는 경우에는 매출자는 세금계산서 미발급가산세(공급가액의 2%)를 부담하여야 하고, 매입자는 매입세액공제를 받을 수가 없다.

단, 공급시기가 속하는 과세기간의 확정신고기한 다음날부터 1년 이내에 발급받은 경우에도 공급받는자는 예외적으로 매입세액을 공제받을 수 있다.

[개정 세법] 공급시기 이후 발급된 세금계산서의 매입세액공제 확대(부가령 §75)

| 종 전 | 개 정 |
|---|---|
| □ 공급시기가 지난 후 발급된 세금계산서에 대한 매입세액공제 인정 요건<br><br>○ 확정신고기한 다음날부터 6개월 이내에 세금계산서를 발급받고<br>❶ 납세자가 경정청구, 수정신고 하거나,<br>❷ 관할 세무서장이 거래사실 확인 후 결정·경정하는 경우 | □ 세금계산서 발급기한 확대<br><br>○ 6개월 이내 → 1년 이내<br><br>(좌 동) |

<적용시기> 2022.2.15. 이후 재화 또는 용역을 공급하는 분부터 적용

## 09　세금계산서 작성 및 공급시기, 공동도급

### ❶ 세금계산서 작성

① 과세사업자가 과세되는 재화 또는 용역을 공급하는 경우로서 세금계산서의 발급이 면제되는 경우(영수증발행사업자가 일반소비자에게 재화 또는 용역을 공급하는 경우, 간주공급 등)를 제외하고는 세금계산서 2매를 작성하여 공급자 보관용은 발행하는 자가 보관하고, 공급받는 자 보관용은 발행자가 물품을 공급받는 자에게 발급한다.

② 세금계산서 작성일자 ~ 세금계산서의 발행은 원칙적으로 물품을 인도(판매)하는 날짜에 발행하여야 한다. 다만, 계속적인 거래가 있는 거래처의 경우 매 번의 거래시에는 거래명세서를 작성하여 발급하고, 1개월 간의 거래를 합하여 그 달의 말 일자로 월합계 세금계산서를 발행할 수 있다. (다음달 10일까지 발행하여야 함)

③ 공급자 사업자등록번호 및 공급받는 자 사업자등록번호 ~ 공급자는 거래 상대방의 사업자등록번호를 정확하게 기재하여야 한다. 착오에 의하여 잘못 기재 또는 입력한 경우 세무서에 다시 정확한 사업자등록번호를 확인하여 주어야 하는 번거로움이 있으므로 주의를 요한다.

④ 공급가액과 세액 ~ 재화 또는 용역을 공급하고, 그 대가로 받기로 한 금액을 공급가액란에 기재하여, 공급가액의 10%를 세액란에 기재한다. 재화 또는 용역을 공급하면서 부가가치세 포함가격인 공급대가로 계약한 경우 공급가액과 세액을 구분하여 기재한다. 예를 들어 거래금액을 1,000,000원으로 정하고 세금계산서를 발행하는 경우 공급가액란에는 909,091원을 세액란에는 90,909원을 기재한다. 따라서 거래시에는 반드시 '공급대가'와 '공급가액'이란 용어를 구분하여야 한다.

⑤ 거래품목이 5가지 이상으로 세금계산서에 거래내역을 모두 기입할 수 없는 경우에는 "****외"라고 기재하고 거래명세서를 별도로 작성하여 발급한다.

⑥ 영수/청구란 ~ 세금계산서를 발행하고 그 대금을 즉시 수령한 경우 영수란에 (영수)라고 표시한다. 이 경우 (영수)표시는 입금표와 같은 효력이 있다.

⑦ 비고 ~ 공급자가 사업자가 아닌 경우 주민등록번호를 기재한다. 위탁매매인 경우 수탁자의 사업자등록번호를 기재한다.

## ❷ 세금계산서 기재사항

### [1] 필수기재사항

다음의 필수기재사항은 세금계산서를 형성하는 가장 기본적인 요소로서 그 전부 또는 일부가 기재되지 아니하거나 사실과 다르게 기재된 때에는 정당한 세금계산서로 보지 아니하여 이를 발급한 사업자에 대해서는 세금계산서불성실가산세를 부과하며 이를 수취한 사업자에 대해서는 매입세액이 불공제되거나 가산세가 적용된다.

1. 공급자의 사업자등록번호와 성명 또는 명칭
2. **공급받는 자의 사업자등록번호**
3. 작성연월일
4. 공급가액과 부가가치세

### [2] 임의기재사항

다음의 세금계산서 임의적 기재사항은 기재하지 않았거나 오류가 발생한 경우에도 가산세가 적용되거나 매입세액이 불공제 되지 않는다. 또한 세금계산서에 도장을 날인하지 아니한 경우에도 정당한 세금계산서로 인정이 된다.

1. 공급하는 자의 주소
2. 공급받는 자의 주소
3. 공급하는 자와 공급받는 자의 업태와 종목
4. 공급품목
5. 단가와 수량
6. 공급연월일
7. 거래의 종류

▶ **세금계산서의 공급받는자 상호, 대표자, 주소 등을 잘못 기재된 세금계산서의 경우에도 유효함**

세금계산서의 필수적 기재사항이 기재되었으나 임의 기재사항이 잘못 기재된 세금계산서는 유효하므로 세금계산서를 수정하여 발급할 필요는 없음

## ❸ 사업자등록번호 구성

○○○ - ○○ - ○○○○○
  ①     ②     ③

① 세무서코드 (예: 반포세무서 114)
② 사업자의 종류
- 법인본점 81, 86, 87
- 지점법인 85
- 국가 83
- 비영리법인 82
- 개인사업자 01 ~ 79
- 면세사업자 9○

③ 일련번호 ○○○ - ○○ - ○○○○●
일련번호의 마지막 숫자는 검증번호로 사업자등록번호를 전산에서 잘못 입력한 경우 오류가 발생하며, 이 경우 정확한 사업자등록번호를 다시 입력하여야 한다.

## ❹ 세금계산서의 공급가액 및 세액

공급가액에는 물품 판매가액을, 세액에는 물품 판매가액의 10%를 기재한다. 거래 관행상 부가가치세를 포함한 금액('**공급대가**' 라 한다.)을 판매금액으로 정하고 세금계산서를 발행하는 경우가 있는데 예를 들어 거래금액을 1,000,000원으로 정하고 세금계산서를 발행한다면 공급가액란에는 909,091원을 세액란에는 90,909원을 기재하며, 사업자는 물품등의 판매 또는 공급계약시 '공급대가' 와 '공급가액' 이란 용어를 반드시 구분하여 사용하여야 한다.

# ❺ 세금계산서 발급 특례

## 1 위탁판매 및 수탁판매

① 위탁판매란 자기의 상품을 타인에게 위탁하여 판매하고 수탁자(위탁자를 대신하여 상품을 직접 판매한 자)에게 일정액의 수수료를 지급하는 판매형태를 말한다.
② 위탁판매는 수탁자가 위탁상품을 판매하기 전까지 상품의 소유권은 위탁자가 가지고 있고, 수탁자는 단지 판매만 대행하는 것으로 위탁자는 위탁한 상품과 재고상품을 구분하기 위하여 위탁한 상품을 적송품으로 처리한다. 한편, 위탁판매를 위하여 직접 발생하는 부대비용(상품발송비 등)은 적송품에 가산한다.
③ 위탁판매 또는 대리인에 의한 판매의 경우 수탁자 또는 대리인이 재화를 인도할 때에 수탁자 또는 대리인이 위탁자 또는 본인의 명의로 세금계산서를 발급하며, 위탁자 또는 본인이 직접 재화를 인도하는 때에는 위탁자 또는 본인이 세금계산서를 발급할 수 있다. 이 경우 수탁자 또는 대리인의 등록번호를 덧붙여 적어야 한다.
④ 수탁자가 위탁자의 위탁판매에 대한 용역을 제공하고, 그에 대한 수수료를 위탁자에게 청구하는 경우 수탁자는 위탁자를 공급받는 자로 세금계산서를 발급한다.

□ 부가가치세 집행기준 32-69-1 [거래유형별 세금계산서 발급 방법]
① 주요 거래에 대한 세금계산서 발급 방법
• 위탁판매나 대리판매의 경우 수탁자나 대리인이 위탁자 또는 본인의 명의로 세금계산서를 발급하며, 위탁자 또는 본인이 직접 재화를 인도하는 경우에는 위탁자 또는 본인이 세금계산서를 발급할 수 있다. 이 경우 수탁자 또는 대리인의 등록번호를 함께 기재하여야 한다.
• 지입회사가 지입차주의 위탁을 받아 지입차량을 매입하는 경우 지입회사는 차량공급자로부터 자기의 명의로 세금계산서를 발급받고 자기의 명의로 지입차주에게 세금계산서를 발급하여야 한다.
• 사업자가 위탁 또는 대리에 의하여 재화를 공급하는 경우에는 수탁자 또는 대리인이 위탁자 또는 본인의 명의로 세금계산서를 발급하여야 한다. 다만, 위탁자 또는 본인을 알 수 없는 경우에는 위탁자(본인)는 수탁자(대리인)에게, 수탁자(대리인)는 거래 상대방에게 공급한 것으로 보아 세금계산서를 발급한다.

## 2 공동도급 세금계산서 발급

① 공동매입에 대한 세금계산서 발급은 세금계산서발급에 있어 납세현실을 고려하여 예외적으로 정한 규정으로서 공동비용에 대하여 1개의 대표사업자가 매입세금계산서를 발급받은 경우 그 발급받은 세금계산서상 공급가액의 범위 안에서 다른 공동사용한 사업자 각각의 실지 사용한 지분에 따라 대표사업자 명의로 다른 공동사용 사업자를 공급받는 자로 하여 세금계산서를 발급할 수 있는 것이다.

② 공동경비의 배분 및 그 계산이나 공동경비를 특정법인이 총괄하여 우선 지출하고 이를 다른 법인으로부터 받는 것은 재화 또는 용역의 공급에 해당하지 않으므로 세금계산서 또는 계산서의 발행 대상에 해당하지 않은 것이 원칙이나 특정 비용을 부담하고 세금계산서를 수령한 법인이 그 비용의 수령을 위하여 그 금액의 범위내에서 세금계산서를 발급하면서 그 대가를 받는 경우 예외적으로 세금계산서 발행을 인정하여 주는 것이다.

③ 공동매입 후 주관사가 공동도급사에 원가 안분한 금액에 대하여 세금계산서를 발행하는 경우 해당 금액은 수입금액에서 제외한다. 한편, 공동매입세액은 주관사가 공제받는 것이며 원가 안분에 의하여 발행한 세금계산서의 매출세액은 공동도급사로부터 징수.납부하여야 한다.

□ 부가가치세 집행기준 32-0-4 [공동도급에 대한 세금계산서 발급 방법]
① 의의 : 공동도급이란 공사·제조·기타 도급계약에 있어서 발주처와 공동수급체가 체결하는 계약으로서 1개의 사업현장에서 둘 이상의 사업자(공동수급체)가 각각 자기의 지분 또는 공동의 지분에 대하여 사업을 수행하는 형태
② 사업자등록 : 원칙적으로 공동수급체는 공동사업자로 보지 아니하므로 사업자등록 대상에 해당하지 아니한다.
③ 세금계산서 발급
1. 매출세금계산서 : 공동수급체의 구성원 각자가 해당 용역을 공급받는 발주처에게 자기가 공급한 용역에 대하여 세금계산서를 발급하는 것이 원칙이나, 공동수급체의 대표사가 그 대가를 지급받는 경우에는 해당 공동수급체의 구성원은 각자 공급한 용역에 대하여 공동수급체의 대표사에게 세금계산서를 발급하고, 그 대표사는 발주처에게 세금계산서를 일괄하여 발급할 수 있다.

2. 매입세금계산서 : 공동비용에 대한 세금계산서는 각각 발급받을 수 있는 경우에는 그 지분금액대로 각각 발급받을 수 있으며, 대표사가 전체를 발급받아 각 공동지분에 따라 나머지 구성원에게 세금계산서를 발급할 수 있다. 이 경우 발급한 세금계산서는 재화 또는 용역을 공급한 것이 아니므로 부가가치세 과세표준에 포함되지 아니하지만 세금계산서합계표는 제출하여야 한다.

## ③ 본점과 지점간 세금계산서 발급 등

### [1] 본점이 지점에 상품 등을 이전하고 세금계산서를 발행한 경우

2이상의 사업장이 있는 사업자가 자기사업과 관련하여 생산 또는 취득한 재화를 타인에게 직접 판매할 목적으로 다른 사업장에 반출하는 것은 재화의 공급으로 보아 거래시기에 세금계산서를 발급하여야 한다. 다만, 자기의 사업과 관련하여 생산하거나 취득한 재화를 자기의 과세사업을 위하여 자기의 다른 사업장에서 원료·자재 등으로 사용·소비하기 위하여 반출하는 경우에는 재화의 공급으로 보지 아니한다.

□ 부가가치세법 기본통칙 32-69-4 【사업장이 2 이상인 경우의 세금계산서 수수】
(2019. 12. 23. 제목개정)
1. 본점과 지점 등 2 이상의 사업장이 있는 법인사업자가 본점에서 계약을 체결하고 재화 또는 용역은 지점이 공급하는 경우 세금계산서는 재화나 용역을 실제 공급하는 사업장에서 발급한다. (2019. 12. 23. 신설)
2. 본점과 지점 등 2 이상의 사업장이 있는 법인사업자가 계약·발주·대금지급 등의 거래는 해당 본점에서 이루어지고, 재화 또는 용역은 지점에서 공급받는 경우 세금계산서는 본점 또는 지점 어느 쪽에서도 발급받을 수 있다. (2019. 12. 23. 신설)
3. 제조장과 직매장 등 2 이상의 사업장을 가진 사업자가 제조장에서 생산한 재화를 직매장 등에서 전담하여 판매함에 있어, 수송 등의 편의를 위하여 제조장에서 거래처에 직접 재화를 인도하는 경우에는 공급자를 제조장으로 하는 세금계산서를 직접 거래처에 발급하는 것이나, 이미 제조장에서 직매장 등으로 세금계산서(총괄납부사업자의 경우에는 거래명세서)를 발급한 경우에는 직매장 등에서 거래처에 세금계산서를 발급하여야 한다.

## [2] 총괄납부신청을 한 사업장의 지점 매출 및 매입

총괄납부신청을 한 사업자가 자기사업과 관련하여 생산 또는 취득한 재화를 타인에게 직접 판매할 목적으로 자기의 다른 사업장에 반출하는 것은 재화의 공급으로 보지 아니하므로 세금계산서를 발급하지 아니한다. 다만, 사업자가 세금계산서를 발급하여 관할세무서장에게 신고한 경우에는 그러하지 아니한다.

◆ 제조장에서 생산한 재화를 직매장 등에서 판매하는 경우
(제도46015-10469, 2001.4.9)
제조장과 직매장 등 2 이상의 사업장을 가진 사업자가 제조장에서 생산한 재화를 직매장 등에서 판매하는 전담하여 판매함에 있어, 수송 등의 편의를 위하여 제조장에서 거래처에 직접 재화를 인도하는 경우에는 공급자를 제조장으로하는 세금계산서를 직접 거래처에 교부하는 것이나, 이미 제조장에서 직매장 등으로 세금계산서(총괄납부승인을 받은 사업자의 경우에는 거래명세서)를 교부한 경우에는 직매장 등에서 거래처에 세금계산서를 교부하여야 하는 것임

## ④ 단가인하, 잠정가액 등에 의한 세금계산서 발급

◆ 사전약정 없는 판매단가 인하의 부가가치세 과세표준 공제여부
(부가22601-93 , 1989.01.21.)
1. 사전약정없이 사업자가 재화를 공급한 후 일정기간의 판매실적에 따라 당초 공급단가를 인하하여 주는 경우, 단가인하로 인하여 감액된 금액은 부가가치세 과세표준에서 공제하지 아니하는 것이며,
2. 이 경우 사업자가 당초 재화를 공급하고 그 거래시기에 세금계산서를 교부 한 후 감액된 금액에 대하여 수정세금계산서를 교부한 경우에는 그 감액된 공급가액에 대하여는 세금계산서를 교부하지 아니한 것으로 보아 부가가치세법 제22조 제2항 제1호에 규정하는 세금계산서 미교부가산세를 적용하는 것임.

◆ 잠정가격으로 거래 후 추후 대금 확정시 세금계산서 교부방법
(부가 22601-1477, 1988. 8. 23.)
사업자가 거래당사자간의 대금의 정산특약에 따라 공급가액을 확정하지 아니한 상태에

서 잠정합의한 가격으로 재화를 공급하고 추후 확정가격에 의거 대금을 정산한 경우, 세금계산서 교부방법은 재화가 인도되는 때에 잠정합의된 가격으로 세금계산서를 수정하여 교부하는 것이며, 추후 당해 재화의 가격이 확정되는 때에 그 확정된 금액으로 세금계산서를 수정하여 교부하는 것임.

◆ 공급가액 확정전 재화공급시 세금계산서 교부방법
(서삼46015-10406, 2001.10.08.)
사업자가 거래당사자간의 대금정산 특약에 따라 공급가액을 확정하지 아니한 상태에서 잠정합의한 가격으로 재화를 공급시 세금계산서 교부방법은 재화가 인도되는 때에 잠정합의된 가격으로 세금계산서를 교부하는 것이며, 추후 당해 재화의 가격이 확정되는 때에 그 확정된 금액으로 세금계산서를 수정하여 교부하는 것임.

◆ 잠정가액으로 대가를 수령하는 경우 세금계산서 교부 방법
(서면인터넷방문상담3팀-236, 2005.02.17.)
사업자가 부가가치세 과세대상인 용역을 공급하던 중에 관계 법령에서 계약상 정해진 금액 미만으로 용역대가의 최고한도가 규정된 경우에 있어서 거래당사자간에 용역대가를 확정하지 못하고 잠정가액을 수수하는 경우에는 그 잠정가액에 대하여 부가가치세법 제16조 제1항의 규정에 의한 세금계산서를 교부하고 추후 당초의 공급가액에 추가되는 금액 또는 차감되는 금액이 발생한 경우에는 같은법시행령 제59조 단서의 규정에 의하여 그 발생한 때에 세금계산서를 수정하여 교부하는 것입니다.

◆ 상당기간 사용한 재화를 회수하는 것은 재화의 환입에 해당하지 아니하는 것으로 재화를 회수당한 사업자는 세금계산서를 교부하여야 하는 것임
(서면인터넷방문상담3팀-109, 2006.01.17.)
상당기간 사용한 재화를 회수하는 것은 재화의 환입에 해당하지 아니하는 것으로 재화를 회수당한 사업자는 세금계산서를 교부하여야 하는 것임

# 10  전자세금계산서, 계산서 의무발급 사업자

## ❶ 법인

법인사업자는 반드시 세금계산서는 전자세금계산서를 발급하여야 한다.

## ❷ 직전연도 공급가액이 8천만원 이상인 개인사업자

개인사업자는 **직전연도 공급가액이 8천만원 이상인 경우 전자세금계산서를 의무적으로 발급하여야 한다.** 단, 전자세금계산서 발급의무자가 아니더라도 전자세금계산서는 발급할 수 있다.

[개정 세법] 전자세금계산서 의무발급 대상 확대 (부가가치세법 시행령 제68조)

| 종 전 | 개 정 |
| --- | --- |
| ☐ 전자세금계산서 의무발급대상 및 기간 | ☐ 의무발급 대상 범위 확대 및 기간 연장 |
| ○ (대상) 직전연도 사업장별 공급가액(수입금액) 합계액이 1억원 이상인 개인사업자<br>○ (기간) 당해연도 7.1.부터 다음연도 6.30.까지 | ○ (대상) 직전연도 사업장별 공급가액 합계액이 8천만원 이상인 개인사업자<br>○ (기간) 당해연도 7.1.부터 계속하여 발급 |

<적용시기> 2024.7.1. 이후 재화 또는 용역을 공급하는 분부터 적용

### ▶ 개인사업자의 전자세금계산서 의무발급 대상자 공급가액 기준

공급가액은 사업장별 재화·용역의 공급가액을 기준으로 하며, 공급가액 8천만원 이상 판단시 신규사업자라 하더라도 공급가액을 12개월로 환산하지 않는다. 그리고 현금매출, 간주임대료, 고정자산 매각등 기타매출도 포함하여 판단한다

## ■ 면세사업자 전자계산서 발급의무 및 미발급 가산세

### [1] 적용대상
법인사업자 및 개인사업자 중 과세 및 면세사업 겸업자로서 직전연도 연간 공급가액 8천만원 이상인 자와 개인 면세사업자로서 직전 과세기간의 사업장별 총수입금액이 8천만원 이상인 자

[개정 세법] 전자계산서 의무발급 대상 확대(소득령 §211의2)
[종전] 직전연도 사업장별 재화·용역의 공급가액 합계액이 1억원 이상인 개인사업자
[개정] 직전연도 사업장별 재화·용역의 공급가액 합계액이 8천만원 이상인 개인사업자
<적용시기> '24.7.1. 이후 재화 또는 용역을 공급하는 분부터 적용

### [2] 전자계산서 미발급 가산세
● 공급가액 × 2% [(종이)계산서를 발급한 경우 : 공급가액×1%]

### [3] 전자계산서 지연발급 가산세
● 공급가액 × 1% [(종이)계산서를 발급한 경우 : 공급가액×1%]

[개정 세법] 계산서 지연발급 가산세 신설
● 과세기간 말의 다음달 25일까지 지연발급 : 공급가액의 1%
● 과세기간 말의 다음달 25일까지 미발급 : 공급가액의 2%
<적용시기> 2018.1.1. 이후 개시하는 과세연도 분부터 적용

■ 계산서 지연발급의 경우에도 매입자는 가산세 적용 없음
매출자가 면제 계산서를 지연발급한 경우 매입자에 대한 가산세 적용에 대하여 소득세법에서 따로 정한 규정이 없으므로 가산세 적용은 없다.

# 11 전자세금계산서 발급과 국세청 전송

## ❶ 전자세금계산서 발급 및 지연발급에 대한 가산세 등

① 전자세금계산서 발급대상의무자는 반드시 전자세금계산서를 발급하여야 하며, **전자세금계산서를 발급하지 아니하고 종이세금계산서를 발급하는 경우 세금계산서 미발급가산세(공급가액의 1%, 매입자는 가산세 적용 없음)가 적용된다.**

② **거래시기가 속하는 월의 다음달 10일까지 반드시 전자세금계산서를 발행하여야** 하며, 11일 이후 발행하는 경우 매출자는 공급가액의 1%를 가산세로 부담하여야 하며, 매입자는 공급가액의 0.5%를 가산세로 부담하여야 한다.

예를 들어 제1기(1.1 ~ 6.30.)분을 부가가치세 신고기한(7월 25일) 이후 발행하는 경우 또는 제2기(7.1 ~ 12.31)분을 부가가치세 신고기한(다음해 1월 25일) 이후 **발행**하는 경우 과세기간이 달라져서 매출자는 세금계산서미발급가산세(공급가액의 2%)가 적용된다.

☐ 부가가치세법 제60조(가산세)

**[개정 세법] 공급시기가 지난 후 발급된 세금계산서의 매입세액공제 인정범위 확대(부가령 § 75)**

| 종 전 | 개 정 |
|---|---|
| ☐ 공급시기가 지난 후 발급된 세금계산서에 대한 매입세액공제 인정 요건<br><br>○ 확정신고기한 다음날부터 6개월 이내에 세금계산서를 발급받고, 납세자가 경정청구, 수정신고 하는 경우 | ☐ 세금계산서 발급기한 확대<br><br>○ 6개월 이내 → 1년 이내 |

〈적용시기〉 2022.2.15. 이후 재화 또는 용역을 공급하는 분부터 적용

## ❷ 전자세금계산서 국세청 전송기한

전자세금계산서를 발급한 후 즉시 국세청에 전송함을 원칙으로 하되, 재화 또는 용역의 공급일이 속하는 달의 다음달 11일까지는 국세청에 전송하여야 한다.

▶ 전자세금계산서 발행 및 국세청 전송 시기(예시)

| 구 분 | 1.1. ~ 1.1. 거래분에 대한 월합계 세금계산서의 경우 | | |
|---|---|---|---|
| | 작성일자 | 발급가능기한 | 전송기한 |
| 종이세금계산서 | 1. 31 | 2.10 | |
| 전자세금계산서 | 1. 31 | 2.10 | 2.11 |

[개정 세법] (2019년 이후) 전송 관련 가산세 인하
(지연전송) 0.5% → 0.3%
공급시기가 속하는 과세기간 확정신고기한(25일)까지 전송시
(미전송) 1% → 0.5%
공급시기가 속하는 과세기간 확정신고기한(25일)까지 미전송

## ❸ 전자세금계산서 수정 발급 및 전송기한

① 발행된 전자세금계산서는 취소.반송이 불가능하며, 수정 등의 사유가 발생한 경우에는 반드시 전자적으로 수정세금계산서를 발행하여야 하며, 수정세금계산서의 전송기한은 최초 발행된 세금계산서의 전송기한과는 독립적으로 수정세금계산서 발행일(또는 전자서명일)을 기준으로 전송기한이 다시 시작된다. 즉, 수정전자세금계산서의 경우에는 당초 발행된 전자세금계산서의 전송기한이 적용되는 것이 아니라, **수정전자세금계산서의 작성연월일(또는 전자서명일)을 기준으로 하므로 수정 전자세금계산서 발급일의 익일**까지 전송하여야 한다.

② 발행된 전자세금계산서는 취소.반송이 불가능하며, 수정 등의 사유가 발생한 경우에는 수정세금계산서를 발행하여야 한다.

## 12 전자세금계산서 수정발급과 가산세 적용

### ❶ 전자세금계산서 작성일자를 잘못하여 발급한 경우

#### ① 공급시기와 전자세금계산서 작성일자가 다른 경우 세무상 문제

공급시기(거래일자)와 세금계산서 작성일자가 착오로 잘못 기재한 경우 작성일자를 수정하여 수정세금계산서를 발급하여야 한다. 다만, 세금계산서는 발급시기가 속하는 달의 다음달 10일까지 발급을 하여야 하므로 수정한 작성일자의 다음달 10일 이내에 수정세금계산서를 발급하여야 가산세 적용이 없다.

▶ **작성일자를 잘못 기재하여 해당 공급시기가 속하는 달의 다음달 10일 이내 수정발급 하는 경우 가산세는 없음**

예를 들어 20×7년 1월 31일 거래에 대해 작성일자를 잘못하여 2월 3일로 하여 2월 3일 발급하였으나 이를 수정발급 하고자 하는 경우 늦어도 2월 10일까지는 작성일자를 1월 31일로 하여 발급하여야 가산세가 없다.

▶ **작성일자를 잘못 기재하여 세금계산서를 수정발급하는 경우 가산세 적용은 없으나 당초 지연발급한 경우에는 지연발급에 대한 가산세가 적용되는 것임**

작성일자를 잘못 기재하여 이를 수정발급하는 경우 가산세 적용은 없다. 다만, 당초 발급한 세금계산서의 작성일자가 공급시기가 속하는 달의 다음달 11일 이후 발급된 경우에는 세금계산서 지연발급에 해당하여 공급자에게는 지연발급가산세(공급가액의 100분의1)가 공급받는자에게는 지연수취가산세(공급가액의 0.5%)가 각각 적용된다.

#### ② 공급시기와 작성일자는 같아도 발급일자가 늦은 경우 세무상 문제

세금계산서는 재화 또는 용역의 공급일을 작성일자로 하여 해당 재화 또는 용역의 공급일에 전자세금계산서를 발급(공급일 = 작성일자 = 발급일자)하여야 한다. 다만,

월합계 세금계산서나 실제거래사실이 확인되는 경우 해당 월의 말일 또는 거래일을 작성 연월일로 하여 해당 월의 다음달 10일까지 발급을 할 수 있다.

정당한 공급일을 작성일자로 전자세금계산서를 발급하더라도 발급일자가 늦어지는 경우 다음의 가산세가 적용된다.

### ▶ 공급시기가 속하는 다음 달 11일 이후 부가가치세 확정신고기한내 전자세금계산서를 발급하는 경우 지연발급가산세가 적용됨

작성일자는 정당하더라도 다음 달 11일 이후에 세금계산서를 발급한 경우 동일 과세기간인 경우 공급자는 공급가액의 1%를 가산세로 부담하여야 하며, 공급받는자는 공급가액의 0.5%를 가산세로 부담하여야 한다.

### ▶ 확정과세기간의 신고기한 이후에 전자세금계산서를 발급하는 경우

공급자가 세금계산서를 발급하지 않은 것으로 보아 공급자는 공급가액의 2%를 가산세로 부담하여야 하며, 단, 매입자의 경우 확정신고기한 다음날부터 1년 이내에 세금계산서를 발급받은 경우 세금계산서 지연수취가산세(공급가액의 1%)는 부담하여야 하나 매입세액은 공제받을 수 있다.

## ❷ 계약 해제 또는 반품 관련 수정세금계산서 발급방법

### 1 개요

① 계약이 해제된 경우 계약해제일을 작성일자로 적고 비고란에 처음 세금계산서 작성일을 덧붙여 적은 후 붉은색 글씨로 쓰거나 음(陰)의 표시를 하여 발급한다.

② 재화를 공급한 후 하자 등의 사유로 반품된 경우 재화가 **환입된 날을 작성일자**로 하여 비고란에 당초 세금계산서 작성일자를 부기한 후 붉은색 글씨로 쓰거나 부(負)의 표시를 하여 발급한다.

■ 재화의 환입 또는 계약의 해제로 그 사유가 발생한 날 정당하게 세금계산서를 수정 발급한 경우 매출자 및 매입자 모두 가산세 적용은 없다.

▶ **사업연도 이후 계약 해제 또는 환입된 경우 매출 차감**

내국법인이 상품·제품 또는 기타의 생산품을 판매한 경우 그 손익의 귀속시기는 그 상품 등을 인도한 날이 속하는 사업연도로 하는 것이며, 판매한 상품 등이 반품된 경우에는 그 반품일이 속하는 사업연도에 매출의 취소로 보아 매출액에서 차감하는 것임(법인-1434, 2009.12.28.)

## 2 계약의 해제시 수정 전자세금계산서 발급

계약이 해제된 때에 그 작성일은 계약해제일로 적고 음의 표시를 하여 발급한다. (종이세금계산서의 경우 비고란에 처음 세금계산서 작성일을 덧붙여 기재함)

## 3 재화 또는 용역의 공급없이 착오로 세금계산서를 잘못 발행한 경우

재화나 용역을 공급함이 없이 매출 세금계산서를 잘못 발급한 경우에는 수정세금계산서 발급사유에 해당하지 아니하므로 수정세금계산서를 발급할 수 없으며, 재화나 용역을 공급함이 없이 매출세금계산서를 발급한 공급자는 공급가액의 3%를 가산세로 부담하여야 한다. 한편, 거래없이 타 사가 세금계산서를 잘못 발행한 매입세금계산서를 수취한 해당 업체는 매입세액을 불공제처리 하여야 하며, 매입세액공제를 받은 경우에는 수정신고를 하여야 하고, 수정신고시 신고불성실가산세 및 납부불성실가산세를 추가로 부담하여야 한다.

## 4 반품시 전자세금계산서 수정발급

**[1] 처음 공급한 재화가 환입(還入)된 경우**

재화가 환입된 날을 작성일로 입력하고, 음(陰)의 표시를 하여 발급한다. (종이 세금계산서의 경우 비고란에 처음 세금계산서 작성일을 덧붙여 기재함)

◆ 상당기간 사용한 재화를 회수하는 경우 세금계산서를 발급하여야 함
(부가, 서면인터넷방문상담3팀-109, 2006.01.17.)
상당기간 사용한 재화를 회수하는 것은 재화의 환입에 해당하지 아니하는 것으로 재화를 회수당한 사업자는 세금계산서를 교부하여야 하는 것임

### [2] 불량재화는 반품받고 동일 제품으로 교환하여 주는 경우

부가가치세가 과세되는 재화의 공급에 해당되지 아니하므로 반품에 따른 수정세금계산서 및 교환에 따른 세금계산서 발급대상이 아니다.

### [3] 불량재화는 반품받고 동종 유사 제품으로 교환하여 주는 경우

반품에 따른 수정세금계산서 및 교환에 따른 세금계산서를 각각 발급한다.

### [4] 불량재화를 반품받지 아니하고 동종 유사 제품을 무상으로 주는 경우

무상 공급시 시가를 과세표준으로 하여 세금계산서를 발급하여야 한다.

## ❸ 필요적 기재사항을 잘못 기재한 경우

### 1 필요적 기재사항을 착오로 잘못 기재한 경우

처음에 발급한 세금계산서의 내용대로 세금계산서를 음(陰)의 표시를 하여 발급하고, 수정하여 발급하는 세금계산서는 양수로 작성하여 발급한다.

다만, 다음의 어느 하나에 해당하는 경우로서 과세표준 또는 세액을 경정할 것을 미리 알고 있는 경우는 제외한다.

1. 세무조사의 통지를 받은 경우
2. 세무공무원이 과세자료의 수집 또는 민원 등을 처리하기 위하여 현지출장이나 확인업무에 착수한 경우
3. 세무서장으로부터 **과세자료 해명안내 통지**를 받은 경우
4. 그 밖에 1호부터 3호까지의 규정에 따른 사항과 유사한 경우

### 2 필요적 기재사항을 <u>착오 외의</u> 사유로 잘못 입력한 경우

재화나 용역의 공급일이 속하는 과세기간에 대한 **확정신고기한 다음날부터 1년까지** 세금계산서를 수정 발급할 수 있으며, 처음에 발급한 세금계산서의 내용대로 세금

계산서를 음(陰)의 표시를 하여 발급하고, 수정하여 발급하는 세금계산서는 양(陽)의 표시를 하여 작성한다. 다만, 과세표준 또는 세액을 경정할 것을 미리 알고 있는 경우는 수정 전자세금계산서를 발급할 수 없다.

**[개정 세법] 수정세금계산서 발급기한 확대(부가령 §70①)**

| 종 전 | 개 정 |
|---|---|
| □ 필요적 기재사항*을 잘못 기재한 세금계산서에 대한 수정세금계산서 발급기한<br>* 공급자, 공급받는자, 공급가액, 작성연월일 | □ 수정세금계산서 발급기한 확대 |
| ○ 재화·용역의 공급시기가 속하는 과세기간의 확정신고기한까지 | ○ 확정신고기한까지 → **확정 신고기한 다음날부터 1년까지** |
| - 단, 관할 세무서장이 결정·결정하거나 세무조사 통지 등 결정·경정할 것을 미리 알고 있는 경우 수정발급 불가 | - (좌 동) |

<적용시기> 2022.2.15. 이후 재화 또는 용역을 공급하는 분부터 적용

## ❹ 기타 수정 전자세금계산서 발급

### 1 착오로 전자세금계산서를 이중으로 발급한 경우

① 매출자는 처음에 발급한 세금계산서의 내용대로 음(陰)의 표시를 하여 발급 : 전자세금계산서를 착오에 의한 이중으로 발급한 경우 당초 작성일자로 하여 부(-)의 수정세금계산서를 발행하고 당초 과세기간분에 대하여 '경정청구'하여 환급을 받아야 한다. 이 경우 가산세 적용은 없다.

② 매입자는 매입세액을 공제받은 사실이 없는 경우 가산세 적용은 없으나 매입세액을 중복으로 공제받았다면, 수정신고를 하여야 하며, 수정신고시 신고불성실

및 납부불성실가산세가 적용된다. 단, 수정전자세금계산서를 발급받고 수정신고시에는 매입처별세금계산서합계표 불성실가산세는 적용되지 않는다.

□ 부가가치세법 시행령 제70조(수정세금계산서 또는 수정전자세금계산서의 발급사유 및 발급절차)

### ② 면세 등 발급대상이 아닌 거래 등에 대하여 발급한 경우

처음에 발급한 세금계산서의 내용대로 음의 표시를 하여 발급하며, 면세거래에 대하여는 면세 계산서를 발급하여야 한다.

◆ 면세 계산서 발급대상 거래에 대하여 세금계산서를 발급한 경우 계산서 미발급 가산세가 적용되는지 여부
(법인세제과-1279, 2019.9.18.)
의료업을 영위하는 비영리내국법인이 부가가치세가 면세되는 용역을 공급하면서 계산서를 교부하는 대신 부가가치세가 과세되는 것으로 착오하거나 부지로 부가가치세법상 세금계산서를 교부한 경우에는 「법인세법」(2018.12.24., 법률 제16008호로 개정되기 전의 것) 제121조제6항에 따라 계산서를 작성·발급한 것으로 보아 같은 법 제76조제9항에 따른 계산서미발급가산세를 적용하지 않는 것임

### ③ 공급받는 자를 잘못 기재하여 세금계산서를 발행한 경우

공급받는자를 잘못 기재한 경우 재화 또는 용역의 공급시기가 속한 과세기간의 **확정 신고기한 다음날부터 1년까지** 공급받는 자를 수정하는 세금계산서를 발행할 수 있으며, 이 경우 적용되는 세금계산서 관련 가산세는 없다. 단, 공급받는 자의 수정은 기재사항 착오로 볼 수 없으므로 **확정 신고기한 다음날부터 1년 이후에는** 수정세금계산서를 발급할 수 없으며, 이후 세금계산서를 발급한 경우 세금계산서를 발급하지 않은 것으로 보아 공급자는 공급가액의 2%를 곱한 금액의 가산세가 적용되며, 매입자는 매입세액을 공제받을 수 없다.

[개정 세법] 수정세금계산서 발급기한 확대(부가령 §70①)
필요적 기재사(공급자, 공급받는자, 공급가액, 작성연월일)을 잘못 기재한 세금계산서에 대한 수정세금계산서 발급기한
(종전) 확정신고기한까지
(개정) 확정 신고기한 다음날부터 1년까지
<적용시기> '2022.2.15. 이후 재화 또는 용역을 공급하는 분부터 적용

## ④ 사업자를 주민등록기재분으로 세금계산서 발급한 경우

공급자가 거래 상대방이 사업자인 것을 모르고 주민등록번호를 기재하여 발행한 세금계산서는 주민등록번호를 사업자등록번호로 수정한 세금계산서를 발급할 수 있다. 이 경우 가산세 적용은 없으나 관할 **세무서장이 경정하여 통지하기 전까지** 당초에 발급한 세금계산서의 내용대로(당초 작성일자) 세금계산서를 수정하여 발급하여야 한다. **다만, 공급받는 자가 사업자등록을 하기 전에 공급받는 자의 주민등록번호를 기재하여 발급한 세금계산서에 대하여는 사업자등록번호로 수정한 세금계산서를 발급할 수 없다.**

◆ 주민등록번호 세금계산서 발급분 수정발급 가능 여부
(부가, 서면-2017-부가-2799, 2017.10.31)
사업자가 세금계산서를 교부한 후 그 기재사항에 관하여 착오 또는 정정사유가 발생한 경우에는 수정세금계산서를 교부할 수 있는 것이며, 매출처별세금계산서합계표에 대하여 가산세를 적용하지 아니함.

## ⑤ 폐업자에게 세금계산서를 발급한 경우

재화 또는 용역을 공급받는 자가 사업자가 아닌 경우(폐업자 포함)에는 공급받는 자의 주소·성명 및 주민등록번호 기재하여 발급하여야 한다. 단, 매입자가 폐업자인줄 모르고 사업자번호로 세금계산서를 발행한 경우 재화 및 용역의 공급일이 속하는 과세기간에 대한 **확정신고기한 다음날부터 1년까지** 수정세금계산서를 작성 발급할 수 있는 것으로 이 경우 당초분은 취소하고 공급받는 자의 주민등록번호를 기재한 수정세금계산서를 발급할 수 있으며, 가산세 적용은 없다.

## 6 면세 계산서를 발행하여야 하나 세금계산서를 발행한 경우

부가가치세가 면제되는 재화나 용역을 공급하면서 착오로 계산서가 아닌 세금계산서로 발급한 경우 부가가치세법의 가산세는 없으나 법인세법 또는 소득세법의 규정에 의한 계산서 불성실가산세[공급가액의 2%, 지연발급(과세기간 말의 다음달 25일까지 발급)의 경우 공급가액의 1%]가 적용된다. 단, 영수증 발급대상사업자 등 계산서 발급의무가 없는 업종의 경우 계산서 관련 가산세 적용은 없다.

◆ 면세 계산서 발급대상 거래에 대하여 세금계산서를 발급한 경우 계산서 미발급 가산세가 적용되는지 여부 (법인세제과-1279, 2019.9.18.)
의료업을 영위하는 비영리내국법인이 부가가치세가 면제되는 용역을 공급하면서 계산서를 교부하는 대신 부가가치세가 과세되는 것으로 착오하거나 부지로 부가가치세법상 세금계산서를 교부한 경우에는 「법인세법」 제121조제6항에 따라 계산서를 작성·발급한 것으로 보아 같은 법 제76조제9항에 따른 계산서미발급가산세를 적용하지 않는 것임

## 7 과세표준 및 세율을 잘못하여 실제보다 과다하게 발급한 경우

① 처음에 발급한 세금계산서의 내용대로 세금계산서를 붉은색 글씨로 쓰거나 음(陰)의 표시를 하여 발급하고, 수정 발급하는 세금계산서는 양의 표시를 하여 발급한다.
② 공급가액 또는 세액을 착오로 과다 기재한 경우 공급가액을 정정하는 수정세금계산서를 발급할 수 있으며, 수정신고를 하는 경우 필요적 기재사항의 수정으로 공급자의 경우 가산세 적용은 없다. 단, 공급받는자의 경우 과세기간 이후에는 당초 매입세액을 과다하게 공제받은 금액에 대하여 신고불성실가산세 및 납부불성실가산세를 부담하여야 한다.(세금계산서 관련 가산세는 없음)

## 8 과세표준 및 세액을 잘못하여 실제보다 과소하게 발급한 경우

착오사실을 인지한 날 처음에 발급한 세금계산서의 내용대로 세금계산서를 붉은색 글씨로 쓰거나 음(陰)의 표시를 하여 발급하고, 수정 발급하는 세금계산서는 양의 표시를 하여 발급한다. 단, 예정신고기한 또는 확정신고기한 이후 수정하여 발급하는 경우 부가가치세를 과소신고 및 납부한 것이므로 신고불성실가산세 및 납부불성

실가산세를 추가로 부담하여야 한다.(세금계산서 관련 가산세는 없음) 한편, 매입자의 경우 수정세금계산서에 의해 매입세액 공제가 가능하다.

### ⑨ 세금계산서를 발행하여야 하나 면세 계산서를 발행한 경우

부가가치세가 과세되는 재화 또는 용역을 공급하였으나 면세 계산서를 발급한 경우 공급시기가 속하는 다음달 10일까지 세금계산서를 발급하는 경우 가산세 적용은 없으나 세금계산서 발급이 다음달 11일 이후부터 동일 과세기간의 확정신고기한내 지연된 경우 매출자는 공급가액의 1%를 가산세로 부담하여야 하며, 매입자는 지연발급가산세 0.5%를 부담하여야 한다. 단, 동일 과세기간의 확정신고기한 이후 세금계산서를 발급하는 경우 세금계산서 미발급가산세(공급가액의 2%)를 부담하여야 하며, 신고불성실 가산세 및 납부불성실 가산세를 추가로 부담하여야 한다.

한편, 동일 과세기간의 확정신고기한 다음날부터 1년 이후에 세금계산서를 발급하는 경우 매입자는 매입세액을 공제받을 수 없다. 그러나 공급시기 이후 세금계산서를 발급받았으나, 실제 공급시기가 속하는 과세기간의 확정신고기한 다음날부터 1년 이내에 발급받은 것으로서 수정신고·경정청구하거나, 거래사실을 확인하여 결정·경정되는 경우에는 매입세액은 공제를 받을 수 있다.

## ❺ 내국신용장 또는 구매확인서가 거래시기 이후 발급된 경우

① 수출품생산업자가 수출물품을 수출업자에게 내국신용장 또는 구매확인서에 의하여 공급하는 경우 영세율이 적용되며, 이 경우 재화 또는 용역의 공급일을 작성일자로 하여 영세율 세금계산서를 발급하여야 한다.
② 재화 또는 용역의 공급시기 전 내국신용장 또는 구매확인서가 개설되지 않은 경우 재화 또는 용역의 공급일을 작성일자로 하여 세금계산서를 발급하여야 한다.
③ 당초 내국신용장 또는 구매확인서가 개설되지 아니하여 세금계산서를 발급하였으나 공급시기가 속하는 과세기간 종료 후 25일 이내에 내국신용장 또는 구매확인서가 개설된 경우 다음과 같이 수정 세금계산서를 발급한다.
1. 재화 또는 용역의 공급일을 작성일자로 하여 세금계산서를 발급한다.
2. 내국신용장 또는 구매확인서가 개설된 때에 처음 발급한 세금계산서(1의 세금계산서)는 발급한 세금계산서의 내용대로 음(陰)의 표시를 하여 발급한다.

3. 처음 세금계산서 작성일로 하여(비고란에 내국신용장 개설일 등을 덧붙여 적음) 영세율 세금계산서를 발급한다.

### ▶ 세금계산서를 발급하여야 하나 영세율 세금계산서를 발급한 경우

세금계산서를 발급하여야 하나 영세율 세금계산서를 발급하고, 예정신고기간 또는 확정신고기간이 지난 이후 수정세금계산서를 발급하는 경우 매출자는 부가가치세 과소납부에 따른 신고불성실가산세 및 납부불성실가산세를 추가로 부담하여야 한다. 다만, 매입자의 경우 과세표준 또는 세액을 경정할 것을 미리 알고 있는 경우(세무조사의 통지를 받은 경우, 세무서장으로부터 **과세자료 해명안내 통지**를 받은 경우 등)가 아니면, 경정청구를 하여 환급을 받을 수 있을 것이다.

[국세상담센터] 영세율 거래를 10% 세금계산서 발급시 적용할 가산세
[문] 내국신용장 영세율 거래를 10% 세금계산서 발급한 경우 가산세를 적용하나요?
[답] 가산세 부과대상에 해당되지 않습니다.
구매확인서 등에 의하여 공급하는 재화로 영세율이 적용되는 거래를 세액을 별도로 기재한 세금계산서를 발급하고 신고·납부까지 마친 경우 사실과 다른 세금계산서에 해당하지 않습니다

## ❻ 전자세금계산서 발급대상자가 종이세금계산서를 발급한 경우

전자세금계산서 발급의무대상 사업자가 종이세금계산서를 발행한 경우 매출자는 세금계산서 불성실가산세(공급가액의 1%)를 부담하여야 하나 매출자가 정당한 거래시기에 종이세금계산서를 발행한 경우 매입자는 매입세액을 공제받을 수 있다.

### ▶ 세금계산서를 과세기간내 발급하지 못한 경우 종이세금계산서 발급

전자세금계산서의 경우 해당 과세기간의 11일 이후 발급하면, 그 자료가 국세청 전산시스템에 남아 국세청이 알 수 있으므로 매입자의 경우 매입세액공제가 불가능하다. 단, 종이세금계산서를 발급하는 경우 예를 들어 11월 30일 거래분을 다음해 1월 20일에 작성일자를 11월 30일로 하여 발급하더라도 발급일자를 국세청이 확인할 수 없으므로 매출자는 전자세금계산서 미발행에 대한 불성실가산세(공급가액의 100분의1)는 부담하더라도 매입자는 매입세액을 공제받을 수 있을 것이다.

# 13     전자세금계산서 발급방법 등

## ❶ 발급방법

### ① 국세청 「홈택스」에서 전자세금계산서 발행

**[1] 「홈택스」에서 전자세금계산서 발행**

국세청 전자세금계산서 발행 홈페이지인 「홈택스」에서 공인인증서로 로그인하고, 세금계산서를 작성하여 발급하는 방법으로 별도 시스템 개발 없이 모든 사업자가 무료로 이용가능하다.

▶ 공인인증서

전자세금계산서를 발급하기 위해서는 전자세금계산서 발급용 공인인증서를 발급받아야 한다.

■ 이용가능한 공인인증서
1. 법인용 범용공인인증서
2. 전자세금계산서 발급용 공인인증서

**[2] 거래처 e-mail**

매출자는 전자세금계산서를 발급하기 위해 매입자가 수신할 수 있는 포털사이트의 e-mail 또는 사업용으로 보유한 e-mail을 확보하여야 한다.

거래처 e-mail 착오 기재, 기재하지 아니한 경우 수정 전자세금계산서 발급대상은 아니며, 이 경우 정정 기재하여 재발행하여야 하는 것임

② 세금계산서 발행시스템 임대사업자 등을 통한 발행방법

세금계산서 발행시스템 임대사업자들이 사업목적으로 구축한 시스템(ASP) 또는 대법인들이 구축한 ERP시스템을 이용하는 방법으로 전자세금계산서 발행시스템을 개발하여 그 시스템을 제공하는 것을 주업으로 하는 임대사업자(ASP)의 시스템에 접속하여 발행, 국세청에 전송하는 방법

## ❷ 전자세금계산서 활용 및 발급혜택

### [1] 전자세금계산서 활용
① 매출자 및 매입자는「홈택스」에서 국세청으로 전송된 세금계산서를 확인할 수 있으며 부가가치세 신고서 작성시에 합계액을 참고할 수 있다.
② 전자세금계산서 발행분은 부가가치세 신고시 개별명세표를 작성할 필요가 없다.

### [2] 전자세금계산서 발급혜택

**[세법 개정] 전자세금계산서 및 전자계산서 발급 세액공제 적용기한 연장**
(부가법 §47①·63④, 소득법 §56의3①)

| 현 행 | 개 정 |
|---|---|
| □ 전자세금계산서·전자계산서 세액공제 | □ 적용기한 연장 |
| ㅇ (공제방식) 부가가치세(전자세금계산서), 종합소득세(전자계산서)에서 공제 | |
| ㅇ (적용대상) 직전연도 공급가액 또는 사업장별 총수입금액 3억원 미만 개인사업자 또는 신규 사업자(개인) | ㅇ (좌 동) |
| ㅇ (공제금액) 건당 200원 (연간 100만원 한도) | |
| ㅇ (적용기한) '24.12.31. | ㅇ '27.12.31. |

# 14  영수증 발급대상자 및 영수증 발급

## ❶ 영수증

① 영수증이라 함은 세금계산서와 달리 세금계산서의 필요적 기재사항 중 **공급받는 자를 별도로 기재하지 아니하고** 공급자의 사업자등록번호, 상호, 성명, 공급가액 및 세액, 작성연월일이 기재된 것으로 주로 사업자가 아닌 다수의 소비자를 상대로 하는 사업자와 간이과세자는 영수증을 발급하여야 한다.

② 사업자가 재화 또는 용역을 공급받고 영수증을 수취한 경우 그 매입세액을 공제받을 수 없으며, 건별 거래금액이 3만원을 초과하는 경우 정규영수증으로서의 효력도 인정되지 않으므로 영수증발행사업자로부터 재화 또는 용역을 공급받을 시 현금영수증을 수취하거나 신용카드로 결제하여야 한다.

## ❷ 영수증 발급대상사업자

부가가치세법상 사업자는 재화 또는 용역의 공급시 원칙적으로 세금계산서를 발급하여야 한다. 그러나 주로 사업자가 아닌 일반소비자에게 재화 또는 용역을 공급하는 사업자의 경우 공급받는 자 및 부가가치세를 별도로 기재하지 아니한 영수증(통상 간이영수증이라 함)을 발급할 수 있도록 하고 있다. (부가가치세법 제36조, 부가가치세법 시행령 제73조, 부가가치세법 시행규칙 제53조)

1. 소매업, 음식점업(다과점업 포함), 숙박업
2. 목욕·이발·미용업
3. 여객운송업
4. 입장권을 발행하여 영위하는 사업
5. 우정사업조직이 소포우편물을 방문접수하여 배달하는 용역을 공급하는 사업
6. 무도학원 및 자동차운전학원

7. 변호사업, 변리사업, 법무사업, 공인회계사업, 세무사업, 경영지도사업, 기술지도사업, 감정평가사업, 기술사업, 건축사업, 도선사업, 측량사업 기타 이와 유사한 사업서비스 및 행정사업(사업자에게 공급하는 것 제외)
8. 주로 사업자가 아닌 소비자에게 재화 또는 용역을 공급하는 사업인 도정업, 제분업중 떡방앗간, 양복점업·양장점업·양화점업, 주거용 건물공급업, 운수업 및 주차장운영업, 부동산중개업, 개인서비스업, 가사서비스업 등
9. 자동차제조업 및 자동차판매업

▶ **영수증 발급의무자 중 세금계산서를 발급하여야 하는 경우**

일반과세자가 영수증 발급의무자로부터 재화 또는 용역을 공급받고, 공급자에게 세금계산서 발급을 요구하는 때에는 영수증 발급의무자는 세금계산서를 발급하여야 한다. 한편, **목욕·이발·미용업, 여객운수업(전세버스 운송사업은 제외함), 입장권을 발행하여 영위하는 사업**의 경우에는 공급받는 자가 세금계산서의 발행을 요구하여도 공급자는 세금계산서를 발행할 수 없으나 감가상각자산을 공급하는 경우에 공급받는 사업자가 세금계산서 발급을 요구할 때에는 세금계산서를 발급하여야 한다.

## ❸ 영수증 발급의무 면제 대상

1. 택시운송 사업자, 노점 또는 행상을 하는 자가 공급하는 재화 또는 용역
2. 무인자동판매기를 이용하여 재화 또는 용역을 공급하는 자
3. 개인적 공급, 사업상 증여 및 폐업시의 잔존재화 등과 간주공급에 해당하는 재화
4. 부동산임대용역중 전세금·임대보증금에 대한 간주임대료
5. 영세율 적용이 되는 재화 또는 용역의 공급으로 직접 수출하는 재화
6. 국외에서 제공하는 용역, 「항공법」에 의한 상업서류 송달용역 등

# 15 현금영수증, 현금영수증 의무발행 사업자

## ❶ 개요

① 현금영수증이란 현금영수증 발급장치에 의하여 발급하는 영수증으로 사업자가 현금영수증을 발급한 경우 국세청 전산시스템과 연결되어 국세청은 현금영수증을 발급한 사업자의 매출내용을 알 수 있으므로 주로 소비자를 대상하는 업종에 대하여 현금영수증을 발급하도록 하고 있으며, 특정한 업종(현금영수증 의무발급업종)의 경우 10만원 이상 거래에 대하여 현금영수증을 발급하지 아니한 경우 법인세법 또는 소득세법에 의한 가산세[현금영수증 미발급금액의 20%(착오나 누락으로 인하여 거래대금을 받은 날부터 7일 이내에 관할 세무서에 자진 신고하거나 현금영수증을 자진 발급한 경우에는 100분의 10)]

**[개정 세법]** 2019년 이후 조세범처벌법의 과태료를 소득세법 및 법인세법으로 이관
거래대금 × 20% (착오나 누락으로 인하여 거래대금을 받은 날부터 7일 이내에 관할 세무서에 자진 신고하거나 현금영수증을 자진 발급한 경우 100분의 10)

② 과세사업자가 물품 등을 구입하고 현금영수증을 수취하고, 일정한 요건을 충족하는 경우 매입세액을 공제하여 주고 있으며, 사업자가 정규영수증을 수취한 경우 사업과 관련한 정당한 비용으로 인정을 하여 준다.

③ 현금영수증은 사업자가 물품 등의 판매에 대하여 매출을 누락할 수 없도록 만든 제도적 장치로서 신용카드와 더불어 주로 일반 소비자에게 물품 등을 판매하는 사업자(음식점, 소매점 등)의 매출 누락을 원천적으로 방지하여 사업자가 세금신고를 성실하게 할 수밖에 없도록 하는데 막대한 기여를 하였다.

## ❷ 현금영수증가맹점 가입 의무대상 사업자

주로 사업자가 아닌 소비자[별표 3의2]에게 재화 또는 용역을 공급하는 사업자로서 직전연도의 수입금액 합계액이 2,400만원 이상인 사업자

## ■ 현금영수증 가맹점 가입대상 업종 (소령 [별표 3의2])

소비자상대업종(제210조의2제1항 및 제210조의3제1항 관련)

| 구분 | 업종 |
|---|---|
| 1. 소매업 | 복권소매업 등 기획재정부령으로 정하는 업종을 제외한 소매업 전체 업종 |
| 2. 숙박 및 음식점업 | 숙박 및 음식점업 전체 업종 |
| 3. 제조업 | 양복점업 등 기획재정부령으로 정하는 업종 |
| 4. 건설업 | 실내건축 및 건축마무리 공사업 |
| 5. 도매업 | 자동차중개업 |
| 6. 부동산업 및 임대업 | 가. 부동산 중개 및 대리업<br>나. 부동산 투자 자문업<br>다. 부동산 감정평가업(감정평가사업을 포함한다)<br>라. 의류 임대업 |
| 7. 운수업 | 가. 전세버스 운송업<br>나. 「화물자동차 운수사업법」에 따른 화물자동차 운송주선사업(이사화물을 포장하는 서비스를 제공하는 사업으로 한정한다)<br>다. 특수여객자동차 운송(장의차량 운영업)<br>라. 주차장 운영업<br>마. 여행사업 바. 삭제 <2018. 2. 13.><br>사. 기타 여행보조 및 예약 서비스업<br>아. 여객 자동차 터미널 운영업<br>자. 소화물 전문 운송업 |
| 8. 전문·과학 및 기술서비스업 | 가. 변호사업 나. 변리사업 다. 공증인업 라. 법무사업<br>마. 행정사업 바. 공인노무사업<br>사. 공인회계사업(기장대리를 포함한다)<br>아. 세무사업(기장대리를 포함한다)<br>자. 건축설계 및 관련 서비스업 차. 기술사업<br>카. 심판변론인업 타. 경영지도사업 파. 기술지도사업<br>하. 손해사정인업 거. 통관업 너. 삭제 <2014.2.21><br>더. 측량사업 러. 인물 사진 및 행사용 영상 촬영업<br>머. 사진처리업 |
| 9. 교육서비스업 | 가. 컴퓨터학원<br>나. 속기학원 등 그 외 기타 분류안된 교육기관<br>다. 운전학원<br>라. 자동차정비학원 등 기타 기술 및 직업훈련학원<br>마. 일반 교과 학원 바. 외국어학원<br>사. 방문 교육 학원 아. 온라인 교육 학원 |

| | |
|---|---|
| 10. 보건업 및 사회복지서비스업 | 자. 기타 교습학원 차. 예술 학원<br>카. 태권도 및 무술 교육기관<br>타. 기타 스포츠 교육기관<br>파. 청소년 수련시설 운영업(교육목적용으로 한정한다)<br>하. 기타 교육지원 서비스업<br>가. 종합병원 나. 일반병원 다. 치과병원<br>라. 한방병원 마. 요양병원<br>바. 일반의원(일반과, 내과, 소아청소년과, 일반외과, 정형외과, 신경과, 정신건강의학과, 피부과, 비뇨의학과, 안과, 이비인후과, 산부인과, 방사선과 및 성형외과)<br>사. 기타의원(마취통증의학과, 결핵과, 가정의학과, 재활의학과 등 달리 분류되지 아니한 병과)<br>아. 치과의원 자. 한의원 차. 수의업 |
| 11. 예술, 스포츠 및 여가 관련 서비스업 | 가. 영화관 운영업 나. 비디오물 감상실 운영업<br>다. 독서실 운영업 라. 박물관 운영업<br>마. 식물원 및 동물원 운영업<br>바. 실내 경기장 운영업 사. 실외 경기장 운영업<br>아. 경주장 운영업(경마장 운영업을 포함한다)<br>자. 골프장 운영업 차. 스키장 운영업<br>카. 체력단련시설 운영업 타. 수영장 운영업<br>파. 볼링장 운영업 하. 당구장 운영업<br>거. 종합 스포츠시설 운영업 너. 골프연습장 운영업<br>더. 스쿼시장 등 그외 기타 스포츠시설 운영업<br>러. 컴퓨터 게임방 운영업 머. 노래연습장 운영업<br>버. 오락사격장 등 기타 오락장 운영업<br>서. 해수욕장 운영 등 기타 수상오락 서비스업<br>어. 낚시장 운영업 저. 무도장 운영업<br>처. 유원지 및 테마파크 운영업 커. 기원 운영업 |

[개정 세법] 소비자 상대업종 추가(소득령 별표 3의2)

| 현 행 | 개 정 |
|---|---|
| □ 소비자 상대업종<br>   소매업, 숙박 및 음식점업 등 197개<br><추 가> | □ 대상 업종 추가<br>  ㅇ (좌 동)<br><br>  ㅇ 앰뷸런스 서비스업,<br>     낚시어선업, 스터디카페 추가 |

<적용시기> '24.1.1. 이후 재화·용역을 공급하는 분부터 적용

[개정 세법] 현금영수증가맹점 범위 및 가입기한(소득법 §162의3①, 소득령 §210의3)

○ 의무가입기한 단축 및 예외

해당일로부터 60일 이내 (3개월 → 60일) 단, 수입금액이 연 2,400만원 이상으로 의무가입대상이 된 경우 → 해당일 다음달부터 3개월 이내

○ 의무가입대상 해당일 명확화

- 해당업종의 사업개시일
- 수입금액 기준은 해당 과세기간 말일

<적용시기> 2020.1.1. 이후 현금영수증가맹점 가입요건에 해당하는 분부터 적용

▶ 현금영수증 가맹점 가입의무가 있는 사업자가 가입하지 않는 경우

현금영수증 가맹점으로 미가입한 기간의 수입금액의 1%를 가산세로 부담하여야 하며, 창업중소기업감면, 중소기업특별세액감면 등을 받을 수 없다.

<소득세법 제81조의9 ②> <조세특례제한법 제128조 ④>

[개정 세법] 현금영수증 사업자에 대한 부가가치세 과세특례 적용기한 연장 (조특법 §126의3)

| 현 행 | 개 정 |
|---|---|
| □ 현금영수증사업자*에 대한 부가가치세액 공제<br>* 현금영수증가맹점으로부터 현금결제내역을 수집하여 국세청으로 전송 | □ 적용기한 연장 |
| ○ (공제대상) 현금영수증가맹점의 현금영수증 발급건수<br>○ (공제금액) 종이발급 : 9.4원, 온라인발급 : 8.4원 | ○ (좌 동) |
| ○ (적용기한) '22.12.31. | ○ '25.12.31. |

■ 현금영수증 가맹점 세액공제 적용기한 신설(조특법 §126의3)

| 현 행 | 개 정 |
|---|---|
| □ 현금영수증 발급 시 세액공제<br><br>ㅇ (대상) 현금영수증 가맹점<br>ㅇ (요건) 5천원 미만 거래 이면서 전화망을 통한 발급인 경우<br>ㅇ (세액공제) 발급 건 × 20원<br><br><신 설> | □ 적용기한 신설<br><br>(좌 동)<br><br><br><br>ㅇ(적용기한) 25.12.31. |

## ❸ 현금영수증 의무발행 사업자 및 미발행시 가산세 등

① 현금영수증 의무발행 사업자는 현금영수증가맹점으로 가입을 하여야 하며, 건당 거래금액(부가가치세액 포함)이 **10만원** 이상인 재화 또는 용역을 공급하고 그 대금을 현금으로 받은 경우에는 거래상대방이 현금영수증 발급을 요청하지 아니하더라도 현금영수증을 발급하여야 한다.

② 거래상대방이 현금영수증 발급을 요청하지 아니하거나 현금영수증가맹점이 신분을 인식하지 못하더라도 **국세청이 지정한 코드(010-000-1234)**로 현금영수증을 자진해서 발급하여야 한다. 만약, 재화나 용역을 공급하고 그 대금을 계좌이체 또는 현금으로 받은 즉시 현금영수증을 발급하지 못한 경우에도 받은 날부터 **5일 이내**에 무기명으로 발급할 수 있다.

③ 현금영수증 의무발행사업자가 현금영수증을 발급하지 아니하거나 사실과 다르게 발급하여 관할세무서장으로부터 통보받은 경우 해당 과세기간의 거래에 대하여 통보받은 건별 미발급금액 또는 건별로 사실과 다르게 발급한 금액(건별로 발급하여야 할 금액과의 차액)의 각각 100분의 20에 해당하는 금액을 현금영수증미발급가산세로 부담하게 된다. (소득세법 제81조의9 ②, 법인세법 제75조의6 ②)

## ■ 현금영수증 의무발행사업자 [소득세법시행령 별표 3의3]

소득세법 시행령 [별표 3의3]

| 현금영수증 의무발행업종(제210조의3제1항제4호 및 같은 조 제11항 관련) ||
|---|---|
| 구분 | 업종 |
| 1. 사업서비스업 | 변호사업, 공인회계사업, 세무사업, 변리사업, 건축사업, 법무사업, 심판변론인업, 경영지도사업, 기술지도사 감정평가사업, 손해사정인업, 통관업, 기술사업, 측량사업, 공인노무사업 |
| 2. 보건업 | 종합병원, 일반병원, 치과병원, 한방병원, 요양병원<br>바. 일반의원(일반과, 내과, 소아청소년과, 일반외과, 정형외과, 신경과, 정신건강의학과, 피부과, 비뇨의학과, 안과, 이비인후과, 산부인과, 방사선과 및 성형외과)<br>기타의원, 치과의원, 한의원, 수의업 |
| 3. 숙박 및 음식점업 | 일반유흥 주점업(「식품위생법 시행령」 제21조제8호다목에 따른 단란주점영업을 포함한다)<br>무도유흥 주점업, 일반 및 생활 숙박시설운영업<br>출장 음식 서비스업<br>기숙사 및 고시원 운영업(고시원 운영업으로 한정한다) |
| 4. 교육 서비스업 | 일반 교습 학원, 예술 학원, 외국어학원 및 기타 교습학원<br>운전학원, 태권도 및 무술 교육기관<br>기타 스포츠 교육기관, 기타 교육지원 서비스업<br>청소년 수련시설 운영업(교육목적용으로 한정한다)<br>기타 기술 및 직업훈련학원, 컴퓨터 학원<br>그 외 기타 분류 안 된 교육기관 |
| 5. 그 밖의 업종 | 골프장 운영업, 골프 연습장 운영업<br>장례식장 및 장의관련 서비스업, 예식장업<br>부동산 중개 및 대리업, 부동산 투자 자문업<br>산후 조리원, 시계 및 귀금속 소매업<br>피부 미용업, 손·발톱 관리 미용업 등 기타 미용업<br>비만 관리 센터 등 기타 신체 관리 서비스업<br>마사지업(발 마사지업 및 스포츠 마사지업으로 한정한다)<br>실내건축 및 건축마무리 공사업(도배업만 영위하는 경우는 제외한다), 인물사진 및 행사용 영상 촬영업<br>결혼 상담 및 준비 서비스업, 의류 임대업<br>「화물자동차 운수사업법」 제2조제4호에 따른 화물자동차 운송주선사업(이사화물을 포장하는 서비스를 제공하는 사업) |

|   |   |
|---|---|
|   | 자동차 부품 및 내장품 판매업 |
|   | 자동차 종합 수리업, 자동차 전문 수리업 |
|   | 전세버스 운송업, 가구 소매업 |
|   | 전기용품 및 조명장치 소매업, 의료용 기구 소매업 |
|   | 페인트, 창호 및 기타 건설자재 소매업 |
|   | 주방용품 및 가정용 유리, 요업 제품 소매업[거울 및 액자(내용물이 없는 것으로 한정한다) 소매업, 주방용 유리제품 소매업, 관상용 어항 소매업으로 한정한다] |
|   | 안경 및 렌즈 소매업, 운동 및 경기용품 소매업 |
|   | 예술품 및 골동품 소매업, 중고자동차 소매업 및 중개업 |
|   | 악기 소매업, 자전거 및 기타 운송장비 소매업 |
|   | 체력단련시설 운영업, 화장터 운영, 묘지 분양 및 관리업 |
|   | 특수여객자동차 운송업 |
|   | 가전제품 소매업, 의약품 및 의료용품 소매업 |
|   | 독서실 운영업, 두발 미용업, 철물 및 난방용구 소매업 |
|   | 신발 소매업, 애완용 동물 및 관련용품 소매업 |
|   | 의복 소매업, 컴퓨터 및 주변장치, 소프트웨어 소매업 |
|   | 통신기기 소매업, |
|   | <2022.1.1. 이후> |
|   | 건강보조식품 소매업, 모터사이클 수리업 |
|   | 자동차 세차업, 벽지, 마루덮개 및 장판류 소매업 |
|   | 공구 소매업, 가방 및 기타 가죽제품 소매업 |
|   | 중고가구 소매업, 사진기 및 사진용품 소매업 |
| 6. 통신판매업 | 전자상거래 소매업(제1호부터 제5호에 따른 업종에서 사업자가 공급하는 재화 또는 용역을 온라인 통신망을 통하여 소매하는 경우로 한정한다) |

비고: 업종의 구분은 한국표준산업분류를 기준으로 한다. 다만, 위 표에서 특별히 규정하는 업종의 경우에는 그렇지 않다.

■ **현금영수증 의무발행대상 업종 확대(소득령 별표3의3)**
○ 백화점, 대형마트, 체인화편의점, 기타 대형 종합소매업, 서적, 신문 및 잡지류 소매업, 곡물, 곡분 및 가축사료 소매업, 육류 소매업,
자동차 중개업
○ 이사화물운송주선사업(포장이사 이외), 주차장 운영업, 여객 자동차 터미널 운영업
○ 통신장비 수리업, 보일러수리 등 기타 가정용품 수리업
■ 전체 125개 업종(13개 업종 추가)
<적용시기> '24.1.1. 이후 재화 또는 용역을 공급하는 분부터 적용

**[개정 세법] 현금영수증 의무발행 업종 확대(소득령 별표3의3)**

| 현 행 | 개 정 |
|---|---|
| □ 현금영수증 의무발행*대상<br><br> * 건당 거래금액 10만원 이상 현금거래 시 소비자 요구 없더라도 현금영수증을 의무적으로 발급<br><br>❶ 변호사 등 전문직<br>❷ 병·의원, 약사업, 수의사업 등<br>❸ 일반교습학원, 외국어학원 등<br>❹ 가구소매업, 전기용품·조명장치 소매업, 의료용기구 소매업 등 일부 소매업<br>❺ 골프장운영업, 예식장업 등 기타업종<br><br> * 전체 125개 업종<br><br><추 가> | □ 의무발행대상 확대<br><br><br><br>○ (좌 동)<br><br><br><br><br><br><br>○ 13개 업종* 추가 및 1개 업종 정정**<br><br> * ①여행사업, ②기타 여행보조 및 예약 서비스업, ③수영장운영업, ④스쿼시장 등 그 외 기타 스포츠시설 운영업, ⑤실외경기장 운영업, ⑥실내경기장 운영업, ⑦종합스포츠시설 운영업, ⑧볼링장운영업, ⑨스키장운영업, ⑩의복 액세서리 및 모조 장신구 소매업, ⑪컴퓨터 및 주변기기 수리업, ⑫앰뷸런스 서비스업, ⑬애완동물 장묘 및 보호서비스업<br><br> ** 독서실운영업에 스터디카페 포함 |

<적용시기> '25.1.1. 이후 재화나 용역을 공급하는 분부터 적용

[개정 세법] 현금영수증 의무발행업종 확대(소득령 별표3의3)

| 현 행 | 개 정 |
|---|---|
| □ 현금영수증 의무발행업종* <br><br> * 건당 10만원 이상 현금거래시 소비자 요구가 없더라도 현금영수증 발급의무 <br><br> ※ 총 138개 업종 <br><br> ❶ (사업서비스업) 변호사·공인회계사·세무사·변리사업 등 <br> ❷ (보건업) 병·의원, 약사업, 한의원, 수의업 등 <br> ❸ (숙박·음식점업) 출장 음식 서비스업, 숙박시설운영업 등 <br> ❹ (교육서비스업) 일반교습학원, 외국어학원, 운전학원 등 <br><br> ❺ (그 밖의 업종) 골프장운영업, 예식장업 등 <br><br><br><br> ❻ (통신판매업*) 전자상거래 소매업·소매중개업, 기타 통신판매업 <br><br> * ❶~❺ 업종의 재화·용역을 공급하는 경우로 한정 | □ 의무발급업종 확대 <br><br><br><br><br> ※ 총 142개 업종 <br><br> ○ (좌 동) <br><br><br><br><br><br><br><br> ○ 4개 업종* 추가 <br><br> * ①기념품, 관광 민예품 및 장식용품 소매업, ②사진 처리업, ③낚시장 운영업, ④기타 수상오락 서비스업 <br><br> ○ (좌 동) |

<적용시기> '26.1.1. 이후 재화·용역을 공급하는 분부터 적용

## ❹ 부가가치세 신고시 현금매출명세서 제출의무

다음의 현금매출명세서 제출대상 사업자는 부가가치세 예정신고 또는 확정신고를 할 때 현금매출명세서를 함께 제출하여야 하며, 현금매출명세서를 제출하지 아니하거나 제출한 수입금액(현금매출명세서의 경우 현금매출)이 사실과 다르게 적혀 있으면 제출하지 아니한 부분의 수입금액 또는 제출한 수입금액과 실제 수입금액과의 차액에 1%를 곱한 금액을 납부세액에 더하거나 환급세액에서 뺀다.

### ▶ 현금매출명세서 제출대상 사업자

① 부동산업, 전문서비스업, 과학서비스업 및 기술서비스업, 보건업, 그 밖의 개인서비스업 [부가가치세법 제55조]
② 예식장업, 부동산중개업, 보건업(병원과 의원), 변호사업, 심판변론인업, 변리사업, 법무사업, 공인회계사업, 세무사업, 경영지도사업, 기술지도사업, 감정평가사업, 손해사정인업, 통관업, 기술사업, 건축사업, 도선사업, 측량사업, 공인노무사업, 의사업, 한의사업, 약사업, 한약사업, 수의사업과 그 밖에 이와 유사한 사업서비스업으로서 기획재정부령으로 정하는 것 [부령 제100조 및 제109조 제2항제7호]
③ 과자점업, 도정업, 제분업 및 떡류 제조업 중 떡방앗간, 양복점업, 양장점업, 양화점업, 그 밖에 자기가 공급하는 재화의 50퍼센트 이상을 최종소비자에게 공급하는 사업으로서 국세청장이 정하는 것 [부가가치세법 시행규칙 제71조]

### ■ 현금매출명세서 작성

10만원 이상의 현금매출에 대하여 현금영수증을 발급하지 아니한 경우 현금매출명세서 ⑩ 의뢰인란에 공급받는자의 인적사항 등을 기재하여 제출하여야 한다.

## 16 　신용카드 매출 및 부가가치세 신고

### ❶ 개요

사업자가 재화 또는 용역을 제공하고, 신용카드로 결제받은 경우 세금계산서를 발급할 의무는 없으며, 이 경우 신용카드매출에 대하여 부가가치세 신고를 하여야 한다. 단, 세금계산서를 발급하고 그 대금을 신용카드로 결제받은 경우 신용카드로 결제받은 것은 대금 결제를 받은 것으로 세금계산서 발행에 관한 내용만 부가가치세 신고를 하여야 하며, 신용카드 매출과 관련하여 부가가치세 신고시 유의할 사항 및 그 회계처리에 관한 내용은 다음과 같다.

▶ **신용카드로 결제받은 경우 세금계산서 발급의무는 없음**
세금계산서를 의무적으로 발급하여야 하는 업종인 제조업, 건설업, 도매업의 경우에도 재화 또는 용역을 공급하고 신용카드로 결제받은 경우 세금계산서를 발급하지 않아도 되며, 이 경우 세금계산서 미발급가산세는 적용되지 아니한다.

### ❷ 신용카드 매출 부가가치세 신고

① 세금계산서를 발급하고 그 대금을 카드로 결제받은 경우 부가세 신고는 세금계산서발행분에 대하여만 신고를 하여야 하는 것이며, 물품 등을 매출하고 세금계산서를 발급하지 아니하고 그 대금을 신용카드로 결제받은 경우에는 신용카드발행분에 대하여 '기타매출'로 부가가치세 신고를 하여야 한다.
② 신용카드매출이 있는 경우 '신용카드매출전표등발행집계표'를 작성하여 제출하여야 하며, 집계표 작성시 공급대가(결제금액 : 공급가액 + 세액)를 기준으로 작성하되, 세금계산서를 발행하고 그 대금을 신용카드로 결제받은 것이 있는 경우 '신용카드매출전표등발행집계표'의 3. 신용카드매출전표 등 발행금액(⑤합계) 중 '세금계산서(계산서) 발급내역'에 구분 기재하여 매출금액에서 제외하여야 한다.
③ 신용카드 등 발행금액은 신용카드매출전표 발행일(재화 또는 용역의 공급시기)을 기준으로 신고금액을 계산하여야 하며, 은행결제일을 기준으로 해서는 안되며, 특히 과세기간 말 월(6월, 12월)거래 분에 주의를 하여야 한다.

④ 세금계산서를 발행한 다음 그 대금을 신용카드로 결제받은 경우 신용카드 결제는 입금에 해당하는 것으로 이 경우 신용카드매출전표에서는 반드시 '세금계산서발행분'이라고 기재하여야 한다.(이중 매출 방지)

⑤ 매출대금을 신용카드로 결제받았으나 이후 취소된 경우 취소한 날이 속하는 과세기간의 매출금액에서 차감하여야 한다. 예를 들어 6월달에 신용카드매출이 있었고, 부가가치세 신고를 완료한 후 7월에 매출취소가 되면, 제2기 신고시 매출에서 감액하여 신고를 하면 된다.

## ❸ [개인] 신용카드 매출전표등 발행세액공제

**영수증발행사업자(법인 제외)**가 신용카드매출전표로 그 대금을 결제받은 경우 및 현금영수증 등을 발행한 경우 발행금액 또는 결제금액의 100분의 1.3을 납부세액에서 공제한다.(연간 1000만원 한도) **이 경우 공제받은 금액이 당해 금액을 차감하기 전의 납부할 세액을 초과하는 때에는 그 초과하는 부분은 없는 것으로 한다.** 단, 직전연도 매출액이 10억원을 초과하는 사업장(사업장별 기준)은 신용카드매출전표등 발행세액공제를 받을 수 없다.

### ▶ 신규개업, 폐업자의 경우 한도내에서 공제를 받을 수 있음
신규개업 및 폐업자의 경우 공제액에 대한 환산규정이 없으므로 1000만원 한도 내의 공제대상금액에 대하여 공제를 받을 수 있다.

■ 신용카드발행세액공제는 영수증발행사업자의 경우에만 공제가 가능한 것으로 영수증발행사업자가 아닌 제조업 등은 공제를 받을 수 없음

개인사업자이나 제조업, 건설업, 도매업 등 세금계산서 의무발급대상 사업자가 재화 또는 용역을 공급하고 신용카드로 결제받은 경우 세금계산서 발급의무는 없는 것이나 신용카드발행세액공제는 받을 수 없다.

[개정 세법] '24년 이후 신용카드 등 사용 세액공제 결제수단 확대 (부가령 § 88④(4) 신설)
판매 대행·중개자가 제출하는 월별 거래 명세
1. 전기통신사업법에 따른 통신판매업자의 판매 대행·중개자
2. 외국환거래법에 따른 전문 외국환업무취급업자

## 17  신용카드 매출 회계처리

### ❶ 매출과 동시에 신용카드로 결제받은 경우 회계처리

① 《매출대금을 신용카드로 결제받음》 물품을 판매하고 그 대금 130,000원(부가세 포함금액)을 6. 10 신용카드로 결제받다.

| 미수금(신용카드사) | 130,000 | / | 매출 | 118,182 |
|---|---|---|---|---|
| | | | 부가세예수금 | 11,818 |

② 《신용카드매출대금 입금》 카드사로부터 6.13. 수수료 5,200원을 (수수료 4% 가정) 공제한 124,800원이 보통예금에 입금되다.

| 보통예금 | 124,800 | / | 미수금(신용카드사) | 130,000 |
|---|---|---|---|---|
| 지급수수료 | 5,200 | | | |

### ❷ 외상매출 후 그 대금을 신용카드로 결제받은 경우

① 《외상매출》 (주)동국상사에 6. 10 상품 2,000,000원(부가세 별도)을 판매하고 그 대금은 외상으로 하다.

| 외상매출금 | 2,200,000 | / | 매출 | 2,000,000 |
|---|---|---|---|---|
| | | | 부가세예수금 | 200,000 |

② 《외상매출금을 신용카드로 결제받음》 6. 30. (주)동국상사에 대한 외상매출금 2,200,000원을 신용카드로 결제받다.

| 미수금 | 2,200,000 | / | 외상매출금 | 2,200,000 |
|---|---|---|---|---|

③ 《신용카드 대금 입금》 카드사로부터 7. 2. 수수료 88,000원(수수료 4% 가정)을 공제한 2,112,000원이 보통예금에 입금되다.

| 보통예금 | 2,112,000 | / | 미수금 | 2,200,000 |
|---|---|---|---|---|
| 지급수수료 | 88,000 | | | |

# 18   영세율 및 영세율 부가가치세 신고

## ❶ 개요

① 부가가치세가 과세되는 재화 또는 용역을 공급하는 사업자는 재화 또는 용역의 공급시 공급받는 자로부터 공급가액의 10%를 부가가치세로 징수하여 부가가치세 신고기한 내 납부하여야 한다.

반면, 영세율이란 재화 또는 용역의 공급에 대하여 **영의 세율**을 적용하여 부가가치세를 징수하지 않는 것을 말한다. 영세율 적용대상은 부가가치세법 및 조세특례제한법에서 규정하고 있으나 실무에서 접하는 영세율은 대부분 **수출업자** 및 **수출업자에게 수출물품을 납품하는 수출품생산업자**의 경우이다.

② 영세율 적용대상 사업자는 부가가치세 신고 및 납부의무가 있고, 물품 등을 구입할 시 발급받은 세금계산서의 매입세액을 공제받을 수 있다. 따라서 영세율 적용대상 사업자(수출 등)의 경우 매출세액은 없으나 물품 등의 매입시 부담한 매입세액은 있으며, 매입세액은 관할세무서로부터 환급을 받을 수 있다. 예를 들어 매출세액 '0' 매입세액 5,000만원인 경우 매입세액 5,000만원은 관할세무서로부터 환급을 받을 수 있는 것이다.

## ❷ 영세율과 면세 차이점

### 1 부가가치세 신고·납부의무

영세율 및 면세에 해당하는 경우 이를 공급하는 사업자는 거래상대방으로부터 부가가치세를 거래징수하지 않는 점은 같으나 면세사업자는 부가가치세 납세의무 자체가 완전히 면제되는 것으로 면세에 해당하는 재화 또는 용역을 공급하는 사업자는 부가가치세 신고납세의무가 없다. 이에 반하여 영세율사업자는 부가가치세법에 의한 사업자등록을 하여야 하며, 부가가치세신고를 하여야 한다.

## 2  세금계산서 발급의무

면세에 해당하는 재화 또는 용역을 공급하는 경우에는 세금계산서 양식 중 세액이 없는 **계산서**를 발행하여야 하며, 수출의 경우 직수출은 세금계산서를 발급하지 아니하나

국내에서 내국신용장, 구매확인서 또는 임가공계약서에 의하여 수출물품을 공급하는 수출품생산업자의 경우에는 세금계산서 양식에 세액란을 영(0)으로 하는 영세율 세금계산서를 발급하여야 한다.

## 3  부가가치세 매입세액 공제대상 여부

면세사업자는 물품 등의 매입시 부담한 매입세액은 공제받을 수 없으므로 매입세액을 취득가액에 포함하여야 한다.

반면, 영세율은 일반과세사업자로서 부가가치세신고납부의무가 있을 뿐만 아니라 국내에서 영세율 적용대상이 되는 재화 또는 용역을 공급하는 경우 부가가치세가 영(0)인 세금계산서를 발행하여야 하며, 재화 또는 용역을 공급받을 시 부담한 매입세액은 공제를 받을 수 있으므로 매입세액이 매출세액(영세율 적용대상 매출이 아닌 경우의 매출세액)보다 많은 경우 관할세무서로부터 환급을 받을 수 있다.

# ❸  영세율이 적용되는 재화 또는 용역

## 1  수출하는 재화

수출이라 함은 내국물품을 외국으로 반출하는 것을 말하며, 영세율이 적용되는 수출에는 직수출뿐만 아니라 대행수출, 내국신용장 또는 구매확인서에 의하여 공급하는 재화도 해당된다.

① 공급시기 ~ 수출하는 재화를 선박 또는 항공기에 선적한 날

② 과세표준 ~ 수출물품에 대한 대가를 외국통화 기타 외국환으로 받은 경우 다음에 규정하는 금액을 그 대가로 한다.
1. 공급시기 도래 전에 원화로 환가한 경우에는 그 환가한 금액
2. 공급시기 이후 외국통화 기타 외국환의 상태로 보유하거나 지급받는 경우에는 공급시기의 기준환율 또는 재정환율에 의하여 계산한 금액

③ 세금계산서 발급 ~ 직수출의 경우 재화를 공급받는 자(외국의 수입업자)는 국내 세법의 규정을 적용받지 않으므로 세금계산서 발급이 면제된다.

■ 영세율 첨부서류
수출실적명세서 다만, 소포우편(EMS 등)에 의하여 수출한 경우에는 당해 우체국장이 발행하는 소포수령증으로 한다.

▶ 영세율 첨부서류 및 영세율매출명세서 작성·제출
부가가치세 신고시 영세율 첨부서류와 영세율 매출명세서를 작성하여 제출하여야 하며, 영세율 첨부서류를 제출하지 않은 경우에는 가산세(공급가액의 0.5%)가 적용 되나 영세율매출명세서를 제출하지 않은 경우 가산세 적용은 없다.

□ 부가가치세기본통칙 21-31-4【재화의 무상수출】
사업자가 재화를 국외로 무상으로 반출하는 경우에는 영의 세율을 적용한다. 다만, 자기 사업을 위하여 대가를 받지 아니하고 국외의 사업자에게 견본품을 반출하는 경우에는 재화의 공급으로 보지 아니한다. (1998. 8. 1. 개정)

■ 해외에서 개최되는 전시회에 무상으로 출품하는 재화는 수출에 해당함
전시 후 현지에서 매각 또는 폐기처분 여부에 관계없이 수출하는 재화에 해당하는 것으로 선적일을 공급시기로 하여 영의 세율을 적용하여야 한다.

□ 부가가치세법 집행기준 60-0-13 [과다 기재한 영세율과세표준에 대한 가산세]
영세율이 적용되는 사업자가 영세율 붙임서류를 정상적으로 제출하였으나 그 신고한 과 세표준이 신고하여야 할 과세표준보다 과다하게 신고한 경우에는 영세율과세표준신고불 성실가산세를 적용하지 아니한

■ 영세율과세표준 과소신고 가산세

사업자가 부가가치세 신고를 한 경우로서 영세율과세표준을 과소신고하거나 신고하지 아니한 경우 그 과소신고되거나 무신고된 영세율과세표준의 1천분의 5에 상당하는 금액을 가산세로 부담하여야 한다. [국세기본법 제47조의3 ② 2]

## ② 국제우편 등을 이용한 수출매출

사업자가 자기의 책임과 계산하에 국제우편 또는 인편에 의하여 내국물품을 외국으로 반출하는 경우에는 영의 세율이 적용되고, 세금계산서의 발급의무가 면제되는 것이며, 그 공급시기는 당해 소포수령증 발급일을 공급시기로 한다. DHL, EMS 등 소포우편에 의한 수출의 경우 영세율 첨부서류는 당해 우체국장이 발행하는 소포수령증으로 한다. 다만, 사업자가 당해 법령 또는 훈령에 정하는 서류를 제출할 수 없는 경우에는 외화획득명세서에 당해 외화획득내역을 입증할 수 있는 증빙서류를 첨부하여 제출할 수 있다.

## ③ 대행수출

대행수출이란 수출품생산업자가 자기가 생산 또는 취득한 재화를 수출함에 있어 자기명의로 수출할 수 없는 경우 다른 수출업자와 수출대행계약을 체결하고 수출하는 것을 말한다. 이 경우 수출업자는 수출대행용역의 제공에 대하여는 영세율이 적용되지 아니하며, 수출의 주체가 되는 수출품생산업자의 수출에 대하여 영세율을 적용한다.

■ 영세율 첨부서류
수출대행계약서사본 및 수출실적명세서

## ④ 수출품생산업자가 수출업자에게 공급하는 재화 또는 용역

[1] 내국신용장에 의한 공급

내국신용장이라 함은 사업자(수출업자 등)가 수출용원자재, 수출용완제품을 국내에서 구입할 때 원자재 또는 완제품 생산업자에게 그 대금지불을 보증하기 위하여 수출업자가 수출신용장을 근거로 국내은행(수입업자의 거래은행으로부터 신용장개설 통지를 받은 은행)에 신용장 개설을 요구할 수 있다. 이를 내국신용장이라 하며, 1차 내국신용장이 완제품 내국신용장인 경우 2차 부분품생산업자뿐만 아니라 3차 원자재 생산업자에게까지 내국신용장을 개설할 수 있다.

내국신용장은 당해사업자의 신청에 의하여 외국환은행의 장이 재화 또는 용역의 공급시기가 속하는 **과세기간 종료 후 25일 이내에 개설하는 신용장**을 말한다.

① 공급시기 ~ 일반적인 공급시기 기준 적용(재화를 인도하는 때)

② 과세표준 ~ 공급일의 공급가액을 기준환율 또는 재정환율에 의하여 계산한 금액

③ 세금계산서 ~ 내국신용장에 의하여 수출용 원자재 등을 국내의 수출업자에게 공급하는 경우 재화를 인도하는 때에 인도일의 기준환율 또는 재정환율로 계산한 금액을 공급가액으로 하여 세금계산서를 발급하여야 한다.

- 영세율 첨부서류
내국신용장(전자문서 포함) 또는 수출대금입금증명서

## [2] 구매확인서에 의한 공급

구매확인서는 수출을 하고자 하는 자가 자신의 거래은행을 통하여 발급신청을 하여 발급받아 공급자에게 발급하는 것으로 수출용 재화 또는 용역에 관한 수출신용장 등 근거서류 및 그 번호, 유효기일, 선적기일 등이 기재된 것을 말한다.

- 영세율 첨부서류
구매확인서사본 또는 수출대금입금증명서 사본

▶ **내국신용장 또는 구매확인서에 의한 영세율 세금계산서 발급 방법**

사업자가 내국신용장이 개설되기 전에 재화를 공급하는 경우 재화의 공급시기에 일반세율(10%)을 적용한 세금계산서를 발급하여야 한다. 단, 당해 재화의 공급시기가 속하는 과세기간 **종료후 25일 이내**(부법 시행규칙 제21)에 내국신용장이 개설되

는 경우 당초 세금계산서 발행일을 작성일자로 하는 수정세금계산서 및 영세율 세금계산서(당초 세금계산서는 감액처리하고 영세율 세금계산서를 발급)를 발급한다.

▶ **내국신용장 또는 구매확인서에 의한 재화의 공급가액**
1) 구매승인서 또는 내국신용장에 의하여 수출용 원자재 등을 공급하는 사업자가 당해 재화를 공급하기 전에 공급받는 사업자와 사전약정에 의하여 당해 재화의 공급가액을 원화가액으로 확정하여 당해 확정된 원화금액으로 대가를 지급받는 경우 당해 재화의 공급에 대한 과세표준은 사전약정에 의하여 확정된 원화가액이 되는 것임.
(부가46015-2616, 1999.08.31.)

2) 사업자가 내국신용장 등에 당해 내국신용장 등의 개설 당시의 환율을 부기하였으나 당해 공급시기 이후에 외국통화 또는 외국통화 상태로 보유하거나 지급받는 경우에는 당해 외화대금을 당해 재화의 공급시기의 외국환거래법에 의한 기준환율 또는 재정환율에 의하여 계산한 금액을 부가가치세 과세표준으로 하는 것임.

▶ **내국신용장 및 구매확인서 차이점**
내국신용장과 구매확인서의 효력은 유사하지만, 가장 중요한 차이점은 내국신용장은 수출금융을 받을 수 있는 반면, 구매확인서는 수출금융을 받을 수 없는 점이다.

## [3] 수출재화 임가공용역
수출업자와 **직접 도급계약**에 의하여 수출재화를 임가공하는 수출재화임가공용역(수출재화염색임가공을 포함한다.)에 대하여 영의 세율을 적용한다.

■ 영세율 첨부서류
1) 수출업자와 직접도급계약을 한 경우
임가공계약서 사본 및 당해 수출업자가 발급한 납품사실증명서 또는 수출대금입금증명서

2) 내국신용장 또는 구매확인서에 의하여 공급하는 수출재화임가공용역
내국신용장이나 구매확인서 사본 또는 수출대금입금증명서

## 5  국외에서 제공하는 용역 및 선박, 항공기의 외국항행용역

국외에서 제공하는 용역도 영의 세율이 적용되며, 국외에서 제공하는 용역의 수출은 거래상대방, 대금의 지불방법 등에 관계없이 영의 세율이 적용된다.

■ 영세율 첨부서류 → 외화입금증명서 또는 용역공급 계약서

## 6  기타 외화획득사업

① 외국항행 선박 및 항공기 등에 공급하는 재화 또는 용역(선박 또는 항공기에 의하여 여객이나 화물을 국내에서 국외로, 국외에서 국내로 또는 국외에서 국외로 수송하는 것) [부법 제23조]
② 우리나라에 상주하는 외교공관, 영사기관, 국제연합과 이에 준하는 국제기구 등(외교공관 등)에 재화 또는 용역을 공급하는 경우 [부법 제24조 ① 1]
③ 외교공관등의 소속 직원으로서 해당 국가로부터 공무원 신분을 부여받은 자 또는 외교부장관으로부터 이에 준하는 신분임을 확인받은 자 중 내국인이 아닌 자에게 재화 또는 용역을 공급하는 경우 [부법 제24조 ① 2]
④ 국내에서 국내사업장이 없는 비거주자 또는 외국법인에 공급되는 **특정** 재화 또는 용역으로서 그 대금을 외국환은행에서 원화로 받는 것 등 [부령 제33조 ② 1]
⑤ 외국을 항행하는 선박 및 항공기 또는 원양어선에 공급하는 재화 또는 용역 [부령 제33조 ② 5]
⑥ 우리나라에 상주(常住)하는 국제연합군 또는 미합중국군대에 공급하는 재화 또는 용역 [부령 제33조 ① 6]
⑦ 일반여행업자가 외국인 관광객에게 공급하는 **관광알선용역**. 다만, 그 대가를 다음 각 호의 어느 하나의 방법으로 받는 경우로 한정한다. [부령 제33조 ① 7]
1. 외국환은행에서 원화로 받는 것
2. 외화 현금으로 받은 것 중 국세청장이 정하는 관광알선수수료명세표와 외화매입증명서에 의하여 외국인 관광객과의 거래임이 확인되는 것
⑧ 외국인전용판매장 등의 사업자가 국내에서 공급하는 재화 또는 용역으로서 그 대가를 외화로 받고 그 외화를 외국환은행에서 원화로 환전하는 경우 [부령 제33조 ① 9]

## 7  조세특례제한법 규정에 의한 영세율 적용 [조특법 제105조]

① 「방위사업법」에 따라 지정을 받은 방산업체가 공급하는 같은 법에 따른 방산물자와 「비상대비자원 관리법」에 따라 중점 관리대상으로 지정된 자가 생산공급하는 시제품(試製品) 및 자원 동원으로 공급하는 용역
② 「국군조직법」에 따라 설치된 부대 또는 기관에 공급하는 석유류
③ 장애인용 보장구, 장애인용 특수 정보통신기기 및 장애인의 정보통신기기 이용에 필요한 특수 소프트웨어로서 대통령령으로 정하는 것
④ 농민 또는 임업에 종사하는 자에게 공급(국가 및 지방자치단체와 「농업협동조합법」, 「엽연초생산협동조합법」 또는 「산림조합법」에 따라 설립된 각 조합 및 이들의 중앙회를 통하여 공급하는 것을 포함한다)하는 농업용·축산업용 또는 임업용 기자재로서 다음의 어느 하나에 해당하는 것
1. 「비료관리법」에 따른 비료로서 대통령령으로 정하는 것
2. 「농약관리법」에 따른 농약으로서 대통령령으로 정하는 것
3. 농촌 인력의 부족을 보완하고 농업의 생산성 향상에 기여할 수 있는 농업용 기계로서 대통령령으로 정하는 것
4. 축산 인력의 부족을 보완하고 축산업의 생산성 향상에 기여할 수 있는 축산업용 기자재로서 대통령령으로 정하는 것
5. 「사료관리법」에 따른 사료
6. 산림의 보호와 개발 촉진에 기여할 수 있는 임업용 기자재로서 대통령령으로 정하는 것
⑤ 연근해 및 내수면어업용으로 사용할 목적으로 대통령령으로 정하는 어민에게 공급하는 어업용 기자재로서 다음의 어느 하나에 해당하는 것
1. 「사료관리법」에 따른 사료(부가가치세가 면제되는 것은 제외)
2. 그 밖에 대통령령으로 정하는 것

## 8  조세특례제한법 규정에 의한 부가가치세 사후 환급

### [1] 외국인관광객 면세판매장에서 외국인에게 판매하는 재화

외국인관광객 면세판매장을 경영하는 사후면세점에서 외국인관광객 등에게 판매하는 재화 중 국외로 반출하는 경우 부가가치세 영세율을 적용하거나 부가가치세액을 환급할 수 있다. [조특법 제107조]

## [2] 외국인관광객 미용성형 의료용역에 대한 부가가치세환급 특례

외국인관광객이 의료기관에서 2025년 12월 31일까지 공급받은 환급대상 의료용역에 대해서는 해당 환급대상 의료용역에 대한 부가가치세액을 환급할 수 있다.
[조특법 제107조의3]

▶ **영세율 적용대상이 아님에도 영세율 세금계산서를 발급한 경우 추징 사례**

| 내용 | 방위산업물자 임가공용역을 제공하는 업체 D는 방위산업체로부터 방산물자에 대한 임가공용역을 의뢰받아 해당 용역을 공급하고 영세율 세금계산서를 발행함 |
|---|---|
| 조치 결과 | 과세관청에서 현장정보 수집 및 기획분석을 실시하여 과세분을 영세율로 부당 적용하여 신고 누락한 사실을 확인하여 부가가치세 35억원을 추징함 |

[해설] 영세율 적용대상 수출재화의 임가공용역은 영세율 적용 가능하므로 방위산업체의 경우에도 이에 해당하는 것으로 오인하여 영세율 세금계산서를 발행하였으나 방위사업법에 의하여 지정을 받은 방위산업체가 공급하는 방산물자의 경우 영(0)의 세율 적용이 가능하나, 하도급을 받아 공급하는 방산물자에 대한 임가공용역은 영세율 적용 대상이 아님으로 인하여 부가가치세 및 가산세가 추징된 것임

▶ **임가공업자가 수출품생산업자에게 영세율 세금계산서를 발급한 경우 추징 사례**

임가공업자가 수출업자에게 임가공계약서 등에 의하여 직접 납품하는 경우 영세율이 적용되나 수출품생산업자에게 납품하는 경우에는 영세율이 적용되지 아니함에도 영세율을 적용한 내용에 대하여 부가가치세 및 가산세를 추징함

## ❹ 기타 영세율 부가가치세 신고 첨부서류

「부가가치세법 시행령」 제101조제1항의 위임에 따라 영세율 적용사업자가 제출할 영세율적용 첨부서류

♣ 국세청 홈페이지 → 알림소식 → 고시
영세율적용사업자가 제출할 영세율적용 첨부서류 지정 고시

# 19　면세제도 및 면세대상

## ❶ 개요

① 사업자가 물품 또는 서비스 등을 공급할 시 일반적인 경우 물품 공급가액의 10% (부가가치세)를 거래상대방으로부터 징수하여 세무서에 납부하여야하나, 세법에서 면세로 정한 사업의 경우 사업자가 물품 또는 서비스를 공급하더라도 거래상대방으로부터 부가가치세 징수를 면제하는 경우가 있다.

② 부가가치세 징수를 면제하는 면세사업자는 영세율 적용 대상 사업자와는 달리 부가가치세 신고 및 납부의무가 없고, 물품 등의 구입시 부가가치세를 부담하고 발급받은 매입세금계산서의 매입세액은 공제되지 아니한다.

③ 면세계산서의 경우 부가가치세법의 규정이 아닌 법인세법 및 소득세법의 규정을 적용받으며, 면세로 발급한 계산서 및 면세 계산서 수취내용에 대하여 반드시 **다음해 2월 10일**까지 계산서합계표를 제출하여야 하며, 계산서합계표 제출을 누락한 경우 그 공급가액의 100분의 0.5%를 가산세로 부담하여야 한다.

▶ **과세사업자의 경우에도 면세 재화 또는 용역을 공급할 수 있음**

과세사업자가 면세되는 재화 또는 용역을 공급하는 경우 별도의 사업자등록정정신고 없이 면세 재화 또는 용역을 공급할 수 있으며, 계산서 의무발급대상사업자(제조업, 도매업, 건설업 등)는 반드시 계산서를 발급하여야 하며, 계산서를 발급하지 않은 경우 공급가액의 100분의2를 가산세로 부담하여야 한다.

## ❷ 면세 대상

면세제도는 소비자가 물품 또는 서비스를 매입할 시 부담하여야 하는 부가가치세를 면제함으로써 결과적으로 소비자의 조세부담을 덜어주게 되는 것으로 조세정책에 따라 부가가치세법 및 조세특례제한법에서 면세대상을 규정하고 있다.

# 1 부가가치세법에 의한 재화·용역의 면세

## [1] 기초생활필수품 등
① 가공되지 아니한 식료품(식용에 공하는 농산물·축산물·수산물과 임산물 포함) 및 우리나라에서 생산된 식용에 공하지 아니하는 농산물·축산물·수산물과 임산물
② 수돗물, 연탄과 무연탄, 여성용 생리처리 위생용품
③ 주택과 그 부수토지의 임대용역 ~ 상시주거용(사업을 위한 주거용 제외)으로 사용하는 주거용 건물과 이에 부수되는 토지로서 토지의 면적이 건물에 정착된 면적의 5배(도시지역 밖 토지의 경우에는 10배) 또는 건물의 연면적 중 넓은 면적을 초과하지 아니하는 것을 말하며, 이를 초과하는 토지의 면적은 토지의 임대로 본다.
④ 여객운송용역 ~ 여객운송용역 중 시내버스, 시외버스, 일반고속버스(우등고속은 과세), 지하철, 연안여객선 등 대중교통수단의 운송용역은 면제한다. 다만, 항공기·고속버스·전세버스·택시·특수자동차·특종선박 또는 고속철도에 의한 여객운송용역 등은 제외한다.

## [2] 국민후생용역
① 의료보건용역과 혈액
○ 의사등이 제공하는 의료용역 단, 미용목적의 성형수술은 과세된다.
○ 약사가 제공하는 의약품의 조제용역
○ 장의용역, 묘지 및 화장업 관련 용역
○ 응급환자이송업자가 제공하는 응급환자이송용역
○ 분뇨 등의 수집·운반·처리 및 정화조청소용역
○ 소독용역
○ 생활폐기물의 재활용용역
○ 지정측정기관이 공급하는 작업환경측정용역
② 교육관련용역
정부의 허가 또는 인가를 받은 학교·학원·강습소·훈련원·교습소 기타 비영리단체 등 단, 정부의 허가 또는 인가를 받지 아니하고 교육용역을 제공하는 경우 및 운전학원, 무도학원의 교육용역은 부가가치세가 과세된다.
③ 우표(**수집용 우표 제외**)·인지·증지·복권과 공중전화
④ 문화관련용역

○ 도서·신문·잡지·관보·뉴스통신 및 방송(광고는 과세됨)
○ 예술창작품·예술행사·문화행사와 비직업운동경기
○ 도서관·과학관·박물관·미술관·동물원 또는 식물원에의 입장

### [3] 부가가치세 구성요소인 재화(토지) 및 용역

① 토지의 공급 (토지에서 채취한 자연석 또는 마사토의 공급은 과세됨)
② 인적용역
○ 직업운동가·역사·기수·운동지도가(심판을 포함한다)와 이와 유사한 용역
○ 보험모집수당 또는 이와 유사한 성질의 대가를 받는 용역
○ 저작자가 저작권에 의하여 사용료를 받는 용역
○ 고용관계 없는 자가 다수인에게 강연을 하고, 강연료의 대가를 받는 용역
○ 개인이 일의 성과에 따라 수당 또는 이와 유사한 성질의 대가를 받는 용역
③ **금융·보험용역**

▶ **주택과 이에 부수되는 토지 임대 용역은 면세되나 토지 임대는 과세됨**

주택과 이에 부수되는 토지(토지 정착면적의 5배, 도시지역이 아닌 경우 10배)의 임대 용역은 면세되나 토지의 임대(부수되는 토지를 초과하는 면적 포함)는 부가가치세가 과세된다.

### [4] 기타 면세

① 국가·지방자치단체 또는 지방자치단체조합이 공급하는 재화 또는 용역
② 수입재화 중 면세재화에 준하는 것으로 부가가치세법 제27조 규정에 의한 것
○ 가공되지 아니한 식료품, 도서 등
○ 거주자가 받는 소액물품으로서 관세가 면제되는 재화
○ 수입하는 상품의 견본과 광고용 물품으로서 관세가 면제되는 재화
○ 수출된 후 다시 수입하는 재화로서 관세가 감면되는 것

■ **면세사업자가 차량을 매각하는 경우 면세 계산서를 발급하여야 함**

면세사업자가 면세사업에 사용하던 차량을 일시적으로 매각하는 경우에는 세금계산서를 발급할 수 없는 것이며, 면세 계산서를 발급하여야 한다.

## ② 조세특례제한법의 규정에 의한 면세 [조특법 제106조]

① 국민주택(전용면적 85㎡ 이하) 및 당해 주택의 건설용역
② 건설산업기본법 · 전기공사업법 · 소방법 · 정보통신공사업법 · 주택법 및 오수 · 분뇨 및 축산폐수의 처리에 관한 법률에 의하여 등록을 한 사업자가 국민주택 건설용역 및 국민주택에 부수되는 부대시설에 대한 건설용역을 하도급 또는 재하도급을 받아 공급하는 경우와 당해 국민주택의 건설용역에 부수하여 모델하우스의 건설용역을 제공하는 경우
③ 공장·광산·건설사업현장, 학교의 구내식당등에서 제공하는 음식용역
④ 경비업의 허가를 받은 법인이 공동주택에 공급하는 경비용역
⑤ 농·임·어업용 및 연안여객선박용 석유류 등

◆ 국민주택 건설용역 및 국민주택에 부수되는 부대시설에 대한 건설용역을 하도급 또는 재하도급을 받아 공급하는 경우 [서면3팀-574, 2007.02.20]
건설산업기본법 · 전기공사업법 · 소방법 · 정보통신공사업법 · 주택법 및 오수 · 분뇨및축산폐수의처리에관한법률에 의하여 등록을 한 사업자가 국민주택 건설용역 및 국민주택에 부수되는 부대시설에 대한 건설용역을 하도급 또는 재하도급을 받아 공급하는 때에는 조세특례제한법 제106조 제1항 제4호 및 동법시행령 제106조 제4항 규정에 의하여 부가가치세가 면제되어 계산서교부대상 거래에 해당하는 것이나,
위의 법률에 의하여 등록을 하지 아니한 사업자가 동 용역을 하도급 또는 재하도급을 받아 공급하는 경우에는 부가가치세법 제7조 제1항 규정에 의하여 부가가치세가 과세되어 세금계산서 교부대상 거래에 해당하는 것임.

■ 오피스텔의 공급
오피스텔의 공급은 국민주택의 공급에 해당하지 않는 것으로 부가가치세 과세대상에 해당한다.

◆ 오피스텔을 분양받아 본인이 직접 주거용으로 사용하는 경우 부가세 면세여부
(서삼46015-10927, 2003.06.10)
주거용으로 사용이 가능한 오피스텔을 신축하여 분양하는 경우에 있어 1호당 전용면적이 85㎡이하인 경우에도 당해 건물의 공급에 대하여는 조세특례제한법 제106조 제1항 제4호의 규정에 의하여 부가가치세가 면제되는 국민주택의 공급에 해당되지 아니하는 것임

# 20 부가가치세 과세표준

## ❶ 개요

과세표준이란 부가가치세 부과기준이 되는 금액을 말하며, 재화 또는 용역의 공급에 대한 부가가치세의 과세표준은 다음 가액의 합계액으로 한다. 단, 사업자가 재화 또는 용역을 공급하고 그 대가로 받은 금액에 공급가액과 세액이 별도 표시되어 있지 아니한 경우와 부가가치세가 포함되어 있는지 불분명한 경우에는 거래금액 또는 영수할 금액의 110분의 100에 해당하는 금액이 과세표준이 된다.

## ❷ 과세표준 계산 방법

### 1 금전으로 대가를 받는 경우에는 그 대가

① 과세표준에는 거래상대자로부터 받은 대금·요금·수수료 기타 명목 여하에 불구하고 대가관계에 있는 모든 금전적 가치있는 것을 포함한다.
② 외상판매 및 할부판매의 경우 공급한 재화의 총가액을 과세표준으로 한다.
③ 장기할부판매는 계약에 따라 받기로 한 대가의 각 부분을 과세표준으로 한다.
④ 완성도기준지급 및 중간지급조건부로 재화 또는 용역을 공급하거나 계속적으로 재화 또는 용역을 공급하는 경우에는 계약에 따라 받기로 한 대가의 각 부분을 과세표준으로 한다.

### 2 대가를 받지 아니한 경우에는 사용·소비된 재화의 시가

자가공급, 개인적공급, 사업상 증여 등 대가를 받지 아니하고 공급으로 보는 재화(간주공급)는 사용, 소비된 재화의 시가를 과세표준으로 한다. **단, 직매장 공급의 경우에는 취득가액을 과세표준으로 한다.**

## ③ 부당하게 낮은 대가를 받은 경우 과세표준

재화 공급에 대하여 부당하게 낮은 대가를 받거나 대가를 받지 아니하는 경우에는 자기가 공급한 재화의 시가로 한다. 부당하게 낮은 대가라 함은 사업자가 그와 특수관계에 있는 자와의 거래에 있어서 재화와 용역의 공급가액에 대한 조세의 부담을 부당하게 감소시킬 것으로 인정되는 시가보다 낮은 대가를 말한다.

## ④ 기타 과세표준 적용 사례

### [1] 재화의 공급과 관련한 마일리지는 과세표준에 포함하지 아니함

당초 재화 또는 용역을 공급하고 마일리지등을 적립(다른 사업자를 통하여 적립하여 준 경우를 포함한다)하여 준 사업자에게 사용한 마일리지등 [부령 제61조 ② 9]

여러 사업자가 적립하여 줄 수 있거나 여러 사업자를 대상으로 사용할 수 있는 마일리지등의 경우에는 다음의 요건을 모두 충족한 경우로 한정한다.
1) 고객별·사업자별로 마일리지등의 적립 및 사용 실적을 구분하여 관리하는 등의 방법으로 당초 공급자와 이후 공급자가 같다는 사실이 확인될 것
2) 사업자가 마일리지등으로 결제받은 부분에 대하여 재화 또는 용역을 공급받는 자 외의 자로부터 보전받지 아니할 것

### [2] 용역의 공급과 관련한 마일리지는 과세표준에 포함하지 않는 것임

음식용역 등 용역의 공급에 대해 그 대가를 별도로 받지 아니하고 적립된 포인트에 의하여 당해 용역을 제공하는 경우에는 부가가치세가 과세되지 아니하는 것임 (부가-947, 2012.09.14)

### [3] 국고보조금을 받아 수행하는 사업의 과세표준 포함 여부

재화 또는 용역의 공급과 직접 관련되지 아니하는 국고보조금·공공보조금은 과세표준에 포함하지 아니하는 것이나, 국고보조금을 지급받은 자가 재화 또는 용역을 공급받고 그 국고보조금을 재원으로 그 대가를 지급하는 경우에는 부가가치세 과세표준에 포함하는 것임 (부가-21, 2014.01.13)

## [4] 재화의 수입에 대한 과세표준

관세의 과세가격 + 관세 + 개별소비세, 교통·에너지·환경세, 주세 + 교육세·농어촌특별세

### ▶ 보세구역에서의 부가가치세법 적용(통칙9-18-7)

| 거래 형태별 | 부가가치세법 적용 |
|---|---|
| ① 외국에서 보세구역으로 재화반입 | 과세되지 아니함(수입에 해당 안됨) |
| ② 동일한 보세구역 내에서 재화 또는 용역 공급 | 과세됨(재화 또는 용역의 공급에 해당) |
| ③ 보세구역 외의 우리나라 → 보세구역 | 과세됨(재화 또는 용역의 공급에 해당) |
| ④ 보세구역 내에서 생산·취득 재화 → <br> 1) 보세구역 외의 국내에 있는 자기의 다른 사업장에서 생산되는 원료로 사용·소비하기 위해 반출하는 경우 <br> 2) 재화의 수입에 해당하는 경우 | 1) 재화의 공급에 해당 안됨 <br><br><br> 2) 세관장이 부가가치세 징수 |
| ⑤ 사업자가 보세구역 내에서 보세구역 외의 장소로 공급하는 경우 | 세관장이 수입세금계산서 발급하고 공급가액 중 수입세금계산서상의 공급가액을 뺀 잔액에 대하여 공급하는 사업자가 세금계산서 발급함(내국신용장에 의하여 공급하는 경우 영세율 세금계산서를 교부함) <br> 다만, 영61①5단서에 해당하여 세관장이 부가가치세를 징수하기 전에 같은 재화에 대한 선하증권이 양도되는 경우에는 선하증권의 공급가액 전체에 대하여 부가가치세를 거래징수하고 세금계산서를 발급할 수 있다. |

① 외국으로부터 우리나라에 도착한 물품이 보세구역을 경유하는 때에는 **보세구역으로부터 반입 하는 것**을 재화의 수입으로 본다.
② 외국에서 보세구역으로 재화를 반입하는 것은 재화의 수입에 해당하지 아니한다.
③ 수출신고가 수리된 물품으로서 선적된 것을 보세구역으로부터 반입하는 것은 재화의 수입으로 본다.

## 21 과세표준에서 차감하여야 하는 것

### ❶ 에누리액

에누리액이란 재화 또는 용역의 공급에 있어서 그 품질·수량 및 인도·공급대가의 결제 기타 공급조건이 계약내용과 상이한 경우 그 재화 또는 용역의 공급당시 공급가액에서 일정액을 직접 공제하는 금액을 말하여, 에누리액은 매출금액에서 차감하여야 하므로 감액수정세금계산서를 발행하여야 한다.

### ❷ 환입된 재화의 가액

환입된 재화는 반드시 당초 공급한 재화이어야 하며, 공급한 과세기간이 경과한 후 환입된 경우에는 그 사유가 발생한 때에 당초 공급가액을 기준으로 수정세금계산서를 발급하여 환입재화의 과세표준에서 차감한다.

### ❸ 매출할인액

매출할인액은 외상판매에 대한 공급대가의 미수금을 결제하거나 공급대가의 미수금을 약정기일전에 영수하는 경우 할인하는 금액으로 할인액은 과세표준에서 공제한다.

### ❹ 매입자에게 도달하기 전 파손·훼손 또는 멸실된 재화의 가액

재화를 공급하고, 세금계산서를 발급하였으나 공급받는 자에게 도달하기 전에 해당 재화가 파손·훼손 또는 멸실된 경우 과세표준에 포함하지 않으므로 감액 수정세금계산서를 발급하여야 한다.

□ 부가가치세법 제29조(과세표준) -요약-

⑤ 다음 각 호의 금액은 공급가액에 포함하지 아니한다.

1. 재화나 용역을 공급할 때 그 품질이나 수량, 인도조건 또는 공급대가의 결제방법이나 그 밖의 공급조건에 따라 통상의 대가에서 일정액을 직접 깎아 주는 금액
2. 환입된 재화의 가액
3. 공급받는 자에게 도달하기 전에 파손되거나 훼손되거나 멸실한 재화의 가액
4. 재화 또는 용역의 공급과 직접 관련되지 아니하는 국고보조금과 공공보조금
5. 공급에 대한 대가의 지급이 지체되었음을 이유로 받는 연체이자
6. 공급에 대한 대가를 약정기일 전에 받았다는 이유로 사업자가 당초의 공급가액에서 할인해 준 금액

[개정 세법] 매출에누리와 판매장려금간 착오로 인한 세금계산서 발급오류에 대해서도 매입세액공제 허용(부가령 §75)

| 종 전 | 개 정 |
|---|---|
| □ 거래형태 착오로 인한 세금계산서 발급 오류시 공제되는 매입세액 | □ 매출에누리와 판매장려금간 착오에 의한 세금계산서 발급오류도 매입세액공제 허용 |
| ㅇ (대상) 착오가 빈번한 사례 | ㅇ (좌 동) |
| - 위탁매매와 직접매매간 착오, 주선거래와 중개거래간 착오, 위탁사업비 착오 | - (좌 동) |
| <추 가> | - 매출에누리와 판매장려금간 착오 |
| ㅇ (요건) 거래당사자가 인식한 거래형태에 따라 정상적으로 세금계산서를 발급하고, 부가가치세를 납부 | ㅇ (좌 동) |
| - 위탁매매와 직접매매간 착오, 주선거래와 중개거래간 착오, 위탁사업비 착오 | - (좌 동) |
| <추 가> | - 매출에누리와 판매장려금간 착오는 수정세금계산서를 발행하지 않는 경우로 한정 |

<적용시기> 2023.2.28. 이후 재화 또는 용역을 공급하는 분부터 적용

## 22　세금계산서 발급대상이 아닌 것

### ❶ 개요

연체이자, 금전으로 지급받는 판매장려금, 손해배상금 등은 재화 또는 용역을 공급한 것이 아니므로 세금계산서 발급대상이 아니며, 그 내용은 다음과 같다.

### ❷ 연체이자

대가의 지급지연으로 인하여 지급받는 연체이자는 과세표준에 포함하지 아니한다. 즉, 물품 등을 공급한 후 거래상대방이 확정된 대가를 약정일보다 늦게 지급함에 따라 추가로 지급받는 연체이자에 대하여는 세금계산서를 발급하지 아니한다.

◆ 연체이자는 과세표준에 포함하지 아니함 (서면3팀-699, 2008.04.02.)
사업자가 재화나 용역을 공급하고 계약 등에 의하여 확정된 대가의 지급지연으로 인하여 연체이자를 받는 경우 당해 연체이자는 부가가치세 과세표준에 포함하지 아니하는 것임.

### ❸ 판매장려금

사업자가 판매촉진을 위하여 거래상대방의 판매실적에 따라 일정률의 장려금품을 지급 또는 공급하는 경우로서 금전으로 지급하는 장려금은 과세표준에서 공제하지 아니한다. 단, 현물로 공급하는 것은 사업상증여에 해당하므로 현물을 받은 사업자는 현물을 공급한 자에게 세금계산서를 발급하여야 한다.

□ 부가가치세법 기본통칙 10-0-5【판매장려금의 과세】사업자가 자기재화의 판매촉진을 위하여 거래상대자의 판매실적에 따라 일정률의 장려금품을 지급 또는 공급하는 경우 금전으로 지급하는 장려금은 과세표준에서 공제하지 아니하며 재화로 공급하는 것은 사업상 증여에 해당하므로 과세한다. 다만, 해당 재화가 법 제10조제1항에 따른 자기생산·취득재화에 해당하지 아니하는 것은 과세하지 아니한다. (2019. 12. 23. 개정)

## ❹ 손해배상금

사업자가 타인으로부터 입은 손해에 대하여 손해배상금을 지급받는 경우에는 재화 또는 용역의 공급이 아니므로 세금계산서 발급대상이 아니다.

■ 손해배상금 등으로 지급한 금액은 세금계산서 수취대상이 아님
사업자가 공급받은 재화의 불량으로 인하여 당해 재화의 공급자로부터 받는 손해배상금은 재화나 용역의 공급에 대한 대가가 아니므로 부가가치세 과세대상에 해당하지 않는 것임 (부가46015-1377, 2000.06.15)

□ 부가가치세법 기본통칙 4-0-1 【손해배상금 등】 -요약-
① 각종 원인에 의하여 사업자가 받는 다음 각 호에 예시하는 손해배상금 등은 과세대상이 되지 아니한다. (2011. 2. 1. 항번개정)
1. 소유재화의 파손·훼손·도난 등으로 인하여 가해자로부터 받는 손해배상금
2. 도급공사 및 납품계약서상 그 기일의 지연으로 인하여 발주자가 받는 지체상금
3. 공급받을 자의 해약으로 인하여 공급할 자가 재화 또는 용역의 공급없이 받는 위약금 또는 이와 유사한 손해배상금

■ 타인의 재산에 입힌 피해재산을 직접 수리하여 주고 발급받은 매입세금계산서의 매입세액은 공제를 받을 수 있음
사업자가 자기사업과 관련하여 타인의 재산에 손해를 입혀 당해 피해재산의 수리에 관련된 매입세액은 매출세액에서 공제되는 것임.(부가46015-1991, 1995.10.28)

## ❺ 채무를 면제받은 경우

사업자가 다른 사업자로부터 채무를 면제받은 경우 재화 또는 용역의 공급이 아니므로 세금계산서를 발급하지 아니한다.

■ 합의에 의하여 면제받은 공사대금은 세금계산서 발급대상이 아님
공급받는 자와 합의에 의하여 확정된 공사비를 받지 않기로 한 경우에는 당해 규정에 의한 수정세금계산서를 교부할 수 없는 것임. (서면3팀-2242, 2004.11.04.)

# 23 간주공급시 과세표준 계산

## ❶ 개요

① 재화의 공급으로 간주하는 자가공급, 개인적 공급, 사업상증여, 폐업시 재고재화는 그 **시가**를 기준으로 과세표준을 계상하여 부가가치세를 납부하여야 한다. 예를들어 사업자가 매입세액을 공제받은 재화를 직원에게 무상제공하는 경우에는 개인적공급에 해당하여 부가가치세가 과세되는 것이며, 이 경우 무상공급하는 재화의 시가를 과세표준으로 하여 부가가치세를 신고(부가가치세 신고서의 과세 기타매출란에 그 금액 기재) 및 납부하여야 한다. 다만, 세금계산서 발급의무는 면제된다.

② 간주공급에 해당하는 재화가 감가상각자산인 경우 시장가치를 산정하기가 곤란할 것이다. 왜냐하면, 감가상각자산은 사업자가 사업목적에 사용하기 위하여 취득한 자산으로 통상의 거래유통 대상이 아니기 때문이다. 따라서 감가상각자산의 시가는 다음과 같은 방법에 의하여 계산한다.

## ❷ 과세표준 계산

### [1] 건물 및 구축물
과세표준 = 취득가액 × (1 - 5/100 × 경과된 과세기간 수)

### [2] 건물·구축물을 제외한 기타 감가상각자산
과세표준 = 취득가액× (1 - 25/100 × 경과된 과세기간 수)

■ 폐업시 재고재화 간주공급시 당초 매입세액이 불공제된 재화(비영업용 승용자동차 등)는 제외한다.
폐업시 재고재화의 간주공급시 당초 매입세액이 불공제된 재화(비영업용 승용자동차 등)는 제외한다. 따라서 종업원 선물을 구입하고 그 매입세액을 공제받는 경우 선물 증정시 개인적공급으로 부가가치세를 다시 신고 및 납부하여야 하므로 실무에서는 통상 불공제처리 하여 간주공급으로 계상하지 아니한다.

## ❸ 취득가액 [부령 제66조 ④]

재화의 취득가액은 매입세액을 공제받은 해당 재화의 가액으로 한다.

## ❹ 경과된 과세기간 수 계산

① 경과된 과세기간의 수는 과세기간 단위로 계산하되, 건물 또는 구축물의 경과된 과세기간의 수가 20(2001. 12. 31 이전 취득분은 10)을 초과하는 때에는 20으로, 기타의 감가상각자산의 경과된 과세기간의 수가 4를 초과하는 때에는 4로 한다. 이 경우에 과세기간의 개시일 후에 감가상각자산을 취득하거나 당해 재화가 공급된 것으로 보게 되는 경우에는 그 과세기간의 개시일에 당해 재화를 취득하거나 당해 재화가 공급된 것으로 본다.

② 경과된 과세기간의 수를 계산함에 있어서 과세기간의 개시일후에 감가상각자산을 취득하거나 당해 재화가 공급된 것으로 보게 되는 경우에는 그 과세기간의 개시일에 당해 재화를 취득하거나 당해 재화가 공급된 것으로 보아 과세기간의 수를 계산하며, 간주공급한 날이 속하는 과세기간은 경과된 과세기간의 수에 계산하지 아니한다.

■ **폐업 등 간주공급시 감가상각대상 자산의 경과된 과세기간 수 계산 사례**
예를 들어 20×8. 10. 21. 폐업하는 경우 20×7. 3. 20. 취득한 기계장치의 경과된 과세기간 수는 '3' (20×7년 1기, 20×7년 2기, 20×8년 1기)이다.

# 24 토지와 건물 일괄 공급시 과세표준 안분계산

## ❶ 개요

사업에 사용하던 건축물을 매각하는 경우 토지는 면세되나 건물은 과세된다. 이 경우 토지와 그 토지에 정착된 건물 및 그 밖의 구축물 등을 함께 공급하는 경우에 그 건물 등의 공급가액은 실지거래가액에 의한다. 단, 건물가액과 토지가액의 구분이 분명하지 않은 경우 다음의 방법으로 토지 및 건물가액을 계산하여 건물분에 대하여 부가가치세를 거래징수 하여야 한다.

## ❷ 과세표준 안분계산

### [1] 실지 거래가액이 있는 경우
실지 거래가액에 의한다. 실지거래가액이 있는 경우라 함은 일반적으로 매매계약서상의 매매금액이 실지거래가액으로 확인되고 계약서상에 토지의 가액과 건물의 가액이 구분 표시되어 있으며, 구분 표시된 토지와 건물가액 등이 정상적인 거래에 비추어 합당하다고 인정되는 경우를 말한다.

### [2] 감정평가액이 있는 경우
감정평가금액에 의하여 토지와 건물공급가액을 안분 계산한다.

### [3] 실지 거래가액 또는 감정평가액이 없으나 기준시가가 있는 경우
기준시가에 의하여 안분 계산한다. 기준시가라 함은 **토지는 개별공시지가**, 건물 등은 **국세청 기준시가**에 의한다.

[개정 세법] 〈2019년 이후〉 기준시가로 안분하여야 하는 경우 [부법 제29조 ⑨]
납세자가 실지거래가액으로 구분한 가액이 기준시가에 따른 안분가액과 30% 이상 차이가 나는 경우

**보충** 기준시가 산정 소득세법 제99조(기준시가의 산정)

1. 토지 또는 건물

가. 토지 :「부동산 가격공시 및 감정평가에 관한 법률」에 따른 개별공시지가(이하 "개별공시지가"라 한다). 다만, 개별공시지가가 없는 토지의 가액은 납세지 관할 세무서장이 인근 유사토지의 개별공시지가를 고려하여 대통령령으로 정하는 방법에 따라 평가한 금액으로 하고, 지가(地價)가 급등하는 지역으로서 대통령령으로 정하는 지역의 경우에는 배율방법에 따라 평가한 가액으로 한다.

나. 건물 : 건물(다목 및 라목에 해당하는 건물은 제외한다)의 신축가격, 구조, 용도, 위치, 신축연도 등을 고려하여 매년 1회 이상 국세청장이 산정·고시하는 가액

다. 오피스텔 및 상업용 건물 : 건물에 딸린 토지를 공유로 하고 건물을 구분소유하는 것으로서 건물의 용도·면적 및 구분소유하는 건물의 수(數) 등을 고려하여 대통령령으로 정하는 오피스텔 및 상업용 건물(이에 딸린 토지를 포함한다)에 대해서는 건물의 종류, 규모, 거래상황, 위치 등을 고려하여 매년 1회 이상 국세청장이 토지와 건물에 대하여 일괄하여 산정·고시하는 가액

[기준시가] 국세청홈페이지 → 알림소식 → 고시공고 → 고시 (검색) 기준시가

## [4] 실지 거래가액, 감정평가액, 기준시가가 없는 경우

실지 거래가액, 감정평가가액, 기준시가가 없는 경우에는 **장부가액**(장부가액이 없는 경우에는 취득가액)에 비례하여 안분계산한다. 장부가액이란 세무상의 장부가액을 말하며, 취득가액이란 세금계산서나 기타 취득가액을 증명할 수 있는 서류를 말한다. 따라서 신축중인 건물의 경우 장부가액은 없는 것으로 본다.

# ❸ 과세되는 건물 등의 과세표준 (기준시가에 의하는 경우)

## [1] 거래가액에 부가가치세가 포함되어 있는 경우

$$\text{건물의 과세표준} = \frac{\text{실지공급가액}}{\text{(부가세 포함)}} \times \frac{\text{건물의 기준시가}}{\text{토지의 기준시가} + \text{건물의 기준시가} \times 110/100}$$

**[2] 거래가액에 부가가치세가 포함되지 않은 경우**

$$\text{건물의 과세표준} = \text{실지공급가액(부가세 불포함)} \times \frac{\text{건물 기준시가}}{(\text{토지의 기준시가} + \text{건물의 기준시가}) \times 100/100}$$

## ❹ 과세 및 면세사업에 사용하던 재화 공급시 과세표준

① 과세되는 재화 또는 용역을 공급하는 사업(과세사업)과 면세되는 재화 또는 용역을 공급하는 사업(면세사업)에 공통으로 사용되는 재화를 공급하는 경우에 그 과세표준은 다음 산식에 의하여 계산한다. [부가가치세법 시행령 제63조]

$$\text{과세표준} = \text{해당 재화의 공급가액} \times \frac{\text{재화를 공급한 날이 속하는 과세기간의 직전 과세기간의 과세되는 공급가액}}{\text{재화를 공급한 날이 속하는 과세기간의 직전 과세기간의 총공급가액}}$$

② 다음 각 호의 어느 하나에 해당하는 경우에는 제1항에도 불구하고 해당 재화의 공급가액을 과세표준으로 한다.
1. 재화를 공급하는 날이 속하는 과세기간의 직전과세기간의 총공급가액중 면세공급가액이 100분의 5미만인 경우. **다만, 해당 재화의 공급가액이 5천만원 이상인 경우는 제외한다.**
2. 재화의 공급가액이 50만원 미만인 경우
3. 재화를 공급하는 날이 속하는 과세기간에 신규로 사업을 개시하여 직전 과세기간이 없는 경우

## ❺ 건물 및 토지 매각의 경우 계산서 발급의무 면제

법인(개인사업자 포함)이 건물 및 토지를 매각하는 경우 계산서 발급을 하지 아니할 수 있다. 다만, 과세사업자가 사업자에게 건물을 매각하는 경우 부가가치세법의 규정에 의하여 세금계산서를 발급하여야 하며, 토지의 경우에도 거래상대방이 계산서발급을 요구하는 경우 계산서를 발급하여야 한다.
[법인세법 제121조 ④, 소득세법 제211조(계산서의 작성·발급) ②]

# 25. 매입세액공제, 매입자발행세금계산서

## ❶ 개요

매입세액이란 과세되는 재화 또는 용역을 공급받으면서 그 공급가액의 10%를 부가가치세로 부담한 세액을 말한다. 과세사업자의 경우 자기의 사업과 관련하여 재화 또는 용역을 공급받고 부담한 부가가치세 매입세액은 부가가치세법에서 매입세액불공제로 특정한 경우를 제외하고는 매출세액에서 공제받을 수 있다.

과세사업자인 경우로서 매출세액에서 공제받을 수 있는 매입세액은 자기의 사업을 위하여 사용되었거나 사용될 재화 또는 용역의 공급에 대한 세액 및 자기의 사업을 위하여 사용되었거나 사용될 재화의 수입에 대한 세액으로 한다. 과세사업자가 매출세액에서 매입세액을 공제받기 위해서는 원칙적으로 세금계산서를 발급받아야 한다. 다만, 신용카드매출전표, 현금영수증, 청구서, 지로영수증 중 일정한 요건에 해당하는 경우 예외적으로 그 매입세액을 매출세액에서 공제받을 수 있다.

또한 과세사업자가 자기의 과세사업을 위하여 재화 또는 용역을 공급받으면서 부담한 공제대상 부가가치세 매입세액이 매출세액보다 많은 경우 환급을 받을 수 있다.

■ 일반과세자인 소매업, 음식·숙박업은 세금계산서를 발급할 수 있음
주로 최종소비자를 대상하는 사업을 하는 소매업 및 음식·숙박업의 경우에도 거래상대방이 세금계산서 발급을 요구하는 경우 세금계산서를 발급하여야 한다. 따라서 소매업, 음식·숙박업은 세금계산서 발급을 할 수 있는 사업자에 해당한다.

## ❷ 세금계산서에 의한 매입세액공제

자기의 과세사업을 위하여 재화 또는 용역을 공급받고, 발급받은 전자세금계산서 또는 종이세금계산서에 의하여 매입세액을 공제받고자 하는 경우 부가가치세 신고시 매입처별세금계산서합계표를 작성하여 신고서와 같이 제출하여야 한다.

## ❸ 매입자발행세금계산서

일반과세사업자로서 5만원 이상의 재화 또는 용역을 공급하고 세금계산서 발급시기에 세금계산서를 발급하지 아니한 경우 그 재화 또는 용역을 공급받은 자는 관할 세무서장의 확인을 받아 세금계산서 발급시기로부터 1년 이내에 세금계산서를 발행할 수 있으며, 매입자발행세금계산서에 기재된 그 부가가치세액은 공제할 수 있는 매입세액으로 본다.

[개정 세법] 매입자발행세금계산서 발급사유 추가 및 발행 신청기한 확대
(부가가치세법 시행령 제71조의2 제2항·제3항)

| 종 전 | 개 정 |
|---|---|
| □ 매입자발행 수정세금계산서 발급사유<br>○ 사업자의 부도·폐업<br>○ 공급 계약의 해제·변경<br>○ 그 밖에 시행령으로 정하는 경우<br><br><추 가> | □ 발급사유 규정 추가<br>○ (좌 동)<br><br><br><br>- 재화 또는 용역을 공급한 후 소재불명 또는 연락두절 상태<br> - 휴업이나 그 밖의 부득이한 사유로 세금계산서를 발급받는 것이 곤란하다고 국세청장이 인정하는 경우 |
| □ 재화 또는 용역의 공급시기가 속하는 과세기간의 종료일부터 6개월 이내 | □ 신청기한 확대<br>○ 6개월 이내 → 1년 이내 |

<적용시기> 2024.2.29. 이후 발급 및 신청하는 분부터 적용

## ❹ 전기 이전 신고누락한 매입세금계산서의 매입세액공제

부가가치세 해당 신고기간내에 매입처별세금계산서합계표를 제출하지 못하여 매입세액을 공제받지 못한 경우 경정청구 기한내에 경정청구를 하여 매입세액을 환급받을 수 있으며, 이 경우 가산세 적용은 없다.

## ▣ 경정청구

경정청구란 당초 과세표준신고서를 법정신고기한내에 제출한 자가 다음의 하나에 해당하여 환급받아야 할 세액이 있는 경우 **법정신고기한 경과 후 5년 이내**에 국세의 과세표준 및 세액의 결정 또는 경정(환급)을 관할세무서장에게 청구하는 것을 말한다. 다만, 결정 또는 경정으로 인하여 증가된 과세표준 및 세액에 대하여는 해당 처분이 있음을 안 날(처분의 통지를 받은 때에는 그 받은 날)부터 90일 이내(법정신고기한이 지난 후 3년 이내에 한한다)에 경정을 청구할 수 있다.
[국세기본법 제45조의2]

① 과세표준신고서에 기재된 과세표준 및 세액이 세법에 의하여 신고하여야 할 과세표준 및 세액을 초과하는 때
② 과세표준신고서에 기재된 결손금액 또는 환급세액이 세법에 의하여 신고하여야 할 결손금액 또는 환급세액에 미달하는 때

### ▶ 경정청구시 제출할 서류
① 과세표준 및 세액의 경정청구서
② 최초의 과세표준 및 세액신고서사본
③ 결정(경정)청구사유 입증자료

□ 매입세금계산서 누락분 경정청구
(부가46015-3304, 2000.09.23)
사업자가 자기의 사업과 관련하여 발급받은 세금계산서를 부가가치세 신고시 신고누락하였을 경우 신고누락한 세금계산서의 매입세액은 국세기본법 제45조의 2 제1항의 규정에 의한 경정청구하여 공제받을 수 있으며 이 경우 가산세는 적용되지 아니하는 것임.

경정의 청구를 받은 세무서장은 그 청구를 받은 날부터 2개월 이내에 과세표준 및 세액을 결정 또는 경정하거나 결정 또는 경정하여야 할 이유가 없다는 뜻을 그 청구를 한 자에게 통지하여야 한다. 다만, 청구를 한 자가 2개월 이내에 아무런 통지를 받지 못한 경우에는 통지를 받기 전이라도 그 2개월이 되는 날의 다음 날부터 이의신청, 심사청구, 심판청구 또는 「감사원법」에 따른 심사청구를 할 수 있다.

## 26. 신용카드매출전표·현금영수증 매입세액공제

> 일반과세자가 다음의 요건을 모두 충족하는 신용카드매출전표 또는 현금영수증을 수취한 경우 그 매입세액은 매출세액에서 공제할 수 있다.

### ❶ 사업자명의 신용카드 또는 사업자명의로 발급받은 현금영수증

신용카드매출전표상 별도로 기재된 매입세액 또는 현금영수증의 매입세액을 공제받기 위해서는 원칙적으로 법인의 경우 법인명의 신용카드(법인명의 현금영수증 포함)이어야 하며, 개인사업자의 경우 회사명의 또는 사업주 본인명의의 신용카드(현금영수증 포함)를 사용하여야 한다.

단, 사업과 관련한 재화 또는 용역을 공급받고 종업원명의의 신용카드를 사용하거나 현금영수증을 발급받은 경우에 있어 재화 또는 용역을 공급한 일반과세자가 그 전표 또는 현금영수증에 세액을 별도로 기재하고 확인한 때에는 그 매입세액을 공제받을 수 있다. 이 경우 종업원 개인은 연말정산시 '신용카드등소득공제'를 받을 수 없다.

■ 개인사업자의 경우 가족명의 신용카드의 경우에도 일정한 요건을 충족하는 경우 매입세액공제를 받을 수 있음
사업자가 일반과세자로부터 부가가치세가 과세되는 재화 또는 용역을 공급받고 불가피한 사유로 가족명의의 신용카드매출전표를 발행받는 경우에 있어 당해 일반과세자가 그 전표에 세액을 별도로 기재하고 확인한 때에는 그 부가가치세액이 당해 사업자의 사업을 위하여 사용되었거나 사용될 재화 또는 용역의 공급에 대한 세액임이 객관적으로 확인되는 경우 매입세액은 공제받을 수 있는 것임. (서삼46015-12066 2002.12.2)

■ 임직원개인명의 신용카드의 경우에도 매입세액을 공제받을 수 있음
신용카드에 구분 표시된 매입세액공제는 사용자가 법인인 경우에는 원칙적으로 법인카드에 대하여 적용되며, 당해 법인의 소속임원 및 종업원 명의의 카드 사용분은 공급받

은 재화 또는 용역이 자기의 과세사업과 관련되는지 여부는 구체적인 거래사실에 따라 판단하여 매입세액공제를 받을 수 있다. (부가 46015 - 1719, 1999.6.22.)

## ❷ 신용카드매출전표등에 공급가액과 세액이 구분되어 있을 것

사업자가 재화 또는 용역을 공급받는 경우 그 거래상대방이 일반과세자로서 신용카드매출전표등에 공급받는 자와 부가가치세액을 별도로 기재하고 확인한 때에는 그 부가가치세액은 매출세액에서 공제할 수 있는 매입세액으로 본다.

■ 신용카드매출전표에 공급가액과 세액이 구분되어 있어야 매입세액을 공제받을 수 있으며, 공급자가 수기로 구분한 경우에도 공제가능함
신용카드매출전표등에 세액을 별도로 기재하고 확인한 때라 함은 신용카드매출전표등에 세액을 별도로 기재하는 것을 말하고 신용카드매출전표등에 부가가치세액이 별도로 인쇄된 경우뿐만 아니라 공급자가 수기로 기재한 경우도 포함되며, 공급자의 서명 또는 날인이 반드시 필요하지는 아니하는 것임.
(부가 46015 - 2096, 2000.8.26.)

## ❸ 신용카드가맹사업자가 일반과세자로서 다음 요건에 해당할 것

신용카드가맹사업자가 간이과세자 및 일반과세자 중 세금계산서를 발급할 수 없는 목욕·이발·미용업 및 여객운송업(전세버스운송사업자 제외), 입장권을 발행하는 사업자가 아닌 경우 신용카드매출전표의 매입세액을 공제받을 수 있다. 예를 들어 제조업, 도매업 등을 영위하는 사업자로부터 물품 등을 공급받고, 거래시기에 신용카드로 결제한 경우 또는 소매업, 서비스업 등을 영위하는 사업자로부터 물품 등을 공급받고 신용카드로 결제한 경우 그 매입세액을 공제받을 수 있으나 업무와 관련하여 항공기 또는 고속철도를 이용하고 신용카드매출전표를 받은 경우 거래상대방이 세금계산서를 발급할 수 없는 사업자이므로 매입세액을 공제받을 수 없다.

■ 항공료 및 고속철도요금 카드결제시 매입세액공제를 받을 수 없음
1. 여객운송사업자가 발급하는 항공권은 영수증 발급의무자의 범위에 해당하는 것이므

로 부가가치세법 제16조의 세금계산서 발급대상에서 제외되는 것이며, 부가가치세법 제32조의 2에서 규정하는 신용카드사용 매입세액공제 대상에 제외되는 것임.

2. 부가가치세 과세사업자가 자기의 과세사업과 관련하여 출장시 고속철도건설촉진법에 규정된 고속철도에 의한 여객운송용역을 공급하는 자로부터 용역을 공급받는 경우 공급자는 부가가치세법 제32조의 규정에 의하여 영수증만을 발급하는 것으로서 영수증을 발급받은 사업자는 당해 영수증에 의하여는 거래징수당한 부가가치세를 공제할 수 없는 것임 (부가46015-1217,1995.07.05.)

◆ 결제대행업체를 통한 신용카드매출전표를 발급받은 경우 매입세액 공제 가능 여부
(부가가치세과-24, 2014.01.13.)
신용카드매출전표는 부가가치세법 시행령 제88조 제2항 제1호 나목에 따라 여신전문금융업법에 따른 결제대행업체를 통한 신용카드매출전표를 포함하는 것임

○ 기획재정부 부가가치세제과-0143, 2008.05.21.
전자금융거래법에 따라 전자지급결제대행업을 등록한 사업자로서 신용카드업자와 결제대행업체계약을 체결하지 않은 사업자를 통하여 발행된 신용카드매출전표는 부가가치세법 제32조 제1항 및 같은법 시행령 제80조 제2항에서 규정하는 여신전문금융업법에 의한 결제대행업체를 통하여 발급된 신용카드매출전표로 볼 수 없음.

■ 결제대행업체 조회
금융민원센터 → 등록신고 → 전자금융업등록현황

□ 부가가치세법 기본통칙 46-88…1【 신용카드 등 사용에 따른 세액공제 등 】
온라인 중개플랫폼을 운영하는 사업자(수탁자)가 실제 판매자(위탁자)의 재화를 판매 대행하는 형태로 수탁자가 재화를 인도하고 위탁자가 아닌 수탁자 명의로 부가가치세액이 별도로 구분 가능한 신용카드매출전표등을 발급하는 경우, 해당 신용카드매출전표등을 발급받은 사업자는 법 제46조제3항에 따른 매입세액으로 공제 받을 수 없다.
(2024. 3. 15. 신설)

## ❹ 매입세액이 불공제되는 접대비 등 지출금액이 아닐 것

접대비 또는 비영업용소형승용차의 취득 및 유지비용과 관련한 매입세액은 당초매입세액을 공제받을 수 없는 것이므로 그 매입세액을 공제받을 수 없다. (매입세액 공제에 해당하는 경우에 한하여 세액을 공제받을 수 있음) 예를 들어 화물자동차의 유류구입, 비품, 문구류 등을 구입하거나 직원의 복리후생적 지출과 관련하여 신용카드로 결제한 경우로서 그 매입세액을 공제받을 수 있는 요건을 모두 충족하는 경우 매입세액을 공제받을 수 있으나 접대비 또는 비영업용승용자동차의 취득 및 유지와 관련한 것은 매입세액을 공제받을 수 없는 것이다.

■ 개업식 또는 준공식 행사 관련 매입세액 공제대상 여부
접대비 및 이와 유사한 비용에 관련된 매입세액은 매출세액에서 공제되지 아니하나 설립 후 개업식 또는 준공식 행사를 진행하는데 들어간 비용이 판매부대비용 및 광고선전비에 해당하는 경우 매입세액 공제가 가능함

■ 종업원 선물구입과 관련한 매입세액 공제대상 여부
사업자가 복리후생목적으로 선물을 구입하여 종업원에게 증정하는 경우에는 그 매입세액은 공제가 가능하다. 그러나 직원에게 주는 선물은 부가가치세법의 규정에 의하여 재화의 공급(개인적 공급)에 해당되는 것이므로 부가가치세가 과세된다. 즉, 종업원선물용으로 물품 등을 구입할 시 부가가치세매입세액을 공제받는 경우에는 그 선물을 종업원에게 지급할 시 다시 부가가치세 매출세액을 계산하여 납부하여야 한다. 단, 매입세액을 공제받지 않는 경우 그 선물을 종업원에게 지급할 시에 부가가치세를 납부하지 않아도 되므로 실무에서는 통상 불공제 처리한다.

[세법 개정] 재화의 공급으로 보지 않는 경조사 관련 재화 범위 확대
□ 부가가치세법 시행령 제19조의2(실비변상적이거나 복리후생적인 목적으로 제공해 재화의 공급으로 보지 않는 경우)
법 제10조제4항 후단에서 "대통령령으로 정하는 경우"란 다음 각 호의 어느 하나에 해당하는 경우를 말한다. 이 경우 시가보다 낮은 대가를 받고 제공하는 것은 시가와 받은 대가의 차액에 한정한다. <개정 2020. 10. 7.>
1. 사업을 위해 착용하는 작업복, 작업모 및 작업화를 제공하는 경우

2. 직장 연예 및 직장 문화와 관련된 재화를 제공하는 경우
3. 다음 각 목의 어느 하나에 해당하는 재화를 제공하는 경우. 이 경우 각 목별로 각각 사용인 1명당 연간 10만원을 한도로 하며, 10만원을 초과하는 경우 해당 초과액에 대해서는 재화의 공급으로 본다.
  가. 경조사와 관련된 재화
  나. 설날·추석, 창립기념일 및 생일 등과 관련된 재화

■ 소형승용차의 구입 및 유지 관련 매입세액은 공제를 받을 수 있음

영업용소형승용차라 함은 운수사업자(택시운수업, 렌트카업체 등)가 소형승용차를 이용하여 직접 사업에 사용하는 경우를 말한다. 따라서 운수사업자 등이 아닌 기타 사업자가 사업을 위하여 구입하는 승용차는 모두 비영업용소형승용차에 해당한다. 매입세액을 공제받을 수 없는 소형승용차라 함은 개별소비세법 제1조 제1항 제3호 및 시행령 [별표1]에 규정하는 것으로 정원 8인승 이하 승용자동차(배기량 1,000cc 이하인 경승용차는 공제됨), 지프형자동차, 캠핑용 자동차 등이다.

■ 차량의 유류 매입세액공제는 유류의 종류가 아니라 매입세액공제대상 차종에 의하여 공제를 받을 수 있음

예를 들어 경차인 마티즈에 휘발유를 주유하고, 신용카드로 결제한 경우 매입세액공제를 받을 수 있는 것이나 경차가 아닌 비영업용승용차에 경유를 주유하고, 신용카드로 결제한 경우 매입세액공제를 받을 수 없는 것임

■ 난방용 유류는 매입세액공제를 받을 수 있음

난방용으로 경유 등을 매입하고, 세금계산서를 받거나 신용카드로 결제한 경우 그 매입세액은 공제를 받을 수 있음

■ 접대비를 신용카드로 결제한 경우 매입세액공제를 받을 수 없음

접대비는 매입세액불공제대상으로 접대비를 지출하고, 세금계산서를 받거나 신용카드로 결제한 경우에도 그 매입세액은 공제를 받을 수 없다.

▶ 신용카드매출전표 및 현금영수증으로 매입세액을 공제받을 수 없는 지출
1. 거래처 접대비

2. 여객운송사업자(항공사, 고속철도, 고속버스 등)에게 결제한 것
3. 상품권 또는 입장권 결제금액
4. 승용차(배기량 1,000cc 초과)의 유류대 및 수선비, 기타 유지비용
5. 면세물품(쌀, 화환, 도서구입비) 구입비용
6. 개인 사업주의 본인 식대
7. 사업과 관련없는 사업주 개인용도 지출
8. 과세사업자가 세금계산서를 발급할 수 없는 간이과세자로부터 세금계산서를 발급받은 경우 및 신용카드매출전표를 수취한 경우
9. **폐업자가 폐업일 이후 발행한 현금영수증 또는 신용카드매출전표**

> **Q&A** 간이과세자로부터 물품 등을 매입하고, 세금계산서 또는 현금영수증을 발급받은 경우 매입세액을 공제받을 수 있나요?

직전연도 매출액이 4800만원 미만인 간이과세자로부터 현금영수증을 수취하거나 신용카드로 결제한 경우 매입세액을 공제받을 수 없습니다만,

**세금계산서 발급이 가능한 간이과세자**(직전연도 매출액이 4800만원 이상 1억 4백만원 미만인 간이과세자)로부터 세금계산서, 현금영수증을 발급받거나 신용카드매출전표를 수취한 경우 매입세액을 공제를 받을 수 있으며, 간이과세자로서 세금계산서 발급이 가능한 간이과세자인지 여부는 홈택스에서 조회할 수 있습니다.

**홈택스 → 조회발급 → 사업자상태 → 사업자등록번호로 조회**

◆ 세금계산서 발급이 가능한 간이과세자인 경우 홈택스 표시
○ 부가가치세 간이과세자(세금계산서 발급사업자)로 표시

## ❺ 부가가치세 신고시 신용카드매출전표등수령금액합계표 제출

위 요건을 모두 충족하는 신용카드매출전표는 그 매입세액을 공제받을 수 있으며, '신용카드매출전표등 수령금액합계표'를 부가가치세신고서에 첨부하여 제출하거나 전자신고하는 경우 전자적으로 제출하여야 한다. 단, 현금영수증의 경우 별도의 명세서 작성없이 공제대상 건수 및 공급가액, 세액합계액만을 작성하여 제출한다.

## ■ 개인명의 신용카드 또는 현금영수증의 비용 처리

### 1 비용 처리

신용카드의 명의와 관련하여 법인사업자의 법인명의나 개인사업자의 대표자 명의의 신용카드를 사용하여야 하나 종업원 개인명의의 신용카드를 사용하고 매출전표를 수취한 경우에도 정규증빙으로 인정된다. 단, 법인 접대비의 경우로서 1만원을 초과하는 접대비는 법인카드로 사용한 경우에만 인정된다.

◆ 개인명의 신용카드 (법인 46012 - 4178)
신용카드의 명의와 관련하여 법인사업자의 법인명의나 개인사업자의 대표자 명의의 신용카드를 사용하여야 하나 종업원 개인명의의 신용카드를 사용하고 매출전표를 수취한 경우에도 정규증빙으로 인정된다. 단, 법인 접대비의 경우로서 1만원(현행 3만원)을 초과하는 접대비는 법인카드로 사용한 경우에만 인정된다. 이 때 법인개별카드(개인형 법인카드)는 법인카드로 간주한다.

♣ 임직원 개인명의의 신용카드를 법인의 비용 지출에 대한 결제수단으로 사용한 경우 임직원 개인은 신용카드사용금액에 대하여 연말정산시 신용카드소득공제를 받을 수 없다.

### 2 업무추진비(접대비)

내국법인이 한 차례의 접대에 지출한 접대비로써 1만원(경조사비 20만원)을 초과하는 경우에는 반드시 법인명의 신용카드 등을 사용하여야 하는 것이며 직원 명의 신용카드를 사용하였을 경우에는 전액 손금불산입하여야 한다. 단, 접대비로써 1만원을 초과하지 아니한 경우에는 법인의 업무와 관련하여 지출되었음이 입증되는 때에는 직원 명의 신용카드 등의 증거자료에 의하여 접대비로 인정이 가능하다.

[개정 세법] 적격증빙 없는 소액접대비 기준금액 인상(법인령 §41, 소득령 §83)
(경조금) 20만원 → 현행유지
(그 외) 1만원 → 3만원
<적용시기> '21.1.1. 이후 지출하는 분부터 적용

# 27 면세재화 매입에 대한 의제매입세액공제

## ❶ 개요

과세사업자가 면세로 농산물 등을 구입하여 과세재화 또는 용역을 창출하는 경우 면세로 구입한 농산물 등의 매입가액에 소정의 율을 곱한 금액을 매입세액으로 의제하여 매출세액에서 공제를 받을 수 있으며, 이를 의제매입세액공제라 한다.

## ❷ 의제매입세액공제대상 사업자

과세사업을 영위하는 사업자(영세율 적용대상 사업자 포함)만이 의제매입세액공제를 받을 수 있다. (면세사업자는 의제매입세액공제를 받을 수 없음)

과세사업자의 경우 모든 업종에 대하여 의제매입세액공제를 받을 수 있으나 간이과세자의 경우 음식점 및 제조업을 영위하는 사업자만이 의제매입세액공제를 받을 수 있다.

## ❸ 의제매입세액공제를 받을 수 있는 면세물품

① 부가가치세의 면제를 받아 공급받은 농산물·축산물·수산물 또는 임산물의 가액으로 가공되지 아니한 식료품(미가공식료품) 및 탈곡·정미·정맥·제분·정육·건조·냉동·염장·포장 기타 원생산물의 본래의 성질이 변하지 아니하는 정도의 1차 가공을 거쳐 식용에 공하는 것들

② 제1항 이외의 농산물·축산물·수산물, 임산물로서 다음 각호에 규정하는 것
1. 원생산물
2. 원생산물의 본래의 성상이 변하지 아니하는 정도의 원시가공을 거친 것
3. 제2호의 규정에 의한 원시가공 과정에서 필수적으로 발생하는 부산물

## ❹ 원재료 가액

의제매입세액 공제대상이 되는 원재료의 매입가액은 운임 등의 부대비용을 제외한 매입원가로 한다.

☐ 부가가치세법 기본통칙 42-84-1 【의제매입세액 공제대상이 되는 원재료】
법 제42조제1항에서 원재료란 다음에 게기하는 것을 말한다. (2014. 12. 30. 개정)
1. 재화를 형성하는 원료와 재료 (1998. 8. 1. 개정)
2. 재화를 형성하지는 아니하나 해당 재화의 제조·가공에 직접적으로 사용되는 것으로서 화학반응을 하는 물품 (2011. 2. 1. 개정)
3. 재화의 제조·가공과정에서 해당 물품이 직접적으로 사용되는 단용원자재
4. 용역을 창출하는 데 직접적으로 사용되는 원료와 재료 (1998. 8. 1. 개정)

## ❺ 의제매입세액공제율 및 공제한도 [부령 제84조]

① 사업자가 부가가치세를 면제받아 공급받거나 수입한 농산물·축산물·수산물 또는 임산물을 원재료로 하여 제조·가공한 재화 또는 창출한 용역의 공급에 대하여 부가가치세가 과세되는 경우 다음의 금액을 매입세액으로 공제할 수 있다.

[개정 세법] 면세농산물 의제매입세액공제 한도 10% 상향 [부령 제84조]

| 종 전 | | | | 개 정 | | | |
|---|---|---|---|---|---|---|---|
| 구분 | 공급가액 (6개월) | 공제한도 | | 구분 | 공급가액 (6개월) | 공제한도 | |
| | | 음식점업 | 기타 | | | 음식점업 | 기타 |
| 개인 | 1억원 이하 | 65% | 55% | 개인 | 1억원 이하 | 75% | 65% |
| | 1억원~2억원 | 60% | | | 1억원~2억원 | 70% | |
| | 2억원 초과 | 50% | 45% | | 2억원 초과 | 60% | 55% |
| 법인 | | 40% | | 법인 | | 50% | |

<적용시기> 2022년 7월 1일 이후 부가가치세 과세표준 및 세액을 신고하는 분부터

▶ 의제매입세액 공제율

| 구분 | | 율 |
|---|---|---|
| 1 음식점업 | 가.「개별소비세법」제1조제4항에 따른 과세유흥장소의 경영자 | 102분의 2 |
| | 나. 가목 외의 음식점을 경영하는 사업자 중 개인사업자 | 108분의 8 (과세표준 2억원 이하인 경우에는 2023년 12월 31일까지 109분의 9) |
| | 다. 가목 및 나목 외의 사업자 | 106분의 6 |
| 2 제조업 | 가. 과자점업, 도정업, 제분업 및 떡류 제조업 중 떡방앗간을 경영하는 개인사업자 | 106분의 6 |
| | 나. 가목 외의 제조업을 경영하는 사업자 중 「조세특례제한법」제5조제1항에 따른 중소기업 및 개인사업자 | 104분의 4 |
| | 다. 가목 및 나목 외의 사업자 | 102분의 2 |
| 3 제1호 및 제2호 외의 사업 | | 102분의 2 |

② 위의 규정에도 불구하고 제2기 과세기간에 대한 납부세액을 확정신고하는 경우 다음 각 호의 요건을 모두 충족하는 제조업을 영위하는 사업자의 매입세액으로 공제할 수 있는 금액은 1역년(曆年)에 공급받은 면세농산물 등의 가액에 공제율을 곱한 금액에서 제1기 과세기간에 제1항에 따라 매입세액으로 공제받은 금액을 차감한 금액으로 할 수 있다. [부령 제84조 ③ 신설 ]
1. 1역년에 공급받은 면세농산물 등의 가액 대비 제1기 과세기간에 공급받은 면세농산물 등의 가액의 비중이 75퍼센트 이상이거나 25퍼센트 미만일 것
2. 해당 과세기간이 속하는 1역년 동안 계속하여 제조업을 영위하였을 것

[개정 세법] 면세농산물 등의 의제매입세액 공제 적용기한 연장 등(부법 제42조제1항)
과세표준 2억원 이하의 음식점을 경영하는 개인사업자가 부가가치세를 면제받아 공급받거나 수입한 농산물 등을 원재료로 하여 제조, 가공한 재화 등의 공급에 대하여 부가가치세가 과세되는 경우 그 농산물 등을 공급받거나 수입할 때 매입세액이 있는 것으로 간주하여 공제하도록 하는 의제매입세액 공제특례 기한을 2023년 12월 31일까지에서 2026년 12월 31일까지로 3년 연장함.

■ 신규사업자로서 매출이 없는 경우 의제매입세액공제를 받을 수 없음

과세기간별 매출액 대비 한도율의 범위내에서 공제를 받을 수 있으므로 해당 과세기간에 매출액이 없는 경우 의제매입세액공제를 받을 수 없다.

## ❻ 의제매입세액 공제 시기 및 공제요건

면세농산물 등을 구입한 날이 속하는 예정 또는 확정신고기간에 공제한다. 즉, 면세농산물 등을 구입하여 과세재화를 제조.가공하거나 과세용역을 위하여 소비한 시점이 아니라 구입한 날이 속하는 과세기간에 공제를 받을 수 있다.

### ▶ 의제매입세액 공제 요건

의제매입세액을 공제받으려는 사업자는 의제매입세액공제신고서와 매입처별계산서합계표(간이과세자로부터 수취한 계산서 포함), 매입자발행 계산서합계표(2023.7.1. 이후) 또는 신용카드매출전표등 수령명세서를 제출하여야 한다. 다만, 제조업을 영위하는 사업자가 농·어민으로부터 면세농산물 등을 직접 공급받는 경우에는 의제매입세액공제신고서만을 제출한다.

[개정 세법] 의제매입세액공제 신청시 제출서류에 매입자발행계산서합계표 추가
(부가가치세법 시행령 제84조제5항)

| 종 전 | 개 정 |
| --- | --- |
| ☐ 의제매입세액 공제에 필요한 제출서류<br><br>① 소득세법·법인세법에 따른 매입처별 계산서합계표<br>② 신용카드매출전표등 수령명세서<br><br><추가> | ☐ 제출서류 추가<br><br>○ (좌 동)<br><br><br><br>③ 소득세법·법인세법에 따른 매입자발행 계산서합계표 |

〈적용시기〉 2023.7.1. 이후 거래에 대한 계산서 발급분부터 적용

# 28. 재활용폐자원 등에 대한 매입세액공제 특례

## ❶ 개요

폐자원 또는 중고자동차를 매입하여 판매하는 경우 부가가치세를 납부하여야 한다. 한편, 폐자원 등의 물품을 과세사업자가 아닌 자로부터 매입하는 경우 세금계산서를 수취할 수 없고, 매입세액을 부담하지 않으므로 매출세액에서 공제할 매입세액은 없는 것이나 폐자원의 재활용을 통한 자원절약과 환경오염을 방지하기 위한 국가정책목적에 의하여 조세특례제한법에서 폐자원 또는 중고자동차 매입금액의 일정률을 곱한 금액을 매입세액으로 하여 매출세액에서 공제하여 주는 제도이다.

☐ 조세특례제한법 제108조

## ❷ 공제대상 사업자

① 폐기물재활용신고를 한 자
② 중고자동차매매업등록을 한 자
③ 중고자동차를 수출하는 자
④ 기타 재생자료수집 및 판매를 주된 사업으로 하는 자

## ❸ 공제대상 거래

재활용폐자원 및 중고품을 수집하여 판매하는 사업자가 국가, 지방자치단체, 부가가치세 과세사업을 영위하지 아니하는 면세사업자, 사업자가 아닌 개인, 간이과세자 등 세금계산서를 발행할 수 없는 자로부터 재활용폐자원 및 중고품을 취득하여 제조 또는 가공하거나 이를 공급하는 경우

## ❹ 매입세액공제를 받을 수 있는 재활용폐자원등의 범위

① 재활용폐자원 ~ 고철, 폐지, 폐유리, 폐합성수지, 폐합성고무, 폐금속캔, 폐건전지, 폐비철금속류, 폐타이어, 폐섬유, 폐유 등
② 중고품 ~「자동차관리법」에 따른 자동차(중고자동차에 한한다)

### ▶ 제외되는 중고자동차
1. 수출되는 중고자동차로서「자동차등록령」제8조에 따른 자동차등록원부에 기재된 제작연월일부터 같은 영 제32조에 따른 수출이행여부신고서에 기재된 수출신고수리일까지의 기간이 1년 미만인 자동차
2. 해당 자동차 구입과 관련하여「부가가치세법」제38조에 따라 매입세액공제를 받은 후 중고자동차를 수집하는 사업자에게 매각한 자동차 다만, 간이과세자가 매입세액을 공제받은 경우는 제외한다.

## ❺ 매입세액공제 특례

재활용폐자원에 대하여는 **2025년 12월 31일까지 취득가액에 103분의 3**을 곱하여 계산한 금액을, 중고자동차에 대하여는 취득가액에 **110분의 10**를 곱하여 계산한 금액을 매출세액에서 매입세액으로 공제할 수 있다.

**[개정 세법] 중고차 의제매입세액공제 확대(조세특례제한법제108조)**
2018년 1월 1일 이후 취득분부터 공제율 109의 9 → 110분의 10

### ▶ 매입세액공제 한도
재활용폐자원을 수집하는 사업자가 재활용폐자원에 대한 부가가치세 매입세액 공제특례를 적용받는 때에는 부가가치세 확정신고시 해당 과세기간에 해당사업자가 공급한 재활용폐자원과 관련한 부가가치세 과세표준에 **100분의 80**을 곱하여 계산한 금액에서 세금계산서를 발급받고 매입한 재활용폐자원 매입가액(해당 사업자의 사업용 고정자산 매입가액을 제외한다)을 차감한 금액을 한도로 하여 계산한 매입세액을 매출세액에서 공제할 수 있다.

# 29 대손세액공제 및 대손세액공제 사례

## ❶ 개요

대손세액공제란 매출 등과 관련하여 발생한 부가세예수금을 매출채권에 포함하여 처리한 금액 중 기 납부한 부가세예수금을 거래처의 부도·폐업 등의 사유로 사실상 회수할 수 없는 경우 세법에서 정하는 기한 이내에 납부할 세액에서 차감하는 세액을 말하며, 대손세액공제 사유는 다음과 같다.

## ❷ 대손세액공제 사유 [법령 제19조의2]

대손세액공제는 공급받는 자가 다음에 게재하는 어느 하나의 사유에 해당되어 공급자가 외상매출금 및 매출채권을 회수할 수 없는 경우에 적용받을 수 있다.

1. **「상법」에 의한 소멸시효(5년 → 민법 단기소멸시효 3년)가 완성된 외상매출금 및 미수금**
2. **「어음법」에 의한 소멸시효(3년)가 완성된 어음**
3. **「수표법」에 의한 소멸시효(6개월)가 완성된 수표**
4. 「민법」에 의한 소멸시효(10년)가 완성된 대여금 및 선급금
5. 「채무자 회생 및 파산에 관한 법률」에 따른 회생계획인가의 결정 또는 법원의 면책결정에 따라 회수불능으로 확정된 채권
6. 「민사집행법」에 의하여 채무자의 재산에 대한 경매가 취소된 압류채권
7. 물품의 수출 또는 외국에서의 용역제공으로 인하여 발생한 채권으로서 외국환거래에 관한 법령에 의하여 한국은행총재 또는 외국환은행의 장으로부터 채권회수의무를 면제받은 것
8. 채무자의 파산, 강제집행, 형의 집행, 사업의 폐지, 사망, 실종, 행방불명으로 인하여 회수할 수 없는 채권
9. 부도발생일부터 6월 이상 경과한 수표 또는 어음상의 채권 및 외상매출금(중소기업의 외상매출금으로서 부도발생일 이전의 것에 한한다). 다만, 당해 법인이 채무자의 재산에 대하여 저당권을 설정하고 있는 경우를 제외한다.

10. 회수기일을 6월 이상 경과한 채권중 회수비용이 당해 채권가액을 초과하여 회수실익이 없다고 인정되는 20만원 이하(채무자별 채권가액의 합계액을 기준으로 한다)의 채권
11 중소기업의 외상매출금 및 미수금으로서 회수기일이 2년 이상 지난 외상매출금등. 다만, 특수관계인과의 거래로 인하여 발생한 외상매출금등은 제외한다.

□ 부가가치세법 시행령 제87조(대손세액 공제의 범위) -요약-
① 법 제45조제1항 본문에서 "파산·강제집행이나 그 밖에 대통령령으로 정하는 사유"란 다음 각 호의 어느 하나에 해당하는 경우를 말한다. <개정 2019. 2. 12.>
1.「소득세법 시행령」제55조제2항 및 「법인세법 시행령」제19조의2제1항에 따라 대손금(貸損金)으로 인정되는 경우
2. 법원의 회생계획인가 결정에 따라 채무를 출자전환하는 경우. 이 경우 대손되어 회수할 수 없는 금액은 출자전환하는 시점의 출자전환된 매출채권 장부가액과 출자전환으로 취득한 주식 또는 출자지분의 시가와의 차액으로 한다.

## ❸ 대손세액공제 사례

### 1 회수기일이 2년 이상 지난 중소기업 외상매출금 대손세액공제

중소기업의 외상매출금등에 대하여 대손금 계상 여부와 무관하게 그 회수기일이 '20.1.1. 이후 2년을 경과하는 경우 그 확정된 날이 속하는 과세기간에 부가가치세 대손세액을 공제받을 수 있다.

◆ 회수기일이 2년 이상 지난 외상매출금을 대손금으로 계상한 경우 대손세액공제 시기
[사전-2021-법령해석부가-0749 2021.05.31]
[ 요 지 ]
중소기업의 외상매출금등에 대하여 대손금 계상 여부와 무관하게 그 회수기일이 '20.1.1. 이후 2년을 경과하는 경우 그 확정된 날이 속하는 과세기간에 부가가치세 대손세액을 공제받을 수 있는 것임

◆ 중소기업의 매출채권의 대손 여부 (법인, 서면-2021-법인-0073, 2021.02.08)
중소기업인 내국법인의 외상매출금(특수관계인과의 거래로 인하여 발생한 것은 제외)으로서 회수기일이 2년 이상 지난 외상매출금은 채무자가 사업을 계속 영위하는지 여부에 상관 없이 「법인세법 시행령」 제19조의2 제3항에 따라 대손금으로 비용 계상한 날이 속하는 사업연도에 손금으로 산입할 수 있는 것임.

[제목] 부가가치세 대손세액공제 가능한 회수기일 2년 이상의 기준일 문의
<홈택스> 질문일 2024-01-12, 답변일 2024-01-15
회수기일이란 대금을 회수하기로 약정한 날을 의미하는 것으로, 회수기일을 언제로 볼 것 인지는 거래당사자간의 계약서(약정서, 합의서 등) 및 거래실질에 따라 사실판단할 사안인 것입니다. 다만, 상담관의 개인적인 견해로는 외상매출금 회수에 대한 별도의 약정이 없는 경우에는 세금계산서 발급일을 회수기일로 볼 수 있을 것으로 사료되나, 이는 상담관의 개인적인 견해임을 참고하시기 바랍니다.

## ② 폐업한 거래처의 매출채권에 대한 대손세액공제

채무자가 단순히 사업을 폐업하였다고 하여 대손상각 및 대손세액공제를 할 수는 없으며, 당해 채권의 회수를 위하여 강제집행 등의 법적 제반 절차를 취하여 채무자의 무재산임을 객관적으로 입증하여야 소멸시효가 완성되기 전에 거래처의 폐업을 사유로 대손상각 및 대손세액공제를 받을 수 있다.

## ③ 부도어음 대손세액공제

사업자가 부가가치세가 과세되는 재화 또는 용역을 공급하고 그 대가로 어음을 받았으나 공급받는 자(어음발행인)가 부도발생한 경우 **어음을 수취한분 및 부도 이전 외상매출금(중소기업의 경우에만 해당함)**에 대하여 금융기관이 당해 어음에 대하여 부도확인을 한 날부터 6월이 경과한 날이 속하는 부가가치세 **확정신고기간**에 채무자의 폐업 여부 및 재산유무와 관계없이 매출세액에서 차감할 수 있다. 단, **부도발생일 이후의 외상매출금**은 상법상 소멸시효가 완성된 경우의 사유로 그 대손이 확정이 된 날이 속하는 과세기간의 매출세액에서 차감할 수 있다.

## 4 소멸시효 완성에 의한 매출채권의 대손세액공제

사업자가 부가가치세가 과세되는 재화 또는 용역을 공급한 후 그 공급일부터 5년이 지난 날이 속하는 과세기간에 대한 확정신고기한까지 소멸시효완성을 사유로 매출채권의 대손이 확정된 경우에는 대손이 확정된 날(소멸시효가 완성된 날)이 속하는 과세기간에 대한 확정신고시 대손세액공제를 받을 수 있는 것이며, 대손이 확정된 날이 속하는 과세기간에 대한 확정신고시 대손세액공제를 받지 못한 경우에는 경정청구에 의하여 대손세액공제 신청을 할 수 있다. 단, 재화 또는 용역을 공급한 후 그 **공급일부터 5년[2020년 이후 10년]이 지난 날이 속하는 과세기간에 대한 확정신고기한**까지 대손이 확정되지 않은 경우에는 대손세액공제를 받을 수 없다.

▶ **소멸시효가 완성된 채권의 대손세액공제 및 대손상각**

소멸시효가 완성된 채권의 경우 대손상각은 거래처의 무재산임을 입증하여야 대손상각을 할 수 있으나 대손세액공제는 거래처의 무재산임을 반드시 입증하여야 하는 것은 아니다.

## 5 기타 사례

■ **채무자의 회생계획인가 결정시 대손세액공제**
(부가 2012-253, 2012.06.28.)
재화 또는 용역을 공급하고 회수하지 못한 매출채권을 채무자의 회생계획인가 결정에 따라 채무자(회생법인)의 주식으로 변제받는 경우 해당 매출채권의 장부가액이 교부받은 회생법인 주식 시가를 초과하는 부분은 대손세액 공제대상에 해당하지 아니하는 것이며, 출자 전환한 매출채권 외에 회수불능으로 확정된 채권이 있는 경우로서 회수불능으로 확정된 날이 속하는 과세기간의 확정신고 시 대손세액공제 받지 못한 경우 해당 과세기간에 대한 경정청구를 통하여 공제할 수 있는 것임.

▶ **장기 미회수채권의 경우 접대비로 처리하여 장부에서 제거할 수 있음**

대손상각 및 대손세액공제 요건을 충족하지 못하는 장기 미회수채권을 장부에서 제거하고자 하는 경우 접대비로 처리할 수 있으며, 정규영수증 수취대상에는 해당하지 않는다.

# 30. 대손세액공제 신청 및 회계처리 사례

## ❶ 대손세액공제금액

사업자가 물품 등을 판매하고 세금계산서를 발행한 다음 매출대금으로 수취한 어음이 부도가 난 경우에도 세금계산서 발행일이 속하는 과세기간에 부가가치세를 납부하여야 한다.

한편, 부도가 발생한 경우 부도발생일로부터 6개월이 경과한 날(12. 31. 부도발생한 경우 다음해 7. 1.이 6개월이 경과한 날임)이 속하는 과세기간의 부가가치세 확정신고시 대손세액 [대손금액(부도어음금액) × 10/110]을 납부할 세액에서 차감할 수 있다.

## ❷ 대손세액공제신청

대손세액을 공제받을 수 있는 시점의 부가세 확정신고시 대손세액공제신고서에 그 사실을 증명할 수 있는 서류를 첨부하여 매입세액을 공제받을 수 있다.

- 첨부서류 : 매출세금계산서 사본, 부도어음 사본, 법원 확정판결문 사본 등

## ❸ 대손세액공제 경정청구

사업자가 부가가치세가 과세되는 재화 또는 용역을 공급한 후 그 공급일부터 5년이 지난 날이 속하는 과세기간에 대한 확정신고 기한까지 소멸시효완성을 사유로 매출채권의 대손이 확정된 경우에는 대손이 확정된 날(소멸시효가완성된 날)이 속하는 과세기간에 대한 확정신고시 대손세액공제를 받을 수 있는 것이며, 대손이 확정된 날이 속하는 과세기간에 대한 확정신고시 대손세액공제를 받지 못한 경우에는 **5년**이내에 경정청구를 하여 대손세액공제금액을 환급받을 수 있다.

| 보 충 | 대손세액공제 신청시 첨부서류 |

1. 어음의 부도발생일부터 6월 이상 경과사유에 해당하는 경우 매출세금계산서 (사본) 등 증빙서류와 부도어음 사본
2. 소멸시효의 경우 매출세금계산서(사본)와 관련장부 등 증빙서류, 소멸시효가 완성된 사실을 증명하는 서류
3. 파산의 경우는 매출세금계산서(사본)와 채권배분계산명세서
4. 강제집행의 경우는 매출세금계산서(사본)와 채권배분계산서
5. 사망·실종선고의 경우 매출세금계산서(사본)와 가정법원판결문 사본, 채권배분계산서
6. 회사정리계획인가 결정의 경우 매출세금계산서(사본)와 법원이 인가한 회사정리인가안

## ❹ 대손세액공제 회계처리 사례

① 《대손충당금 설정》 기말 매출채권 500,000,000원에 대하여 1%를 대손충당금으로 설정하다.

| 대손충당금전입액 | 5,000,000 | / | 대손충당금 | 5,000,000 |

② 《받을어음 부도발생》 받을어음 110,000,000원이 만기일에 부도발생하다.

| 부도어음 | 110,000,000 | / | 받을어음 | 110,000,000 |

③ 《대손세액공제신청》 부도발생일이 속하는 날로부터 6개월이 경과한 부가가치세 확정신고시 대손세액공제를 신청하다.

| 부가세예수금 | 10,000,000 | / | 부도어음 | 10,000,000 |

④ 《대손상각》 결산시점에 부도어음을 대손상각처리하다.

| 대손충당금 | 5,000,000 | / | 부도어음 | 99,999,000 |
| 대손상각비 | 94,999,000 | | | |

• 수표, 어음 한 매당 1,000원을 차감한 금액을 대손금으로 한다. 부도어음에서 차감한 1,000원은 추후 대손요건을 충족하는 사업연도(부도발생일보부터 3년이 지난 사업연도)에 손금산입한다.

# 31 　　　　　　　　매입세액 불공제

## ❶ 개요

매입세액불공제란 매입세액 중 매출세액에서 공제하지 아니하는 것을 말하며, 조세정책목적에 의하여 그 매입세액을 공제하지 아니하는 것으로 다음의 매입세액을 말한다.

① 비영업용승용자동차의 구입 및 유지비용
② 접대비 관련 매입세액
③ 과세 및 면세 겸업사업자의 면세사업과 관련한 매입세액
④ 면세사업자가 과세되는 재화 또는 용역을 공급받고 부담한 매입세액
⑤ 토지의 취득과 관련한 매입세액
⑥ 사업자등록전의 매입세액
⑦ 부가가치세법의 의무불이행에 대한 매입세액
⑧ 폐업자로부터 폐업일 이후 발급받은 세금계산서 등의 매입세액
⑨ 간이과세자의 경우 세금계산서를 발급할 수 없음에도 간이과세자가 잘못 발행한 세금계산서의 매입세액
⑩ 간이과세자로부터 수취한 신용카드매출전표 및 현금영수증의 매입세액
⑪ 업무와 무관한 매입세액

## ❷ 매입세액을 공제받을 수 없는 것

### 1 비영업용소형승용차의 구입 및 유지와 관련한 매입세액

영업용소형승용차라 함은 운수사업자(택시운수업, 렌트카업체 등)가 소형승용차를 이용하여 직접 사업에 사용하는 경우를 말한다. 따라서 운수사업자 등이 아닌 사업자가 사업을 위하여 구입하는 소형승용차는 비영업용소형승용차에 해당하며, 그 취득

및 유지(유류대, 수리비 등)와 관련한 매입세액은 공제받을 수 없다. 또한 **비영업용 소형승용차의 임차(렌트비용) 및 주차관련 비용도 그 매입세액을 공제받을 수 없다.**

### [1] 매입세액을 공제받을 수 없는 승용자동차
① 정원 8인승 이하 승용자동차
② 지프형자동차
③ 캠핑용 자동차(캠핑용 트레일러를 포함한다)
④ 2륜자동차. 단, 내연기관을 원동기로 하는 것은 그 총배기량이 125씨씨를 초과하는 것 및 내연기관외의 것은 정격출력이 1킬로와트를 초과하는 것

### [2] 매입세액을 공제받을 수 있는 승용자동차
① 밴차량(운전석 앞자리에만 사람의 탑승이 가능하고, 뒷부분은 화물을 적재할 수 있는 구조의 차량)
② 배기량이 1,000cc 이하의 것으로서 길이가 3.6미터 이하이고 폭이 1.6미터 이하인 것(모닝, 마티즈, 아토스 등)
③ 2륜자동차 중 내연기관을 원동기로 하는 것은 그 총배기량이 125cc 이하인 것 및 내연기관외의 것은 그 정격출력이 1킬로와트 이하인 것
④ 9인승 이상 자동차 및 승합차

## 2 업무추진비(접대비) 및 이와 유사한 비용과 관련한 매입세액

접대비 및 이와 유사한 비용의 지출로서 교제비.기밀비.사례금 기타 명목여하에 불구하고, 접대비와 유사한 성질의 비용과 관련된 매입세액은 공제할 수 없다.
예를 들어 거래처 접대와 관련한 식대, 주대 등을 신용카드로 결제한 경우 그 매입세액은 공제받을 수 없다.

■ 골프회원권 매입세액 및 매각시 부가가치세 과세 여부
골프회원권이 과세사업과 관련이 있는 경우 그 매입세액은 매출세액에서 공제할 수 있는 것이나 당해 골프회원권의 과세사업과의 관련 여부는 구입목적과 실제 이용 상태에 따라 판단할 사항이며, 골프회원권을 양도하는 경우에는 부가가치세가 과세된다.
한편, 업무와 관련하여 매입한 경우에도 접대를 목적으로 매입한 골프회원권은 그 매입세

액을 공제받을 수 없는 것이며, 사업자가 자기의 과세사업과 관련하여 취득한 재화에 대하여 매입세액을 공제받지 못한 경우에도 당해 재화의 매각시에 부가가치세가 과세됨에 유의하여야 한다.

### ③ 면세사업 및 토지 관련 매입세액

**[1] 면세사업과 관련한 매입세액**
부가가치세가 면제되는 재화 또는 용역을 공급하는 사업과 관련된 매입세액은 공제를 받을 수 없다. 따라서 과세 및 면세 겸업 사업자의 경우 면세 사업과 관련한 매입세액은 공제받을 수 없다.

**[2] 토지의 취득과 관련한 매입세액**
토지는 부가가치세가 면세된다. 따라서 토지의 취득과 관련한 다음의 매입세액은 공제받을 수 없으며, 공제받지 못한 매입세액은 토지의 취득원가로 한다.

① 토지의 취득 및 형질변경, 공장부지 및 택지의 조성 등에 관련된 매입세액
② 건축물이 있는 토지를 취득하여 그 건축물을 철거하고 토지만을 사용하는 경우에는 철거한 건축물의 취득 및 철거비용에 관련된 매입세액
③ 토지의 가치를 증가시켜 토지의 취득원가를 구성하는 비용에 관련된 매입세액

◆ 토지의 조성, 정지 등과 관련한 매입세액을 공제받을 수 없음
(부가-437, 2013.05.16.)
공장부지 조성과 관련하여 공장용 토지의 가치를 현실적으로 증가시키는 부지정지공사·옹벽공사·석축공사·포장공사·조경공사 등의 건설공사에 대한 부가가치세 매입세액은 토지에 대한 자본적 지출에 관련된 매입세액으로서 매출세액에서 공제하지 아니하는 것임.

□ 부가가치세 집행기준 39-80-1 [토지 관련 매입세액의 범위]
① 자기의 매출세액에서 공제되지 아니하는 토지 관련 매입세액을 예시하면 다음과 같다.
1. 건축물이 있는 토지를 취득하여 그 건축물을 철거하고 토지만을 사용하는 경우에는 철거한 건축물의 취득 및 철거비용에 관련된 매입세액

2. 토지의 취득을 위한 직접적인 비용으로 발생한 매출주선 수수료 등 토지의 취득에 소요된 것이 명백한 대출금 관련 매입세액
3. 사업자가 금융자문용역을 공급받고 발급받은 세금계산서상의 매입세액 중 토지의 취득과 관련된 매입세액
4. 공장건물 신축을 위하여 임야에 대지조성공사를 하는 경우 해당 공사비용 관련 매입세액
5. 토지의 조성과 건물·구축물 등의 건설공사에 공통으로 관련되어 그 실지귀속을 구분할 수 없는 매입세액 중 총공사비(공통비용 제외)에 대한 토지의 조성 관련 공사비용의 비율에 따라 계산한 매입세액
6. 토지의 취득을 위하여 지급한 중개수수료, 감정평가비, 컨설팅비, 명의이전비용에 관련된 매입세액
7. 과세사업을 하기 위한 사업계획 승인 또는 인·허가 조건으로 사업장 인근에 진입도로를 건설하여 지방자치단체에 무상으로 귀속시킨 경우 진입도로 건설비용 관련 매입세액
② 토지 관련 매입세액으로 보지 않는 매입세액은 다음과 같다.
1. 공장 또는 건물을 신축하면서 건축물 주변에 조경공사를 하여 정원을 만든 경우 해당 공사 관련 매입세액
2. 과세사업에 사용하기 위한 지하건물을 신축하기 위하여 지하실 터파기에 사용된 중기사용료, 버팀목 및 버팀 철근 등에 관련된 매입세액
3. 토지와 구분되는 감가상각자산인 구축물(옹벽, 석축, 하수도, 맨홀 등) 공사 관련 매입세액
4. 공장 구내의 토지 위에 콘크리트 포장공사를 하는 경우 해당 공사 관련 매입세액
5. 과세사업에 사용하여 오던 자기 소유의 노후 건물을 철거하고 신축하는 경우 해당 철거비용과 관련된 매입세액

## 4  사업자등록을 하기 전의 매입세액

사업자등록을 신청하기 전의 매입세액은 공제받을 수 없다. 다만, **공급시기가 속하는 과세기간이 끝난 후 20일 이내에 사업자등록을 신청한 경우 그 공급시기 내 매입세액은 공제받을 수 있으며**, 이 경우 사업자등록을 신청한 사업자가 당해 사업자 또는 대표자의 주민등록번호를 기재하여 발급받은 세금계산서 및 신용카드매출전표의 매입세액 등에 의하여 공제받을 수 있다.

### 5 의무불이행으로 인하여 매입세액이 공제되지 아니하는 것

① 세금계산서 미수취, 필요적 기재사항 부실기재 또는 허위기재한 세금계산서
② 사업과 직접 관련이 없는 지출에 대한 매입세액

**[개정 세법] 공급시기가 지난 후 발급된 세금계산서의 매입세액공제 인정범위 확대(부가령 § 75)**

| 종 전 | 개 정 |
| --- | --- |
| □ 공급시기가 지난 후 발급된 세금계산서에 대한 매입세액 공제 인정 요건<br><br>  ○ 확정신고기한 다음날부터 6개월 이내에 세금계산서를 발급받고<br><br>  ❶ 납세자가 경정청구, 수정신고 하거나,<br>  ❷ 관할 세무서장이 거래사실 확인 후 결정·경정하는 경우 | □ 세금계산서 발급기한 확대<br><br>  ○ 6개월 이내 → 1년 이내<br><br><br>(좌 동) |

〈적용시기〉 2022.2.15. 이후 재화 또는 용역을 공급하는 분부터 적용

### 6 기부물품의 매입세액

기부를 목적으로 구입한 재화 등의 매입세액은 매출세액에서 공제를 받을 수 없다. 다만, **자기의 사업과 관련하여 생산하거나 취득한 재화**를 국가·지방자치단체, 공익단체(상속세 및 증여세법 시행령 제12조 각 호 규정하는 사업을 하는 단체) 등에 무상으로 공급하는 경우에는 당초 공제받은 매입세액은 불공제하지 아니한다.

# 32 공통매입세액 중 면세사업분 불공제

## ❶ 공통매입세액 및 공통매입세액 안분계산

과세사업과 관련한 세금계산서 등의 매입세액은 매출세액에서 공제를 받을 수 있으나 면세사업에 사용한 경우 매입세액을 공제를 받을 수 없다. 따라서 면세사업에 관련한 매입세액은 불공제하여야 하나 매입세액 중 과세사업과 면세사업에 사용한 것이 불분명한 경우 과세사업과 면세사업에 공통으로 매입한 세액을 세법에서 정한 일정한 기준에 의하여 면세사업에 사용한 것으로 보는 매입세액은 불공제처리 하여야 하며, 이를 공통매입세액 안분계산이라 한다.

☐ 부가가치세법 시행령 제81조(공통매입세액 안분 계산)

## ❷ 공통매입세액 안분계산방법

### [1] 원칙적인 안분계산
① 과세 또는 면세사업에 사용한 실지 귀속이 분명한 경우 실지 귀속에 의한다.

② 과세사업과 면세사업에 공통으로 사용되어 실지 귀속을 구분할 수 없는 매입세액 (공통매입세액)은 다음 산식에 의하여 계산하여 불공제처리 한다.

$$\text{면세사업에 관련된 매입세액} = \text{공통매입세액} \times \frac{\text{면세공급가액}}{\text{총공급가액}}$$

1. 총공급가액이라 함은 공통매입세액에 관련된 당해과세기간의 과세사업에 대한 공급가액과 면세사업에 대한 수입금액의 합계액을 말하며, 면세공급가액이라 함은 공통매입세액에 관련된 당해과세기간의 면세사업에 대한 수입금액을 말한다.
2. 고정자산의 매각에 따른 공급가액은 총공급가액 및 면세공급가액에 포함되지 아니하는 것임(서삼46015-11127, 2002.07.05)
3. 공통매입세액에는 카드매입분을 포함한다.

③ 예정신고를 하는 때에는 예정신고기간에 있어서 총공급가액에 대한 면세공급가액의 비율에 의하여 안분계산하고, 확정신고를 하는 때에 정산한다.

### [2] 예외적인 안분계산방법
① 안분계산방법을 적용함에 있어서 당해 과세기간 중 과세사업과 면세사업의 공급가액이 없거나 그 어느 한 사업의 공급가액이 없는 경우에 당해 과세기간의 안분계산은 다음 각호의 순에 의한다. 다만, 건물을 신축 또는 취득하여 과세사업과 면세사업에 제공할 예정면적을 구분할 수 있는 경우에는 제3호를 제1호 및 제2호에 우선하여 적용한다.
1. 총매입가액(공통매입가액 제외)에 대한 면세사업에 관련된 매입가액의 비율
2. **총예정공급가액에 대한 면세사업에 관련된 예정공급가액의 비율**
3. 총예정사용면적에 대한 면세사업에 관련된 예정사용면적의 비율

② 과세사업과 면세사업에 공통으로 사용되는 재화를 공급받은 과세기간 중에 당해 재화를 공급하는 경우에는 다음과 같이 재화를 공급한 날이 속하는 직전 과세기간의 공급가액을 기준으로 한다.

$$\text{면세사업에 관련된 매입세액} = \text{공통매입세액} \times \frac{\text{직전 과세기간의 면세공급가액}}{\text{직전 과세기간의 총공급가액}}$$

◆ 여러 개의 사업장이 있는 경우 공통매입세액 안분계산
(상담3팀-3250, 2006.12.26.) 사업지 단위(예: 건설업에 있어서 건설현장 단위)로 하되, 각 사업장에 공통으로 사용되는 (예: 본사 임대료 등) 매입세액의 안분계산은 전체 사업장의 공급가액의 합계액으로 안분계산 하는 것임.

## ❸ 공통매입세액 정산

### [1] 공급가액에 의하여 안분한 경우
공통매입세액의 안분계산은 각 과세기간 단위로 계산하므로 예정신고를 하는 때에는 예정신고기간에 있어서 총공급가액에 대한 면세공급가액의 비율에 의하여 안분계산하고, 확정신고를 하는 때에 정산한다. [부가가치세법 시행령 제82조]

| 사 례 | 공급가액에 의한 공통매입세액 안분계산 및 매입세액불공제분 원재료 대체 |

❶ 20×5년 10월 25일 예정신고 매입세액(전액 공통매입세액) : 10,000,000원

| 매출세액 | 매입세액 | 총공급가액 | 과세공급가액 | 면세공급가액 |
|---|---|---|---|---|
| 20,000,000원 | 10,000,000 | 500,000,000 | 200,000,000 | 300,000,000 |

■ 예정신고시 공통매입 면세사업분 계산내역
• 불공제매입세액(6,000,000)
  매입세액(10,000,000) × 면세공급가액(300,000,000) ÷ 총공급가액(500,000,000)
• 공제가능매입세액(4,000,000) = 매입세액(10,0000,000) - 불공제매입세액(6,000,000)
• 납부세액(16,000,000) = 매출세액(20,000,000)- 공제가능매입세액(4,000,000)

[예 제] 예정과세기간 원재료 매입 분개

| 원재료 | 100,000,000 | / | 외상매입금 | 110,000,000 |
| 부가세대급금 | 10,000,000 | | | |

[예 제] 예정과세기간 종료일(3월 31일) 분개

| 원재료 | 6,000,000 | / | 부가세대급금 | 10,000,000 |
| 부가세예수금 | 20,000,000 | | 미지급금 | 16,000,000 |

❷ 20×6년 1월 25일 확정신고

| 구 분 | 매출세액 | 매입세액 | 총공급가액 | 과세공급가액 | 면세공급가액 |
|---|---|---|---|---|---|
| 예 정 | 20,000,000 | 10,000,000 | 500,000,000 | 200,000,000 | 300,000,000 |
| 확 정 | 10,000,000 | 30,000,000 | 1,000,000,000 | 100,000,000 | 900,000,000 |
| 합 계 | 30,000,000 | 40,000,000 | 1,500,000,000 | 300,000,000 | 1,200,000,000 |

■ 확정신고시 공제매입세액 및 납부세액 계상 (1기 전체 금액으로 재계상)
• 불공제매입세액(32,000,000) : 예정 6,000,000원 + 확정 26,000,000원
- 총매입세액(40,000,000) × 면세공급가액(1,200,000,000) ÷ 총공급가액(1,500,000,000)
• 공제가능매입세액(8,000,000) = 총매입세액(40,000,000) - 불공제매입세액(32,000,000)
- 예정 : 4,000,000원 + 확정 4,000,000원
• 확정시 납부할 세액(6,000,000) = 확정 매출세액(10,000,000) - [공제가능 총매입세액(8,000,000) - 1기 예정 기공제세액(4,000,000)]

[예 제] 확정과세기간 종료일(6월 30일) 분개

| 원재료 | 26,000,000 | / | 부가세대급금 | 30,000,000 |
| 부가세예수금 | 10,000,000 | | 미지급금 | 6,000,000 |

## 공제받지 못할 매입세액명세서

### 3. 공통매입세액 안분계산 내역

| 일련번호 | 과세·면세사업 공통매입 ||  ⑫ 총공급가액 등 | ⑬ 면세공급가액 등 | ⑭불공제 매입세액 [⑪× (⑬÷ ⑫)] |
|---|---|---|---|---|---|
| | ⑩공급가액 | ⑪ 세 액 | | | |
| 1 | 400,000,000 | 40,000,000 | 1,500,000,000 | 1,200,000,000 | 32,000,000 |
| 2 | | | | | |
| 합계 | 400,000,000 | 40,000,000 | 1,500,000,000 | 1,200,000,000 | 32,000,000 |

### 4. 공통매입세액의 정산 내역

| 일련번호 | ⑮총공통 매입세액 | ⑯면세사업 확정비율 | ⑰불공제 매입세액 총액(⑮×⑯) | ⑱기 불공제 매입세액 | ⑲가산 또는 공제되는 매입세액(⑰-⑱) |
|---|---|---|---|---|---|
| 1 | 40,000,000 | 80% | 32,000,000 | 6,000,000 | 26,000,000 |
| 2 | | | | | |
| 3 | | | | | |
| 합계 | 40,000,000 | 80% | 32,000,000 | 6,000,000 | 26,000,000 |

## [2] 공급가액의 전부 또는 일부가 없는 경우

사업자가 당해 과세기간 공급가액의 전부 또는 일부가 없는 매입세액을 안분계산한 경우에는 당해 재화의 취득으로 과세사업과 면세사업의 공급가액(또는 과세사업과 면세사업의 사용면적)이 확정되는 과세기간에 대한 납부세액을 확정신고하는 때에 다음의 산식에 의하여 정산한다.

① 면세사업에 관련한 매입세액의 비율을 적용한 다음 예정공급가액의 비율을 적용하여 안분 계산한 경우

$$\text{가산 또는 공제되는 세액} = \text{총공통매입세액} \times \left(1 - \frac{\text{과세사업과 면세사업의 공급가액이 확정되는 과세기간의 면세공급가액}}{\text{과세사업과 면세사업의 공급가액이 확정되는 과세기간의 총공급가액}}\right) - \text{기공제세액}$$

② 예정사용면적에 의하여 매입세액을 안분계산한 경우

$$\text{가산 또는 공제되는 세액} = \text{총공통매입세액} \times \left(1 - \frac{\text{과세사업과 면세사업의 공급가액이 확정되는 과세기간의 면세사용면적}}{\text{과세사업과 면세사업의 공급가액이 확정되는 과세기간의 총사용면적}}\right) - \text{기공제세액}$$

## ❹ 공통매입세액 안분계산 생략

다음의 하나에 해당하는 경우에는 안분계산을 생략하고 당해 재화의 매입세액은 전부 공제되는 매입세액으로 한다.

① 해당 과세기간의 총공급가액중 면세공급가액이 **100분의 5미만**인 경우의 공통매입세액. 다만, 공통매입세액이 5백만원 이상인 경우는 제외한다.
② 해당 과세기간중의 공통매입세액이 5만원 미만인 경우의 매입세액
③ 재화를 공급하는 날이 속하는 과세기간에 신규로 사업을 개시하여 직전과세기간이 없는 경우

☐ 부가가치세법 시행령 제81조, 제83조

## ❺ 공통매입세액의 납부세액 또는 환급세액 재계산

① 과세 및 면세 겸업사업자가 공통매입세액에 대하여 안분계산하여 불공제처리를 하였으나 감가상각자산의 경우 그 사용기간이 당해 과세기간 이후에도 과세 및 면세사업에 계속 사용될 것이므로 건물 및 구축물에 대하여는 향후 10년간 기타의 감가상각자산은 향후 2년간 총공급가액에 대한 면세공급가액의 비율 또는 총사용면적에 대한 면세사용면적의 비율 증감에 대하여 납부세액 또는 환급세액을 재계산하여야 한다. 다만, 해당 감가상각자산의 취득일이 속하는 과세기간(**그 후의 과세기간에 재계산한 때에는 그 재계산한 기간**)에 적용하였던 비율간의 차이가 100분의 5 이상인 경우에 한하여 적용한다.

② 제1항의 규정에 의한 납부세액 또는 환급세액의 재계산에 의하여 납부세액에 가산 또는 공제하거나 환급세액에 가산 또는 공제하는 세액은 다음 각호의 산식에 의하여 계산한 금액으로 한다.

③ 제2항의 규정에 의한 경과된 과세기간의 수를 계산함에 있어서 과세기간의 개시일후에 감가상각자산을 취득하거나 당해 재화가 제1항의 규정에 해당하게 된 경우에는 그 과세기간의 개시일에 당해 재화를 취득하거나 당해 재화가 제1항의 규정에 해당하게 된 것으로 본다.

**(1) 건물 또는 건축물**

가산 또는 공제되는 세액 = 당해 재화의 매입세액 × (1 - 5/100 × 경과된 과세기간의 수) × 증가되거나 감소된 면세공급가액의 비율 또는 증가되거나 감소된 면세사용면적의 비율

**(2) 기타의 감가상각자산**

가산 또는 공제되는 세액 = 당해 재화의 매입세액 × (1 - 25/100 × 경과된 과세기간의 수) × 증가되거나 감소된 면세공급가액의 비율 또는 증가되거나 감소된 면세사용면적의 비율

| 사 례 | 납부세액재계산 및 공제받지못할매입세액명세서 작성 |
|---|---|

[예 제] 20×5년 2기 납부세액재계산

- 과세사업과 면세사업에 공통으로 사용되는 자산의 구입내역

| 계정과목 | 취득일자 | 공급가액 | 매입세액 | 비 고 |
|---|---|---|---|---|
| 토 지 | 20×4.11.25. | 100,000,000원 | - | |
| 건 물 | 20×4.12.05. | 150,000,000원 | 15,000,000원 | |
| 기계장치 | 20×5.01.12. | 50,000,000원 | 5,000,000원 | |

- 20×4년 및 20×5년의 공급가액 내역

| 구 분 | 20×4년 제2기 | 20×5년 제1기 | 20×5년 제2기 | 비 고 |
|---|---|---|---|---|
| 과세사업 | 200,000,000원 | - | 400,000,000원 | |
| 면세사업 | 300,000,000원 | 350,000,000원 | 600,000,000원 | |

[풀이] 건물(체감률 : 5% × 2) 15,000,000 × 0.90 × (-0.4) = -5,400,000원
기계장치(체감률 : 25% × 1) 5,000,000 × 0.75 × (-0.4) = -1,500,000원
전기 과세기간 대비 증감율 : -0.4 (당기 과세분 40% - 전기 과세분 0)

▶ 공제받지 못할 매입세액명세서

| 5. 납부세액 또는 환급세액 재계산 내역 | | | | |
|---|---|---|---|---|
| 일련 번호 | ⑳해당 재화의 매입세액 | ㉑경감률[1-(5/100 또는 25/100×경과된 과세기간의 수)] | ㉒증가 또는 감소된 면세공급가액 (사용면적) 비율 | ㉓가산 또는 공제되는 매입세액 (⑳ × ㉑ × ㉒) |
| 1 | 15,000,000 | 90 | -40 | -5,400,000 |
| 2 | 5,000,000 | 75 | -40 | -1,500,000 |
| 합계 | | | | -6,900,000 |

# 33 부가가치세 신고 및 납부기한

## ❶ 예정신고·납부 및 확정신고·납부 대상자

아래에 해당하는 사업자는 예정신고기한 및 확정신고기한 종료일로부터 25일이내에 관할세무서에 부가가치세를 신고 및 납부하여야 한다.
① 법인사업자 중 과세사업자
② 개인사업자 중 과세사업자로서 아래에 정하는 사업자
1. 휴업 또는 사업부진 등으로 인하여 각 예정신고기간의 공급가액 또는 납부세액이 직전과세기간의 공급가액 또는 납부세액의 3분의 1에 미달하는 자
2. 각 예정신고기간분에 대하여 조기환급을 받고자 하는 자

■ 부가가치세 신고 및 납부기한

| 구 분 | 제 1 기 | | 제 2 기 | |
|---|---|---|---|---|
| | 신고할 사항 | 신고기간 | 신고할 사항 | 신고기간 |
| 예정신고 | 1. 1 ~ 3. 31 기간 사업실적 | 4. 1 ~ 4. 25 | 7. 1 ~ 9. 30 기간 사업실적 | 10. 1 ~ 10. 25 |
| 확정신고 | 4. 1 ~ 6. 30 기간 사업실적 | 7. 1 ~ 7. 25 | 10.1 ~ 12. 31 기간 사업실적 | 다음해 1. 1 ~ 1. 25 |

[개정 세법] 2021년 이후 고지대상에 영세 법인사업자 추가(부가법 §48)
예정고지 대상에 직전 과세기간 과세표준 1.5억원 미만 법인사업자 추가

## ❷ [개인] 예정고지세액 납부 및 확정신고·납부

**[1] 계속 사업자**
① 개인사업자로서 전기 사업실적에 대하여 납부한 부가가치세가 있는 경우 예정 신고기간에 대하여 관할세무서가 직전과세기간에 대한 납부세액의 2분의 1에 상당하는 금액을 결정, 고지함으로써 예정신고를 따로 하지 아니한다.

② 확정 신고시 6개월 동안의 사업실적에 대하여 부가가치세 신고서를 작성하여 관할 세무서에 신고하고, 6개월 동안의 사업실적에 대한 부가가치세에서 각종 공제금액 및 예정고지금액을 공제하고 납부기한내 납부서에 기재하여 납부한다.

■ 부가가치세 신고 및 납부기한

| 구 분 | 제 1 기 | | 제 2 기 | |
|---|---|---|---|---|
| | 납부할 금액 | 신고·납부기한 | 납부할 금액 | 신고·납부기한 |
| 예 정 | 전년도 제2기 납부세액의 1/2 고지 | 4. 1 ~ 4. 25 | 제1기 납부세액의 1/2 고지 | 10. 1 ~ 10. 25 |
| | 신고할 사항 | 신고·납부기한 | 신고할 사항 | 신고·납부기한 |
| 확 정 | 1. 1 ~ 6. 30 기간의 사업실적 | 7. 1 ~ 7. 25 | 7. 1 ~ 12. 31 기간의 사업실적 | 다음해 1. 1 ~ 1. 25 |

[개정 세법] 부가가치세 예정고지 제도 개선(부가법 §48③·§66①)
개인사업자와 직전 과세기간 공급가액의 합계액이 1억5천만원 미만인 법인사업자에 대하여는 직전 과세기간에 대한 납부세액의 50퍼센트로 정하여 해당 예정신고기간이 끝난 후 25일까지 징수한다. 다만, 다음 각 호의 어느 하나에 해당하는 경우에는 징수하지 아니한다.
1. 징수하여야 할 금액이 50만원 미만인 경우
2. 간이과세자에서 해당 과세기간 개시일 현재 일반과세자로 변경된 경우
<적용시기> '22.1.1 이후 결정하는 분부터 적용

## [2] 신규사업자 및 폐업자의 과세기간
① 신규사업자(법인) : 사업개시일부터 예정 또는 확정 과세기간의 종료일
② 신규사업자(개인) : 사업개시일부터 확정 과세기간의 종료일
③ 폐업자 : 폐업일이 속하는 해당 과세기간의 개시일부터 폐업일

## [3] 사업장이 2개 이상인 경우 부가가치세 신고 및 납부
① 부가가치세는 각 사업장별로 신고 및 납부를 하여야 한다.
② 사업장이 둘 이상인 사업자가 주된 사업장의 관할 세무서장에게 주사업장 총괄납부를 신청한 경우에는 납부할 세액을 주된 사업장에서 총괄하여 **납부**할 수 있다.
③ 사업자 단위로 등록한 사업자(사업자단위과세사업자)는 그 사업자의 본점 또는 주사무소(主事務所)에서 총괄하여 **신고 및 납부**할 수 있다.

# 34 부가가치세 신고 및 실무 유의사항

## ❶ [면세] 계산서합계표 제출

① 계산서란 부가가치세가 과세되지 아니하는 면세 재화 또는 면세 용역을 제공하는 면세사업자가 발행하는 거래 증빙으로 세금계산서 양식에서 세액란만 없는 계산서를 말한다. 사업자가 면세사업자로부터 면세 재화 또는 면세 용역을 제공받는 경우(영수증 발행사업자 제외) 증빙수취 특례규정을 적용받지 아니하는 한 반드시 계산서를 발급받거나 신용카드로 결제하여야 한다.

② 복식부기기장의무자가 매출 및 매입 계산서합계표를 부가세 신고기한까지 제출하지 못한 경우 **다음연도 2월 10일까지** 제출하여야 하며, 다음연도 2월 10일까지 제출하지 못한 경우 그 공급가액의 100분의 0.5 [**2018년 이후 1% → 0.5%**]에 상당하는 금액을 가산세로 부담하여야 한다. 단, 2월 10일 이후 1개월 이내 제출하는 경우 가산세는 공급가액의 0.3% [**2018년 이후 0.5% → 0.3%**]로 한다.

## ❷ 매입세금계산서 제출을 누락한 경우

매입세금계산서를 신고 누락한 경우 예정분은 확정신고시 예정신고누락분으로 제출하여 그 매입세액을 공제받을 수 있으며, 예정신고시 누락한 매입세금계산서를 확정신고시에도 공제하지 않은 경우 및 확정신고 누락분은 경정청구를 신청하여 환급을 받을 수 있으며, 매입세금계산서를 착오에 의하여 신고누락한 경우 가산세는 적용되지 아니한다.

## ❸ 거래처 폐업 및 간이과세자 여부 확인

① 거래처가 세무서에 폐업신고를 한 경우 폐업일 이후의 날짜를 작성일자로 하여 세금계산서를 발급받은 경우 매입세액이 불공제되므로 유의하여야 한다.
② 간이과세자로부터 발급받은 세금계산서의 매입세액은 공제받을 수 없으므로 신규거래처의 경우 사업자등록증 사본을 받아 사업자 유형을 확인하여야 한다.

## ❹ 부가가치율 검토 및 일반매입 및 고정자산 매입 구분

부가가치율은 부가가치세 분석 중 가장 중요한 분석사항으로 동종 사업자와 비교하여 부가가치율이 낮은 업체는 불성실신고사업자로 판단한다. 부가가치율이 낮다는 것은 동종 업종의 비슷한 매출과 비교하여 동종 업종 보다 매입자료가 많은 것으로 실물 거래 없는 가공매입세금계산서를 수취하였을 가능성이 높다고 판단하기 때문이다. 따라서 사업자는 통상 1년을 기준으로 부가율이 동종 업종 사업자의 평균 부가율보다 낮을 경우 그 원인을 분석하여 착오가 있는 것은 수정하고, 기타 사유가 있는 경우에는 세무조사를 받지 않도록 성실하게 신고하여야 할 것이다.

### ▶ 부가가치율 계산 (일반매입과 고정자산매입 구분)

부가가치율은 다음과 같이 계산하며, 고정자산 매입분은 제외한다. 부가가치세 신고서에 **일반매입과 고정자산매입을 구분**하여 기재하도록 한 것은 일반매입의 부가가치율을 국세청이 분석하기 위한 것이다.

$$부가가치율 = \frac{매출 - 매입}{매출} \times 100$$

■ 고정자산 매입이 있는 경우 건물등감가상각자산취득명세서 제출

세금계산서 수취분에는 세금계산서 합계금액을 일반매입과 고정자산매입으로 구분하여 기재하고, 고정자산(건물, 차량운반구, 비품, 기계장치 등) 매입분은 '건물등감가상각자산취득명세서' 를 제출하여야 한다.

## ❺ 부가가치세 신고서의 과세표준 명세 작성

① 과세표준 합계액을 업태, 종목별로 기재하되, 합계액은 과세표준 합계금액과 일치하여야 한다.
② 고정자산 매각금액의 경우에도 수입금액에 포함하여 기재를 한 후 법인세 신고시 조정후 수입금액명세서에서 조정한다.
1. 개인사업자 : 수입금액제외란에 기재한다. 단, 2018년 이후 복식부기기장의무자의 경우 수입금액에 포함하여야 한다.
2. 법인사업자 : 수입금액제외 대상이 아니므로 수입금액에 포함한다.

② 수입금액제외란은 직매장공급 등 수입금액에서 제외되는 금액을 기재한다.
③ 부가가치세 신고서의 과세표준 명세 기재 오류 등에 대한 가산세 적용은 없다.

## ❻ 사업자등록이 없는 개인에게 매출

① 영수증 발행사업자가 아닌 일반사업자(제조, 도매, 건설업 등)가 사업자등록증이 없는 개인에게 상품 등을 판매하는 경우 주민등록기재분으로 세금계산서를 발행하여야 한다. 주민등록기재분으로 세금계산서를 발행하는 경우 세금계산서 공급받는 자의 성명란에는 성명을, 비고란에는 주민등록번호를 기재하여야 하며, 작성연월일, 공급가액, 세액 등을 빠짐없이 기재한다.
② 매출처별세금계산서합계표(세금계산서 발급분과 주민등록기재분) 작성시 개인 판매분에 대하여는 '주민등록번호발행분'으로 신고하여야 한다.

## ❼ 매입세액불공제 여부 확인

다음의 경우 매입세액을 공제받을 수 없으므로 공제대상이 아닌 매입세액을 공제받지 않도록 유의하여야 한다.

① 경승용차가 아닌 승용차의 취득 및 유지비용
② 승용차의 렌트비용
③ 다음 각호의 신용카드매출전표 매입세액
1. 거래처 접대비, 상품권 또는 입장권 결제금액, 종업원 선물구입비용
2. 여객운송사업자(항공사, 고속철도, 고속버스)에게 결제한 것
3. 간이과세자와의 거래 및 면세물품(쌀, 화환, 도서구입비) 구입비용

## ❽ 업종별 명세서 등 제출 의무

부가가치세 신고시 업종별로 추가로 제출하여야 하는 서류를 빠짐없이 제출하여야 하며, 제출을 누락하는 경우 가산세가 부과되거나 매입세액을 공제받을 수 없으므로 유의하여야 한다.

## 1  현금매출명세서 제출대상 사업자의 현금매출명세서 제출

### [1] 현금명세서 제출대상 사업자
① 부동산업, 전문서비스업, 과학서비스업 및 기술서비스업, 보건업
그 밖의 개인서비스업 [부가가치세법 제55조]
② 예식장업, 부동산중개업, 보건업(병원과 의원으로 한정한다), 변호사업, 심판변론인업, 변리사업, 법무사업, 공인회계사업, 세무사업, 경영지도사업, 기술지도사업, 감정평가사업, 손해사정인업, 통관업, 기술사업, 건축사업, 도선사업, 측량사업, 공인노무사업, 의사업, 한의사업, 약사업, 한약사업, 수의사업과 그 밖에 이와 유사한 사업서비스업으로서 기획재정부령으로 정하는 것 [부령 제100조 및 제109조 제2항 제7호]
③ 부가가치세법 시행규칙 제71조에서 정하는 사업자
1. 과자점업
2. 도정업, 제분업 및 떡류 제조업 중 떡방앗간
3. 양복점업, 양장점업, 양화점업
4. 그 밖에 자기가 공급하는 재화의 50퍼센트 이상을 최종소비자에게 공급하는 사업으로서 국세청장이 정하는 것

### [2] 현금매출명세서 미제출에 대한 가산세
현금매출명세서 제출대상 사업을 하는 사업자가 현금매출명세서를 제출하지 아니하거나 제출한 수입금액(현금매출명세서의 경우 현금매출)이 사실과 다르게 적혀 있으면 제출하지 아니한 부분의 수입금액 또는 제출한 수입금액과 실제 수입금액과의 차액에 1퍼센트를 곱한 금액을 납부세액에 더하거나 환급세액에서 뺀다.

■ **제출, 신고, 가입, 등록, 개설 제출의무 위반에 대한 가산세 감면**
세법에 따른 제출, 신고, 가입, 등록, 개설의 기한이 지난 후 1개월 이내에 해당 세법에 따른 제출등의 의무를 이행하는 경우(제출등의 의무위반에 대하여 세법에 따라 부과되는 가산세만 해당한다) 해당 가산세액의 100분의 50에 상당하는 금액을 감면한다. [국세기본법 제43조 제②항 제3호]

## ② 부동산임대업자의 부동산임대공급가액명세서 제출의무

### [1] 부동산임대공급가액명세서 제출대상 사업자
부동산임대업자는 부동산임대공급가액명세서를 예정신고 또는 확정신고를 할 때 함께 제출하여야 한다.

### [2] 부동산임대공급가액명세서 미제출에 대한 가산세
부동산임대업을 하는 사업자가 부동산임대공급가액명세서를 제출하지 아니하거나 제출한 수입금액이 사실과 다르게 적혀 있으면 제출하지 아니한 부분의 수입금액 또는 제출한 수입금액과 실제 수입금액과의 차액에 1퍼센트를 곱한 금액을 납부세액에 더하거나 환급세액에서 뺀다.

## ③ 영세율 적용 사업자의 영세율 신고 및 첨부서류 제출 의무

### [1] 영세율 첨부서류 제출대상 사업자
영세율이 적용되는 재화 또는 용역을 공급하는 사업자는 부가가치세 예정신고 및 확정신고를 할 때 예정신고서 및 확정신고서에 수출실적명세서 등 수출임을 증명하는 서류를 첨부하여 제출하여야 한다. [부가가치세법 제56조]

### [2] 영세율 과소신고 및 첨부서류 미제출에 대한 가산세
① 사업자가 부가가치세 신고를 한 경우로서 영세율과세표준을 과소신고(신고하지 아니한 경우 포함)한 경우에는 과소신고분(신고하여야 할 금액에 미달한 금액) 영세율과세표준의 **1천분의 5**에 상당하는 금액을 합한 금액을 가산세로 한다.
② 사업자가 부가가치세 신고시 영세율 과세표준이 있는 경우에는 법령에 정한 영세율 첨부서류를 반드시 제출하여야 하며, 미제출시에는 영세율과세표준의 **1천분의 5**에 해당되는 가산세가 적용된다.
③ 법정신고기한 내에 영세율 과세표준을 기재하여 부가가치세 신고를 하였으나 영세율 첨부서류를 제출하지 않은 사업자가 영세율 첨부서류를 제출하여 수정신고 하는 경우 국세기본법 제48조 제2항에 따라 가산세가 감면된다.

■ 업종별 부가가치세 신고시 제출하여야 하는 서식

| 신 고 서 식 | 도매 | 소매 | 음식 | 숙박 | 제조 | 건설 | 운수 | 임대 |
|---|---|---|---|---|---|---|---|---|
| 일반과세자 부가가치세 신고서 | ● | ● | ● | ● | ● | ● | ● | ● |
| 매출처별세금계산서합계표 | ● | | | | ● | ● | ● | ● |
| 매입처별세금계산서합계표 | ● | ● | ● | ● | ● | ● | ● | ● |
| 신용카드매출전표등수취금액 합계표 | ● | ● | ● | ● | ● | ● | ● | ● |
| 건물등 감가상각자산 취득명세서 | ○ | ○ | ○ | ○ | ○ | ○ | ○ | ○ |
| 공제받지 못할 매입세액 명세서 | ○ | ○ | ○ | ○ | ○ | ○ | ○ | ○ |
| 신용카드매출전표등 발행금액 집계표 | | ● | ● | ● | | | | |
| 의제매입세액공제신고서 | | | ○ | | ○ | ○ | | |
| 부동산임대공급가액명세서 | | | | | | | | ● |
| 전자세금계산서 발급세액공제신고서 | ○ | | | | ○ | ○ | ○ | |
| 매입처별계산서합계표 | ○ | ○ | ○ | ○ | ○ | ○ | ○ | ○ |
| 사업장현황명세서[확정신고시 제출] (음식·숙박업, 미제출가산세 없음) | | | ○ | ○ | | | | |

| 신 고 서 식 | 제 출 대 상 사 업 자 |
|---|---|
| 부동산임대공급가액명세서 | 부동산을 임대하고 있는 사업자 |
| 대손세액공제(변제)신고서 | 부도등으로 매출세액을 공제받는 사업자 |
| 매출처별계산서합계표 | 면세물품을 공급한 사업자 |
| 현금매출명세서 | 변호사, 법무사, 세무사, 공인회계사 감정평가사 부동산중개업, 경영지도사, 기술사, 산후조리원 등 |
| 사업 양도양수 신고서 | 사업을 포괄양도하는 사업자 |
| 재활용폐자원 및 중고품 매입세액 공제신고서 | 중고자동차매매상사 및 재활용폐자원 및 중고품 수집사업자 |
| 면세유류 공급명세서 | 면세유를 공급하는 주유소 |
| 과세사업전환 감가상각자산신고서 | 면세사업 사용품을 과세사업에 사용하는 경우 |
| 사업자 단위 과세사업자 | 사업자단위적용신고자의 종된사업장명세서 |
| 일반(간이)과세전환시 재고품 및 감가상각자산 신고서 | 일반과세자에서 간이과세자로 전환한 자 간이과세자에서 일반과세자로 전환한 자 |
| 사업장별 부가가치세 과세표준 및 납부세액 (환급세액) 신고명세서 | 총괄납부 사업자 |

# 35 부가가치세 납부 또는 환급 회계처리

## ❶ 부가가치세 납부 회계처리

[예제] 제1기 확정 부가세예수금이 5,000,000원이고 부가세대급금이 3,000,000원으로 이를 상계하고 잔액 2,000,000원을 보통예금에서 인출하여 납부하다.

① 《부가세예수금 및 부가세대급금 상계》 과세기간 종료일(6. 30)에 부가세예수금을 부가세대급금과 상계처리하고 납부할 금액을 미지급금으로 계상하다.

| | | | |
|---|---|---|---|
| 부가세예수금 | 5,000,000 / | 부가세대급금 | 3,000,000 |
| | | 미지급금 | 2,000,000 |

② 《부가가치세 납부》 7. 25 부가세예수금 2,000,000원을 보통예금에서 인출하여 납부하다.

| | | | |
|---|---|---|---|
| 미지급금 | 2,000,000 / | 보통예금 | 2,000,000 |

③ 《부가세예수금과 부가세대급금을 상계처리하지 아니하고 납부》 7. 25 부가세예수금 2,000,000원을 보통예금에서 인출하여 즉시 납부하다.

| | | | |
|---|---|---|---|
| 부가세예수금 | 5,000,000 / | 부가세대급금 | 3,000,000 |
| | | 보통예금 | 2,000,000 |

## ❷ 전자신고세액공제 회계처리

◎ 《전자신고세액공제》 납부할 세액(부가세예수금 잔액) 2,000,000원에서 전자납부세액공제 10,000원을 공제한 1,990,000원을 보통예금에서 인출하여 납부하다. (전자신고를 하는 경우 확정 신고에 한하여 1만원 공제함)

| 부가세예수금 | 2,000,000 | / | 잡이익 | 10,000 |
|---|---|---|---|---|
| | | | 보통예금 | 1,990,000 |

* 납부할 세액에서 감면받은 금액은 '잡이익'으로 처리한다.

## ❸ 공통매입세액 면세사업분 회계처리

[예제] 4/4분기 부가세신고시 부가세예수금 합계금액은 10,000,000원이고, 부가세대급금(전액 공통매입분임)은 6,000,000원이다.

① 《면세관련매입세액을 해당 계정으로 대체》 12. 31 공통매입세액 6,000,000원 중 면세관련분이 2,000,000원으로 면세관련 매입세액을 원재료로 대체처리하다.

| 원재료 | 2,000,000 | / | 부가세대급금 | 2,000,000 |
|---|---|---|---|---|

② 《부가세대급금 및 부가세예수금 상계》 12. 31 부가세예수금 10,000,000원 중 4,000,000원은 부가세대급금과 상계처리하고 잔액은 미지급금으로 계상하다.

| 부가세예수금 | 10,000,000 | / | 부가세대급금 | 4,000,000 |
|---|---|---|---|---|
| | | | 미지급금 | 6,000,000 |

③ 《부가가치세 납부》 다음해 1. 25 부가가치세 6,000,000원을 보통예금에서 인출하여 즉시 납부하다.

| 미지급금 | 6,000,000 | / | 보통예금 | 6,000,000 |
|---|---|---|---|---|

## ❹ [개인] 예정고지세액 납부, 확정신고 및 부가세 납부

① 《예정고지세액 납부》 2기 예정 부가가치세 고지세액 1,500,000원을 보통예금에서 인출하여 납부하다.

| 선납세금 | 1,500,000 | / | 보통예금 | 1,500,000 |
|---|---|---|---|---|

② 《부가세 확정신고 및 납부》 2기 부가가치세 신고시 납부할 세액 1,690,000원을 보통예금에서 인출하여 납부하다. (매출세액 5,000,000원, 매입세액 1,800,000원, 전자신고 세액공제 10,000원, 예정고지세액 1,500,000원)

| 부가세예수금 | 5,000,000 | / | 부가세대급금 | 1,800,000 |
|---|---|---|---|---|
| | | | 선납세금 | 1,500,000 |
| | | | 잡이익 | 10,000 |
| | | | 보통예금 | 1,690,000 |

* 부가가치세 전자신고에 의한 세액공제는 부가가치세 확정신고시에만 공제받을 수 있다.

## ❺ 의제매입세액공제 회계처리

[예제] 식품가공업을 하는 (주)한서농산의 1기 확정 부가가치세 신고시 의제매입세액공제대상금액은 400,000원[농산물 매입가액(20,400,000) × 2/102]이다. 부가세예수금 9,000,000원에서 부가세대급금 5,000,000원 및 의제매입세액공제액 400,000원을 상계한 잔액 3,600,000원을 보통예금에서 인출하여 납부하다.

① 《의제매입세액공제액을 원재료에서 차감》 과세기간종료일(6.30)에 원재료에서 의제매입세액공제액 400,000원을 차감하다.

| 부가세대급금 | 400,000 | / | 원재료 | 400,000 |
|---|---|---|---|---|

② 《부가세예수금 및 부가세대급금 상계》 과세기간 종료일(6. 30)에 부가세예수금을 부가세대급금과 상계처리하고 납부할 금액을 미지급금으로 계상하다.

| 부가세예수금 | 9,000,000 | / | 부가세대급금 | 5,400,000 |
|---|---|---|---|---|
| | | | 미지급금 | 3,600,000 |

③ 《부가세 납부》 7. 25. 부가세 3,600,000원을 예금에서 인출하여 납부하다.

| 미지급금 | 3,600,000 | / | 보통예금 | 3,600,000 |
|---|---|---|---|---|

## ❻ 부가가치세 환급 관련 회계처리

[예제] 제2기 부가가치세 확정신고시 부가세예수금이 5,000,000원이고 부가세대급금이 25,000,000원으로 이를 상계하고 잔액 20,000,000원을 환급신청하다.

① 《부가세대급금 및 부가세예수금 상계처리》 2기 과세기간 종료일(12. 31)에 부가세대급금 25,000,000원 중 5,000,000원은 부가세예수금과 상계처리하고 잔액 20,000,000원은 세무서에 대한 미수금으로 대체하다.

| 부가세예수금 | 5,000,000 | / | 부가세대급금 | 25,000,000 |
| 미수금 | 20,000,000 | | | |

② 《부가세환급금 입금》 부가세환급금 20,000,000원이 보통예금에 입금되다.

| 보통예금 | 20,000,000 | / | 미수금 | 20,000,000 |

■ 세액공제액의 최저한세 적용 및 수입금액 산입 여부

| 구 분 | 공제대상 | 법령 | 공제금액 한도액 | 최저한세 | 수입금액 | 환급 |
|---|---|---|---|---|---|---|
| 전자신고세액공제 (부가세) | 법인 개인 | 조특법 104조의8 ② | [확정] 10,000원 [합계] 20,000원 | × | ○ | ○ |
| 신용카드매출전표 등발행세액공제 | 개인 | 부법 제46조 | 100분의 1.3 [한도] 1천만원 | × | ○ | × |

# 36    부동산 임대수익 부가가치세 신고 및 납부

## ❶ 개요

부동산임대용역을 제공하는 경우 월세는 그 대가를 받기로 한 금액이 과세표준이 되나 전세보증금의 경우 다음과 같은 방법으로 과세표준을 계산하여 부가가치세를 신고 및 납부하여야 한다.

## ❷ 간주임대료 및 간주임대료 계산

### [1] 간주임대료
월세는 임대업자의 수입에 해당하는 것이 명확하나 보증금으로 받는 경우에도 일정한 기준을 정하여 임대사업자의 수입금액으로 계산하여야 월세를 받는 경우와 형평에 맞다. 따라서 과세당국은 보증금에 정기예금이자율을 곱한 금액을 임대사업자의 수익으로 계산하도록 규정하고 있으며, 이를 간주임대료라고 한다.

### [2] 간주임대료 계산
간주임대료는 전세금이나 임대보증금에 정기예금이자율을 곱한 다음 해당 과세기간의 임대일수를 곱하여 계산한다.

당해 기간의 전세금 또는 임대보증금 × 과세대상기간의 임대일수 ÷ 365(윤년의 경우에는 366) × 계약기간 1년의 정기예금이자율(신고기간 종료일 현재)

○ 2024년 간주임대료 이자율 : 3.5% [소득세법 시행규칙 제23조]
○ 2025년 간주임대료 이자율 : 3.1%

부동산 임대용역중 간주임대료에 해당하는 부분에 대해서는 세금계산서를 발급하지 아니한다. 그리고 임대인이 간주임대료에 대한 부가가치세를 부담하는 경우임대인의 비용(세금과공과금)으로 인정을 받는다.

## ❸ 임대료 등에 대한 세금계산서 발급

### [1] 세금계산서 발급시기
사업자가 부동산임대용역을 계속적으로 공급하고 그 대가를 매월, 매분기, 매반기에 기일을 정하여 받기로 한 경우에 있어서 당해 부동산임대용역의 공급시기는 그 대가의 각 부분을 받기로 한 때가 되는 것이며, 이 경우 사업자가 당해 공급시기가 도래하기 전에 임대료를 받고, 세금계산서 또는 영수증을 교부하는 경우에는 그 교부하는 때를 당해 용역의 공급시기로 본다.

■ 부동산임대용역의 세금계산서 발급시기는 그 대가를 받기로 한 날임
(서면3팀-3385, 2007.12.21.) 사업자가 2과세기간 이상에 걸쳐 부동산임대용역을 공급하고 그 대가를 선불로 받는 경우에는 예정신고기간 또는 과세기간의 종료일이 당해 용역의 공급시기가 되는 것이나, 사업자가 부동산임대용역을 계속적으로 공급하고 그 대가를 매월, 매분기, 매반기에 기일을 정하여 받기로 한 경우에 있어서 당해 부동산임대용역의 공급시기는 그 대가의 각 부분을 받기로 한 때가 되는 것임.

### [2] 선불 또는 후불
사업자가 2과세기간 이상에 걸쳐 부동산임대용역을 공급하고 그 대가를 선불 또는 후불로 받는 경우에는 당해 금액을 계약기간의 월수로 나눈 금액의 각 과세대상기간의 합계액을 그 과세표준으로 한다. 이 경우 월수의 계산에 있어 당해계약기간의 개시일이 속하는 달이 1월 미만인 경우는 1월로 하고 당해계약기간의 종료일이 속하는 달이 1월 미만인 경우에는 이를 산입하지 아니한다.

### [3] 월세 등과 함께 받는 공공요금
사업자가 부가가치세가 과세되는 부동산임대료와 해당 부동산을 관리해 주는 대가로 받는 관리비 등을 구분하지 아니하고 영수하는 때에는 전체 금액에 대하여 과세하는 것이나, 임차인이 부담하여야 할 보험료·수도료 및 공공요금 등을 별도로 구분징수하여 납입을 대행하는 경우 해당 금액은 부동산임대관리에 따른 대가에 포함하지 아니한다.

□ 부가가치세법 기본통칙 29-61…3 [부동산임대 시 월세 등과 함께 받는 공공요금]

## [4] 전기요금에 대한 세금계산서 발행

부동산임대사업자가 한국전력공사로부터 전기요금에 대한 세금계산서를 발급받고 전력을 실지로 소비하는 자인 임차인에게 세금계산서를 발급하는 경우 임차인에게 발급한 세금계산서상의 공급가액은 부동산임대사업자의 과세표준에 포함하는 것이며, 부동산임대사업자가 한국전력공사로부터 교부받은 세금계산서상의 매입세액을 공제받을 수 있다. 이 경우 임차인은 부동산임대사업자로 부터 발급받은 세금계산서상의 매입세액을 공제받을 수 있다. (부가46015-18, 2001.01.05)

■ 상가 등을 관리하는 사업자가 사업용 건물의 관리용역을 제공하고 사업자인 입주자로부터 징수하는 관리비는 부가가치세가 과세되는 것임

상가 등 집합건물을 관리하는 사업자가 사업용 건물의 관리용역을 제공하고 사업자인 입주자로부터 징수하는 관리비는 명목여하에 불구하고 부가가치세가 과세되는 것으로 부가가치세법 제16조 제1항의 규정에 의하여 세금계산서를 교부하여야 하는 것임. 다만, 관리비중 입주자가 부담하여야 할 수도료, 공공요금 등을 별도로 구분 징수하고 납입을 대행하는 경우에 당해 금액은 관리사업자의 부가가치세 과세표준에 포함되지 아니하는 것임. (부가46015-1886, 2000.08.05)

■ 월세를 받지 못한 경우에도 부가가치세는 신고 및 납부하여야 함

월세를 받지 못한 경우 또는 월세를 보증금에서 차감하기로 한 경우에도 월세를 받기로 한 날 세금계산서를 발급하여야 한다.

## [5] 원상복구비 세금계산서 발행 여부

사업자가 부가가치세가 과세되는 부동산을 임차함에 있어 임차인이 자기의 부담으로 실내장식등을 하고 임차기간 만료시 원상복구 하여 주는 조건으로 임대차 계약을 하였을 경우에,

1) 임차기간 만료시 임차인의 부담으로 원상복구를 하는 때에는 임대인에 대한 재화의 공급으로 보지 아니하는 것이나,

2) 임차기간 만료시 임차인이 직접 원상복구를 하지 않고 원상복구에 필요한 대가를 임대인에게 별도로 지급하는 때에는 당해 대가에 대하여 부가가치세가 과세되는 것임. (부가46015-1779, 1994.09.01.)

## ❹ 간주임대료의 개인사업자 또는 법인의 수입금액 산입

보증금을 받는 경우 보증금에 대하여 정기예금이자율을 곱한 금액을 과세표준으로 하여 부가가치세를 신고 및 납부하여야 한다.

### ▶ 개인사업자의 종합소득세 신고시 간주임대료 수입금액 계산방법

개인이 부동산 등을(주택과 그에 부수되는 토지로서 일정규모에 해당하는 것 제외) 임대하고 보증금·전세금 또는 이와 유사한 성질의 보증금을 받은 경우 세법에서 정하는 바에 따라 간주임대료를 총수입금액에 산입하여야 한다. 이 경우 간주임대료는 장부에 계상하지 아니하고 세무조정에 의하여 총수입금액에 산입한다.

### ▶ 법인은 주업이 부동산임대업이 아닌 경우 수입금액에 산입하지 아니함

법인의 경우에는 부동산임대업을 **주업**으로 하는 법인으로 차입금이 자기자본의 2배를 초과하는 경우를 제외하고는 간주임대료를 수입금액에 산입하지 아니한다.

## ❺ 임대료 부가가치세 신고

① 부가가치세 간주임대료를 과세표준에 포함하는 경우 부가가치세 신고서상의 과세표준 및 매출세액 '기타'(②)란에 간주임대료 과세표준액과 세액을 기재한다.
② 부가가치세 신고시 **'부동산임대공급가액명세서'**를 제출하여야 하며, '부동산임대공급가액명세서'를 제출하지 않는 경우 제출하지 아니한 수입금액 또는 제출한 수입금액과 실제 수입금액과의 차액에 대하여 100분의 1에 해당하는 금액을 납부세액에 더하거나 환급세액에서 **뺀다**.
③ **임대차계약을 갱신한 경우** 임대차계약서 사본을 첨부하여 제출하여야 하되, 임대차계약서 사본은 제출하지 않더라도 가산세 적용은 없다.

### ▶ 주택 임대는 비과세, 토지 임대는 과세됨

주택의 임대는 부가가치세가 과세대상이 아니므로 부가가치세 신고대상이 아니다. 단, 토지의 임대는 과세대상에 해당하며, 주택에 정착된 토지의 면적이 도시지역의 경우 5배, 도시지역이 아닌 경우 10배를 초과하는 면적은 부가가치세가 과세된다.

# 37 폐업자 및 휴업자와의 거래 세무 문제

## ❶ 폐업자에게 세금계산서를 발급한 경우

| 사 례 | 폐업자에게 세금계산서를 발급한 경우 세금계산서 수정 발급 |

재화 또는 용역을 공급받는 자가 사업자가 아닌 경우(폐업자 포함)에는 공급받는 자의 주소·성명 및 주민등록번호 기재하여 발급하여야 한다. 단, 매입자가 폐업자인줄 모르고 사업자번호로 세금계산서를 발행한 경우 재화 및 용역의 공급일이 속하는 과세기간에 대한 확정신고기한 다음 날부터 1년까지 수정세금계산서를 작성 발급할 수 있는 것으로 이 경우 당초분은 취소하고 공급받는 자의 주민등록번호를 기재한 수정세금계산서를 확정 신고기한 다음날부터 1년까지 발급할 수 있으며, 수정세금계산서를 발행하는 경우 가산세 적용은 없다.

[개정 세법] 수정세금계산서 발급기한 확대(부가령 §70①)
(종전) 재화·용역의 공급시기가 속하는 과세기간의 확정신고기한까지
(개정) 확정 신고기한 다음날부터 1년까지
<적용시기> 2022.2.15. 이후 재화 또는 용역을 공급하는 분부터 적용

□ 부가가치세법 시행령 제70조(수정세금계산서 또는 수정전자세금계산서의 발급사유 및 발급절차)
① 법 제32조제7항에 따른 수정세금계산서 또는 수정전자세금계산서는 다음 각 호의 구분에 따른 사유 및 절차에 따라 발급할 수 있다. <개정 2022. 2. 15., 2023. 2. 28.>
5. 필요적 기재사항 등이 착오로 잘못 적힌 경우(다음 각 목의 어느 하나에 해당하는 경우로서 과세표준 또는 세액을 경정할 것을 미리 알고 있는 경우는 제외한다): 처음에 발급한 세금계산서의 내용대로 세금계산서를 붉은색 글씨로 쓰거나 음(陰)의 표시를 하여 발급하고, 수정하여 발급하는 세금계산서는 검은색 글씨로 작성하여 발급
  가. 세무조사의 통지를 받은 경우

나. 세무공무원이 과세자료의 수집 또는 민원 등을 처리하기 위하여 현지출장이나 확인업무에 착수한 경우

다. 세무서장으로부터 과세자료 해명안내 통지를 받은 경우

라. 그 밖에 가목부터 다목까지의 규정에 따른 사항과 유사한 경우

6. 필요적 기재사항 등이 착오 외의 사유로 잘못 적힌 경우(제5호 각 목의 어느 하나에 해당하는 경우로서 과세표준 또는 세액을 경정할 것을 미리 알고 있는 경우는 제외한다) 재화나 용역의 공급일이 속하는 과세기간에 대한 확정신고기한 다음 날부터 1년 이내에 세금계산서를 작성하되, 처음에 발급한 세금계산서의 내용대로 세금계산서를 붉은색 글씨로 쓰거나 음(陰)의 표시를 하여 발급하고, 수정하여 발급하는 세금계산서는 검은색 글씨로 작성하여 발급

[개정 세법] 공급시기가 지난 후 발급된 세금계산서의 매입세액공제 인정범위 확대
(부가령 §75)
(개정) 6개월 → 1년
<적용시기> 2022.2.15. 이후 재화 또는 용역을 공급하는 분부터

◆ 폐업자로부터 반품받는 경우 수정세금계산서 교부 안됨
(부가1265.1-1634, 1983. 8.17)
폐업자로부터 부가가치세가 과세된 재화를 반품받는 경우에는 폐업자는 사업자가 아니므로 수정세금계산서를 교부할 수 없는 것이며, 사업자의 당초 매출과세표준은 감소되지 아니함

□ 부가가치세 집행기준 32-70-1 [폐업한 자의 수정세금계산서 발급 방법]
재화 또는 용역의 공급에 대하여 세금계산서를 발급하였으나 수정세금계산서 발급사유가 발생한 때에 공급받는 자 또는 공급자가 폐업한 경우에는 수정세금계산서를 발급할 수 없다. 이 경우 이미 공제받은 매입세액 또는 납부한 매출세액은 납부세액에서 차가감하여야 한다.

## ❷ 폐업한 자로부터 세금계산서를 발급받은 경우

> **사 례**  폐업한 자로부터 발급받은 세금계산서의 매입세액을 공제받을 수 있는 경우
>
> 폐업자가 발급한 세금계산서의 매입세액은 매출세액에서 공제할 수 없으나, 실제 거래사실이 확인되고, 공급받는 자가 세금계산서의 기재내용 중 명의상의 거래상대방이 실제로 폐업하였다는 사실을 알지 못한 때에는 알지 못하였음에 과실이 없는 경우에 한하여 매입세액으로 공제할 수 있는 것임

◆ 폐업신고 후 계속사업을 영위하는 경우 미등록사업자에 해당하는지
(서면인터넷방문상담3팀-2335 , 2007.08.2.)
1. 사업자의 폐업일은 「부가가치세법 시행규칙」 제6조의 규정에 의하여 사업장별로 그 사업을 실질적으로 폐업한 날로 하는 것이며, 폐업한 때가 명백하지 아니한 경우에는 폐업신고서의 접수일을 폐업일로 보는 것임
2. 사업자가 「부가가치세법」 제5조 제4항 및 같은법 시행령 제10조 제1항의 규정에 의하여 폐업신고를 한 경우에도 관할세무서장은 폐업사유, 사업장 상태, 사업의 계속여부 등을 확인하여 실질적으로 사업을 계속 영위하는 때에는 폐업한 것으로 보지 아니하는 것임

◆ 등록말소가 해제된 경우 직권말소기간에 수수한 세금계산서 정당 여부
(부가46015-2093, 2000.08.26.)
사업자가 사업장 관할세무서장으로부터 부가가치세법 제5조 제5항의 규정에 의하여 사업자등록이 말소된 후 계속사업을 영위하고 있음이 확인되어 당해 말소가 해제된 경우 동 직권말소기간에 교부하거나 교부받은 세금계산서가 동법 제17조 제2항의 규정에 의한 사실과 다르게 기재되지 아니한 경우에 한하여 정당한 세금계산서로 볼 수 있는 것임.

◆ 선의의 거래당사자로 보아 매입세액을 공제할 수 있는지 여부
(심사 부가2002-105, 2002.7.8.)
사업자가 사업을 실질적으로 폐업하는 때에는 사업자등록을 말소하는 것이고, 사업자등록이 말소된 경우에는 세금계산서를 교부할 수 없는 것이므로 사실상 폐업자가 교부한

세금계산서의 매입세액은 매출세액에서 공제할 수 없으나, 실제 거래사실이 확인되고, 공급받는 자가 세금계산서의 기재내용 중 명의상의 거래상대방이 실제로 폐업하였다는 사실을 알지 못한 때에는 알지 못하였음에 과실이 없는 경우에 한하여 매입세액으로 공제할 수 있는 것임

◆ **폐업전 공급 계약이 체결되고 폐업일 이후 인도되는 재화의 공급시기**
(서삼46015-11438, 2003.09.09)
재화의 공급과 관련한 계약체결이 폐업 전에 이루어지고 폐업일 이후에 당해 재화가 인도되는 경우 당해 재화의 공급시기는 폐업일로 보는 것임

◆ **폐업일 후에 교부받은 전기요금의 매입세액**
(부가1265-782, 1983.04.26)
사업자가 폐업일 전에 공급받은 전력에 대하여 폐업일 이후에 교부받은 세금계산서의 매입세액으로서 폐업일 전에 공급받은 것이 확인되는 것은 매입세액공제를 받을 수 있는 것임

◆ **법인전환 후 폐업한 개인사업자등록번호로 세금계산서를 수취한 경우**
(부가-367, 2013.04.30)
사업자가 전기사업자로부터 전력을 공급받고 세금계산서를 교부받음에 있어 당해 사업자가 법인설립이 완료되기까지 폐업한 개인사업자등록번호로 세금계산서를 발급받은 경우 전기사업자로부터 수정세금계산서를 교부받은 때에는 당해 수정세금계산서의 매입세액은 부가가치세법 제17조 제2항 제2호에 해당하지 아니하는 것임

## ❸ 폐업한 거래처의 매출채권에 대한 대손세액공제

| 사 례 | 폐업한 거래처의 매출채권에 대한 대손세액공제 |
|---|---|
| | 채무자가 단순히 사업을 폐업하였다고 하여 대손상각 및 대손세액공제를 할 수는 없으며, 당해 채권의 회수를 위하여 강제집행 등의 법적 제반 절차를 취하여 채무자의 무재산임을 객관적으로 입증하여야 소멸시효가 완성되기 전에 거래처의 폐업을 사유로 대손상각 및 대손세액공제를 받을 수 있다. |

◆ 채권에 대한 소멸시효가 중단된 경우 대손세액공제
(재소비46015-90, 2001.04.07)
대손세액공제는 재화 또는 용역을 공급한 후 공급일로부터 5년이 경과된 날이 속하는 과세기간에 대한 확정신고기한까지 채권의 소멸시효가 완성된 경우에 한하는 것으로, 공급일로부터 5년이 경과한 날이 속하는 과세기간까지 소멸시효 중단으로 대손이 확정되지 않는 경우에는 대손세액 공제를 할 수 없는 것임

♣ 폐업한 거래처의 미회수 매출채권에 대하여 대손세액공제를 받기 위해서는 무재산임을 입증하여야 함

[세법 개정] 대손세액공제 적용기한 확대(부가령 §87 ②)
(적용기한) 공급일로부터 5년 이내 대손확정 : 5년 이내 → 10년 이내
<적용시기> 영 시행일 이후 대손 확정되는 분부터 적용

## ❹ 폐업한 사업자 관련 유의할 사항

사업을 폐업한 자는 폐업일 이후에 세금계산서를 발급할 수 없다. 그럼에도 불구하고 세금계산서를 발급한 경우 매입자는 그 매입세액을 공제받을 수 없다.

실무에서 거래 상대방의 폐업 여부를 알 수 없는 상황에서 폐업자로부터 세금계산서를 발급받고, 그 매입세액을 공제받은 경우 차후 국세청 전산시스템에 의하여 확인되는 경우 과세자료 해명요구를 받고, 가산세를 부담하여 수정신고 및 납부를 하여야 하는 경우가 종종 있으므로 **[홈택스]** → **조회발급** → **사업자상태**에서 정상 사업자여부를 조회하여 문제가 발생되지 않도록 유의하여야 한다.

▶ 거래처 폐업 및 간이과세자 여부 확인
① 거래처가 세무서에 폐업신고를 한 경우 폐업일 이후의 날짜를 작성일자로 하여 세금계산서를 발급받은 경우 매입세액이 불공제되므로 유의하여야 한다.
② 간이과세자로부터 발급받은 세금계산서의 매입세액은 공제받을 수 없으므로 신규거래처의 경우 사업자등록증 사본을 받아 사업자 유형을 확인하여야 한다.

# 제2부

# 원천세제 실무

# 01 과세대상 근로소득 및 비과세소득

## ❶ 근로소득

근로소득이란 고용관계 기타 이와 유사한 계약에 의하여 근로를 제공하고 지급받는 봉급·상여·수당 등 그 명칭에 관계없이 지급받는 모든 대가를 말한다.

단, 근로소득 중 근로소득으로 보지 아니하는 것과 근로소득 중 비과세되는 것은 과세대상에서 제외된다. 따라서 세법상 비과세급여로 열거된 경우를 제외하고는 그 명칭여하에 관계없이 과세되는 급여로 처리하여야 한다.

### ▶ 과세대상 근로소득의 범위
○ **급여, 제 수당**, 기밀비(판공비 포함), 교제비 기타 이와 유사한 명목으로 받는 것으로서 업무를 위하여 사용된 것이 분명하지 아니한 급여
○ **종업원이 받는 공로금, 위로금, 개업축하금, 학자금, 장학금**(종업원의 자녀가 사용자로부터 받는 학자금, 장학금 포함) 기타 이와 유사한 성질의 급여
○ **근로수당, 가족수당, 물가수당, 출납수당, 직무수당 등**
○ 급식수당, 주택수당, 피복수당 기타 이와 유사한 성질의 급여
○ 주택을 제공받음으로써 얻는 이익
○ **종업원이 주택의 구입 또는 임차에 소요되는 자금을 저리 또는 무상으로 대여 받음으로써 얻는 이익**
○ **기술수당, 보건수당, 연구수당** 기타 이와 유사한 성질의 급여
○ 시간외 근무, 통근·개근수당, 특별공로금 기타 이와 유사한 성질의 급여
○ 여비의 명목으로 받는 연액 또는 월액의 급여
○ 벽지수당, 해외근무수당 기타 이와 유사한 성질의 급여
○ **휴가비** 기타 이와 유사한 성질의 급여
○ 종업원이 계약자이거나 종업원 또는 그 배우자 기타의 가족을 수익자로 하는 보험·신탁 또는 공제와 관련하여 사용자가 부담하는 보험료·신탁부금 또는 공제부금. 다만, 비과세소득으로 정한 보험료등은 제외한다.

◆ 법인의 사외이사에게 지급하는 보수의 소득구분 (소득46011-21395, 2000.12.06)
거주자가 고용관계나 이와 유사한 계약에 의하여 그 직무를 수행하고 지급받는 보수는 소득세법 제20조 제1항 제1호의 규정에 의한 근로소득에 해당하는 것임. 따라서 사외이사가 법인으로부터 지급받는 월정액 급여 및 이사회 참석시 별도로 지급받는 수당 등은 근로소득에 포함되는 것임.

■ 정관 등에서 정하지 않은 임원 상여금은 손금산입할 수 없는 것임
임원에게 지급하는 상여금은 정관, 주주총회, 사원총회, 또는 이사회의 결의에 의하여 결정된 급여지급기준에 의한 금액을 초과하여 지급하는 금액은 손금에 산입하지 아니한다.

▶ 근로제공외 인적용역을 제공하는 경우 소득구분
근로자가 정상근무시간 외에 사내교육등을 하고 당해 회사로부터 지급받는 강사료는 근로소득에 해당하나 업무와 관련없이 독립된 자격에 의하여 일시적으로 원고를 게재하고 받는 대가는 기타소득에 해당한다.

◆ 근로자가 정상근무시간 외에 사내교육을 하고 받는 강사료의 소득구분
(소득, 서일46011-10654, 2003.05.24)
근로자가 정상근무시간 외에 사내교육을 하고 당해 회사로부터 지급받는 강사료는 근로소득에 해당되는 것임.

## ❷ 비과세되는 근로소득

### 1 실비변상적인 성질의 급여

#### [1] 비과세 차량보조금(자가운전보조금)
종업원 소유차량을 종업원이 직접 운전하여 사용자의 업무수행에 이용하고 시내출장 등에 소요된 실제여비를 지급받는 대신에 그 소요경비를 당해 사업체의 규칙 등에 의하여 정하여진 지급기준에 따라 지급받는 금액 중 월 20만원 이내의 금액

■ **타인명의 차량을 소유한 임직원의 차량보조금은 비과세처리할 수 없음**
타인(배우자 등)명의로 등록된 차량에 대하여는 자가운전보조금 비과세 규정을 적용할 수 없는 것임(법인46013-937, '96.3.25)

■ **부부 공동명의 차량의 차량보조금은 비과세됨**
종업원이 부부 공동명의로 된 소유차량을 직접 운전하여 실제 사용자의 업무수행에 이용하는 경우로서 소요된 실제여비를 받는 대신에 그 소요경비를 당해 사업체의 규칙 등에 의하여 정하여진 지급기준에 따라 받는 금액에 대하여 비과세 규정이 적용되는 것임

◆ **자기차량으로 회사업무를 수행하고 받는 연료비의 실비변상적 급여 해당 여부**
[소득, 법인46013-157 , 2001.01.17]
종업원이 본인 소유차량을 직접 운전하여 회사의 업무수행에 사용하면서, 실제 소요된 연료비를 지급받는 경우에는, 당해 연료비는 과세대상 근로소득에 해당하지 아니함.

◆ **출장여비 등의 비과세 근로소득 해당여부**
[서면1팀-52, 2006.01.16]
1. 자가운전보조금을 지급받는 종업원이 업무수행에 소요된 시내출장과 관련한 실제비용을 당해 회사로부터 별도로 지급받는 경우에는 자가운전보조금으로 지급받는 금액은 당해 종업원의 근로소득에 해당하는 것이며,
자가운전보조금을 지급받는 종업원 등이 본인이 소유하고 있는 차량을 이용하여 시외출장에 사용하고 동 출장과 관련하여 실제 소요된 경비를 사용주로부터 지급받는 금액으로서 실비변상정도의 금액은 소득세법 시행령 제12조제3호의 규정에 의하여 비과세근로소득에 해당하는 것으로,
2. 종업원 등이 본인의 소유차량을 이용하여 회사의 업무수행에 이용하고 이에 실제 소요된 출장비를 사규 등에 의한 지급기준에 의해 실비로 정산하여 지급받는 금액이나 회사의 사규 등에 의한 여비지급규정에 의해 지급받는 여비로서 출장목적·출장지·출장기간 등을 감안하여 실지 소요되는 비용을 충당할 정도의 범위 내의 금액은 비과세근로소득에 해당하는 것임.

◆ 종업원 차량유지비 중 월 20만원 초과금액의 근로소득 과세대상 여부
(제도46011-11668, 2001.06.23)
자가운전보조금으로 지급받은 금액과 종업원이 출퇴근의 편의를 위하여 지급받는 출퇴근보조비 및 주차비용은 종업원의 과세되는 근로소득에 해당하는 것임.

### [2] 직장내에서 착용하는 피복(공장, 병원, 실험실, 금융기관, 광산 등)
병원.실험실.금융회사 등.공장.광산에서 근무하는 사람 또는 특수한 작업이나 역무에 종사하는 자가 받는 작업복이나 그 직장에서만 착용하는 피복

### [3] 다음에 해당하는 근로자가 받는 연구보조비 중 월 20만원 이내의 금액
「기초연구진흥 및 기술개발지원에 관한 법률 시행령」제16조 제1항 제1호 또는 제3호에 따른 중소기업 또는 벤처기업의 기업부설연구소와 같은 조 제2항에 따라 설치하는 연구개발전담부서(중소기업 또는 벤처기업에 설치하는 것으로 한정)에서 연구활동에 직접 종사하는 자

## ② 비과세되는 식사대 등 [소령 제17조의2]

### [1] 근로자가 제공받는 식사 또는 기타 음식물
현물식사 및 일률적으로 식사대를 지급하고 야간근무등 시간외근무를 하는 경우에 별도로 제공받는 식사.기타 음식물은 비과세됨

### [2] 식사기타 음식물을 제공받지 않는 근로자의 월 20만원 이하 식사대
식사대를 매월 23만원을 지급받는 경우 20만원은 비과세 하고 3만원은 과세
회사에서 식사를 제공하면서 별도로 식대를 지급하는 경우 식대는 과세됨

[개정 세법] 식대 비과세 한도 확대(소득령 §17의2)
ㅇ 월 10만원 이하 → 월 20만원 이하
<적용시기> '23.1.1. 이후 발생하는 소득 분부터 적용

## ③ 기타 비과세되는 소득

### [1] 비과세 학자금
다음 요건을 모두 갖춘 근로자 본인의 학자금으로서 초·중등교육법 및 고등교육법에 의한 학교(외국에 있는 이와 유사한 교육기관 포함) 및 「근로자직업능력개발법」에 의한 직업능력개발훈련시설의 입학금·수업료·수강료 기타 공납금 중 당해 연도에 납입할 금액
① 근로자가 종사하는 사업체의 업무와 관련있는 교육·훈련을 위하여 지급받는 학자금으로서,
② 당해 업체의 규칙 등에 정해진 지급기준에 의하여 지급되고,
③ 교육·훈련기간이 6월 이상인 경우에는 교육·훈련후 교육기간을 초과하여 근무하지 않는 경우 반환하는 조건일 것.

▶ **과세대상이 되는 학자금**
위의 요건을 충족하지 않는 학자금은 과세대상 근로소득에 해당하므로 학자금을 무상으로 지원하는 경우 근로소득에 합산하여야 한다. 단, 학자금(자녀 학자금 포함)의 무상대여액에 대한 인정이자상당액은 근로소득으로 보지 아니한다.

### [2] 실업급여·육아휴직급여·산전후휴가급여·장해급여·유족급여
「고용보험법」에 따라 받는 실업급여, 육아휴직 급여, 육아기 근로시간 단축 급여, 출산전후휴가 급여 등

### [3] 출산·보육수당
근로자 또는 그 배우자의 출산이나 6세 이하의 자녀의 보육과 관련하여 사용자로부터 지급받는 급여로서 월 20만원 이내의 금액

① 맞벌이부부가 6세 이하의 자녀 1인에 대하여 각 근무처로부터 보육수당을 수령하는 경우에는 각각 월20만원 이내의 금액을 비과세함
② 근로자가 6세 이하의 자녀 2인을 둔 경우에는 자녀수에 상관없이 월20만원 이내의 금액을 비과세함
③ 근로자에게 지원하는 보육수당의 비과세 기준을 적용함에 있어서 만 6세 이하 기준의 적용은 해당 과세기간 개시일을 기준으로 판단한다.

[세법 개정] 기업의 출산지원금 비과세(소득법 §12(3))

| 종 전 | 개 정 |
|---|---|
| □ 근로소득에서 비과세되는 출산수당 | □ 비과세 한도 폐지 |
| ○ (대상) 본인 또는 배우자의 출산과 관련하여 사용자로부터 지급받는 급여 | ○ ❶근로자 본인 또는 배우자의 출산 과 관련하여, ❷출생일 이후 2년 이내*에, ❸공통 지급규정에 따라 사용자로부터 지급(2회 이내)받는 급여<br>* '24년 수당 지급 시에는 '21.1.1. 이후 출생자에 대한 지급분 포함 |
| <신 설> | - (제외) 친족인 특수관계자가 출산과 관련하여 지급받는 경우 |
| ○ (한도) 월 20만원<br>※ 6세 이하 자녀에 대한 양육수당 비과세(월20만원)는 현행 유지 | ○ 전액 비과세(한도 없음) |

<적용시기> '24.1.1. 이후 지급받는 분부터 적용

[세법 개정] 결혼세액공제 신설(조특법 §92 신설)

□ 결혼세액공제

(적용대상) 혼인신고를 한 거주자

(적용연도) 혼인신고를 한 해(생애 1회)

**(공제금액) 50만원**

(적용기간) '24~'26년 혼인신고 분

[세법 개정] 자녀세액공제 금액 확대(소득법 §59의2①)

| 종 전 | 개 정 |
|---|---|
| □ 자녀세액공제<br><br>ㅇ (공제대상자녀) 기본공제 대상자인 8세 이상의 자녀 또는 손자녀<br><br>ㅇ (공제금액)<br><br>- (첫째) 15만원<br>- (둘째) 20만원<br>- (셋째 이후) 30만원/인 | □ 공제금액 확대<br><br>ㅇ (좌 동)<br><br><br><br>- 25만원<br>- 30만원<br>- 40만원/인 |

<적용시기> '25.1.1. 이후 발생하는 소득 분부터 적용

[세법 개정] 혼인에 대한 1세대 1주택 특례 적용기간 확대
(소득령 §155⑤·§156의2⑨, 종부령 §1의2④)

| 종 전 | 개 정 |
|---|---|
| □ 혼인·동거봉양 등으로 1세대 2주택이 된 경우 다음의 기간 동안 1세대 1주택자로 간주하여 양도소득세 및 종합부동산세 특례* 적용<br><br>* (양도소득세) 12억원까지 비과세, 장기보유특별공제 최대 80% 적용<br>   (종합부동산세) 기본공제 12억원, 고령·장기보유자 세액공제 최대 80% 적용<br><br>□ 1주택을 각각 보유한 남녀의 혼인: 5년 | □ 혼인에 따른 1세대 1주택자 간주기간 확대<br><br><br><br><br><br><br>□ 5년 → 10년 |

<적용시기> (양도소득세) 영 시행일 이후 양도하는 분부터 적용

### [4] 보장성보험료 중 연 70만원 이하의 금액

종업원의 사망·상해 또는 질병을 보험금 지급사유로 하고 종업원을 피보험자와 수익자로 하는 보험으로서 만기에 납입보험료를 환급하지 아니하는 보험(단체순수보장성보험)과 만기에 납입보험료를 초과하지 아니하는 범위안에서 환급하는 보험(단체환급부보장성보험)의 보험료중 **연 70만원 이하의 금액**

## ④ 국외근로소득 중 일정금액 [소령 제16조]

① 국외 또는 북한지역에서 근로를 제공(「원양산업발전법」에 따라 허가를 받은 원양어업용 선박 또는 국외 등을 항행하는 선박이나 항공기에서 근로를 제공하는 것 포함)하고 받은 보수 중 월 100만원이내의 금액.
② 원양어업선박, 국외 등을 항행하는 선박 또는 국외 등의 건설현장에서 근로(감리업무 포함)를 제공하고 받는 보수의 경우 월 500만원

## ⑤ 생산직근로자등의 야간근로수당 등 [소령 제17조]

**생산직 및 그 관련직에 종사하는 근로자로서 급여수준 및 직종 등을 고려하여 월정액급여 210만원 이하로서 직전 과세기간의 총급여액이 3천만원 이하인 근로자(일용근로자 포함)가 연장근로.야간 또는 휴일근로를 하여 받는 급여 중 연 240만원(광산근로자 및 일용근로자는 해당 급여 총액) 이내의 금액**

### [1] 생산직 및 그 관련직에 종사하는 근로자

① 공장 또는 광산에서 근로를 제공하는 자로서 통계청장이 고시하는 한국표준직업분류에 의한 생산 및 관련 종사자 중 「소득세법 시행규칙」 별표 2에 규정된 직종에 종사하는 근로자

② 어업을 영위하는 자에게 고용되어 근로를 제공하는 자로서 어선에 승무하는 선원. 다만, 「선원법」 제3조 제2호의 규정에 의한 선장은 포함하지 아니한다.

③ 한국표준직업분류에 의한 운전원 및 관련 종사자와 배달 및 수화물 운반 종사자 중 「소득세법 시행규칙」 별표 2에 규정된 직종에 종사하는 근로자

■ 소득세법 시행규칙 [별표 2] <개정 2021. 3. 16.>

생산직 및 관련직의 범위(제9조제1항 관련)

| 연번 | 직종 대분류 | 중분류, 소분류 또는 세분류 | 한국표준 직업분류번호 |
|---|---|---|---|
| 1 | 서비스 종사자 | 돌봄 서비스직<br>미용 관련 서비스직<br>여가 및 관광 서비스직<br>숙박시설 서비스직<br>조리 및 음식 서비스직 | 4211<br>422<br>4321<br>4322<br>44 |
| 2 | 판매 종사자 | 매장 판매 및 상품 대여직<br>통신 관련 판매직 | 52<br>531 |
| 3 | 기능원 및 관련 기능 종사자 | 식품가공 관련 기능직<br>섬유·의복 및 가죽 관련 기능직<br>목재·가구·악기 및 간판 관련 기능직<br>금속 성형 관련 기능직<br>운송 및 기계 관련 기능직<br>전기 및 전자 관련 기능직<br>정보 통신 및 방송장비 관련 기능직<br>건설 및 채굴 관련 기능직<br>기타 기능 관련직 | 71<br>72<br>73<br>74<br>75<br>76<br>77<br>78<br>79 |
| 4 | 장치·기계 조작 및 조립 종사자 | 식품가공 관련 기계 조작직<br>섬유 및 신발 관련 기계 조작직<br>화학 관련 기계 조작직<br>금속 및 비금속 관련 기계 조작직<br>기계 제조 및 관련 기계 조작직<br>전기 및 전자 관련 기계 조작직<br>운전 및 운송 관련직<br>상하수도 및 재활용 처리 관련 기계 조작직<br>목재·인쇄 및 기타 기계 조작직 | 81<br>82<br>83<br>84<br>85<br>86<br>87<br>88<br>89 |
| 5 | 단순노무 종사자 | 건설 및 광업 관련 단순 노무직<br>운송 관련 단순 노무직<br>제조 관련 단순 노무직<br>청소 및 경비 관련 단순 노무직<br>가사·음식 및 판매 관련 단순 노무직<br>농림·어업 및 기타 서비스 단순 노무직 | 91<br>92<br>93<br>94<br>95<br>99 |

비고: 위 표의 한국표준직업분류번호는 통계청 고시 제2017-191호(2017. 7. 3.) 한국표준직업분류에 따른 분류번호로서 2단위 분류번호(44, 52, 71, 72, 73, 74, 75, 76, 77, 78, 79, 81, 82, 83, 84, 85, 86, 87, 88, 89, 91, 92, 93, 94, 95, 99)는 중분류 직종, 3단위 분류번호(422, 531)는 소분류 직종, 4단위 분류번호(4211, 4321, 4322)는 세분류 직종의 분류번호임.

**사 례** 공장근로자 중 야간근로수당등에 대하여 비과세되지 아니하는 직종
- 구내식당 등 취사 관련종사자
- 보안업무 관련종사자(경비, 수위, 소방, 청원경찰)
- 건물관리 및 청소 관련종사자(공장, 사택, 건물 등의 관리 또는 청소)
- 구내이발, 세탁공
- 소비조합 및 구내매점 등 판매 관련종사자
- 전화 및 전신기조작원 등 관련종사자
- 물품 및 창고관리 등 관련종사자
  물품, 비품, 저장품 또는 원재료의 입고, 출고, 재고의 기록유지, 검사,인도, 검수하는 자
- 자재수급 및 생산계획사무원
  생산계획, 작업계획수립업무, 생산실적 기록 및 정리업무를 하는 자 등
- 노사관계종사자(노동조합전임자)
- 수송운용관리자(차량배차담당, 수송영업관리)
* 공장시설의 신설 및 증·개축공사에 종사하는 건설일용근로자는 공장에서 근로를 제공하는 자에 해당하지 아니함

## [2] 야간 근로수당 등의 범위

① 근로기준법에 의한 연장시간·야간 또는 휴일근로로 인하여 통상 임금에 가산하여 지급받는 급여중 연간 240만원 한도내에서 비과세
② 광산근로자 및 일용근로자는 연240만원을 초과하더라도 전액 비과세

■ **건설업 일용근로자의 연장 · 야간 · 휴일근로수당은 과세대상 근로소득임**

공장 또는 광산에서 근로를 제공하는 자에 해당하지 아니하므로 동 건설업 일용근로자에게 지급되는 연장시간근로·야간근로 또는 휴일근로로 인하여 받는 급여는 과세대상 근로소득에 해당한다.

**보 충** 월정액급여의 범위 [소득세법시행령 제13조]

- 월정액급여 = 급여총액 - (상여등 부정기적인급여 + 실비변상적인급여)
- 급여총액 : 매월 지급받는 봉급·급료·보수·임금·수당 기타 이와 유사한 성질의 급여 합계
- 비과세되는 식사대는 실비변상적인 급여가 아니므로 월정액급여에 해당함
- 자가운전보조금은 실비변상적인 급여에 해당하므로 월정액급여에서 제외함
- 상여금을 매월 급여항목으로 지급받는 경우에는 월정액급여에 해당함
- 상여금지급규정에 의하여 2개월에 한번씩 지급받는 상여금은 부정기적인 급여에 해당
- 야간근로수당등 크기가 매월 변동되더라도 매월 계산되는 급여항목인 경우에는 월정액 급여에 포함됨

■ **과세대상 근로소득으로 처리하지 않아도 되는 통신비 보조금**

종업원의 휴대폰 사용료를 회사가 지급하는 경우에는 원칙적으로 근로소득에 해당한다. 다만, 업무용도로 사용한 부분이 있는 경우에는 회사가 정한 규정에 의하여 사회통념상 업무수행에 필요하다고 인정되는 부분은 근로소득으로 과세하지 아니한다. 따라서 통신비 보조금은 '통신비지급규정'에 의하여 지급하여야 하며, 통신비 보조금에 대한 해당 직원 핸드폰 납부영수증이나 자동이체영수증 등을 증빙으로 첨부하여 두어야 한다. 그러나 업무와 관련하여 발생한 휴대폰비 영수증을 제시하고 지급받는 대신 전직원에 대하여 월정액으로 지급하는 금액인 경우 개인별 근로소득으로 처분하며, 이 때 통신비는 실비변상비적 급여에 해당하지 않으므로 과세소득에 해당한다.

## 6 직무발명보상금

직무발명이란 종업원, 법인의 임원이 그 직무에 관하여 발명한 것이 성질상 사용자·법인의 업무 범위에 속하고 그 발명을 하게 된 행위가 종업원등의 현재 또는 과거의 직무에 속하는 발명을 말한다.

기업이 종업원 등의 직무발명에 대하여 그 보상금을 지급하는 경우 2016년 이전에는 기타소득으로 과세(발명진흥법에 의한 보상금은 비과세)를 하였으나 2017년 소

득세법 개정으로 근로소득으로 과세하도록 하였으며, 발명진흥법에 의한 보상금의 경우 **700만원[2024년 이후 500만원 → 700만원]**만 비과세 적용을 받을 수 있도록 하였다. 단, 퇴직자의 경우 기타소득으로 과세한다.

## [1] 근로소득
「발명진흥법」 제2조제2호에 따른 직무발명으로 받는 다음의 보상금으로서 연 700만원 이하의 금액
1) 「발명진흥법」 제2조제2호에 따른 종업원등이 같은 호에 따른 사용자등으로부터 받는 보상금
2) 대학의 교직원이 소속 대학에 설치된 산학협력단으로부터 받는 보상금

## [2] 기타소득
종업원등이 <u>퇴직한 후에 지급받는</u> 직무발명보상금으로서 연 700만원 이하의 금액

### 7  대학생 현장실습 지원비

◆ 「대학생 현장실습 운영규정」제7조에 따라 지급받는 현장실습지원비
소득, 서면-2020-법령해석소득-4237 [법령해석과-936], 2021.03.18
「대학생 현장실습 운영규정」제5조제4항에 따라 수업으로서의 요건을 갖춘 현장실습수업에 참여하는 학생이 같은 규정 제7조에 따라 지급받는 현장실습지원비는 근로소득 및 기타소득에 해당하지 아니함

○ 기획재정부 소득세제과-153, 2021.3.9.
「대학생 현장실습 운영규정」제5조제4항에 따라 수업으로서의 요건을 갖춘 현장실습수업에 참여하는 학생이 같은 규정 제7조에 따라 지급받는 현장실습지원비는 「소득세법」제20조에 따른 근로소득 및 같은 법 제21조제1항에 따른 기타소득에 해당하지 아니하는 것입니다.

## 02 종업원 선물, 포상금, 경조사비 등

### ❶ 종업원 선물

**[1] 종업원 선물의 세무처리**

사업자가 복리후생목적으로 선물을 구입하여 종업원에게 증정하는 경우 금액의 다과에 관계없이 급여로 처리를 하여야 한다.

◆ 임직원의 생일, 결혼기념일, 출산 시 지급하는 2~3만원 상당의 선물을 지급할 때 근로소득 과세여부 (원천-296, 2009.04.09)

임직원을 대상으로 생일, 결혼기념일, 출산시 복리후생계념으로 2~3만원 상당의 선물 지급 시 결혼기념일에 회사로부터 받는 선물은 과세대상 근로소득에 해당하는 것이며 생일, 출산시 지급하는 선물은 기 질의 회신문(법인46013-92, 1993.1.13. 및 서면1팀-829, 2004.6.18.)을 참고하기 바람

◆ 명절등 특정한 날에 지급받는 선물의 근로소득 포함여부
(소득, 법인46013-1378, 1993.05.14)

근로자가 회사로부터 설날등 특정한 날에 지급받는 선물은 과세되는 근로소득의 범위에 포함되는 것임.

◆ 종업원 선물 구입에 대한 매입세액공제

매입세액은 공제가 가능하다. 그러나 직원에게 주는 선물은 재화의 공급(개인적 공급)에 해당되는 것이므로 부가가치세가 과세된다. 즉, 종업원 선물용으로 물품 등을 구입할 시 부가가치세 매입세액을 공제받는 경우에는 그 선물을 종업원에게 지급할 시 부가가치세 매출세액을 계산하여 납부하여야 한다.

[개정 세법] 2019년 이후 1인당 연간 10만원 이내의 경조사와 관련된 재화는 개인적 공급에서 제외하므로 매입세액을 공제받는 경우에도 과세하지 않는다.

**[2] 취득 또는 생산한 재화를 직원에게 무상으로 증정하는 경우**

개인적공급에 해당하므로 시가를 과세표준으로 하여 부가가치세를 신고하여야 하며, 과세표준은 재화를 무상으로 증정받은 직원의 근로소득에 합산하여 근로소득세를 원천징수하여 납부하여야 한다.

## ❷ 종업원 경조사비

사업자가 그 종업원에게 지급한 경조금중 사회통념상 타당하다고 인정되는 범위내의 금액은 이를 지급받은 자의 근로소득으로 보지 아니한다.

◈ 경조금이 비과세 근로소득에 해당하는 것인지 여부
(소득, 서이46013-11480 , 2002.08.02)
[ 요 지 ]
경조금 중 사회통념상 타당하다고 인정되는 범위안의 금액에서의 경조나 지급액의 범위는 구체적으로 사실 판단할 사안임.
[ 회 신 ]
귀 질의의 경우 붙임의 우리청 관련 질의회신〔소득1264-1652(1984.05.15), 소득46011-2326(1998.08.18)〕을 참고하시기 바랍니다.

○ 소득1264-1652, 1984.05.15
소득세법 시행규칙 제4조 제1항 규정의 "경조금중 사회통념상 타당하다고 인정되는 범위안의 금액" 에서의 경조나 지급액의 범위는 구체적으로 사실판단할 사안임.

○ 소득, 소득46011-2326 , 1998.08.18
근로자가 천재·지변 기타 재해로 인하여 받는 실비변상적인 성질에 해당하는 급여는 소득세법시행령 제12조제16호의 규정에 의하여 비과세되는 근로소득에 해당하는 것임

◈ 사내 상조회에 지급하는 금액의 손금 여부
(법인, 서면-2020-법인-1351 [법인세과-1076], 2020. 03. 30)
직원 경조사비 사용 목적으로 조직된 사내 단체인 상조회에 해당 목적으로 지급하는 금액 중 사회통념상 타당하다고 인정되는 금액에 대하여는 직원을 위하여 지출한 복리후생비로 보아 이를 당해 사업연도의 소득금액계산에 있어서 손금에 산입할 수 있음

## ❸ 종업원 공로금, 포상금, 상금 및 경품

공로금·위로금·개업축하금 기타 이와 유사한 성질의 사실상 급여에 속하는 상금은 근로소득에 해당하는 것이며, 종업원의 특별한 공로에 대하여 경진·경영 등에서 우수한 자에게 지급하는 상금은 기타소득에 해당한다.

◆ 체육대회에서 추첨을 통하여 임직원에게 경품을 지급하는 경우 소득구분 여부
(소득, 서일46011-11724 , 2002.12.20)
공로금·위로금·개업축하금 기타 이와 유사한 성질의 사실상 급여에 속하는 상금은 근로소득에 해당하는 것이며, 종업원의 특별한 공로에 대하여 경진·경영 등에서 우수한 자에게 지급하는 상금은 기타소득에 해당하는 것임.

○ 소득46011-10094,2001.02.05
종업원에게 지급하는 공로금·위로금·개업축하금 기타 이와 유사한 성질의 사실상 급여에 속하는 상금은 근로소득에 해당하는 것이며, 종업원의 특별한 공로에 대하여 경진·경영·경로대회·전람회 등에서 우수한 자에게 지급하는 상금은 기타소득에 해당하는 것으로, 귀 질의의 경우 회사의 포상계획·각종행사계획·지급사유 등 실질내용에 따라 사실판단할 사항임.

◆ 종업원이 우수 인재를 추천하고 지급받은 보상금의 소득구분
(소득, 소득세과-2057 , 2009.12.31)
[ 요 지 ]
법인의 종업원이 우수 인재를 추천하고 당해 법인으로부터 지급받은 보상금은 기타소득에 해당하는 것임.
[ 회 신 ]
귀 질의의 경우, 법인의 종업원이 직무와 관련없이 소속회사를 위하여 우수 인재를 추천하고 당해 법인으로부터 지급받은 보상금은 「소득세법」제21조 제1항 제17호에 따른 기타소득에 해당하는 것입니다.
[ 관련법령 ] 소득세법 제21조【기타소득】

## ❹ 근로제공외 인적용역을 제공하는 경우 소득구분

근로자가 정상근무시간 외에 사내교육등을 하고 당해 회사로부터 지급받는 강사료는 근로소득에 해당하나 업무와 관련없이 독립된 자격에 의하여 일시적으로 원고를 게재하고 받는 대가는 기타소득에 해당한다.

◆ 근로자가 정상근무시간 외에 사내교육을 하고 받는 강사료의 소득구분
(소득, 서일46011-10654 , 2003.05.24)
근로자가 정상근무시간 외에 사내교육을 하고 당해 회사로부터 지급받는 강사료는 근로소득에 해당되는 것임.

○ 소득1264-848, 1982.03.17
사원이 사내에서 발간하는 사보 등에 게재하는 원고를 업무의 일부에 속하는 것으로 제출한 경우, 그 대가는 업무의 연장으로 보아 소득세법 제21조에 규정하는 근로소득으로 보는 것이나 업무와 관련없이 독립된 자격에 의하여 일시적으로 원고를 게재하고 받는 대가는 동법 시행령 제49조의 2 제1항 제4호의 규정에 의한 기타소득입니다.

## ❺ 자사제품 등의 종업원에 대한 할인판매

내국법인이 사용인에 대한 자사제품을 할인판매할 경우 당해 판매가「법인세법 기본통칙」52-88…3에 해당되는 경우 부당행위계산 부인규정이 적용되지 아니한다.

□ 법인세법 기본통칙 52-88…3【 조세의 부담을 부당하게 감소시킨 것으로 인정되지 아니하는 경우의 예시 】
다음 각 호의 어느 하나에 해당하는 것은 "조세의 부담을 부당하게 감소시킨 것으로 인정되는 경우"에 포함되지 아니하는 것으로 한다. <개정 2019.12.23.>
8. 사용인에게 자기의 제품이나 상품 등을 할인판매하는 경우로서 다음에 해당하는 때 <개정 2001.11.01>
가. 할인판매가격이 법인의 취득가액 이상이며 통상 일반 소비자에게 판매하는 가액에 비하여 현저하게 낮은 가액이 아닌 것

나. 할인판매를 하는 제품 등의 수량은 사용인이 통상 자기의 가사를 위하여 소비하는 것이라고 인정되는 정도의 것

**[세법 개정] 종업원 할인금액에 대한 근로소득 비과세 기준 마련**
(소득법 §12(3), §20①)

| 현 행 | 개 정 |
|---|---|
| <신 설> | □ 종업원등에 대한 할인금액을 근로소득으로 규정<br><br>ㅇ (종업원등) 자사 및 계열사의 종업원<br><br>ㅇ (대상금액) 종업원등이 자사·계열사의 재화 또는 용역을 시가\*보다 할인하여 공급받은 경우 할인받은 금액<br>　\* 할인적용 전 판매가격 또는 쇼핑몰 등 고시가격을 기준으로 하되, 동일기간 일반소비자에게 판매한 가격이 있는 경우 시가로 인정<br><br>ㅇ (적용요건) 일반소비자와 차별하여 종업원등에게만 적용되는 할인금액일 것<br><br>□ 할인금액 중 비과세금액<br><br>ㅇ (비과세 금액) Max(시가의 20%, 연 240만원)<br><br>ㅇ (비과세대상 요건)<br>　❶ 종업원등이 직접 소비목적으로 구매<br>　❷ 일정기간\* 동안 재판매 금지<br>　　\* 구체적인 기간은 대통령령으로 위임<br>　❸ 공통 지급기준에 따라 할인금액 적용 |

<적용시기> '25.1.1. 이후 발생하는 소득 분부터 적용

## ❻ 부서단위로 지급하는 성과상여금의 소득세 원천징수

업무실적 등이 우수한 부서단위로 지급하는 성과상여금의 경우로서 그 성과상여금이 근로자 개개인에게 귀속되는 경우에는 근로자 각자의 근로소득에 해당하여 이를 지급하는 때 소득세를 원천징수하여야 한다.

◆ 부서단위로 지급하는 성과상여금의 소득세 원천징수대상 여부
(소득, 서면인터넷방문상담1팀-118 , 2007.01.19)
[ 요 지 ]
업무실적 등이 우수한 부서단위로 지급하는 성과상여금의 경우로서 그 성과상여금이 근로자 개개인에게 귀속되는 경우에는 근로자 각자의 근로소득에 해당하여 이를 지급하는 때 소득세를 원천징수하여야 하는 것임
[ 회 신 ]
귀 질의의 경우 급여지급기준에 의하여 기본항목의 급여 외에 업무실적 등이 우수직원에게 추가로 지급하는 성과상여금은 소득세법 제20조의 근로소득에 해당하며, 부서단위로 지급받는 경우 그 성과상여금이 근로자 개개인에게 귀속되는 경우에는 근로자 각자의 근로소득에 해당하여 이를 지급하는 때 소득세를 원천징수하여야 하는 것으로서 이와 유사한 기질의회신문(소득46011-2332, 1994.08.18.외)을 참고하시기 바랍니다.

## ❼ 선택적복지제도 운영에 따른 소득세 과세여부

선택적복지제도 운영지침에 따라 복지후생제도를 시행함에 있어 종업원에게 개인별로 포인트를 부여하여 이를 사용하게 하는 경우 당해 포인트 사용액 근로소득으로 과세하여야 한다.

◆ 선택적복지제도 운영에 따른 소득세 과세여부
(법인, 서면인터넷방문상담1팀-1417 , 2005.11.23.)
선택적복지제도 운영지침에 따라 복지후생제도를 시행함에 있어 종업원에게 개인별로 포인트를 부여하여 이를 사용하게 하는 경우 당해 포인트 사용액 근로소득으로 과세함

# 03 이자소득세 원천징수

## ❶ 개요

금전대부업을 영위하지 아니하는 개인으로부터 금전 등을 차입하고 그 이자를 지급하는 자는 소득세법의 규정에 의하여 이자소득세 및 지방소득세를 징수하여 납부하여야 하며, 금전대부업을 영위하지 아니하는 법인으로부터 금전 등을 차입하고 그 이자를 지급하는 자는 법인세법의 규정에 의하여 법인세 및 지방소득세를 징수하여 납부하여야 한다. **단, 대부업을 영위하는 금융기관 등(개인 및 법인)으로부터 금전을 차입한 자가 금융기관 등에 이자를 지급하는 경우에는 이자소득세를 징수납부하지 아니한다.** 이는 거주자가 금융기관 등에 지급하는 이자는 대부업자의 사업소득에 해당하므로 이자를 지급하는 자는 이자소득세를 징수하지 않는 것이다.

## ❷ 금융기관 등이 예금이자를 지급하는 경우

이자로 지급하는 금액의 14%를 이자소득세로 이자소득세의 10%를 지방소득세로 징수하여 납부한다. 따라서 예금이자를 지급받는자는 이자수익에서 이자소득세 및 지방소득세를 공제한 후의 금액을 지급받게 된다. 법인의 경우 예금이자 수입에 대하여 원천징수당한 법인세(이자소득세)는 선납세금으로 처리한 다음 납부할 법인세에서 공제를 받을 수 있다. (2015.1.1. 이후 법인에게 이자를 지급하는 경우에도 지방소득세를 징수함)

▶ 이자소득에 대한 원천징수세율

| 지급자 | 지급받는자 | 원천징수 | 지방소득세 |
|---|---|---|---|
| 개인 | 개인 | 이자소득세 25% | 이자소득세의 10% |
| | 법인 | 법인세 25% | 법인세의 10% |
| | 금융기관 등에 이자 지급 | 징수하지 않음 | 징수하지 않음 |
| 법인 | 개인 | 이자소득세 25% | 이자소득세의 10% |
| | 법인 | 법인세 25% | 법인세의 10% |
| | 금융기관 등에 이자 지급 | 징수하지 않음 | 징수하지 않음 |

## ❸ 금융기관이 아닌 자에게 이자지급시 원천징수

### 1 개인사채(私債)에 대한 이자지급

기업이 개인으로부터 차입한 차입금에 대한 이자를 지급하여야 하는 경우 그 지급금액의 25%(금전대부업을 영위하지 아니하는 자가 개인 등에게 금전을 차입하고 이자를 지급하는 경우 이자소득세 원천징수세율) 및 지방소득세(이자소득세의 10%)를 원천징수하여 징수일의 다음달 10일까지 관할세무서에 납부하여야 한다.

**법인에게 이자를 지급하는 경우 지방소득세는 징수하지 아니하였으나 지방세법 개정으로 2015.1.1. 이후에는 지방소득세도 같이 징수하여 신고·납부하여야 한다.**

■ **금융기관이 아닌 법인에게 이자 지급시 법인세 원천징수 및 원천징수이행상황신고서 작성방법**

개인기업 또는 법인이 다른 법인으로부터 자금을 차입하고, 그 이자를 지급하는 경우 소득세법에 의한 이자소득세가 아닌 법인세에 의한 법인세를 원천징수하여 납부를 하여야 하며, 원천징수이행상황신고서 작성방법은 다음과 같다 그리고 다음해 2월 말일까지 지급명세서를 제출하여야 한다.

### 2 원천징수 대리신고 및 납부

개인이 법인에게 이자를 지급하는 경우 법인세(총지급액의 25%)를 원천징수하여 지급일의 다음 달 10일까지 관할세무서에 원천징수이행상황신고서를 제출하고 금융기관에 납부하여야 한다.

이 경우 원천징수이행상황신고서의 원천징수의무자란에는 사업자등록번호를 기재하되, 사업자등록번호가 없는 개인인 경우에는 주민등록번호를 기재하여 제출한다. 단, 법인이 개인으로부터 원천징수신고에 대한 사항을 위임받은 경우 해당 법인이 원천징수신고 및 납부를 대리할 수 있다.

○ 원천세과-599, 2009.07.13
원천징수하여야 할 자를 대리하거나 위임받은 경우 대리인 또는 위임받은 자가 수권 또는 위임의 범위 안에서 원천징수의무자가 되는 것이며 원천징수의무 불이행시 그 무납부, 미달납부세액과 가산세의 납세자는 그 대리인, 위임받은 자가 되는 것입니다.

▶ 법인이 대리하는 경우 원천징수이행상황신고서 작성방법
1. 법인이 해당 이자의 원천징수의무자로 원천세 신고 및 납부
원천징수이행상황신고서의 원천징수의무자란에는 법인의 인적사항 기재 후 이자소득을 기재하는 곳에 기재함
2. 법인이 지급명세서 제출
징수의무자란에는 법인의 인적사항을 기재하고 소득자란에도 법인의 인적사항을 기재

## ③ 비영업대금 이자의 지급시기 의제

비영업대금의 이익(비영업대여금의 이자)의 수입시기는 다음과 같으며, 수입시기에 이자를 미지급한 경우에는 이자를 지급한 것으로 보아 원천징수 후 다음달 10일까지 관할세무서에 원천징수이행상황신고 및 납부를 하여야 한다.

① 이자지급에 대한 약정이 있는 경우 이자 지급 약정일
② 이자지급에 대한 약정이 없거나 약정 이자 지급일 전에 지급한 경우 실제 이자 지급일

**사례** 법인에 대한 이자 지급

20×6. 2. 28 법인 거래처로부터 회사의 운영자금 2억원을 연리 6%로 차입하고, 1개월분 차입금 이자 1,000,000원을 지급하면서 법인세 250,000원 및 지방소득세 25,000원을 차감한 725,000원을 보통예금 계좌에서 이체하여 지급하다.

| 이자비용 | 1,000,000 | / | 보통예금 | 725,000 |
| | | | 예수금 | 275,000 |

[이자를 수취한 법인의 회계처리]

| 보통예금 | 725,000 | / | 이자수익 | 1,000,000 |
| 선납세금 | 275,000 | | | |

## ❹ 이자소득 원천징수영수증 교부 및 제출

이자소득을 지급하는 원천징수의무자는 이를 지급하는 때에 이자소득 및 기타 필요한 사항을 기재한 지급명세서(원천징수영수증)을 이자소득을 지급받는 자에게 교부하여야 하며, 그 지급일이 속하는 연도의 다음연도 2월 말일까지 관할세무서에 제출하여야 한다.

### ▶ 개인사업자 및 법인사업자의 이자수입 세무처리 차이
(1) 개인사업자의 경우 이자소득은 이자소득으로 별도로 과세되므로 사업수입금액에 포함하지 아니한다. 따라서 이자수익은 사업소득과 관련한 장부에는 기장하지 아니한다. 한편, 이자소득 및 배당소득의 연간 합계액이 2천만원 이하인 경우 종합소득에 합산하지 아니하나 이자 및 배당소득금액이 연간 2천만원을 초과하는 경우에 종합소득에 별도로 합산하여 신고하여야 한다.
(2) 법인은 이자수익을 법인의 이자수익으로 계상하며, 원천징수된 법인세는 납부할 법인세에서 기납부세액으로 공제한다.

## ❺ 법인 지방소득세 특별징수명세서 제출의무

### [1] 제출의무
법인지방소득세를 원천징수하여 납부한 경우 법인지방소득세 특별징수명세서(지방세법 시행규칙 별지 42호4)를 제출하여야 한다.
- 대상 : 법인지방소득세(이자 배당소득) 특별징수의무자
- 근거 : 지방세법 시행령 제100조의 19
- 제출자료 : 법인지방소득세 특별징수명세서(지방세법 시행규칙 별지 42호4)
- 제출기한 : 다음해 2월 말일까지 제출

☐ 지방세법 시행령 제100조의19(특별징수의무)

### [2] 특별징수명세서를 미제출한 경우
미제출에 대한 별도의 가산세 규정은 없으나 관할 지방자치단체에서 제출을 요구하게 되므로 제출기한내 제출을 하여야 한다.

## 04 기타소득 및 기타소득세 원천징수

### ❶ 개요

기타소득이란 이자소득·배당소득·사업소득·근로소득·연금소득·퇴직소득·양도소득 외의 소득으로 일시적이고, 우발적으로 발생하는 소득을 말한다.

▶ **근로소득, 기타소득, 사업소득 구분**

(1) 소득구분은 대가를 지급하는 지급자의 입장이 아닌 용역을 제공하고 그 대가를 받는 사람 기준으로 판단한다. 따라서 동일 회사에 여러 번 또는 여러 회사나 용역공급의뢰처에 인적용역을 제공하는 경우 계속 반복적인 용역제공으로 보아 사업소득으로 보아야 한다.

(2) 사업소득과 기타소득 여부는 그 일에 대해 상대방이 계속성이 있느냐, 없느냐에 따라 적용이 달라진다. 즉 그 지급을 받는 자가 일시적으로 용역을 제공하는 것이라면, 기타소득으로 보아 인적용역의 경우 그 지급금액의 60%를 필요경비로 공제한 금액에 대하여 20%(지방소득세 별도)의 세율을 적용하여 기타소득세를 원천징수하여야 하며, 지급받는 자가 계속적으로 용역을 제공한다면 사업소득으로 보아 지급받는 금액에 대하여 3%(지방소득세 별도 : 사업소득세의 10%)의 세율을 적용하여 사업소득세를 원천징수하여야 한다.

(3) 근로소득이란 고용관계에 의하여 근로를 제공하고 그 대가로서 지급받는 급여를 말하며, 근로자가 종속적인 지위에서 근로를 제공하고 받는 대가를 말한다.

◆ **토지매매에 따른 중개수수료의 소득구분**
(서면1팀-1495, 2004.11.05.)
고용관계가 없는 거주자가 토지매입을 알선하고 대가를 지급받는 경우, 당해 행위가 사업활동으로 볼 수 있을 정도의 계속성과 반복성이 있는 경우에는 소득세법 제19조의 사업소득에 해당하는 것이나, 일시적·우발적인 경우에는 같은법 제21조 제1항 제16호의 기타소득에 해당하는 것임. 이때, 계속성과 반복성이 있는지 등의 판단은 객관적인 사실에 근거하여야 하는 것임.

◆ 내근사원이 업무시간 외에 모집한 모집수당의 소득 구분

(서면1팀-1094, 2005.09.16.)

거주자가 고용관계나 이와 유사한 계약에 의하여 근로를 제공하고 지급받은 대가는 소득세법 제20조 제1항의 규정에 의한 근로소득에 해당하고, 고용관계 없이 독립된 자격으로 계속적이고 반복적으로 용역을 제공하고 일의 성과에 따라 지급받는 수당 또는 이와 유사한 성질의 금액은 같은법 제19조 제1항의 규정에 의한 사업소득에 해당하므로, 귀 질의의 경우 동 내근사원이 용역의 대가로 받는 금액이 실질적으로 회사와의 고용관계 없이 독립된 자격으로 용역을 제공하고 일의 성과에 따라 지급받는 것이라면 이는 사업소득으로 구분하는 것임.

## ❷ 원천징수대상 기타소득

### [1] 인적용역 소득

① 문예·학술·미술·음악 또는 사진에 속하는 창작품에 대한 원작자로서 받는 소득
- 정기간행물에 게재하는 삽화 및 만화와 우리나라의 고전 등을 외국어로 번역하거나 국역하는 것 포함
- 원고료, 저작권사용료인 인세, 미술·음악 또는 사진에 속하는 창작품에 대하여 받는 대가

② 재산권에 관한 알선수수료

③ 인적용역을 일시적으로 제공하고 받는 대가
- 고용관계 없이 다수인에게 강연을 하고 강연료 등 대가를 받는 용역
- 라디오·텔레비전방송 등을 통하여 해설·계몽·연기의 심사 등을 하고 보수 등의 대가를 받는 용역
- 변호사·공인회계사·세무사·건축사·측량사·변리사, 그 밖의 전문적 지식이나 특별한 기능을 가진 자가 그 지식 등을 활용하여 보수 등 대가를 받고 제공하는 용역
- 그 밖에 고용관계 없이 수당 또는 이와 유사한 성질의 대가를 받고 제공하는 용역

### [2] 보상금 등 우발적인 소득

계약의 위약이나 해약으로 인하여 받는 위약금과 배상금 등

[3] 자산 등의 양도·대여·사용의 대가
① 저작자 또는 실연자·음반제작자·방송사업자 외의 자가 저작권 또는 저작인접권의 양도·사용의 대가로 받는 금품
③ 광업권·어업권·산업재산권·산업정보, 산업상 비밀, 상표권·영업권·점포임차권 이와 유사한 자산이나 권리를 양도하거나 대여하고 그 대가로 받는 금품
④ 물품·장소를 일시적으로 대여하고 사용료로 받는 금품

[4] 서화, 골동품
서화·골동품의 양도로 발생하는 소득(2013.1.1.이후 거래분) : 개당·점당 또는 조당 양도가액이 6천만원 이상인 서화·골동품(양도일 현재 생존한 국내원작자의 작품 제외)

[5] 상금
① 상금·현상금·포상금·보로금 또는 이에 준하는 금품
② 복권·경품권 기타 추첨권에 의하여 받는 당첨금품

[6] 기타
① 사례금
② 소기업·소상공인 공제부금의 해지일시금
③ 법인세법 제67조에 따라 기타소득으로 처분된 소득
④ 세액공제받은 연금계좌 납입액 등을 연금외수령한 소득
⑤ 퇴직 전에 부여받은 주식매수선택권을 퇴직 후에 행사 하거나 고용관계 없이 주식매수선택권을 부여받아 이를 행사함으로써 얻는 이익

□ 소득세법 집행기준 21-41-2 [기타소득에 해당하는 위약금과 배상금의 범위]
④ 사망 또는 상해를 입은 자 또는 그 가족이 그 피해보상으로 받는 사망·상해보상이나 위자료 및 지급지연 손해배상금은 소득세 과세대상소득에 해당되지 않는다

◆ 부동산매매계약후 계약불이행으로 인하여 일방 당사자가 받은 해약금의 소득구분
(소득, 서일46011-10551 , 2003.05.01)
재산권에 관한 계약의 위약 또는 해약을 원인으로 법원의 판결에 의하여 지급받는 법정이자 및 지연손해금은 기타소득에 해당하는 것임.

◆ 정신적 고통에 대한 손해배상금 또는 위자료가 기타소득에 해당하는지 여부
(소득, 제도46011-11573 , 2001.06.18)
정신상의 고통에 대한 배상 또는 위자료로서 지급하는 보상금은 기타소득에 해당되지 아니함.

□ 소득세법 집행기준 21-41-2 [기타소득에 해당하는 위약금과 배상금의 범위]
④ 사망 또는 상해를 입은 자 또는 그 가족이 그 피해보상으로 받는 사망·상해보상이나 위자료 및 지급지연 손해배상금은 소득세 과세대상소득에 해당되지 않는다

## ▣ 비과세 기타소득

### ■ 직무발명 보상금
종업원등 또는 대학의 교직원이 퇴직한 후에 지급받는 직무발명보상금으로서 연 700만원 이하 금액

[세법 개정 직무발명보상금 비과세 한도 상향 등 (소득법 §12, 소득령 §17의3, §18)

| 종 전 | 개 정 |
|---|---|
| □ 직무발명보상금에 대한 비과세<br><br>ㅇ (대상) 종업원, 교직원, 학생에게 지급하는 직무발명보상금으로서 연 500만원 이하의 금액<br><신 설> | □ 비과세 한도 상향 및 적용범위 조정<br><br>ㅇ 연 700만원<br><br><br>- 아래에 해당하는 종업원은 제외<br>① 사용자가 개인사업자인 경우: 해당 개인사업자 및 그와 친족관계에 있는 자<br>② 사용자가 법인인 경우: 해당 법인의 지배주주등 및 그와 특수관계에 있는 자 |

<적용시기> '24.1.1. 이후 발생하는 소득 분부터 적용

## ❸ 기타소득세 원천징수

기타소득을 지급하는 때는 기타소득 총지급액에서 필요경비를 공제한 기타소득금액에 원천징수세율 20%(지방소득세 별도)를 적용하여 소득세를 원천징수하여 다음달 10일까지 기타소득세를 납부하여야 한다.

■ **기타소득금액이 5만원 이하인 경우 기타소득세를 원천징수하지 아니함**
기타소득금액이 5만원 이하인 경우에는 기타소득 과세최저한 규정에 의하여 원천징수하지 아니한다. 또한 원천징수세액이 1천원 미만인 경우에는 징수하지 아니한다.

■ **법인에게 기타소득을 지급하는 경우**
기타소득 원천징수는 소득세법의 규정에 의한 것으로서 법인에게 기타소득을 지급하는 경우 원천징수대상이 아니나 기타소득이 있는 법인은 해당 소득을 법인의 익금에 산입하여야 한다.

▶ **기타소득 과세최저한**
다음의 어느 하나에 해당하는 경우에는 당해 소득에 대한 소득세를 과세하지 아니한다.
① 그 밖의 기타소득금액(연금계좌 세액공제를 받은 금액 등을 연금외 수령한 소득 제외)이 매 건마다 5만원 이하인 경우

□ **소득세법 집행기준 84-0-1 [기타소득 과세최저한의 건별 적용 범위]**
① 기타소득금액(세액공제 받은 연금계좌 납입액과 연금계좌 운용실적에 따라 증가된 금액을 연금외수령한 소득 제외)이 건별로 5만원 이하인 경우 소득세를 과세하지 않는다.

② 과세최저한 기준의 건별은 기타소득의 발생근거, 지급사유 등을 고려하여 거래건별로 판단한다.

[사례]
• 형식적으로 2개 이상의 계약이 존재하는 경우라 하더라도 실질적으로 1개의 계약에 해당하는 경우 전체를 1건으로 보아 과세최저한 적용여부를 판단함
• 종업원 제안제도에 의한 상금의 경우 제안 1건을 매건으로 보아 과세최저한을 판단함

□ 소득세법 집행기준 84-0-2 [기타소득 과세최저한의 경우 원천징수이행상황신고 및 지급명세서 제출 여부]
① 과세최저한으로 소득세가 과세되지 않은 소득을 지급할 때는 원천징수를 하지 않는 것이나 원천징수이행상황신고서에는 원천징수하여 납부할 세액이 없는 자에 대한 것도 포함하여 신고해야 한다.
② 과세최저한으로 소득세가 과세되지 않은 기타소득은 지급명세서 제출의무가 면제되나, 「소득세법」제21조제1항제15호(일시적 문예창작소득) 및 제19호(일시적 인적용역소득)의 기타소득은 지급명세서 제출의무가 면제되지 않는다.

[사례] 2022. 4월 강연료 등 일시적인 인적용역의 제공 대가로 125,000을 지급하였다. 기타소득금액과 원천 징수세액은 얼마인가?
- 기타소득금액 : 50,000원
* 50,000원 = 125,000(기타소득 지급액) - 75,000원(필요경비 60%)
- 원천징수세액 : 0원(건별 기타소득금액이 5만원 이하로 과세최저한에 해당함)

■ 다음의 경우 과세최저한이 적용되더라도 지급명세서를 제출하여야 함
○ 문예·학술·미술·음악 또는 사진에 속하는 창작품 등의 원작자로서 받는 원고료, 저작권사용료인 인세(印稅) 및 미술·음악 또는 사진에 속하는 창작품에 대하여 받는 대가
○ 고용관계 없이 다수인에게 강연을 하고 강연료 등 대가를 받는 용역
○ 라디오·텔레비전 방송 등을 통하여 해설·계몽 또는 연기의 심사 등을 하고 보수 또는 이와 유사한 성질의 대가를 받는 용역
○ 변호사·공인회계사·세무사·건축사·측량사·변리사 그 밖에 전문적 지식 또는 특별한 기능을 가진 자가 그 지식 또는 기능을 활용하여 보수 또는 그 밖의 대가를 받고 제공하는 용역
○ 그 밖에 용역으로서 고용관계 없이 수당 또는 이와 유사한 성질의 대가를 받고 제공하는 용역

◆ 영업권 양도 후 대금이 확정되는 경우 기타소득의 수입시기
서면-2011-소득세과-369, 2011.04.29.
영업권 양도 후 대금이 확정되는 경우 기타소득의 수입시기는 그 대금을 청산한 날, 자산을 인도한 날 또는 사용·수익일 중 빠른날로 하는 것임

## ❹ 기타소득 필요경비

기타소득금액은 당해 연도의 총수입금액에서 이에 소요된 필요경비를 공제한 금액으로 한다. 단, 지급금액의 80% 또는 60%를 필요경비로 공제받을 수 있는 기타소득의 경우 별도의 증빙없이 기타소득 지급금액의 80% 또는 60%를 필요경비로 하여 기타소득금액을 계산한다.

☐ 소득세법 제37조(기타소득의 필요경비 계산)
☐ 소득세법 시행령 제87조(기타소득의 필요경비계산)]

### [1] 지급금액의 80%를 필요경비로 공제받을 수 있는 기타소득
① 공익법인이 주무관청의 승인을 얻어 시상하는 상금과 부상
② 다수가 순위 경쟁하는 대회에서 입상자가 받는 상금 및 부상
③ 계약의 위약 또는 해약으로 인하여 받는 위약금과 배상금 중 주택입주 지체상금

### [2] 지급금액의 60%를 필요경비로 공제받을 수 있는 기타소득
① 다음에 해당하는 인적용역을 일시적으로 제공하고 지급받는 대가
1. 고용관계없이 다수인에게 강연을 하고 강연료 등의 대가를 받는 용역
2. 라디오·텔레비전방송 등을 통하여 해설·계몽 또는 연기의 심사 등을 하고 보수 또는 이와 유사한 성질의 대가를 받는 용역
3. 변호사·공인회계사·세무사·건축사·측량사·변리사기타 전문적 지식 또는 특별한 기능을 가진 자가 당해 지식 또는 기능을 활용하여 보수 또는 기타 대가를 받고 제공하는 용역
4. 기타의 용역으로서 고용관계없이 수당 또는 이와 유사한 성질의 대가를 받고 제공하는 용역

② 문예·학술·미술·음악 또는 사진에 속하는 창작품에 대한 원작자로서 받는 소득으로서 다음의 하나에 해당하는 것
1. 원고료
2. 저작권사용료인 인세
3. 미술·음악 또는 사진에 속하는 창작품에 대하여 받는 대가

③ 광업권·어업권·산업재산권 및 산업정보, 산업상 비밀, 상표권·영업권(점포임차권 포함), 토사석의 채취허가에 따른 권리, 지하수의 개발·이용권 그 밖에 이와 유사한 자산이나 권리를 양도하거나 대여하고 그 대가로 받는 금품으로서 필요경비가 확인되지 아니하거나 수입금액의 100분의 60에 미달하는 것

**[3] 증빙서류로 확인되는 금액만 필요경비가 인정되는 기타소득**
지급금액의 80% 또는 60%를 필요경비로 공제받을 수 있는 기타소득외의 기타소득은 증빙서류에 의하여 확인되는 실제 필요경비만을 공제받을 수 있다.

◆ 위약금 지급시 원천징수 및 세액의 납부
(소득, 서면인터넷방문상담1팀-542 , 2004.04.12)
재산권에 관한 계약의 위약 또는 해약으로 인하여 받는 위약금과 배상금은 기타소득에 해당하는 것이며, 기타소득 등의 필요경비계산의 규정을 적용하지 아니하는 것임

## ❺ 원천징수할 세액(지급받는 자가 개인인 경우에만 징수)

○ 기타소득 원천징수세액 = 기타소득금액 (총지급액 - 필요경비)× 20%
○ 지방소득세 10% 별도 징수 및 납부

□ 소득세법 제129조(원천징수세율) ① 원천징수의무자가 제127조제1항 각 호에 따른 소득을 지급하여 소득세를 원천징수할 때 적용하는 세율(이하 "원천징수세율"이라 한다)은 다음 각 호의 구분에 따른다. <개정 2019. 12. 31., 2020. 12. 29.>

6. 기타소득에 대해서는 다음에 규정하는 세율. 다만, 제8호를 적용받는 경우는 제외한다.
나. 제21조제1항제18호 및 제21호에 따른 기타소득에 대해서는 100분의 15
[제21조제1항제18호 및 제21호]
18. 대통령령으로 정하는 소기업·소상공인 공제부금의 해지일시금
21. 제20조의3제1항제2호나목 및 다목의 금액을 그 소득의 성격에도 불구하고 연금외 수령한 소득
라. 그 밖의 기타소득에 대해서는 100분의 20

## ❻ 기타소득의 수입시기 및 원천징수

그 대가를 지급한 날을 수입시기로 하여 기타소득세 및 지방소득세를 원천징수한 후 지급일의 다음달 10일까지 신고 및 납부하여야 한다. 다만, 세법에 규정된 예외적인 수입시기는 다음과 같다.

▶ 예외적 수입시기 [소득세법 시행령 제50조(기타소득 등의 수입시기)]
○ 광업권·어업권·산업재산권·상표권·영업권, 토사석 채취허가에 따른 권리, 지하수의 개발·이용권, 그 밖에 이와 유사한 자산이나 권리를 양도하고 그 대가로 받는 금품
- 그 대금을 청산한 날, 자산을 인도한 날 또는 사용·수익일 중 빠른 날. 다만, 대금을 청산하기 전에 자산을 인도 또는 사용·수익하였으나 대금이 확정되지 아니한 경우 그 대금 지급일
○ 계약금이 위약금·배상금으로 대체되는 경우의 기타소득
- 계약의 위반 또는 해약이 확정된 날
○ 연금보험료 소득공제를 받은 금액 및 연금계좌의 운용실적에 따라 증가된 금액을 그 소득의 성격에도 불구하고 연금외수령한 소득
- 연금외수령한 날

## ❼ 기타소득 원천징수영수증 교부 및 제출

① 원천징수의무자가 기타소득을 지급하는 때에는 그 기타소득금액에 원천징수세율을 적용하여 계산한 기타소득세를 원천징수하여야 한다.

② 원천징수의무자는 원천징수세액을 그 징수일이 속하는 달의 다음 달 10일까지 납부하여야 하며, 원천징수이행상황신고서를 관할세무서장에게 제출하여야 한다.

③ 기타소득을 지급하는 원천징수의무자는 이를 지급하는 때에 그 소득금액 기타 필요한 사항을 기재한 원천징수영수증을 그 받는 자에게 교부하고 다음 해 2월 말일까지 관할 세무서에 기타소득 원천징수영수증을 제출하여야 한다.

▶ 지급명세서 제출의 면제 [소득세법 시행령 제214조]
다음 각 호의 어느 하나에 해당하는 소득에 대하여는 지급명세서 제출의무가 없다.
1. 비과세되는 기타소득 [소득세법 제12조제5호]
2. 기타소득으로서 1건당 당첨금품의 가액이 10만원 이하인 경우
[소득세법 시행령 제214조 제1항 제2호]

## ❽ 기타소득자의 종합소득세 신고

기타소득금액(기타소득 - 필요경비)이 연간 300만원을 초과하는 경우에는 종합소득세 확정신고를 하여야 하며, 300만원 이하인 경우에는 분리과세와 종합과세 중 선택할 수 있다. 예를 들어 대학교수가 외부강의 등 일시적인 인적용역을 제공하고 지급받는 연간 강의료 등이 750만원 이하인 경우 근로소득외 다른 소득이 없는 경우 기타소득금액(750만원 - 450만원)이 300만원 이하이므로 종합소득세 신고의무가 없다.

[1] 종합과세와 분리과세
① 원천징수된 경우 : 무조건 분리과세, 선택적 분리과세, 종합과세
② 원천징수되지 아니한 경우 : 종합소득 과세표준에 합산

[2] 무조건 분리과세(완납적 원천징수)
**연금외수령한 기타소득**은 원천징수에 의해 납세의무 종결되므로 기타소득금액이 300만원을 초과하는 경우에도 종합소득에 합산하지 아니한다.

[3] 선택적 분리과세
○ 무조건 분리과세·종합과세 대상을 제외한 기타소득금액의 합계액이 300만원 이하이면서 원천징수된 경우 종합소득 과세표준에 합산할 것인지 분리과세로 납세의무를 종결할 것인지 선택 가능
○ 무조건 분리과세를 제외한 기타소득금액 합계액이 300만원을 초과하는 경우 종합소득 과세표준을 계산할 때 합산하여야 한다.

## ❾ 인적용역 관련 기타소득 간이지급명세서 제출의무

소득세 납세의무가 있는 개인에게 다음 각 호의 어느 하나에 해당하는 소득을 국내에서 지급하는 자는 **간이지급명세서를 그 소득 지급일이 속하는 달의 다음 달 말일**(휴업, 폐업 또는 해산한 경우에는 휴업일, 폐업일 또는 해산일이 속하는 달의 다음 달 말일)까지 원천징수 관할 세무서장에게 제출하여야 한다.

1. 기타소득 중 다음의 인적용역소득
가. 고용관계 없이 다수인에게 강연을 하고 강연료 등 대가를 받는 용역
나. 라디오·텔레비전방송 등을 통하여 해설·계몽 또는 연기의 심사 등을 하고 보수 또는 이와 유사한 성질의 대가를 받는 용역
다. 변호사, 공인회계사, 세무사, 건축사, 측량사, 변리사, 그 밖에 전문적 지식 또는 특별한 기능을 가진 자가 그 지식 또는 기능을 활용하여 보수 또는 그 밖의 대가를 받고 제공하는 용역
라. 그 밖에 고용관계 없이 수당 또는 이와 유사한 성질의 대가를 받고 제공하는 용역
2. 원천징수대상 사업소득

[개정 세법] 간이지급명세서 제출시 지급명세서 제출 면제(소득법 §164)

| 종 전 | 개 정 |
|---|---|
| <신 설> | □ 간이지급명세서 제출 사업자에 대한 지급명세서 제출 특례<br><br>ㅇ (적용대상) 원천징수대상 사업소득, 인적용역 관련 기타소득<br><br>ㅇ (적용방법) 간이지급명세서(매월)를 모두 제출 시 지급명세서(연 1회) 제출 면제<br><br>※ 다만, 연말정산 사업소득은 간이지급명세서와 지급명세서를 모두 제출하여야 함 |

<적용시기> (원천징수대상 사업소득) '23.1.1. 이후 지급하는 소득분부터 적용
(인적용역 관련 기타소득) '24.1.1. 이후 지급하는 소득분부터 적용

# 05 경품 지급과 기타소득세 원천징수 실무

## ❶ 경품

경품이란 판매촉진을 위하여 자사의 물품 등을 구입하는 고객에게 추첨권 등을 발급한 다음 추첨에서 당첨된 자에게 지급하는 것으로 광고선전비에 해당한다.

### [1] 경품 지급과 기타소득세 징수 및 납부
경품은 소득세법 제21조 제1항 제2호의 기타소득에 해당하는 것이며, 경품을 지급하는 때는 지급금액(상품의 경우 시가)에 원천징수세율 20%(지방소득세 별도)를 적용하여 소득세를 원천징수하여 다음 달 10일까지 기타소득세를 납부하여야 한다. 단, 구매실적에 따라 지급하는 사은품은 과세대상소득에 해당하지 아니한다.

한편, 기타소득금액[기타소득 - 필요경비(경품의 경우 80% 필요경비에 해당하지 않음)]이 5만원 이하인 경우에는 기타소득 과세최저한 규정에 의하여 원천징수하지 아니하는 것이며, 또한 원천징수세액이 1천원 미만인 경우에는 소득세법 제86조의 규정에 의하여 징수하지 아니한다.

### [2] 경품 지급과 지급명세서 제출
경품을 지급하는 경우 그 지급액에 대하여 기타소득지급명세서를 작성하여 해당 소득자에게 교부하고, 지급명세서는 소득세법 제164조에 따라 원천징수관할세무서에 제출하여야 한다. 다만, 당첨금품의 가액이 10만원 이하인 경우 기타소득세는 원천징수하여 납부하여야 하나 지급명세서 제출의무는 면제된다. 따라서 당첨금품의 가액이 5만원 초과 10만원 이하인 경우 기타소득세는 징수 및 납부하여야 하나 지급명세서 제출은 하지 않아도 된다.

### [3] 경품 지급과 부가가치세
경품을 금전이나 상품권 또는 농·축·수·임산물 등으로 지급하는 경우에는 부가가치세 과세대상이 아니나 과세물품인 경우 사업상증여로 보아 부가가치세를 징수하여 납부하여야 한다. 사업상 증여시 부가가치세 과세표준은 시가로 하는 것이며, 세금계산서는 발급하지 아니한다. 다만, 매입세액이 공제되지 아니하는 것은 과세되는 재화의 공급으로 보지 아니한다.

한편, 경품에 대한 부가가치세를 경품을 받는 자가 부담하지 아니하고 경품을 제공한 사업자가 부담하는 경우 부가가치세액은 경품의 가액에 포함하여 처리한다.

◆ 경품 증여시 부가가치세 과세 여부
(부가46015-2148,1998.09.22)
사업자가 자기의 사업과 관련하여 취득한 재화를 자기의 고객이나 불특정 다수인에게 증여하는 경우(경품을 포함)에는 부가가치세법 제6조 제3항(사업상 증여를 말함)의 규정에 의하여 부가가치세가 과세되는 것이며, 이와 관련된 매입세액은 공제되는 것임. 다만, 구입시 관련 매입세액이 불공제된 것은 사업상증여로 보지 아니한다.

◆ 경품을 제공하는 자가 부가가치세를 부담하는 경우
(소득46011-21019,2000.07.22)
1. 거주자가 경품으로 받는 자산의 가액은 소득세법 제21조 제1항 제2호의 규정에 의하여 기타소득에 해당하는 것이며
2. 그 경품에 대한 부가가치세를 경품을 받는 자가 부담하지 아니하고 경품을 제공한 사업자가 부담하는 경우에는 그 부가가치세액을 경품의 가액에 포함하는 것임

◆ 사업자가 추첨을 통해 경품지급시 부가가치세 과세 여부
(부가46015-2223, 999.07.30.)
사업자가 자기의 고객 중 추첨을 통하여 당첨된 자에게 경품을 지급하는 경우에는 부가가치세가 과세되는 것이지만, 당해 경품 구입에 대한 매입세액이 공제되지 아니하는 것은 부가가치세가 과세되지 아니하는 것임.

□ 부가가치세 집행기준 10-20-1 [사업상 증여 유형]
② 경품의 과세
사업자가 자기의 고객 중 추첨을 통하여 당첨된 자에게 재화를 경품으로 제공하는 경우에는 사업상 증여에 해당된다.

## ❷ 경품 지급과 관련한 회계처리 사례

### 1 경품용 상품권 구입 및 상품권을 경품으로 지급

① 《경품용 주유권 매입》 9월 20일 경품용 주유권 1백만원을 현금 구매하다.

| 상품권 | 1,000,000 / 현금 | 1,000,000 |
|---|---|---|

◆ 상품권 부가세 과세대상여부
(부가46015-764, 2000.04.04)
상품권을 발행하거나 구입하여 고객에게 판매하는 경우에 있어서 당해 상품권의 판매에 대해서는 부가가치세가 과세되지 아니하는 것으로 부가가치세법 제16조의 규정에 의한 세금계산서를 발급할 수 없는 것임

■ 상품권 지출증빙

상품권 구입은 정규영수증 수취대상은 아니지만, 객관적인 증빙이 있어야 손금으로 인정 받을 수 있다. 단, 접대 목적의 상품권을 구입시에는 법인의 경우 법인카드로 구입한 경우에만 접대비로 인정받을 수 있다.

② 《경품으로 상품권 지급》 9월 30일 주유권 100,000원을 경품으로 지급하고 기타소득세 20,000원 및 동 지방소득세 2,000원을 경품을 지급받는 자로부터 현금으로 영수하다.

| 광고선전비 | 100,000 / 상품권 | 100,000 |
|---|---|---|
| 현금 | 22,000   예수금 | 22,000 |

③ 《기타소득세 및 지방소득세 납부》 10월 10일 기타소득세 및 지방소득세를 현금으로 납부하다.

| 예수금 | 22,000 / 현금 | 22,000 |
|---|---|---|

## 2  경품 구입(매입세액 불공제) 및 경품 지급

① 《경품용 상품 매입》 8. 30 경품용 상품 1,000,000원(공급가액 909,091, 세액 90,909)을 구입하고, 그 대금은 보통예금에서 인출하여 즉시 지급하다.

| 소모품 | 1,000,000 | / | 보통예금 | 1,000,000 |

- 소모품 : 경품용 상품을 구입할 시 자산계정인 소모품으로 처리한 다음 경품지급시 광고선전비로 대체처리한다.
- 매입세액 : 경품구입과 관련하여 매입세액을 공제받을 시 경품지급시 부가가치세를 납부하여야 하므로 실무에서는 통상 불공제처리한다.

② 《경품 지급시 기타소득 원천징수》 9. 30 경품용 상품 200,000원 상당액을 증정하다. 단, 원천징수할 기타소득세 및 동 지방소득세를 회사가 부담하기로 하다.

| 광고선전비 | 200,000 | / | 소모품 | 200,000 |

③ 《기타소득세 및 지방소득세 납부》 경품지급에 따른 기타소득세 51,280원 및 지방소득세 5,120원을 보통예금에서 인출하여 납부하다.

| 광고선전비 | 56,400 | / | 보통예금 | 56,400 |

---

**사 례**  경품 지급시 기타소득세를 회사가 부담하는 경우 기타소득세 계산

[예 제] 경품금액이 200,000원 경우 과세표준 및 세액계산
제세공과금을 수령자가 아닌 경품을 지급하는 회사에서 부담하는 경우 제세공과금을 포함한 금액을 기타소득으로 보아 원천징수하여야 하므로 회사에서 원천징수시 적용하게 되는 과세표준은 다음과 같이 계산하여 적용한다.

- 과세표준 = 경품가액(상품인 경우 시가) ÷ (1-원천징수세율)
- 과세표준 = 200,000 ÷ (1-0.22) = 256,410원 (기타소득세 20%, 지방소득세 2%)
경품금액이 200,000원인 경우 세무서에 납부하여야 할 기타소득세액은 지급되는 경품가액(200,000원)의 20%가 아니라, 제세공과금을 경품가액에 포함하여 계산한 금액을 기타소득으로 본다. 따라서 이 경우 기타소득세는 51,282원(256,410원 × 20%)이며, 지방소득세는 5,128원이 된다.

# 06 원천징수대상 사업소득 및 사업소득세 원천징수

## 1 원천징수대상 사업소득

### ❶ 개요

일반적인 사업소득이란 재화 또는 용역을 반복적으로 공급하는 자가 그 사업과 관련하여 얻는 이익을 말하며, 사업자로부터 재화 또는 용역을 제공받고 그 대금을 지급하는 경우 세금계산서(면세의 경우 계산서)를 수취하여야 한다. 다만, 다음의 원천징수대상 사업소득을 지급하는 경우에는 사업소득세를 징수하여 신고 및 납부하여야 한다.

### ❷ 원천징수대상 사업소득

원천징수대상 사업소득이란 개인이 물적 시설 없이 근로자를 고용하지 아니하고 독립적으로 일의 성과에 따라 수당 또는 이와 유사한 성질의 대가를 받는 용역으로 용역을 제공하는 자가 독립된 자격으로 인적용역 또는 의료보건용역을 계속·반복적으로 제공하고 지급받는 대가를 말한다. 원천징수대상 사업소득은 아래에 열거하는 사업소득을 지급하는 경우에 한하는 것으로 소득세법에서 통칭하는 사업소득과 구분되며, 법인에게 아래에 열거하는 사업소득을 지급하는 경우에는 계산서 등 정규영수증을 수취하여야 한다.

① 개인이 물적 시설 없이 근로자를 고용하지 아니하고 독립된 자격으로 용역을 공급하고 대가를 받는 다음에 규정하는 인적용역
1. 저술·서화·도안·조각·작곡·음악·무용·만화·배우·성우·가수 이와 유사한 용역
2. 연예에 관한 감독·각색·연출·촬영·녹음·장치·조명과 이와 유사한 용역
3. 건축감독·학술용역·기술용역과 이와 유사한 용역
4. 음악·재단·무용(사교무용을 포함한다)·요리·바둑 교수와 이와 유사한 용역

5. 직업운동가.역사.기수.운동지도가(심판을 포함한다)와 이와 유사한 용역
6. 보험가입자의 모집, 저축의 장려 또는 집금 등을 하고 실적에 따라 보험회사 또는 금융기관으로부터 모집수당.장려수당.집금수당
7. 저작자가 저작권에 의하여 사용료를 받는 용역
8. 교정.번역.고증.속기.필경.타자.음반취입과 이와 유사한 용역
9. 고용관계 없는 자가 다수인에게 강연을 하고 강연료.강사료 등의 대가를 받는 용역
10. 라디오.텔레비전방송 등을 통하여 해설.계몽 또는 연기를 하거나 심사를 하고 사례금 또는 이와 유사한 성질의 대가를 받는 용역
11. 개인이 일의 성과에 따라 수당 또는 이와 유사한 성질의 대가를 받는 용역

② 의료보건용역

◆ 원천징수대상 사업소득자에게 교통비를 지급하는 경우
(법인46013-732, 1997.03.12)
특정기사 취재를 의뢰받은 작가 등이 동 취재업무수행을 위하여 사진료·원고료 외에 여비교통비·숙박비 등의 명목으로 지급받는 금액은 당해 취재용역의 대가에 산입하여 사업소득으로 원천징수하는 것이며, 취재업무에 실질적으로 지출된 금액은 취재용역의 필요경비에 산입하는 것임.

■ 사업소득과 기타소득 구분
사업소득과 기타소득 여부는 그 일에 대해 상대방이 계속성이 여부에 따라 판단한다. 다만, 계속성이란 것이 어느 정도 기간 또는 회수를 말하는 것인지 여부에 대하여 구체적인 해석사례가 없으므로 실무적으로 판단하기 어려운 점이 있다.

◆ 사업소득 또는 기타소득 해당 여부
(소득, 서면인터넷방문상담1팀-1099 , 2006.08.08)
고용관계 없이 독립된 자격으로 계속적·반복적으로 용역을 제공하고 지급받는 대가는 사업소득에 해당하는 것이고 일시적으로 용역을 제공하고 지급받는 대가는 기타소득에 해당하는 것임

## ❸ 원천징수대상 사업소득자 사업자등록 및 종합소득세 신고

부가가치세가 면세되는 인적용역을 제공하는 자유직업소득자의 경우 사업자등록은 필요하지 않으나 소득세법에 의한 면세사업자등록은 할 수 있는 것이며, 면세사업자등록을 하지 않은 경우에도 사업소득을 지급하는 자가 원천징수하게 되므로 특별한 불이익은 없다. 단, 사업소득자는 자신의 수입에 대하여 종합소득세 신고를 하여야 한다.

### ▶ 근로자에 해당함에도 원천징수대상 사업소득자로 하여 사업소득세를 징수하는 경우 문제점

1) 프리랜서가 계약 기간 종료 후 퇴직금을 지급하지 아니하였음을 이유로 고용노동부에 진정을 하는 경우 퇴직금을 지급하여야 한다.
2) 4대보험 관련 공단에서 현지 확인을 하는 경우 근로자로 보아 4대보험료를 징수할 수 있다.
3) 과세당국에서 세무조사를 하는 과정에서 사업소득자가 아닌 근로자로 보는 경우 근로소득세를 징수할 수 있다. 다만, 종합소득세로 납부한 금액이 근로소득세로 계산한 금액보다 많은 경우라면, 세무상 중대한 문제는 발생하지 않는다.
4) 위와 같은 문제점이 있더라도 근로자가 이의를 제기하지 않은 경우 특별한 문제가 없을 수도 있으나 적법하게 처리를 하시는 것이 바람직하다.

### ▶ 근로자 해당 여부

① 근로자라 함은 근로기준법 제14조에 규정된 근로자로서 당해 사업장에 계속 근무하는 근로자 뿐만 아니라 일용근로자를 포함한다(대판 1987. 7. 21, 87다카831).
② 임시고용원으로 사실상 계속 1년 이상 근무하였다면 근로기준법상의 퇴직금을 지급하여야 한다(대판 1978. 3. 23, 78다195).
③ 도급계약의 형식을 빌렸다 하더라도 그 계약 내용이 사용자와의 사이에 사용종속관계를 유지하면서 도급인의 사업 또는 사업장에 특정한 노무제공만을 그 목적으로 하고 있고 그 노무제공에 대하여 능률급 내지 성과급을 지급받기로 하는 것이라면 이에 따라 노무를 제공한자는 근로기준법제14조 소정의 근로자에 해당된다(대판 1987. 5. 26, 87도604).

## ❷ 사업소득세 원천징수 및 지급명세서 제출

### ❶ 사업소득세 원천징수

원천징수대상 사업소득을 지급하는 경우 사업소득세를 원천징수하여 그 징수일의 다음달 10일까지 납부하여야 한다.

사업소득은 기타소득과는 달리 그 지급을 받는 자가 소득세법에 열거되어 있는 용역을 독립된 자격으로 계속적으로 제공하는 개인이며, 원천징수대상 사업소득을 지급하는 자는 사업소득세를 원천징수하여야 하는 것이다.

### ❷ 사업소득에 대한 원천징수세율

① 사업소득 수입금액의 100분의 3 및 지방소득세(사업소득세의 10%)
② 봉사료의 경우 100분의 5 및 지방소득세(사업소득세의 10%)

▶ **프리랜스에게 용역 대가를 지급하는 경우 사업소득세 원천징수**
1. 프리랜스에게 용역을 제공받고, 그 대가를 지급하는 경우 제공받는 용역이 부가가치세 과세대상인 경우에는 세금계산서를 발급받아야 한다.
2. 면세용역으로 사업소득세 원천징수대상소득에 해당하는 경우는 사업소득세(지급금액의 3%) 및 지방소득세를 징수하여 다음달 10일까지 신고·납부하여야 한다.

▶ **원천세 소액부징수**
1. 원천징수세액(이자소득세 제외)이 **1천원 미만**인 경우 납부할 의무는 없다. 단, 원천징수세액외의 세금은 금액에 관계없이 납부를 하여야 한다.
2. 반면, 원천징수세액에 대한 지방소득세는 특별징수분(원천세분)에 대한 소액부징수제도가 없으므로 금액에 관계없이 납부를 하여야 하나 법인지방소득세 등의 소득분 지방세는 그 세액이 **2천원 미만**인 경우 납부의무를 면제하고 있다.

## ❸ 사업소득세 원천징수납부 및 원천징수영수증 제출

① 원천징수대상 인적용역을 제공받고 그 대가를 지급하는 자는 사업소득세를 원천징수하여 징수일의 다음달 10일까지 세무서에 신고·납부하여야 한다.
② 사업소득을 원천징수하는 자는 사업소득을 지급받는 자에게 원천징수영수증을 교부하여야 하며, 그 지급일(지급의제일에 대한 규정은 없음)이 속하는 연도의 다음연도 3월 10일까지 원천징수영수증을 관할세무서에 제출하여야 한다.

■ 원천징수대상 사업소득 간이지급명세서 제출기한(소득법 §164①)
매월 지급일이 속하는 달의 다음 달 말일 (연말정산대상 사업소득의 경우 해당 소득에 대한 과세기간 종료일이 속하는 반기의 마지막 달의 다음 달 말일)

[개정 세법] 간이지급명세서 제출시 지급명세서 제출 면제(소득법 §164)
(적용대상) 원천징수대상 사업소득, 인적용역 관련 기타소득
(적용방법) 간이지급명세서(매월)를 모두 제출 시 지급명세서(연 1회) 제출 면제
다만, 연말정산 사업소득은 간이지급명세서와 지급명세서를 모두 제출하여야 함
<적용시기> (원천징수대상 사업소득) '23.1.1. 이후 지급하는 소득분부터 적용

## ❹ 사업소득을 지급받는 자의 종합소득세 신고

당해 연도의 사업소득이 있는 거주자는 당해 연도의 다음연도 5월 1일부터 5월 31일까지 납세지 관할세무서장에게 신고하여야 한다. 사업소득을 지급받는 자는 종합소득세 확정신고를 하여야 하며, 신고시 납부할 세액에서 사업소득을 지급하는 자로부터 원천징수당한 사업소득세는 기납부세액으로 공제한다.

## ▣ 연말정산 사업소득의 원천징수

① 사업소득 연말정산이란 **간편장부대상자**가 받는 일부 원천징수대상 사업소득에 대하여 이를 지급하는 원천징수의무자가 해당소득에 대한 연말정산을 함으로써 납세의무를 종결하는 것을 말한다.

**간편장부대상자 [직전연도 수입금액이 아래 금액 미만인 사업자]**
▶ 직전연도 수입금액은 연간으로 환산하지 않음

| 업 종 별 | 기준금액 |
|---|---|
| 가. 농업·임업 및 어업, 광업, 도매 및 소매업(상품중개업 제외), 부동산 매매업, 그 밖에 나목 및 다목에 해당되지 아니하는 사업 | 3억원 |
| 나. 제조업, 숙박 및 음식점업, 전기·가스·증기 및 공기조절 공급업, 수도·하수·폐기물처리·원료재생업, 건설업(비주거용 건물 건설업은 제외), 부동산 개발 및 공급업(주거용 건물 개발 및 공급업에 한정), 운수업 및 창고업, 정보통신업, 금융 및 보험업, 상품중개업 | 1억5천만원 |
| 다. 부동산임대업, 부동산업(부동산매매업은 제외), 전문·과학 및 기술서비스업, 사업시설관리·사업지원 및 임대서비스업, 교육서비스업, 보건업 및 사회복지서비스업, 예술·스포츠 및 여가 관련 서비스업, 협회 및 단체, 수리 및 기타 개인서비스업, 가구내 고용활동 | 7천500만원 |

② 다음 각 호의 어느 하나에 해당하는 소득을 연말정산 사업소득이라고 하며, 연말정산 사업소득의 경우 소득세법 제144조의2(과세표준확정신고 예외 사업소득세액의 연말정산)의 규정에 의하여 별도의 종합소득세 신고·납부절차 없이 해당 소득에 대하여 연말정산을 할 수 있다.

1. 독립된 자격으로 보험가입자의 모집 및 이에 부수되는 용역을 제공하고 그 실적에 따라 모집수당 등을 받는 자
2. 「방문판매 등에 관한 법률」에 의하여 방문판매업자를 대신하여 방문판매업무를 수행하고 그 실적에 따라 판매수당 등을 받거나 후원방문판매조직에 판매원으로 가입하여 후원방문판매업을 수행하고 후원수당 등을 받는 자
3. 독립된 자격으로 일반 소비자를 대상으로 사업장을 개설하지 않고 음료품을 배달하는 계약배달 판매 용역을 제공하고 판매실적에 따라 판매수당 등을 받는 자

③ 해당 사업소득을 지급하는 원천징수의무자는 해당 과세기간의 다음 연도 2월분의 사업소득을 지급할 때(2월분의 사업소득을 2월 말일까지 지급하지 아니하거나 2월분의 사업소득이 없는 경우에는 2월 말일로 한다.) 또는 해당 사업자와의 거래계약을 해지하는 달의 사업소득을 지급할 때에 해당 과세기간에 연말정산사업소득의 **소득률(1-단순경비율)을 곱하여 계산한 금액**에 그 사업자가 종합소득공제를 적용한 금액을 종합소득과세표준으로 하여 종합소득산출세액을 계산하고, 그 산출세액에서 세액공제를 적용한 후 해당 과세기간에 이미 원천징수하여 납부한 소득세를 공제하고 남은 금액을 원천징수한다.

# 07 간이지급명세서 및 지급명세서 제출, 가산세

## ❶ 간이지급명세서 제출

[1] 근로소득 간이지급명세서 제출기한
반기 마지막 달의 다음 달 말일. 단, 20×4년 12월분 근로소득을 20×5년 1월에 지급한 경우에 20×4년 12월 지급분 간이지급명세서에 포함하여 제출하고, 20×5년 1월 지급분 간이지급명세서 제출시에는 제외한다

[세법 개정] 근로소득 간이지급명세서 제출대상 소득 범위 조정
(제출대상 소득 범위 조정) 반기 근무분 소득 → 반기 동안 지급한 소득
<적용시기> 2020.1.1. 이후 제출하는 분부터 적용

[세법 개정] 근로소득 간이지급명세서 제출기한
(현행) 지급일이 속하는 반기의 마지막 달의 다음달 말일
(개정) 매월 지급일의 다음달 말일
〈시행시기〉 2022.12.31. 세법 개정시 2024년 이후 매월 제출하도록 규정하였으나 2026년 이후로 시행시기를 유보함으로서 지급일이 속하는 반기의 마지막 달의 다음달 말일 제출

[2] 원천징수대상 사업소득 및 기타소득 간이지급명세서 제출기한
소득세 납세의무가 있는 개인에게 다음 각 호의 어느 하나에 해당하는 소득을 국내에서 지급하는 자는 간이지급명세서를 그 소득 지급일이 속하는 달의 다음 달 말일(휴업, 폐업 또는 해산한 경우에는 휴업일, 폐업일 또는 해산일이 속하는 달의 다음 달 말일)까지 원천징수 관할 세무서장, 지방국세청장 또는 국세청장에게 제출하여야 한다. [소득세법 제164조 ①]

1. 원천징수대상 사업소득
2. 인적용역 기타소득

▶ 원천징수대상 사업소득 간이지급명세서 제출기한(소득법 §164①)
매월 지급일이 속하는 달의 다음 달 말일 (연말정산대상 사업소득의 경우 해당 소득에 대한 과세기간 종료일이 속하는 반기의 마지막 달의 다음 달 말일)

[개정 세법] 원천징수대상 사업소득에 대한 간이지급명세서소득법 §164①)
(종전) 지급일이 속하는 반기의 마지막 달의 다음 달 말일
(개정) 매월 지급일이 속하는 달의 다음 달 말일
<적용시기> '21.7.1. 이후 지급하는 소득분부터 적용

▶ 인적용역 관련 기타소득 간이지급명세서 제출의무 신설
2024년 1월 1일 이후 인적용역 관련 기타소득을 지급하는 경우 그 소득 지급일이 속하는 달의 다음 달 말일까지 간이지급명세서를 관할 세무서장에게 제출하여야 한다.

☐ 제164조의3(간이지급명세서의 제출)

■ **간이지급명세서 미제출 및 지연제출가산세**

[1] 간이지급명세서 미제출 등에 대한 가산세[소득세법 제81조의11]
간이지급명세서를 제출하지 아니한 분의 지급금액의 1만분의 25

[2] 간이지급명세서 지연제출 가산세[소득세법 제81조의11] ]
제출기한이 지난 후 **1개월이내**에 제출하는 경우 지급금액의 10만분의 125

★ 지급명세서 또는 간이지급명세서에 대한 가산세는 각각 적용한다.

## ❷ 지급명세서 제출

소득세 납세의무가 있는 개인에게 다음 각 호의 어느 하나에 해당하는 소득을 국내에서 지급하는 자는 지급명세서를 그 지급일이 속하는 과세기간의 다음 연도 2월 말일(제3호에 따른 사업소득과 제4호에 따른 근로소득 또는 퇴직소득, 제6호에

따른 기타소득 중 종교인소득 및 제7호에 따른 봉사료의 경우에는 다음 연도 3월 10일, 휴업, 폐업 또는 해산한 경우에는 휴업일, 폐업일 또는 해산일이 속하는 달의 다음다음 달 말일)까지 원천징수 관할 세무서장에게 제출하여야 한다. 다만, 제4호의 근로소득 중 일용근로자의 근로소득의 경우에는 그 지급일이 속하는 달의 다음 달 말일(휴업, 폐업 또는 해산한 경우에는 휴업일, 폐업일 또는 해산일이 속하는 달의 다음 달 말일)까지 지급명세서를 제출하여야 한다.

1. 이자소득
2. 배당소득
3. 원천징수대상 사업소득
4. 근로소득 또는 퇴직소득
5. 연금소득
6. 기타소득
7. 봉사료

## [1] 근로소득 지급명세서 제출기한
해당 소득에 대한 과세기간 종료일이 속하는 과세기간의 다음 연도 3월 10일

## [2] 일용직 지급명세서 제출기한
지급일이 속하는 달의 다음달 말일. 단, 12월 31일까지 해당 귀속년도분의 일용근로소득을 지급하지 않은 경우 12월 말일을 지급일로 보아 다음해 1월 말일까지 제출하여야 한다.

[개정 세법] 일용근로자 지급명세서 제출기한 단축(소득법 §164 ①)
(현행) 지급일이 속하는 분기 다음달 말일 → (개정) 지급일의 다음달 말일
<적용시기> 2021.7.1. 이후 제출분부터

## [3] 원천징수대상 사업소득 지급명세서 제출기한
그 **지급일**이 속하는 연도의 다음 연도 3월 10일 단, 보험모집인, 방문판매원, 배달판매 용역을 제공하고 판매실적에 따라 판매수당 등을 받는 자는 **과세기간 종료일**이 속하는 과세기간의 다음연도 3월 10일

### [4] 퇴직소득 지급명세서 제출기한
해당 소득에 대한 과세기간 종료일이 속하는 과세기간의 다음 연도 3월 10일

### [5] 기타소득 지급명세서 제출기한
그 지급일이 속하는 연도의 다음 연도 2월 말일

### [6] 이자소득, 배당소득 지급명세서 제출기한
그 지급일이 속하는 연도의 다음 연도 2월 말일 딘. 배당소득 원천징수시기에 대한 특례(소득세법 131조)가 작용되는 경우 과세기간 종료일의 다음연도 2월말일까지 지급명세서를 제출하여야 한다.

## ■ 지급명세서 미제출 및 지연제출가산세

### [1] 원천징수대상 소득에 대한 지급명세서 미제출가산세
원천징수대상 소득을 지급한 자가 지급명세서를 그 지급일(근로소득, 퇴직소득, 보험모집인 등 연말정산 사업소득의 경우 해당 소득에 대한 과세기간 종료일)이 속하는 연도의 다음해 2월 말일(기타소득, 이자소득, 배당소득, 연금소득) 또는 3월 10일(근로소득, 퇴직소득, 원천징수대상 사업소득)까지 관할세무서에 제출하지 아니한 경우 지급금액의 1%를 가산세로 부담하여야 한다. 단, 제출기한일로부터 **3개월 이내**에 제출하는 경우 가산세의 50%를 감면받을 수 있다. [소득세법 제81조의11]

### [2] 일용근로자 지급명세서 미제출등에 대한 가산세
일용근로자의 근로소득에 대한 지급명세서의 경우에는 제출하지 아니한 분의 지급금액의 1만분의 25(제출기한이 지난 후 1개월 이내에 제출하는 경우에는 지급금액의 10만분의 125)로 한다.

□ 일용근로소득 지급명세서 제출 불성실 가산세율

| 구 분 | 가산세율 | 비 고 |
|---|---|---|
| ① 제출기한까지 미제출 | 0.25% | |
| ② 제출기한 경과 후 1개월 내 지연제출 | 0.125% | |
| ③ 지급사실 불분명 등 | 0.25% | |

## ❸ 원천세 가산세

### [1] 납부지연가산세 : 1과 2를 합한 금액 (한도액 : 미납부금액의 10%)
1. 미납부금액의 3%
2. 미납기간 1일 1만분의 2.2 (미납부금액 × 미납일수 × 2.2/10,000)

[개정 세법] 납부지연가산세 [국세기본법 시행령 제27조의4]
2019년 2월 11일 이전의 미납기간 : 1일 0.03%
2019년 2월 12일 이후의 미납기간 : 1일 0.025%
2022년 2월 15일 이후의 미납기간 : 1일 0.022%

### [2] 지급명세서 미제출에 대한 가산세
지급명세서를 그 지급일이 속하는 연도의 다음 연도 2월 말일(이자소득, 배당소득, 기타소득) 또는 3월 10일(근로소득, 퇴직소득, 원천징수대상사업소득)까지 관할세무서에 제출하지 아니한 경우 및 불분명한 경우 지급금액의 1%를 가산세로 부담하여야 한다. 단, 제출기한경과 후 **3개월 이내**에 제출하는 경우 지급금액의 0.5%로 한다.

### [3] 신고불성실가산세
신고불성실가산세는 적용되지 않는다.

### [4] 원천세 지방소득세 가산세
1과 2를 합한 금액 (한도액 : 미납부금액의 10%)
1. 미납부금액의 3%
2. 미납기간 1일 1만분의 2.2(미납부금액 × 미납일수 × 3/10,000)

[개정 세법] 2022. 6. 7. 이후 납부지연가산세 이자율 인하
2018년 2월 31일 이전의 미납기간 : 1일 0.03%
2019년 1월 01일 이후의 미납기간 : 1일 0.025%
2022년 6월 07일 이후의 미납기간 : 1일 0.022%

# 08 주민세 종업원분 신고 및 납부

## ❶ 주민세 종업원분

### [1] 납세의무자 및 면세점

주민세 종업원분은 종업원을 고용하여 사업소를 운영하는 경우 부과되는 지방세를 말한다.

당해 월을 포함한 12개월간의 급여총액의 월평균금액이 1억8천만원을 초과하는 사업소의 사업주로 하며, 12개월간의 급여총액의 월평균금액이 1억8천만 이하인 사업소의 사업주는 신고 및 납부의무가 없다.

해당 급여지급월을 포함하여 최근 12개월간의 급여총액의 월 평균금액을 산정하여야 하므로 매월 계산하여 신고 및 납부 여부를 판단하여야 한다.

□ 지방세법 제84조의4(면세점) -요약-
① 납세의무 성립일이 속하는 달부터 최근 1년간 해당 사업소 종업원 급여총액의 월평균금액이 대통령령으로 정하는 금액에 50을 곱한 금액 이하인 경우에는 종업원분을 부과하지 아니한다. <개정 2015. 12. 29.>

[개정 세법] 주민세 종업원분 부과제외 기준이 되는 해당 사업소 종업원의 월평균 급여액을 300만원에서 360만원으로 인상 (지방세법 시행령 제85조의2)

| 지방세법 시행령<br>[대통령령 제34881호, 2024. 9. 10., 타법개정] | 지방세법 시행령<br>[대통령령 제35177호, 2024. 12. 31., 일부개정] |
|---|---|
| 제85조의2(종업원 급여총액의 월평균금액 산정기준 등) ① (생  략)<br>② 법 제84조의4제1항에서 "대통령령으로 정하는 금액"이란 300만원을 말한다. | 제85조의2(종업원 급여총액의 월평균금액 산정기준 등) ① (현행과 같음)<br>② 법 제84조의4제1항에서 "대통령령으로 정하는 금액"이란 360만원을 말한다. |

<시행 시기> 2025년 1월 1일부터 시행

[사례] 20×9년 3월 급여의 주민세 종업원분
<예제1>
20×8년 급여 (단위 : 억원)

| 1월 | 2월 | 3월 | 4월 | 5월 | 6월 | 7월 | 8월 | 9월 | 10월 | 11월 | 12월 | 합계 |
|---|---|---|---|---|---|---|---|---|---|---|---|---|
| 1.2 | 1.2 | 1.2 | 1.2 | 1.2 | 1.2 | 1.3 | 1.3 | 1.3 | 1.3 | 1.4 | 1.4 | 15.2 |

20×9년 급여 (단위 : 억원)

| 1월 | 2월 | 3월 | 4월 | 5월 | 6월 | 7월 | 8월 | 9월 | 10월 | 11월 | 12월 | 합계 |
|---|---|---|---|---|---|---|---|---|---|---|---|---|
| 1.6 | 1.8 | 1.8 | 1.2 | | | | | | | | | |

20×8년 4월부터 20×9년 3월 급여의 합계액을 12로 나눈 금액(월 평균급여액 1.4억원)이 1억35백만원을 초과하므로 주민세 종업원분을 신고 및 납부하여야 한다.
- 20×8년 4월부터 20×8년 3월 급여의 합계액 16.8억원
- 월 평균급여액 1.4억원
- 주민세 종업원분 900,000원(180,000,000원 × 5/1000)

## [2] 납세지
종업원분은 매월 말일 현재의 사업소 소재를 관할하는 지방자치단체에 신고 및 납부를 하여야 한다.

## [3] 과세표준 및 세율
종업원분의 과세표준은 종업원에게 지급한 그 달의 급여 총액으로 하며, 세율은 해당 월 종업원 급여총액의 1천분의 5로 한다.

## [4] 신설 사업장의 주민세 종업원분
신설 사업장의 급여액이 1억8천만원을 초과하는 경우에 한하여 주민세 종업원분을 신고 및 납부할 의무가 있다.

## [5] 신고 및 납부
종업원분의 납세의무자는 매월 납부할 세액을 다음 달 10일까지 납세지를 관할하는 지방자치단체의 장에게 신고 및 납부하여야 한다.

## ❷ 중소기업의 주민세 종업원분 과세특례

### [1] 개요
「중소기업기본법」 제2조에 따른 중소기업의 사업주가 종업원을 추가로 고용한 경우(해당 월의 종업원 수가 50명을 초과하는 경우만 해당)에는 다음의 계산식에 따라 산출한 금액을 종업원분의 과세표준에서 공제한다. 이 경우 직전 연도의 월평균 종업원 수가 50명 이하인 경우에는 50명으로 간주하여 산출한다.
(지방세법 제84조의5)

■ 공제액 = (신고한 달의 종업원 수 - 직전 연도의 월평균 종업원 수) × 월 적용급여액

### [2] 신설사업장 및 추가고용사업장의 과세표준 공제
① 다음 각 호의 어느 하나에 해당하는 중소기업에 대해서는 해당 각 호에서 정하는 달부터 1년 동안 월평균 종업원 수 50명에 해당하는 월 적용급여액을 종업원분의 과세표준에서 공제한다.
1. 사업소를 신설하면서 50명을 초과하여 종업원을 고용하는 경우 : 종업원분을 최초로 신고하여야 하는 달
2. 해당 월의 1년 전부터 계속하여 매월 종업원 수가 50명 이하인 사업소가 추가고용으로 그 종업원 수가 50명을 초과하는 경우(해당 월부터 과거 5년 내에 종업원 수가 1회 이상 50명을 초과한 사실이 있는 사업소의 경우는 제외) : 해당 월의 종업원분을 신고하여야 하는 달
② 제1항을 적용할 때 월 적용급여액은 해당 월의 종업원 급여 총액을 해당 월의 종업원 수로 나눈 금액으로 한다.

# 제3부

# 핵심 사례별 세무회계 실무

# 01 퇴직연금 세무실무 및 회계처리

## 1 퇴직연금제도

### ❶ 퇴직연금 가입

퇴직연금제도는 회사가 근로자의 퇴직급여를 금융기관에 위탁하여 운용한 뒤 근로자가 퇴직할 때, 연금이나 일시금으로 주는 제도로서 기존의 퇴직금제도와 병행하여 실시할 수 있다. 다만, 2012년 7월 26일 이후부터 신설사업장은 퇴직연금을 도입하여야 하나 기존의 퇴직금제도를 실시하더라도 법적으로 문제될 점은 없다.

▶ **근로자 수에 따른 퇴직연금 의무가입 연도**

2016년 근로자 300인 이상 사업장
2017년 근로자 300~100인 사업장
2018년 근로자 100~30인 사업장
2019년 근로자 30~10인 사업장
2022년 근로자 10인 미만 사업장

▣ **퇴직금과 퇴직연금 비교**

| 구 분 | 퇴직금 | 확정급여형 | 확정기여형 |
|---|---|---|---|
| 비용부담주체 | 사용자 | 사용자 | 사용자 |
| 운용주체 | 사용자 | 사용자 | 근로자 |
| 퇴직급여 형태와 수준 | 일시금 | 연금 또는 일시금 (퇴직금과 같음) | 연금 또는 일시금 (운용실적에 달라짐) |
| 비용부담수준 | 근속기간 1년당 30일분 평균임금 | 퇴직금과 같음 | 매년 임금 총액의 8.3%(1/12) |
| 적립방식과 수급권보장 | 사내적립, 불안정 | 부분사외적립(100분의 60), 부분보장 | 전액사외적립, 보장 |

## ❷ 퇴직연금제도 종류

퇴직연금제도에는 「확정급여형 퇴직연금제도」와 「확정기여형 퇴직연금제도」 「개인형 퇴직연금제도」가 있으며, 사용자가 퇴직급여제도를 설정하거나 설정된 퇴직급여제도를 다른 종류의 퇴직급여제도로 변경하려는 경우에는 근로자의 과반수가 가입한 노동조합이 있는 경우에는 그 노동조합, 근로자의 과반수가 가입한 노동조합이 없는 경우에는 근로자 과반수의 동의를 받아야 한다.

▶ 확정급여형퇴직연금과 확정기여형퇴직연금 비교

| 구 분 | 확정기여형(Defined Contribution) | 확정급여형(Defined Benefit) |
|---|---|---|
| 개 념 | •노사가 사전에 부담할 기여금을 확정<br>•근로자가 일정한 연령에 달한 때에 그 운용 결과에 기초하여 급여를 지급 | •노사가 사전에 급여 수준·내용을 약정<br>•근로자가 일정한 연령에 달한 때에 약정에 따른 급여를 지급 |
| 기 여 금 | 확정(연간 임금총액 8.3% 이상) | 산출기초 변경시 변동 |
| 급 부 | 운영실적에 따름, 사용자가 근로자의 근로기간에 대하여 퇴직연금에 불입함으로써 퇴직금 지급의무가 종결됨 | 근로자 퇴사시 사용자가 퇴직연금으로 불입하여 둔 퇴직연금운용자산으로 퇴직금에 해당하는 금액(근속기간 1년당 30일분의 평균임금 이상)을 퇴사한 근로자의 개인형퇴직연금계좌로 이전함 |
| 적립금 운용 | 적립금 운용에 대한 권한과 책임이 근로자에게 있음(제시된 운용방법에 대하여 선택, 지시권이 근로자에게 있음) | 적립금 운용에 대한 권한과 책임이 사용자에게 있음(제시된 운용방법에 대하여 선택, 지시권이 사용자에게 있음) |
| 위험부담 | 물가, 이자율변동 근로자 부담 | 물가, 이자율변동 등 회사 부담 |
| 지급보장 | 운용방법에 원금보장상품 포함 및 동 제도 시행 초기에는 안정적 운영지도[주식직접투자금지, 간접투자상품(수익증권)의 주식 등 위험자산 편입비율 40%로 제한] | 책임준비금제도<br>건전성 감독<br>지급보장장치 마련 |
| 기업부담 | 축소 불가 | 축소 가능(수익률이 높을 경우) |
| 통산제도 | 용 이 | 어려움(대안 : IRP) |
| 연금수리 | 용 이 | 어려움(대안 : IRP) |
| 선호계층 | 단기근속자 및 젊은 층 | 장기근속자 |
| 주요대상<br>(예 상) | 연봉제, 중·소기업 | 중견기업, 대기업, 기존 사외적립기업 |

# 2 확정기여형 퇴직연금

## ❶ 확정기여형 퇴직연금 회계처리

확정기여형 퇴직연금제도를 설정한 경우에는 당해 회계기간에 대하여 회사가 납부하여야 할 부담금(기여금)을 퇴직급여(비용)로 인식하고, 퇴직연금운용자산, 퇴직급여충당금 및 퇴직연금미지급금은 인식하지 아니한다.
즉, 확정기여형퇴직연금은 법인 외부에 퇴직급여재원을 100% 적립하기 위하여 지출하고 비용으로 계상한 것이므로 전액 손금으로 인정된다.

| 퇴직급여 | ***** | / | 현금및현금성자산 | ***** |
|---|---|---|---|---|

### ▶ 퇴직금제도에서 퇴직연금제도로 변경시 회계처리

1. 퇴직급여제도를 변경하면서 기존 퇴직급여충당금을 정산하는 경우 기존 퇴직급여충당금의 감소로 회계처리한다.
2. 확정기여형퇴직연금제도가 장래근무기간에 대하여 설정되어 과거근무기간에 대하여는 기존 퇴직금제도가 유지되는 경우 임금수준의 변동에 따른 퇴직급여충당금의 증감은 퇴직급여(비용)로 인식한다.

#### 사 례  퇴직금제도에서 확정기여형퇴직연금제도로 변경

B회사는 2007년 12월 31일까지 퇴직금제도를 유지해왔으나 2008년 1월 1일부터 확정기여형퇴직연금제도를 도입하기로 결정하였다. 2008년 1월 1일 이후에는 연간 임금총액의 1/12에 해당하는 금액을 확정기여형퇴직연금제도의 부담금으로 납부한다.

① 퇴직금제도와 관련된 퇴직급여충당금 상당액 전액을 2008년 1월 1일에 확정기여형퇴직연금제도에 출연하기로 하였다. 기존 퇴직급여충당금 상당액과 2008년에 발생한 퇴직급여(비용) 전액을 부담금으로 납부한 경우의 회계처리

| 퇴직급여충당부채 | ***** | / | 현금및현금성자산 | ***** |
|---|---|---|---|---|
| 퇴직급여 | ***** | | | |

② 퇴직금제도와 관련된 퇴직급여충당금상당액은 확정기여형퇴직연금제도에 출연하지 않기로 결정하였다. 기존 퇴직금제도와 관련하여 임금 상승에 따른 효과를 반영하는 회계처리

| | | | |
|---|---|---|---|
| 퇴직급여 | ***** / 퇴직급여충당부채 | | ***** |

## ❷ 확정기여형 퇴직연금의 손금산입

임원 또는 사용인의 퇴직을 보험금·신탁금 또는 연금의 지급사유로 하고 임원 또는 사용인을 피보험자·수익자 또는 수급자로 하는 보험·신탁 또는 연금으로서 보험료 등으로서 지출하는 금액은 당해 사업연도의 소득금액계산에 있어서 이를 손금에 산입한다. 단, 퇴직연금으로 전환됨에 따라 전환 전 근무기간에 대해 퇴직연금분담금을 지급하는 경우 이미 손금산입한 부분(퇴직급여충당금 또는 퇴직보험료)은 제외한다.

◆ 확정기여형퇴직연금 부담금 미불입액의 손금시기
(법인, 법인세과-980 , 2011.12.05.)
확정기여형퇴직연금제도를 설정한 내국법인이 퇴직 연금규약에 따라 매년 지급하여야 할 부담금 중 일부를 납입기일에 미불입한 경우, 해당 미불입액은 실제로 불입한 날이 속한 사업연도의 손금으로 산입하는 것임

◆ 임원의 확정기여형 퇴직연금을 퇴직급여 추계액보다 더 많이 불입한 경우, 불입한 퇴직연금 전액의 손금산입 가능 여부
(법인, 서면-2020-법령해석법인-5074 [법령해석과-4183] , 2020.12.18.)
내국법인이 임원의 퇴직을 퇴직급여의 지급사유로 하고 확정기여형 퇴직연금의 부담금을 당해 사업연도 종료일 현재 정관상 산정되는 퇴직급여를 초과하여 선불입하는 경우 미리 불입한 부담금은 납입한 사업연도의 손금에 산입한 후 퇴직시점에 퇴직급여 한도 초과액을 손금불산입함

## ❸ 확정기여형 퇴직연금의 퇴직소득세 징수

거주자가 퇴직으로 인하여 지급받는 퇴직급여액(명예퇴직수당과 단체퇴직보험금을 포함한다.) 전액을 퇴직한 날부터 60일 이내에 확정기여형퇴직연금 또는 개인퇴직계좌(과세이연계좌라 한다)로 이체 또는 입금하는 경우 당해 퇴직급여액은 실제로 지급받기 전까지 퇴직소득으로 보지 아니한다. [소령 42조의2 ⑤]

▶ **퇴직연금외 퇴직금 추가 지급시 퇴직소득세 원천징수**
① 확정기여형 퇴직연금을 설정한 경우로서 사용자가 별도로 추가 지급하는 퇴직금이 있는 경우 그 **지급분**에 대하여는 회사가 퇴직소득세를 원천징수하고 '퇴직소득지급명세서'를 DC형 퇴직연금사업자에게 통보하고, 다음연도 3월 10일까지 관할세무서에 해당 '퇴직소득지급명세서'를 제출하여야 한다. 이 경우 DC형 퇴직연금사업자는 퇴직연금으로 지급하는 퇴직금과 사용자가 지급한 퇴직금을 합산하여 퇴직소득세를 원천징수한다.

② 추가 지급하는 금액을 개인형퇴직연금계좌로 이체하여 과세이연되는 경우에는 확정기여형 연금사업자가 퇴직소득원천징수의무를 지는 것으로서 퇴직금을 추가 지급하는 사용자는 '퇴직소득지급명세서'를 작성하여 과세이연계좌를 취급하는 퇴직연금사업자에게 즉시 통보하여야 한다. 이 경우 퇴직소득원천징수영수증상 과세이연한 내용을 과세이연계란에 기재한다.

③ 근로자가 퇴사하는 때에 퇴직연금일시금을 지급한 후 추가로 퇴직금을 지급하는 경우에는 퇴직연금사업자로부터 퇴직소득원천징수영수증을 통보받아 퇴직연금일시금과 추가 지급되는 퇴직금을 합산하여 퇴직소득세를 재계산하여야 한다.
원천징수이행상황신고서의 지급액란에는 추가 지급 퇴직금을 기재하고, 세액란에는 퇴직소득세 재계산액을 기재하는 것이며, 퇴직소득원천징수영수증 작성시 퇴직연금사업자가 지급한 분은 종(전)근무지란에 기재하고 회사의 지급분은 주(현)근무지란에 기재한다.

■ 퇴직연금으로 퇴직금을 지급하는 경우 원천징수의무자

**[1] 확정기여형 퇴직연금(DC)**
확정기여형퇴직연금제도에서 퇴직소득세원천징수의무자는 퇴직연금을 관리하는 자이다.(중소기업에서 주로 운영함)

**[2] 확정급여형 퇴직연금(DB)**
확정급여형퇴직연금은 사용자가 퇴직연금운용기관에 불입하여 관리 및 운용하는 제도로서 근로자가 퇴사하는 경우 사용자는 퇴직금상당액 전액을 개인형퇴직연금(IRP)으로 이전하여야 하며, 이 경우 퇴직소득세는 과세이연된다. 단, 사용자는 퇴직연금사업자에게 퇴직소득지급명세서를 작성하여 즉시 통보하여야 하며, 또한 다음 연도 3월 10일까지 관할 세무서에 퇴직소득지급명세서를 제출하여야 한다.

## 3  확정급여형 퇴직연금제도

### ❶ 기존의 퇴직금제도에서 퇴직연금제도로 변경시 회계처리

기존의 퇴직금제도에서 과거근무기간을 포함하여 확정급여형퇴직연금제도로 변경하는 경우, 기존 퇴직급여충당금에 대해 부담금 납부의무가 생기더라도 이는 사내적립액을 사외적립액으로 대체할 의무에 지나지 않으므로 별도의 추가적인 부채로 인식하지 아니하고 납부하는 시점에 퇴직연금운용자산으로 인식한다.

| 퇴직연금운용자산 | ***** / 현금및현금성자산 | ***** |

### ❷ 확정급여형퇴직연금의 세무 및 회계처리

사용자가 퇴직금상당액을 확정급여형퇴직연금으로 불입하는 경우에는 퇴직연금운용자산으로 처리한 다음 결산조정으로 퇴직연금충당부채를 설정하고, 비용처리할 수 있으며, 결산조정을 하지 않는 경우 세무조정으로도 손금에 산입할 수 있다.

## 1  결산조정에 의한 손금산입 방법

[예제1] 20×3년 확정급여형퇴직연금제도를 도입하고, 퇴직급여추계액에 상당하는 1억원을 보통예금에서 인출하여 퇴직연금으로 불입하다.

| 퇴직연금운용자산 | 100,000,000 | / | 보통예금 | 100,000,000 |

[예제2] 20×3년 회계기말에 퇴직연금불입액 1억원에 대하여 충당부채를 설정하고, 퇴직급여로 계상하다. 단, 세무상 한도초과액은 없다.

| 퇴직급여 | 100,000,000 | / | 퇴직연금충당부채 | 100,000,000 |

[예제3] 20×4년 직원이 퇴사하여 퇴직연금에서 2천만원을 지급하고 퇴직소득세는 과세이연되다.

| 퇴직연금충당부채 | 20,000,000 | / | 퇴직연금운용자산 | 20,000,000 |

### ▶ 퇴직연금 과세이연

임직원의 퇴사로 확정급여형퇴직연금을 퇴사자의 개인형퇴직연금계좌로 이전하는 경우 퇴직소득세는 징수하지 않는다. 단, 근로자가 연금 지급 개시 전 인출할 시에는 퇴직연금사업자가 퇴직소득세를 징수하여 신고 및 납부하며, 연금을 지급하는 경우에는 퇴직연금운용사업자가 연금소득세 및 지방소득세를 징수하여 신고 및 납부한다.

## 2  세무조정에 의한 손금산입

[예제1] 20×3년 확정급여형퇴직연금제도를 도입하고, 퇴직급여추계액에 상당하는 1억원을 보통예금에서 인출하여 퇴직연금으로 불입하다.

| 퇴직연금운용자산 | 100,000,000 | / | 보통예금 | 100,000,000 |

[예제2] 20×3년 회계기말에 퇴직연금불입액 1억원에 대하여 별도의 충당부채를 설정하지 아니하고, 신고조정으로 손금산입하다.

<세무조정>
손금산입
퇴직금　　　　　100,000,000 (△유보)

[예제3] 20×4년 직원이 퇴사하여 퇴직연금에서 2천만원을 지급하고 퇴직소득세는 과세이연되다.

| 퇴직급여 | 20,000,000 | / | 퇴직연금운용자산 | 20,000,000 |
|---|---|---|---|---|

<세무조정>
손금불산입
퇴직급여　　　　20,000,000 (유보)

▶ 퇴직급 지급시 퇴직급여로 처리한 금액은 전년도 회계기말에 이미 손금산입하였으므로 세무조정으로 손금불산입하여야 한다.

## ③ 퇴직연금 불입, 운용수익 발생, 운용수수료 지급에 대한 회계처리

[예제1] 퇴직연금으로 30,000,000원을 보통예금에서 이체하여 불입하다.

| 퇴직연금운용자산 | 30,000,000 | / | 보통예금 | 30,000,000 |
|---|---|---|---|---|

[예제2] 퇴직연금에 대한 투자수익 3,000,000원이 발생하다.

| 퇴직연금운용자산 | 3,000,000 | / | 퇴직연금운용수익 | 3,000,000 |
|---|---|---|---|---|

[예제3] 퇴직연금에 대한 수수료 1,000,000원이 퇴직연금에서 퇴직연금사업자로 인출되다.

| 지급수수료 | 1,000,000 | / | 퇴직연금운용자산 | 1,000,000 |
|---|---|---|---|---|

[예제4] 20×4년 회계기말에 당해연도 확정급여형퇴직연금으로 불입한 금액 및 운용수익에서 운용수수료를 차감한 32,000,000원을 퇴직급여로 비용계상하다.

| 퇴직급여 | 32,000,000 | / | 퇴직연금충당부채 | 32,000,000 |
|---|---|---|---|---|

▶ **신고조정에 의한 손금산입**

20×4년 회계기말에 퇴직연금불입액 3천만원 및 운용수익 3백만원에서 운용수수료 1백만원을 차감한 금액 3천2백만원에 대하여 별도의 충당부채를 설정하지 아니하고, 신고조정으로 손금산입하다.

<세무조정>
손금산입
퇴직금　　　　　32,000,000 (△유보)

■ **확정급여형퇴직연금을 확정기여형퇴직연금으로 전환하는 경우 세무회계**

1. 당초 확정급여형에 대하여 결산조정으로 비용처리한 경우
퇴직연금운용자산 / 보통예금
퇴직급여　　　　 / 퇴직연금충당부채

확정기여형 전환
퇴직연금충당부채 / 퇴직연금운용자산

2. 당초 확정급여형에 대하여 신고조정으로 비용처리한 경우
퇴직연금운용자산 / 보통예금

세무조정
손금산입
퇴직급여 (△유보)

확정기여형 전환
퇴직급여　　　 / 퇴직연금운용자산

세무조정
손금불산입
퇴직급여　(유보)

# 02 업무용 승용차 과세 특례

## ❶ 개요

기업이 승용차를 구입하여 업무용으로 사용하는 경우 그와 관련한 모든 비용을 특별한 제한없이 기업의 비용으로 인정을 받을 수 있음으로 인하여 그동안 고급승용차를 취득하여 개인적으로 이용하는 경우에도 과세관청이 개인적 용도 사용에 대한 사실 관계를 확인하기가 현실적으로 어려워 납세자는 승용차 관련 비용을 손금(법인) 또는 필요경비(개인사업자)로 산입하여 세금을 줄일 수가 있었다. 이러한 문제점으로 과세당국은 2016년 이후 기업의 승용차 관련 비용에 대하여 일정한 기준을 마련하여 업무 관련성을 입증하지 못하는 경우 손금불산입하고, 사적비용인 경우 대표이사 등에 대한 상여 처분을 하도록 하는 법령을 신설하였다.

## ❷ 적용대상 차량과 임직원보험 및 관련비용

### 1 적용대상 차량 및 제외차량

**[1] 적용대상 차량**
「개별소비세법」 제1조제2항제3호에 해당하는 승용자동차(부가가치세법 제39조에 따른 부가가치세 매입세액공제가 적용되지 않는 승용자동차)

□ 개별소비세법 제1조제2항제3호
3. 다음 각 목의 자동차에 대해서는 그 물품가격에 해당 세율을 적용한다.
가. 배기량이 2천씨씨를 초과하는 승용자동차와 캠핑용자동차: 100분의 5
나. 배기량이 2천씨씨 이하인 승용자동차(배기량이 1천씨씨 이하인 것으로서 **대통령령으로 정하는 규격의 것은 제외한다**)와 이륜자동차 : 100분의 5
다. 전기승용자동차(「자동차관리법」 제3조제2항에 따른 세부기준을 고려하여 대통령령으로 정하는 규격의 것은 제외한다): 100분의 5

## [2] 적용대상에서 제외되는 차량
1. 경차 (정원 8명 이하의 자동차로 한정하되, 배기량이 1,000씨씨 이하의 것으로서 길이가 3.6미터 이하이고 폭이 1.6미터 이하인 것)
2. 화물차, 승합차
3. 운수업, 자동차판매업 등에서 사업에 직접 사용하는 승용자동차
4. 장례식장 및 장의관련업을 영위하는 법인이 소유하거나 임차한 운구용 승용차

[개정 세법] 업무용승용차 손금산입 시 전용번호판 부착요건 구체화
(법인칙 §27의2)

| 종 전 | 개 정 |
|---|---|
| <신 설> | □ 업무용승용차 관련비용의 손금 불인정 요건<br><br>○ 국토교통부장관이 정하는 기준*에 따른 법인업무용 자동차번호판을 부착하지 않은 경우<br><br>* 자동차 등록번호판 등의 기준에 관한 고시(국토부)<br>- (대상) 취득가액 8,000만원 이상<br>- (요건) 연녹색 전용번호판 미부착<br>- (시행시기) '24.1.1. 이후 등록 및 대여한 자동차부터 적용 |

## ② 임직원 전용자동차 보험 가입과 비용 인정

### [1] 임직원 전용 자동차보험 가입하는 경우
① 운행기록을 통해 입증된 업무사용 비율만큼 비용 인정
② 운행기록을 작성하지 않은 경우 승용차 관련비용(감가상각비 등 차량 관련 모든 비용을 포함한 금액)은 대당 1500만원까지 인정

### ▶ 임직원 전용 보험가입 대상
법인의 경우 업무용 승용차로 인정받기 위해서는 임직원만 운전 가능한 자동차보험에 가입하여 가족들이 사적으로 사용하지 않도록 일차적으로 제한

## [2] 임직원 전용 자동차보험에 가입하지 않은 경우

법인의 경우 전액 손금불산입하여야 하며, 손금불산입된 금액은 귀속자에게 소득처분(귀속자가 불분명한 경우 대표자에게 소득 처분)하여야 한다.

◆ 사업연도 중 일부기간만 업무전용자동차보험에 가입한 경우(법령 제50조의2 제9항)
해당 사업연도 중 일부기간만 업무전용자동차보험에 가입한 경우 : 가입일수 비율에 의하여 손금인정

[개정 세법] 개인사업자의 업무전용 자동차보험 가입의무 강화(소득령 § 78의3)

| 현 행 | 개 정 |
|---|---|
| □ 개인사업자의 업무전용 자동차보험 가입의무 | □ 가입대상 확대 및 미가입시 관리 강화 |
| ○ (대상자) 성실신고확인대상자 전문직 업종* 사업자<br>*의료업, 약국업, 변호사업, 세무사업 등 | ○ 전체 복식부기의무자 |
| ○ (대상차량) 보유 업무용승용차 중 1대를 제외한 나머지 차량 | ○ (좌 동) |
| ○ (전용특약) 사업자, 직원 등이 운전한 경우만 보장 | ○ (좌 동) |
| ○ (미가입시 필요경비 불산입 비율) 업무용승용차 관련비용의 50% | ○ 100% 불산입<br><br>* 다만, 성실신고확인대상자 또는 전문직 업종 사업자가 아닌 경우<br>'24 · '25년은 50% 불산입 |

〈적용시기〉
① (가입대상 확대) '24.1.1. 이후 발생하는 소득분부터 적용
② (미가입시 필요경비 불산입 비율 상향) '24.1.1. 이후 발생하는 소득분부터 적용
- 성실신고확인대상자 · 전문직이 아닌 경우 '26.1.1. 이후 발생하는 소득분부터 적용

### [3] 리스 또는 렌트차량의 보험가입

법인이 리스 또는 차량을 렌트하는 경우 계약서 작성시 보험 관련하여 특약 사항 (임직원에 대해서만 보험 적용)으로 기재하는 경우 임직원 전용보험에 별도로 가입을 하지 않아도 되는 것으로 기획재정부에 유선으로 확인을 하였으며, 차후 과세당국의 별도 해석이 필요한 것으로 판단된다.

## ③ 업무용 승용차 관련 비용의 범위

업무용승용차 관련 비용이란 업무용승용차에 대한 감가상각비, 임차료, 유류비, 보험료, 수선비, 자동차세, 통행료 및 금융리스부채에 대한 이자비용 등 업무용승용차의 취득·유지를 위하여 지출한 비용을 말한다.

## ④ 업무용 승용차 운행기록 작성 및 차량관련 비용 손금산입

### [1] 개요

업무용 승용차와 관련하여 연간 비용으로 처리할 금액이 1500만원을 초과하는 경우로서 1500만원(법인 부동산임대업 500만원)을 초과하는 금액을 손금산입하고자 하는 경우에는 업무용승용차별로 운행기록 등을 작성·비치하여야 하며, 납세지 관할 세무서장이 요구할 경우 이를 즉시 제출하여야 한다. (법인세법 시행령 제50조의2)

[세법 개정] 업무용승용차 운행기록부 작성의무 기준금액 완화
(법인령 §50의2⑦, 소득령 §78의3⑥)
(개정) 1,000만원 → 1,500만원
<적용시기> 2020.1.1. 이후 개시하는 사업연도(과세기간) 분부터 적용

### [2] 업무용 사용금액 한도내 손금산입

① 업무용 승용차에 대하여 임직원보험에 가입한 경우라도 업무용 사용금액에 해당하지 아니하는 금액은 소득금액을 계산할 때 손금에 산입하지 아니한다.
② 업무용 사용금액이란 다음의 요건 중 하나를 충족하는 경우로서 업무용승용차 관련비용에 업무사용비율을 곱한 금액으로 한다.

1. 해당 사업연도 전체 기간(임차한 승용차의 경우 해당 사업연도 중에 임차한 기간을 말한다) 동안 해당 법인의 임원 또는 사용인이 직접 운전한 경우
2. 계약에 따라 타인이 해당 법인의 업무를 위하여 운전하는 경우만 보상하는 자동차보험(업무전용자동차보험)에 가입한 경우

### ▣ 업무용 사용금액
업무용 승용차 관련 비용 × 업무사용비율(업무용 사용거리/총 주행거리)

### ▣ 업무용 사용거리 [법인세법 시행규칙 제27조의2 제5항]
업무용 사용거리란 제조.판매시설 등 해당 법인의 사업장 방문, 거래처.대리점 방문, 회의 참석, 판촉 활동, **출.퇴**근 등 업무수행에 따라 주행한 거리를 말한다.

## [4] 업무용승용차 관련비용 등에 관한 명세서 제출의무
업무용승용차 관련비용 등을 손금에 산입한 법인은 업무용승용차 관련비용 등에 관한 명세서를 납세지 관할 세무서장에게 제출하여야 한다.

[개정 세법] 업무용 승용차 관련 비용 명세서 미제출 가산세 등 신설
(소득법 §81의14, 법인법 §74의2 신설)
(대상) 업무용 승용차 관련 비용을 손금산입하여 신고한 사업자가 해당 명세서 미제출·불성실 제출
(가산세액) 미제출·불성실 제출로 구분 규정
- 미제출 : 업무용 승용차 관련 비용 손금산입액 : 신고액 전체 × 1%
- 불성실 제출 : 업무용 승용차 관련 비용 손금산입액(신고액) 중 명세서 상 사실과 다르게 제출한 금액 × 1%
<적용시기> '22.1.1. 이후 개시하는 과세연도 분부터 적용

♣ 업무용승용차 운행기록부 : 국세청 홈페이지 → 국세청뉴스 → 고시
♣ 업무용승용차 관련비용 명세서 : 국세법령정보시스템 → 법령서식

## 5 운행기록을 작성하지 않은 경우 차량관련 비용의 손금산입

임직원만 운전 가능한 자동차보험에 가입한 경우 차량 관련 비용을 1500만원까지

손금에 산입할 수 있다. 단, 1500만원 중 감가상각비는 최대 800만원만 손금에 산입할 수 있다.

### ▶ 운행기록을 작성하지 않은 경우 업무 사용비율
1. 해당 사업연도의 업무용승용차 관련비용이 1500만원(해당 사업연도가 1년 미만인 경우에는 1천만원에 해당 사업연도의 개월수를 곱하고 이를 12로 나누어 산출한 금액을 말한다.) 이하인 경우: 100분의 100
2. 해당 사업연도 업무용승용차 관련비용이 1500만원을 초과하는 경우: 1500만원을 업무용승용차 관련비용으로 나눈 비율

### ▶ 운행기록을 작성하지 않은 경우 감가상각비
운행기록을 작성하지 않는 경우로서 차량 관련 비용이 1500만원을 초과하는 경우 차량 감가상각비가 800만원을 초과하더라도 800만원을 감가상각비로 손금산입할 수 있는 것은 아니다. 예를 들어 차량 감가상각비가 2000만원이고, 감가상각비를 제외한 차량관련 비용이 2000만원인 경우 업무사용비율은 25%[1500만원 ÷ 4000만원(차량 전체비용)]로서 감가상각비는 500만원만 손금산입할 수 있는 것이다.

## 6 임직원 명의 차량의 유지비용

법인이 업무용승용차를 취득하거나 임차한 경우에 적용되는 것이므로 직원 개인명의의 차량을 이용하는 경우 종전의 규정에 따라 법인의 업무에 실제 사용하는 경우 법인의 손금에 산입할 수 있을 것으로 판단된다.

# ❸ 업무용승용차 감가상각비

## 1 감가상각비 계산 방법

### [1] 감가상각 방법
2016년 1월 1일 이후 취득한 차량의 경우 5년간 정액법으로 의무화

## [2] 감가상각비 계상

감가상각비 × 업무사용비율(업무사용비율이란 총 사용거리 중 업무용 사용거리가 차지하는 비율을 말한다.) 단, 800만원(법인 부동산임대업 400만원)을 한도로 한다.

## [3] 리스 또는 렌트 차량의 감가상각비 계상

1) 시설대여업자로부터 임차한 승용차 : 임차료에서 해당 임차료에 포함되어 있는 보험료, 자동차세, 수선유지비를 차감한 금액. 다만, 수선유지비를 별도로 구분하기 어려운 경우 임차료(보험료와 자동차세를 차감한 금액을 말한다)의 100분의 7을 수선유지비로 계산할 수 있다.
2) 자동차대여사업자로부터 임차한 승용차 : 임차료의 100분의 70에 해당하는 금액

# ② 감가상각비 한도액 및 이월공제

## [1] 법인 소유 차량

감가상각비에 업무사용 비율을 곱한 금액으로 하되, 감가상각비는 매년 800만원까지만 인정하며, 초과금액은 이월하여야 한다.

### ▶ 사업연도 중 취득한 업무용 승용차

800만원 × 보유 월수 ÷ 12

### ▶ 한도초과액

해당 사업연도 감가상각비 한도액인 대당 800만원 초과하는 감가상각비는 다음연도 이후 800만원에 미달하는 경우 미달하는 금액을 손금추인 할 수 있으며, 처분시까지 손금산입하지 못한 금액은 처분시에 손금추인할 수 있을 것으로 판단이 되나 향후 과세당국의 유권해석이 필요한 사안이다.

## [2] 리스 또는 렌트 차량 감가상각비 한도초과액 소득처분

리스 또는 렌트 차량의 경우 임차료(보험료, 자동차세 등을 제외한 금액) 중 감가상각비 상당액에 대해서만 적용하되, 매 년 800만원까지만 손금으로 인정이 되므로 감가상각비 상당액에 업무사용비율을 곱한 금액이 800만원을 초과하는 경우 해

당 금액은 손금불산입하고, 유보로 처분한 후 다음 사업연도부터 해당 업무용승용차의 업무사용금액 중 감가상각비 상당액이 800만원에 미달하는 경우 그 미달하는 금액을 한도로 손금에 산입한다. 단, 업무사용이 아닌 금액은 손금불산입하고, 상여로 처분하여야 한다.

[사례] 렌트 차량 감가상각비 상당액 1500만원 업무사용비율 80%
당해 연도 손금산입한도액 : 800만원
세무조정 손금불산입 :   700만원
감가상각비 : 400만원(유보) → 다음연도 이후 유보 추인하여 손금산입
감가상각비 : 300만원(상여)

### ▶ 리스 중 승계하여 매입한 차량의 감가상각비는 1대의 차량으로 보고 감가상각비를 계상하여야 하는 것임

리스 중 소유권을 이전한 경우 동일한 차량으로 보아 손금산입 한도를 적용하는 것으로 판단됨

### ▶ 리스차량 감가상각비 상당액

임차료 - 해당 임차료에 포함되어 있는 보험료, 자동차세, 수선유지비
단, 수선유지비를 별도로 구분하기 어려운 경우 임차료(보험료와 자동차세를 차감한 금액을 말한다)의 100분의 7을 수선유지비로 계산할 수 있다.

### ▶ 렌트차량 감가상각비 상당액

임차료의 100분의 70에 해당하는 금액

### ▶ 사업연도 중 임차하거나 사업연도 중 임차가 종료된 경우 감가상각비 계상

해당 사업연도 중에 임차한 기간으로 계산을 하여야 할 것으로 판단이 되며, 월수의 계산은 월수는 역에 따라 계산하되, 1월 미만의 일수는 1월로 한다.

◆ 리스차량을 리스기간 만료로 취득한 경우
(서면-2017-법령해석법인-0554 [법령해석과-3700] , 2017.12.26.)
업무전용자동차보험에 가입하였으나, 운행기록 등을 작성·비치하지 아니한 업무용승용차를 임차하여 사용하다가 임차기간의 만료로 사업연도 중에 취득하여 계속 사용하는 경

우 업무용승용차 관련비용의 손금산입 한도액은 임차 또는 취득 구분 없이 하나의 업무용승용차로 계산하는 것임

### ③ 감가상각비 한도초과액 소득처분

**[1] 감가상각비 한도초과액**

감가상각비 한도초과액은 손금불산입 (유보) 처분한 이후 감가상각비가 800만원에 미달하는 경우 그 미달하는 금액을 한도로 손금추인(△유보)한다. 단, 임차료에 대한 감가상각비 한도초과액은 기타사외유출로 처분한다.

**[2] 기타 차량유지관련 비용 중 업무관련임을 입증하지 못하는 경우**

업무에 사용하였으나 운행일지 등에 의하여 입증을 하지 못함으로서 손금불산입된 금액은 기타사외유출로 처리할 수 있으나 사적으로 사용한 승용차 관련 비용은 손금불산입하고 해당 사용자에게 상여처분을 하여야 한다.

### ❹ 업무용승용차 과세 특례 적용시기

○ 법인 : 2016.1.1. 이후 지출하는 분부터 적용.
○ 개인(성실신고확인대상자) : 2016.1.1. 이후 적용
○ 개인(복식부기의무자) : 2017.1.1. 이후 적용

[개인사업자 업무용승용차 상세내용] 경영정보사 종합소득세 편 참조

## ❺ 업무용 승용차 매각

업무용승용차를 처분하여 발생하는 세무상 손실로서 승용차별로 800만원을 초과하는 금액은 이월하여 매 년 800만원을 한도로 손금에 산입한다. (월할 상각은 하지 않음)

한편, 매각연도 이전 감가상각비한도초과액이 있는 경우 처분연도에 전액 손금추인 하며, **처분손실은 세무상 금액으로 하되, 800만원을 초과하는 금액은 다음연도 이후 매년 800만원을 한도로 손금추인한다.**

[사례] 업무용 승용차 처분손실 및 한도초과금액 손금불산입액 계산 (단위 천원)

| 회계 | | 세무 | |
|---|---|---|---|
| 취득가액 | 80,000 | 취득가액 | 80,000 |
| 감가상각비 누계액 | 70,000 | 감가상각비 누계액 | 70,000 |
|  |  | (세무상) 감가상각 누계액 | 40,000 |
|  |  | [세무조정] 한도초과액 이월 | 30,000 |
| 장부가액 | 10,000 | (세무상) 장부가액 | 40,000 |
| 처분가액 | 30,000 | 처분가액 | 30,000 |
| 처분이익(손실) | 20,000 | (세무상) 처분손실 | (10,000) |
| 당기손금산입액 |  | [세무조정] 당기손금산입액 | 30,000 |
| 한도초과금액손금 불산입 |  | [세무조정] 처분연도 손금 | 8,000 |
|  |  | 한도초과 이월 손금산입 | 2,000 |

<세무조정>
(손금산입) 전기이전 한도초과액 30,000 (△유보)
(손금산입) 처분연도 처분손실 한도액 8,000 (△유보)
(손금불산입) 처분손실 한도초과액 2,000 (유보 또는 기타사외유출)

# 03 차량과 관련한 세무회계

## ❶ 차량 취득과 취득세 납부 및 공채 매입

### 1 차량 취득세

차량을 취득한 자는 그 취득한 날부터 60일 이내에 과세표준(차량가액에 개별소비세 및 교육세를 포함한 가액으로 한다.)에 해당 세율을 적용하여 산출한 세액을 신고 및 납부하여야 하며 차량의 취득세는 다음과 같다.

| 구 분 | | 세 율 | 비 고 |
|---|---|---|---|
| 승용차 | 비영업용 승용자동차 | 차량가격의 1천분의 70 | |
| | 경자동차 | 차량가격의 1천분의 40 | |
| 그 밖의 자동차 | 비영업용 | 차량가격의 1천분의 50 | |
| | 영업용 | 차량가격의 1천분의 40 | |
| 기타 | | 차량가격의 1천분의 20 | |

* 비영업용 승용자동차란 운수회사 등이 영업에 사용하지 않는 자동차를 말한다.
* 경형 자동차란 배기량이 1000cc 미만으로서 길이 3.6미터, 너비 1.6미터, 높이 2.0미터 이하인 자동차를 말한다(「자동차관리법 시행규칙」 별표 1).

▶ **차량에 부과되는 세금**
1. 개별소비세 : 차량가격의 5% (경형자동차는 개별소비세 면제)
2. 교육세 : 개별소비세의 30%
3. 부가가치세 : 공급가액 + 개별소비세 + 교육세의 10%

### 2 공채

차량의 취득시 지방자치단체에서 발행한 공채인 지방채를 매입하여야 하며, 지방자치단체별로 그 매입비율이 각각 다르다. 예를 들어 서울시의 경우 차종 및 배기량에 따라 차량가격의 5~ 20%에 상당하는 금액의 도시철도공채를 매입하여야 한다. 국공채는 상환기간이 길고 이자율이 낮아 통상 증권회사등에 할인하며, 할인료만을 차량 취득가액에 포함하여 처리할 수 있다.

### ③ 차량운반구 취득가액 및 매입세액 공제

차량운반구 취득 및 구입시에 지출되는 매입 부대비용, 차량운반구의 취득과 관련한 세금과공과금(취득세 등) 및 제비용(등록대행수수료, 인지세, 번호판대 등)은 차량운반구 취득가액에 포함한다.

### [1] 매입세액 처리

화물차, 9인승이상 승합차등의 매입세액은 매출세액에서 공제를 받을 수 있으나 비영업용승용차의 구입 및 유지와 관련한 매입세액은 매출세액에서 공제를 받을 수 없다. 영업용승용차라 함은 운수사업자(택시운수업, 렌트카업체 등)가 승용차를 이용하여 직접 사업에 사용하는 경우를 말한다.

따라서 운수사업자 등이 아닌 사업자가 사업을 위하여 구입하는 승용차는 모두 비영업용승용차에 해당하며, 그 취득 및 유지(유류대, 수리비 등)와 관련한 매입세액은 공제받을 수 없다. 또한 **비영업용소형승용차의 임차(렌트비용) 및 주차관련 비용도 그 매입세액을 공제받을 수 없다.**

▶ **매입세액을 공제받을 수 없는 승용자동차**
① 정원 8인승 이하 승용자동차
② 지프형자동차, 캠핑용 자동차(캠핑용 트레일러를 포함한다)
③ 2륜자동차. 단, 내연기관을 원동기로 하는 것은 그 총배기량이 125씨씨를 초과하는 것 및 내연기관외의 것은 정격출력이 1킬로와트를 초과하는 것

▶ **매입세액을 공제받을 수 있는 승용자동차**
① 9인승 이상 자동차 및 승합차
② 밴차량(운전석 앞자리는 사람의 탑승이 가능하고, 뒷부분은 화물 적재 차량)

③ 배기량이 1,000cc 이하의 것으로서 길이가 3.6미터 이하이고 폭이 1.6미터 이하인 것(모닝, 마티즈, 아토스 등)
④ 2륜자동차 중 내연기관을 원동기로 하는 것은 그 총배기량이 125cc 이하인 것 및 내연기관외의 것은 그 정격출력이 1킬로와트 이하인 것

### [2] 기타 비용

차량의 취득과 관련한 모든 비용은 차량운반구로 처리를 하여야 하므로 차량번호판대, 탁송료, 책임보험료 등은 모두 차량운반구 가액에 포함한다.

### [3] 장기할부매입의 경우 이자비용처리

자산을 법인세법 시행령 제68조 제3항의 규정에 의한 장기할부 조건 등으로 구매하는 경우 발생한 채무를 기업회계기준에 의한 현재가치로 평가하여 현재가치할인차금으로 계상하는 경우 해당 현재가치할인차금을 자산의 가액에 가산하지 않는 것이며, 현재가치할인차금 상각액은 지급이자 손금불산입 대상이 되지 않는다.

한편, 할부구입과 관련하여 현재가치할인차금을 계상하지 않는 경우 해당 이자는 자산(차량)의 가액에 포함하여야 한다. 그러나 자산(차량)의 판매회사가 아닌 캐피탈 등으로부터 할부대금을 차입하고, 그 이자비용을 지급하는 경우 당해 이자는 그 지급시 이자비용으로 처리하여야 할 것으로 판단된다.

## ▶ 차량 매입 회계처리

① 《화물차 매입》 업무용 화물차를 구입하기 위하여 현대자동차판매(주)와 계약하고, 차량대금 중 일부인 2,500,000원 및 탁송료154,000원을 제외한 잔액은 현대캐피탈(주)에 36개월 할부로 지급하기로 하고, 기타 비용은 보통예금에서 결제하다.

1. 세금계산서 수취내용

차량대금   35,000,000원   부가가치세  3,500,000원
탁송료         140,000원   부가가치세     14,000원

2. 기타 차량취득비용 합계 1,827,000원

취득세  1,757,000원, 단기의무보험료 4,000원, 번호판대 35,000원
증지대(수입인지)  2,000원, 공채매입 및 할인료  29,000원

| 차량운반구 | 35,140,000 | / | 보통예금 | 2,654,000 |
| --- | --- | --- | --- | --- |
| 부가세대급금 | 3,514,000 | | 미지급금 | 36,000,000 |

▷ 비영업용승용자동차를 취득하는 경우에는 그 매입세액은 공제받을 수 없으므로 부가세대급금은 차량운반구의 취득가액에 포함하여 처리한다.

| 차량운반구 | 1,827,000 | / | 보통예금 | 1,827,000 |
| --- | --- | --- | --- | --- |

▷ 공채매입 및 할인료 : 유형자산의 취득과 관련하여 국·공채 등을 불가피하게 매입하는 경우 당해 채권의 매입가액과 현재가치와의 차액은 취득가액으로 할 수 있다.

② 《차량할부대출 수수료 지급》 현대캐피탈(주)에 차량할부 수수료 300,000원을 보통예금에서 인출하여 결제하다.

| 지급수수료 | 300,000 | / | 보통예금 | 300,000 |
| --- | --- | --- | --- | --- |

③ 《차량할부원리금 지급》 차량할부원금 890,000원 및 할부이자 230,000원이 국민은행 보통예금에서 자동이체 되다.

| 미지급금 | 890,000 | / | 보통예금 | 1,120,000 |
| --- | --- | --- | --- | --- |
| 이자비용 | 230,000 | | | |

## ❷ 차량운반구 매각

법인의 경우 유형자산처분시 당기 감가상각비는 계상하지 않아도 된다. 왜냐하면, 감가상각비로 계상하지 않은 금액은 유형자산처분손실에 더하여지거나 유형자산처분이익이 줄어들게 되어 법인의 손익에는 영향이 없기 때문이다. 다만, 업무용승용차의 경우 의무적으로 감가상각을 하여야 하므로 처분연도 감가상각비를 계상하여야 한다.

한편 개인사업자의 경우 유형자산처분손실은 필요경비에 산입할 수 없으므로 업무용승용차 및 업무용승용차가 아닌 유형자산의 경우에도 매각월까지의 감가상각비를 계상하여야 처분연도의 감가상각비를 필요경비에 산입할 수 있다.

◆ **매입 시에 매입세액을 공제받지 못한 비영업용 소형승용차를 매각 시 과세여부**
(부가46015-1146, 1994.06.07)
매입 시에 매입세액을 공제받지 못한 비영업용 소형승용차를 매각하는 경우에는 과세되는 것임.
[회신]
1. 우리청 부가46015-1128(1994.06.02) 회신문중 "3항"의 내용을 아래와 같이 정정하여 다시 회신함.
- 정정내용 : "매입시에 매입세액을 공제받지 못한 비영업용 소형승용차를 매각하는 경우에는 부가가치세법 제6조 제1항의 규정에 의하여 과세되는 것임.

□ 부가가치세법 집행기준 10-0-1 [매입세액의 공제와 간주공급 과세 여부]
② 취득 시 제1항에 따라 매입세액이 공제되지 아니한 재화가 간주공급에 해당하는 경우 부가가치세의 과세 여부는 다음과 같다.

| 간주공급 유형 | 과세 여부 | 비고 |
|---|---|---|
| • 폐업할 때 남아 있는 재화 | 과세 안함 | 2007. 1. 1. 이후부터 적용 |

## ▶ 차량운반구 매각 회계처리

[예제] 《매각 월까지의 감가상각비 계상》 차량 매각 연도에 처분일(9월 10일 처분)까지의 감가상각비를 계상하다.
취득가액(14,000,000원) - 감가상각누계액(6,000,000원) × 상각률(45.1%) × 9개월(1개월 이하의 일수는 1개월로 한다.)/12개월

| 감가상각비 | 2,706,000 | / | 감가상각누계액 | 2,706,000 |
|---|---|---|---|---|

[예제] 《차량 매각》 차량운반구를 매각하고 세금계산서를 발행하다. 차량매각대금 5,500,000원(공급가액 5,000,000원, 세액 500,000원)은 현금으로 영수하다.
취득가액 14,000,000원, 감가상각누계액 8,706,000원

| 현금 | 5,500,000 | / | 차량운반구 | 14,000,000 |
|---|---|---|---|---|
| 감가상각누계액 | 8,706,000 | | 부가세예수금 | 500,000 |
| 유형자산처분손실 | 294,000 | | | |

## ❸ 개인사업자의 고정자산(유형자산) 처분손익 세무처리

복식부기의무자가 승용차 등 고정자산을 매각하는 경우 그 매각가액을 매각일이 속하는 과세기간의 사업소득금액을 계산할 때에 총수입금액에 산입하고, 장부가액은 필요경비에 산입하여야 한다. 한편, 사업용으로 사용하던 토지, 건물 등 양도소득세 과세대상 물건을 처분하는 경우 발생하는 이익은 사업소득과는 별도로 양도소득세를 신고·납부하여야 한다.

▶ **업무용 승용차 처분손실 중 8백만원을 초과하는 금액의 이월 필요경비산입**
해당 과세기간의 다음 과세기간부터 800만원을 균등하게 필요경비에 산입하되, 남은 금액이 800만원 미만인 과세기간 또는 해당 업무용승용차를 처분한 날부터 10년이 경과한 날이 속하는 과세기간에는 해당 잔액을 모두 필요경비에 산입하는 방법으로 한다.

▶ **승용차 매각시 업무용 승용차 감가상각비 한도초과액 손금 추인**
해당 사업연도의 감가상각비 한도액인 대당 800만원 초과하는 감가상각비는 다음 연도 이후 800만원에 미달하는 경우 대당 기준으로 손금(필요경비)추인을 하여야 할 것으로 판단이 되며, 처분시까지 손금산입하지 아니한 금액은 처분 시점에 전액 손금(필요경비)추인하여야 할 것이나 법령 등에 구체적인 내용이 없어 향후 과세당국의 권한있는 해석이 있어야 할 것이다.

[예제] 기계장치 취득가액 4000 감가상각누계액 2000 처분가액 1000(부가세 별도)
보통예금　　　　　1100　　/　부가세예수금　　100
감가상각누계액　　2000　　　기계장치　　　　4000
유형자산처분손실　1000

&lt;세무조정&gt;
**총수입금액 산입**
기계장치 매각금액 1000
**필요경비 산입**
기계장치 장부가액 2000 (취득가액 4000 - 감가상각누계액 2000)

**필요경비불산입**
유형자산처분손실    1000

[재정 세법] 개인사업자의 사업용 유형고정자산 처분손익 과세 신설(소득세법 제19조 제1항·제25조 제3항, 같은 법 시행령 제37조의2·제55조 제1항·제144조 제3항)

| 종 전 | 개 정 |
|---|---|
| □ 사업소득의 범위 | □ 사업소득의 범위 확대 |
| <추 가><br>※ 유형 고정자산 처분손익 중 복식부기의무자의 업무용 승용차 처분손익에 한정하여 과세 | ○ 복식부기의무자의 사업용 유형 고정자산(부동산 제외) 처분소득 |
| <신 설> | □ 과세대상 유형고정자산의 범위<br>○ 영 제62조제2항제1호에 따른 감가상각자산*<br>* 차량 및 운반구, 공구, 기구 및 비품, 선박 및 항공기, 기계 및 장치 등 |
| <신 설> | □ 필요경비<br>○ 유형고정자산의 양도 당시 장부가액 |
| □ 수입금액 추계결정·경정 시 수입금액 가산 항목<br><추 가> | □ 유형고정자산 양도가액 가산<br>○ 복식부기의무자의 유형고정자산 양도가액 |

<적용시기 및 적용례> ○ 2018.1.1. 이후 개시하는 과세기간 분부터 적용
※ 건설기계 처분손익 2018.1.1. 이후 취득하여 2020.1.1. 이후 양도하는 분부터 적용

[개정 세법] 사업자의 기장 및 신고의무 관련 수입금액 산정기준 합리화
(소득세법 시행령 제131조의2 제1항, 제133조 제1항, 제208조 제5항)
수입금액에 사업용 유형자산 처분에 따른 수입금액 제외

## ❹ 차량 무상 양도

### [1] 급여로 처리
사업자가 과세사업으로 사용하던 재화를 사용인(종업원)에게 무상으로 증여하는 경우 시가상당액을 급여로 처리를 하여야 한다.

### [2] 부가가치세 과세 여부
과세사업에 사용하던 재화를 사용인(종업원)에게 무상으로 증여하는 경우에는 당초 매입세액 공제 여부에 관계없이 개인적 공급으로 보아 부가가치세가 과세된다.

[예제]《차량 무상 양도》차량운반구(비영업용, 소나타)를 종업원에게 무상 양도하다.
장부가액 25,000,000원, 감가상각누계액 22,000,000원, 시가 4,000,000원

| 급여 | 4,400,000 | / | 차량운반구 | 25,000,000 |
| 감가상각누계액 | 22,000,000 | | 유형자산처분이익 | 1,000,000 |
| | | | 부가세예수금 | 400,000 |

## ❺ 차량사고 발생시 보험료 처리

차량사고시 보험회사로부터 보험금을 지급받는 차량정비사업자는 차량정비용역에 대한 세금계산서를 통상 실제 자기 책임하에 자동차수리용역을 제공받는 자(차량사고업체)에게 발행하며, 부가가치세를 부담하는 자가 일반과세사업자인 경우 그 매입세액은 납부할 세액에서 공제를 받을 수 있다. 다시 말하면, 차량정비사업자는 차량수리용역에 대한 수리대금은 보험회사로부터 수령하는 것이나 세금계산서는 실제 자기 책임하에 자동차수리용역을 제공받는 자(통상 차량사고업체)에게 발행하므로 차량사고업체는 매입세액만 부담하는 것으로서 동 매입세액에 대한 회계처리만 한다.

### ▶ 차량사고 관련 회계처리 사례

①《차량사고 및 세금계산서 수취》회사 화물자동차의 교통사고로 인해 당해 차량을 자기 책임하에 수리하고 보험처리를 하였다. 차량수리비 1,500,000원 중 면책금

300,000원은 회사가 부담하여야 하므로 보험회사는 면책금을 제외한 1,200,000원을 차량정비사업자에게 지급하였으며, 차량정비사업자는 차량정비용역에 대하여 당 사 앞으로 세금계산서(공급가액 1,500,000원, 세액 150,000원)를 발행한 바 매입세액 120,000원 및 면책금 330,000원을 보통예금에서 인출하여 지급하다.

| 부가세대급금 | 150,000 / 보통예금 | 450,000 |
| 수선비 | 300,000 | |

- 부가세대급금 : 차량수리비는 보험회사가 부담하고 차량사고업체는 매입세액만 부담하는 것으로서 동 매입세액에 대한 회계처리만 한다.
- 수선비 : 면책금 지급금액은 수선비로 처리한다.

◆ 차량사고에 대한 세금계산서 발행 (제도46015-10277,2001.03.27)
차량정비사업자가 사고자동차에 대한 보험수리용역을 제공함에 있어서 세금계산서를 발급하는 경우 당해 용역대가의 지급자 또는 차량소유자 여부를 불문하고 실제 자기책임하에 자동차수리용역을 제공받는 자에게 세금계산서를 발급하여야 하는 것으로, 과세사업을 영위하는 사업자가 차량의 교통사고로 인해 당해 차량을 자기책임하에 수리하는 경우 수리용역에 대한 세금계산서는 용역의 대가의 지급자와 관계없이 실제 자동차수리용역을 받은 당해 사업자 명의로 발급받는 것이며 동 매입세액은 매출세액에서 공제받을 수 있는 것임.

▶ 면책금
면책금이란 자동차 종합보험가입시 자기차량손해에서 일정금액(5만원, 10만원 등 가입자가 보험계약시 선택함)을 차주가 부담하도록 하는 제도를 말하는 것이며, 이 제도는 가입자가 부담가능한 정도의 소액 손해를 보험처리 대상에서 제외함으로써, 보험회사는 사무처리의 효율을 높이고 가입자에게는 보험료 부담을 낮추게 하기 위한 제도이다. 면책금 지급금액은 차량수리비로 간주하여 차량유지비 또는 잡손실로 처리한다.

② 《차량사고 및 세금계산서 수취》 승용자동차(소나타)의 교통사고로 인해 당해 차량을 자동차정비업소에 수리를 맡기고 보험처리하였다.
자동차정비업소는 보험회사로부터 수리비 1,000,000원은 지급받고, 수리비에 대하여 당 사에 세금계산서를 발급하였으며, 부가가치세는 당 사가 부담하여야 하므로 100,000원을 보통예금에서 이체하여 지급하다.

| 수선비 | 100,000 / 보통예금 | 100,000 |

# 04  수익적 지출, 자본적 지출

기계장치, 건물 등 유형자산 수선의 경우 비용 항목인 수선비로 처리하는 것 및 소액 자산(건별 100만원 이하)의 취득금액을 즉시 비용으로 처리하는 것을 수익적 지출이라고 하며, 수선비를 해당 자산으로 처리한 다음 감가상각을 통하여 비용화하는 것을 자본적 지출이라고 한다.

## ❶ 수익적 지출

수익적 지출이란 고정자산의 원상을 회복시키거나 능률유지를 위하여 지출한 비용 및 소액 자산(100만원 이하)을 취득하는 경우 즉시 비용화 하는 것을 말하며, 다음과 같은 지출은 수익적 지출에 해당한다. 수익적 지출에 해당하는 경우 수선비 또는 소모품비 등 비용 처리한다.

① 거래 단위별로 그 취득가액이 **100만원 이하인 것**
다음 각호의 것을 제외하고 그 취득가액이 거래단위별로 100만원 이하인 감가상각자산에 대하여는 이를 그 사업에 사용한 날이 속하는 사업연도의 손금으로 계상한 것에 한하여 이를 손금에 산입한다. 거래단위라 함은 이를 취득한 법인이 그 취득한 자산을 독립적으로 사업에 직접 사용할 수 있는 것을 말한다.
1. 그 고유업무의 성질상 대량으로 보유하는 자산
2. 그 사업의 개시 또는 확장을 위하여 취득한 자산

② 다음의 자산 취득
1. 어업에 사용되는 어구(어선용구를 포함한다)
2. 영화필름, 공구, 가구, 전기기구, 가스기기, 가정용 기구·비품, 시계, 시험기기, 측정기기 및 간판

3. 대여사업용 비디오테이프 및 음악용 콤팩트디스크로서 개별자산의 취득가액이 30만원 미만인 것
4. 전화기(휴대용 전화기를 포함한다) 및 개인용 컴퓨터(그 주변기기를 포함한다)

**[개정 세법] 즉시상각 적용자산에서 금형 제외(법인령 §31⑥, 소득령 §67⑦)**
□ 즉시상각 대상자산
ㅇ 취득가액과 무관하게 포함하는 자산
 - 어구(어선용구 포함), 영화필름, 가구, 전기기구, 가스, 시험기기, 측정기기 등
 - 공구
(개정) 금형을 즉시상각 적용자산에서 제외
<적용시기> 2020.1.1. 이후 개시하는 사업연도(과세기간) 분부터 적용

③ 법인이 각 사업연도에 지출한 수선비가 다음의 하나에 해당하는 경우로서 그 수선비를 당해 사업연도의 손금으로 계상한 경우에는 이를 수익적 지출로 한다.
1. 개별자산별로 수선비로 지출한 금액이 **600만원 미만**인 경우
2. 개별자산별로 수선비로 지출한 금액이 직전 사업연도종료일 현재재무상태표 상의 자산가액(취득가액에서 감가상각누계액상당액을 차감한 금액)의 100분의5에 미달하는 경우
3. 3년 미만의 기간마다 주기적인 수선을 위하여 지출하는 경우

**[세법 개정] 소액수선비에 대한 감가상각비 부담 완화(소득령 §67, 법인령 §31)**
개별자산별로 수선비로 지출한 금액이 300만원 미만인 경우 → 600만원 미만
<적용시기> 2020.1.1. 이후 개시하는 사업연도·과세기간 분부터 적용

④ 다음의 지출
1. 건물 또는 벽의 도장
2. 파손된 유리나 기와의 대체
3. 기계의 소모된 부속품 또는 벨트의 대체
4. 자동차 타이어의 대체
5. 재해를 입은 자산에 대한 외장의 복구·도장 및 유리의 삽입
6. 기타 조업가능한 상태의 유지등 위와 유사한 것

□ 고정자산에 대한 수익적지출의 범위 【법인세법 기본통칙 23-31…2】
규칙 제17조 제6호에 규정하는 수익적지출에는 다음 각호의 예에 따라 처리하는 것을 포함한다.(2001.11.01 개정)
1. 제조업을 영위하던 자가 새로운 공장을 취득하여 전에 사용하던 기계시설·집기비품·재고자산 등을 이전하기 위하여 지출한 운반비와 기계의 해체, 조립 및 상하차에 소요되는 인건비는 수익적 지출로 한다.(2001.11.01 개정)
2. 임대차계약을 해지한 경우 임차자산에 대하여 지출한 자본적 지출 해당액의 미상각잔액은 수익적 지출로 한다.
5. 23-31…1 제1호 이외의 사유로서 기존 건축물을 철거하는 경우 기존 건축물의 장부가액과 철거비용은 수익적 지출로 한다.(2001.11.01 개정)

◆ 기존 건축물 철거비용 (서면2팀-2685, 2006.12.28)
법인이 「법인세법 기본통칙」 23-31…1의 제1호 이외의 사유로서 새로운 건물을 신축하기 위하여 기존건축물을 철거하는 경우 기존건축물의 장부가액과 철거비용 전액을 철거시점에 수익적지출로 보아 손금에 산입하여야 하는 것임.

▶ 세무리스크(수익적 지출과 자본적 지출 구분)
수선비 등의 지출이 자본적 지출에 해당함에도 수익적 지출로 보아 법인이 손금산입한 내용에 대하여 세무조사 등의 과정에서 손금부인당하는 사례가 종종 발생하므로 특히 유의를 하여야 한다.


## ❷ 자본적 지출

① 법인이 소유하는 감가상각자산의 내용연수를 연장시키거나 당해 자산의 가치를 현실적으로 증가시키기 위하여 지출한 수선비를 말하며, 다음의 하나에 해당하는 것으로 고정자산의 취득가액에 가산한다.
1. 본래의 용도를 변경하기 위한 개조
2. 엘리베이터 또는 냉난방장치의 설치, 빌딩 등에 있어서 피난시설 등의 설치
3. 재해 등으로 인하여 멸실 또는 훼손되어 본래의 용도에 이용할 가치가 없는 건축물·기계·설비 등의 복구
4. 기타 개량·확장·증설 등 위와 유사한 성질의 것

② 사업용 고정자산의 매입·제작·건설에 소요된 것이 분명한 차입금에 대한 지급이자 또는 이에 유사한 성질의 지출금은 건설이 준공된 날까지 당해 사업용 고정자산에 대한 자본적 지출(매입부대비용)로 하여 원본에 가산한다. 따라서 명목 여하에 불구하고 사업용 고정자산의 매입·제작·건설에 소요되는 차입금(건설등에 사용한 것이 불분명한 차입금 제외)에 대한 지급이자 또는 이와 유사한 성질의 지출금은 당해 사업용 고정자산의 자본적지출로 하여 취득원가에 산입한다.

□ 개축하는 건축물 등에 대한 감가상각 [법인세법 기본통칙23-26…7]
기존 건축물에 대한 개량, 확장, 증설 등에 해당하는 자본적 지출액은 기존 건축물의 내용연수를 적용하여 감가상각한다. 다만, 기존 건축물의 수선이 「건축법 시행령」 제2조에서 규정하는 신축, 개축, 재축에 해당하는 경우에는 기존 건축물의 장부가액과 철거비용은 당기비용으로 처리하고 그외 새로이 지출한 금액은 신규 취득자산의 장부가액으로 보아 새로이 내용연수를 적용하여 감가상각한다.

□ 감가상각이 완료된 자산에 대한 자본적 지출액 처리 [법법 기본통칙 23-28…2]
감가상각이 완료된 고정자산에 대하여 자본적 지출이 발생한 경우에는 당초 신고한 내용연수에 의한 상각률에 따라 이를 상각한다. (2001. 11. 1. 개정)

## ■ 자본적 지출시 감가상각자산의 내용연수 적용 방법

자본적 지출이 발생한 경우 해당 자산의 취득가액 및 미상각잔액에 가산한 후 당초 신고한 내용연수기간의 상각률에 따라 감가상각을 하여 비용화하여야 한다. 또한, 고정자산에 대한 감가상각은 강제상각이 아닌 임의상각이므로 법정내용연수가 경과했다 하더라도 상각범위액 내에서 감가상각을 할 수 있다.

□ 고정자산에 대한 자본적 지출의 범위【법인세법 기본통칙 23-31…1】
1. 토지만을 사용할 목적으로 건축물이 있는 토지를 취득하여 그 건축물을 철거하거나, 자기소유의 토지상에 있는 임차인의 건축물을 취득하여 철거한 경우 철거한 건축물의 취득가액과 철거비용은 당해 토지에 대한 자본적 지출로 한다.(2001.11.01 개정)
5. 설치중인 기계장치의 시운전을 위하여 지출된 비용에서 시운전 기간 중 생산된 시제품을 처분하여 회수된 금액을 공제한 잔액은 기계장치의 자본적 지출로 한다.

6. 수입기계장치를 설치하기 위하여 지출한 외국인 기술자에 대한 식비 등 체재비는 기계장치에 대한 자본적 지출로 한다.

7. 영 제68조 제3항의 규정에 의한 장기할부조건으로 자산을 취득함에 있어서 이자상당액을 가산하여 매입가액을 확정하고 그 지불을 연불방법으로 한 경우의 이자상당액은 당해 자산에 대한 자본적 지출로 한다. 이 경우 당초 계약시 이자상당액을 당해 자산의 가액과 구분하여 지급하기로 한 때에도 또한 같다. 다만, 영 제72조 제3항 제1호의 규정에 의하여 계상한 현재가치할인차금과 매입가액 확정후 연불대금 지급시에 이자상당액을 변동이자율로 재계산함에 따라 증가된 이자상당액은 그러하지 아니한다.

11. 토지, 건물만을 사용할 목적으로 첨가 취득한 기계장치 등을 처분함에 따라 발생한 손실은 토지, 건물의 취득가액에 의하여 안분계산한 금액을 각각 당해 자산에 대한 자본적 지출로 한다.(2001.11.01 개정)

### ■ 자본적 지출에 대한 취득세 신고 및 납부

자본적 지출에 해당하고, 건물을 개수하는 등 지방세법에 의한 취득세 과세대상에 해당하는 경우 그 취득한 날부터 60일 이내에 취득세의 세율을 적용하여 산출한 세액을 신고 및 납부하여야 한다.

▶ 개수

개수란 「건축법」 제2조제1항제9호에 따른 대수선과 건축물에 딸린 시설물 중 다음에 정하는 시설물을 한 종류 이상 설치하거나 수선하는 것을 말한다.
1. 승강기(엘리베이터, 에스컬레이터, 그 밖의 승강시설)
2. 시간당 20킬로와트 이상의 발전시설
3. 난방용·욕탕용 보일러
4. 시간당 7천560킬로칼로리급 이상의 에어컨(중앙조절식만 해당한다)
5. 부착된 금고
6. 교환시설
7. 건물의 냉난방, 급수·배수, 방화, 방범 등의 자동관리를 위하여 설치하는 인텔리전트 빌딩시스템 시설
8. 구내의 변전·배전시설

## 05 기숙사 또는 사택 관련 세무회계

### ❶ 기숙사(사택) 관련 비용

#### 1 기숙사(사택) 임차료

① 주택을 제공받음으로써 얻는 이익은 근로소득의 범위에 포함되는 것이나 주주 또는 출자자가 아닌 임원과 임원이 아닌 종업원이 사택(사용자가 소유하고 있는 주택을 종업원 및 비출자임원에게 무상 또는 저가로 제공하거나, 사용자가 직접 임차하여 종업원 등에게 무상으로 제공하는 주택)을 제공받는 경우에는 근로소득에 포함하지 아니한다.

② 대표이사에게 사택을 제공하는 경우 당해 대표이사가 주주가 아니거나, 소액주주에 해당하는 경우로서 제공받는 사택이 근로소득에서 제외되는 사택의 범위에 해당하는 경우에는 세법상 문제가 없으나, 출자임원에 해당하는 경우에는 부당행위계산의 부인규정에 의하여 사택제공에 따른 이익 등을 계산하여 세무조정시 익금산입하고 상여로 처분하여야 한다.

③ 주주 또는 출자자가 아닌 임원과 임원이 아닌 종업원이 사택을 제공받는 경우 근로소득에서 제외하도록 되어 있고, 사택이라 함은 사용자가 소유하고 있는 주택을 무상 또는 저가로 제공하거나, 사용자가 직접 임차하여 종업원에게 무상으로 제공하는 주택을 말한다.

④ 출자자나 출연자인 임원이 아닌 자가 사택을 제공받은 경우 그 제공받는 이익이 근로소득에서 제외되는 사택의 범위는 다음과 같다.
1. 근무지로부터 통상 출·퇴근 가능지역 내에 자기 소유의 주택이 없는 자 전원을 사택입주대상자로 할 것
2. 사택을 제공받는다는 이유로 사택을 제공받지 아니한 종업원과 급여지급액에 차등을 두지 아니할 것

3. 사택제공에 따른 비용이 통상 임금지급액에 포함되지 아니하고 기업의 추가 부담적인 것일 것

④ 임원이 아닌 종업원이 자기의 주된 생활근거지가 아닌 지역에 소재하는 공장 등에 근무하게 됨으로 부득이 사택을 제공받는 때에는 특정 종업원에 대한 차별적인 우대가 아닌 경우에 한하여 임원이 아닌 종업원이 복리후생적으로 제공받는 경우에 해당한다.

⑤ 종업원이 회사에서 월세지급조건으로 임차한 사택을 제공받는 경우에도 당해 임차사택이 ③항의 요건에 해당하는 경우에는 근로소득에 해당하지 아니하는 것이나 임차사택을 제공받지 못한 종업원에게 하숙비 등을 사용자가 부담하는 경우에는 당해 하숙비 등은 해당 근로자의 근로소득에 해당한다.

## ② 기숙사 관리 및 유지비용의 손금 산입 여부

회사 직원용 기숙사(주택, 아파트 등)의 임차료(월세)는 복리후생비로 처리한다.
또한 사택을 운영하면서 소요되는 관리비, 소모품 등의 교체 비용 중 회사가 부담하여야 하는 부분은 복리후생비로 처리한다. 단, 사택 또는 합숙소의 관리비, 유지비, 사용료 중에서 사택의 사용자가 부담하여야 할 경비인 냉난방비, 전기수도요금, 전화요금, 가스대금 등을 법인이 부담하는 경우 법인의 업무와 관련 있는 비용이 아니므로 해당 직원에 대하여 급여 등으로 처리를 하여야 한다.

◆ 근로소득자의 생활과 관련된 사적비용으로 지출되는 금액은 근로소득에 해당되는 것임
(법인46012-3960, 1995.10.24)
출자자 또는 출연자가 아닌 임원(상장법인의 소액주주 포함)과 종업원이 사용하는 사택 또는 합숙소의 유지비, 관리비, 사용료와 이에 관련되는 지출금은 법인세법시행령 제30조 제3호의 업무무관지출에 해당되지 아니하는 것이며, 출자자 또는 출연자가 아닌 임원(상장법인의 소액주주 포함)과 종업원이 자기의 주된 생활근거지가 아닌 지역에 소재하는 공장 등에 근무하게 되어 사택 또는 합숙소를 제공받음으로써 얻는 이익은 소득세법시행령 제43조 제5호의 2 단서의 규정에 의하여 근로소득에서 제외되는 것이나, 당해 근로소득자의 생활과 관련된사적비용(냉난방비, 전기·수도·가스·전화요금 등)으로 지출되는 금액은 근로소득에 해당되는 것임

## ❷ 기숙사 및 사원 주거용 주택 세무실무

### [1] 기숙사와 사원용 주택의 구분 등

기숙사라 함은 건축법 시행령에 의한 건축물의 용도분류 중 기숙사를 말하는 것으로 건축법 시행령 제3조의5 [별표1]에 의하면, 기숙사는 학교 또는 공장 등의 학생 또는 종업원 등을 위하여 사용되는 것으로서 공동취사 등을 할 수 있는 구조이되, 독립된 주거의 형태를 갖추지 아니한 것으로 규정되어 있다.

□ 건축법 시행령 제3조의5(용도별 건축물의 종류) 법 제2조제2항 각 호의 용도에 속하는 건축물의 종류는 별표 1과 같다.
[별표 1] 용도별 건축물의 종류(제3조의5 관련)
라. 기숙사: 학교 또는 공장 등의 학생 또는 종업원 등을 위하여 쓰는 것으로서 1개 동의 공동취사시설 이용 세대 수가 전체의 50퍼센트 이상인 것(「교육기본법」 제27조제2항에 따른 학생복지주택을 포함한다)

◆ 사택에 해당하는지 여부
(소득46011-758, 2000.07.14.)
종업원과 사용자가 임차보증금을 공동으로 부담한 후 사용자가 임차하여 종업원 등에게 제공하는 주택은 소득세법시행령 제38조 제1항 제6호에 규정하는 사택에 포함되지 아니하는 것임.

◆ 오피스텔을 기숙사로 사용하는 경우 과세 여부
(서면인터넷방문상담3팀-2292, 2004.11.10.)
종업원의 복리 및 근로의 편의를 위한 기숙사로 사용하는 경우에는 사업을 위한 주거용의 경우에 해당되어 오피스텔의 임대용역에 대하여는 과세되는 것임

◆ 사업자가 주택임대업자로부터 주택을 임대하여 임원 주거용으로 제공시 과세여부
(부가46015-1185, 1999.04.22.)
주택임대업을 영위하는 자가 상시 주거용으로 사용하는 건물(주택)을 법인사업자에게 임대하고 임차인인 당해 법인은 임원의 주거용으로 사용하는 경우에 당해 주택의 임대용역은 부가가치세법 제12조 제1항 제11호의 규정에 의하여 부가가치세가 면제되는 것임

## [2] 사택매입 등과 관련한 매입세액공제

① 건축법 시행령 제3조의5 [별표1]에 의한 기숙사의 공급은 과세대상으로 과세사업자가 기숙사를 매입 또는 신축하는 경우 그 매입세액은 공제를 받을 수 있다.

② 국민주택 규모 이하인 사원용 주택을 매입하는 경우 면세되므로 매입세액공제와는 무관하나 과세사업자가 국민주택 규모를 초과하는 주택을 매입하고, 세금계산서를 발급받은 경우 그 매입세액과 그와 부수되는 비용에 대한 매입세액은 매출세액에서 공제를 받을 수 있다.

③ 과세사업을 영위하는 법인이 상시주거용에 해당되지 아니하는 종업원을 위한 기숙사로 사용할 오피스텔을 취득하고 수취한 세금계산서의 매입세액은 공제대상에 해당하는 것이나 상시주거용으로 사용하는 경우에는 불공제하여야 할 것으로 판단된다. <국세청에 재확인할 것>

## [3] 법인의 부동산 양도 및 추가 과세, 추가 과세에서 제외되는 사택 등

내국법인이 부동산을 양도하는 경우 개인과 달리 그 소득에 대하여 법인세를 납부하여야 하며(양도소득세 신고납부의무 없음), 특정 주택 또는 비사업용 토지 및 건물인 경우에는 양도차액(양도가액 - 양도 당시의 세무상 장부가액)의 10%를 법인세로 추가 납부하여야 한다. 단, 주주등이나 출연자가 아닌 임원(소액주주등인 임원을 포함한다) 및 사용인에게 제공하는 사택 및 그 밖에 무상으로 제공하는 법인 소유의 주택으로서 사택제공기간 또는 무상제공기간이 10년 이상인 주택의 경우 추가 과세가 제외된다.

[개정 세법] 법인이 보유한 주택 양도 시 추가세율 인상 등
(종전) 법인의 주택 양도차익에 대해서는 기본 법인세율(10~25%)에 10%를 추가 적용
(개정) 법인이 주택 양도시 추가세율을 20%로 인상하고, 법인이 '20.6.18. 이후 8년 장기 임대등록하는 주택도 추가세율 적용
<적용시기> 추가세율 적용은 2021.1.1. 이후 양도하는 분부터 적용

## [4] 사원 주거용 주택 처분시 부가가치세

국민주택 규모 이하인 경우 면세되는 것이며, 과세사업자가 국민주택 규모를 초과하는 사원 주거용 아파트를 매각하는 경우 부가가치세가 과세된다. 한편, 건축법 시행령 제3조의5(용도별 건축물의 종류) 별표1에 해당하는 기숙사를 처분하는 경우에는 부가가치세가 과세되는 것으로 판단된다.

# 06 골프회원권 및 콘도회원권 세무회계

## 1 골프회원권

### ❶ 개요

골프회원권은 투자자산 항목에 '골프회원권'이란 계정과목을 만들어 회계처리하며, 법인이 업무와 관련하여 골프회원권의 취득에 소요되는 비용(명의개서료, 취득세, 수수료 등)은 당해 자산의 취득가액에 산입하는 것으로 당기에 비용으로 처리할 수 없다. 다만, 업무용으로 사용하는 골프회원권으로서 사용기간이 정하여진 경우에는 그 사용기간 동안 균등하게 비용처리한다. 골프회원권을 개인이 양도하는 경우에는 양도소득세가 과세되나 법인의 경우 양도차익에 대하여 법인세가 과세된다.

### ❷ 골프회원권과 관련한 세무상 유의사항

**[1] 매입세액공제 여부**

골프회원권이 과세사업과 관련이 있는 경우 그 매입세액은 매출세액에서 공제할 수 있는 것이나 당해 골프회원권의 과세사업과의 관련 여부는 구입목적과 실제 이용 상태에 따라 판단할 사항이며, 골프회원권을 양도하는 경우에는 부가가치세가 과세된다.

한편, 업무와 관련하여 매입한 경우에도 접대를 목적으로 매입한 골프회원권은 그 매입세액을 공제받을 수 없는 것이며, 사업자가 자기의 과세사업과 관련하여 취득한 재화에 대하여 매입세액을 공제받지 못한 경우에도 당해 재화의 매각시에 부가가치세가 과세됨에 유의하여야 한다.

▶ **골프회원권 구입가액 및 부대비용의 매입세액공제**

사업자가 거래처의 접대 등을 위하여 골프회원권을 매입하는 경우에는 그 구입에 관련된 매입세액은 공제할 수 없는 것이나, 직원들의 복리후생목적으로 구입하는 경우 당해 매입세액은 공제할 수 있는 것이 원칙이다. 다만, 그 구입목적은 회사만이 알고 구분이 모호함으로 인하여 복리후생을 위해 구입한 것으로 보아 매입세액공제를 받는 경우가 있으나 과세당국은 골프회원권은 복리후생적인 사용보다는 접대성의 경우가 많으므로 매입세액불공제로 보는 것이 일반적이다. 따라서 세무리스크를 예방하기 위해서는 특별한 사정이 없는 한 매입세액공제를 받지 않는 것이 적절할 것이다.

◈ 골프회원권 매입세액공제
(서면인터넷방문상담3팀-721, 2005.05.26.)
사업자가 골프회원권을 취득한 경우, 그 회원권의 사용실태 등을 고려하여 사업상 종업원의 복리후생을 목적으로 취득한 때에는 매입세액공제가 가능한 것이나, 거래처 등을 접대하기 위하여 취득한 경우에는 부가가치세법 제17조 제2항 제2호의 규정에 의하여 사업과 직접 관련이 없는 지출에 대한 매입세액으로 보아 공제되지 아니하는 것임

## [2] 업무무관 자산 해당 여부

법인이 법인명의의 골프회원권을 영업상 고객접대 및 직원복지 등의 목적으로 업무와 관련하여 사용하는 것이 입증되는 경우에는 업무무관자산에 해당하지 아니하므로 그 유지 및 관련 비용은 법인의 손금에 산입할 수 있다.

◈ 골프회원권 업무무관자산 여부
(서면인터넷방문상담2팀-779, 2005.06.04.)
법인이 법인명의의 골프회원권을 영업상 고객접대 및 직원복지 등의 목적으로 업무와 관련하여 사용하는 것이 입증되는 경우에는 법인세법시행령 제49조 제1항 제2호 다목의 업무무관자산에 해당하지 아니하는 것이나, 당해 자산이 이에 해당하는지는 이용실태 등을 파악하여 사실 판단할 사항임

▶ **개인명의로 취득한 골프회원권**
골프회원권을 법인 명의로 취득할 수 있음에도 개인 명의로 취득하여 사용 시 취득에 소요된 금액은 법인의 자산으로 보지 아니하며, 가지급금으로 처리하여야 한다.

## [3] 골프회원권 취득 및 유지관련 비용의 손금 산입 여부

### ▶ 임원이 사용한 골프장 이용료의 손금산입 여부

특정 임원들 간의 경영관리 회의와 단합 및 사기증진을 위해 골프장 이용료로 지출한 비용은 건전한 사회통념과 상관행에 비추어 정상적인 법인의 지출로 인정할 수 없으므로 법인의 손금에 산입할 수 없는 것이며 관련 지출비용은 해당 임원의 상여로 처분하여야 한다. (서면인터넷방문상담2팀-1259, 2005.08.03.)

### ▶ 입회금

입회금의 경우에는 동 입회금이 반환조건인가 아닌가에 따라 달라진다. 즉, 보증금 형태의 반환조건으로 취득하는 경우에는 부가가치세 과세대상이 아니므로 부가가치세 부담이 없으며, 이에 대해서는 세금계산서 등 적격증빙을 갖추지 않아도 되나 반환조건이 아닌 경우 골프회원권의 취득은 과세대상으로서 세금계산서를 수취하여야 한다.

### ▶ 보증금

보증금은 해지시 반환을 받을 수 있는 금액으로 적격증빙 수취대상이 아니다.

### ▶ 취득세 등 각종 세금

골프회원권 취득시 부담하는 취득세, 명의개서료, 수입인지대 등은 골프회원권의 취득가액에 포함하여야 한다. 다만, 보증금 형태의 골프회원권의 경우 기타의 무형자산 등으로 처리하여 골프회원권 이용기간 동안 감가상각을 하여 손금에 산입한다.

(1) 취득세 : 회원권가격의 100분의 2
(2) 농어촌특별세 : 취득세의 100분의 10

### ▶ 캐디피 지출증빙 및 손금산입

캐디피는 접대비에 해당하며, 접대비에 대하여 정규영수증을 수취하지 못한 경우 전액 손금불산입하여야 한다. 다만, 기타소득 또는 사업소득으로 징수하는 경우에는 접대비한도내의 금액은 법인의 손금에 산입할 수 있을 것으로 판단된다.

## [4] 골프회원권 양도에 대한 세금

### (1) 골프회원권 매각시 부가가치세 과세여부
부가가치세 과세사업을 영위하는 사업자가 골프회원권을 취득·보유하다가 양도하는 경우에는 부가가치세가 과세되므로 부가가치세법 제32조의 규정에 의하여 세금계산서를 발급하여야 한다. (부가46015-2647, 1998.11.28.)

### (2) 골프회원권 양도차손익에 대한 법인세
법인은 양도차익에 대하여 법인세를 추가로 부담하는 것이며, 양도차손이 발생한 경우 법인의 손금에 산입할 수 있다.

### ▶ 개인 소유 골프회원권의 양도차익에 대한 세금
골프회원권은 양도소득세 과세대상이 되는 기타자산에 해당하며, 골프회원권을 양도하는 경우 그 양도일이 속하는 달의 말일부터 2개월 이내에 양도소득세를 신고 및 납부하여야 하며, 골프회원권의 양도소득세는 다음과 같이 계산한다. 단, 골프회원권의 경우 장기간 보유한 경우에도 장기보유특별공제는 적용되지 아니한다.

1) 양도가액 - 취득가액 - 취등록세·중개수수료 등 = 양도차익
2) 양도차익 = 양도소득금액
3) 양도소득금액 - 양도소득기본공제(2,500,000원) = 과세표준
4) 과세표준 × 일반세율 = 금액 - (누진공제) = 산출세액

## ❸ 골프회원권에 대한 회계처리

### [1] 금융감독원 의견(K-IFRS 제1032호, 제1038호)
골프회원권의 사용가치 부분은 무형자산으로, 현금등을 수취할 권리 또는 주주권 부분은 금융자산으로 인식
1. 일정기간 경과후 반환이 예정되어 있는 주중회원권은 예탁금의 현재가치를 금융상품으로, 잔여가액을 무형자산으로 분류
2. 골프장 소유권과 이용권이 모두 포함된 주주회원권의 경우 주주권에 대한 대가를 금융자산으로, 잔여가액을 무형자산으로 분류

## [2] 보증금 형태 골프회원권 회계처리

골프회원권 중 미래에 실질적으로 회수가능 한 금액은 "보증금"으로 처리하고 부대비용과 세액은 "기타의 무형자산"으로 처리하여 감가상각하면 된다.

[예제] 사용기간 5년의 골프회원권을 다음의 조건으로 취득
1. 입회비(반환받을 수 없음)      10,000,000원
2. 부가가치세(매입세액불공제)    1,000,000원
3. 보증금(5년 뒤 반환)           20,000,000원
4. 취득세 및 농어촌특별세           682,000원

(1) 취득시 분개

| 무형자산(골프회원권) | 11,682,000 / 보통예금 | 31,682,000 |
| 기타보증금 | 20,000,000 | |

(2) 보유시의 분개( 매년 감가상각)

| 감가상각비 | 2,336,400 / 무형자산(골프회원권) | 2,336,400 |

* 11,682,000원 ÷ 5 = 2,336,400원(5년 균등상각)

## [3] 소유권 형태 골프회원권 회계처리 사례

①《골프회원권 취득》접대목적에 사용할 골프회원권을 1억원(부가세 별도)에 매입하고 그 대금은 보통예금에서 인출하여 지급하다.

| 골프회원권 | 110,000,000 / 보통예금 | 110,000,000 |

②《골프회원권 취득과 관련한 제비용 지급》골프회원권 취득과 관련한 취득세 및 기타수수료 3,000,000원을 현금으로 지급하다.

| 골프회원권 | 3,000,000 / 보통예금 | 3,000,000 |

③《골프회원권 매각》법인이 소유한 골프회원권을 1억 3천만원(부가세 별도)에 양도하고 그 대금은 보통예금에 입금되다.

| 보통예금 | 143,000,000 / 골프회원권 | 113,000,000 |
| | 부가세예수금 | 13,000,000 |
| | 투자자산처분이익 | 17,000,000 |

## 2 콘도회원권

### ❶ 개요

콘도회원권은 오너쉽회원권과 멤버쉽회원권으로 구분되며, 오너쉽회원권은 최초발행시에도 부가가치세가 과세되나 보증금 형태의 콘도회원권(멤버쉽회원권)의 경우 최초의 계약자가 콘도를 분양하는 회사로부터 직접 분양받는 경우 부가가치세가 과세되지 아니하나 중간거래인으로부터 구입할 경우에는 부가가치세 과세된다. 따라서 중간거래인으로부터 콘도회원권을 구입할 시에는 과세대상거래로 그 매입시 세금계산서를 발급받아야 하는 것이다.

콘도회원권의 취득은 지방세법상 취득세 과세대상으로 취득부대비용(입회금, 시설관리운영보증금)과 취득세 등은 콘도회원권 취득원가에 포함하여 처리한다.

◆ 콘도회원권 매입세액공제 여부
(부가22601-1190, 1991.9.10.)
사업자가 종업원의 복리후생을 목적으로 콘도회원권을 취득하여 부가가치세 과세사업에 사용한 경우 이와 관련된 매입세액은 매출세액에서 공제받을 수 있으나, 이 경우 콘도회원권을 사업과 관련하여 직접 사용하였는지 여부는 자산의 구입목적과 실제 이용상태에 따라 소관세무서장이 사실을 조사하여 판단할 사항임.

### ❷ 콘도회원권 회계처리 사례

① 《콘도회원권 구입》 콘도회원권을 분양회사로부터 2천만원에 구입(멤버쉽 회원권)하고 그 대금은 보통예금에서 인출하여 지급하다.

| 콘도회원권 | 20,000,000 | / | 보통예금 | 20,000,000 |
|---|---|---|---|---|

# 07 판매 촉진과 관련한 세무회계

## 1 사은품, 상품권, 샘플 등 세무회계

### ❶ 사은품

사업자가 자기의 제품 또는 상품을 구입하는 자에게 구입당시 그 구입액의 비율에 따라 증여하는 기증품 등은 주된 재화의 공급에 포함하므로 사업상 증여에 해당하지 아니한다.(부가가치세가 과세되지 아니함) 단, 당사자간의 약정에 의하여 일정기간의 판매비율에 따라 장려금품으로 공급하는 재화는 그러하지 아니하다. 즉, 본사와 대리점간의 약정에 의하여 본사가 대리점에 지급하는 장려금품(금전으로 지급하는 장려금은 부가가치세가 과세되지 아니함)은 부가가치세가 과세되는 것이다.

한편, 추첨에 의해 경품을 지급하는 경우에는 주된 재화의 공급에 포함된 것이 아니므로 경품 제공시 부가가치세를 거래징수하여야 하며, 경품가액을 광고선전비로 보아 손금에 산입할 수 있으나 이 경우 경품을 지급받는 자에게 기타소득세를 원천징수하여 납부하여야 한다.

① 광고선전을 목적으로 불특정다수인에게 견본품, 달력, 수첩, 부채, 컵 등 이와 유사한 물품을 불특정다수인에게 기증하기 위하여 지출한 비용은 광고선전비에 해당한다.
② 일정 요건(성명이 뚜렷하고 영구히 새겨진 증정품, 펜·사무용품 등 일반인에게 보편적으로 나누어줄 수 있는 식별가능 품목 등)을 갖춘 30,000원 이하 소액물품 구입비의 경우 조건없이 전액 광고선전비로 인정한다.

☐ 법인세법 시행령 제19조(손비의 범위)
18. 광고선전 목적으로 기증한 물품의 구입비용[특정인에게 기증한 물품(개당 3만원 이하의 물품은 제외한다)의 경우에는 연간 5만원 이내의 금액으로 한정한다]

[개정 세법] 접대비로 보지 않는 소액광고선전비 기준금액 인상(법인령 §19, 소득령 §55)
(종전) [특정인 대상] 연간 3만원(개당 1만원 이하 물품 제외) 이하
광고선전비 초과 → 접대비(한도 내 손금산입)
(개정) [특정인 대상] → 연간 5만원(개당 3만원)
<적용시기> '21.1.1. 이후 지출하는 분부터 적용

## 사은품 회계처리 사례

① 《사은품으로 제공할 물품 구입》 판매촉진을 위하여 사은품으로 제공할 상품 2백만원(부가세 별도)을 구입하고, 대금은 보통예금에서 인출하여 지급하다.

| | | | |
|---|---|---|---|
| 소모품 | 2,000,000 | 보통예금 | 2,200,000 |
| 부가세대급금 | 200,000 | | |

② 《사은품 증정》 구매고객의 구입비율에 따라 사은품을 증정하다.

| | | | |
|---|---|---|---|
| 광고선전비 | 2,000,000 | 소모품 | 2,000,000 |

□ 기증품의 과세 [부가세 기본통칙 6-16-4]
사업자가 자기의 제품 또는 상품을 구입하는 자에게 구입당시 그 구입액의 비율에 따라 증여하는 기증품 등은 주된 재화의 공급에 포함하므로 사업상증여에 해당하지 아니한다. 다만, 당사자간의 약정에 의하여 일정기간의 판매비율에 따라 장려금품으로 공급하는 재화는 그러하지 아니한다.

□ 광고선전물의 배포 [부가세 기본통칙 6-16-2]
사업자가 자기의 사업과 관련하여 생산하거나 취득한 재화를 자기사업의 광고선전목적으로 불특정 다수인에게 광고선전용 재화로서 무상으로 배포하는 경우(직매장·대리점을 통하여 배포하는 경우를 포함한다)에는 재화의 공급으로 보지 아니한다.

## ❷ 상품권 세무회계

상품권은 발행인이 만든 증표에 기재된 금액에 대한 대가를 상품권 구매자가 미리 지급하고 수취한 상품증권을 말한다. 상품권은 상품과 교환할 수 있는 정액 무기명 유가증권의 일종이다. 따라서 상품권 매매는 재화 또는 용역의 공급이 아니므로 상품권매입시에는 매입세금계산서를 발급받을 수 없는 것이다.

상품권은 적격증빙수취대상거래가 아니므로 대금 지급시 법인신용카드로 결제하거나 상품권 판매업자가 발행하는 영수증(간이영수증 등)을 지출증빙서류로 첨부하여야 한다.

단, 상품권을 구입하여 거래처 접대에 사용하는 경우로서 상품권 금액이 3만원을 초과하는 경우 상품권 구입시 반드시 신용카드로 결제하여야 손금에 산입할 수 있다.

왜냐하면, 상품권 구입거래는 적격증빙수취대상거래가 아니나 접대비인 경우 신용카드결제 또는 세금계산서, 계산서 등 정규영수증을 수취하지 않는 거래에 대해서는 손금불산입되기 때문이다.

한편, 근로자가 근로의 제공으로 인하여 지급받는 금액은 그 지급하는 금액의 명칭(급여, 월급, 봉급, 명절휴가비등)에 관계없이 근로소득에 해당하는 것으로 금전이 아닌 현물로 지급하는 경우에는 소득세법시행령 제51조 제5항의 규정에 의하여 평가한 시가를 근로소득에 합산하여야 하는 것으로 근로자에게 상품권을 지급하는 경우 상품권 액면금액을 근로소득에 합산하여야 한다.

### ▶ 상품권 회계처리 사례

① 《상품권 구입》 거래처 접대용으로 상품권 2,000,000원(100,000원권 20매)을 구입하고 신용카드로 결제하다.

| 상품권 | 2,000,000 / 미지급금 | 2,000,000 |
|---|---|---|

- 상품권 : 상품권은 당좌자산으로 분류하며, 계정과목은 상품권 또는 유가증권으로 처리한다.

②《상품권 증정》상품권 중 5매는 직원에게, 15매는 거래처에 선물하다.

| | | | |
|---|---|---|---|
| 복리후생비 | 500,000 | / 상품권 | 2,000,000 |
| 접대비 | 1,500,000 | | |

- 복리후생비 : 직원에게 지급하는 상품권은 복리후생비로 처리한 다음 과세되는 급여에 합산하거나 지급시 즉시 급여로 처리한다.

▶ **상품권 증빙서류**

상품권판매업자는 상품권을 자기책임과 계산하에 구입하여 판매하는 경우에 있어서 당해 상품권은 부가가치세가 과세되지 아니하는 것으로 세금계산서를 발급할 수 없다. 또한 상품권발행회사의 상품권을 취득하여 일반소비자에게 판매하는 상품권유통사업자인 법인이 상품권을 판매하는 경우에 법인세법 제121조에 규정한 계산서의 작성 및 발급의무가 없는 것이며, 상품권유통법인으로부터 상품권을 구입하는 법인의 경우에도 지출증빙서류의 수취관련 가산세가 적용되지 아니하는 것이나, 상품권을 구입하여 접대비로 사용하는 법인의 경우에 접대비의 지출(신용카드 결제) 외에는 1회의 접대에 지출한 접대비가 3만원 이상인 경우 각사업연도소득금액 계산시 이를 손금에 산입할 수 없다. (부가46015-3650,2000.10.26.)

[개정 세법] 적격증빙 없는 소액접대비 기준금액 인상(법인령 §41, 소득령 §83)
적격증빙(신용카드매출전표, 현금영수증, 세금계산서 등)이 없더라도 손금불산입하지 않는 소액접대비 기준금액
(종전) 1만원
(개정) 3만원
<적용시기> '21.1.1. 이후 지출하는 분부터 적용

◆ **상품권의 비용처리 시점**
(법인 46012-883,1997.03.29)
법인이 백화점에서 발행한 상품권을 구입하고 세금계산서 대신 영수증(입금증)을 수취한 후 동 상품권을 업무와 관련한 접대 또는 종업원의 복리후생을 위하여 실제 사용한 경우에는 동 상품권 구입상당액은 사용일이 속하는 사업연도에 접대비 또는 복리후생비로 처리하여야 하는 것임.

## ❸ 샘플 세무회계

사업을 위하여 대가를 받지 아니하고 다른 사업자에게 인도 또는 양도하는 견본품은 과세되는 재화의 공급으로 보지 아니하며, 광고선전용 샘플 및 샘플을 소비자에게 발송할 시 소요되는 봉투대금, 인쇄비, 우편발송비용 등은 광고선전비로 처리한다. 단, 사업상증여에 해당하는 증여물품은 과세대상으로 증여시 증여물품의 시가를 기준으로 과세표준을 계산하여야 하며, 해당 부가세는 '세금과공과금'으로 처리하고, 세금계산서는 발행하지 않는다.

샘플용 물품을 무상으로 취득하는 경우 그 시가를 계산하여 익금으로 처리하고, 그 사용시에는 견본비등으로 손금처리한다.
특정인에게 기증한 물품의 비용은 연간 3만원 한도 내에서 손비로 인정되며, 이 경우 10,000원 이하의 물품 제공은 3만원 한도가 적용되지 않는다.

◆ **대가를 받지 아니하고 다른 사업자에게 인도하는 견본품**
(부가46015-1960, 1995.10.24)
건축용 자재를 제조하는 사업자가 자기가 제조한 제품을 자기의 사업을 위하여 대가를 받지 아니하고 다른 사업자에게 인도 또는 양도하는 견본품은 부가치세법 제6조 제3항에서 규정하는 재화의 공급에 해당하지 아니하는 것임.

◆ **증여하는 재화에 대한 부가세 과세**
(부가46410-2689, 1999.09.03)
사업자가 자기의 사업과 관련하여 생산하거나 취득한 재화를 자기의 고객이나 **불특정다수인에게 증여하는 경우로서** 증여되는 재화의 대가가 주된 거래인 재화의 공급대가에 포함되지 아니한 경우에는 부가가치세법 제6조 제3항 및 동법시행령 제16조 제2항의 규정에 의하여 부가가치세가 과세된다. 이 경우 부가가치세 과세표준은 당해 재화의 시가가 되는 것이고, 동법시행령 제57조의 규정에 의하여 세금계산서 발급의무는 면제되는 것임.
다만, 부가가치세법 제17조 제2항의 규정에 의하여 당해 증여되는 재화에 대한 매입세액을 공제받지 아니하는 경우에는 동법시행령 제16조 제2항의 단서규정에 의하여 과세되는 재화의 공급으로 보지 아니하는 것이다

## ▶ 샘플 회계처리 사례

① 《자사 생산제품 샘플제공》 자사 생산제품 2,000,000원 상당액을 견본품(샘플)으로 소비자에게 무상 제공하다.

| 견본비 | 2,000,000 | / | 제품 | 2,000,000 |

② 《샘플용 물품구입》 샘플로 제공할 물품 3,000,000원(부가세 별도) 상당액을 구입하고 그 대금은 보통예금에서 인출하여 지급하다.

| 소모품 | 3,000,000 | / | 보통예금 | 3,300,000 |
| 부가세대급금 | 300,000 | | | |

- 소모품 : 광고선전을 목적으로 구매하는 물품 등은 구입시점에 '소모품'등으로 회계 처리한 다음 고객에게 제공시 광고선전비로 회계한다.
- 광고선전을 위해 매입한 상품 등의 매입세액은 공제가능하다.

③ 《샘플용 구입상품 샘플제공》 샘플로 제공하기 위하여 구입한 물품 중 2백만원 상당액을 샘플로 제공하다.

| 견본비 | 2,000,000 | / | 소모품 | 2,000,000 |

## 2 마일리지 세무회계

### ❶ 마일리지 및 세무회계

마일리지란 고정 고객 등의 확보를 통한 판매촉진을 위하여 고객이 물품 등을 구입할 시 일정액의 마일리지를 부여하고, 고객은 누적된 마일리지를 현금처럼 사용할 수 있는 판매촉진 프로그램의 일종이다. 기업의 입장에서는 고객에게 물품 등을 구입할 때 부여하는 마일리지는 잠정적인 채무에 해당하는 것이므로 고객에게 마일리지를 부여하는 시점에 부채로 계상한 다음, 고객이 마일리지를 사용하는 시점에 채무를 변제한 것으로 회계처리를 하여야 한다.

## 1 물품 판매 및 마일리지 부여

◎ 고객이 당 사의 상품 1,000,000원(부가가치세 포함)구입하고 신용카드로 결제하였으며, 그에 대한 마일리지로 10,000원 상당의 포인트를 부여하다.

| 미수금 | 1,000,000 | / | 상품매출 | 909,091 |
|---|---|---|---|---|
|  |  |  | 부가세예수금 | 90,909 |

| 판매촉진비 | 10,000 | / | 판매촉진충당부채 | 10,000 |
|---|---|---|---|---|

## 2 고객의 마일리지 사용

◎ 고객이 누적된 마일리지로 당 사의 상품 100,000원을 구입하다.

| 판매촉진충당부채 | 100,000 | / | 상품매출 | 100,000 |
|---|---|---|---|---|

◆ 마일리지는 고객의 과세소득에 해당하지 않음
(소득46011-21041, 2000.07.26.)
사업자가 자기 상품을 구매하는 고객에게 구매금액에 따라 값의 일부를 할인하여 주거나 덤을 주는 경우 또는 사은품을 제공하는 경우 그 할인금액이나 덤 또는 사은품은 구매고객의 과세소득에 해당하지 아니하는 것임. 또한 마일리지, 사이버머니 적립제도 등의 방법으로 일정기간의 구매실적에 따라 사은품 또는 사례금을 제공하는 경우에도 그 사은품 등은 구매고객의 과세소득에 해당하지 아니하는 것임.

## ❷ 마일리지와 관련하여 세무상 유의하여야 할 사항

### 1 자기적립 마일리지 등의 부가가치세 과세제외 [부령 제61조 ①]

자기적립 마일리지는 부가가치세 과세표준에서 제외하며, 당초 재화 또는 용역을 공급하고 마일리지등을 적립하여 준 사업자에게 사용한 마일리지를 말한다. (마일리지를 적립하여 준 사업자가 고객이 마일리지를 사용하여 재화를 공급받는 경우에 당해 사업자의 경우 부가가치세가 과세되지 않은 것을 말함)

여러 사업자가 적립하여 줄 수 있거나 여러 사업자를 대상으로 사용할 수 있는 마일리지등의 경우 다음의 요건을 모두 충족한 경우로 한정한다.
1) 고객별·사업자별로 마일리지등의 적립 및 사용 실적을 구분하여 관리하는 등의 방법으로 당초 공급자와 이후 공급자가 같다는 사실이 확인될 것
2) 사업자가 마일리지등으로 결제받은 부분에 대하여 재화 또는 용역을 공급받는 자 외의 자로부터 보전받지 아니할 것

### ② 마일리지 적립액의 세무상 손금산입 여부

기업이 고객의 마일리지를 충전하여 주는 시점에 판매촉진비 등으로 비용처리한 금액은 세법에서 인정하지 않는다. 따라서 법인이 마일리지를 적립하는 시점에 법인세법상 인정되지 않는 마일리지충당금을 부채로 계상하고, 비용(판매촉진비)으로 처리한 때에는 세무조정에서 손금불산입(유보)한 후 고객이 해당 마일리지충당금을 사용하는 사업연도에 세무조정에서 추인(손금산입 △유보)하여야 한다.

[사례] 고객의 상품 구매 실적에 따라 부여하여 준 마일리지는 5,000,000원이며, 이 중 3,000,000원은 고객이 마일리지를 사용하였고, 회계기말 미사용한 마일리지 금액은 2,000,000원으로 미사용분은 세무조정에서 손금불산입하고 유보 처분하다.

| 판매촉진비 | 5,000,000 | / | 판매촉진충당부채 | 5,000,000 |
|---|---|---|---|---|
| 판매촉진충당부채 | 3,000,000 | / | 매출 | 3,000,000 |

<세무조정> 손금불산입 판매촉진비 2,000,000원 (유보)

# 08 손해배상금 및 클레임 세무회계

## ❶ 손해배상금

법인의 업무와 관련한 과실로 인하여 타인에게 끼친 손해를 배상하는 경우 고의나 중과실이 아닌 경우 당해 사업자가 피해자에게 지급한 합의금 등은 타 법률에 의하여 구상권을 행사할 수 있는 경우를 제외하고는 '손해배상금'(영업외비용) 등의 비용항목을 새로 설정하여 손금에 산입할 수 있다.

단, 보상비 명목으로 지급하는 손해배상금이 상대적으로 경미하고 소액인 경우 영업외비용인 잡손실로 처리한다. 피해 합의금 또는 손해배상금은 재화 또는 용역의 공급이 아니므로 부가가치세 과세대상이 아니다.

따라서 세금계산서 등 정규영수증을 수취하여야 하는 거래는 아니지만, 손해배상금 지급에 대한 해당 증빙을 수취하여야 한다. 예를 들면, 합의서나 손해배상금수령증 등 증빙을 수취하여 보관하여야 한다.

□ 부가가치세법 기본통칙 4-0-1 【손해배상금 등】
① 각종 원인에 의하여 사업자가 받는 다음 각 호에 예시하는 손해배상금 등은 과세대상이 되지 아니한다. (2011. 2. 1. 항번개정)
1. 소유재화의 파손·훼손·도난 등으로 인하여 가해자로부터 받는 손해배상금
2. 도급공사 및 납품계약서상 그 기일의 지연으로 인하여 발주자가 받는 지체상금
3. 공급받을 자의 해약으로 인하여 공급할 자가 재화 또는 용역의 공급없이 받는 위약금 또는 이와 유사한 손해배상금 (1998. 8. 1. 개정)

◆ 위약금, 보상금, 손해배상금 등 과세 여부 (부가46015-815, 2000.04.14)
계약불이행 또는 계약의 해지, 하자 등으로 인하여 재화 또는 용역의 공급없이 지급받는 위약금 또는 이와 유사한 보상금, 손해배상금, 변상금 등은 부가가치세 과세대상이 되지 아니하는 것임

## ❷ 손해배상금 회계처리 사례

[예제] 《손해배상금 지급》 업무 중 법인소유차량이 사고를 일으켜 상대방에게 물적 배상금 1,000,000원을 현금으로 지급하고 이에 대한 영수증을 수취하다.

| 잡손실 | 1,000,000 | / | 현금 | 1,000,000 |

## ❸ 클레임

클레임이 발생하여 지급한 손해배상금은 당해 손해금액을 초과하지 아니하는 범위내에서 손금산입 가능한 것이며, 이는 정규영수증 수취대상거래가 아니므로 소비자 등에게 금융기관을 통하여 지급한 송금영수증 및 손해배상금보상에 대한 약정서 등을 지출증빙으로 보관하면 된다. 클레임으로 지급한 금액은 따로 분류할 계정과목이 없으므로 통상 영업외비용 항목인 잡손실로 처리하며, 클레임등으로 보상을 받은 금액은 영업외수익 항목인 잡이익으로 처리한다.

## ❹ 매출에누리 및 매출할인

### [1] 매출에누리
매출에누리란 재화 또는 용역의 공급에 있어서 그 품질·수량 및 인도·공급대가의 결제 기타 공급조건이 계약내용과 상이한 경우 그 재화 또는 용역의 공급당시 공급가액에서 일정액을 직접 공제하는 금액을 말하여, 에누리액은 매출금액에서 차감하여야 하므로 감액수정세금계산서를 발행하여야 한다.

### [2] 매출할인
매출할인이란 외상판매에 대한 공급대가의 미수금을 결제하거나 공급대가의 미수금을 약정기일전에 영수하는 경우 할인하는 금액으로 할인액은 과세표준에서 공제한다.

# 09 금융상품 세무회계

## 1 CMA, MMF

### ❶ 개요

CMA는 고객이 예치한 자금을 금융회사가 대출을 하여 주고, 이자 수익을 올리는 것이 아니라 다른 방법으로 수익을 올려 예금주에게 나누어 주는 방식이다. 예를 들어 기업어음(CP), 양도성예금증서(CD), 국공채 등에 투자하여 그 투자수익을 CMA에 예금을 예치한 고객에게 지급하는 방식으로 운용이 된다.

증권회사에서는 CMA-MMF. CMA-RP등의 상품명으로 판매하고 있으며, 보통예금과 같이 수시 입출금이 가능한 상품으로 보통예금 보다 높은 이자를 얻고자 하는 경우 및 단기자금에 대한 마땅한 투자처가 없는 경우 증권회사에서 판매하는 CMA 관련 상품에 예치를 하면 된다.

### ▣ 양도성예금증서(CD)

CD란 은행이 자금 확보(고객의 자금예치)를 위하여 CP(기업어음)와 유사한 방법으로 발행하는 증서로서 정기예금 증권의 일종으로 무기명으로 발행하며, 양도가 가능하여 양도성예금증서라고 하는 것이다. 단, 증서에 기재된 만기 이전에는 현금으로 교환할 수가 없다.

예를 들어 은행이 증서에 1천만원 및 만기일을 기재하여 두고, 9백 8십만원에 판매한 후 만기일에 이 증서(CD)를 가져오는 자에게 1천만원을 지급하는 것으로 투자자는 CD를 매입하여 2십만원의 투자이익을 얻을 수 있는 것이다.

## ▣ CP(기업어음)

어음이란 원래 구매자가 물품등을 구입하고, 판매자에게 그 대금을 나중에 주겠다고 약속하고, 그 증거로 요식화된 양식(어음)에 발행금액, 발행일, 지급일(만기일), 지급장소등을 기재하여 발급하는 증표를 말하며, 은행을 지급장소로 하는 어음은 어음을 발행한 자가 어음의 지급일 이전에 자기의 당좌예금에 어음발행금액 이상을 예치하고, 어음소지인이 만기일에 지급장소인 은행에 어음을 제시하면, 은행은 어음발행인의 당좌예금에서 어음대금을 어음소지인에게 결제를 하여 주게 된다.

반면, 기업어음이란 주로 우량기업(부도 발생의 위험이 극히 적은 기업)이 물품등의 거래없이 단지 단기자금 확보를 목적으로 주로 만기 1년 이내로 발행하는 차입금에 대한 증표로 융통어음이라고 한다. 예를 들어 단기자금 100억원이 필요한 기업이 일정기간 돈을 빌려 쓰고, 그 대가로 은행금리보다 높은 금리를 주겠다고 약속하는 경우 은행에 이자수익을 목적으로 돈을 예치하여 두고 있는 예금주는 은행보다 높은 이자수익을 목적으로 기업이 발행한 어음을 매입하여 이자를 더 받을 수 있을 것이다. 그런데 문제는 기업어음을 발행한 기업이 투자자로부터 돈을 받고 발행하여 준 기업어음의 지급기일에 자금이 부족하여 결제를 하지 못하는 경우이다. 이 경우 기업은 부도가 나게 되고, 기업어음을 매입한 투자자는 지급기일에 투자한 원금을 돌려받을 수 없게 되어 투자자금을 전액 날려 버리기도 하는 것이다. 예를 들어 동양그룹이 발행한 기업어음이 그 대표적인 사례에 해당한다.

은행의 일반 정기예금이자율보다 높은 이자를 주는 금융상품의 경우 이자수익이 높아질수록 그에 따르는 위험은 더욱 높아진다는 사실을 투자자들이 잘 알고 있는 것만큼 중요한 사실은 없다.

일반투자자의 경우 '대기업이 부도가 나겠나' 하는 안이한 마음으로 보유중인 현금성자산을 전액 투자하여 전재산을 날려 버리기도 하는 것이나 전문적인 투자자는 투자수익이 아무리 높더라도 투자의 위험성을 잘 알고 있기 때문에 투자자금의 대부분 또는 전부를 특정 상품에 투자를 하지 않는 것이며, 가능한 분산하여 투자를 하여 그 중 일부 투자상품에 손실이 발생하더라도 다른 투자상품에서 더 많은 이익을 남길 수도 있으므로 전체적으로 효과적인 투자를 하는 것이다.

## ❷ CMA, MMF 회계처리 사례

CMA는 증권회사가 투자자로부터 투자자금을 모집하여 다른 금융상품에 투자해서 수익을 되돌려 준다. 즉, 고객들로부터 자금을 모아 단기금융상품에 집중 투자해 수익을 얻은 뒤 고객에게 되돌려 주는 단기금융상품으로 CMA는 예금의 성격과 유가증권의 성격이 혼재되어 있다. 실무에서는 CMA를 예금의 성격으로 보아 현금성자산(만기일이 3월 이내인 것) 또는 단기금융상품으로 처리하며, CMA투자수익은 이자수익으로 처리한다.

① 《CMA 매입》 CMA 2천만원을 매입하고(매입시 기준가격 1,014.18/ 1,000)보통예금에서 인출하여 지급하다.
- 구입좌수 19,720,365 [20,000,000 ÷ 매입시 기준가격(1,014.18) × 1,000]

| 현금성자산 | 20,000,000 / 보통예금 | 20,000,000 |
|---|---|---|

② 《CMA 매도》 CMA 20,000,000원(구입좌수 19,720,365)을 매각하다. 매각 당시 1,000원당 기준가격은 1,030.25원으로 CMA 평가금액은 20,316,906원이며, 평가차익 316,906원(20,316,906 - 20,000,000)에 대한 법인세 44,360원 및 지방소득세 4,430을 공제한 잔액 20,272,546원이 보통예금에 입금되다.

| 보통예금 | 20,268,116 / 현금성자산 | 20,000,000 |
|---|---|---|
| 선납세금 | 48,790  이자수익 | 316,906 |

\* 평가차익 : 316,906원 매각좌수(19,720,365)/1,000 × [매각시 기준가격(1,030.25)
 - 매입시 기준가격 (1,014.18)]

### ▣ CMA 참고자료

#### ▶ 기준가격 및 거래좌수

기준가액이란 1,000원당 금융기관의 평가금액을 말한다. CMA 금융상품 신규 매입시 1,000원에 대한 당일의 금융기관 기준가액이 1,034.55인 경우 투자 당일의 거래좌수는 9,666,038좌[10,000,000원 ÷ 기준가액(1,034.55) × 1,000]이며, 기준가액은 금융기관의 투자성과에 따라 항상 변동한다.
- 매입시 매입좌수 = 입금금액 ÷ 기준가격 × 1,000

▶ **평가이익(① - ②)**
① 출금금액 = 출금(매각)좌수 × 출금시 기준가격 ÷ 1,000
② 입금금액 = 입금(매입)좌수 × 입금시 기준가격 ÷ 1,000

▶ **출금금액**
- 출금금액 = 평가금액(입금금액 + 평가차익) - 평가차익에 대한 이자소득세
- 평가금액 = 출금좌수 × 매각시 기준가격 ÷ 1,000
- 이자소득세 = 과세표준(평가차익) × 법인세율(14%) 또는 이자소득세율(14%)
- 지방소득세 = 이자소득세(법인의 경우 법인세) × 10%

---

**사 례** 퇴직연금, 펀드, CMA 평가이익의 익금산입

퇴직연금 및 펀드의 경우 사업연도 종료일 현재 평가대상은 아니나, 사업연도 중에 재투자하기로 약정되어 있는 경우에는 재투자 시점에는 종전 장부가액과의 차액을 수익으로 인식하여야 한다.
(법인22601-1699, 1990.08.28)
CMA에서 발생하는 수입이자의 손익귀속시기는 예금인출일이 속하는 사업연도로 하는 것이나, 그 수입이자가 원본에 전입하는 특약에 의하여 원본에 전입되는 경우에는 그 특약에 의하여 원본에 전입되는 날이 속하는 사업연도로 하는 것임

---

## 2  보험료 세무회계

### ❶ 개요

업무상 재해로 근로자가 질병, 사고 등을 당한 경우 기업이 부담한 산재보험료를 재원으로 산재보험 적용을 받게 된다. 그러나 업무상 재해가 아닌 질병, 사고 등은 언제든지 발생할 수 있으며, 이 경우 산재보험의 적용대상이 아니므로 임직원 개인은 질병, 사고 등으로 인한 병원치료비, 치료 등을 위한 휴직, 실직 위험 등으로

심각한 경제적 위험에 처할 수 있다. 따라서 이러한 산재사고외의 위험에 대비하여 근로자 개개인은 각종 보험에 가입을 하여 보험료를 불입하고 있을 것이다.

한편, 근로자에 해당하지 않는 임원의 경우 산재보험가입대상이 아니므로 업무상 재해뿐만 아니라 업무외적 사고로 인한 경제적 위험에 대비하기 위한 보험가입의 필요성이 있으며, 이로 인하여 상당수의 기업이 임원의 사고 위험에 대비하여 보험에 가입을 하고 있으며, 근로자의 경우에도 복리후생 차원에서 근로자 개인이 부담하여야 하는 보험료를 회사가 일괄 가입하여 보험료를 부담하기도 한다.

이와 같이 임직원 개인의 보험료를 기업이 부담하는 경우 발생하는 세무상 문제를 살펴보기로 한다.

## ❷ 회사가 부담한 보험료의 세무회계 처리

### 1 직원을 피보험자로 하고, 수익자를 법인으로 하는 보험

**[1] 개요**
법인이 가입하는 대부분의 보험은 임직원을 피보험자로 하고, 보험사고 발생시 수익자를 법인으로 하는 보험으로 이러한 보장성보험료는 법인의 비용으로 하고, 저축성보험료는 장기성예금 등 자산으로 처리한다.

**[2] 저축성보험료**
만기 이자수익 등을 목적으로 보험회사에 불입하는 적립식보험은 은행의 정기적금과 유사한 금융상품으로 수익자가 법인인 경우 보험예치금으로 처리하거나 장기성예금으로 처리한다. 단, 수익자가 임직원인 경우 해당 임직원에 대한 급여로 처리를 하여야 한다.

**[3] 보장성보험료**
보장성보험료는 보험료 등 법인의 손금으로 처리한다. 단, 수익자가 임직원인 경우 해당 임직원에 대한 급여로 처리를 하여야 한다.

### [4] 보장성보험과 저축성보험이 혼합된 상품

법인이 종업원의 업무상 재해 및 사망을 보험금 지급사유로 하고 당해 법인을 수익자로 하여 만기시에 일정액을 환급받는 보험에 가입하고 보험료를 불입하는 경우 보험료 불입금액 중 저축성 보험료 상당액은 자산항목인 '장기성예금' 등의 계정과목으로 처리하고 기타의 부분은 '보험료'로 처리한다.

### ▣ 보험료 회계처리 사례

① 《보험료 불입》 법인이 종업원의 업무상 재해 및 사망을 보험금 지급사유로 하고 당해 법인을 수익자로 하여 만기시에 일정 금액을 환급받는 보험에 가입하고(3년 만기, 월납) 적립식 보험료 100,000원 및 소멸성보험료(보장성보험료) 20,000원을 보통예금에서 이체하여 불입하다.

| | | | |
|---|---|---|---|
| 장기성예금 | 100,000 | 보통예금 | 120,000 |
| 보험료 | 20,000 | | |

- 장기성예금 : 적금식 보험료
- 보험료 : 소멸성 보험료

② 《보험료 만기》 상해보험료 만기가 되어 보험료 원금 3,600,000원 및 이자 400,000원에서 법인세 56,000원 및 지방소득세 5,600원을 공제한 3,938,400원이 법인의 보통예금통장에 입금되다.

| | | | |
|---|---|---|---|
| 보통예금 | 3,938,400 | 장기성예금 | 3,600,000 |
| 선납세금 | 61,600 | 이자수익 | 400,000 |

### ② 임원을 피보험자로 하고, 수익자를 법인으로 하는 보험

### [1] 개요
임원을 피보험자로 하고, 보험사고 발생시 수익자를 법인으로 하는 보험의 경우 보장성보험료는 법인의 비용으로 하고, 저축성보험료는 장기성예금 등 자산으로 처리한다.

◆ 수익자가 임원인 보험료는 임원의 급여로 처분하되, 주주총회 등의 급여지급기준을 초과하는 금액은 손금산입할 수 없음(서면2팀-1631 2006.8.28.)
1. 법인이 피보험자를 임원(대표이사 포함) 또는 종업원으로, 수익자를 법인으로 하여 보장성 보험과 저축성 보험에 가입한 경우, 법인이 납입한 보험료 중 만기환급금에 상당하는 보험료 상당액은 자산으로 계상하고, 기타의 부분은 이를 보험기간의 경과에 따라 손금에 산입하는 것임.
2. 법인이 피보험자를 임원(대표이사 포함) 또는 종업원으로 하고, 계약자 및 수익자를 법인으로 하여, 납입한 보험료는 피보험자인 임원 및 종업원의 근로소득으로 볼 수 없는 것임.
3. 법인이 보험계약자이고, 임원이 피보험자 또는 수익자인 경우 법인이 납입한 보험료 중 법인세법 시행령 제43조의 규정에 따라 정관, 주주총회 또는 이사회 결의에 의해 결정된 급여지급기준을 초과하는 금액은 손금불산입하여 상여처분하는 것임.
4. 법인이 보험계약자이고 종업원이 피보험자 또는 수익자인 경우 법인이 납입한 보험료는 종업원의 급여로 보아 손금에 산입하는 것임.

### [2] 수익자가 법인인 보험의 수익자를 퇴사하는 임원으로 변경하는 경우

법인을 계약자와 수익자로 하고, 임원을 피보험자로 하는 만기환급금이 없는 보험에 가입하여 보험료를 불입하여 오던 중 당해 임원의 퇴직 등의 사유로 그 보험계약의 계약자 및 수익자를 그 임원으로 변경하는 경우 동 법인이 보험계약에 따라 기 불입한 보험료상당액은 그 임원의 근로소득에 해당하는 것으로 한다.

## ▶ 종신보험

종신보험의 경우 아래 예규에서 정하는 바에 따라 주주총회에서 임원의 급여 한도액을 실제 지급할 금액보다 높게 책정한 다음 이사회가 임원의 급여를 승인하는 방식으로 하여 임원에 대한 급여로 처리하고, 법인의 손금에 산입하는 것이 바람직할 것으로 판단된다.

◆ 수익자가 법인인 종신보험 회계처리 (서면2팀-826, 2008.05.01.)
법인이 임원을 피보험자로 법인을 수익자로 하여 보험기간 즉 만기일이 종신인 변액연금보험에 가입한 경우, 법인이 납입한 보험료 중 만기환급금에 상당하는 보험료 상당액은 자산으로 계상하고, 기타의 부분은 이를 보험기간의 경과에 따라 손금에 산입하는 것으로, 기존 해석사례(서면2팀-1631, 2006.8.28.)를 참고하기 바람.

## ② 직원을 피보험자로 하고, 수익자가 직원인 보험

법인이 보험계약자이고 종업원이 피보험자 또는 수익자인 경우 법인이 납입한 보험료는 종업원의 과세대상 급여로 보아 손금에 산입한다. 단, 근로소득에서 제외되는 단체순수보장성보험 등 불입액은 비과세되는 근로소득으로 한다.

▶ **근로소득에서 제외되는 단체순수보장성보험 등 [소령 제17조의4 3]**
종업원이 계약자이거나 종업원 또는 그 배우자 및 그 밖의 가족을 수익자로 하는 보험·신탁 또는 공제와 관련하여 사용자가 부담하는 보험료·신탁부금 또는 공제부금 중 다음 각 목의 보험료등
가. 종업원의 사망·상해 또는 질병을 보험금의 지급사유로 하고 종업원을 피보험자와 수익자로 하는 보험으로서 만기에 납입보험료를 환급하지 않는 보험(단체순수보장성보험)과 만기에 납입보험료를 초과하지 않는 범위에서 환급하는 보험(단체환급부보장성보험)의 보험료 중 연 70만원 이하의 금액
나. 임직원의 고의(중과실을 포함한다) 외의 업무상 행위로 인한 손해의 배상청구를 보험금의 지급사유로 하고 임직원을 피보험자로 하는 보험의 보험료

## ❸ 법인이 수익자인 보험의 지급사유 발생에 따른 세무회계

### ① 보험금 수입

**[1] 보장성보험료 수입**
피보험자를 임직원으로 하여 수익자가 법인인 보험 등에 가입한 후 보험사고의 발생으로 받는 보험금은 영업외수익으로 처리를 하여야 한다.

**[2] 저축성보험료 수입**
만기가 종료되거나 보험을 중도해지하여 보험금을 수령하는 경우 환급금이 장부상 금액(장기성예금 또는 보험예치금 등)을 초과하는 금액은 영업외수익(보험차익, 잡이익 등)으로 장부상 금액보다 적은 경우 그 차액은 영업외손실로 처리한다.

# 10 소프트웨어, 프로그램 세무회계

## ❶ 개요

기업회계기준 해석에서는 업무지원용 소프트웨어의 자체개발에 소요된 비용이 자산 인식요건을 충족한 경우 무형자산인 개발비로 처리하고, 상용 소프트웨어를 구입하여 사용하는 경우에는 동 구입비용은 기타의 무형자산으로 회계처리하도록 규정하고 있다. 단, 국세청의 유권해석에 의하면, 소프트웨어는 당해 자산에 대한 감가상각비가 판매비와관리비를 구성하는 경우에는 법인세법시행규칙(별표 5)의 구분 1 '기구 및 비품'으로 보아 내용연수를 적용하는 것이며, 그 이외의 경우에는 업종별 자산의 내용연수를 적용한다. 따라서 실무에서는 통상 비품으로 처리하고 감가상각한다.

소프트웨어구입비용이 100만원을 초과하는 경우 유형자산인 '비품'으로 계정처리를 하며, 100만원 이하인 경우 '소모품비'로 처리하며, 소프트웨어 사용기간이 제품 등록일로부터 1년 이내인 경우 당기에 전액 비용(소모품비)으로 처리한다.

◆ 소프트웨어 감가상각시기 (법인 46012 - 3143, 1996.11.12)
법인이 고객관리 소프트웨어개발을 용역업체에 의뢰하고 용역비를 3회 분할하여 지급하는 경우 동 용역비는 개발이 완료되어 당해 법인이 업무에 사용되기 전까지 기구 및 비품으로 계상한 후 동 소프트웨어가 업무에 사용되는 사업연도부터 감가상각한다.

▶ 기업회계기준서에 의한 처리방법
업무지원용 소프트웨어의 경우 개발단계에서 발생한 지출은 다음의 조건을 모두 충족하는 경우에만 무형자산으로 인식하고, 그 외의 경우에는 경상개발비의 과목으로 하여 발생한 기간의 비용으로 인식한다. (기업회계기준해석 41)
① 무형자산을 사용 또는 판매하기 위해 그 자산을 완성시킬 수 있는 기술적 실현 가능성을 제시할 수 있다.
② 무형자산을 완성해 그것을 사용하거나 판매하려는 기업의 의도가 있다.
③ 완성된 무형자산을 사용하거나 판매할 수 있는 능력을 제시할 수 있다.

④ 무형자산이 어떻게 미래 경제적 효익을 창출할 것인가를 보여줄 수 있다. 예를 들면, 무형자산의 산출물, 그 무형자산에 대한 시장의 존재 또는 무형자산이 내부적으로 사용될 것이라면 그 유용성을 제시하여야 한다.
⑤ 무형자산의 개발을 완료하고 그것을 판매 또는 사용하는 데 필요한 기술적, 금전적 자원을 충분히 확보하고 있다는 사실을 제시할 수 있다.
⑥ 개발단계에서 발생한 무형자산 관련 지출을 신뢰성 있게 구분하여 측정할 수 있다.

### ▶ 홈페이지 구축비용

회사 홍보용 홈페이지 구축비용(사이트 구축비용)은 세무상 자산(비품)으로 계상하였다가 홈페이지가 개발 완료되어 정상적으로 가동되기 시작한 날부터 감가상각을 하여 비용화한다. 단, 호스팅비, 유지보수비 등은 지급수수료로 처리한다.
한편, 홈페이지 구축비용이 100만원 이하인 경우 광고선전비로 처리한다.

◆ 인터넷 홈페이지 구축비용은 기구 및 비품으로 감가상각함
(법인, 법인46012-306 , 2001.02.06.)
인터넷 홈페이지를 구축하면서 소요되는 비용은 자산(기구 및 비품)으로 계상하여 동 홈페이지가 정상적으로 가동되기 시작한 날부터 감가상각함

## ❷ 소프트웨어, 프로그램 회계처리 사례

[예제] 《회계프로그램 구입》 업무전산화를 위한 회계프로그램을 800,000원(부가세별도)을 구입하고 그 대금은 즉시 보통예금에서 인출하여 지급하다.

| 소모품비 | 800,000 | / 보통예금 | 880,000 |
| 부가세대급금 | 80,000 | | |

# 11 4대보험료, 두루누리, 연말정산 회계처리

## 1 퇴사자 연말정산 및 4대보험 정산

### ❶ 중도 퇴사자 근로소득 연말정산

① 퇴사자의 경우 **퇴직하는 월의 급여를 지급하는 때까지** 연말정산을 하여야 한다. 연말정산 결과 결정세액이 매 월 간이세액표에 의하여 징수한 금액보다 적은 경우 퇴사한 회사에서 환급을 하여야 하며, 결정세액이 매 월 간이세액표에 의하여 징수한 금액보다 많은 경우 퇴사 전에 근로소득세 및 지방소득세를 추가로 징수하여야 한다.

② 퇴사자에 대한 근로소득지급명세서 및 퇴직소득지급명세서는 그 지급일이 속하는 연도의 다음연도 3월 10일까지 제출하여야 한다.

□ 소득세법 제148조(퇴직소득에 대한 세액정산 등)
① 퇴직자가 퇴직소득을 지급받을 때 이미 지급받은 다음 각 호의 퇴직소득에 대한 원천징수영수증을 원천징수의무자에게 제출하는 경우 원천징수의무자는 퇴직자에게 이미 지급된 퇴직소득과 자기가 지급할 퇴직소득을 합계한 금액에 대하여 정산한 소득세를 원천징수하여야 한다.
1. 해당 과세기간에 이미 지급받은 퇴직소득
2. 대통령령으로 정하는 근로계약에서 이미 지급받은 퇴직소득

### ■ 연말정산시 공제받지 못한 소득공제 추가공제

연말정산시 공제받지 못한 금액에 대하여 근로소득자는 본인의 주소지 관할세무서에 다음연도 5월 1일부터 5월 31일까지 퇴사한 직장에서 발급받은 근로소득원천징수영수증과 소득공제 증빙서류를 구비하여 종합소득세 확정신고를 하여 공제받을 수 있으며, 환급세액이 발생하는 경우 세무서로부터 환급받을 수 있다.

## ❷ 퇴사자 건강보험료 정산

직원이 퇴사한 경우 건강보험료는 당해 연도 초일부터 퇴사일까지 지급한 급여를 기준으로 정산한 다음 과다 징수한 금액은 돌려주고, 과소 징수한 금액은 추가 징수하여야 한다. 한편, 건강보험 자격을 상실한 경우 상실한 달(상실한 달 전 날을 기준)까지 보험료를 납부하여야 한다. 즉, 퇴사자의 경우 퇴사 월의 보험료는 직장가입자로 납부하여야 하는 것이다.

## ❸ 퇴사자 고용보험료 정산

퇴사 월까지 지급한 보수총액에 대하여 종업원부담금을 정산하여 과다 징수한 금액은 돌려주고 과소 징수한 금액이 있는 경우 추가 징수하여 납부하여야 한다.
퇴사시 건강보험, 고용보험료의 과오납이 있을 수 있으므로 개인별 징수내역을 충분히 검토하여 착오가 없도록 유의하여야 한다.

## ❹ 퇴사자 국민연금

국민연금은 전년도 급여를 기준으로 고지되고, 별도의 정산절차없이 확정되므로 퇴사자에 대하여 정산을 하지는 않는다. 단, 국민연금직장가입자 자격을 상실한 경우 상실한 달(상실한 달 전 날을 기준)까지 보험료를 납부하여야 한다. 즉 자격을 상실한 달의 보험료는 자격을 상실할 당시 자격 기준으로 납부하여야 하므로 퇴사자의 경우 퇴사 월의 보험료는 직장가입자로 납부하여야 하는 것이다.

## ❺ 퇴사자 산재보험

산재보험료는 전액 회사가 부담하므로 별도의 정산은 하지 않는다.

## 2  4대보험료 정산 회계처리

### ❶ 퇴사자 근로소득세 및 4대보험료 정산 회계처리

① 《퇴사자 연말정산 결과 환급세액 발생》 4월 10일 직원이 퇴사하여 1월 1일 부터 퇴사 일까지의 급여를 중도 정산한 결과 환급세액이 110,000원(근로소득세 100,000원, 지방소득세 10,000원)이 발생하였다.

| 미수금(서초세무서) | 100,000 | / | 미지급금 | 110,000 |
|---|---|---|---|---|
| 미수금(서초구청) | 10,000 | | | |

- 미수금 : 중도퇴사자 근로소득세 정산환급금은 근로소득세 과다납부금액으로 세무서로부터 돌려받을 금액으로 계속 근로자의 납부할 세액과 상계처리한다.
- 미지급금 : 퇴사자의 근로소득세 과다납부금액으로 세무서에서 돌려받아 퇴사자에게 지급하여야 하는 금액이다. 단, 계속 근로자의 납부할 금액에서 상계처리할 수 있으므로 계속 근로자로부터 징수한 금액으로 지급하거나 징수 전 회사가 미리 지급한다.
- 환급세액을 계속 근로직원의 근로소득세 원천징수 전 지급하는 경우에는 가지급금으로 처리한 다음 계속 근로직원 근로소득세 납부시 납부할 금액에서 가지급금을 공제한 잔액을 납부한다.

② 《건강보험료 과다납부 금액 발생》 퇴사자에 대한 건강보험료 정산결과 건강보험료 과다납부 금액 80,000원을 건강보험공단에 대한 미수금으로 계상하고 직원부담금 40,000원을 퇴사한 직원에 대한 미지급금으로 계상하다.

| 미수금(건강보험공단) | 80,000 | / | 미지급금 | 40,000 |
|---|---|---|---|---|
| | | | 복리후생비 | 40,000 |

- 미수금 : 건강보험료 과다납부 금액
- 미지급금 : 건강보험료 환급금 중 종업원부담금은 종업원에게 돌려주어야 하는 채무로 미지급금으로 처리한다.
- 복리후생비 : 퇴직자 건강보험료 회사부담금은 회계처리시 복리후생비로 처리하였으므로 과오납 금액 중 회사부담금은 당해 연도 복리후생비에서 차감하여야 한다.

③《고용보험료 과다납부 금액 발생》퇴사자에 대한 고용보험료 정산결과 과다납부한 금액 30,000원을 근로복지공단에 대한 미수금으로 계상하고 직원부담금 12,580원을 퇴사한 직원에 대한 미지급금으로 계상하다.

| | | | |
|---|---|---|---|
| 미수금(근로복지공단) | 30,000 / | 미지급금 | 12,580 |
| | | 복리후생비 | 17,420 |

- 미지급금 : 고용보험료 과다납부금액 중 종업원부담금은 종업원에게 돌려주어야 하는 부채로 퇴사한 직원에 대한 미지급금으로 처리한다.
- 복리후생비 : 퇴직자 고용보험료 회사부담금은 회계처리시 복리후생비로 처리하였으므로 과다납부한 금액 중 회사부담금은 당해 연도 복리후생비에서 차감한다.

④《퇴직금 및 근로소득세 환급금 지급》4월 30일 퇴직금 10,000,000원에서 퇴직소득세 210,000 및 지방소득세 21,000원을 차감한 9,769,000원 및
근로소득세 환급금 100,000원, 지방소득세 환급금 10,000원, 건강보험료 과다납부금액 40,000원, 고용보험료 과다납부 금액 12,580원을 더한 9,931,580원을 보통예금에서 인출하여 지급하다. 단, 퇴직급여는 전액 퇴직급여충당금과 상계처리하다.

| | | | |
|---|---|---|---|
| 퇴직급여충당금 | 10,000,000 / | 예수금(퇴직소득세) | 210,000 |
| 미지급금 | 162,580 | 예수금(지방소득세) | 21,000 |
| | | 보통예금 | 9,931,580 |

- 퇴직급여충당금 : 퇴직급여충당금이 없거나 부족한 경우 퇴직금으로 처리하여 퇴직연도의 비용으로 한다.

## ❷ 계속 근로자 4대보험료 정산

### 1 계속 근로자 건강보험료 및 고용 및 산재보험료 연말정산

건강보험료, 고용보험, 산재보험료는 전년도 과세대상 급여를 기준으로 공단에서 매 월 고지한 금액을 납부한 다음, 당해 연도 실제 지급한 급여를 기준으로 확정 정산하여 과소납부한 금액은 추가 고지되며, 과다 납부한 금액은 다음연도 4월분 보험료에서 차감된다. 따라서 이 경우 추가 고지되거나 차감된 금액에 대한 회계처리를 하여야 한다. 단, 국민연금은 전년도 급여에 의하여 납부한 금액으로 확정되므로 별도의 정산은 하지 않는다.

## ■ 건강보험료 연말정산에 의한 과오납금액 회계처리

① 《건강보험료 연말정산환급금 발생》 건강보험료 연말정산 결과 과오납 금액 1,800,000원이 발생하다.

| 미수금 | 1,800,000 | / | 미지급금 | 900,000 |
|---|---|---|---|---|
|  |  |  | 잡이익 | 900,000 |

- 미수금 : 건강보험료 환급금 미수금액
- 미지급금 : 건강보험료 환급금 미수금액 중 종업원부담금은 원칙적으로 종업원에게 돌려주어야 하는 채무로 미지급금으로 처리한다.
- 잡이익 : 건강보험료 회사부담금은 전년도 회계처리시 복리후생비로 처리하였으나 전년도의 복리후생비 중 900,000원은 과오납된 것이다. 과오납금액은 전기의 복리후생비에서 차감하여야 하나 이미 결산이 종료되어 이를 재무제표에 반영할 수 없으므로 그 금액이 소액인 경우 통상 '잡이익' 또는 '전기오류수정이익'으로 처리한다.

② 《4월분보험료와 상계》 4월분 보험료 1,200,000원을 건강보험료 환급금액과 상계처리하다.

| 미지급금 | 600,000 | / | 미수금 | 1,200,000 |
|---|---|---|---|---|
| 복리후생비 | 600,000 |  |  |  |

- 미지급금 : 4월분보험료 중 직원부담금을 급여징수시 징수하여야 하나 전년도에 납부한 금액이 과다 납부되어 당해연도 4월분과 상계처리한 금액으로 직원개인별 건강보험료 원천징수부에는 징수하여 납부한 것으로 처리하고, 미지급금과 상계처리한다.
- 복리후생비 : 4월분 보험료 중 회사부담금으로 회사자금으로 납부하여야 하나 전년도에 납부한 금액이 과다 납부되어 건강보험공단으로부터 받을 미수금과 상계한다.
- 건강보험료 종업원부담금 상계금액 및 회사부담금은 당해연도의 납부금액으로 다음연도 연말정산시 보험료납부총액에 합산된다.

③ 《건강보험료 환급금 입금》 1개월분을 초과하는 금액 600,000원이 건강보험공단으로부터 보통예금통장에 입금되다.
▷ 환급금액 : 과오납 금액(1,800,000원) - 4월분 충당금액(1,200,000원)

| 보통예금 | 600,000 | / | 미수금 | 600,000 |
|---|---|---|---|---|

④《건강보험료 환급금 중 직원부담분 지급》건강보험료 환급금 중 직원분 과오납금 300,000원을 보통예금에서 인출하여 해당 직원에게 환급하다.

| 미지급금 | 300,000 / 보통예금 | 300,000 |
|---|---|---|

## ■ 건강보험료 연말정산에 의한 추가 납부금액 회계처리

①《연말정산 건강보험료 추가 납부 → 급여일이 다음달 10일 이후인 경우》건강보험 연말정산 결과 추가 납부하여야 할 건강보험료 1,000,000원이 발생하여 4월분 건강보험료 납부시 4월분 보험료 800,000원과 같이 예금에서 인출하여 납부하다.
○ 4월분보험료 중 종업원부담금 징수금액 400,000원
○ 추가 납부금액 중 종업원부담금 대신 지급금 500,000원

| 예수금 | 400,000 / 보통예금 | 1,800,000 |
|---|---|---|
| 가지급금 | 500,000 | |
| 복리후생비 | 900,000 | |

- 예수금 : 건강보험료를 회사가 먼저 대신 지급하고 나중에 급여 지급시 징수하는 경우에는 '가지급금'으로 처리한다.
- 복리후생비 : 추가고지분 및 4월분 건강보험료 중 회사부담금

②《종업원 부담분 건강보험료 등 징수》4월분 급여 18,000,000원을 5월 25일 지급하다. 급여지급시 건강보험료 추가 고지분 중 회사가 대납한 금액 500,000원 및 근로소득세, 지방소득세 440,000원, 당월분 건강보험료 종업원부담금 400,000원 국민연금 종업원부담금 800,000원, 고용보험 종업원부담금 70,000원을 차감한 잔액 15,790,000원을 보통예금에서 인출하여 지급하다.

| 급여 | 18,000,000 / 예수금(갑근세) | 440,000 |
|---|---|---|
| | 가지급금 | 500,000 |
| | 예수금(건강보험) | 400,000 |
| | 예수금(국민연금) | 800,000 |
| | 예수금(고용보험) | 70,000 |
| | 보통예금 | 15,790,000 |

## ■ 고용보험료 정산에 의한 과오납금액 회계처리

① 《고용보험료 과다납부 금액 발생》 전년도 고용보험료 납부금액을 정산한결과 과다납부한 금액 155,000원을 근로복지공단에 대한 미수금으로 계상하고 직원부담금 65,000원을 퇴사한 직원에 대한 미지급금으로 계상하다.

| 미수금(근로복지공단) | 155,000 | / | 미지급금 | 65,000 |
|---|---|---|---|---|
|  |  |  | 복리후생비 | 90,000 |

- 미지급금 : 고용보험료 과다납부금액 직원에 대한 미지급금으로 처리한다.
- 복리후생비 : 과다납부한 금액 중 회사부담금은 당해 연도 복리후생비에서 차감한다.

② 《전년도 고용보험료 과다납부 금액을 당해 연도 고용보험료와 상계》당해연도 4월분 보험료 1,550,000원(사업주부담금 900,000원, 근로자부담금 650,000원)에서 전년도 과다납부금액 155,000원을 차감한 1,395,000원을 5월 10일 납부하다.

| 복리후생비 | 900,000 | / | 미수금(근로복지공단) | 155,000 |
|---|---|---|---|---|
| 예수금 | 585,000 |  | 보통예금 | 1,395,000 |
| 마자급금 | 65,000 |  |  |  |

- 예수금 : 근로자로부터 징수한 금액 585,000원(근로자부담금 - 전년도 과다납부금액)

## ■ 산재보험료 정산에 의한 과오납금액 회계처리

① 《산재보험료 과다납부 금액 발생》 전년도 산재보험료 납부금액을 정산한결과 과다납부한 금액 300,000원을 근로복지공단에 대한 미수금으로 계상하다.

| 미수금(근로복지공단) | 300,000 | / | 복리후생비 | 300,000 |
|---|---|---|---|---|

② 《전년도 산재보험료 과다납부 금액을 당해 연도 산재보험료와 상계》당해 연도 4월분 보험료 1백만원에서 전년도 과다납부금액 300,000원을 차감한 700,000원을 5월 10일 납부하다.

| 복리후생비 | 1,000,000 | / | 미수금(근로복지공단) | 300,000 |
|---|---|---|---|---|
|  |  |  | 보통예금 | 700,000 |

## ▶ 4대보험료 요율 [종업원 및 사업주 부담금 비율] (2025년 기준)

| 구 분 | | 회사분 | 종업원분 | 합계 | 비 고 |
|---|---|---|---|---|---|
| 국민연금 | | 4.50% | 4.50% | 9.00% | |
| 건강보험요율(합계) | | 4.004% | 4.004% | 8.008% | |
| 국민건강보험료 | | 3.545% | 3.545% | 7.090% | |
| 노인성장기요양보험 | | 0.459% | 0.459% | 0.918% | |
| 고 용<br>보험료 | 실업급여 | 0.90% | 0.90% | 1.8% | |
| | 고용안정<br>직업능력<br>개발사업 | 0.25% | - | 0.25% | 150명 미만 사업장 |
| | | 0.45% | - | 0.45% | 150명 이상(특정업종) |
| | | 0.65% | - | 0.65% | 150명 ~ 1,000명 |
| | | 0.85% | - | 0.85% | 1000명 이상 |
| 산재보험료 | | 회사부담 | 없음 | | 업종별로 다름 |
| 임금채권부담금 | | 0.06% | 없음 | | |

■ 국민연금 '보험료율' 9% → 13%로 인상

## ▶ 연도별 국민연금 보험료 요율 [종업원 및 사업주 부담금 비율]

| 연도 | 회사분 | 종업원분 | 합계 |
|---|---|---|---|
| 2025년 | 4.50% | 4.50% | 9.00% |
| 2026년 | 4.75% | 4.75% | 9.50% |
| 2027년 | 5.00% | 5.00% | 10.00% |
| 2028년 | 5.25% | 5.25% | 10.50% |
| 2029년 | 5.50% | 5.50% | 11.00% |
| 2030년 | 5.75% | 5.75% | 11.50% |
| 2031년 | 6.00% | 6.00% | 12.00% |
| 2032년 | 6.25% | 6.25% | 12.50% |
| 2033년 | 6.50% | 6.50% | 13.00% |

## ❸ 고용보험료 개산보험료 일시 납부 및 정산 (건설업종)

① 《20×7년 개산보험료 일시 납부》 20×7. 3. 31 개산보험료 1,550,000원에서 일시 납부 할인금액 77,500원을 차감한 1,472,500원을 우리은행 보통예금에서 인출하여 납부하다.
- 추정임금 100,000,000원 : 통상 전년도 임금총액을 추정임금으로 한다.
- 개산보험료 1,550,000원 : 추정임금(100,000,000원) × 보험요율(1.55%)
- 일시납 할인금액 77,500원 : 개산보험료(1,550,000원) × 할인율(5%)
* 20×7년 고용보험요율 : 1.55%(사업주 : 0.9%, 근로자 : 0.65%)

| 선급비용 | 1,550,000 | / | 보통예금 | 1,472,500 |
|---|---|---|---|---|
|  |  |  | 잡이익 | 77,500 |

② 《보험료 당기 비용 계상》 20×7년도분 임금 정산 결과 실제 지급한 임금은 120,000,000원이며, 이에 대한 20×7년 확정보험료는 1,860,000원이다. 확정보험료 중 회사부담금 1,080,000원은 당기 비용으로 계상하다.

| 복리후생비 | 1,080,000 | / | 선급비용 | 1,080,000 |
|---|---|---|---|---|

③ 《20×7년 확정 보험료 납부》 20×8년 3월 31일 20×7년도 임금 정산 결과 실제 지급한 임금은 120,000,000원이며, 20×6년 확정보험료는 1,860,000원이다.
예수금과 선급비용 잔액을 대체하고, 20×7년 고용보험료 과소납부금액 310,000원 (1,860,000원 - 1,550,000원)을 미지급금으로 계상하다.
* 예수금으로 징수하여 둔 금액 : 780,000원
○ 2017년 1월~ 12월 고용보험료 종업원부담금 : 120,000,000원 × 고용보험료율(0.65%)

| 예수금 | 780,000 | / | 선급비용 | 470,000 |
|---|---|---|---|---|
|  |  |  | 미지급금 | 310,000 |

④ 《20×8년 개산보험료 납부》 20×8년 3월 31일 20×8년도 개산보험료 1,860,000원에서 일시납 할인금액 93,000원을 차감한 금액에 20×7년도 고용보험료 과소납부금액 310,000원을 더한 2,077,000원을 보통예금에서 인출하여 납부하다.
- 추정임금   120,000,000원 : 통상 전년도 임금을 추정임금으로 한다.

- 개산보험료　　1,860,000원 : 추정임금(120,000,000원) × 보험요율(1.55%)
- 일시납 할인액　　93,000원 : 개산보험료(1,860,000원) × 할인율(5%)

| 선급비용 | 1,860,000 | / | 보통예금 | 2,077,000 |
| 미지급금 | 310,000 | | 잡이익 | 93,000 |

- 잡이익 : 일시납 개산보험료 5% 할인금액

☐ 법인세법 집행기준 21-0-2 【벌과금 등의 손금불산입】
다음의 벌과금 등은 각 사업연도 소득금액 계산상 이를 손금에 산입하지 아니한다.
3. 「고용보험 및 산업재해보상보험의 보험료 징수 등에 관한 법률」 제24조에 따라 징수하는 산업재해보상보험료의 **가산금**
5. 「국민건강보험법」 제80조에 따라 징수하는 **연체금**

☐ 법인세법 집행기준 21-0-3 【지체상금 등의 처리】
다음의 손비는 손금불산입하는 벌금 등에 해당되지 아니한다.
4. 「고용보험 및 산업재해보상보험의 보험료 징수 등에 관한 법률」 제25조에 따른 산업재해보상보험료의 **연체금**
6. 전기요금의 납부지연으로 인한 연체가산금

# 3 두루누리 지원금 회계처리

## ❶ 두루누리 사회보험 개요

두루누리 사회보험이란 근로자 10인 미만 사업장에 신규로 취업한 저임금 근로자(월평균보수 270만원 이하)의 국민연금 및 고용보험료의 80%를 정부가 지원하는 제도로서 채용 이후 36개월간 지원한다.

▶ **지원대상**

근로자 수가 10명 미만인 사업에 새로 고용된 근로자 중 지원신청일 직전 1년간 피보험자격 취득이력이 없는 근로자로서 월평균보수가 270만원(2025년도 기준) 미만인 근로자와 그 사업주에게 사회보험료(국민연금·고용보험)를 80%까지 각각 지원한다.

▶ **지원제한 대상자**

○ 지원신청일이 속한 보험연도의 전년도 재산의 과세표준액 합계가 6억원 이상인 자
○ 지원신청일이 속한 보험연도의 전년도(소득자료 입수 시기에 따라 보험연도의 전년도 또는 전전년도) 종합소득이 4,300만원 이상인 자

## ❷ 두루누리 지원금 회계처리 사례

**예 제**  근로자 김인수(신규 근로자) 월급여 2,300,000원

○ 국민연금 정부지원금(국민연금이 80%) 및 본인부담금(20%) 41,400원
- 국민연금 월 207,000원(사업주 103,500원 / 근로자 본인 103,500원)
- 국민연금 지원금 월 165,600원(사업주 82,800원 / 근로자 본인 82,800원)
○ 고용보험 및 정부지원금(고용보험료의 80%) 및 본인부담금(20%) 4,140원
- 고용보험료 월 47,150원(사업주 26,450원 / 근로자 본인 20,700원)
- 고용보험 지원금 월 29,600원(사업주 21,160원 / 근로자 본인 16,560원)

[예제] 급여 지급 및 정부 지원금 차감 후 징수
국민연금 예수액 20,700원(103,500원 - 지원금 82,800원)
고용보험료 예수액 4,140원(20,700원 - 지원금 16,500원)

| 급여 | 2,300,000 | / | 예수금(국민연금) | 20,700 |
| | | | 예수금(고용보험) | 4,140 |
| | | | 예수금(건강보험) | 92,000 |
| | | | 보통예금 | 2,183,160 |

[예제] 국민연금보험료 207,000원에서 지원금 165,600원을 차감한 41,400원 납부

| 예수금 | 20,700 | / | 보통예금 | 41,400 |
| 세금과공과금 | 186,300 | | 잡이익 | 165,600 |

[예제] 고용보험료(47,150원)에서 지원금(37,720원) 차감한 금액(9,430원) 납부

| 예수금(고용보험) | 4,140 | / | 보통예금 | 9,430 |
| 복리후생비 | 43,010 | | 잡이익 | 37,720 |

▶ **두루누리 지원금액의 근로소득 해당 여부**

근로자에 대한 근로자부담금 지원금은 근로소득에 해당되지 않는 것이므로 해당 지원금에 대하여는 근로소득세를 원천징수하지 않는 것이며, 연말정산시 국민연금, 고용보험료 소득공제는 근로자 본인이 부담한 금액만 공제를 받아야 한다.

## ❸ 두루누리 사회보험 신청

사용자(사업주)의 신청에 의해 지원하며 보험료를 완납하면, 익월 보험료에서 차감하는 방식으로 지원한다.

▶ **신청 문의**

근로복지공단 1588-0075, 고용노동부 (국번없이) 1350

## 4 연말정산 환급 회계처리

### ❶ 국세청의 연말정산 서비스

연말정산에 관한 내용은 국세청에서 모든 자료를 제공하고 있으므로 본서에서는 연말정산 개요만을 수록하였으며, 자세한 내용은 국세청 자료를 참고한다.

#### [1] 「근로소득 간이세액표 해설」 책자 발간 및 조회 프로그램 제공

국세청홈페이지(www.nts.go.kr) → 조회.계산 → 근로소득 간이세액표

#### [2] 「원천징수이행상황신고서 작성요령」 책자 발간

국세청 홈페이지(www.nts.go.kr) → 국세정보 → 국세청발간책자 → 분야별 해설책자 소득세 → 원천징수이행상황신고서 작성요령

#### [3] 홈택스 연말정산 신고프로그램 제공

홈택스 홈페이지(www.hometax.go.kr) → (근로.퇴직 등) 지급명세서 → 근로소득 → 연말정산

#### [4] 연말정산 신고안내 해설 동영상 제공

국세청 홈페이지(www.nts.go.kr) → 신고납부 → 원천징수(연말정산) 안내 → 연말정산 동영상

#### [5] 연말정산 신고안내 무료교육

국세청 홈페이지 → 신고납부 → 원천징수(연말정산)안내

#### [6] 연말정산 상담

국세청 고객만족센터 국번없이 ☎ 126

## ❷ 연말정산 환급 회계처리 사례

### [1] 연말정산 환급세액 발생

① 《연말정산 환급세액 발생》 연말정산 결과 간이세액표에 의하여 납부한 근로소득세(기납부세액)가 결정세액을 초과하여 근로소득세 1,200,000원 및 지방소득세 120,000원이 환급발생되다.

| 미수금 | 1,320,000 / 미지급금 | 1,320,000 |
|---|---|---|

- 미수금 : 세무서로부터 돌려받아야 할 금액
- 미지급금 : 세무서에서 돌려받은 금액을 해당 직원에게 지급하여야 할 금액

### [2] 조정환급세액과 납부할 세액 상계처리

① 《연말정산 환급세액을 납부할 금액과 상계》 2월 10일 1월분(급여지급일 1월 31일) 근로소득세 400,000원 및 동 지방소득세 40,000원을 전년도 연말정산 환급금에서 상계처리한 후 원천징수이행상황을 신고하다.

| 미지급금 | 440,000 / 미수금 | 440,000 |
|---|---|---|

- 미지급금 : 관할 세무서로부터 근로소득세를 돌려받아 직원에게 지급하여야 할 금액이나 납부할 근로소득세를 급여지급시 징수하지 아니하고, 미지급금과 상계처리한 다음 개인별근로소득원천징수부에 근로소득세를 납부한 것으로 하여 미지급금과 상계한다.
- 미수금 : 1월 분 급여 지급시 근로소득세 400,000원 및 지방소득세 40,000원을 납부하여야 하나 세무서 및 시·군·구로부터 돌려받아야 할 세액을 납부할 세액과 상계처리한 것임

② 《연말정산 환급세액을 납부할 금액과 상계》 3. 10 2월 분 근로소득세로 납부하여야 하는 600,000원 및 동 지방소득세 60,000원을 전년도 연말정산 환급금에서 차감 후 원천징수이행상황을 신고하다.

| 미지급금 | 660,000 / 미수금 | 660,000 |
|---|---|---|

③《급여지급 및 근로소득세 환급세액 조정》3월 31일 급여 10,000,000원 지급시 3월 근로소득세 500,000원 및 동 지방소득세 50,000원을 계상하다. 소득세 및 지방소득세 중 연말정산 환급금 미정산금액 220,000원을 차감한 잔액 330,000원 [환급세액(1,320,000) - 1월분조정금액(440,000) - 2월분조정금액(660,000)] 및 국민연금보험료, 건강보험료, 고용보험료 직원부담금 700,000원을 직원으로부터 원천징수하고 차감 잔액 8,970,000원을 보통예금에서 인출하여 지급하다.

| 급여 | 10,000,000 | / | 예수금(근로소득세) | 300,000 |
|---|---|---|---|---|
|  |  |  | 예수금(지방소득세) | 30,000 |
|  |  |  | 예수금(국민,건강) | 700,000 |
|  |  |  | 보통예금 | 8,970,000 |

④《근로소득세 및 지방소득세 납부》4. 10 근로소득세 및 지방소득세 330,000원을 보통예금에서 인출하여 납부하다.

| 미지급금 | 220,000 | / | 미수금 | 220,000 |
|---|---|---|---|---|
| 예수금(근로소득세) | 300,000 | / | 보통예금 | 330,000 |
| 예수금(지방소득세) | 30,000 |  |  |  |

## [3] 환급할 근로소득세를 회사가 미리 대신 지급한 경우 회계처리

①《연말정산 환급세액 발생》연말정산 결과 소득세 조정환급세액 1,200,000원 및 지방소득세 120,000원이 발생하다.

| 미수금 | 1,320,000 | / | 미지급금 | 1,320,000 |
|---|---|---|---|---|

②《연말정산 환급금 발생금액 지급》연말정산 결과 발생한 근로소득세 조정환급세액 1,200,000원 및 지방소득세 120,000원이 발생하여 환급금액을 회사가 보통예금에서 인출하여 종업원에게 대신 지급하다.

| 가지급금 | 1,320,000 | / | 보통예금 | 1,320,000 |
|---|---|---|---|---|

• 가지급금 : 연말정산 환급금을 회사가 대신 지급한 금액은 당해 연도에 직원에게 원천징수한 근로소득세 및 지방소득세는 회사의 입금(가지급금 회수)으로 처리하고 '소득자별근로소득원천징수부'에는 징수한 것으로 처리한다.

③《급여지급 및 근로소득세 등 징수》 2월 10일 1월분 급여 1천만원 지급시 근로소득세 400,000원 및 동 지방소득세 40,000원을 직원으로부터 징수하다.

| 급여 | 10,000,000 / 예수금(근로소득세) | 400,000 |
|---|---|---|
|  | 예수금(지방소득세) | 40,000 |
|  | 보통예금 | 9,560,000 |

④《근로소득세 신고시 납부할 금액 상계》 1월분 근로소득세 및 지방소득세를 전년도 연말정산 환급금에서 차감 조정하여 원천징수이행상황을 신고하다.

| 예수금(근로소득세) | 400,000 / 가지급금 | 440,000 |
|---|---|---|
| 예수금(지방소득세) | 40,000 |  |

- 가지급금 : 직원으로부터 징수한 1월분 근로소득세 및 지방소득세는 회사가 가지급금을 회수한 것으로 처리한다. 한편, 근로소득세 및 지방소득세는 연말정산환급금에서 차감하여 상계처리하므로 납부할 세액은 없는 것임

| 미지급금 | 440,000 / 미수금 | 440,000 |
|---|---|---|

- 미지급금 : 직원에게 지급할 금액을 회사가 대신 지급한 후 급여 지급시 징수한 금액을 상계처리한다.
- 미수금 : 1월 분 급여 지급시 근로소득세 400,000원 및 지방소득세 40,000원을 직원으로부터 징수하여야 하나 세무서로부터 환급 받을 세액을 납부할 세액과 상계처리한 것임

## [4] 연말정산 환급세액 발생 및 환급금 입금

①《연말정산 환급세액 발생》 연말정산 결과 1,200,000원의 환급금액이 발생하여 2. 10 환급신청을 하다.

| 미수금 | 1,200,000 / 미지급금 | 1,200,000 |
|---|---|---|

②《근로소득세 환급》 세무서에서 근로소득세 환급금액이 결정되어 법인의 보통예금에 환급금 1,200,000원이 입금되다.

| 보통예금 | 1,200,000 / 미수금 | 1,200,000 |
|---|---|---|

# 12 수출실무 및 회계처리

## ① 수출실무

### ❶ 수출재화의 공급시기

수출하는 재화의 공급시기는 부가가치세법 제9조 및 같은 법 시행령 제21조 제1항의 규정에 의하여 수출재화의 선(기)적일이 되는 것이며 이 경우 사업자가 그 대가를 외화로 받은 때에는 공급시기(선적일)가 도래하기 전에 원화로 환가한 경우에는 그 환가한 금액을, 공급시기(선적일) 이후에 외국통화 기타 외국환의 상태로 보유하거나 지급받는 경우에는 당해 공급시기(선적일)에 해당하는 외국환거래법에 의한 기준환율 또는 재정환율에 의하여 계산한 금액을 과세표준으로 계산한다.

### ❷ 수출 과세표준

#### 1 일반적인 수출

수출신고필증에 기재된 FOB 가격은 관세법 또는 대외무역법 등의 규정에 따라 수출실적 통계 등의 기준금액이다. 따라서 (34) 결제금액이 수출매출금액이다.

한편, 수출매출금액을 계산함에 있어 환율 적용시 달러의 경우 기준환율을 적용하며, 기타 외국화폐는 재정환율을 적용한다.

□ 수출신용장의 금액과 실제수출금액이 상이한 경우
[부가가치세법 기본통칙 11-24-8]
사업자가 재화를 수출하고 수출금액과 신용장상의 금액과의 차액을 별도로 지급받는 경우 그 금액에 대하여도 영의 세율을 적용한다. (1985. 1. 22 개정)

□ 외화자산·부채의 기장환율 【법인세법 기본통칙 42-76…2 】
외화자산·부채는 다음 각호의 방법에 의하여 환산한 원화금액으로 기장한다.
1. 사업연도 중에 발생된 외화자산·부채는 발생일 현재 「외국환거래법」에 의한 기준환율 또는 재정환율에 의하여 환산한다. 이 경우 외화자산·부채의 발생일이 공휴일인 때에는 그 직전일의 환율에 의한다. <개정 2008.07.25>
2. 사업연도 중에 보유외환을 매각하거나 외환을 매입하는 경우에는 거래은행에서 실제 적용한 환율에 의하여 기장한다.
3. 사업연도 중에 보유외환으로 다른 외화자산을 취득하거나 기존의 외화부채를 상환하는 경우에는 보유외환의 장부상 원화금액으로 회계처리한다.

## ② 도착지인도기준 수출

도착지인도조건으로 수출하는 경우에 있어서의 과세표준은 수출제품의 가격에 명목여하를 불구하고 거래상대방으로부터 받은 선박운송비, 운송보험료 등을 포함한 금액으로 한다. (수출하는 재화의 영세율 과세표준은 신용장상의 금액에 상관 없이 실제 수출한 금액으로 한다.)

## ③ 내국신용장에 의한 수출

내국신용장에 의하여 공급하는 재화는 수출하는 재화에 포함하여 영세율을 적용하고 있지만, 국내거래로서 국내에서 거래되는 공급시기와 동일하게 적용하여야 하며, 이 경우 내국신용장에 표시된 금액을 과세표준으로 한다. 다만, 외화로 표시된 금액은 공급시기일 현재의 기준환율 또는 재정환율로 환산한 금액으로 한다.

## ❸ 무환 수출

사업자가 위탁가공을 위하여 원자재를 반입조건부로 국외의 수탁가공사업자에게 무환반출하는 경우에는 부가가치세법 제6조의 규정에 의한 재화의 공급에 해당하지 아니한다. (재소비 46015-315, 1996.10.24)

□ 재화의 무상수출 [부가가치세법 기본통칙 11-24-4]
사업자가 재화를 국외로 무상으로 반출하는 경우에는 영의 세율을 적용한다. 다만, 자기 사업을 위하여 대가를 받지 아니하고 국외의 사업자에게 견본품을 반출하는 경우에는 재화의 공급으로 보지 아니한다.

◆ 견본품 반출 후 대가를 받는 경우(부가22601-1427, 1990.10.31)
자기사업을 위해 대가를 받지 아니하고 외국사업자에게 견본품 반출하였으나 추후 견본품 대가를 받기로 한 경우에는 그 대가를 받기로 확정한 때를 공급시기로 하여 동 공급시기가 속하는 예정·확정신고시 부가가치세법시행령 제64조 제3항 제1호에 규정하는 서류를 첨부하여 신고하는 때에는 영세율 적용받는 것임.

### ❹ 국제우편 등을 이용한 수출매출

사업자가 자기의 책임과 계산하에 국제우편 또는 인편에 의하여 내국물품을 외국으로 반출하는 경우에는 영의 세율이 적용되고, 세금계산서의 발급의무가 면제되는 것이며, 그 공급시기는 당해 소포수령증 발급일을 공급시기로 한다. 단, 인편에 의하여 수출한 경우에는 당해 재화의 선적일 또는 선기일을 공급시기로 한다.

DHL, EMS 등 소포우편에 의한 수출의 경우 영세율첨부서류는 당해 우체국장이 발행하는 소포수령증으로 한다. 다만, 사업자가 당해 법령 또는 훈령에 정하는 서류를 제출할 수 없는 경우에는 외화획득명세서에 당해 외화획득내역을 입증할 수 있는 증빙서류를 첨부하여 제출할 수 있다.

### ❺ 수출물품 반입

수출한 재화가 당초 계약내용과 상이하여 재수입되는 경우 반입일이 속하는 과세표준신고시 부가가치세 과세표준에서 반입재화의 공급가액을 차감하여 계산하여야 한다. 다만, 사업자가 재화를 수출한 후 하자로 인하여 당해 수출한 재화를 반입하면서 세관장으로부터 수입계산서를 발급받고 반입된 재화를 수리하여 재수출하거나 동일제품으로 교환하여 재수출하는 경우에는 당해 재화의 반입일이 속하는 예정신고기간 또는 확정신고기간에 대한 예정 또는 확정신고시 부가가치세 과세표준에서 반입재화의 공급가액을 차감하지 아니하고 반입시 발급받은 수입세금계산서의 매입세액은 매출세액에서 공제하는 것이며, 당해 수리된 재화 등의 재수출시에는 부가가치세가 과세되지 아니한다.

◆ 수출재화가 환입된 경우의 과세표준
(부가, 서면인터넷방문상담3팀-586 , 2005.05.02)
수출한 후 하자로 인하여 반입하면서 수입세금계산서를 교부받은 경우에는 반입일이 속하는 과세기간의 과세표준에서 차감하는 것임

◆ 수출 후 반입된 재화의 매입세액공제 (부가22601-243,1990.02.28)
사업자가 재화를 수출한 후 당초 계약내용과 상이하여 반입된 재화로서 세관장으로부터 수입세금계산서를 발급받은 경우에는 반입일이 속하는 예정신고 또는 확정신고시 부가가치세 과세표준에서 반입재화의 공급가액을 차감하여 과세표준을 계산하며, 당해 수입세금계산서상의 매입세액은 반입일이 속하는 예정신고 또는 확정신고시 매입세액으로 공제할 수 있는 것임.

◆ 수리후 국외로 반출하는 경우 영세율 적용 여부
(서면-2016-부가-4786 [부가가치세과-1935] 2016.09.20.)
수출한 재화를 반입시 과세표준에서 공급가액을 차감하지 아니하는 것이며, 반입시 교부받은 수입세금계산서의 매입세액은 매출세액에서 공제하는 것이고, 당해 수리된 재화 등의 재수출시에는 부가가치세가 과세되지 아니하는 것임.

## ❻ 외국인도수출, 중계무역, 중개무역, 위탁가공무역

사업자가 대한민국의 주권이 미치지 아니하는 국외에서 재화를 공급하는 경우에는 부가가치세의 납세의무가 없는 것이나, 국내의 사업장에서 계약과 대가수령 등 거래가 이루어지는 것으로서 대외무역법에 의한 중계무역방식의 수출, 위탁판매수출, 외국인도수출, 위탁가공무역방식의 수출을 하는 때에는 부가가치세 영세율이 적용된다. 다만, 이 경우 세금계산서 발급의무는 면제된다.(서면3팀-1884, 2005.10.27 )

## [1] 외국인도수출

수출대금은 국내에서 영수하지만 국내에서 통관되지 아니한 수출물품등을 외국으로 인도하는 수출을 말한다.
(사례) 국내사업자 : 중국 구입(수입 ×) → 일본 수출(수출 ○)
외국인도수출의 거래방식은 산업설비수출, 해외건설, 해외투자 등 해외사업현장에서 필요한 기자재 등을 외국인수수입형태로 구입하여 사용한 후 국내로 반입하지 않고 다시 매각할 때 사용되는 거래조건이다.

◆ 외국인도수출의 공급시기 (서면3팀-2204, 2005.12.5.)
사업자가 대외무역법에 의한 외국인도수출하는 경우의 공급시기는 부가가치세법 시행령 제21조 제1항 제10호 다목의 규정에 의하여 외국에서 당해 재화가 인도되는 때를 말하는 것으로, 이 경우 부가가치세 과세표준은 당해 수출에 대한 가액을 말함

◆ 외국인도수출의 영세율 적용 및 공급시기, 영세율 첨부서류
서면인터넷방문상담3팀-2536, 2006.10.25.
대외무역법에 의한 외국인도수출의 경우에는 수출하는 재화에 해당하여 영세율이 적용되는 것이며, 이 경우 공급시기는 수출재화가 인도되는 때가 공급시기이며 영세율 첨부서류는 수출계약서 사본 등임.

## [2] 중계무역

중계무역이란 수출할 것을 목적으로 물품을 수입하여 관세법상의 보세구역 등(보세구역외 장치의 허가를 받은 장소, 자유무역지역 등)에서 국내로 반입하지 않고 수출하는 수출입을 말한다. 즉, 수출할 목적으로 물품을 수입하여 원상태를 변경시키지 않는 상태로 외국으로 수출하여 수출대금과 수입대금과의 차액인 중계수수료를 취하는 거래를 말한다.
(사례) 국내사업자 : 중국 구입 → (수입)보세구역(수출) → 일본 수출

### ■ 중계무역과 외국인도수출 차이점 등

**(1) 계약관계**
중계무역과 외국인도수출은 물품이 외국에서 외국으로 이동한다는 점에서는 동일하나 중계무역은 수입, 수출 2건의 거래가 각각 발생하나 외국인도수출은 1건의

수출행위만이 발생한다. 한편, 중계무역은 수입대금 결제은행과 수출대금 입금은행이 동일하여야 한다.

**(2) 특정거래형태 인정대상여부**
중계무역의 경우에는 대외무역법상 특정거래형태로서 대금의 영수 및 지급을 하나의 외국환은행을 통하여 행하지 아니하는 송금방식의 거래와 선적서류를 하나의 외국환은행을 통하여 인수 및 송부하지 아니하는 거래는 산업자원부장관의 인정을 받아야 한다.

**(3) 수출실적인정금액**
1. 외국인도수출 : 외국환은행의 입금액
2. 중계무역 : 가득액(수출통관액-수입통관액)

**(4) 영세율 첨부서류**
중계무역과 외국인도수출의 경우에는 수출계약서 사본 또는 외국환은행이 발급하는 외화입금증명서 등

◆ 중계무역방식 및 외국인도수출의 공급시기 (서면3팀-1950, 2006.08.30.)
부가가치세법상 수출재화에 대한 공급시기는 부가가치세법 시행령 제21조 제1항 제10호의 규정에 의하는 것으로서 「대외무역법」에 의한 중계무역방식으로 수출하는 경우는 수출재화의 선(기)적일이며, 「대외무역법」에 의한 외국인도수출의 경우에는 당해 수출재화가 인도되는 때가 되는 것임.

## [3] 중개무역(merchandising trade)

중개무역이란 수출국과 수입국가의 중간에서 제3국의 상인이 개입하여 이루어지는 거래로 물품은 통상 제3국을 경유하지 않고 수출국에서 수입국으로 직수출되며 제3국 상사는 수입상으로 부터 중개수수료를 획득하는 무역으로 대외무역법상 무역거래에 해당되지 않아 수출실적으로 인정받을 수 없다.
(사례) 한국 회사 : 수출입계약을 하도록 중개 역할만 함
중국과 미국회사간 수출입 계약
중국 A사 → 미국 B사

## [4] 위탁가공무역

위탁가공무역이란 가공임을 지급하는 조건으로 외국에서 가공(제조, 조립, 재생, 개조를 포함한다)할 원료의 전부 또는 일부를 거래상대방에게 수출하거나 외국에서 조달하여 이를 가공한 후 가공물품 등을 수입하거나 외국으로 인도하는 수출입을 말한다(대외무역관리규정 제1-0-2조 6). 즉, 노동력이 저렴한 중국, 베트남 등 동남아시아 등에서 제품을 위탁가공방식에 의해 생산하여 제3국으로 수출하거나 국내로 재반입 하는 형태의 무역거래방식이다. 대외무역법상 위탁가공무역방식의 수출에 해당하기 위해서는 다음 요건이 모두 충족되어야 한다.

① 가공임(CMT charge)을 지급하는 조건으로 외국에서 가공이 이루어질 것
② 원재료의 국내 또는 외국에서 조달하여(외국인수수입) 외국수탁가공업자에게 전부 또는 일부를 제공할 것
③ 가공물품을 제3국으로 인도하거나 가공국내의 제3자에게 인도할 것

▶ **위탁가공의 경우 영세율 적용 여부**

1. 사업자가 국외 위탁가공을 위하여 원자재를 국외의 수탁가공사업자에게 대가없이 반출한 후 완성된 제품을 소유권 이전없이 국내로 반입하는 경우 당해 원재료 반출은 재화의 공급으로 보지 않아 부가가치세 신고대상이 아니다.
2. 국내사업자가 원료를 대가 없이 국외의 수탁가공 사업자에게 반출하여 가공한 재화를 다른 사업자에게 양도하는 경우에는 그 원료의 반출에 대하여 수출로 보아 영세율을 적용하여야 한다.

## ❼ 4자무역

### [1] 개요

4자무역이란 계약체결과 대금의 수수는 국내사업자간에 이루어지나 재화는 국외에서 국외로 이동된 경우의 무역을 말한다.
(사례)
거래 계약 : 국내사업자 '을'(계산서 발급) → 국내사업자 '갑'(영세율 적용)
물품 공급 : 외국 사업자(B) (중국) → 외국 사업자(A) (일본)

◆ 4자무역의 영세율 적용 등 (부가-4449, 2008.11.27.)

국내사업자(갑)가 외국사업자(A)에게 수출할 목적으로 국내사업자(을)와의 계약에 의하여 수출 물품을 공급받기로 하고 "을"은 당해 물품을 국외에 있는 다른 사업자(B)로부터 대외무역관리규정상 외국인수수입에 해당하는 방식으로 구매하여 국내에 반입하지 아니하고 "갑"이 지정하는 "A"에게 인도하는 경우 "갑"의 경우는 「부가가치세법 시행령」 제24조 제1항 제2호의 규정에 의한 수출에 해당하여 영의 세율이 적용되는 것이나, "을"의 행위는 당해 규정에 의한 수출에 해당하지 아니하는 것이며, 재화의 이동이 국외에서 이루어진 것이므로 같은 법 제10조의 규정에 의거 부가가치세 과세거래에 해당하지 아니하는 것임

## [2] 4자무역의 공통매입세액 안분 계산

부가가치세 과세되지 아니하는 거래와 관련된 매입세액은 매출세액에서 공제하지 아니하는 것이며, 과세되지 아니하는 거래와 과세사업에 공통으로 관련된 매입세액이 발생된 경우에는 부가가치세법 시행령 제61조의 규정에 의한 공통매입세액 안분계산에 준하여 매입세액을 공제함이 타당한 것으로 판단된다.

## 2  수출과 관련한 회계처리 사례

### ❶ 신용장 방식에 의한 수출

① 《수출 선적일》 3. 10 미국에 상품을 수출하기 위하여 수출물품 $10,000 을 선적하다. 선적일 기준환율 1,200원/$

| 외상매출금 | 12,000,000 | / | 수출매출 | 12,000,000 |
|---|---|---|---|---|

* 수출신고필증에 기재된 FOB 가격은 관세법 또는 대외무역법 등의 규정에 따라 수출실적 통계 등의 기준금액으로 (34) 결제금액이 수출매출금액이다.

② 《수출대금 입금》 수출대금 CIF USD 10,000 송금받다. (매입율 1,150/$)
국제은행 중개수수료 23,000원 및 송금수수료 10,000원을 현금으로 지급되다.

| 보통예금 | 11,500,000 | / | 외상매출금 | 12,000,000 |
|---|---|---|---|---|
| 외환차손 | 500,000 | | 현금 | 33,000 |
| 수출제비용 | 23,000 | | | |
| 지급수수료 | 10,000 | | | |

### ❷ 수출 선수금을 받은 경우 회계처리

① 《수출선수금 입금》 200×. 10. 20 수출 선수금 $10,000을 T/T송금받아 전액 원화로 환가하였다. (대고객전신환매입율 1042.3/$) 은행수수료 20,000원을 제외한 10,342,000원이 보통예금에 입금되다.

| 보통예금 | 10,403,000 | / | 수출선수금 | 10,423,000 |
|---|---|---|---|---|
| 지급수수료 | 20,000 | | | |

◆ 수출선수금을 받은 경우 부가가치세 과세표준 (부가46015-2385, 1999.08.09)
사업자가 재화 또는 용역을 공급하고 그 대가를 외국통화 기타 외국환으로 받는 때에는 부가가치세법 제9조에 규정하는 공급시기 도래전에 원화로 환가한 경우에는 그 환가한

금액, 공급시기 이후에 외국통화 기타 외국환의 상태로 보유하거나 지급받는 경우에는 동법 동조에 규정하는 공급시기의 외국환거래법에 의한 기준환율 또는 재정환율에 의하여 계산한 금액을 부가가치세 과세표준으로 하는 것임.

② 《수출물품 선적》 200×. 11. 18 수출 물품을 제조 완성하여 선적 완료하다. 선적시 기준환율은 $ 당 1,036.1원이며, 운임 등 수출제비용 200,000원을 보통예금에서 인출하여 지불하다.

| | | | |
|---|---|---|---|
| 수출선수금 | 10,423,000 | 수출매출 | 10,423,000 |
| 수출제비용 | 200,000 | 보통예금 | 200,000 |

## ❸ 송금방식에 의한 수출 회계처리

① 《수출대금 입금》 200×. 10. 30 수출 대금 $5,000을 T/T송금받아 전액 원화로 환가하였다. (대고객전신환매입율 1023.9/$) 전신환수수료 등 25,000원을 제외한 5,094,500원이 보통예금에 입금되다.

| | | | |
|---|---|---|---|
| 보통예금 | 5,094,500 | 수출선수금 | 5,119,500 |
| 지급수수료 | 25,000 | | |

\* 선수금 입금시 환율은 선수금 입금일의 대고객전신환매입율에 의한 금액이다.

② 《수출물품 선적》 200×. 11. 25 수출 물품을 제조 완성하여 선적 완료하다. 선적시 기준환율은 $ 당 1,041.9원이며, 운임 등 수출제비용 200,000원을 보통예금에서 인출하여 지불하다.

| | | | |
|---|---|---|---|
| 수출선수금 | 5,119,500 | 수출매출 | 5,119,500 |
| 수출제비용 | 200,000 | 보통예금 | 200,000 |

▶ 수출대금 선수금으로 받은 외화를 즉시 환가하지 아니하고 보관하다 수출 선적일 전 환가한 경우에는 그 환가한 금액이 부가가치세 과세표준이며, 수출 선적일 이후에 환가하는 경우 부가가치세 과세표준은 수출 선적일의 기준환율에 의한다.

# 13 수입실무 및 회계처리

## 1 수입실무

### ❶ 일반적인 수입절차

① 수입계약체결 ~ 수출업자가 제시한 청약(offer)을 수입업자가 승낙(accept)함으로서 수입계약은 체결된다. (물품매도확약서 작성)

② 신용장 개설 ~ 수입업자는 거래은행에 수입신용장의 개설을 의뢰한다. 이 때 은행은 수입업자를 대신하여 상대방 수출업자에게 수출대금을 보증하게 되므로 수입업자는 신용장 금액을 담보로 제공하여야 한다.

③ 신용장 개설은행 ~ 신용장 개설은행은 수출업자의 거래은행에 신용장(L/C)을 송부하고, 수출자의 거래은행은 수출업자에게 L/C가 내도하였음을 통지한다.

④ 수출업자는 수출물품을 선적하고, 선주로부터 B/L(선하증권)을 발급받아 거래은행을 거처 수입업자의 거래은행으로 송부한다.

⑤ 수입대금 결제 및 선적서류 수취 ~ 수입업자의 거래은행은 수입업자에게 선적서류의 도착을 통보하고 수입업자는 거래은행에 수입대금을 지불한 다음 선적서류를 인수받는다.

⑥ 수입업자는 수출대금 결제 후 인도받은 선적서류 중 Original B/L을 운송인(선사 또는 포워더)에게 전달하고, 선주는 수입자에게 물품인도조건에 따라 선임 등을 징수한 후 D/O(화물인도지시서)를 수입자에게 발급한다.
단, 수입화물이 수입항에 도착하였으나 선적서류가 도착하지 않은 경우 거래은행으로부터 수입화물선취보증서(L/G)를 발급받아 수입화물을 인수할 수 있다.

⑦ 수입업자는 직접 또는 관세사를 통하여 세관에 수입신고를 한다.

⑧ 세관에서는 수입검사 또는 서류심사 후 이상이 없을 경우 관세 및 부가가치세등 제세금을 징수하고 수입신고필증을 수입상에게 교부한다.

⑨ 수입업자는 운송인에게 받은 D/O(화물인도지시서)와 세관으로 부터 교부받은 수입신고필증을 수입화물이 장치되어 있는 CY(Container yard) 또는 CFS(컨테이너 화물을 채울 수 있는 것보다 적은 화물)에 제시하고 보관료, 작업료 등을 지급하면, 해당 CY 또는 CFS에서 차량을 통하여 화물을 반출하여 인수함으로 수입절차는 종료된다.

## ❷ 수입대금 결제 방식

### 1 신용장 방식

① at sight 방식 ~ 수입자가 수입서류인수 후 즉시 수입대금을 금융기관에 지급하는 방식

② usance 방식 ~ 수입자가 수입서류를 인수한 후 거래은행의 신용을 바탕으로 수입대금을 대출받아 일정 기간 경과 후 수입대금을 결제하는 방식
- banker's usance : 수입자의 거래은행이 수입자와 약정에 의하여 수입대금을 먼저 결제하고 수입자가 수입대금을 결제할 때까지의 기간에 대하여 금융이자를 부담하는 것으로 이자비용은 당기 비용으로 처리한다.
- shipper's usance : 수입자가 선적서류를 인수받은 후 그 대금결제를 수출자가 연기하여 주는 것으로 수입자 입장에서는 통상 금전적 비용이 발생하지 않는다.

### 2 무신용장 방식

① D/P ~ 수입자가 수입서류(일람불환어음)인수 후 수입자가 수입대금을 금융기관에 즉시 지급하는 방식

② D/A ~ 수입자가 수입서류(일람 후 정기출금)를 인수받은 후 수입자의 신용을 바탕으로 수입대금을 대출받아 일정 기간 경과 후 수입대금을 결제하는 방식

## ❸ 기타 참고자료

### ① 수입대행

사업자가 재화의 수입을 위탁하는 경우에는 수입위탁자의 명의로 수입세금계산서를 교부받는 것이며, 수입대행자는 수입대행에 따른 수수료를 과세표준으로 하여 수입위탁자에게 세금계산서를 발급한다. 다만, 수입대행자가 실질적으로 자기의 책임과 계산하에 재화를 수입하는 경우에는 수입대행자가 수입세금계산서를 발급받는 것이며, 당해 수입대행자가 수입재화를 위탁자에게 판매하는 경우 재화의 가액을 과세표준으로 하여 세금계산서를 발급하여야 한다.

### ② 수입물품 반출

사업자가 국외로부터 수입한 재화에 하자가 발생하여 반송하는 경우 동 재화가 관세법 제106조에 규정하는 위약물품에 해당하는 경우에는 관할세관장은 수정수입세금계산서를 수입자에게 발급하고, 이를 관할세무서장에게 제출하여야 한다. 이 경우 반송되는 재화는 수출하는 재화에 해당하지 아니한다.

◆ 수입물품 반출 (제도46015-12407, 2001.7.26)
사업자가 국외로부터 수입한 재화가 하자가 발생하여 반송하는 경우 동 재화가 관세법 제106조에 규정하는 위약물품에 해당하는 경우에는 관할세관장은 부가가치세를 지체없이 환급하여야 하는 것이므로 수출하는 재화에 해당하지 아니하는 것이며, 반송하는 수입재화가 관세법에 규정하는 위약물품에 해당되지 아니하는 경우에는 수출하는 재화에 해당하는 것임.

### ③ 위탁가공 반출 및 반입

사업자가 위탁가공을 위하여 원자재를 반입조건부로 국외의 수탁가공사업자에게 무환 반출하는 경우에는 재화의 공급에 해당하지 아니하며, 무환 반출물품을 임가공한 다음 국내로 다시 반입하는 경우 부가가치세 매입세액에 대한 회계처리를 한 다음 임가공비용에 대하여 임가공비로 처리한다.

## 4  관세 및 관세환급금

### [1] 관세
관세는 국가가 조세법률주의(租稅法律主義)의 원칙에 따라 법률에 의하여 국가재정(國家財政)의 수입 또는 국내산업(國內産業)의 보호를 목적으로 수입물품에 대하여 부과하는 조세를 말한다.

즉 외국의 상품 등을 수입하는 경우 국가가 특별한 규제 없이 방치한다면, 외국의 값싸고 질 좋은 상품이 무제한으로 국내에 들어와 국내산업에 막대한 지장을 초래할 수 있으므로 외국의 물품 등이 수입될 때 수입품의 종류에 따라 일정한 요율을 정해놓고 국가가 부과하는 세금을 말하는 것이다.

### [2] 관세환급금
관세환급이란 수입시 세관에서 징수당한 관세 중에서 특정한 요건에 해당하는 경우 즉 수입시에 관세를 납부하고 들어온 수입원재료를 사용하여 제조한 물품을 다시 수출하였을 때 원재료 수입시 부담한 관세의 전부 또는 일부를 세관으로부터 되돌려 받는 것을 말한다. 관세환급은 수입면허일로부터 1년 6개월 이내에 원재료를 사용하여 제품으로 만들어 수출하거나 수출면허일로부터 2년 이내에 신청하여야 한다.

#### ▶ 관세환급금 산출방법
① 개별환급 ~ 수출물품 제조에 소요된 원재료의 품명·규격·수량과 동원재료의 수입시 납부세액을 원재료별로 개별 확인하여 환급금을 산출하는 방법을 말한다.

② 정액환급 ~ 정부가 정하는 일정한 금액(정액환급율표 상의 금액)을 소요원재료의 수입시 납부세액으로 보고 환급금을 산출하는 방법을 말한다.

#### ▶ 관세환급금 회계처리
관세환급금은 원칙적으로 상품이나 원재료 계정에서 차감하여야 하나, 그 금액이 중요하지 않는 경우 실무에서는 영업외수익 항목인 관세환급금으로 처리한다.

## 5 수입물품의 보세구역내 선하증권 양도

수입 통관전 보세구역내에서 수입자가 선하증권을 다른 사업자에게 양도하는 경우 부가가치세가 과세되므로 선하증권 금액 또는 양도가액을 공급가액으로 하여 세금계산서를 발급하여야 한다. 참고로 보세구역이란 수입물품 통관 전 관세를 부과하지 않은 상태로 보관할 수 있는 지역을 말한다.

사업자가 보세구역 내에 보관된 재화를 다른 사업자에게 공급하고, 그 재화를 공급받은 자가 그 재화를 보세구역으로부터 반입하는 경우에는 그 재화의 공급가액에서 세관장이 부가가치세를 징수하고 발급한 수입세금계산서에 적힌 공급가액을 뺀 금액을 과세표준으로 하여 세금계산서를 발급하여야 한다.

한편, 선하증권에 대하여 세금계산서를 발급받고 수입통관시에도 세관장으로부터 수입세금계산서를 발급받아 동일 재화에 두 번 부가가치세를 부담한 경우에도 당해 매입세액은 모두 공제가능하다.

◈ 보세구역내에서 보세구역 이외의 국내에 재화를 공급하는 경우
(서삼46015-10204, 2003.02.06.)
사업자가 보세구역내에서 보세구역 이외의 국내에 재화를 공급하는 경우에 당해 재화가 부가가치세법 제8조에 규정하는 수입재화에 해당되어 세관장이 같은법 제23조 제3항의 규정에 의하여 부가가치세를 징수한 때에는 공급가액 중 같은법 제13조 제4항에 규정하는 금액을 제외한 잔액을 과세표준으로 하여 같은법 제16조 제1항의 규정에 의한 세금계산서를 교부하여야 하는 것이며 재화의 공급가액 중 재화의 수입에 대한 부가가치세 과세표준을 제외한 잔액이 없는 때에는 세금계산서 교부의무가 없는 것임.

◈ 보세구역내에서 선하증권을 재차 양도하는 경우 (부가-1246, 2010.09.17.)
사업자 "갑"이 수입물품에 대한 선하증권을 "을"에게 양도(수입물품이 보세구역에 도착하기 전에 양도하는 경우를 포함)하고 "을"이 다시 당해 선하증권을 "병"에게 양도한 후 선하증권의 최종소유자인 "병"이 수입물품을 통관하는 경우, "갑"은 선하증권을 양도하는 때에 선하증권 양도가액(부가가치세 제외)을 공급가액으로 하여 "을"에게 세금계산서를 발급하는 것이며, "을"은 「부가가치세법 시행령」 제48조 제8항 규정에 따라 세금계산서를 발급하는 것임.

## 6  L/G(수입화물선취보증)

L/G란 선하증권 없이 수입화물을 먼저 수취할 때 선사에게 제출하는 은행 보증서류를 말한다. 해상운송에서 화물이 선적서류보다 먼저 도착했을 때, 수입업자가 화물을 먼저 받기 위해 은행의 보증을 받아 선박회사에 제출하는 서류이다. 무역 상대국이 가까운 거리에 위치할 때 자주 발생되는 것으로, 수입업자는 선하증권 원본이 도착하면 선박회사에 제출할 것을 서약한 뒤 이 서류를 제시하고 화물을 인도받을 수 있다. 선박회사의 입장에서는 이러한 방식의 거래를 화물의 보증도(保證渡)라고 한다. 은행이 수입화물선하보증서를 발급하여 수입자에게 교부하면, 수입자는 이를 선박회사에 제시하여 화물을 인도받고, 차후 선하증권원본이 은행에 내도하면, 이를 선박회사에 송부하여 수입화물선취보증서를 회수하게 된다.

① 《수입보증금 지급》 수입화물이 선하증권보다 먼저 도착하여 거래은행에 L/G발급을 의뢰하고 수입보증금 $10,000을 예치하다. (대고객매도율 1,100원/$)

| | | | |
|---|---|---|---|
| 수입보증금 | 11,000,000 | / 보통예금 | 11,000,000 |

② 《수입물품 인수》 L/G를 선박회사에 제출하고, 수입물품을 인수하다. 인수시의 기준환율(1,050/$)에 의하여 미착상품으로 처리하다.

| | | | |
|---|---|---|---|
| 미착상품 | 10,500,000 | / 외상매입금 | 10,500,000 |

③ 《수입물품 입고》 수입물품을 창고에 입고하고, 미착상품을 상품계정으로 대체하다.

| | | | |
|---|---|---|---|
| 상품 | 10,500,000 | / 미착상품 | 10,500,000 |

④ 《수입물품대금 결제》 B/L이 도착하여 수입대금을 수입보증금 $10,000로 결제하다.

| | | | |
|---|---|---|---|
| 외상매입금 | 10,500,000 | / 수입보증금 | 11,000,000 |
| 외환차손 | 500,000 | | |

* 외환차손 : 수입보증금 대체 금액(11,000,000원) - 수입물품외상매입금(10,500,000원)

# 2 수입과 관련한 회계처리 사례

수입과 관련한 제반비용 및 수입물품대금은 미착상품 또는 미착원재료로 처리한 다음 최종적으로 수입물품을 인수(창고 입고 등)할 시 상품 또는 원재료계정으로 대체처리한다. 한편, 수입세금계산서의 공급가액은 관세 과세표준을 계산하기 위하여 통관 세관에서 정하는 금액으로 수입물품대금이 아니다. 따라서 수입세금계산서를 수취한 경우에는 매입세액 결제에 관한 거래만 회계처리하여야 한다.

## ❶ 일반적인 수입 회계처리

① 《수입계약 체결》 별도의 회계처리를 하지 않는다.

② 《신용장(L/C) 개설》 2. 10. 신용장을 개설하고 L/C 개설수수료 50,000원 무역협회부담금 55,000원, 전신료 15,000원을 현금으로 지급하고, 수입과 관련하여 거래은행에 신용장개설 수입보증금 2,400,000원(1,200/$) [US $2,000 (US $20,000 × 10%)]을 보통예금에서 인출하여 지급하다.

| 선급금 | 120,000 | / | 현금 | 120,000 |
| 수입보증금 | 2,400,000 | | 보통예금 | 2,400,000 |

③ 《선적서류 인수》 3. 25 신용장(L/C) 금액 US $20,000에 대하여 L/C 개설은행으로부터 일람불 화환어음을 제시받고 수입보증금 US $2,000을 제외한 22,500,000원을 보통예금에서 인출하여 결제하고 선적서류를 인수하다. (US $18,000 × 전신환매도율 1,250/$)

| 미착상품(1) | 24,900,000 | / | 보통예금 | 22,500,000 |
| | | | 수입보증금 | 2,400,000 |
| 미착상품(2) | 120,000 | / | 선급금 | 120,000 |

- 신용장 개설시 수입보증금은 당시의 환율로 수입거래은행이 환가하여 보관한 외화로 수입물품대금을 결제하게 되므로 환차익을 인식하지 않는다.

▶ **수입물품의 재고자산 인식 시점**

운송 중에 있어 아직 도착하지 않은 미착상품은 법률적인 소유권의 유무에 따라서 재고자산 포함 여부를 결정한다. 법률적인 소유권 유무는 매매계약상의 거래조건에 따라서 다르다. 선적지 인도조건인 경우에는 상품이 선적된 시점에 소유권이 매입자에게 이전되기 때문에 미착상품은 매입자의 재고자산에 포함된다. 따라서 선적지 인도기준에 의하여 상품을 수입하고, 수입상품대금을 나중에 지급하는 경우에는 수입상품의 선적일(입항일)에 수입상품대금에 그 날의 기준환율 또는 재정환율을 곱한 금액을 미착상품 등으로 처리를 하여야 한다. 목적지인도조건인 경우에는 상품이 목적지에 도착하여 매입자가 인수한 시점에 소유권이 매입자에게 이전되기 때문에 매입자의 재고자산에 포함되지 않는다.

④《수입통관》3. 30 수입통관 제비용을 현금으로 지불하다.
[통관비용] 하역비 30,000원, 통관수수료 120,000원, 해상운임 800,000원, 해상보험료 80,000원, 창고료 60,000원, 수입관세 2,500,000원, 수입 부가가치세: 2,800,000원

| 미착상품(3) | 3,590,000 | / | 현금 | 6,390,000 |
|---|---|---|---|---|
| 부가세대급금 | 2,800,000 | | | |

⑤《입고》3. 31 수입물품이 회사 창고에 입고되다.

| 상품 | 28,610,000 | / | 미착상품(1) | 24,900,000 |
|---|---|---|---|---|
| | | | 미착상품(2) | 120,000 |
| | | | 미착상품(3) | 3,590,000 |

## ❷ 관세사사무소에 위임하는 경우 수입 회계처리

①《수입계약 체결》별도의 회계처리를 하지 않는다.

②《수입통관 비용 지급》상품 수입과 관련하여 운임 등 통관 예상 비용 1백5십만원을 통장에서 인출하여 관세사사무소에 지급하다.

| 선급금 | 1,500,000 | / | 보통예금 | 1,500,000 |
|---|---|---|---|---|

* 상품 인도전에 미리 그 관련비용을 지급한 것은 선급금으로 처리한 다음 정산한다.

③《수입물품 대금 지급》수입상품이 도착하여 수입물품 대금 USD 4,166.00(원화 환산금액 4,867,554원 1,168.40/$)을 법인통장에서 결제하다. 이에 따른 송금수수료 15,000원, 전신료 7,500원, 대체료 4,470원을 현금으로 지불하다.

| | | | |
|---|---|---|---|
| 미착상품(1) | 4,867,554 | 보통예금 | 4,867,554 |
| 미착상품(2) | 26,970 | 현금 | 26,970 |

④《수입통관비용 정산》수입통관 제비용을 관세사사무소와 정산하다. 수입세금계산서, 관세사 수수료에 대한 세금계산서, 수입관련비용에 대한 영수증 등을 수취하고, 정산 후 잔액 150,000원은 현금으로 돌려받다.
[정산내역] 하역비 30,000원, 관세사수수료 110,000원(부가가치세 10,000원 포함), 해상운임 200,000원, 해상보험료 50,000원, 수입관세 480,000원, 수입 부가가치세 480,000원

| | | | |
|---|---|---|---|
| 미착상품(3) | 860,000 | 선급금 | 1,500,000 |
| 부가세대급금 | 490,000 | | |
| 현금 | 150,000 | | |

* 하역비, 관세사수수료, 해상운임, 해상보험료, 수입관세 등 수입제반비용은 미착상품으로 처리하고, 수입 부가가치세는 '부가세대급금'으로 처리한다.

⑤《입고》수입물품이 회사 창고에 입고되다.

| | | | |
|---|---|---|---|
| 상품 | 5,754,524 | 미착상품(1) | 4,867,554 |
| | | 미착상품(2) | 26,970 |
| | | 미착상품(3) | 860,000 |

## ❸ 유산스에 의한 수입 회계처리

일람불 화환신용장 방식에 의한 수입의 경우 수입업자는 거래은행으로부터 선적서류 등을 인수받는 즉시 수입대금을 결제하여야 하나 기한부 신용장방식의 경우 수입업자는 먼저 선적서류를 인수하고, 기한부 어음 만기일에 수입대금을 결제하므로 선적서류 인수일부터 어음만기일까지 대금 지급을 연기받고 이에 대한 이자를 거래은행에 지급하게 되며, 이 이자를 유산스 이자라고 하며, 유산스 이자는 수입상품의 취득가액이 아닌 이자비용으로 처리하여야 한다.

① 《뱅커스 유산스에 의한 수입 물품 대금 지급》 10. 1 수입과 관련하여 L/C금액 $100,000 을 L/C 개설은행으로부터 일람불 화환어음을 제시받다. 약정에 의하여 수입자의 거래은행이 수출자의 거래은행에 수입물품대금을 지급하다.
(기준환율 1,200/$) 한편, 수입자는 2개월 후 차입금 및 이자를 상환하기로 하다.

| | | | |
|---|---|---|---|
| 미착상품 | 120,000,000 / | 외화단기차입금 | 120,000,000 |

② 《수입물품 대금 차입금 및 이자 지급》 11. 30 외화단기차입금 $100,000에 대한 원화환산금액 125,000,000원(전신환매입율에 의함 : 1,250/$)) 및 유산스이자 1,000,000원을 보통예금에서 인출하여 지급하다.

| | | | |
|---|---|---|---|
| 외화단기차입금 | 120,000,000 / | 보통예금 | 126,000,000 |
| 외환차손 | 5,000,000 | | |
| 이자비용 | 1,000,000 | | |

\* 수입물품은 수입통관일의 환율을 적용하여 취득가액으로 계상하는 것이며 실제 결재한 날과의 환율차이에 대하여 환차손익으로 처리한다.

## ❹ 무상 수입 회계처리

① 《무상수입》 일본의 거래처로부터 견본 상품을 무상으로 증여받다. 부가가치세 100,000원 및 관세 200,000원을 보통예금에서 인출하여 세관에 납부하다. (수입세금계산서 공급가액 1,000,000원, 부가세 100,000원)

| | | | |
|---|---|---|---|
| 상품 | 1,200,000 / | 잡이익 | 1,000,000 |
| 부가세대급금 | 100,000 | 보통예금 | 300,000 |

\* 상품 : 당해 물품의 통관시 관세 과세표준금액(1,000,000원) + 관세(200,000원)

☐ 무환으로 통관된 물품의 취급 [법인세법 기본통칙 15-11-3]
법인이 해외에서 물품을 무환으로 수입하는 경우에는 이를 각 사업연도의 소득금액계산상 익금으로 한다. 이 경우에 익금에 산입할 금액은 당해 물품의 통관시 관세 과세표준금액이 되는 감정가액으로 하며 관세 및 부대비용은 취득가액에 합산한다.

# ③ 재화의 수입에 대한 부가가치세 납부 유예

## ❶ 납부유예 및 대상 사업자

과세대상 물품 등을 수입하는 경우 부가가치세를 세관에 납부하여야 하나 일정 요건을 충족하는 수출 중소사업자의 경우 세관에 수입 관련 부가가치세의 납부유예 신청하는 경우 부가가치세 신고기한까지 납부를 유예받을 수 있는 제도를 말하며, 다음에 정하는 요건을 모두 충족하는 중소사업자가 물품을 제조·가공하기 위한 원재료 등을 수입하는 경우 납부유예를 할 수 있다.

### [1] 사업자 요건
① 직전 사업연도에 중소기업 또는 중견기업에 해당하는 법인(제조업을 주된 사업으로 경영하는 기업에 한정한다)일 것
② 직전 사업연도에 영세율을 적용받은 재화의 공급가액의 합계액(수출액)이 다음의 어느 하나에 해당할 것
1. 직전 사업연도에 공급한 재화 또는 용역의 공급가액의 합계액 중 수출액이 차지하는 비율이 30퍼센트 이상일 것 단, 중견기업인 경우 직전 사업연도에 공급한 재화 또는 용역의 공급가액의 합계액에서 수출액이 차지하는 비율이 30퍼센트 이상일 것
2. 수출액이 50억원 이상일 것

### [2] 수입물품 요건
중소사업자가 자기의 과세사업에 사용하기 위한 재화를 말한다. 다만, 매출세액에서 공제되지 아니하는 매입세액과 관련된 재화는 제외한다.

## ❷ 납부유예 신청 및 유예기간

① 중소사업자는 다음 각 호의 신고기한의 만료일 중 늦은 날부터 3개월 이내에 관할 세무서장에게 수입 부가가치세 납부유예 사업자 요건의 충족 여부의 확인을 요청할 수 있다.

♣ 확인서 요청 서식 '재화의 수입에 대한 부가가치세 납부유예 요건 확인(요청)서'

② 관할 세무서장은 중소사업자가 부가가치세 납부유예를 위하여 확인을 요청한 경우에는 해당 중소사업자가 납부유예 대상자에 해당하는 지 여부를 확인한 후 요청일부터 1개월 이내에 '재화의 수입에 대한 부가가치세 납부유예 요건 확인(요청)서'를 해당 중소사업자에게 발급하여야 한다.

③ 부가가치세의 납부를 유예받으려는 중소사업자는 '재화의 수입에 대한 부가가치세 납부유예 요건 확인(요청)서'를 첨부하여 부가가치세 납부유예 적용 신청서를 관할 세관장에게 제출하여야 한다.

④ 부가가치세 납부유예 적용 신청을 받은 관할 세관장은 신청일부터 1개월 이내에 납부유예의 승인 여부를 결정하여 해당 중소사업자에게 통지하여야 한다.

⑤ 납부유예를 승인하는 경우 그 유예기간은 1년으로 한다.

## ❸ 납부유예한 부가가치세의 정산

납부를 유예받은 중소사업자는 납세지 관할 세무서장에게 예정신고 또는 확정신고 등을 할 때 그 납부가 유예된 세액을 공제대상 매입세액에서 차감하여야 한다. 이 경우 납세지 관할 세무서장에게 공제대상 매입세액에서 차감한 세액은 세관장에게 납부한 것으로 본다.

▶ 부가가치세 신고서 일부

| 매입세액 | 세금계산서 수 취 분 | 일 반 매 입 | (10) | | |
|---|---|---|---|---|---|
| | | 수출기업 수입분 납부유예 | (10-1) | | |
| | | 고정자산 매입 | (11) | | |
| | 예 정 신 고 누 락 분 | | (12) | | |
| | 매입자발행 세금계산서 | | (13) | | |
| | 그 밖의 공제매입세액 | | (14) | | |
| | 차 감 계 (15)-(16) | | (17) | | ㉴ |

# 14 외화환산손익 및 외환거래 회계처리

## 1 외화환산손실 및 회계처리

### ❶ 외화환산손실

기업회계기준에 의하여 화폐성외화자산 또는 부채의 장부상 원화기장액과 사업연도 종료일 현재의 화폐성외화자산 또는 부채잔액을 기준환율(또는 재정환율)로 평가하여 환산손실이 발생하는 경우 당해 사업연도에 외화환산손실로 처리한 다음 세무조정에서 손금불산입하여야 한다. **단, 화폐성외화자산·부채는 취득일 또는 발생일 현재의 매매기준율등으로 평가하되, 관할세무서장에게 사업연도 종료일 현재의 매매기준율등으로 평가하는 방법을 신고한 경우 그 방법에 의하여 평가할 수 있으며, 이 경우 세무조정대상은 아니다.**

▶ 화폐성 외화자산·부채 및 비화폐성 외화자산·부채

| 구 분 | 화폐성(평가대상) | 비화폐성(평가대상 아님) |
|---|---|---|
| 자 산 | 외화현금, 외화예금, 외화채권, 외화보증금, 외화대여금, 외화매출채권 | 선급금, 재고자산<br>비유동자산(고정자산) |
| 부 채 | 외화채무, 외화차입금, 외화사채 | 선수금 |

◆ 외화자산 및 부채의 평가시 적용 환율(법인46012-462, 2000.2.17)
법인세법시행령 제76조의 규정에 의한 화폐성 외화자산 및 부채의 평가시 적용하는 사업연도종료일 현재의 환율은 사업연도종료일에 금융결제원에서 고시한 기준환율 또는 재정환율을 말하는 것으로 사업연도종료일이 공휴일 등으로 고시한 환율이 없는 경우에는 사업연도종료일 전일에 고시한 기준환율 또는 재정환율을 적용하는 것임.

♣ 기준환율 또는 재정환율 조회 → 서울외국환중개주식회사 (www.smbs.biz)

◆ **외화매출채권의 기재는 발생일 현재 환율로 기재함.(법인46012-985, 1998.4.22)**
법인이 사업연도 중에 발생한 외화매출채권을 장부에 기재할 때에는 부가가치세법에 의한 공급가액 환산환율과 관계없이 당해 매출채권의 발생일 현재의 외국환관리법에 의한 기준환율 또는 재정환율로 환산하여 기재하는 것임

## ❷ 외화환산손실 회계처리 사례

①《수출 매출》12. 5 수출물품 $10,000 을 선적하다. (기준환율 1,200원/$)

| 외상매출금 | 12,000,000 | / | 수출매출 | 12,000,000 |
|---|---|---|---|---|

- 외상매출금 : 일반 매출채권과 구분하기 위하여 외화외상매출금이란 별도의 계정과목을 사용하는 경우 외화외상매출금으로 처리한다.

②《기말 외화자산평가》외화매출채권($10,000)의 장부상 가액은 1200만원이나 결산시점의 기준환율은 $당 1,150원으로 외화환산손실을 계상하다.

| 외화환산손실 | 500,000 | / | 외상매출금 | 500,000 |
|---|---|---|---|---|

③《수출대금 입금》1. 30 수출대금이 네고되다. 원화환산가액 11,000,000원(전신환매도율 1,100/$ × 10,000$)에서 환가료 60,000원 및 전신료 10,000원을 차감한 10,930,000원이 보통예금에 입금되다.

| 보통예금 | 10,930,000 | / | 외상매출금 | 11,500,000 |
|---|---|---|---|---|
| 외환차손 | 500,000 | | | |
| 지급수수료 | 70,000 | | | |

* 외환차손 : $10,000 × (1,150/$ - 1,100/$)
* 지급수수료 : 환가료 및 전신료

## 2 외화환산이익 및 회계처리

### ❶ 외화환산이익

기업회계기준에 의하여 화폐성외화자산 또는 부채의 장부상 원화기장액과 사업연도 종료일 현재의 화폐성외화자산 또는 부채잔액을 기준환율(또는 재정환율)로 평가하여 차익이 발생하는 경우 당해 사업연도에 외화환산이익으로 처리한 다음 세무조정에서 익금불산입하여야 한다.

화폐성외화자산·부채는 취득일 또는 발생일 현재의 매매기준율등으로 평가하되, 관할세무서장에게 사업연도 종료일 현재의 매매기준율등으로 평가하는 방법을 신고한 경우 그 방법에 의하여 평가할 수 있으며, 이 경우 세무조정대상은 아니다.

▶ 화폐성 외화자산·부채 및 비화폐성 외화자산·부채

| 구 분 | 화폐성(평가대상) | 비화폐성(평가대상 아님) |
|---|---|---|
| 자 산 | 외화현금, 외화예금, 외화채권, 외화보증금, 외화대여금, 외화매출채권 | 선급금, 재고자산 비유동자산(고정자산) |
| 부 채 | 외화채무, 외화차입금, 외화사채 | 선수금 |

### ❷ 외화환산이익 회계처리 사례

① 《기말 외화 자산평가》 외화매출채권($10,000)의 장부상 가액은 1천만원이나 결산시점의 기준환율은 $당 1,200원으로 차액을 외화환산이익으로 계상하다.

| 외화외상매출금 | 2,000,000 | / | 외화환산이익 | 2,000,000 |

# ③ 외환 거래의 실무적 처리

## ❶ 보유중인 외화로 수입물품대금을 결제한 경우

보유중인 외화를 환가하지 아니한 상태에서 수입물품대금으로 지급한 경우 장부상 원화 입금시 환율을 적용하여 수입상품원가로 처리를 하여야 한다. 단, 외화가 수차에 걸쳐 입금되고, 입금시 기준환율을 적용하여 장부상 원화금액으로 계상한 경우 원화기장액 산정방법은 선입선출법을 적용하는 것이나 이동평균법을 준용한 평가방법을 계속적으로 적용하여 온 경우 그 평가방법을 적용할 수 있다.

□ 외화예금 인출시 원화기장액 산출방법 [법인세 집행기준 42-76-5]
법인이 수차례에 걸쳐 입금한 외화예금의 일부를 원화로 인출하는 경우 외화예금의 원화기장액 산정방법은 선입선출법을 적용하는 것이나 이동평균법을 준용한 평가방법을 계속적으로 적용하여 온 경우 그 평가방법을 적용할 수 있다. (2010. 6. 23. 제정)

## ❷ 여러 차례 입금된 외화를 환전하는 경우의 장부가액

위와 같은 방법으로 장부가액을 계상하여 외환차손익을 인식한다. 즉, 원화기장액 산정방법은 선입선출법을 적용하는 것이나 이동평균법을 준용한 평가방법을 계속적으로 적용하여 온 경우 그 평가방법을 적용할 수 있다.

**사례** 수차에 걸쳐 입금된 외화 출금시 인출된 외화의 장부가액 계산

| 외화입금일 | 외화출금일 | 외화입금액 | 외화출금액 | 기준환율 | 원화입금 장부금액 | 원화출금 장부가액 |
|---|---|---|---|---|---|---|
| 11.01 | | $3,000 | | 1,100/$ | 3,300,000 | |
| 11.10 | | $2,000 | | 1,050/$ | 2,100,000 | |
| 11.20 | | $1,000 | | 1,080/$ | 1,080,000 | |
| | 11.30 | | $4,000 | 1,090/$ | | 4,350,000 |

| 보통예금 | 4,360,000 / 보통예금(외화) | 4,350,000 |
|---|---|---|
| | 외환차익 | 10,000 |

# 15. 전기오류수정손익

## 1 전기오류수정손익

### ❶ 개요

전기 또는 그 이전 기간의 재무제표를 작성할 때 발생하였던 오류, 탈루 등을 발견하더라도 전기의 재무제표를 수정할 수 없다. 따라서 전기 이전의 오류, 탈루 등을 당기에 반영하여야 하는 경우 전기 이전의 비용은 당기에 전기오류수정손실로 처리하여 반영하여야 하고, 전기 이전의 수익은 당기에 전기오류수정이익으로 처리하여야 한다.

다시 말하면, 전기 회계처리 내용을 누락한 경우에는 회계오류에 해당하는 것으로 회계오류는 재무상태표(결산종료일 또는 외부감사일로서 재무상태표를 확정한 이후)일 이전에 발견한 경우에는 바로 수정하면 되나 재무상태표일 이후에는 전기오류사항으로 정리하여야 하는 것이다. 이러한 회계오류는 계산상의 실수, 기업회계기준의 잘못된 적용, 사실판단의 잘못, 부정, 과실 또는 사실의 누락 등으로 인해 발생하며, 당기에 발견한 전기 또는 그 이전기간의 오류는 당기 손익계산서에 영업외손익 중 전기오류수정손익으로 보고한다.

다만, 중대한 오류에 대해서는 전기이월이익잉여금을 수정한다. 중대한 오류는 재무제표의 신뢰성을 심각하게 손상할 수 있는 중요한 오류를 말한다.

한편, 세법에서는 권리의무 확정주의에 의하여 전기 이전의 수익 또는 비용을 누락하였거나, 전기의 수익이 아닌 것을 수익으로 처리한 경우 또는 전기의 비용이 아닌 것을 전기의 비용으로 처리한 것은 전기의 수익 또는 비용에 반영하여 법인세 과세표준 또는 종합소득세 과세표준을 수정하여 신고하도록 규정하고 있다.

## ❷ 전기오류수정에 대한 세무처리

### [1] 전기 비용을 누락한 경우
전기 법인세 신고 또는 소득세 신고내용에 대하여 세무조정으로 전기에 누락한 비용을 손금산입(법인) 또는 필요경비(개인)에 산입하여야 한다.

### [2] 전기 비용을 실제 보다 과다하게 계상한 경우
전기 법인세 신고 또는 소득세 신고내용에 대하여 세무조정으로 전기에 과다하게 계상한 비용은 손금불산입(법인) 또는 필요경비불산입(개인)하여야 한다.

### [3] 전기 수익이 아닌 것을 전기의 수익으로 처리한 경우
전기 법인세 신고 또는 소득세 신고내용에 대하여 세무조정으로 전기 수익이 아닌 것을 익금불산입(법인) 또는 총수입금액불산입(개인)하여야 한다.

### [4] 전기의 수익을 누락하여 소득을 과소 계상한 경우
전기 법인세 신고 또는 소득세 신고내용에 대하여 세무조정으로 익금산입(법인) 또는 총수입금액에 산입(개인)하여야 하며, 전기의 오류나 탈루 등을 당기에 반영하여야 하는 경우 회계처리 및 세무조정이 필요하며, 그 내용은 다음과 같다.

**(1) 전기분 세무조정 → 익금산입 (유보)**

**(2) 전기 누락한 수익에 대하여 해당 채권을 당기에 계상함**

| 외상매출금 | **** / 전기오류수정이익 | **** |
|---|---|---|

**(3) 당기 세무조정**
익금불산입 (△유보)

# 2 전기오류수정이익

## ❶ 개요

과거 연도의 수익을 누락하였거나 비용을 이중으로 계상한 경우 또는 자산을 비용으로 처리한 경우 그 해당 사업연도별로 수정하여야 하므로 수익을 누락하거나 비용을 이중으로 계상한 경우 또는 자산을 비용으로 처리한 사업연도의 법인세 신고내용을 수정(세무조정사항에서 익금산입 또는 손금불산입)하여 법인세를 추가 납부하여야 하며, 오류를 반영한 사업연도의 전기오류수정이익(영업외수익)은 익금불산입 처리하여야 한다.

단, 전기 이전의 법인세 수정신고시 세무조정에서 손금불산입(또는 익금산입)하고 상여로 처분한 금액은 사외에 유출된 것이므로 당기에 이를 회수하는 분개처리 및 세무조정은 하지 않는다.

## ❷ 전기 이전에 자산을 비용으로 처리한 경우

전기 이전의 자잔에 해당함에도 착오등에 의하여 비용으로 처리한 경우 전기의 오류를 수정하여야 하며, 이 경우 비용으로 처리한 연도에 세무조정에 의하여 손금불산입하여 법인세를 수정신고하면서 법인세를 추가로 납부하고, 신고불성신가산세 및 납부지연가산세를 부담하여야 한다.

한편, 당기에 자산으로 반영하는 회계처리를 하여야 하며, 전기오류수정이익은 세무조정에서 익금불산입하여야 하며, 자산을 매입한 거래처에 그 대금을 이미 결제한 경우 세무조정 사항은 유보로 처분한다.

[예제] 당기에 전기의 회계자료를 확인한 결과 20×1년에 자산(기계장치) 1천만원을 소모품비로 비용처리한 바 20×1년 법인세를 수정신고하고, 20×2년에 장부상 기계장치로 반영하는 회계처리를 하다.

20×1년 세무조정
[손금불산입] 소모품비 1천만원(유보)

20×2년 회계처리
기계장치   1천만원 / 전기오류수정이익   1천만원

20×2년 세무조정
[익금불산입] 전기오류수정이익   1천만원 (△유보)

## ❸ 전기 비용을 이중으로 처리하고 매입채무를 누락한 경우

법인이 전기에 결산조정사항으로서 결산시에 비용을 이중으로 계상하여 추후 발견한 경우 전기 세무조정사항을 수정하여 손금불산입하고, 법인세를 수정신고하여야 하는 것이며, (전년도 법인세 및 가산세 추가 납부) 회계처리상 오류를 수정하기 위해서는 다음과 같이 처리한다.

[예제] 전기 매입세금계산서를 이중으로 신고하여 제품매출원가를 과대계상하다. 다만, 매입채무를 이중으로 계상하여 법인의 자금은 사외에 유출되지 않았다.
(원재료비 10,000,000원, 세액 1,000,000원)

### ▶ 전기분 법인세 수정신고 및 세무조정
- 손금불산입 : 원재료비   11,000,000원 (유보)
- 손금산입 : 매입세액      1,000,000원 (기타)

### ▶ 전기분 이중 매입에 대한 법인세 및 가산세 계산
- 전기분 법인세 추가 납부세액 : 수정 후 산출세액 - 당초 산출세액
- 법인세 납부지연가산세 : 추가 납부할 법인세 × 미납일수 × 3/10000

### ▶ 법인세 과소신고가산세
(수정 후 산출세액 - 기납부세액) × 가산세율(10%, 부정 40%) × (1- 수정신고감면율)

[개정] 2020.1. 이후 수정신고시 과소신고 가산세 감면율 조정 및 세분화(국기법 §48②)

| 수정신고기간 | 감면율 | 수정신고기간 | 감면율 |
|---|---|---|---|
| 1개월 이내 | 90% 감면 | 6개월 ~ 1년 이내 | 30% 감면 |
| 3개월 이내 | 75% 감면 | 1년 ~ 1년 6개월 이내 | 20% 감면 |
| 3 ~ 6개월 이내 | 50% 감면 | 1년 6개월 ~ 2년 이내 | 10% 감면 |

▶ **수정신고로 인하여 법인세 산출세액이 증가한 경우 세액감면**

수정신고의 경우 증액된 과세표준으로 산출세액을 계산하고, 중소기업에 대한 특별 세액 감면을 추가로 공제받을 수 있다. 다만, 관할 세무서에서 과세표준과 세액을 경정할 것을 미리 알고 제출하는 경우로서 부정행위에 해당하는 경우 추가 감면을 받을 수 없다.

### ▶ 당기 회계처리

[예제] 전기에 착오에 의하여 원재료비를 이중 계상하고 외상매입금으로 처리한 11,000,000원을 외상매입금에서 차감하는 분개처리를 하다.

| 외상매입금 | 11,000,000 | / | 전기오류수정이익 | 11,000,000 |

▶ 당기 세무조정 → 익금불산입 : 전기오류수정이익 11,000,000원 (△유보)

> **TIP** 이중 매입, 가공 경비 등에 대한 세무조정 및 소득처분
>
> 1. 이중 매입, 가공경비 등의 경우 그 대금이 대표이사 등에게 유출된 것이 분명한 경우에는 해당 금액을 손금불산입하고, 대표이사 등에 대한 상여로 처분하여야 한다.
> 2. 전기에 착오에 의하여 장부상 이중 경비로 처리하였으나 이중 경비 등이 사외에 유출되지 아니한 경우, 예를 들어 경비를 이중으로 계상하였으나, 부채인 외상매입금 등으로 장부에 반영하고, 당기 장부에서 외상매입금을 감액하는 회계처리를 하는 경우 손금불산입하고 유보로 처분할 수 있으며, 이 경우 인정이자는 계상하지 아니한다.
> 3. 이중 매입액, 가공경비 등을 현금 지급한 것으로 회계처리하고, 다음해 이후 현금을 회수하는 경우 이중 매입액 또는 가공경비 지급일부터 장부상 회수하는 기간 동안 그 대금을 대표이사가 유용한 것으로 보아 가지급금인정이자를 계상하여 가지급금인정이자상당액은 익금산입하고, 대표이사에 대한 상여로 처분을 하여야 한다.

## ❹ 전기 매출 누락분의 매출대금을 당기에 회수하는 경우

[예제] 전년도 7월 1일 매출 10,000,000원(부가세 별도)을 누락한 사실을 당기에 발견하고, 전년도 법인세 내용을 수정신고하다.

### ▶ 전년도 법인세 수정신고 및 세무조정
- 익금산입 : 매출　　　　　　　　　 11,000,000원(유보)
- 익금산입 : 가지급금인정이자　　　　 255,079원(상여)
* 매출대금 발생일부터 장부상 회수하는 기간 동안 매출대금을 대표이사가 유용한 것으로 보아 이 기간(7.1 ~ 12.31)에 대하여 가지급금인정이자 259,079원을 계상하여 익금산입하고, 대표이사에 대한 상여로 처분을 하여야 한다.
- 가지급금인정이자 : 11,000,000원 × 당좌대출이자율(4.6%, 매 년 변동됨) × 184/365
- 손금산입 : 부가가치세　　　　　　　1,000,000원(기타)

> **TIP　매출누락 대금에 대한 세무조정 및 소득처분**
> 1. 매출누락대금이 대표이사 등에게 유출된 것이 분명한 경우에는 해당 금액을 익금산입하고, 그 귀속자에 대하여 상여로 처분한 다음 근로소득세를 수정신고하여야 한다.
> 2. 전기에 착오에 의하여 장부상 매출을 누락하였으나 매출누락대금이 사외에 유출되지 아니한 경우, 예를 들어 매출과 외상매출금을 동시에 누락하였으나 매출대금이 사외로 유출되지 아니하였음을 입증할 수 있고, 당기 장부에 외상매출금을 반영하는 경우 익금산입하고 유보로 처분할 수 있으며, 이 경우 인정이자는 계상하지 아니한다.
> 3. 단, 당기 장부에 매출대금을 현금으로 회수하는 경우에는 익금산입하고 유보로 처분하되, 매출대금이 사외로 유출된 기간(매출발생일부터 매출대금 회수일까지 기간) 동안에 대하여는 매출누락대금을 대표이사가 유용한 것으로 보아 가지급금인정이자를 세무조정에서 익금산입하고, 귀속자(대표이사 등)에게 상여로 처분하여야 한다.

### ▶ 당기 회계처리
당기에 전기 매출누락대금 11,000,000원을 현금으로 회수하는 분개처리를 하다.

| 현금　　　　　　　　　11,000,000 / 전기오류수정이익　　　　11,000,000 |
|---|

- 당기 세무조정 [익금불산입] → 전기오류수정이익 11,000,000원 (△유보)

# 3 전기오류수정손실

## ❶ 개요

전기오류수정손실이란 전기 이전의 오류를 수정하는 경우 처리하는 계정으로 실무에서는 주로 전기 이전의 비용을 누락하여 당기에 반영하는 경우 발생한다.

과거 연도 이전의 비용을 누락한 경우 누락한 비용의 손금은 그 해당 사업연도별로 계상하여야 하므로 누락한 사업연도의 법인세 신고내용을 수정(세무조정사항에서 손금산입)하고, **경정청구(5년 이내)**를 하여 법인세를 환급받아야 하는 것이며, 전기의 오류를 반영한 사업연도에 장부상 전기오류손익수정손실로 처리하고, 세무조정에서 손금불산입처리한다.

왜냐하면, 전기 이전의 비용 누락에 대하여 전기 이전 법인세 경정청구로 이미 손금으로 처리하였기 때문이다.

### ▣ 경정청구 및 가산세

전기 이전의 매입세금계산서를 누락하여 법인세 및 부가가치세를 경정청구(수정에 의하여 환급금이 발생하는 것)하는 경우에는 세금을 실제보다 과다하게 납부한 다음 나중에 돌려받거나(법인세), 공제받을 세금을 세법에서 정한 때 보다 늦게 공제를 받아 돌려받은 것(부가가치세)이므로 가산세는 적용되지 아니한다.

## ❷ 전기 매입세금계산서 누락의 세무회계

[예제] 20×4년도 법인세신고시 사무실 임차료에 대하여 발급받은 매입세금계산서(공급가액 1,000,000원 세액 100,000원)를 신고누락하였다.
20×5년에 발견하여 20×4년도분 법인세를 경정청구하고 20×5년도에 임차료 미지급금 1,100,000원을 보통예금에서 인출하여 지급하다.

## ▶ 20×4년도분 법인세 경정청구 및 세무조정
- 손금산입(부채누락) : 매입채무 1,100,000원(△유보)
- 익금산입(자산누락) : 매입세액 100,000원(유보)

## ▶ 20×5년 회계처리
① 20×4년도 임차료 미지급금 1,100,000원을 미지급금으로 계상하다.

| 전기오류수정손실 | 1,000,000 | / | 미지급금 | 1,100,000 |
| 부가세대급금 | 100,000 | | | |

## ▶ 20×5년 세무조정 [손금불산입]
- 익금산입(부채계상) : 미지급금 1,100,000원(유보)
- 손금산입(자산계상) : 부가세대급금 100,000원(△유보)

◆ 비용 누락으로 처리하는 경우 세무조정

20×4년 : 손금산입(비용누락) : 1,000,000원 (△유보)

20×5년 : 손금불산입 : 1,000,000원 (유보)

② 《전기 비용누락에 대한 경정청구》 전기결산시 지급임차료 1,000,000원을 누락하여 법인세과세표준을 수정하고, 법인세환급금 100,000원 및 법인세분 지방소득세 환급금 10,000원을 경정청구하다.

| 미수금 | 110,000 | / | 법인세환급액 | 110,000 |

* 법인세환급액 : 영업외수익에 해당하며, 세무조정에서 익금불산입한다.

③ 《법인세 환급금액 입금》 법인세환급금 100,000원이 보통예금에 입금되다.

| 보통예금 | 100,000 | / | 미수금 | 100,000 |

④ 《매입세금계산서 누락분 경정청구》 매입세금계산서누락에 대하여 관할세무서에 경정청구하다.

| 미수금 | 100,000 | / | 부가세대급금 | 100,000 |

## ❸ 전기 이전의 비용을 자산으로 처리한 경우 세무회계

[예제] 20×3년도 확정기여형퇴직연금(DC)으로 불입한 금액 1천만원을 착오에 의하여 자산(퇴직연금운용자산)으로 처리하였음을 20×5년 3월 10일 발견하고, 20×3년도 법인세를 경정청구하고, 전기오류수정손실로 처리한 다음 세무조정하다.

### ▶ 확정급여형퇴직연금 및 확정기여형퇴직연금의 손금산입 방법
1. 확정급여형퇴직연금(DB)은 자산(퇴직연금운용자산)처리한 다음 결산조정으로 퇴직연금충당부채를 계상하여 손금에 산입하거나(퇴직금 / 퇴직연금충당부채) 세무조정 사항으로 손금산입하여야 하며,
2. 확정기여형퇴직연금(DC)은 퇴직연금 불입시 즉시 비용처리하여야 한다.

### ▶ 20×3년도분 법인세 경정청구 및 세무조정
<세무조정>
• 손금산입 : 퇴직연금운용자산 10,000,000원(△유보)

### ▶ 20×5년 회계처리
[예제] 20×5년도 퇴직연금운용자산 10,000,000원을 장부에서 제거하는 회계처리를 하고, 전기오류수정손실로 계상하다.

| 전기오류수정손실 | 10,000,000 | / | 퇴직연금운용자산 | 10,000,000 |

### ▶ 20×5년 세무조정
<세무조정>
• 손금불산입 : 전기오류수정손실 10,000,000원 (유보)

▶ 20×5년도 회계처리한 전기오류수정손실은 손금불산입(20×3년도 법인세 수정신고로 이미 손금으로 처리한 것임)처리한다.

## ❹ 전기오류수정손익을 전기 법인세 수정신고없이 당기에 처리하는 경우

전기에 수익을 누락하거나 비용을 이중으로 계상한 경우에는 전기의 법인세를 과소납부한 것이므로 반드시 전기의 법인세를 수정신고하여야 한다. 반대로 전기에 수익을 이중 계상하거나 비용을 누락한 경우에는 전기의 법인세를 과다납부한 것이므로 전기의 법인세를 수정하여 경정청구를 하여야 한다. 단, 전기에 비용을 이중으로 계상한 금액 등이 중요하지 않거나 전기의 비용을 누락하였으나 전기 소득을 수정하여 법인세를 경정청구하지 않는 경우 전기의 법인세 수정신고를 아니하고 당기에만 처리하여도 무방할 것이다.

### ▶ 전기 수익 누락 또는 비용 이중 금액을 전기오류수정이익으로 하는 경우

전년도의 수익을 당해 연도의 전기오류수정수익으로 계상하거나 전년도의 비용이 아닌 것을 당해 연도의 전기오류수정이익으로 처리함으로써 전기오류수정이익에 상당하는 법인세를 오류가 발생한 연도에 납부하지 아니하고, 당해 연도에 납부하여 법인세를 1년간 늦게 납부하는 결과가 되나 금액적으로 중요하지 않은 경우 나중에 세무상 문제가 되더라도 손익 귀속연도의 문제만 있으므로 전년도의 법인세에 대한 신고불성실가산세 및 납부지연가산세만 부담을 하면 되기 때문이다.

### ▶ 전기의 비용을 누락하였거나 수익을 이중으로 계상한 경우

전년도의 비용을 당해 연도에 전기오류수정손실로 처리하여 비용 계상하는 경우 전기오류수정손실에 상당하는 법인세를 전년도에 납부함으로써 법인세를 1년간 먼저 납부하는 결과가 되어 세무상 특별한 문제는 발생하지 않을 것이다. 다만, 이 경우 회사 입장에서는 실제 발생한 비용을 손금으로 처리하지 아니함으로써 손금에 해당하는 법인세를 많이 내는 것은 감수하여야 한다.

### ▶ 전기 이전의 오류를 이익잉여금 항목으로 처리하는 경우

전기 이전의 오류사항 중 손익과 관련이 없는 오류를 이익잉여금의 증감항목으로 처리하는 경우 손익과정을 거치지 아니하고, 자본 계정에서 조정이 되므로 당기의 법인세에는 영향을 미치지 않는다.

# 16 가산세 및 적용 사례

## 1 국세기본법의 가산세

### ❶ 무신고가산세 [국세기본법 제47조의2]

납세의무자가 법정신고기한까지 세법에 따른 국세의 과세표준 신고를 하지 아니한 경우에는 신고로 납부하여야 할 세액(가산세와 세법에 따라 가산하여 납부하여야 할 이자 상당 가산액이 있는 경우 그 금액은 제외)의 **100분의 20**에 상당하는 금액을 가산세로 한다.

「소득세법」에 의한 복식부기의무자 및 「법인세법」에 의한 법인이 과세표준 신고를 하지 아니한 경우에는 각각 무신고납부세액의 100분의 20에 상당하는 금액과 수입금액에 1만분의 7을 곱하여 계산한 금액 중 큰 금액을 가산세로 한다.

### ▣ 기한 후 신고 및 가산세 감면

#### ▶ 기한 후 신고 [국세기본법 제45조의3]

법정신고기한까지 과세표준신고서를 제출하지 아니한 자는 관할 세무서장이 세법에 따라 해당 국세의 과세표준과 세액을 결정하여 통지하기 전까지 기한후과세표준신고서를 제출할 수 있다. 단, 기한 후 신고를 하는 경우 무신고가산세, 납부지연가산세 등이 적용되며, 기한 후 과세표준신고를 하려는 자는 기한후과세표준신고서를 관할 세무서장에게 제출하여야 한다.

[세법 개정] 기한 후 신고시 무신고 가산세 감면율 조정 및 세분화(국기법 §48②)
- 1개월 이내 : 50% 감면
- 1 ~ 3개월 이내: 30% 감면
- 3 ~ 6개월 이내: 20% 감면

<적용시기> 2020.1.1. 이후 기한 후 신고하는 분부터 적용

## ❷ 과소신고가산세

### 1 과소신고가산세

납세의무자가 법정신고기한까지 세법에 따른 국세의 과세표준 신고를 한 경우로서 납부할 세액을 신고하여야 할 세액보다 과소신고하거나 환급받을 세액을 신고하여야 할 금액보다 많이 신고(초과신고)한 경우에는 **과소신고한 납부세액**과 초과신고한 환급세액을 합한 금액의 100분의 10에 상당하는 금액을 가산세로 한다.

1. 소득세, 법인세 등 : (산출세액 - 기납부세액) × 가산세율(10%, 부정행위 40%)
2. 부가가치세, 개별소비세, 주세
(과소신고 납부세액 - 기납부세액) × 가산세율(10%, 부정행위 40%)

▶ **부정과소신고가산세**
부정한 방법으로 과소신고한 과세표준이 있는 경우에는 다음의 금액을 합한 금액을 납부할 세액에 가산하거나 환급받을 세액에서 공제한다. 과세표준 중 부정한 방법으로 과소신고한 과세표준에 상당하는 금액이 과세표준에서 차지하는 비율을 산출세액에 곱하여 계산한 금액의 100분의 40에 상당하는 금액

다만, **복식부기의무자 또는 법인**이 신고한 과세표준이 세법에 따라 신고하여야 할 소득세 과세표준 또는 법인세 과세표준에 미치지 못하는 경우에는 부정과소신고가산세액과 부정한 방법으로 과소신고한 과세표준과 관련된 수입금액에 1만분의 14를 곱하여 계산한 금액 중 큰 금액으로 한다.

□ 부정한 방법의 유형 [조세범 처벌법 제3조 제6항]
"사기나 그 밖의 부정한 행위"란 다음 각 호의 어느 하나에 해당하는 행위로서 조세의 부과와 징수를 불가능하게 하거나 현저히 곤란하게 하는 적극적 행위를 말한다.
1. 이중장부의 작성 등 장부의 거짓 기장
2. 거짓 증빙 또는 거짓 문서의 작성 및 수취
3. 장부와 기록의 파기
4. 재산의 은닉, 소득·수익·행위·거래의 조작 또는 은폐

5. 고의적으로 장부를 작성하지 아니하거나 비치하지 아니하는 행위 또는 계산서, 세금계산서 또는 계산서합계표, 세금계산서합계표의 조작
6. 전사적 기업자원관리설비의 조작 또는 전자세금계산서의 조작
7. 그 밖에 위계(僞計)에 의한 행위 또는 부정한 행위

## ② 수정신고와 과소신고가산세 감면 [국세기본법 제48조]

[개정] 수정신고시 과소신고 가산세 감면율 조정 및 세분화(국기법 §48②)

| 수정신고기간 | 감면율 | 수정신고기간 | 감면율 |
|---|---|---|---|
| 1개월 이내 | 90% 감면 | 6개월 ~ 1년 이내 | 30% 감면 |
| 3개월 이내 | 75% 감면 | 1년 ~ 1년 6개월 이내 | 20% 감면 |
| 3 ~ 6개월 이내 | 50% 감면 | 1년 6개월 ~ 2년 이내 | 10% 감면 |

<적용시기> 2020.1.1. 이후 수정신고하는 분부터 적용

▶ 가산세 감면 제외 사유
1. 해당 국세에 관하여 세무공무원이 조사에 착수한 것을 알고 과세표준수정신고서 또는 기한후과세표준신고서를 제출한 경우
2. 해당 국세에 관하여 관할 세무서장으로부터 과세자료 해명 통지를 받고 과세표준수정신고서를 제출한 경우

## ❸ 납부지연가산세

납세의무자가 세법에 따른 납부기한까지 국세의 납부(중간예납·예정신고납부·중간신고납부 포함)를 하지 아니하거나 납부하여야 할 세액보다 적게 납부(과소납부)하거나 환급받아야 할 세액보다 많이 환급(초과환급)받은 경우에는 다음 각 호의 금액을 합한 금액을 가산세로 한다. [국세기본법 제47조의4]

1. 납부하지 아니한 세액 또는 과소납부분 세액 × 납부기한의 다음 날부터 자진납부일 또는 납세고지일까지의 기간 × 2.2/10,000
2. 초과환급받은 세액 × 환급받은 날의 다음 날부터 자진납부일 또는 납세고지일까지의 기간 × 2.2/10,000

[개정 세법] 2019년 이후 납부지연가산세 이자율 인하 [국세기본법 시행령 제27조의4]
2019년 2월 11일 이전의 미납기간 : 1일 0.03%
2019년 2월 12일 이후의 미납기간 : 1일 0.025%
2022년 2월 15일 이후의 미납기간 : 1일 0.022%

[사례] 납부지연가산세 계산
<예제> 2023년 제1기 부가가치세 신고는 하였으나 납부할 세액 1천만원을 자금사정으로 납부하지 못하였으며, 관할 세무서에서 납부할 세액 1천만원 및 납부지연가산세를 계산하여 고지한 바 납부하다.

| 사 례 | 부가가치세 미납부 가산세 계산 |
|---|---|

[예 제] 미납금액 10,000,000원, 고지일 9월 10일, 납부기한 9월 30일
  미납부가산세(103,400원) : 10,000,000원 × 미납일수(47일) × 2.2/10,000
  * 미납일수 : 7월 26일부터 고지일(9월 10일)까지의 기간 일수

## ▣ 원천징수대상 국세의 납부지연가산세 등

▶ **원천세 미납부가산세 (1 + 2) 미납금액 10% 한도**

1. 미납부금액의 3%
2. 미납부금액 × 미납일수 × 2.2/10,000

[개정 세법] 2019.2.12. 이후 납부지연가산세 이자율 인하 [국세기본법 시행령 제27조의4]
2019년 2월 12일 이후의 미납기간 : 1일 0.025%
2022년 2월 15일 이후의 미납기간 : 1일 0.022%

◆ 원천세 신고불성실가산세 → 없음

◆ 원천세 지급명세서 미제출가산세
제출기한까지 제출하지 아니한 금액의 1% 단, 제출기한일로부터 3개월 이내에 제출하는 경우 0.5% (소득세법 제81조의11)

## 2 부가가치세 관련 가산세

### ❶ 세금계산서 발급 관련 가산세

**[1] 전자세금계산서를 발급하지 않은 경우**
공급가액의 2%를 가산세로 부담하여야 한다.

**[2] 착오로 전자세금계산서를 이중으로 발급한 경우**
① 매출자는 처음에 발급한 세금계산서의 내용대로 음(陰)의 표시를 하여 발급 : 전자세금계산서를 착오에 의한 이중으로 발급한 경우 당초 작성일자로 하여 부(-)의 수정세금계산서를 발행하고 당초 과세기간분에 대하여 '경정청구'하여 환급을 받아야 한다. 이 경우 가산세 적용은 없다.
② 매입자는 매입세액을 공제받은 사실이 없는 경우 가산세 적용은 없으나 매입세액을 중복으로 공제받았다면, 수정신고를 하여야 하며, 수정신고시 신고불성실 및 납부지연가산세가 적용된다. 단, 수정전자세금계산서를 발급받고 수정신고시에는 매입처별세금계산서합계표불성실가산세는 적용되지 않는다.

**[3] 세금계산서를 발행하여야 하나 면세 계산서를 발행한 경우**
부가가치세가 과세되는 재화 또는 용역을 공급하였으나 면세 계산서를 발급한 경우 소급하여 세금계산서를 발급할 수 없는 것이며, 세금계산서 미발급 가산세(공급가액의 2%), 신고불성실가산세, 납부지연가산세가 적용된다.

**[4] 면세 계산서를 발행하여야 하나 세금계산서를 발행한 경우**
부가가치세가 면제되는 재화나 용역을 공급하면서 착오로 계산서가 아닌 세금계산서로 발급한 경우 가산세는 적용되지 않는다.

**[5] 재화 또는 용역의 공급없이 세금계산서를 잘못 발행한 경우**
재화나 용역을 공급함이 없이 매출 세금계산서를 잘못 발급한 경우에는 수정세금계산서 발급사유에 해당하지 아니하므로 수정세금계산서를 발급할 수 없으며, 재화나 용역을 공급함이 없이 매출세금계산서를 발급한 공급자는 공급가액의 3%를 가산세로

부담하여야 한다. 한편, 거래없이 타 사가 세금계산서를 잘못 발행한 매입세금계산서를 수취한 해당 업체는 매입세액을 불공제처리하여야 하며, 매입세액공제를 받은 경우에는 수정신고를 하여야 하고, 수정신고시 신고불성실가산세 및 납부지연가산세를 추가로 부담하여야 한다.

### [6] 폐업자에게 세금계산서를 발급한 경우

재화 또는 용역을 공급받는 자가 사업자가 아닌 경우(폐업자 포함)에는 공급받는 자의 주소·성명 및 주민등록번호 기재하여 발급하여야 한다. 단, 매입자가 폐업자인줄 모르고 사업자번호로 세금계산서를 발행한 경우 재화 및 용역의 공급일이 속하는 과세기간에 대한 **확정신고기한 다음날부터 1년까지** 수정세금계산서를 작성 발급할 수 있는 것으로 이 경우 당초분은 취소하고 공급받는 자의 주민등록번호를 기재한 수정세금계산서를 발급할 수 있으며, 가산세 적용은 없다.

[개정 세법] 수정세금계산서 발급기한 확대(부가령 §70①)
필요적 기재사(공급자, 공급받는자, 공급가액, 작성연월일)을 잘못 기재한 세금계산서에 대한 수정세금계산서 발급기한
(종전) 확정신고기한까지
(개정) 확정 신고기한 다음날부터 1년까지
<적용시기> 2022.2.15. 이후 재화 또는 용역을 공급하는 분부터 적용

## ❷ 세금계산서 기재사항 관련 가산세

### [1] 공급받는자 사업자등록번호를 잘못 기재한 경우

공급받는자를 잘못 기재한 경우 재화 또는 용역의 공급시기가 속한 과세기간의 **확정신고기한 다음날부터 1년까지** 공급받는 자를 수정하는 세금계산서를 발행할 수 있으며, 이 경우 적용되는 세금계산서 관련 가산세는 없다. 단, 공급받는 자의 수정은 기재사항 착오로 볼 수 없으므로 **확정 신고기한 다음날부터 1년 이후에는** 수정세금계산서를 발급할 수 없으며, 이후 세금계산서를 발급한 경우 세금계산서를 발급하지 않은 것으로 보아 공급자는 공급가액의 2%를 곱한 금액의 가산세가 적용되며, 매입자는 매입세액을 공제받을 수 없다.

[개정 세법] 수정세금계산서 발급기한 확대(부가령 §70①)
(종전) 확정신고기한까지
(개정) 확정 신고기한 다음날부터 1년까지
<적용시기> '2022.2.15. 이후 재화 또는 용역을 공급하는 분부터 적용

### [2] 사업자를 주민등록기재분으로 세금계산서 발급한 경우

공급자가 거래 상대방이 사업자인 것을 모르고 주민등록번호를 기재하여 발행한 세금계산서는 주민등록번호를 사업자등록번호로 수정한 세금계산서를 발급할 수 있다. 이 경우 가산세 적용은 없으나 관할 **세무서장이 경정하여 통지하기 전까지** 당초에 발급한 세금계산서의 내용대로(당초 작성일자) 세금계산서를 수정하여 발급하여야 한다. **다만, 공급받는 자가 사업자등록을 하기 전에 공급받는 자의 주민등록번호를 기재하여 발급한 세금계산서에 대하여는 사업자등록번호로 수정한 세금계산서를 발급할 수 없다.**

### [3] 작성일자를 잘못 기재하여 해당 공급시기가 속하는 달의 다음달 10일 이내 수정발급하는 경우 가산세는 없음

세금계산서 작성일자를 잘못 기재하여 이를 수정발급하는 경우로서 당초 발급한 세금계산서가 거래시기가 속하는 달의 다음달 10일까지 발급하였으나 이를 수정하는 경우 가산세는 적용되지 않는다. 단, 당초 세금계산서를 지연발급(공급시기가 속하는 달의 다음달 11일 이후 발급)한 경우에는 공급자는 공급가액의 1%를 공급받는 자는 공급가액의 0.5%를 가산세로 부담하여야 한다.

### [4] 필요적 기재사항을 착오로 잘못 입력한 경우

처음에 발급한 세금계산서의 내용대로 세금계산서를 음(陰)의 표시를 하여 발급하고, 수정하여 발급하는 세금계산서는 양수로 작성하여 발급한다. 다만, 다음의 어느 하나에 해당하는 경우로서 과세표준 또는 세액을 경정할 것을 미리 알고 있는 경우는 제외한다.
1. 세무조사의 통지를 받은 경우
2. 세무공무원이 과세자료의 수집 또는 민원 등을 처리하기 위하여 현지출장이나 확인업무에 착수한 경우
3. 세무서장으로부터 **과세자료 해명안내 통지**를 받은 경우

## ❸ 공급시기 관련 가산세

### [1] 공급시기와 작성일자는 같아도 발급일자가 늦은 경우 세무상 문제
세금계산서는 재화 또는 용역의 공급일을 작성일자로 하여 해당 재화 또는 용역의 공급일에 전자세금계산서를 발급(공급일 = 작성일자 = 발급일자)하여야 한다. 다만, 월합계 세금계산서나 실제거래사실이 확인되는 경우 해당 월의 말일 또는 거래일을 작성 연월일로 하여 해당 월의 다음달 10일까지 발급을 할 수 있다.

정당한 공급일을 작성일자로 전자세금계산서를 발급하더라도 발급일자가 늦어지는 경우 다음의 가산세가 적용된다.

▶ **공급시기가 속하는 다음 달 11일 이후 부가가치세 확정신고기한내 전자세금계산서를 발급하는 경우 지연발급가산세가 적용됨**
작성일자는 정당하더라도 다음 달 11일 이후에 세금계산서를 발급한 경우 동일 과세기간인 경우 공급자는 공급가액의 1%를 가산세로 부담하여야 하며, 공급받는자는 공급가액의 0.5%를 가산세로 부담하여야 한다.

▶ **공급시기가 속하는 확정과세기간의 다음달 11일 이후 25일(신고기한)내 전자세금계산서를 발급하는 경우**
공급시기가 속하는 부가가치세 과세기간의 다음달 11일부터 25일까지 전자세금계산서를 발급하는 경우 공급자 및 공급받는자는 세금계산서 지연발급가산세(공급가액의 1%)가 적용된다. 예를 들어 6월 30일 작성일자인 세금계산서를 **7월 11일 이후 7월 25일 이내에 발급**하거나, 12월 31일 작성일자인 세금계산서를 다음해 **1월 11일 이후 1월 25일 이내에 발급**하는 경우 공급자는 공급가액의 1%를 가산세로 부담하여야 하며, 공급받는자는 공급가액의 0.5%를 가산세로 부담하여야 한다.

[개정 세법] 지연수취 세금계산서 등에 대한 매입세액공제 (부가가치세법 시행령 제75조)
공급시기 이후 세금계산서를 발급받았으나, 실제 공급시기가 속하는 과세기간의 확정신고기한 다음날부터 6개월 이내에 발급받은 것으로서 수정신고·경정청구하거나, 거래사실을 확인하여 결정·경정하는 경우
<적용시기> 2019.2.12. 이후 재화 또는 용역을 공급받는 분부터 적용

**[개정 세법] 공급시기가 지난 후 발급된 세금계산서의 매입세액공제 인정범위 확대**
(부가가치세법 시행령 제75조)
확정신고기한 다음날부터 1년(6개월 → 1년) 이내에 세금계산서를 발급받고 납세자가 경정청구, 수정신고 하는 경우
(종전) 6개월
(개정) 1년
<적용시기> 2022. 2.15.이후 재화 또는 용역을 공급하는 분부터

▶ 세금계산서 발급 및 수취 관련 가산세 요약표

| 구 분 | | 내 용 | 발급자 | 수취자 |
|---|---|---|---|---|
| 발급 | 미발급 | 발급시기가 지난 후 공급시기가 속하는 과세기간에 대한 확정신고기한 내에 발급하지 아니한 경우 | 2% | 매입세액 불공제 |
| | 지연발급 | 발급시기가 지난 후 공급시기가 속하는 과세기간에 대한 확정신고기한 내에 발급한 경우 | 1% | 0.5% |
| | 종이발급 | 발급시기에 전자세금계산서 외의 세금계산서 발급 | 1% | - |

■ 세금계산서 관련 가산세 중복 적용 배제
1. 미발급가산세가 적용되는 경우 지연발급가산세는 적용되지 아니함
2. 미발급가산세 또는 지연발급가산세가 적용되는 경우 지연전송관련 가산세는 적용되지 아니함
3. 미발급가산세 또는 지연발급가산세가 적용되는 경우 세금계산서합계표 관련 가산세는 적용되지 아니함

## ❹ 부가가치세 기한 후 신고시 적용되는 가산세

법정신고기한까지 과세표준신고서를 제출하지 아니한 자는 관할 세무서장이 세법에 따라 해당 국세의 과세표준과 세액을 결정하여 통지하기 전까지 기한후과세표준신고서를 제출할 수 있다. 단, 기한 후 신고를 하는 경우 무신고가산세 및 납부지연가산세 등이 적용된다.

[1] 무신고가산세 : 납부할 세액 × 20/100

[세법 개정] 기한 후 신고시 무신고 가산세 감면율 조정 및 세분화(국기법 §48②)
- 1개월 이내 : 50% 감면
- 1 ~ 3개월 이내: 30% 감면
- 3 ~ 6개월 이내: 20% 감면

<적용시기> 2020.1.1. 이후 기한 후 신고하는 분부터 적용


[2] 납부지연가산세 : 과소납부금액 × 미납일수 × 일변(2.2/10000)

[개정 세법]  납부지연가산세 이자율 인하 [국세기본법 시행령 제27조의4]
2022년 2월 15일 이후의 미납기간 : 1일 0.022%


[3] 매출세금계산서합계표미제출가산세 : 공급가액 × 5/1000
소매, 음식업 등 세금계산서 의무발급대상업종이 아닌 경우에는 적용하지 않는다.


[4] 부동산임대공급가액명세서 또는 현금매출명세서 미제출가산세
제출하지 아니한 수입금액 × 1% (1개월 이내 제출시 50% 감면)
* 부동산임대공급가액명세서 또는 현금매출명세서 제출대상사업자가 제출하지 않은 경우


## ❺ 예정신고누락분을 확정신고시 같이 신고하는 경우 가산세

### [1] 매입세금계산서 누락분
매입세금계산서합계표를 제출누락하여 확정신고시 같이 신고하는 경우에는 가산세 적용은 없다.

### [2] 매출세금계산서 누락분
매출세금계산서합계표를 누락하여 확정신고시 같이 신고 및 납부하는 경우 다음의 가산세를 적용하여 확정신고 및 납부하여야 한다.
1. 세금계산서합계표불성실가산세 : 공급가액의 0.3%
2. 신고불성실가산세 : 매출세액의 5%[10% × 감면율(50%)]

## ❻ 매입세액불공제분을 공제받은 경우 가산세

매입세액을 공제받을 수 없는 비영업용승용자동차를 구입하고 세금계산서를 수취하여 매입세액을 공제받은 경우 이에 대하여 매입세액불공제로 수정신고를 하여야 하며, 이 경우 신고불성실가산세 및 납부지연가산세는 적용되나 매입처별세금계산서합계표불성실가산세는 적용하지 아니한다.

## ❼ 영세율 과소신고 및 첨부서류 미제출에 대한 가산세

① 사업자가 부가가치세 신고를 한 경우로서 영세율과세표준을 과소신고(신고하지 아니한 경우 포함)한 경우에는 과소신고분(신고하여야 할 금액에 미달한 금액) 영세율과세표준의 **1천분의 5**에 상당하는 금액을 합한 금액을 가산세로 한다.

② 사업자가 부가가치세 신고시 영세율 과세표준이 있는 경우에는 법령에 정한 영세율 첨부서류를 반드시 제출하여야 하며, 미제출시에는 영세율과세표준의 **1천분의 5**에 해당되는 가산세가 적용된다.

■ 영세율 신고와 첨부서류 제출 여부에 따른 가산세
- 영세율 신고, 영세율첨부서류 미제출 : 영세율신고불성실가산세 적용
- 영세율 신고누락, 영세율첨부서류 미제출 : 영세율신고불성실가산세 적용

■ 영세율과세표준 과소신고 가산세
사업자가 부가가치세 신고를 한 경우로서 영세율과세표준을 과소신고하거나 신고하지 아니한 경우 그 과소신고되거나 무신고된 영세율과세표준의 1천분의 5에 상당하는 금액을 가산세로 부담하여야 한다. [국세기본법 제47조의3 ② 2]

□ 부가가치세법 집행기준 60-0-13 [과다 기재한 영세율과세표준에 대한 가산세]
영세율이 적용되는 사업자가 영세율 붙임서류를 정상적으로 제출하였으나 그 신고한 과세표준이 신고하여야 할 과세표준보다 과다하게 신고한 경우에는 영세율과세표준신고불성실가산세를 적용하지 아니한

# 3 법인세 및 원천세 관련 가산세

## ❶ 법인세 관련 가산세

### 1 가산세 관련 개정 세법

**■ 계산서 지연발급 및 미발급 가산세 (법인세법 제75조의8 ① 4)**
(종전) 계산서 미발급 가산세 : 공급가액의 2%
(개정) [미발급 가산세] 사업연도 말의 다음달 25일까지 발급하지 않은 경우 공급가액의 2%
[지연발급 가산세] 사업연도 말의 다음달 25일까지 지연발급 : 공급가액의 1%
<적용시기> 2018.1.1. 이후 공급하는 이후 계산서를 발급하는 경우부터 적용

**■ 계산서합계표 및 세금계산서합계표 제출불성실 가산세 (법인세법 제75조의8 ① 1, 3)**
○ 계산서합계표 및 세금계산서합계표 제출기한(면세 법인) : 다음해 2월 10일
(종전) 공급가액의 1% (지연제출시 0.5%)
(개정) 공급가액의 0.5% (지연제출시 0.3%)
<적용시기> 2018년 1월 1일 이후 매출·매입처별 계산서합계표 또는 매입처별 세금계산서합계표의 제출기한이 도래하는 분부터 적용한다.

**■ 주식변동상황명세서 제출불성실 가산세 (법인세법 제75조의2 ②)**
(종전) 주식액면가액의 2%, 지연제출시 1%(1개월 내) <국세기본법>
(개정) 주식액면가액의 1%, 지연제출시 0.5%(1개월 내)
<적용시기> 2018. 1. 1. 이후 제출기한이 도래하는 분부터 적용

**■ 지급명세서 제출불성실가산세 (법인세법 제75조의7)**
(종전) 지급금액의 2%, 지연제출시 1%(3개월 내)
(개정) 지급금액의 1%, 지연제출시 0.5%(3개월 내)
<적용시기> 2018. 1. 1. 이후 제출기한이 도래하는 분부터 적용

■ **간이지급명세서 제출불성실가산세 (법인세법 제75조의7)**

간이지급명세서를 제출하지 않거나 허위 제출하는 경우
(종전) 지급금액 × 0.5%, 기한 후 3개월 이내 제출시 50% 감면
(개정) 지급금액 × 0.25, 기한 후 3개월 이내 제출시 50% 감면
<적용시기> 2021.1.1. 이후 신고·결정 및 경정하는 분부터 적용

## ② 면세 전자계산서 미발급 및 지연발급시 가산세

### [1] 전자 계산서 미발급 가산세

면세되는 재화 또는 용역을 공급하고 전자계산서 또는 현금영수증을 발급하지 아니한 경우 공급가액의 2%를 가산세로 부담하여야 한다. 다만, 영수증발급대상 사업자 중 현금영수증의무발급대상 사업자가 아닌 경우 가산세 적용은 없다. 한편, 전자계산서를 발급하지 아니하였으나 종이계산서를 발급한 경우 미발급가산세는 공급가액의 1%로 한다.

### [2] 전자 계산서 지연발급 가산세

전자계산서를 지연발급한 경우 공급가액의 1%를 가산세로 부담하여야 한다. 다만, 해당 사업연도의 다음해 1월 25일까지 발급하지 않은 경우 계산서를 미발급한 것으로 보아 공급가액의 2%를 가산세로 부담하여야 한다.

■ **계산서 지연발급 및 미발급 가산세 (법인세법 제75조의8 ① 4)**

(종전) 계산서 미발급 가산세 : 공급가액의 2%
(개정) [미발급 가산세] 사업연도 말의 다음달 25일까지 발급하지 않은 경우
공급가액의 2%
[지연발급 가산세] 사업연도 말의 다음달 25일까지 지연발급 : 공급가액의 1%
<적용시기> 2018.1.1. 이후 공급하는 이후 계산서를 발급하는 경우부터 적용

▶ **계산서 지연수취가산세**

전자세금계산서를 지연수취한 경우 부가가치세법 제60조 제7항 제1호의 규정에 따라 공급가액의 0.5%를 세금계산서지연수취가산세로 부담하는 것이나 법인세법 제

제75조의8 및 소득세법 제81조의10 에서 전자계산서 지연발급가산세(공급가액의 1%)는 규정되어 있으나 지연수취 가산세는 없으므로 지연수취가산세는 적용되지 않는 것으로 판단됨

### ③ 면세 계산서합계표 제출을 누락한 경우 가산세

면세 계산서합계표의 제출기한은 작성일자가 속하는 사업연도의 다음해 2월 10일까지이며, 계산서합계표를 제출하지 아니한 경우 공급가액의 0.5%를 가산세로 부담하여야 한다. 단, 과세사업자가 부가가치세 신고시 면세 계산서합계표신고를 누락하였으나 다음해 2월 10일까지 제출하는 가산세 적용은 없다.

▶ **토지 또는 건물 매각분의 계산서 발급의무**
1. 토지 및 건축물을 공급하는 경우 계산서 발급의무는 없다. 다만, 거래상대방이 계산서 발급을 요구하는 계산서를 발급하여야 한다.
2. 단, 과세사업자가 건물을 매각하는 경우에는 세금계산서를 발급하여야 한다.

### ④ 지급명세서 미제출 등에 대한 가산세

납세지 관할 세무서장은 법인세법 및 소득세법에 의하여 지급명세서를 제출하여야 할 내국법인이 그 제출기한까지 제출하지 아니하였거나 제출된 지급명세서가 불분명한 경우에 해당하는 경우에는 그 제출하지 아니한 분의 지급금액 또는 <u>불분명한 분의 **지급금액의 100분의 1**</u>에 상당하는 금액을 가산한 금액을 법인세로서 징수하여야 한다. 이 경우 산출세액이 없는 경우에도 가산세는 징수한다. [법인세법 제75조의7]

▶ **법인세법에 의한 지급명세서의 제출의무 [법인세법 제120조]**
내국법인에게 소득세법에 의한 이자소득 또는 배당소득을 지급하는 자는 납세지 관할 세무서장에게 지급명세서를 제출하여야 한다. 참고로 법인이 법인에게 배당금을 지급하는 경우에는 배당소득세를 징수·납부할 의무는 없는 것(법인세법 제73조 제1항)이나 지급명세서는 제출하여야 하며, 제출하지 않는 경우 가산세가 적용됨에 유의하여야 한다.

▶ 지급명세서가 불분명한 경우 [법령 제120조 ⑥]
(1) 제출된 지급명세서에 지급자 또는 소득자의 주소, 성명, 고유번호(주민등록번호로 갈음하는 경우에는 주민등록번호)나 사업자등록번호, 소득의 종류, 소득귀속연도 또는 지급액을 적지 아니하였거나 잘못 적어 지급사실을 확인할 수 없는 경우
(2) 제출된 지급명세서 및 이자·배당소득 지급명세서에 유가증권표준코드를 적지 아니하였거나 잘못 적어 유가증권의 발행자를 확인할 수 없는 경우

▶ 지급명세서 등 미제출분의 제출기한 경과 후 3개월 제출하는 경우 가산세 감면
제출기한이 지난 후 3개월(소득세법에 의한 지급명세서는 3개월) 이내에 세법에 따른 제출 의무를 이행하는 경우 해당 가산세액의 100분의 50에 상당하는 금액을 감면한다.

## 5 정규영수증 미수취 등에 대한 가산세

법인(수익사업을 영위하지 아니하는 비영리법인은 제외) 및 개인사업자(해당 과세기간에 신규로 사업을 개시한 사업자 및 직전 과세기간의 사업소득의 수입금액이 4천800만원에 미달하는 사업자 제외)가 사업과 관련하여 사업자로부터 재화 또는 용역을 공급받고 세금계산서, 계산서, 현금영수증, 신용카드매출전표 등 정규영수증을 받지 아니하거나 사실과 다른 증명서류를 받은 경우에는 정규영수증 수취특례에 해당하는 경우를 제외하고는 그 받지 아니한 금액 또는 사실과 다르게 받은 금액의 **100분의 2**에 상당하는 금액을 가산한 금액을 법인세로서 징수하여야 한다. 이 경우 산출세액이 없는 경우에도 가산세는 징수한다. [법인세법 제75조의5]

## 6 감면대상이 아닌 세액을 감면받은 경우

세액감면대상이 아님에도 감면을 받은 경우 과세표준에는 영향을 미치지 아니하므로 과소신고가산세는 적용하지 않는 것이며, 국세기본법 제47조의4에 따른 납부지연가산세만 적용된다.

◆ 법인, 법인46012-630 , 1993.03.15.
법인세과세표준을 신고함에 있어서 과세표준에는 포함하였으나 감면세액을 과다 계상한 경우는 과소신고 가산세가 적용되지 아니하는 것임

# 4 매출누락에 대한 수정신고 및 가산세 적용[법인]

## ❶ 개요

전년도 이전 매출누락에 대하여 납세자가 스스로 부가가치세 및 법인세를 수정신고하는 경우 신고불성실과 관련한 가산세 감면과 법인세 산출세액 증가에 따른 세액감면 등을 추가로 공제받을 수 있으며, 사외유출된 매출누락대금을 회수하는 회계처리를 하는 경우 매출누락된 금액에 대하여 익금산입하고 유보로 처분하여 상여처분을 면할 수 있다. 단, 이 경우에도 매출누락대금이 사외유출된 기간 동안은 그 귀속자가 법인의 자금을 유용한 것으로 보아 가지급금인정이자를 계상하여 수정신고시 세무조정에서 익금산입하고, 귀속자에게 상여처분하여야 한다.

## ❷ 매출누락에 대하여 추가 납부할 세금 등 계산 사례

[예제] 제조업을 영위하는 (주)대성공업은 20×3년 10월 1일 발행한 매출세금계산서를 신고누락하여 납세자 스스로 20×4년 9월 30일 매출누락금액(부가세 포함)을 대표이사로부터 회수하는 회계처리를 하고, 20×3년 2기 확정 부가가치세 수정신고서 및 20×3 사업연도 법인세 수정신고서를 제출하다. 그리고 납부할 세액을 계산하여 20×4년 9월 30일 보통예금에서 인출하여 납부하다.

### 1 부가가치세 추가 납부세액 및 가산세

① 추가 납부하여야 할 부가가치세
누락신고한 매출액(세금계산서 공급가액등)의 매출세액

② 매출처별세금계산서합계표 불성실가산세
세금계산서 공급가액 × 0.5/100 (2016년 이전 : 세금계산서 발급분 5/1,000)
* 매출세금계산서를 발급하지 않은 경우에는 세금계산서미발급가산세(공급가액의 2%)가 적용된다. 단, 종이세금계산서를 발급한 경우 공급가액의 1%를 가산세로 한다.

* 음식업, 소매업 등 세금계산서 의무발급대상 업종이 아닌 경우 동 가산세는 적용되지 않는다.
* 신고기한의 종료일로부터 1개월 이내에 수정신고하는 경우 매출처별세금계산서합계표 불성실가산세 가산세의 50%가 감면된다.[국세기본법 제48조(가산세 감면 등) ② 3]

③ 납부지연가산세

신고누락한 매출세액 × 미납일수 × 2.2/10,000

* 미납일수 : 20×3년 2기 확정 부가가치세 납부기한일(20×4년 1월 25일)의 다음 날인 20×4년 1월 26일부터 수정신고납부일인 20×4년 9월 30일까지의 일수
- 납부기한일이 공휴일인 경우 공휴일의 다음날이 납부기한일이 된다.

[개정 세법] 2019년 이후 납부지연가산세 이자율 인하 [국세기본법 시행령 제27조의4]
2019년 2월 11일 이전의 미납기간 : 1일 0.03%
2019년 2월 12일 이후의 미납기간 : 1일 0.025%
2022년 2월 15일 이후의 미납기간 : 1일 0.022%

④ 신고불성실가산세

과소납부세액 × 10/100 × [1 - 감면율]

[개정 세법] 수정신고시 과소신고 가산세 감면율 조정 및 세분화(국기법 §48 ②)

| 종 전 | 개 정 |
|---|---|
| □ 수정신고시 과소신고·초과환급신고 가산세 감면* | □ 수정신고시 가산세 감면율 조정 및 세분화 |
| ○ 법정신고기한 경과 후<br>- 6개월 이내 : 50% 감면<br>- 6개월 ~ 1년 이내: 20% 감면<br>- 1 ~ 2년이내 : 10% 감면<br><br>* 다만, 과세관청이 과세표준·세액을 경정할 것을 미리 알고 수정신고시 감면 배제 | ○ 법정신고기한 경과 후<br>- 1개월 이내 : 90% 감면<br>- 3개월 이내 : 75% 감면<br>- 3 ~ 6개월 이내 : 50% 감면<br>- 6개월 ~ 1년 이내 : 30% 감면<br>- 1년 ~ 1년 6개월 이내: 20% 감면<br>- 1년 6개월 ~ 2년 이내: 10% 감면 |

<적용시기> 2020.1.1. 이후 수정신고하는 분부터 적용

## 2  법인세 추가 납부세액 및 가산세

① 20×3 사업연도 법인세 추가 납부할 세액
수정 신고 감면 후 산출세액 - 당초 신고 감면 후 산출세액

◆ 과세표준 증가에 따른 중소기업에 대한 특별세액 추가 감면
1. 사업자가 스스로 정기 신고내용에 오류, 탈루, 착오 등이 있음을 알고 수정신고하는 경우에는 증액된 과세표준으로 산출세액을 계산하고, 중소기업특별세액감면세액을 추가로 공제받을 수 있다.
2. 관할 세무서로부터 매출누락 자료 확인 해명안내를 받고 수정신고를 하는 경우"과세표준 수정신고서를 제출한 과세표준과 세액을 경정할 것을 미리 알고 제출한 경우"로 보며, 부정행위로 인한 과소신고분인 경우 중소기업에 대한 특별세액감면 등을 추가 공제받을 수 없는 것으로 판단된다.

② 납부지연가산세
추가 납부할 법인세 × 미납일수 × 2.2/10,000(2022.2.15. 이후)

③ 과소신고가산세
(산출세액 - 기납부세액) × 가산세율(일반 10%, 부정 40%) × (1 - 수정신고감면율)

## 3  과소신고가산세 대상금액 및 세무조정 사항

□ <세무조정> 익금산입 및 소득처분
- 매출누락금액 및 부가가치세 (유보)
- 가지급금인정이자 (상여)
 (매출누락금액 + 부가가치세) × 계산 일수(92일)/365 × 당좌대출이자율
- 가지급금인정이자 계산 일수 : 20×3.10.1 ~ 20×3.12.31
- 당좌대출이자율 [법인세법 시행규칙 제43조]
  2016년 ~ 2023년 귀속분 : 4.6%

□ <세무조정> 손금산입 및 소득처분
- 부가가치세 (△유보)

▶ **가지급금인정이자 계산 기간**

1. 20×3 사업연도 법인세 수정신고시 장부기장을 누락한 외상매출금을 매출누락일인 10월 1일부터 회계기말인 12월 31일까지의 기간에 대하여 가지급금인정이자를 계산하여 세무조정에서 익금 산입한 다음 상여로 처분하여야 한다.
2. 20×4 사업연도 법인세 신고시 20×4년 1월 1일부터 장부상 매출대금 회수일인 20×4년 9월 30일까지의 기간에 대하여 가지급금인정이자를 계산하여 세무조정에서 익금 산입한 다음 상여로 처분한다.
3. 단, 전기 이전의 매출누락금액에 대하여 회수하지 아니하고, 법인세 수정신고를 하는 경우 전액 상여로 처분하여야 하며, 이 경우 가지급금인정이자는 계상하지 아니한다.

## 4 인정상여

인정상여란 실제 상여금은 아니지만, 상여금으로 간주하여 대표이사 등에게 소득처분하는 금액을 말한다. 예를 들어 매출을 누락하고, 법인의 장부상 회수하지 아니하는 경우 또는 가짜 세금계산서를 수취하여 비용으로 계상하거나 실제 발생하지 않은 인건비 등을 가짜로 비용처리한 경우 그 금액을 법인의 대표이사가 가져간 것으로 보아 상여금으로 처분하는 금액을 말한다.

## 5 매출누락 또는 가짜로 비용 처리한 금액에 대한 소득처분

전기 이전의 법인세 신고시 매출을 누락하였거나 가짜로 비용 처리한 금액에 대하여 수정신고하는 경우 세무조정에서 익금산입 또는 손금불산입하고, 그 귀속자에게 상여처분하여야 하며, 귀속자가 불분명한 경우에는 대표이사에 대한 상여로 처분하여야 한다. 다만, 법인세 수정신고기한내에 매출누락, 가공경비 등 부당하게 사외유출된 금액을 회수하는 회계처리를 하는 경우 세무조정으로 익금에 산입하고, 소득처분은 사내유보로 할 수 있다. 단, 세무조사 통지를 받거나 세무조사에 착수된 것을 알게 된 경우 및 관할 세무서장으로부터 과세자료 해명 통지를 받고 과세표준수정신고서를 제출한 경우 등 경정이 있을 것을 미리 알고 사외유출된 금액을 익금산입하는 경우에는 상여로 처분하여야 한다.

## ▣ 매출누락액을 회수하고, 법인세를 수정신고하는 경우 회계처리

법인이 전기 결산시에 매출을 누락하였으나 추후 발견한 경우 전기 재무제표사항을 수정할 수 없으므로 전기 세무조정사항을 수정하여 익금산입하고 수정신고하여야 하는 것이며, 회계처리상 오류를 수정하기 위해서는 다음과 같이 처리한다.

[예 제] 20×4년 9월 30일 매출 10,000,000원(부가세 별도)을 누락한 사실을 당기에 발견하고, 수정신고시 회수하는 분개처리를 하다.

① 《매출누락금액 및 부가가치세 회수》 20×4. 9. 30 대표이사로부터 20×3년도 매출누락금액 10,000,000원 및 부가가치세 1,000,000원을 회수하여 예금에 입금하다.

| 보통예금 | 11,000,000 | / | 전기오류수정이익 | 11,000,000 |

| 전기오류수정손실 | 1,000,000 | / | 부가세예수금 | 1,000,000 |

□ <20×4년 세무조정>
▷ 익금불산입
- 전기오류수정이익 11,000,000원 (△유보)
▷ 손금불산입
- 전기오류수정손실 1,000,000원 (유보)

## ▣ 전기오류수정이익

과거 연도의 수익을 누락하거나 비용을 이중으로 계상한 경우 손익은 해당 사업연도별로 계산하여야 하므로 수익을 누락하거나 비용을 이중으로 계상한 사업연도의 법인세 신고내용을 수정(세무조정사항에서 익금산입 또는 손금불산입)하여 법인세를 추가 납부하여야 하며, 오류를 반영한 사업연도의 전기오류수정이익은 익금불산입 처리하여야 한다. 왜냐하면, 전기의 수익 누락에 대하여 전기 법인세 수정신고로 이미 익금에 산입하였기 때문이다.

② 《법인세 등 납부》 20×3년도 귀속분 법인세 수정신고시 법인세 800,000원 및 동 가산세 200,000원 합계 1,000,000원을 납부하다.

| 법인세등추납액 | 1,000,000 | / | 보통예금 | 1,000,000 |

부가가치세 수정시 부가세 1,000,000원 및 가산세 200,000원 합계 1,200,000원을 9월 30일 보통예금에서 인출하여 납부하다.

| 부가세예수금 | 1,000,000 | / 보통예금 | 1,200,000 |
|---|---|---|---|
| 세금과공과금 | 200,000 | | |

☐ <20×4년 세무조정> 손금불산입
- 법인세등추납액   1,000,000원(기타사외유출)
- 세금과공과금      200,000원(기타사외유출)

## ▣ 법인세 수정신고 등에 의하여 상여 처분한 금액의 소득 신고

### ▶ 원천징수 신고 및 납부

1. 인정상여 처분을 받은 자가 근로소득자인 경우 소득금액변동통지서를 받은 날(법인세법에 의하여 법인이 신고함으로써 소득금액에 변동이 있는 경우에는 당해 법인의 법인세 신고기일)이 속하는 달의 **다음달 10일**까지 원천징수이행상황신고서를 수정하여 제출하고 추가로 납부할 세액을 납부하여야 한다.
2. 근로소득지급명세서를 수정하여 제출하여야 한다.(지급명세서는 다음해 3월 10일까지 수정하여 제출할 수 있으나 통상 같이 제출한다.)
3. 추가로 납부하는 근로소득세는 해당 귀속자(대표이사 등)가 부담하여야 하며, 가산세는 적용하지 않는다. 단, 인정상여에 대한 소득세를 법인이 일시 대납하는 경우 가지급금으로 처리한 다음 회수하여야 한다.

### ▶ 종합소득세 수정신고

종합소득과세표준 확정신고기한이 지난 후에 법인세 과세표준을 수정 또는 경정 하여 익금에 산입한 금액이 상여, 배당 또는 기타소득으로 처분됨으로써 소득금액에 변동이 발생함에 따라 종합소득 과세표준확정신고 의무가 없었던 자 및 과세표준확정신고를 한 자가 소득세를 추가 납부하여야 하는 경우 해당 법인이 소득금액변동통지서를 받은 날(법인이 신고함으로써 소득금액이 변동된 경우에는 그 법인의 법인세 신고기일)이 속하는 달의 **다음다음 달 말일**까지 추가신고납부하여야 하며, 이 경우 기한내 신고납부한 것으로 보며, 가산세는 적용하지 아니한다.

## ❸ 법인세 수정신고와 일반과소신고 및 부정과소신고가산세

### [1] 부정과소신고가산세의 적용

법인이 전년도 이전의 법인세를 수정신고함에 있어 조세범처벌법 제3조 제6항 각 호의 어느 하나에 부정행위로 인한 과소신고분 과세표준이 있는 경우 과세표준에서 차지하는 비율을 산출세액에 곱하여 계산한 금액의 100분의 40에 상당하는 금액을 부정과소신고가산세액으로 부담하여야 한다. 다만, 부정행위로 과소신고한 자가 부정과소신고가산세액과 부정과소신고과세표준 관련 수입금액(부정과소신고수입금액)에 1만분의 14를 곱하여 계산한 금액 중 큰 금액으로 한다.

1. 산출세액 × 부정과소신고과세표준/경정 과세표준 × 40/100
2. 부정과소신고수입금액 × 14/10,000

☐ 조세법처벌법 제3조 (조세 포탈 등) ⑥ 제1항에서 "사기나 그 밖의 부정한 행위"란 다음 각 호의 어느 하나에 해당하는 행위로서 **조세의 부과와 징수를 불가능하게 하거나 현저히 곤란하게 하는 적극적 행위**를 말한다.
1. 이중장부의 작성 등 장부의 거짓 기장
2. 거짓 증빙 또는 거짓 문서의 작성 및 수취
3. 장부와 기록의 파기
4. 재산의 은닉, 소득·수익·행위·거래의 조작 또는 은폐
5. 고의적으로 장부를 작성하지 아니하거나 비치하지 아니하는 행위 또는 계산서, 세금계산서 또는 계산서합계표, 세금계산서합계표의 조작
6. 전사적 기업자원관리설비의 조작 또는 전자세금계산서의 조작
7. 그 밖에 위계(僞計)에 의한 행위 또는 부정한 행위

### [2] 일반과소신고가산세의 적용

고의가 아닌 착오 등의 사유로 매입금액을 과다계상한 경우에는 일반과소신고가산세를 적용하는 것이므로 단지 가공 매입 이유만으로 이를 판단하는 것이 아니며, 부정과소 및 일반과소의 구분은 관할세무서에서 사실관계를 종합하여 판단하여야 하는 문제가 있으므로 납세자의 중대한 과실이 없는 한 일단, 일반과소신고가산세를 적용하여 수정신고하면 될 것이다.

# 5 가공 매입 및 이중 비용 수정신고[법인]

## ❶ 개요

가공 매입이란 실제 거래없이 세금계산서만 수취한 경우를 말하며, 해당 연도의 법인세 확정신고 이후 가공 매입한 사실이 밝혀지는 경우 해당 금액을 손금불산입하여야 하고, 당해 귀속자에게 상여로 소득처분하는 것이며, 귀속이 불분명한 경우 대표이사에게 상여처분하여야 한다.

관할 세무서의 과세자료 해명요구에 의하여 수정신고를 하는 경우에는 신고불성실과 관련한 가산세 감면을 받을 수 없고, 경비로 이중 또는 과다계상한 금액이 **부정행위**에 의한 경우 산출세액의 증가에 따른 법인세 세액감면 또는 세액공제를 추가 감면 또는 공제를 받을 수 없음을 유의하여야 한다.

## ❷ 가공매입에 대한 추가 납부할 세금 등 계산 사례

[예제] 건설업을 영위하는 (주)대한건설이 20×2년 6월 30일 수령한 매입세금계산서(공급가액 30,000,000원, 세액 3,000,000원)는 실물거래 없는 가공 매입세금계산서로 관할세무서에서 확인하여 수정신고할 것을 안내받고, 20×4년 9월 30일 가공매입금액(부가가치세 포함)에 대하여 익금산입하고, 20×2년 1기 확정 부가가치세 수정신고서 및 20×2 사업연도 법인세 수정신고서를 제출하다.

### 1 가공매입에 대한 부가가치세 추가 납부세액 및 가산세

① 추가 납부하여야 할 부가가치세 (매출세액 3,000,000원)

② 실물거래없는 가공 세금계산서 수취에 대한 가산세 (600,000원)
공급가액(30,000,000원) × 2/100 = 600,000원

◆ 가공 세금계산서 수취에 대한 가산세

사업자가 재화 또는 용역을 공급받지 아니하고 세금계산서등을 발급받은 경우 그 공급가액에 3%[2018년 이후 수취분 2% → 3%]를 곱한 금액을 납부세액에 더한다.

③ 납부지연가산세

매출세액(3,000,000원) × 2.2/10,000 × 미납일수

- 미납일수 : 신고납부기한일의 다음날부터 수정신고납부일까지의 일수

[개정 세법] 2019년 이후 납부지연가산세 이자율 인하 [국세기본법 시행령 제27조의4]

2019년 2월 11일 이전의 미납기간 : 1일 0.03%
2019년 2월 12일 이후의 미납기간 : 1일 0.025%
2022년 2월 15일 이후의 미납기간 : 1일 0.022%

④ 신고불성실가산세 (1,200,000원)

과소납부세액(3,000,000) × 부정과소신고가산세(40/100) = 1,200,000원

◆ 부정과소신고가산세

거짓 증빙 또는 거짓 문서의 작성 및 수취로 세금을 포탈한 경우 부정행위로 볼 수 있으며, 이 경우 과소신고분 납부세액(부정과소신고납부세액)의 100분의 40에 상당하는 금액을 가산세로 부담하여야 한다.

## ② 가공매입에 대한 법인세 추가 납부세액 및 가산세

20×2년도 법인세 과세표준 100,000,000원, 산출세액 10,000,000원, 중소기업에 대한 특별세액감면 3,000,000원(감면율 : 30%), 감면이후 세액 7,000,000원

20×2년도 수정 법인세 과세표준 130,000,000원, 산출세액 13,000,000원, 중소기업에 대한 특별세액감면 3,000,000원, 감면이후 세액 10,000,000원

자료상으로부터 매입세금계산서를 수취하여 경비처리한 내용에 대하여 관할 세무서의 과세자료 해명요구를 받고 수정신고하는 경우 거짓 증빙 또는 거짓 문서의 작

성 및 수취에 해당하는 행위로서 조세의 부과를 현저히 곤란하게 하는 적극적 행위가 있는 것으로 보아 수정신고를 하더라도 부정과소신고가산세를 적용하여야 하며, 산출세액의 증가에 따른 중소기업에 대한 특별세액 감면을 추가 공제받을 수 없는 것으로 판단된다.

① 20×2 사업연도 법인세 추가 납부세액(3,000,000원)
수정 감면이후 세액(10,000,000원) - 당초 감면이후 세액(7,000,000원)

② 납부지연가산세
추가 납부할 법인세 × 미납일수 × 2.2/10,000

③ 부정과소신고가산세
(산출세액 - 기납부세액) × 과소신고가산세율(부정행위 40%)

◆ 부정과소신고가산세
거짓 증빙 또는 거짓 문서의 작성 및 수취에 해당하는 행위로서 조세의 부과와 징수를 불가능하게 하거나 현저히 곤란하게 하는 적극적 행위가 있은 경우 부정과소신고가산세를 적용하여야 한다.

## 가공매입의 세무조정 및 소득처분

☐ <세무조정> 손금불산입 및 소득처분
• 가공매입금액 및 부가가치세 : 33,000,000원 (상여)
☐ <세무조정> 손금산입 및 소득처분
• 부가가치세 : 3,000,000원 (기타)

## 원천징수 신고 및 납부

인정상여 처분금액은 법인세 수정신고일이 속하는 달의 **다음 10일**까지 원천징수이행상황신고서를 수정하여 제출하고 납부하여야 하며, 또한 근로소득지급명세서를 수정하여 같이 제출하여야 한다.

## ❸ 연도별 법인세율 및 소득세 기본세율

### 1 법인세율

▶ 2018년 ~ 2022년 귀속 사업연도 법인세율 [법인세법 제55조]

| 과세표준 | 세 율 |
|---|---|
| 2억원 이하 | 과세표준의 100분의 10 |
| 2억원 초과 200억원 이하 | 2천만원 + (2억원을 초과하는 금액의 100분의 20) |
| 200억원 초과 3천억원 이하 | 39억8천만원 + (200억원을 초과하는 금액의 100분의 22) |
| 3천억원 초과 | 655억8천만원 + (3천억원을 초과하는 금액의 100분의 25) |

[개정 세법] 법인세 세율 및 과세표준 구간 조정(법인법 §55)

| 종 전 | | 개 정 | |
|---|---|---|---|
| □ 법인세율 과세체계<br>○ 세율 및 과세표준 | | □ 법인세율 인하 및 과표구간 조정<br>○ 세율 1% 인하 | |
| 과세표준 | 세 율 | 과세표준 | 세 율 |
| 2억원 이하 | 10% | 2억원 이하 | 9% |
| 2~200억원 | 20% | 2~200억원 | 19% |
| 200~3,000억원 | 22% | 200~3,000억원 | 21% |
| 3,000억원 초과 | 25% | 3,000억원 초과 | 24% |

<적용시기> '23.1.1. 이후 개시하는 사업연도 분부터 적용

▶ 사업연도가 1년 미만인 경우 산출세액 계산

$$\text{법인세산출세액} = \left(\text{과세표준} \times \frac{12}{\text{사업연도월수}}\right) \times \text{세율} \times \frac{\text{사업연도월수}}{12}$$

* 월수는 역에 따라 계산하되 1월 미만의 일수는 1월로 한다.

▶ 법인의 최초사업연도의 개시일 (법인세법 시행령 제4조)
내국법인의 경우에는 설립등기일

## ② 소득세율

[개정 세법] 소득세 최고세율 조정(소득법 §55①)

| 2018년 ~ 2020년 기본세율 ||| 2021년 ~ 2022년 기본세율 |||
|---|---|---|---|---|---|
| 과세표준 구간 | 세율 | 누진공제액 | 과세표준 구간 | 세율 | 누진공제액 |
| 1,200만원 이하 | 6% |  | 1,200만원 이하 | 6% |  |
| 1,200만원 초과 4,600만원 이하 | 15% | 108만원 | 1,200만원 초과 4,600만원 이하 | 15% | 108만원 |
| 4,600만원 초과 8,800만원 이하 | 24% | 522만원 | 4,600만원 초과 8,800만원 이하 | 24% | 522만원 |
| 8,800만원 초과 1억5천만원 이하 | 35% | 1,490만원 | 8,800만원 초과 1억5천만원 이하 | 35% | 1,490만원 |
| 1억5천만원 초과 | 38% | 1,940만원 | 1억5천만원 초과 | 38% | 1,940만원 |
| 3억원 ~ 5억원 | 40% | 2,540만원 | 3억원 ~ 5억원 | 40% | 2,540만원 |
| 5억원 초과 | 42% | 3,540만원 | 5억원 ~ 10억원 | 42% | 3,540만원 |
|  |  |  | 10억원 초과 | 45% | 6,540만원 |

<적용시기> '21.1.1. 이후 발생하는 소득분부터 적용

[개정 세법] 2023년 이후 소득세 기본세율 (소득세법 §55①)

| 과세표준 구간 | 세율 | 누진공제액 |
|---|---|---|
| 1,400만원 이하 | 6% |  |
| 1,400만원 5,000만원 이하 | 15% | 126만원 |
| 5,000만원 8,800만원 이하 | 24% | 576만원 |
| 8,800만원 1.5억원 이하 | 35% | 1,544만원 |
| 1.5억원 3억원 이하 | 38% | 1,994만원 |
| 3억원 5억원 이하 | 40% | 2,594만원 |
| 5억원 10억원 이하 | 42% | 3,594만원 |
| 10억원 초과 | 45% | 6,594만원 |

<적용시기> '23.1.1. 이후 발생하는 소득 분부터 적용

# 6 소득세 관련 가산세

## ❶ 소득세 가산세 요약

| 가산세 종류 | 의무위반 사항 및 가산세 등 | 가산세 |
|---|---|---|
| 무기장가산세 | 사업자가 장부를 비치·기록하여 소득금액을 계상하지 아니한 경우 단, 신규사업자 및 소규모사업자(전년도 수입금액 4800만원 이하)는 제외 | 산출세액의 20% |
| 지급명세서 미제출가산세 | 원천세 지급에 대한 지급명세서를 다음해 2월 말일 또는 3월 10일까지 제출하지 아니한 경우<br>▶ 3개월 이내 제출시 100분의 0.5% | 지급금액의 1% |
| 계산서 미발급가산세 | 계산서 발급대상업종에 해당하는 복식부기 의무자가 계산서를 발급하지 아니한 경우 | 공급가액의 2% |
| 계산서 지연발급가산세 | 계산서 발급대상업종에 해당하는 복식부기 의무자가 계산서를 공급시기가 속하는 과세기간의 다음 연도 1월 25일까지 발급한 경우 | 공급가액의 1% |
| 계산서합계표 미제출가산세 | 복식부기의무자가 매출·매입처별계산서합계표를 다음해 2월 10일까지 제출하지 아니한 경우 공급가액의 0.5%(1개월 내 지연제출 0.3%)<br>- 2017년 이전 1%(지연제출 0.5%) | 공급가액의 0.5% |
| 세금계산서합계표 미제출가산세 | 면세사업을 영위하는 복식부기의무자가 매입처별세금계산서합계표를 다음해 2월 10일까지 제출하지 아니한 경우 공급가액의 0.5%(1개월 내 지연제출 0.3%)<br>- 2017년 이전 1%(지연제출 0.5%) | 공급가액의 0.5% |
| 정규영수증 미수취가산세 | 사업자(소규모사업자 및 추계과세자 제외)가 지출에 대하여 정규영수증(세금계산서, 계산서, 신용카드결제, 현금영수증 등)을 수취하지 아니한 경우 | 거래금액의 2% |
| 영수증수취 명세서미제출 가산세 | 사업자(소규모사업자 및 추계과세자 제외)가 정규영수증 수취예외거래 중 특정거래에 대하여 영수증수취명세서를 제출하지 아니한 경우 | 거래금액의 1% |

| 가산세종류 | 의무위반 사항 및 가산세 등 | 가 산 세 |
|---|---|---|
| 사업장현황신고 불성실가산세 | 의료업, 수의업, 약사업을 영위하는 사업자가 다음해 2월 10일까지 사업장현황신고를 하지 아니한 경우 | 수입금액의 0.5% |
| 사업용계좌 미사용가산세 | 복식부기의무자가 주요거래(금융기관을 이용한 거래대금결제, 인건비, 임차료등)에 대하여 사업용계좌를 사용하지 아니한 경우 | 미사용 금액의 0.2% |
| 현금영수증 미가맹가산세 | 현금영수증가맹점 가입대상사업자가 현금영수증가맹점으로 가입하니 아니한 경우 | 수입금액의 1% |
| 현금영수증 미발급가산세 | 현금영수증가맹점이 발급을 거부하였거나 사실과 다르게 발급한 경우 | 미발급액의 5% |
| 현금영수증 미발급과태료 | 학원, 병·의원 등 특정 현금영수증가맹업종이 10만원 이상 거래에 대하여 현금영수증을 발급하지 아니한 경우 그 금액의 100분의 20에 해당하는 금액을 가산세로 부과 | |
| 공동사업자 불성실가산세 | 1. 공동사업자가 사업자등록을 하지 아니하거나 공동사업자가 아닌 자가 공동사업자로 거짓으로 등록한 경우: 등록하지 아니하거나 거짓 등록에 해당하는 각 과세기간 총수입금액의 1천분의 5<br>2. 공동사업자가 신고하여야 할 내용을 신고하지 아니하거나 거짓으로 신고한 경우: 신고하지 아니하거나 거짓 신고에 해당하는 각 과세기간 총수입금액의 1천분의 1 | |

## ❷ 사업용계좌 미개설시 가산세 부과 및 중소기업특별세액공제, 창업중소기업에 대한 감면 배제

복식부기기장의무자가 사업용계좌를 신고하지 않은 경우 중소기업특별세액공제, 창업중소기업에 대한 감면 등을 받을 수 없으며 사업용계좌 미개설 가산세 및 미사용 가산세가 적용된다.

# 17 지출증빙, 제척기간, 소멸시효

## ❶ 정규영수증 수취대상 거래

### 1 건별 거래금액이 3만원 초과 거래

재화 또는 용역의 거래 건당 공급대가(부가세 포함)가 3만원을 초과하는 거래인 경우 정규영수증을 수취하여야 한다. 따라서 거래 건당 3만원 이하인 거래의 경우 정규영수증을 수취하지 않아도 가산세는 적용되지 아니한다.

한편, 공급대가가 3만원을 초과하는 동일거래에 대해서 여러 장의 간이영수증을 분할하여 수취하는 경우 적격증빙수취의무에 위반되는 것으로 적격증빙을 수취하지 못한 것으로 보아 증빙불비가산세가 적용된다.

### 2 사업자와의 거래

정규지출증빙에 관련된 규정은 거래상대방이 아래의 사업자인 경우에 적용되며 거래상대방이 사업자가 아닌 경우에는 적용되지 아니한다. 다만, 거래상대방이 사업자등록을 하지 않았다하더라도 사업의 계속성이 있는 경우 재화 또는 용역을 공급받은 사업자는 정규영수증 미수취에 대한 가산세를 부담하여야 한다.

**[1] 법인사업자**
내국법인 및 수익사업을 영위하는 비영리법인(외국법인을 포함한다.)

**[2] 개인사업자**
영수증 발행대상사업자 및 간이과세자를 제외한 모든 개인사업자

## ❷ 정규영수증 수취대상이 아닌 경우

### ▣ 정규영수증 수취대상 제외사업자와의 거래

아래 사업자와의 거래시에는 세금계산서, 계산서, 신용카드매출전표, 현금영수증 등 정규영수증을 수취하지 아니하고 일반영수증을 수취하여도 적격증빙미수취 가산세가 적용되지 아니한다.

### [1] 비영리법인
비영리법인과의 거래 단, 법인세법시행령 제2조 제1항의 규정에 해당하는 수익사업과 관련된 부분은 정규영수증을 수취하여야 한다.

### [2] 국가 및 지방자치단체
국가 및 지방자치단체에 납부하는 각종 세금은 정규영수증 수취의무가 없으며, 납부영수증을 증빙으로 갖추어 되면 된다.

### [3] 금융보험업을 영위하는 법인(금융·보험용역 제공에 한함)
거래상대방 공급자가 금융보험업자인 경우 적격증빙수취대상이 아니므로 해당 기관이 발행하는 영수증을 증빙으로 보관하면 된다.

### [4] 읍·면지역에 소재 간이과세자로서 신용카드가맹점이 아닌 사업자
읍·면지역(도농복합 시지역의 읍면지역 포함)에 소재하는 간이과세자로 신용카드가맹점이 아닌 사업자인 경우 해당 사업자가 발행하는 간이영수증 등을 지출증빙으로 수취하면 된다. 시지역의 간이과세자인 경우 정규영수증인 현금영수증을 수취하거나 신용카드로 결제하여야 정당한 증빙으로 인정이 된다.

### [5] 국내사업장이 없는 외국법인
국내사업장이 없는 외국법인과의 거래시 정규영수증 수취의무가 없으며, 이 경우 지출에 대한 증빙으로 영수증(형식은 무관함)을 갖추어 두면 된다.

## ❸ 정규영수증을 수취하지 않아도 되는 거래

### [1] 거래 건당 공급대가(부가세 포함)가 3만원 이하인 거래
거래 건 당 3만원 이하인 거래의 경우 정규영수증을 수취하지 않아도 가산세는 적용되지 아니한다. 3만원 초과 거래 여부의 판단은 거래 1건별 영수증금액(부가세 포함)을 기준으로 판단하며, 동일한 거래에 대하여 영수증을 분할하여 발급받은 경우에도 합산한 금액을 1건의 거래로 본다.

### [2] 다음의 어느 하나에 해당하는 거래
① 농·어민(법인 제외)으로부터 재화 또는 용역을 직접 공급받은 경우
② 재화의 공급으로 보지 아니하는 사업의 양도(사업의 포괄양도.양수)에 의하여 재화를 공급받은 경우
③ 방송용역을 제공받은 경우
④ 전기통신사업법에 의한 전기통신사업자로부터 전기통신용역을 공급받은 경우
⑤ 국외에서 재화 또는 용역을 공급받은 경우
⑥ 공매.경매 또는 수용에 의하여 재화를 공급받은 경우
⑦ 토지 또는 주택을 구입하거나 주택의 임대업을 영위하는 자(법인을 제외한다)로부터 주택임대용역을 공급받은 경우
⑧ 택시운송용역을 제공받은 경우
⑨ 금융.보험용역을 제공받은 경우
⑩ **건물 또는 토지 구입** ~ 건물 또는 토지를 구입하는 경우로서 거래내용이 확인되는 매매계약서 사본을 법인세과세표준신고서에 첨부하여 납세지 관할세무서장에게 제출하는 경우 단, 과세대상 건물을 구입하는 경우로서 그 매입세액을 공제받고자하는 경우에는 세금계산서를 수취하여야 한다. (법인세법 시행령 제164조 ③)
⑪ 입장권.승차권.승선권 등을 구입하여 용역을 제공받은 경우
⑫ 항공기의 항행용역을 제공받는 경우
⑬ 부동산임대용역을 제공받은 경우로서 전세금 또는 임대보증금에 대한 부가가치세액(간주임대료에 대한 부가가치세액)을 임차인이 부담하는 경우
⑭ 재화공급계약.용역제공계약 등에 의하여 확정된 대가의 지급지연으로 인하여 연체이자를 지급하는 경우
⑮ 「유료도로법」에 따른 유료도로를 이용하고 통행료를 지급하는 경우

> 다음의 하나에 해당하는 경우로서 공급받은 재화 또는 용역의 거래금액을 금융기관을 통하여 지급한 경우로서 법인사업자는 법인세과세표준신고서에 송금사실을 기재한 경비 등의 '경비등의 송금명세서'를 개인사업자는 영수증수취명세서를 관할 세무서장에게 제출하는 경우

1. 간이과세자로부터 부동산임대용역을 제공받은 경우
2. 임가공용역을 제공받은 경우(법인과의 거래를 제외한다)
3. 간이과세자로부터 재활용폐자원 등이나 재활가능자원을 공급받은 경우
4. 항공법에 의한 상업서류 송달용역을 제공받는 경우
5. 부동산중개업법에 의한 중개업자에게 수수료를 지급하는 경우
6. 기타 국세청장이 정하여 고시하는 경우
가. 인터넷, PC통신 및 TV홈쇼핑을 통하여 재화 또는 용역을 공급받는 경우
나. 우편송달에 의한 주문판매를 통하여 재화를 공급받는 경우

## [3] 재화 또는 용역의 공급으로 보지 아니하는 거래

재화 또는 용역의 공급으로 보지 아니하는 거래는 정규영수증 수취대상이 아니므로 예를 들어 다음에 예시하는 거래는 해당 거래사실을 입증할 수 있는 증빙을 갖추어 두면 된다.
- 조합 또는 협회에 지출하는 경상회비,
- 판매장려금(현금 지급) 또는 포상금 등 지급
- 거래의 해약으로 인한 위약금, 손해배상금 등
- 기부금

## [4] 원천징수대상 소득을 지급하는 경우

원천징수대상 소득(근로소득, 퇴직소득, 이자소득, 기타소득, 원천징수대상 사업소득을 지급하는 경우 그 지급에 대한 명세서를 기재한 지급명세서를 제출하여야 하며, 이 경우 지급명세서가 그 지출에 대한 증빙이 되므로 별도의 정규영수증 수취의무가 없다.

## ❹ 영수증수취명세서 제출의무 및 가산세

### 🔳 영수증수취명세서 제출의무

#### [1] 영수증 수취명세서 제출의무
개인사업자가(소규모사업자 제외) 다른 사업자로부터 재화나 용역을 공급받고 적격증빙(세금계산서, 계산서, 신용카드매출전표, 현금영수증) 외의 것을(간이영수증 등) 수취한 경우에는 종합소득세 확정신고 시 '영수증수취명세서'를 제출하여야 한다.

#### [2] 제출대상
거래건당 3만원을 초과하고 계산서·세금계산서·신용카드매출전표 및 현금영수증이 아닌 영수증을 기재한 것으로서 다음의 명세서제출 제외대상 거래가 아닌 것

영수증수취명세서(1)

1. 세금계산서·계산서·신용카드 등 미사용 내역

| ⑨구 분 | 3만원 초과 거래분 | | |
|---|---|---|---|
| | ⑩총 계 | ⑪명세서제출제외대상 | ⑫명세서제출대상(⑩ - ⑪) |
| ⑬건 수 | | | |
| ⑭금 액 | | | |

2. 3만원 초과 거래분 명세서제출 제외대상 내역

| 구 분 | 구 분 |
|---|---|
| ⑮읍·면지역소재 | ㉖부동산구입 |
| ⑯금융·보험용역 | ㉗주택임대용역 |
| ⑰비거주자와의 거래 | ㉘택시운송용역 |
| ⑱농어민과의 거래 | ㉙전산발매통합관리시스템 가입자와의 거래 |
| ⑲국가·지방자치단체 또는 지방자체단체조합과의 거래 | ㉚항공기항행용역 |
| ⑳비영리법인과의 거래 | ㉛간주임대료 |
| ㉑원천징수대상사업소득 | ㉜연체이자지급분 |
| ㉒사업의 양도 | ㉝송금명세서제출분 |
| ㉓전기통신·방송용역 | ㉞접대비필요경비부인분 |
| ㉔국외에서의 공급 | ㉟유료도로 통행료 |
| ㉕공매·경매·수용 | ㊱합 계 |

▶ 소규모사업자
1. 해당 과세기간에 신규로 사업을 개시한 사업자
2. 직전 과세기간의 사업소득의 수입금액이 4천800만원에 미달하는 사업자
3. 원천징수대상 사업소득만 있는 자

## [3] 명세서 제출대상거래

영수증 수취명세서(2) 서식에 공급자 내역을 건별로 기재를 하여야 한다.

| 영수증수취명세서(2) | | | | | | |
|---|---|---|---|---|---|---|
| 영수증수취명세 제출대상 거래내역 | | | | | | |
| ⑤일련번호 | ⑥거래일자 | 공 급 자 | | | | ⑪거래금액 | ⑫비 고 |
| | | ⑦상 호 | ⑧성 명 | ⑨사 업 장 | ⑩사업자등록번호 | | |

## [4] 경비등의 송금명세서

영수증 수취명세서 ㉝송금명세서제출분의 경우 경비등의 송금명세서를 별도로 작성하여 제출을 하여야 한다. 다만, 경비등의 송금명세서를 제출하지 않는 경우 제출한 영수증 수취명세서가 불분명하다고 인정되어 가산세가 적용될 수 있다.

| 경비 등의 송금명세서 | | | | | | | |
|---|---|---|---|---|---|---|---|
| 3. 거래·송금명세 및 공급자 | | | | | | | |
| ⑤일련번호 | ⑥거래일 | ⑦상 호 / ⑧성 명 | ⑨사업자등록번호 | ⑩거래명세 | ⑪거래금액 | ⑫송금일 | ⑬은 행 명 / ⑭계좌번호 |

▶ 법인 [법인세법 시행규칙 제79조(지출증명서류의 수취 특례)]

법인은 아래의 경우 법인세 신고시 '경비등의 송금명세서'를 제출하여야 하나 제출하지 않은 경우라도 가산세 적용은 없다.

□ 경비등의 송금명세서를 제출하여야 하는 경우
1 간이과세자로부터 부동산임대용역을 제공받은 경우
2 임가공용역을 제공받은 경우(법인과의 거래를 제외한다)
3 간이과세자인 운수업을 영위하는 자가 제공하는 운송용역을 공급받은 경우
4 간이과세자로부터 재활용폐자원 등이나 재활용가능자원을 공급받은 경우
5. 「항공법」에 의한 상업서류 송달용역을 제공받는 경우
6. 중개업자에게 수수료를 지급하는 경우
7. 통신판매에 따라 재화 또는 용역을 공급받은 경우
8. 그 밖에 국세청장이 정하여 고시하는 경우

## 2 영수증수취명세서 미제출가산세

사업자(소규모사업자 및 소득금액이 추계되는 자는 제외)가 영수증수취명세서 제출대상거래에 대하여 과세표준확정신고기한까지 제출하지 아니하거나 제출된 영수증수취명세서에 거래상대방의 상호, 성명, 사업자등록번호(주민등록번호로 갈음하는 경우에는 주민등록번호), 거래일 및 지급금액을 기재하지 아니하였거나 사실과 다르게 기재하여 거래사실을 확인할 수 없는 경우 그 제출하지 아니한 분의 지급금액 또는 불분명한 분의 지급금액의 100분의 1에 해당하는 금액을 결정세액에 더한다.
[소득세법 제81조 ①]

### ▶ 정규영수증을 부득이하게 수취하지 못한 경우

실무에서 정규영수증을 수취할 수 없는 부득이한 경우가 발생할 수 있으며, 이 경우 그 지급사실을 증명할 수 있도록 은행 등을 통하여 송금을 하여야 한다. 왜냐하면, 지급사실이 확인되는 경우 정규영수증 미수취에 대한 가산세(거래금액의 100분의2)는 부담할 수 있으나 비용으로는 인정을 받을 수 있기 때문이다.

한편, 정규영수증이 없다하여 실무에서 당장 세무상 문제는 발생하지 않는다. 국세청은 사업자의 비용에 대하여 정당한 증빙을 수취하였는지 여부는 세무조사 등에 의하여 확인할 수 있으므로 금액적으로 중요하지 않은 지출에 대한 증빙 미수취로 경리실무자가 전전긍긍할 필요는 없을 것이다.

## ❺ 정규영수증 미수취에 대한 가산세 등

### ① 개인사업자

**[1] 증빙불비가산세**
① 적용대상 ~ 소규모사업자가 아닌 사업자
* 소규모사업자 : 직전연도 수입금액이 4,800만원 미만인 사업자 및 신규사업자
② 가산세 ~ 정규증빙서류 미수취금액의 100분의 2

**[2] 영수증수취명세서 미제출가산세**
① 적용대상 ~ 소규모사업자(직전연도 수입금액이 4,800만원 미만)가 아닌 사업자
② 가산세 ~ 영수증수취명세서를 과세표준확정신고기한 내에 제출하지 아니하거나, 제출한 영수증수취명세서가 불분명한 경우 미제출 거래금액의 100분의 1

### ② 법인사업자

① 정규증빙서류 미수취금액의 100분의 2
② 법인은 '경비등의 송금명세서'를 법인세 신고시 제출하여야 하나 제출하지 않는 경우에도 가산세는 없다.

## ❻ 영수증 수취 관련 사업자 주의사항

### ① 개인과의 거래

**[1] 개인(사업자 미등록자)으로부터 과세재화를 공급받는 경우**
사업자등록이 없는 개인으로부터 과세재화를 공급받는 경우 당해 개인이 물품 또는 재화를 계속적으로 공급하는 사업성을 가진 자가 아닌 경우에는 정규영수증 수취대상이 아니다. 따라서 사업자등록이 없는 개인으로부터 물품 등을 구입하는 경

우 그 지급사실을 증명할 수 있는 영수증(형식은 무방하나 공급자의 인적사항과 연락처, 금액 등을 기재한 영수증)을 수취하고, 금융기관을 통하여 송금한 송금영수증을 보관하면 된다. (개인으로부터 중고자동차 매입 등) 다만, 사업자등록이 없는 개인이라도 사업성이 있고, 물품 등을 계속적으로 공급하는 경우(미등록 부동산임대업자 등)로서 3만원을 초과하는 거래에 대하여 정규영수증을 수취하지 않은 경우 증빙불비가산세(거래금액의2%)를 부담하여야 한다.

### [2] 개인으로부터 일용노무를 제공받는 경우
1) 개인으로부터 일용노무를 제공받는 경우 통상 '잡급'으로 처리하며, 지출증빙서류 수취대상은 아니나 그 지급에 대한 송금영수증, 작업일지(일용노무비대장 등) 등을 보관하여 두고, 그 지급일이 속하는 분기의 다음달 말일(2023년 이후 지급일의 다음달 말일)까지 지급명세서를 관할 세무서에 제출하여야 한다.
2) 일용근로자의 일당이 15만원을 초과하는 경우 근로소득세를 원천징수하여 그 징수일의 다음 달 10일까지 납부하여야 한다.

### [3] 정규영수증 수취의무 면제 거래
사업자가 아닌 자와의 거래로서 아래에 해당하는 경우 정규영수증이 없더라도 증빙불비가산세는 적용되지 아니한다. 단, 그 거래사실을 입증할 수 있는 입금증, 송금영수증, 계약서등은 보관하여야 한다.
1. 폐업한 사업자로부터 폐업시 잔존재화를 공급받는 경우
2. 개인으로부터 중고자동차를 취득하거나 종업원 개인 소유차량을 취득하는 경우

## ② 면세사업자와의 거래

사업자가 면세재화 또는 용역을 거래할 때에는 거래상대방이 계산서를 발급할 수 있으므로 이들과 거래시에는 반드시 계산서를 발급받거나 신용카드로 결제하여야 하며,(단, 지출증빙수취 특례규정에 해당하는 경우는 제외함) 발급받은 계산서는 매입처별계산서합계표를 작성하여 다음 해 2월 10일까지 제출하여야 하며, 법인 또는 복식부기의무자인 개인사업자가 수취한 계산서합계표를 익연도 2월 10일까지 제출하지 아니할 경우 공급가액의 1%를 가산세로 부담하여야 한다.

### ③ 간이과세자와의 거래

1) 거래상대방이 간이과세자인 경우 간이과세자는 부가가치세가 과세되는 거래에 대하여 세금계산서를 발급할 수 없기 때문에 지출증빙서류 특례규정에 해당하는 경우를 제외하고, 신용카드로 결제하여야 한다.
2) 간이과세자가 신용카드가맹점이 아닌 경우 신용카드결제가 불가능하므로 간이과세자와의 거래금액이 3만원을 초과할 시 부득이 증빙불비가산세를 부담할 수밖에 없을 것이다. 단, 읍.면지역에 소재하는 간이과세자가 신용카드가맹점이 아닌 경우 증빙불비가산세는 해당되지 아니한다.

▶ **간이과세자와의 거래시 증빙수취 방법**
(1) 간이과세자가 읍, 면지역에 소재한 경우로서 신용카드가맹점이 아닌 경우에는 간이영수증을 증빙으로 수취하면 된다.
(2) 간이과세자가 도시지역에 소재한 경우에는 신용카드로 결제하고, 신용카드매출전표를 수취하여야 한다.
(3) 간이과세자가 도시지역에 소재한 사업자로 신용카드가맹점이 아닌 경우 거래금액을 금융기관을 통하여 지급하고 과세표준확정신고서에 그 송금명세서를 첨부하여 관할세무서장에게 제출한 경우 손금인정은 되지만, 증빙불비가산세는 적용된다.
(4) 간이과세자이나 세금계산서 발급대상 간이과세자와 거래를 한 경우 세금계산서를 수취하여야 한다.

■ 세금계산서 발급이 가능한 간이과세자인 조회
홈택스 → 조회발급 → 사업자상태 → 사업자등록번호로 조회
부가가치세 간이과세자(세금계산서 발급사업자)로 표시

## ❼ 장부 및 증거서류 보존, 전자기록 장부 등의 보존

### [1] 상법
장부의 보존연한은 10년(전표 또는 이와 유사한 서류는 5년)

□ 상법
제33조(상업장부등의 보존)
①상인은 10년간 상업장부와 영업에 관한 중요서류를 보존하여야 한다. 다만, 전표 또는 이와 유사한 서류는 5년간 이를 보존하여야 한다. 〈개정 1995. 12. 29.〉
③제1항의 장부와 서류는 **마이크로필름** 기타의 전산정보처리조직에 의하여 이를 보존할 수 있다. 〈신설 1995. 12. 29.〉
④제3항의 규정에 의하여 장부와 서류를 보존하는 경우 그 보존방법 기타 필요한 사항은 대통령령으로 정한다. 〈신설 1995. 12. 29.〉
   □ 상법 시행령 제3조(전산정보처리조직에 의한 보존)
   □ 「전자문서 및 전자거래 기본법」

## [2] 법인세법에 의한 지출증빙서류
법인세 신고기한이 지난 날부터 5년간

## [3] 국세기본법
① 장부 및 증거서류는 그 거래사실이 속하는 과세기간에 대한 해당 국세의 **법정 신고기한이 지난 날부터 5년간**(역외거래의 경우 7년간) 보존하여야 한다.

② 납세자는 제1항에 따른 장부와 증거서류의 전부 또는 일부를 전산조직을 이용하여 작성할 수 있다. 이 경우 그 처리과정 등을 자기테이프, 디스켓 또는 그 밖의 정보보존 장치에 보존하여야 한다.

   □ 전자기록의 보전방법 등에 관한 고시
   국세청 홈페이지 → 알림소식 → 고시

# ❽ 제척기간과 소멸시효, 국세체납액의 소멸

## [1] 제척기간
제척기간이란 일정한 권리에 대해 법률관계를 빨리 확정하려고 하는 목적으로 법률이 예정한 존속기간을 말하며, 제척기간이 경과한 후에는 국세부과권이 소멸된다. 예를 들어 법인세를 정당하게 신고한 경우 과세당국은 신고내용의 적법성 여부에 대하여 세무조사 등을 실시하여 과세권을 행사할 수 있으나 신고기한일로부터 5년이 경과하면, 국세부과권이 소멸되는 것으로 제척기간은 소멸시효와 달리 중단 등의 사유는 발생하지 않는다.

□ 국세기본법 제26조의2(국세의 부과제척기간) -요약-
① 국세를 부과할 수 있는 기간(부과제척기간)은 국세를 부과할 수 있는 날부터 5년으로 한다.

② 제1항에도 불구하고 다음 각 호의 어느 하나에 해당하는 경우에는 다음 각 호의 구분에 따른 기간을 부과제척기간으로 한다. 〈신설 2019. 12. 31.〉
1. 납세자가 법정신고기한까지 과세표준신고서를 제출하지 아니한 경우: 해당 국세를 부과할 수 있는 날부터 7년(역외거래의 경우 10년)
2. 납세자가 사기나 그 밖의 부정한 행위(부정행위)로 국세를 포탈(逋脫)하거나 환급·공제를 받은 경우: 그 국세를 부과할 수 있는 날부터 10년
3. 납세자가 부정행위를 하여 다음 각 목에 따른 가산세 부과대상이 되는 경우: 해당 가산세를 부과할 수 있는 날부터 10년
　가. 「소득세법」 제81조의10제1항제4호
　나. 「법인세법」 제75조의8제1항제4호
　다. 「부가가치세법」 제60조제2항제2호, 같은 조 제3항 및 제4항

④ 제1항 및 제2항에도 불구하고 상속세·증여세의 부과제척기간은 국세를 부과할 수 있는 날부터 10년으로 하고, 다음 각 호의 어느 하나에 해당하는 경우에는 15년으로 한다.
1. 납세자가 부정행위로 상속세·증여세를 포탈하거나 환급·공제받은 경우
2. 「상속세 및 증여세법」 제67조 및 제68조에 따른 신고서를 제출하지 아니한 경우
3. 「상속세 및 증여세법」 제67조 및 제68조에 따라 신고서를 제출한 자가 대통령령으로 정하는 거짓신고 또는 누락신고를 한 경우

## [2] 소멸시효

소멸시효란 권리를 행사할 수 있는 자가 일정한 기간 동안 그 권리를 행사하지 않는 경우 법률 안정을 위하여 권리를 소멸시키는 것을 말한다. 국세징수권의 경우 소멸시효기간은 5년(5억원 이상의 국세 : 10년)이다. 다만, 소멸시효의 경우 제척기간과 달리 체납세금에 대해 재고지를 하거나 독촉, 교부청구, 압류 등을 하는 경우 소멸시효가 중단된다. 따라서 과세관청은 조세권 확보를 위하여 소멸시효 완성전 계속 고지·독촉·최고를 하여 소멸시효를 중단시킴으로서 세금을 체납한 납세자가 소멸시효에 의하여 체납세금을 면제받을 길은 없는 것이다.

□ 국세기본법 제26조(납부의무의 소멸)
국세 및 강제징수비를 납부할 의무는 다음 각 호의 어느 하나에 해당하는 때에 소멸한다. 〈개정 2018. 12. 31., 2020. 12. 22.〉
3. 제27조에 따라 국세징수권의 소멸시효가 완성된 때

제27조(국세징수권의 소멸시효)
① 국세의 징수를 목적으로 하는 국가의 권리는 이를 행사할 수 있는 때부터 다음 각 호의 구분에 따른 기간 동안 행사하지 아니하면 소멸시효가 완성된다. 이 경우 다음 각 호의 국세의 금액은 가산세를 제외한 금액으로 한다. 〈개정 2019. 12. 31.〉
1. 5억원 이상의 국세: 10년
2. 제1호 외의 국세: 5년

제28조(소멸시효의 중단과 정지) ① 제27조에 따른 소멸시효는 다음 각 호의 사유로 중단된다. 〈개정 2020. 12. 29., 2023. 12. 31.〉
1. 납부고지
2. 독촉
3. 교부청구
4. 압류
② 제1항에 따라 중단된 소멸시효는 다음 각 호의 기간이 지난 때부터 새로 진행한다.
1. 고지한 납부기간
2. 독촉에 의한 납부기간
3. 교부청구 중의 기간
4. 압류해제까지의 기간

# 계정과목 분류 및 계정과목별 지출증빙
## 경리장부, 회계원리, 분개, 결산, 재무제표

◆ 제1부 회계원리 및 장부정리
◆ 제2부 계정과목
◆ 제3부 결산정리 및 재무제표

경영정보사

■ 저자 이진규 (약력)
(현)삼일인포마인 세무상담위원
    2015년 ~
(현)비즈폼, 이지분개 세무상담위원
    2005년 ~
(현)경영정보사 도서 집필 및 발간
(전)국세청 세무조사관

■ 저자 저서
법인관리 및 법인세무 컨설팅
법인기업의 세무회계실무
세법의 가산세 및 세무회계실무
부가가치세 및 원천세 실무
세금개요 및 절세

## 계정과목 분류 및 계정과목별 지출증빙

2025년 8월 18일 개정판 발행
저   자 : 이 진 규
발 행 인 : 강 현 자
발 행 처 : 경영정보사
신고번호 : 제2021-000026호

주   소 : 대구광역시 동구 동촌로 255
전   화 : 080 - 250 - 5771
홈페이지 : www.ruddud.co.kr
이 메 일 : lee24171@naver.com

정   가   29,000원

# 머리말

이 책은 중소기업의 회계실무를 담당하고 있는 실무자를 위하여 편집한 도서로 가능한 서술적인 설명은 생략하고, 사례중심으로 설명을 하였습니다.

상업부기 및 회계에 대한 전문교육을 이수하고 기업에서 막상 회계실무를 담당하다 보면 교육을 통하여 배우지 못하였던 여러 가지 복잡한 거래 사례를 접하게 되며, 특정 사안에 대하여 그 처리방법을 찾지 못하여 많은 시간을 낭비할 수도 있을 것입니다.

저자는 이와 같은 애로사항을 답변해드리는 회계 및 세무업무 전문 상담 사이트인 '이지분개'를 관리하면서 질의내용을 분석하여 회계업무의 전처리과정을 실무적으로 가장 쉽게 접근할 수 있도록 단원별로 이 한 권에 책에 수록하였습니다.

이 책은 특히 실무에서 회계처리를 함에 있어 발생하는 내용 중 그 처리에 있어 다소 까다로운 부분을 사례별로 예시를 들었으며, 실무에서 편리하게 활용할 수 있도록 각고의 노력을 기울였습니다.

본서를 통하여 기업의 회계처리업무에 관한 모든 궁금 점을 해결할 수는 없습니다만, 많은 부분은 도움이 될 것으로 믿습니다.

끝으로 중소기업의 회계업무를 담당하시는 분들에게 본서가 유익한 참고도서가 되기를 바랍니다.

2025년 8월
저자 이 진 규

계정과목별 세무회계, 경리장부
사례별 회계실무, 결산·재무제표

## CONTENTS .....

경영정보사 홈페이지 무료 이용
(아이디) aa11
(비밀번호) aa1111

# 제1부  회계원리 및 장부정리

## 제1장  사업자의 장부기장, 기업의 소득금액

[1] 사업자의 장부기장 ............................................................. 3
[2] 법인과 개인사업자의 장부기장 차이 등 ........................... 5
[3] 법인기업 및 개인사업자의 소득 ...................................... 10

## 제2장  회계기초

[1] 복식부기 ............................................................................ 14
[2] 거래 .................................................................................. 32
[3] 거래 기록과 부가가치세 구분 기재 ................................ 36
[4] 회계연도, 외부감사대상법인, 기업회계기준 [한국회계기준원] ... 40

## 제3장 계정과목 기초

### [1] 계정과목 이해 …… 42

### [2] 혼동하기 쉬운 계정과목 …… 43
외상매출금(자산)과 미수금(자산) …… 43
외상매입금(부채), 미지급금(부채), 미지급비용(부채) …… 43
선급금(자산), 선급비용(자산) …… 43
잡비(판매비와관리비), 잡손실(영업외손실) …… 44
원재료(자산) 및 원재료비(제조경비) …… 44
자산의 취득과 관련한 비용 …… 44

### [3] 계정과목 분류표 …… 44
유동자산 …… 45
비유동자산 …… 46
유동부채 …… 47
비유동부채 …… 47
자본 …… 48
매출, 매출원가, 제조비용 …… 49
판매비와관리비 …… 50
영업외수익 …… 50
영업외비용 …… 51
법인세비용 …… 51

## 제4장 전표 및 제장부 작성

### [1] 전표 …… 52
입금전표 …… 53
출금전표 …… 54
대체전표 …… 55
입금전표 및 출금전표 작성방법, 대체전표 작성방법 …… 57
세금계산서 및 거래명세서 보관 방법 …… 57

### [2] 장부 작성 과정 …… 58
거래 발생, 분개 …… 58
총계정원장 전기 …… 59
보조부 기록 …… 61

## 제5장 보조장부 작성

[1] 현금출납장 및 현금출납장 작성 사례 63

[2] 매출장 및 매출처원장 65

[3] 매입장 및 매입처원장 69

[4] 재고자산수불부 72

[5] 받을어음기입장 및 받을어음기입장 작성 사례 76
어음 수취 76
어음의 양도, 할인, 만기추심 76
외상 매출 회계처리 및 장부 작성 77
외상매출대금 어음 입금 회계처리 및 장부 작성 78
받을어음 배서양도 회계처리 및 장부 작성 79
배서양도와 회계처리 80
받을어음 만기 추심 회계처리 및 장부 작성 81
부도어음 발생 및 회수 회계처리 및 장부 작성 82

[6] 지급어음기입장 및 지급어음기입장 작성 사례 83
지급어음기입장 작성 사례 83
외상매입대금 어음발행 지급 84
지급어음 결제 회계처리 및 장부 작성 84

## 제6장 일계표 및 시산표

[1] 일계표 작성 사례 및 작성 방법 85

[2] 시산표 및 시산표 오류수정, 합계잔액시산표 작성 사례 88

[3] 합계잔액시산표 작성 사례 89

[4] 장부 90
매출거래와 관련하여 기록하는 장부 90
매입거래와 관련하여 기록하는 장부 91
기타 각종 거래와 관련하여 기록하는 장부 92

# 제2부 계정과목

## 제1장 자산 계정과목

**[1] 유동자산(당좌자산)** — 96
- 현금및현금성자산 — 96
- 당좌예금 — 96
- CMA, MMF 회계처리 — 98
- 단기투자자산 — 100
- 매출채권(외상매출금, 받을어음) — 101
- – 어음할인 회계처리 — 103
- 유가증권 — 104
- – 유가증권 평가 및 세무상 유의사항 — 105
- – 국채 또는 공채매입 및 처분 회계처리 — 106
- 단기대여금 — 111
- 가지급금 — 112
- – 착오로 거래처에 잘못 송금한 경우 — 112
- – 임직원 단기대여금 및 가지급금의 세무상 유의사항 — 113
- 종업원대여금 (주임종단기채권) — 115
- 전도금 — 117
- 미수금 — 119
- – 부가가치세 환급금 발생시 회계처리 — 119
- – 건강보험료 연말정산 환급금 발생시 회계처리 — 120
- 선급금 — 121
- 부가세대급금 — 122
- 선납세금 — 123

**[2] 유동자산(재고자산)** — 124
- 재고자산 개요 — 124
- – 재고자산 평가 — 125
- – 재고자산평가방법 신고 — 126
- 상품 — 127
- 매입환출, 매입에누리, 매입할인 — 128
- 제품 — 130
- 반제품 — 130
- 원재료 — 131
- 재공품 — 131

## [3] 비유동자산(투자자산) — 133
장기금융상품 — 133
장기투자증권 — 134
- 법인이 내국법인으로부터 받는 수입배당금중 일정금액의 익금불산입 — 135
장기대여금 — 136

## [4] 비유동자산(유형자산) — 137
토지 — 137
- 토지 취득과 관련한 법무사수수료 및 매입세액 처리 — 137
- 토지 취득에 대한 증빙서류 — 137
건물 — 138
- 토지 및 건물 일괄 취득시 취득가액 계산 — 139
- 건물 철거 및 철기비용 세무회계 — 140
구축물 — 142
- 건물과 구축물 구분 — 142
- 시설장치, 인테리어 설치비용 — 142
기계장치 — 144
차량운반구 — 146
- 차량의 취득과 관련한 매입세액 처리 — 146
- 차량 매각시 회계처리 — 148
건설중인자산 — 149
비품 — 150
기타의 유형자산 — 151

## [5] 비유동자산(무형자산) — 152
무형자산 개요 — 153
- 무형자산 감가상각 — 153
영업권 — 153
- 영업권 양도 및 세무신고 — 154
산업재산권 — 155
- 특허권 및 특허권 양도 세무신고 — 156
- 실용신안권 — 157
- 의장권, 상표권 — 158
개발비 — 158
- 무형자산인 개발비와 당기비용인 경상연구개발비 구분 — 159
기타의 무형자산

## [6] 비유동자산(기타비유동자산) — 161
장기성매출채권 — 161
보증금 — 163
부도어음 — 165

## 제2장 부채 계정과목

### [1] 유동부채 — 169
매입채무 — 169
- 외상채무의 명칭 구분 (외상매입금, 미지급금, 미지급비용) — 169
단기차입금 — 171
- 당좌차월 — 171
- 개인사채 차입 및 이자 지급 원천징수 — 172
- 마이너스 통장 회계처리 — 172
미지급금 — 174
- 미지급금, 미지급비용, 외상매입금 구분 — 174
선수금 — 175
- 재화 공급(인도)전 선수금 수취 및 세금계산서 발행 — 176
예수금 — 177
미지급비용 — 177
부가세예수금 — 178
가수금 — 178

### [2] 비유동부채 — 180
사채(社債) — 180
장기차입금 — 181
- 단기차입금 및 장기차입금 구분 — 181
퇴직급여충당부채 — 182
퇴직연금충당부채 — 182

## 제3장 자본 계정과목

### [1] 자본금 — 184
자본금 및 자본금 납입 — 185
자본금 증자 — 186
- 주식등변동상황명세서 제출 및 자본금 변동분 재무제표 반영 — 186
- 유상증자 — 187
- 액면발행 — 187
- 할증발행 — 187
- 무상증자 — 187
- 무상증자시 배당소득 원천징수 및 원천징수시기 — 188
- 자본금 증자의 장부 기장 확인 — 190

## [2] 자본잉여금 — 191
주식발행초과금 — 191
감자차익 — 192
자기주식처분이익 — 192

## [3] 자본조정 — 193
자본변동표 — 193
주식할인발행차금 — 194
배당건설이자 — 194
자기주식 — 194
미교부주식배당금 — 194

## [4] 기타포괄손익누계액 — 195
매도가능증권평가손익 — 195
해외사업환산대(또는 해외사업환산차) — 196

## [5] 이익잉여금 — 197
이익잉여금 개요 — 197
- 이익준비금 — 198
이익의 자본화 과정 및 배당 실무 — 200
- 전기이월이익잉여금, 미처분이익잉여금, 차기이월이익잉여금 — 202
- 결산배당 및 중간배당 — 203
- 이익잉여금 처분 — 204
- 회계기말에 이익처분에 대한 결의를 하지 않는 경우의 이익처분 — 207
배당과 관련한 세무실무 — 208
- 배당소득세 원천징수 — 208
- 이익잉여금의 자본금 전입(무상증자)과 세무 문제 — 209
- 배당권리 포기 — 209
- 배당소득 원천징수영수증 교부 및 제출 — 210
중간배당 — 211
- 결산배당 및 중간배당 요약 — 211

# 제4장 수익 계정과목

## [1] 매출 — 213
매출 — 213
- 매출에서 차감하여야 하는 것 — 213
- 부가가치세법의 매출 과세표준 — 214

## [2] 영업외수익 — 218

| | |
|---|---|
| 이자수익 | 218 |
| － 예금이자에 대한 이자소득세 징수 및 납부 | 218 |
| － 회계기말 미수이자 처리 | 219 |
| 배당금수익 | 220 |
| － 배당금수익 세무상 유의할 사항 | 220 |
| 수입임대료 | 221 |
| 외환차익 | 222 |
| 외화환산이익 | 223 |
| 유가증권처분이익 | 224 |
| 유가증권평가이익 | 224 |
| 투자자산처분이익 | 224 |
| － 유형자산 처분연도 감가상각비 계상 여부 | 225 |
| 유형자산처분이익 | 225 |
| 관세환급금 | 226 |
| 판매장려금수익 | 227 |
| 국고보조금수익 | 227 |
| － 자산의 취득과 관련하여 받은 국고보조금 처리 | 227 |
| － 수익과 관련하여 받은 국고보조금 처리 | 228 |
| － 국고보조금의 세무상 익금산입 및 손금산입 | 232 |
| 상각채권추심이익 | 233 |
| 전기오류수정이익 | 233 |
| 법인세환급액 | 234 |
| 잡이익 | 235 |
| 보험차익 | 235 |
| 채무면제이익 | 236 |
| 자산수증이익 | 236 |

# 제5장 비용 계정과목

## [1] 매출원가 — 238

## [2] 판매비와관리비 — 240

| | |
|---|---|
| 급료 및 임금 | 240 |
| － 사업주가 근로소득세 및 4대보험 종업원부담금을 부담하는 경우 급여 처리 | 240 |
| － 급료지급과 근로소득세, 4대보험 징수 및 납부 회계처리 | 244 |
| － 중도 퇴사자 근로소득 연말정산 및 4대보험료 정산 | 245 |
| － 계속 근로자 건강보험료 및 고용 및 산재보험료 연말정산 | 248 |
| 퇴직금(퇴직급여) | 251 |

잡급
- 급여, 임금, 잡급 구분 252
- 일용근로자 세무실무 252
- 일용근로자에 대한 임금 지급과 증빙서류 254
- 일용근로자의 '근로내용확인신고서' 제출 254
- 일용근로자 노무 및 4대보험 실무 254

복리후생비 256
- 종업원 복리후생적 지출 중 과세대상 급여로 처리하는 것 256
- 종업원 시상금 중 비과세되는 것
- 금전으로 지급하는 식대 보조금 258
- 종업원 선물대금 세무처리 및 지출증빙 258
- 경조사비 계정과목과 지출증빙 258

여비교통비 259
- 여비교통비 지출증빙서류 259
- 시내출장비 지출증빙 260
- 시외출장비 지출증빙 261
- 해외 여비교통비 지출증빙서류 264
- 해외출장비 지급시 외화 환전 및 잔여 외화 반환 회계처리 265

접대비 266
- 접대비 지출증빙서류 267
- 거래처 경조사비 지출증빙 268
- 접대비의 세무상 유의할 사항 269
- 접대비 한도초과액의 손금불산입 269

통신비 270
- 정액으로 지급하는 통신비 세무처리 270

수도광열비 271

전력비 273
- 임차한 건물의 전력비 지출증빙 274
- 임차인이 실제 부담한 임대인명의 전기요금청구서와 지출증빙 274

세금과공과금 276
- 손금으로 인정되는 세금과 손금으로 인정되지 않는 세금 276

감가상각비 278

지급임차료 278
- 간이과세자로부터 부동산임대용역을 공급받은 경우 증빙수취방법 279

경상연구개발비 281

수선비 282
- 수익적 지출(수선비 계정으로 처리) 282
- 자본적 지출 284

보험료 285
- 차량보험료 납부 및 선급보험료 계상 286
- 저축성 보험료 및 보장성 보험료 납부 회계처리 287

| | |
|---|---|
| 차량유지비 | 288 |
| - 차량유지비 계정과목 분류 | 288 |
| - 직원 소유 차량을 업무에 사용하고 유지비를 지급한 경우 경비 인정 여부 | 288 |
| - 비과세되는 차량유지비 | 288 |
| 운반비 | 289 |
| 교육훈련비 | 286 |
| - 교육훈련비 지출증빙서류 | 290 |
| - 외부강사료 지급 | 291 |
| 도서인쇄비 | 292 |
| 회의비 | 293 |
| 포장비 | 293 |
| 사무용품비 | 294 |
| 소모품비, 소모품과 소모품비 구분 | 295 |
| 지급수수료 | 296 |
| 보관료 | 297 |
| 광고선전비 | 298 |
| - 광고선전비, 접대비, 기부금 구분 | 298 |
| - 홈페이지 제작비용 계정과목 | 298 |
| 판매촉진비 | 299 |
| 대손상각비 | 301 |
| 견본비 | 301 |
| 외주가공비 및 외주비 | 302 |
| 하자보수비 | 303 |
| 잡비 | 304 |

## [3] 영업외비용   305

| | |
|---|---|
| 이자비용 | 305 |
| 외환차손 | 308 |
| 외화환산손실 | 308 |
| 기부금 | 308 |
| 유가증권처분손실 | 309 |
| 투자자산처분손실 | 309 |
| 유형자산처분손실 | 311 |
| 유형자산감액손실 | 312 |
| 전기오류수정손실 | 313 |
| 잡손실 | 314 |
| 재해손실 | 315 |

## [4] 법인세비용   316

| | |
|---|---|
| 법인세비용 | 316 |
| 법인세등추납액 | 319 |

# 제3부 결산정리, 재무제표, 차량세무, 지출증빙

## 제1장 결산

[1] 결산 323

[2] 결산과정은 왜 필요한가? 324

[3] 결산정리과정 325

## 제2장 결산정리사항

[1] 결산정리사항 328
1. 상품매출원가 계산(도, 소매업) 328
2. 제품제조원가 및 매출원가 계산 330
3. 감가상각비 계상 339
4. 퇴직급여충당부채 설정 353
5. 퇴직연금 손금산입 356
   - 확정기여형퇴직연금(DC)의 손금산입 363
   - 확정급여형퇴직연금(DB)의 손금산입 364
6. 대손충당금 366
7. 기타 결산정리 사항 375
   - 현금과부족 정리 375
   - 선급비용 계상 375
   - 미지급비용 계상 377
   - 재고자산평가손실 계상 379
   - 선수수익 계상 380
   - 유가증권 평가 381
   - 장기차입금의 유동성장기부채 대체 382
   - 법인세비용 계상 383
   - 당기순이익의 미처분이익잉여금 대체 384

8. 결산체크리스트 386

## 제3장 재무제표

[1] 재무제표 — 390

[2] 재무제표의 유용성 — 391

[3] 기타 결산 보고자료 — 393

## 제4장 경영분석

[1] 유동성 분석 — 400
　유동비율 — 400
　당좌비율 — 401

[2] 안정성 분석 — 402
　부채비율 — 402
　자기자본비율, 고정비율 — 403

[3] 수익성 분석 — 404
　매출액 영업이익율 — 404
　총자본 영업이익율, 매출액 총이익율 — 404

[4] 경영분석의 의의 — 405
　경영분석을 소홀히 한 경우 발생할 수 있는 문제들 — 405

## 제5장 차량 및 리스 세무회계, 업무용 승용차 과세특례

[1] 차량과 관련한 세무회계 — 407

[2] 업무용 승용차 과세합리화 — 416

[3] 금융리스 및 운용리스 세무회계 — 426
　판매 후 리스 — 428
　이용자리스(부가가치세 환급리스) — 431

## 제6장 지출증빙 및 정규영수증

[1] 정규영수증     432

[2] 정규영수증 수취대상 및 수취대상이 아닌 경우     436

[3] 정규영수증 미수취에 대한 가산세 등     441

[4] 영수증 관리 및 보관     444


## 세무회계 자료 이용에 대한 홈페이지 안내

[1] 2026년 개정 세법은 경영정보사 홈페이지를 참고하시기 바랍니다.

[2] 지면관계상 본 서에 수록하지 못한 내용은 경영정보사 홈페이지에 올려두었습니다.

[3] 경영정보사 홈페이지 이용방법
경영정보사 홈페이지에서 개정 세법을 반영한 각종 세무회계 관련 자료를 볼 수 있으며, 별도의 회언 가입 절차 없이
**지정 아이디(aa11) 및 지정 비밀번호(aa1111)**를 입력하신 후
로그인 하시면 바로 이용할 수 있습니다.

1. 네이버, 구글 검색창에서 경영정보사 입력
2. www.ruddud.co.kr

# 1

# 회계원리 장부정리

#  사업자의 장부기장 기업의 소득금액

> 사업자는 소득을 계산하여 법인은 법인세를 개인사업자는 종합소득세 신고 및 납부를 하여야 하는데 사업연도(개인사업자는 과세기간이라 함) 기간의 소득을 알기 위해서는 반드시 장부기장을 하여야 한다. 장부기장은 회계원칙에 의한 복식부기기장을 원칙으로 하되, 소규모 개인사업자는 세법이 정하는 바에 따라 간편장부로 기장할 수 있다.

## 1 사업자의 장부기장

사업자는 과세기간(법인의 경우 사업연도) 동안 (1. 1 ~ 12. 31) 사업으로 벌어들인 사업소득금액(수익 - 비용)을 계산하기 위하여 반드시 장부기장을 하여야 한다. 장부기장은 복식부기에 의한 기장을 원칙으로 하되, 소규모 개인사업자의 경우 간편장부에 의한 기장을 할 수 있다.

### ▶ 회계연도, 과세기간, 사업연도

손익계산 기간은 1월 1일(신규사업자의 경우 개업일)부터 12월 31일 기간으로 하며, 손익계산 기간을 회계상으로는 회계연도라고 한다.

세법에서는 개인사업자는 과세기간, 법인은 사업연도라고 하며, 법인의 사업연도는 따로 정할 수 있다.(3월말 6월말, 9월말 법인 등)

▶ **수익 및 비용(기업회계기준 용어)**
1) 수익이란 기업체의 경영활동과 관련된 재화의 판매 또는 용역의 제공 등에 대한 대가로 발생하는 자산의 유입 또는 부채의 감소이다. 예를 들면, 재화 및 용역을 공급한 대가로서 현금이나 매출채권이 증가하게 된다.
2) 비용이란 기업체의 경영활동과 관련된 재화의 판매 또는 용역의 제공 등에 따라 발생하는 자산의 유출이나 사용 또는 부채의 증가이다.

▶ **익금, 손금**
법인의 경우 세무상 수익은 익금이라고 하며, 세무상 비용은 손금이라고 한다.

▶ **총수입금액, 필요경비**
개인사업자의 경우 세무상 수익은 총수입금액이라고 하며, 세무상 비용은 필요경비라고 한다.

## 복식부기기장 대상 사업자

**법인** 및 개인사업자 중 **직전년도 수입금액**이 다음의 업종별 기준금액 이상인 경우 복식부기기장을 하여야 한다. [복식부기 기장 → 도서 본문]

▷ 복식부기기장대상자[직전년도 수입금액이 업종별 기준금액 이상인 사업자]
○ 직전연도 수입금액은 연간으로 환산하지 않음

| 업 종 별 | 기준금액 |
|---|---|
| 가. 농업·임업 및 어업, 광업, 도매 및 소매업(상품중개업 제외), 부동산매매업, 그 밖에 나목 및 다목에 해당되지 아니하는 사업 | 3억원 |
| 나. 제조업, 숙박 및 음식점업, 전기·가스·증기 및 공기조절 공급업, 수도·하수·폐기물처리·원료재생업, 건설업(비주거용 건물 건설업 제외), 부동산 개발 및 공급업(주거용 건물 개발 및 공급업에 한정), 운수업 및 창고업, 정보통신업, 금융 및 보험업, 상품중개업 | 1억5천만원 |
| 다. 부동산임대업, 부동산업(부동산매매업은 제외), 전문·과학 및 기술서비스업, 사업시설관리·사업지원 및 임대서비스업, 교육서비스업, 보건업 및 사회복지서비스업, 예술·스포츠 및 여가 관련 서비스업, 협회 및 단체, 수리 및 기타 개인서비스업, 가구내 고용활동 | 7천500만원 |

## 2  법인과 개인사업자의 장부기장 차이 등

### 개요

법인은 기업에서 발생하는 모든 거래를 장부에 기록하여 법인의 소득을 계산하여야 하나 개인사업자는 사업과 관련한 거래만 기록을 하여야 하며, 사업과 무관한 지출은 인출금으로 처리한 후 회계기말에 자본금과 대체처리하여야 한다.

### 법인의 주주 및 소득 처분, 개인사업자 이익 처분

법인의 주주는 법인에 본인의 자금을 출자한 자로서 법인이 이익이 발생하게 되면, 배당을 받을 목적으로 출자하게 된다.

법인이 사업을 영위하여 이익을 얻게 되는 경우 법인은 이익에 상당하는 순자산이 증가하게 되며(자산 / 이익잉여금),

증가한 자산 중 주주총회의 의결을 거쳐 주주에게 배당(이익잉여금 / 자산)을 하게 된다.

반면, 개인사업자는 회사가 본인 소유이므로 언제든지 회사 돈은 인출하거나 본인 자산을 회사의 자산으로 입금하거나 이전할 수 있으며, 사업으로 얻게 된 소득에 대하여 소득세 및 지방소득세만 납부하면, 세무상 특별한 문제는 발생하지 않는다.

### 자본금

자본금은 사업을 위하여 법인의 경우 주주가 출자한 금액을 말하며, 개인사업자는 사업주 개인이 출자한 금액을 말한다.

법인의 자본금은 법인설립등기시 등기를 하여야 하며, 자본금을 증액하고자 하는 일정한 절차를 거쳐 등기를 하여야 한다.

▶ **가지급금**

법인은 법인 자금을 대표이사, 임직원, 주주 등이 임의로 인출하여 가져갈 수 없다. 그럼에도 불구하고 대표이사 등이 법인의 자금을 가져가는 경우 가지급금으로 처리한 후 반드시 회수하여야 한다.

업무와 관련없이 대표이사 등에게 지급하는 가지급금은 회사의 자금을 대표이사 등이 유용하게 되어 법인에게 손실을 주게 되므로 (가지급금을 금융기관에 예치하는 경우 이자소득이 발생하여 법인의 소득을 증가시키게 됨에도 무상으로 자금을 대여함으로써 법인에 손실을 초래함) 세법에서 엄격한 규제를 하고 있다.

예를 들면, 가지급금에 대하여 특수관계자에게 무상 또는 시가보다 낮은 이율로 금전을 대여한 경우에는 **가중평균차입이자율(원칙)**로 계산한 이자상당액을 세무조정에서 익금으로 계상하여 [예외적으로 당좌대출이자율(2023년 이후 4.6%, 2023년 법인세법 시행규칙 제43조 ② 참조) 허용]

대표이사 등(법인의 자금을 무상 또는 시가보다 낮은 금리로 대여를 받은 자)에 대한 상여로 처분한 후 연말정산 지급명세서를 수정하여 제출하고, 추가로 납부할 근로소득세는 대표이사 등으로부터 징수하여 납부하여야 한다.

▶ **가수금**

법인의 운용자금 등이 부족한 경우 법인은 대표이사 등으로부터 자금을 일시 차입할 수 있으며, 일시 차입한 금액을 가수금이라 한다.

법인이 대표이사등으로부터 자금을 일시 차입하고, 그 이자를 지급하지 않거나 가중평균차입이자율 또는 당좌대출이자율 보다 낮은 이자율로 이자를 지급하는 경우 법인이 손해를 보는 것이 아니므로 세무상 문제는 되지 않는다.

## 개인사업자의 자본금, 인출금

개인사업자는 자본금 출자, 증감에 대하여 특별한 절차를 요하지 아니하며, 자산에서 부채를 차감한 금액이 자본금이 된다.

따라서 개인사업자의 자본금은 수시로 변동이 되므로 대표자가 회사자금을 인출하여 가는 경우 또는 대표자가 회사에 현금 등 자산을 입금하는 경우 임시 계정인 인출금으로 처리한 후 회계기말(12월 31일)에 자본금으로 대체처리를 한다.

### ▣ 인출금 분개처리 사례

① 5. 10 사업주가 회사 보통예금 통장에 1천만원을 입금하다.

| 보통예금 | 20,000,000 / 인출금 | 20,000,000 |

② 5. 31 개인 사업주 종합소득세 및 지방소득세 5,000,000원을 회사 자금으로 보통예금에서 인출하여 납부하다.

| 인출금 | 5,000,000 / 보통예금 | 5,000,000 |

③ 7. 31 개인 사업주의 재산세 2,000,000원을 회사 보통예금 통장에서 인출하여 납부하다.

| 인출금 | 2,000,000 / 보통예금 | 2,000,000 |

④ 10. 20 사업주가 5,000,000원을 보통예금에서 인출하여 가다.

| 인출금 | 10,000,000 / 보통예금 | 10,000,000 |

⑤ 12.31. 인출금 잔액 8,000,000원을 자본금과 대체하다.

| 자본금 | 8,000,000 / 인출금 | 8,000,000 |

### ▶ 자본금이 마이너스가 되는 경우 어떤 문제가 있나?

앞에서 살펴본 바와 같이 개인사업자가 사업을 하여 벌어 들인 돈보다 많이 인출하여 가져가는 경우 자본금이 마이너스가 될 수 있으며, 이 경우 세무상 특별한 문제는 발생하지 않는다.

다만, 자본금이 마이너스가 되는 경우 은행 대출 유지에 문제가 생길 수 있으며, 신규 대출을 받기도 어려운 점이 있으므로 이러한 점을 감안하여 회사 자금을 인출하여야 할 것이다.

한편, 초과인출금(마이너스 자본금)이 발생한 경우로서 차입금이자가 있는 경우 차입금이자 중 다음의 계산식에 의한 금액은 필요경비에 산입할 수 없다.

◆ 초과인출금에 대한 지급이자 = 지급이자 × (해당 과세기간 중 초과인출금의 적수 / 해당 과세기간 중 차입금의 적수)

## ● 개인사업자의 급여 및 가사 관련 비용 등은 사업자의 필요경비로 처리할 수 없다.

개인사업자의 사업과 관련한 지출만 필요경비로 처리할 수 있는 것으로 개인사업자의 개인적인 비용인 **사업주 본인 식대**, 사업주 주거용 아파트 재산세, 관리비, 생활 관련 비용, 병원비, 자녀 교육비 등은 사업과 관련한 필요경비에 계상할 수 없다. 또한 사업자는 사업과 관련한 소득에 대하여 소득세를 신고 및 납부하는 것으로 사업주 본인에게 급여를 지급한 것으로 처리 할 수 없다.

## ● 유형자산처분손익의 필요경비 또는 총수입금액 산입 여부

개인사업자의 경우 차량, 기계장치 등 유형자산의 처분에 따른 손익은 소득세법에서 열거한 필요경비가 아니므로 필요경비로 처리할 수 없으며, 처분이익은 총수입금액에 산입하지 아니하였으나 2018년 이후 복식부기의무자의 경우 처분손실은 필요경비에 산입하여야 하며, 처분이익은 총수입금액에 포함하여야 한다.

한편, 개인사업자가 사업용으로 사용하던 토지, 건물 등 양도소득세 과세대상 물건을 처분하는 경우는 사업소득과는 별도로 양도소득세를 신고 및 납부하여야 한다.

[핵심 실무] 개인사업자 유형자산 처분손익 분개처리 및 세무조정
기계장치 취득가액 4000 감가상각누계액 2000
처분가액 1000(부가세 별도)
보통예금　　　　　1100　　／　부가세예수금　　100
감가상각누계액　　2000　　　　기계장치　　　　4000
유형자산처분손실　1000

<세무조정>
필요경비불산입(유형자산처분손실)    1000
총수입금액 산입(매각 금액)            1000
필요경비 산입(장부가액)               2000
- 장부가액 : 취득가액(4000) - 감가상각누계액(2000)

[개정 세법] 개인사업자의 사업용 유형고정자산 처분손익 과세 신설
(소득법 §19①, §25③, 소득령 §55①)

| 종 전 | 개 정 |
|---|---|
| □ 사업소득의 범위 | □ 사업소득의 범위 확대 |
| ○ 유형 고정자산 처분손익 중 복식부기 의무자의 업무용 승용차 처분손익에 한정하여 과세 | ○ 좌동 |
| <추가> | ○ 복식부기의무자의 사업용 유형 고정자산(부동산 제외) 처분소득 |

<적용시기> 2018.1.1. 이후 개시하는 과세기간 분부터 적용

## 간편장부대상자

간편장부대상자란 개인사업자(법인은 규모에 관계없이 복식부기기장을 하여야 함)로서 당해 연도에 **신규로 사업을 개시한 자**와 **직전연도** 수입금액(매출액)의 합계액이 복식부기 기장 업종별 기준금액에 미달하는 사업자를 말한다.

♣ 간편장부기장 상세내용 → 경영정보사 홈페이지(www.ruddud.co.kr) 참조

# ③ 법인기업 및 개인사업자의 소득

## ❑ 법인기업의 소득계산 및 법인세

법인은 사업연도 단위로 법인에서 발생한 소득에 대하여 법인세를 신고·납부하여야 한다.

법인은 소득의 종류를 별도로 구분하지 아니하고, 법인에서 발생한 모든 소득에 대하여 법인의 소득으로 계산하여 법인세를 신고 및 납부하여야 하며, 이를 포괄주의 과세라 한다. 예를 들어 법인이 사업과 관련하여 직접 발생한 소득이 아닌 예금에 대한 이자소득, 주식투자 등에 대한 배당소득, 부동산 등의 양도시 발생하는 양도소득 등이 있는 경우에도 전부 영업외수익으로 계상하여 법인세를 납부하여야 한다.

단, 법인이 비사업용토지(법인세법 제55조의2 ②)를 양도하는 경우 양도차익의 10%를 추가로 납부하여야 하며, 주택을 양도하는 경우 양도차익의 20%를 추가 납부하여야 한다. [(예외) 기숙사 또는 사원용주택등(법인세법 시행령 제92조의2 제3항)]

법인의 과세소득은 기업회계기준에 의하여 계상한 소득(당기순이익)에서 조세정책 목적으로 법인이 계상한 비용 중 인정하지 아니하는 금액(손금불산입이라고 한다.) 및 회계상 수익은 아니더라도 세법에서 수익으로 계상하여야 할 금액을 더하고, 회계상 비용이 아니나 비용으로 인정하는 금액 등을 차감한 소득으로 계산하는 세무조정 절차를 거쳐 각 사업연도소득을 확정하며, 각 사업연도소득에서 전기 이전에 발생한 결손금 등을 공제한 금액을 과세표준으로 하여 과세표준에 세율을 곱하여 법인세액을 산출한다.

또한 법인세 산출세액에서 조세정책 목적에 의한 각종 세액감면 및 세액공제를 한 후에 가산세 등을 추가하여 납부할 세액을 결정하며, 이러한 일련의 과정을 거쳐 납부할 법인세를 계산한다.

▶ **법인세 신고납부 및 지방소득세 신고납부**

1. 법인세 납세의무가 있는 법인은 「법인세 과세표준 및 세액신고서」를 작성하여 각 사업연도의 종료일이 속하는 달의 말일로부터 3월 이내에 관할세무서에 신고하고 세금을 납부하여야 한다.
2. 내국법인은 각 사업연도의 종료일이 속하는 달의 말일부터 4개월 이내에 그 사업연도의 소득에 대한 법인지방소득세의 과세표준과 세액을 납세지 관할 지방자치단체의 장에게 신고하고, 납부하여야 한다.(지방세법 제103조의23)

■ **법인세 세율 및 과세표준 구간 조정(법인법 §55)**

| 종 전 | | 개 정 | |
|---|---|---|---|
| □ 법인세율 과세체계 | | □ 법인세율 인하 및 과표구간 조정 | |
| ○ 세율 및 과세표준 | | ○ 세율 1% 인하 | |
| 과세표준 | 세 율 | 과세표준 | 세 율 |
| 2억원 이하 | 10% | 2억원 이하 | 9% |
| 2~200억원 | 20% | 2~200억원 | 19% |
| 200~3,000억원 | 22% | 200~3,000억원 | 21% |
| 3,000억원 초과 | 25% | 3,000억원 초과 | 24% |

<적용시기> '23.1.1. 이후 개시하는 사업연도 분부터 적용

■ 사업연도가 1년 미만인 경우 산출세액 계산
법인세산출세액 = (과세표준 × 12/사업연도월수) × 세율 × 사업연도월수/12
- 월수는 역에 따라 계산하되 1월 미만의 일수는 1월로 함

## 개인사업자의 사업소득 계산 및 종합소득세

**[1] 과세연도, 사업소득금액 및 종합소득세 신고납부기한**

개인사업자는 과세연도(1월 1일부터 12월 31일) 단위로 사업과 관련한 수익(총수입금액)에서 비용(필요경비)을 차감한 금액을 사업소득금액으로 하여 다음해 5월 31일까지 종합소득세를 신고 및 납부하여야 한다.

## [2] 세무조정 및 이월결손금 공제

개인사업자의 과세소득은 기업회계기준에 의하여 계상한 소득(당기순이익)에서 조세정책 목적으로 사업자가 계상한 비용 중 인정하지 아니하는 금액(필요경비불산입이라고 한다.) 및 회계상 수익은 아니더라도 세법에서 수익으로 계상하여야 할 금액을 더하는 세무조정 절차를 거쳐 과세소득을 확정한 후 전기 이전에 발생한 결손금 등을 공제한 금액을 과세표준으로 하여 과세표준에 세율을 곱하여 소득세액을 산출한다.

## [3] 세액감면 또는 세액공제

한편, 소득세 산출세액에서 세액감면(창업중소기업 감면, 중소기업등 특별세액 감면) 또는 세액공제(고용증대 세액공제, 통합투자세액공제 등)등이 있는 경우 해당 금액을 차감한 금액으로 종합소득세를 신고 및 납부한다.

## [4] 종합소득세

개인사업자의 소득에 대한 세금을 종합소득세라 함은 사업과 관련한 사업소득금액(총수입금액 - 필요경비)외에 다른 소득이 있는 경우로서 특정한 소득은 사업소득과 합산하여 세금을 신고 및 납부하여야 하므로 종합소득세라고 한다.

따라서 사업소득이 있는 거주자의 경우 반드시 종합소득세 신고를 하되, 근로소득 또는 연금소득[공적연금소득(국민연금, 공무원연금, 군인연금 등) 및 연간 1200만원을 초과하는 사적연금]이 있거나 연간 금융소득(이자소득 + 배당소득)이 2천만원을 초과하는 경우(거주자별로 연간 2천만원 이하인 경우 분리과세됨) 또는 기타소득금액(기타소득 - 필요경비)이 3백만원을 초과하는 경우 사업소득과 구분하여 별도 합산하여 종합소득세 신고를 하여야 하는 것이다.

단, 사업에 사용하던 토지 및 건물을 양도하더라도 양도차손익은 사업소득이 아닌 양도소득으로 양도소득세로 별도 신고 및 납부하여야 한다.

그리고 퇴직소득은 별도로 신고.납부하여야 하고, 상속 또는 증여를 받은 경우의 소득은 상속세 및 증여세로 신고 및 납부하여야 한다.

▶ 분리과세란 소득을 지급하는 자가 소득세를 징수함으로써 소득을 지급받는 자의 납세의무가 종결되는 것을 말하며, 분리과세대상소득은 종합소득에 합산하지 아니한다.

[개정 세법] (연금소득 분리과세) 2024년 이후 : 1200만원 → 1500만원

[세법 개정] 소득세 과세표준 구간 조정(소득법 §55 ①)

| 종 전 | | | 개 정 | | |
|---|---|---|---|---|---|
| □ 소득세 과세표준 및 세율 | | | □ 과세표준 조정 | | |
| 과 세 표 준 | 세율 | 누진공제액 | 과 세 표 준 | 세율 | 누진공제액 |
| 1,200만원 이하 | 6% | | 1,400만원 이하 | 6% | |
| 1,200만원 4,600만원 이하 | 15% | 108만원 | 1,400만원 5,000만원 이하 | 15% | 126만원 |
| 4,600만원 8,800만원 이하 | 24% | 522만원 | 5,000만원 8,800만원 이하 | 24% | 576만원 |
| 8,800만원 1.5억원 이하 | 35% | 1,490만원 | 8,800만원 1.5억원 이하 | 35% | 1,544만원 |
| 1.5억원 3억원 이하 | 38% | 1,940만원 | 1.5억원 3억원 이하 | 38% | 1,994만원 |
| 3억원 5억원 이하 | 40% | 2,540만원 | 3억원 5억원 이하 | 40% | 2,594만원 |
| 5억원 10억원 이하 | 42% | 3,540만원 | 5억원 10억원 이하 | 42% | 3,594만원 |
| 10억원 초과 | 45% | 6,540만원 | 10억원 초과 | 45% | 6,594만원 |

<적용시기> '23.1.1. 이후 발생하는 소득 분부터 적용

# 회계기초

## 1 복식부기

### ❶ 복식부기

복식부기란 거래가 발생한 경우 일정한 원칙에 의한 분개방식으로 장부를 기록·정리하는 것을 말하며, 분개를 하기 위해서는 먼저 **자산·부채·자본과 수익·비용** 및 **계정과목, 거래**에 대한 기본개념을 이해하여야 한다.

### ❷ 거래 및 계정과목

#### ▣ 거래

거래란 자산, 부채, 자본의 증가 또는 감소를 가져오는 행위 또는 사건으로 재산에 변화가 발생하고 그것을 금액으로 측정할 수 있는 것이어야 한다. 따라서 자산, 부채, 자본의 증감이 없는 주문이나 계약은 거래가 아니지만, 현금을 분실하였거나 화재가 발생하여 건물이 소실된 경우 자산이 감소 거래에 해당한다.

#### ▣ 계정과목

계정과목이란 자산·부채·자본 및 수익·비용 항목을 세분화하여 그 명칭을 통일하고 요약하여 표준화한 것을 말하며, 계정과목 편에서 상술한다.

## ❸ 자산 및 부채·자본

### ▣ 자산

자산이란 일반적으로 재산이라고도 한다. 기업이 소유하고 있는 물건 및 권리로서 금전적 가치가 있는 것을 말한다. 자산은 유동자산과 비유동자산으로 구분한다.
유동자산이란 비유동자산에 비하여 빨리 현금화할 수 있는 자산을 말한다. 통상 1년 이내에 현금화가 가능한 자산을 말하며, 그 구분은 회계관습에 의한다.

### ▶ 유동자산과 비유동자산 구분 사유

기업이 즉시 상환하여야 할 부채(단기부채)가 많음에도 기업의 자산구조가 주로 비유동자산으로 구성된 경우 그 처분이 용이하지 않고, 현금화하는 데 어려움이 있으므로 자산(비유동자산)이 많음에도 부채를 상환하지 못하여 부도가 발생하는 경우가 있을 수 있으므로, (이러한 위험을 유동성위기라 한다.) 기업의 이해관계자에게 유용한 재무정보를 제공하기 위하여 구분한다.

유동자산은 당좌자산과 재고자산이 있으며, 기본적인 당좌자산 및 재고자산의 계정과목은 다음과 같다.

### ▣ 유동자산

◆ 당좌자산

| 계 정 과 목 | 내 용 |
|---|---|
| 현     금 | 통화, 자기앞수표, 타인발행 당좌수표, 송금수표, 가계수표 |
| 당 좌 예 금 | 어음, 수표 등을 발행하기 위하여 별도로 예치하여 둔 예금 |
| 보 통 예 금 | 통상의 보통예금 |
| 정 기 예 금 | 이자수익을 목적으로 일정금액을 일정 기간 예치하여 두는 예금 |
| 정 기 적 금 | 목돈마련 및 이자수익을 목적으로 매 월 일정액을 적립하는 예금 |
| 유 가 증 권 | 투자목적으로 취득한 주식 등을 통칭한 것 |
| 외 상 매 출 금 | 상품 또는 제품을 매출하고 그 대금을 외상으로 한 금액 |
| 받 을 어 음 | 매출대금등을 어음으로 수취한 것 |
| 단 기 대 여 금 | 금전을 타인에게 단기(결산일부터 1년 이내)로 대여한 것 |
| 미 수 금 | 비유동자산(고정자산)을 매각하고 그 대금을 외상으로 한 금액 |
| 선 급 금 | 상품 등을 공급받기 전에 계약금 등으로 미리 결제하여 준 금액 |

◈ 재고자산

| 상 품 | 도·소매업종이 판매를 목적으로 취득한 상품 |
|---|---|
| 제 품 | 제조업의 완성제품 |
| 원 재 료 | 제조업이 제품제조를 위하여 취득한 원료 및 재료 |

## 비유동자산

비유동자산이란 유동자산에 해당하지 않는 자산으로 장기투자를 목적으로 취득한 투자자산, 사업에 사용할 목적으로 취득하는 토지, 건물, 기계장치, 차량 등의 유형자산, 물리적 형체는 없지만 금전적 가치가 인정되는 특허권, 영업권 등의 무형자산, 기타 달리 분류할 수 없는 기타비유동자산으로 구분한다.

◈ 투자자산

| 장 기 성 예 금 | 만기가 결산일로부터 1년 이후의 장기예금 |
|---|---|
| 투 자 부 동 산 | 투자를 목적으로 취득한 부동산 |

◈ 유형자산

| 토 지 | 토지 |
|---|---|
| 건 물 | 사무실, 공장, 창고 등 회사소유 건물 |
| 기 계 장 치 | 각종 기계장치 |
| 차 량 운 반 구 | 화물자동차, 승용자동차, 지게차, 중기 등 |
| 비 품 | 에어컨, 컴퓨터, 복사기 등 |

◈ 무형자산

| 영 업 권 | 영업상의 권리로서 유상으로 취득한 것 |
|---|---|
| 특 허 권 | 특허 취득과 관련하여 지출한 것 중 무형자산 요건을 충족하는 것 |

◈ 기타비유동자산

| 임 차 보 증 금 | 사무실, 공장 등의 임차보증금 |
|---|---|

## 부채

부채란 타인으로부터 차입한 채무(빚)를 말한다. 기업의 자산은 타인으로부터 빌린 부채와 주주들이 출자한 자본금(개인기업의 경우 사업주가 출자한 자본금) 및 기업활동 결과 발생한 이익금으로 형성된다. 부채는 단기(결산일로부터 1년 이내)에 상환하여야 하는 유동부채(외상매입금, 지급어음, 단기차입금 등)와 결산일로부터 1년 이후에 상환하는 비유동부채(장기차입금 등)로 구분한다.

유동부채가 많은 경우 유동성위험이 그만큼 증가하게 된다.

### 유동부채

| 계정과목 | 내용 |
|---|---|
| 외상매입금 | 물품 등을 구입하고 그 대금을 나중에 지급하기로 한 것 |
| 지급어음 | 물품대금결제를 위하여 어음을 발행하여 지급한 것 |
| 미지급금 | 비유동자산 등을 구입하고 그 대금을 나중에 지급하기로 한 것 |
| 예수금 | 근로소득세, 4대보험 종업원부담금을 근로자로부터 일시 받아둔 금전 |
| 단기차입금 | 1년 이내에 상환하여야 하는 차입금 |
| 선수금 | 상품 등을 공급하기 전에 계약금 등으로 미리 받은 금액 |

### 비유동부채

| 계정과목 | 내용 |
|---|---|
| 사채(社債) | 사채증권을 발행하여 차입한 장기의 차입금 |
| 장기차입금 | 상환기간이 회계기말로부터 1년을 초과하는 차입금 |
| 임대보증금 | 건물 등을 임대하여 주고 받아 둔 보증금 |

## ❸ 자본

기업의 자산은 기업을 영위하기 위하여 자본주가 출자하는 출자자본과 타인으로부터 차입한 부채로 이루어지며(**자산 = 부채 + 자본**),

자본주가 기업의 운영을 위하여 출자한 금전 등을 자본금이라 한다. 자본주(출자자라고도 함)는 기업의 이익이 발생한 경우 출자에 대한 배당수익을 목적으로 출자를 하는 반면, 사채(社債)는 기업이 이자수익을 목적으로 하는 투자자로부터 자금을 차입한 것으로 기업의 이익발생과 무관하게 이자를 지급하여야 한다.

한편, 자본에는 자본주가 출자한 출자자본 외에 영업활동 결과 발생한 이익금도 자본에 해당한다. 즉, 기업의 자본은 출자자본과 이익금의 누적액으로 구성되며, 자산총액에서 부채총액을 차감한 잔액이 자본이 된다.

- 자산 = 부채 + 자본
- 자본 = 자산 - 부채

## ❹ 수익 및 비용

### ▣ 수익

기업은 판매라는 과정을 통하여 수익을 창출한다. 도.소매업은 상품을 판매하여 수익을 얻고(상품매출), 제조업 또는 건설업은 제품 또는 건물을 만들어 판매함으로서 수익을 창출하며(제품매출, 공사매출), 서비스업은 제공한 서비스의 대가로 받은 금액이 수익(서비스매출)이 되는 것이다.

또한 수익은 매출 외에 다른 원인에 의하여도 발생할 수 있다. 예를 들어 금융기관에 예금을 예치함으로서 발생하는 **이자수익**, 투자 목적으로 매입한 주식을처분하는 경우 발생하는 **유가증권처분이익**(처분가액 - 취득금액), 사업장의 일부를 다른 사업자에게 임대함으로서 발생하는 **임대료수입** 등이 있으며,(부동산임대를 사업목적으로 하는 경우의 임대료는 매출 항목에 해당한다.) 이러한 수익은 영업외적으로 발생한 것으로 '**영업외수익**'이라고 한다. 수익은 반드시 현금 등 자산이 기업에 들어오게 됨(유입)으로 수익은 자산증가의 가장 중요한 요소이다.

### ▣ 매출

| 계 정 과 목 | 내 용 |
|---|---|
| 상 품 매 출 | 도소매업의 상품 판매금액 |
| 제 품 매 출 | 제조업의 제품 판매금액 |
| 공 사 매 출 | 건설업의 공사 매출금액 |

■ 영업외수익

| 계정과목 | 내용 |
|---|---|
| 이자수익 | 예금 및 적금이자, 대여금 이자수입 등 |
| 배당금수익 | 주식투자와 관련하여 투자한 주식회사로부터 지급받는 배당금 |
| 수입임대료 | 부동산임대업을 주업으로 하지 않는 회사의 부동산 임대수입 |
| 투자자산처분이익 | 유가증권 처분시 발생하는 이익 |
| 유형자산처분이익 | 유형자산 처분시 발생하는 이익 |

▶ 수익의 실현(실현주의) 및 비용의 발생(발생주의)

실현주의는 현금 등 자산이 들어오거나, 들어온다고 '확정'이 되어야 수익으로 인식하는 방법을 말하는 것으로 수익이 발생되었지만, 실현되지 않으면 인식하지 않는다는 것으로 예를 들어 부동산임대업을 영위하는 사업자가 당해 연도에 다음 연도의 임대료를 수취한 경우 수익은 발생하였지만, 실현되지 않은 수익이므로 당해 연도의 수익에서 제외하여야 하는 것이다.

■ 비용

비용이란 수익을 얻기 위해서 지급하거나 발생한 경제적 가치의 소비액을 말하며, 비용이 발생한 경우 반드시 현금 등 자산이 감소하게 된다. 상품 등을 매입하고 그 대금을 나중에 지급하기로 한 경우에도 외상매입금을 현금 등으로 결제하여야 하므로 결과적으로 현금 자산이 감소하게 된다. 즉, 수익을 얻기 위해서는 비용이 발생한다. 예를 들어 상품을 판매하는 경우 상품을 매입한 자에게 상품을 인도하여 주어야 하며, 인도한 상품의 가액은 비용이 되며, 이 비용을 '**매출원가**'라 한다.

그리고 상품 등을 판매하기 위해서는 여러 가지 비용이 발생한다. 예를 들어 **급여, 퇴직금, 복리후생비, 통신비, 여비교통비, 광고선전비, 기업업무추진비(접대비), 사무용품비, 소모품비, 세금과공과금, 지급임차료** 등의 비용이 발생하며, 이러한 비용은 판매와 관리를 위한 비용으로 '**판매비와관리비**'라고 통칭한다.

또한 '매출원가' 및 '판매비와관리비' 외에 다른 원인에 의하여도 발생할 수 있다. 예를 들어 금융기관에서 자금을 차입함으로서 지급하여야 하는 **이자비용**, 투자 목적으로 매입한 주식을 취득가액보다 낮은 금액으로 처분하는 경우 발생하는 **유가증권처분손실**, 사업과 관련없이 지출하는 **기부금** 등이 있으며, 이러한 비용은 영업외적으로 발생한 것으로 '**영업외비용**'이라고 한다.

### ■ 매출원가

판매를 목적으로 취득한 상품은 취득 시점에 매출원가가 되는 것이 아니라 판매시점에 매출원가로 비용화 된다. 예를 들어 컴퓨터를 판매하는 대리점이 판매를 목적으로 컴퓨터 5대를 10. 1 대당 500,000원에 2,500,000원 어치를 구입하였다고 하자. 이 경우 구입한 시점에 매출이 일어난 것이 아니며, 매입한 컴퓨터는 재고창고에 보관하고 있으므로 자산 항목인 '상품'으로 처리를 하여야 한다.
그리고 10. 3 컴퓨터 1대를 1,000,000원에 판매한 경우 수익은 1,000,000원이며, 이와 관련한 매입원가(이를 매출원가라 한다.)는 500,000원이 될 것이다.

이 건 거래와 같이 동일 종류의 상품을 동일한 단가로 매입한 경우라면 판매시 매출원가를 정확히 알 수 있으므로 회계처리를 하는데 특별히 문제될 점은 없을 것이다. 그러나 종류가 다르고 동일 종류의 상품이라도 취득시 마다 단가가 다른 경우라면, 문제가 복잡하여 진다. 개별상품별로 일일이 취득단가를 표시하여 판매한다면 개별 상품의 매출원가를 계산할 수 있으나 많은 종류의 상품을 취급하고 단가가 수시로 변하는 경우 개별 상품의 매출원가를 계상하는 것은 현실적으로 불가능할 것이다. 따라서 개별상품별로 매출원가를 계상할 수 없는 경우 일정 단위 기간(통상 1년을 기준으로 한다.)의 매출원가라도 계산하여야 1년 기간의 매출이익을 계산할 수 있으므로 다음과 같은 방법으로 매출원가를 계상하는 것이다.

① 1년 기간 동안 총매입한 상품을 당해 회계기간에 전부 판매를 하였다면, 총매입액의 취득원가가 매출원가이다.

② 기말에 판매되지 않고 남아 있는 상품이 있는 경우 남아 있는 상품의 가액은 매출원가에 해당하지 않으므로 총상품매입액에서 기말에 남아 있는 상품재고액을 차감한 금액을 매출원가로 한다.

③ 기말에 남아 있는 상품재고액은 다음연도에 판매할 수 있으므로 다음연도의 상품으로 이월한 후 다음연도의 매입액을 합한 금액에서 다음연도의 기말재고액을 차감한 금액을 다음연도의 매출원가로 한다.

▶ 매출원가 = 기초상품재고액(이월된 상품금액) + 다음연도 상품매입액 - 기말상품재고액

## ■ 판매비와관리비

| 계정과목 | 내용 |
|---|---|
| 급료 | 임직원에게 매 월 지급하는 급여 및 제수당, 상여금 등 |
| 퇴직급여 | 임직원의 퇴직시 지급하는 퇴직급여 |
| 복리후생비 | 식대, 차대, 건강·고용보험 회사부담금, 직원경조사비, 회식비, 피복비 |
| 여비교통비 | 직무와 관련한 각종 출장비 및 여비 |
| 접대비 | 거래처 접대비 및 선물대, 거래처 경조사비 등 |
| 통신비 | 전화요금, 휴대폰요금, 정보통신요금, 각종 우편요금 등 |
| 수도광열비 | 수도가스요금, 난방비용, 전력비(전력비를 구분하지 않는 경우) |
| 세금과공과금 | 재산세, 종합부동산세, 자동차세, 면허세, 국민연금회사부담금 등 |
| 감가상각비 | 유형자산의 감가상각비 |
| 지급임차료 | 사무실 임차료 |
| 수선비 | 사무실 수리비, 비품수리비 등 |
| 보험료 | 건물화재보험료, 승용자동차 보험료 등 |
| 차량유지비 | 유류대, 주차요금, 통행료, 자동차수리비, 검사비 등 |
| 도서인쇄비 | 신문대, 도서구입비, 서식인쇄비, 복사요금, 사진현상비 등 |
| 사무용품비 | 문구류 구입대금, 서식구입비 등 |
| 소모품비 | 각종위생용 소모품, 철물 및 전기용품, 기타 소모품 |
| 지급수수료 | 기장수수료, 송금, 추심, 신용보증, 보증보험수수료, 전기가스점검 수수료 등 |
| 광고선전비 | 광고선전과 관련한 광고비용 |
| 잡비 | 달리 분류되지 않는 기타 경비 |

## ■ 영업외비용

| 계정과목 | 내용 |
|---|---|
| 이자비용 | 이자비용, 어음할인료 등 |
| 외환차손 | 환율변동으로 인하여 발생하는 손실금액 |
| 기부금 | 교회·사찰헌금, 학교기부금, 불우이웃돕기 성금, 수재의연금 등 |
| 유형자산처분손실 | 유형자산(기계장치, 차량운반구 등)의 처분시 발생하는 손실 |
| 투자자산처분손실 | 투자자산의 처분시 발생하는 손실 |
| 잡손실 | 분실금, 기타 달리 분류되지 않는 영업외비용 |

## ❺ 분개

분개는 다음과 같은 일정한 원칙에 의하여 처리한다.

한 면에는 **자산, 부채, 자본**의 구체적 형태(현금, 보통예금 등)를 기록하고, 다른 면에는 자산, 부채, 자본의 **증감원인**(매출 등) 또는 **다른 자산, 부채, 자본**의 구체적 형태를 이중 방식(분개)으로 기록.정리하는 것을 말하며, 예를 들어 살펴 보면 다음과 같다.

▶ **증가 또는 감소한 자산, 부채, 자본의 구체적 형태가 있고,**
- 자산 증가의 예
  ex) **현금, 보통예금** 입금,
   받을 돈 증가 (**외상매출금, 받을어음** 등 채권 발생)
   **상품** 매입 **차량운반구** 구입
- 자산 감소의 예
  ex) **현금, 보통예금** 지출
- 부채 증가의 예:
  ex) 줄 돈 증가 (**외상매입금, 지급어음** 등 채무)

◎ **자산, 부채, 자본이 증가 또는 감소하는 원인이 있거나**
- 자산 증가 원인 (수익 발생)
  ex) **매출**(상품판매), **이자수익** 등
- 자산 감소 원인 (비용 발생)
  ex) **급여, 식대, 통신비** 등

◎ **다른 자산, 부채, 자본의 증감을 수반한다.**
- 자산의 증가 및 다른 자산의 감소 사례 (보통예금 증가 및 외상매출금 감소)
  ex) 보통예금 통장에 거래처 외상매출금이 입금되다.
- 자산의 증가 및 부채 증가 사례 (보통예금 증가 및 차입금 증가)
  ex) 은행에서 빌린 돈(차입금이라 함)이 보통예금에 입금되다.

이와 같이 자산, 부채, 자본이 증가 또는 감소하는 경우 이중 요소로 나누어 기록할 수 있으며, 이를 **거래의 이중성**이라 한다.

거래의 이중성에 의하여 거래를 간단명료하게 일정한 형식으로 표현하는 것이 **분개**다. 예를 들어 직원들이 식사를 하고 현금 100,000원을 지급한 경우 이를 분개 형식으로 기록하여 보자.
이 건 거래에서 감소한 자산의 종류는 현금이고, 그 원인은 식대를 지불한 것이다.

① 감소한 자산의 종류는 무엇인가? ~ '현금'이다. (자산종류)

② 왜 인출되었는가? ~ '식대'를 지급하였다. (원인)
즉, 현금이 인출된 원인은 식대를 지급한 것이고, 자산이 감소한 종류는 현금인 것이다. 이 거래를 분개방식으로 아래와 기록할 수 있다.

| (차변) 식대 | 100,000 | / | (대변) 현금 | 100,000 |

즉, 복식부기란 거래를 분개방식으로 기장하는 것으로 거래사실을 위와 같이 나누어 기록하는 것을 분개라 한다.
분개시 왼쪽 면을 회계용어로 **'차변'**이라고 하며,
오른쪽 면을 회계용어로 **'대변'**이라고 한다.

한편, 기업에서 발생하는 자산, 부채, 자본의 증가 또는 감소와 관련한 거래 원인은 무수히 많다. 이 원인을 기업마다 서로 다른 용어를 사용한다면 기업의 이해관계자(세무서, 금융기관, 신용보증기금, 주주, 투자자 등)에게 많은 혼란을 초래할 수 있으므로 자산, 부채, 자본의 명칭 및 그 감소 또는 증가에 따른 원인에 대한 용어를 유사한 원인들은 같은 명칭으로 통일하고 용어를 표준화하도록 하였으며, 이를 **'계정과목'**이라 한다. 위 예시 거래의 경우 직원들의 식대는 **'복리후생비'**라는 통일된 용어를 사용하도록 규정한 바 이를 다시 정리하여 아래와 같은 형식으로 거래를 기록한다.

| (차변) 복리후생비 | 100,000 | / | (대변) 현금 | 100,000 |

## ▣ 분개 원칙

분개에는 일정한 원칙이 있다. 이 원칙을 정의하면 아래와 같다.
분개시 왼쪽 면을 '**차변**'이라 하며, 오른쪽 면을 '**대변**'이라 한다.

① 자산이 증가하는 거래는 차변에 증가한 자산의 종류를 기록하고, 대변에는 그 원인(수익발생 등)을 기록하거나 감소한 자산의 종류 또는 증가한 부채의 종류를 기록한다.

② 자산이 감소하는 거래는 대변에 감소한 자산의 종류를 기록하고, 차변에는 그 원인(비용발생)을 기록하거나 증가한 자산의 종류 또는 감소한 부채의 종류를 기록한다.

③ 부채가 증가하는 거래는 대변에 부채의 종류를 기록하고, 차변에는 그 원인(비용발생)을 기록하거나 증가한 자산의 종류 또는 감소한 부채의 종류를 기록한다.

④ 부채가 감소하는 거래는 차변에 부채의 종류를 기록하고, 대변에는 그 원인(수익발생)을 기록하거나 감소한 자산의 종류 또는 증가한 부채의 종류를 기록한다.

| 자산 증가 | 자본 증가 | 자본 감소 | 자산 감소 |
| | 부채 증가 | 부채 감소 | |
| 비용 발생 | 수익 증가 | 수익 감소 | 비용 감소 |

## ▣ 대차평균의 원리

분개내용을 살펴보면, 모든 거래는 반드시 차변과 대변으로 나누어 처리하며, 차변과 대변의 금액을 각각의 계정과목별로 집계하여 보면 차변과 대변의 금액은 항상 일치하게 된다. 이를 대차평균의 원리라 한다.

## 사 례  손익 계산

가구판매업을 영위하는 사업자의 가장 간단한 거래내용을 '기초사례'를 살펴보면서 차변 및 대변, 분개를 이해하기로 하자.

### 기초 사례 1

[예제 ①] (주)한국가구는 가구 판매를 목적으로 가구 1개를 500,000원에 매입하고, 그 대금은 현금으로 지급하였다.

이 건 거래로 회사에 가구 1개가 입고되었으나 아직 판매를 한 것이 아니므로 어떻게 처리할 것인가?

도매 또는 소매업을 영위하는 사업자가 판매를 목적으로 매입한 물품을 '**상품**'이라 하며, 상품은 판매하기 전까지는 소비된 것이 아니므로 '상품'이라는 재고자산으로 처리를 하여야 한다.

| (차변) 상품 | 500,000 / (대변) 현금 | 500,000 |

• 자산(상품)의 증가는 차변에 기록하고, 다른 자산(현금)의 감소는 대변에 기록한다.

[예제 ②] (주)한국가구는 500,000원에 매입한 가구를 1,000,000원에 판매하고, 그 대금은 현금으로 수금하였다.

이 건 거래는 '매출'이라는 수익이 발생하였고, 판매대금이 현금으로 입금된 거래로서 복식부기 방식에 의하여 거래를 기록하면, 아래와 같다.

자산이 증가한 경우 증가한 자산(자산 증가 → 차변)의 종류는 무엇(현금)이며, 왜 증가하였는가? (자산 증가 원인 → 상품 판매)

| (차변) 현금 | 1,000,000 / (대변) 상품매출 | 1,000,000 |

• 자산의 증가는 차변에 기록하고, 수익의 발생은 대변에 기록한다.

상품을 판매한 시점에 비로소 상품은 비용화 되며, 판매와 동시에 인도하여 준 상품의 원가를 '매출원가'라 하며, 아래와 같이 분개한다.

| (차변) 매출원가 | 500,000 | / | (대변) 상품 | 500,000 |

- 비용의 발생은 차변에 기록하고, 자산의 감소는 대변에 기록한다.

(주)한국가구는 이 건 거래로 500,000원의 이익이 발생하였으며, 이익이 발생한 결과 보통예금 500,000원이 증가하였음을 알 수 있다.

위와 같이 비용은 반드시 자산의 감소를 초래한다. (상품이 매출원가로 대체되어 결과적으로 보통예금이 500,000원 감소하게 된 것임)

한편, 상품을 판매하기 위해서는 매출원가 이외에 여러 가지 비용이 발생한다. 예를 들어 직원 급여, 직원 식대, 기업업무추진비(접대비), 통신비, 광고선전비 등이 발생할 것이며, 이러한 비용은 반드시 현금 등 자산의 감소를 가져오게 된다.

[예제 ③] 종업원 식대 50,000원을 현금으로 지급하다.
이 건 거래는 식대라는 비용이 발생하였고, 이 비용을 현금으로 지급한 거래로서 복식부기 방식에 의하여 거래를 기록하면, 아래와 같다.
자산이 감소한 경우 감소한 자산(자산 감소 → 대변)의 종류는 무엇(현금)이며, 왜 감소하였는가? (자산 감소 원인 → 복리후생비 지출)

| (차변) 복리후생비 | 50,000 | / | (대변) 현금 | 50,000 |

- 비용의 발생은 차변에 기록하고, 자산의 감소는 대변에 기록한다.
- 직원 식대 계정과목은 '복리후생비' 이다.

[예제 ④] 전화요금 30,000원을 현금으로 지급하다.
전화요금 30,000원이라는 비용이 발생하였고, 이 비용을 현금으로 지급한 거래로서 복식부기 방식에 의하여 거래를 기록하면, 아래와 같다.

| (차변) 통신비 | 30,000 | / | (대변) 현금 | 30,000 |

- 비용의 발생은 차변에 기록하고, 자산의 감소는 대변에 기록한다.
- 전화요금 계정과목은 '통신비' 이다.

경영실적표 (손익계산서)

| 비 용 | | 수 익 | |
|---|---:|---|---:|
| 매 출 원 가 | 500,000 | 매 출 | 1,000,000 |
| 복 리 후 생 비 | 50,000 | | |
| 통 신 비 | 30,000 | | |
| 당 기 순 이 익 | 420,000 | | |

### 기초 사례 2

사업을 하기 위해서는 돈을 출자하여야 한다. 출자한 돈으로 사업장도 빌리고, 가구판매를 위한 차량도 구입하여야 하고, 기타 운영자금도 마련하여 두어야 할 것이다. 사업을 하기 위하여 출자한 돈을 **'자본금'**이라 한다.

사업을 하려면 많은 자금이 필요할 것이며, 출자한 자금만으로는 자금이 부족한 경우 은행으로부터 돈을 빌리거나 물품 등의 구입비용을 외상으로 하는 경우가 발생한다. 금융기관등으로부터 빌린 돈을 **'차입금'**이라 하며, 상품을 외상으로 매입한 경우 외상대금의 명칭을 **'외상매입금'**이라 하고,
유형자산(차량운반구)을 할부 또는 외상으로 구입하는 경우 장차 갚아야 할 빚의 명칭을 **'미지급금'**이라 한다.

이와 같은 빚을 부채라 하며, 부채는 장차 갚아야 할 돈이다.
**이러한 일련의 거래 내용을 살펴보면 다음과 같다.**

[예제 ⑤] 김갑동은 가구도매업을 하기로 하였으나 본인 자금이 부족하여 투자자를 모집한 결과 친구 3명이 출자를 하기로 하였다.
김갑동은 2천만원을 출자하고 친구 3명은 각각 1천만원을 출자하여 (주)한국가구를 설립하고 출자금 50,000,000원을 (주)한국가구의 보통예금에 입금하였다.

| (차변) 보통예금 | 50,000,000 | / (대변) 자본금 | 50,000,000 |
|---|---|---|---|

- (주)한국가구의 보통예금이 증가한 원인은 자본금으로 출자한 것이다.

[예제 ⑥] 국민은행에서 50,000,000원을 빌리고 빌린 돈 50,000,000원이 (주)한국가구의 보통예금에 입금되다.

| (차변) 보통예금 | 50,000,000 | / | (대변) 차입금 | 50,000,000 |

• 보통예금이 증가한 원인은 빚이 늘어 난 것으로 자산이 증가하고 부채가 증가한 거래다.

**자본금 50,000,000원 및 은행차입금 50,000,000원으로 사업을 시작하다.**

[예제 ⑦] 사업장을 임차하고 보증금 30,000,000원을 임대인에게 지급하다.

| (차변) 임차보증금 | 30,000,000 | / | (대변) 보통예금 | 30,000,000 |

• 임차보증금이란 자산이 증가한 반면 회사의 보통예금이 출금된 거래로 자산(임차보증금)이 증가하고 다른 자산이 감소(보통예금 감소)한 거래다.

[예제 ⑧] 화물용 차량을 2천만원에 구입하고 그 대금은 전액 보통예금에서 인출하여 지급하다.

| (차변) 차량운반구 | 20,000,000 | / | (대변) 보통예금 | 20,000,000 |

• 차량운반구라는 자산이 증가하고 다른 자산(보통예금)이 감소한 거래다.
• <참고> 차량을 할부로 매입한 경우 대변 계정과목은 '미지급금'으로 한다.

[예제 ⑨] 가구 구입 및 운영자금으로 사용하기 위하여 보통예금 2,000,000원을 현금으로 인출하다.

| (차변) 현금 | 2,000,000 | / | (대변) 보통예금 | 2,000,000 |

• 보통예금에서 현금을 인출한 거래로 자산(현금)이 증가하고 다른 자산(보통예금)이 감소한 거래다.

[예제 ⑩] 판매용 가구 30개를 30,000,000원에 매입하고 그 대금은 보통예금에서 이체하여 지급하다.

| (차변) 상품 | 30,000,000 | / | (대변) 보통예금 | 30,000,000 |

• 상품이라는 자산이 증가하고 다른 자산(보통예금)이 감소한 거래다.

## <위 10건의 거래를 정리하여 살펴보면 다음과 같다.>

1. 500,000원에 매입한 상품(가구)을 1,000,000원에 판매함으로서 매출이익이 500,000원 발생하였다.
* 상품매출(1,000,000원)에서 매출원가(500,000원)를 차감한 금액은 '매출이익' 이다.
* 상거래에서 판매는 계속반복적으로 이루어지므로 매출이익합계를 '**매출총이익**' 이라 한다.

2. 식대(복리후생비라 한다.) 50,000원 및 전화요금(통신비라 한다.) 30,000원이 지출되었으며, 식대 및 전화요금은 비용으로 이익에서 차감함으로서 영업이익은 420,000원이다.
* 매출총이익에서 판매비와관리비를 차감한 금액을 '**영업이익**' 이라 한다.

3. 영업이익이 420,000원 발생함으로서 회사의 자산은 420,000원이 증가하였고, 그 증가의 원인은 빚이 아닌 이익 발생에 의한 것이며, '**이익잉여금**'이라 한다.
* 이익이 발생하는 경우 이익이 발생한 만큼 기업의 순자산은 증가한다.

① 기초 재산목록 (대차대포표 → 재무상태표로 명칭 변경함)

기초 재산 목록(재무상태표)

| 자산(총재산) | | 부채 및 자본 | |
|---|---|---|---|
| 보통예금 | 100,000,000 | 부채(차입금) | 50,000,000 |
| | | 자본(출자금) | 50,000,000 |
| 합  계 | 100,000,000 | 합계 | 100,000,000 |

* 자산(1억원) = 부채(5천만원) + 자본(5천만원)

② 자산의 변동 및 잔액
• 현금 잔액 2,420,000원

| 현  금 | | | |
|---|---|---|---|
| 증가(차변) | | 감소(대변) | |
| 보통예금 인출 | 2,000,000 | 상품 매입 | 500,000 |
| 상품매출 | 1,000,000 | 통 신 비 | 50,000 |
| | | 복리후생비 | 30,000 |
| 합  계 | 3,000,000 | 합  계 | 580,000 |

* 현금입금액 : 보통예금에서 현금 인출한 금액 + 현금매출

- 보통예금 잔액 18,000,000원

| 보통예금 | | | |
|---|---|---|---|
| 증가(차변) | | 감소(대변) | |
| 자본금 | 50,000,000 | 임차보증금 | 30,000,000 |
| 차입금 | 50,000,000 | 차량운반구 | 20,000,000 |
| | | 현금 | 2,000,000 |
| | | 상품 | 30,000,000 |
| 합 계 | 100,000,000 | 합 계 | 82,000,000 |

* 증가금액 : 자본금으로 출자한 금액 + 은행차입금
* 감소금액 : 임차보증금, 차량운반구 지급, 현금 인출. 상품매입

- 상품 잔액 30,000,000원

| 상 품 | | | |
|---|---|---|---|
| 증가(차변) | | 감소(대변) | |
| 현금 | 500,000 | 매출원가 | 500,000 |
| 보통예금 | 30,000,000 | | |
| 합 계 | 30,500,000 | 합 계 | 500,000 |

③ 기말자산 및 기말부채와 자본내역

### 대차대조표(재무상태표)

| 자산(총재산) | | 부채 및 자본 | |
|---|---|---|---|
| 현금 | 2,420,000 | 부채(차입금) | 50,000,000 |
| 보통예금 | 18,000,000 | 자본금 | 50,000,000 |
| 상품 | 30,000,000 | 이익 | 420,000 |
| 차량운반구 | 20,000,000 | | |
| 임차보증금 | 30,000,000 | | |
| 합계 | 100,420,000 | 합계 | 100,420,000 |

### 손익계산서(경영성과표)

| 비 용 | | 수 익 | |
|---|---|---|---|
| 매출원가 | 500,000 | 상품매출 | 1,000,000 |
| 매출총이익 | 500,000 | | |
| 복리후생비 | 50,000 | | |
| 통신비 | 30,000 | | |
| 판매비와관리비 | 80,000 | | |
| 영업이익 | 420,000 | | |

## ▣ 기초 재무상태표, 손익계산서, 기말 재무상태표

사업개시시점의 최초 재산목록표를 기초 재무상태표(대차대조표에서 재무상태표로 명칭 변경하였음)라고 하며, 당기 중 경영실적표를 손익계산서라 하고, 기말 재산목록표를 기말 재무상태표라 한다.

① 당기순이익이 발생하였을 경우
순이익(2,000)이 발생한 금액만큼 기말의 자본은 증가하게 된다.

| 기초 재무상태표 | | | 손익계산서 | | | 기말 재무상태표 | | |
|---|---|---|---|---|---|---|---|---|
| 자산 6,000 | 부채 | 3,000 | 총비용 6,000 | 총수익 | 8,000 | 자산 8,000 | 부채 | 3,000 |
|  | 자본 | 3,000 | 순이익 2,000 |  |  |  | 자본 | 5,000 |

② 당기순손실이 발생하였을 경우
순손실(2,000)이 발생한 금액만큼 기말 자본은 기초 자본보다 감소하게 된다.

| 기초 재무상태표 | | | 손익계산서 | | | 기말 재무상태표 | | |
|---|---|---|---|---|---|---|---|---|
| 자산 6,000 | 부채 | 3,000 | 총비용 8,000 | 총수익 | 6,000 | 자산 6,000 | 부채 | 5,000 |
|  | 자본 | 3,000 |  | 순손실 | 2,000 |  | 자본 | 1,000 |

## ▣ 재무상태표와 손익계산서의 상관관계 요약

① 재무상태표 등식
- 자산 = 부채 + 자본
- 자산 - 부채 = 자본
- 기말 자본 - 기초 자본 = 순이익
- 기초 자본 - 기말 자본 = 순손실
* 손실이 발생하는 경우 기말 자본이 기초 자본보다 감소하게 된다.
- 기말 자본(기말 자산 - 기말 부채) = 기초 자본 + 순이익(총수익 - 총비용)

② 손익계산서 등식
- 총수익 - 총비용 = 순이익
- 총비용 - 총수익 = 순손실

# 2  거래

## ❶ 거래의 정의

거래란 자산, 부채, 자본의 증가 또는 감소를 가져오는 행위 또는 사건으로 재산에 변화가 발생하고 그것을 금액으로 측정할 수 있는 것이어야 한다. 따라서 자산, 부채, 자본의 증감이 없는 주문이나 계약은 거래가 아니지만, 현금을 분실하였거나 화재가 발생하여 건물이 소실된 경우는 자산이 감소한 사건으로 거래인 것이다.

▶ 거래 발생 및 거래의 장부기록
거래 사실이 발생하면, 당해 거래가 발생한 날 복식부기 기장방식에 의하여 장부에 기록하여야 한다.

## ❷ 회계상 거래와 거래가 아닌 것

### ▣ 회계상 거래(교환거래)

교환거래란 자산, 부채, 자본 간의 상호 증감거래로 수익이나 비용이 발생하지 않는 거래를 말한다.

### ■ 자산 증가 및 자산 감소 거래

① 매입거래(상품 매입) : 상품매입으로 인하여 '상품'이란 자산이 증가하고, 다른 자산(현금 등)이 감소한다.
② 채권(외상매출금) 회수거래 : 외상매출금을 회수함으로서 자산(현금 등)이 증가하고, '외상매출금'이란 자산이 감소한다.
③ 기계장치 구입 : '기계장치가 증가하고 다른 자산(현금 등)이 감소한다.
④ 보통예금 간 대체거래 : 자산(보통예금)이 증가하고, 자산(보통예금)이 감소한다.

⑤ 보통예금 현금 인출 : 자산(현금)이 증가하고, 자산(보통예금)이 감소한다.
⑥ 현금 보통예금 입금 : 자산(보통예금)이 증가하고, 자산(현금)이 감소한다.
⑦ 유가증권 취득 : 자산(유가증권)이 증가하고, 다른 자산(현금, 보통예금 등)이 감소한다.

### ■ 자산 증가 및 부채 증가 거래

① 상품 외상매입 : 상품매입으로 인하여 '상품'이란 자산이 증가하고, 외상매입으로 '외상매입금'이란 부채가 증가한다.
② 기계장치 외상 매입 : 기계장치 매입으로 인하여 '기계장치'란 자산이 증가하고 외상매입으로 '미지급금'이란 부채가 증가한다.
* 유형자산의 외상매입대금은 상품 등의 외상매입대금과 구분하여 미지급금이라 한다.
③ 금전 차입 : 금전을 차입함으로서 자산(현금 등)이 증가하고 '차입금'이란 부채가 증가한다.

### ■ 자산 증가 및 자본 증가 거래

① 자본금 납입 : 자본금을 납입함으로서 자산이 증가하고, '자본금'이란 자본이 증가한다.

### ■ 부채 감소 및 자산 감소 거래

① 채무(외상매입금) 상환거래 : 외상매입금을 상환함으로서 '외상매입금'이란 부채가 감소하고, 자산(현금 등)도 감소한다.

### ▣ 회계상 거래(손익거래)

손익거래란 수익이나 비용이 발생함으로서 자산, 부채 등의 증감을 수반하는 거래를 말한다.

■ 자산 증가 및 수익 발생 거래 [손익거래(수익발생)]

① 매출거래(현금 매출 또는 외상 매출) : 매출로 인하여 자산(현금, 외상매출금)이 증가하고, '매출'이란 수익이 발생한다.
② 예금이자 발생거래 : 예금에 대한 이자가 발생함으로서 자산(보통예금)이 증가하고, '이자수익'이란 수익이 발생한다.

■ 비용 발생 및 자산 감소 거래 [손익거래(비용발생)]

① 비용발생거래(현금 거래) : 비용이 발생한 경우로서 그 대금을 즉시 지급하는 경우 비용이 발생하고, 자산(현금 등)이 감소한다.

■ 비용 발생 및 부채 증가 거래 [손익거래(비용발생)]

① 비용발생거래(외상거래) : 비용 발생대금을 외상으로 하는 경우 비용이 발생하고, 부채(미지급비용)가 증가한다.

■ 회계상 거래(혼합거래)

혼합거래란 자산, 부채 등의 증감을 수반하고 또한 수익이나 비용이 발생하는 거래를 말한다.

■ 비용 발생과 자산증가 및 부채 증가 거래 [(교환거래 + 손익거래)]

① 비용발생과 자산증가 및 부채 증가거래 : 금전을 차입하고 이 과정에서 근저당 설정비용 등을 지급하는 경우 차입으로 인하여 부채(차입금)가 증가하고 반면, 자산(현금 등)이 증가하고 비용(지급수수료)이 발생한다.
ex) 10,000,000원 차입, 수수료 500,000원 공제 후 9,500,000원 현금 입금

| (차변) 현금 | 9,500,000 | / (대변) 차입금 | 10,000,000 |
| (차변) 지급수수료 | 500,000 | | |

② 자산 증가 및 부채 증가와 수익발생거래 : 상품 또는 제품을 판매하고, 부가가치세를 포함하여 금전이 유입된 경우 수익(매출)과 부채(부가세예수금)가 증가하고, 자산(현금 등)이 증가한다.
ex) 상품 10,000,000원(부가세 1,000,000원 별도) 현금 판매

| (차변) 현금 | 11,000,000 | / | (대변) 상품매출 | 10,000,000 |
|---|---|---|---|---|
|  |  |  | 부가세예수금 | 1,000,000 |

### ▣ 일반적인 거래행위는 아니나 회계상 거래인 것

회사의 재산이 화재에 의하여 소실되거나 도난된 사건 또는 재산의 가치가 하락한 것은 재산이 감소한 것으로 부기상 거래에 해당한다.

① 화재에 의한 재산의 멸실 또는 가치하락 : 건물이라는 자산이 감소한 거래
② 재산(현금, 상품, 비품 등)의 도난 : 자산(현금, 상품, 비품 등)감소 거래
③ 재산 분실 : 자산(현금, 상품, 비품 등) 감소 거래
④ 재산(상품, 제품 등)의 가치하락 : 자산(상품, 제품 등) 감소 거래

### ▣ 일반적인 거래행위이지만 회계상 거래에 해당하지 않는 것

자산.부채.자본의 증감이 발생한 사건을 거래라 한다. 따라서 계약, 주문, 담보설정 등은 자산.부채.자본의 증감이 발생하지 않으므로 거래가 아니다.

# 3 거래 기록과 부가가치세

## ❶ 부가가치세

① 거래 기록시 부가가치세는 구분하여 기록하여야 한다. 부가가치세란 부가가치세법의 규정에 의하여 재화 또는 용역의 소비행위에 대하여 부과하는 일반소비세이다. [세법에서 특정한 경우(쌀, 미가공식료품, 도서, 학원, 병.의원 등)에는 부가가치세를 면제하며, 이를 '면세'라 한다.)]

② 과세되는 재화 또는 용역을 공급하는 사업자는 반드시 재화 또는 용역을 공급받는자로부터 거래대금의 10%를 부가가치세로 더 받아 두었다가 일정기간 단위(과세기간이라 함)로 사업장 관할 세무서에 납부하여야 한다. 다시 말하면, 부가가치세를 부담하는 자(담세자)는 재화 또는 용역을 공급받는자이며, 납부하는 자는 재화 또는 용역을 공급하는 자(사업자)로서 담세자(세금을 부담하는 자)와 납세자(매입자로부터 거래징수한 세금을 납부하여야 하는 자)가 다른 간접세이다.

반면, 자기의 소득에 대하여 직접 납부하는 사업소득세, 근로소득세, 법인세 등은 직접세라 한다.

> **보충 | 재화 및 용역**
> 1. 재화라 함은 재산적 가치가 있는 모든 유체물과 무체물을 말한다.
> 2. 용역이라 함은 재화 이외의 재산적 가치가 있는 역무(노동력 등) 및 기타 행위를 말한다.

예를 들어 컴퓨터 대리점에서 컴퓨터를 1,100,000원에 구입하였다고 하자 이 경우 컴퓨터가격에는 반드시 부가가치세라는 세금이 포함되어 있다. 소비자는 컴퓨터 구입가격에 부가가치세가 포함되어 있는지를 모르고 컴퓨터를 구입하였지만, 컴퓨터 대리점은 컴퓨터를 판매하고자 하는 가격이 1,000,000원이면 컴퓨터 가격의 10% (100,000원)를 반드시 소비자로부터 덧붙여 받는다.

이와 같이 물품대금의 10%를 덧붙여 받는 금액이 부가가치세인 것이다.
- 컴퓨터 구입대금 1,100,000원 = 컴퓨터가격(1,000,000) + 부가가치세 (100,000)

그러면, 소비자가 물품가격의 10%를 세금(부가가치세)으로 컴퓨터대리점에 더 준 돈은 어떻게 되는가?

컴퓨터대리점은 소비자가 컴퓨터 구입시 부담한 부가가치세를 소비자를 대신하여 세법이 정하는 바에 의하여 관할 세무서에 납부하여야 하는데

많은 소비자로부터 컴퓨터 판매시마다 받는 부가가치세를 매일 납부한다면 매우 번거로운 일이므로 일정 기간 동안 모아 두었다가(3개월 단위) 컴퓨터를 판매할 시 덧붙여 받은 부가가치세를 납부하는 것이다.

그리고 컴퓨터 대리점이 소비자에게 판 컴퓨터를 구입하는 과정을 살펴보면,

컴퓨터 대리점은 생산공장으로부터 컴퓨터를 880,000원(부가가치세 포함)에 구입하였다고 하자. 컴퓨터 생산공장은 대리점에 컴퓨터대금 800,000원에 부가가치세 80,000원을 덧붙여 880,000원에 판매하고, 컴퓨터 생산공장이 대리점으로부터 받은 부가가치세 80,000원은 컴퓨터 생산공장이 컴퓨터대리점을 대신하여 일정 기간 내 세무서에 부가가치세를 납부하여야 하는 것이다.

이와 같이 부가가치세는 물품을 구입한 자가 부담하고 물품을 판매한 자가 물품을 구입한 자로부터 부가가치세를 받아 두었다가 물품을 구입한 자를 대신하여 납부하는 세금인 것이다. 이 경우 사업자(사업상 독립적으로 재화 또는 용역을 공급하는 자로 세무서에 사업자등록을 한 자 중 과세사업자)에 한하여 사업과 관련한 물품 구입시 물품대금의 10%를 부가가치세로 더 준 부가가치세는 사업자가 물품판매시 물품대금의 10%를 부가가치세로 더 받아 둔 부가가치세에서 공제받을 수 있도록 세법은 정하고 있다.

| 보 충 | 과세사업자의 부가가치세 납부 계산 사례

① 매입시 공급가액     800,000원 + 매입시 부담한 부가가치세   80,000원
② 매출시 공급가액   1,000,000원 + 매출시 더 받은 부가가치세 100,000원
③ 납부할 부가가치세(② - ①)                                    20,000원

▶ 매출시 소비자로부터 덧붙여 받은 부가가치세(매출세액) 100,000원에서 매입시 컴퓨터 생산 공장에 지급한 부가가치세 80,000원(매입세액)을 공제한 금액을 납부한다.

한편, 컴퓨터 생산공장의 경우에도 컴퓨터 대리점에 물품을 공급할 때 받은 부가가치세를 세무서에 납부하여야 하는데 이 경우에도 컴퓨터 생산공장은 사업자이므로 컴퓨터를 생산하기 위하여 각종 재료를 구입할 시 부담한 부가가치세를 납부할 부가가치세에서 공제하고 사업장 관할 세무서에 부가가치세를 납부하는 것이다.

## ❷ 부가가치세의 구분 기재

① 부가가치세 매출세액('부가세예수금'또는 '예수부가세'라 한다.)
사업자는 세법의 규정에 의하여 물품 등을 판매할 시 매입자로부터 물품대금의 10%를 더 받아 두었다가 일정 기한까지 부가가치세를 신고 및 납부하여야 한다. 매출세액은 매입자로부터 일시 받아 둔 세액으로 매출과 구분하여 기록한다.

◆ **매출장에 기재하여야 하는 것**
○ 매출세금계산서, 매출계산서
○ 세금계산서 발급의무가 없는 일반 소매매출 등 매출과 관련한 것

□ 매출장 예시

| ① 일자 | | ② 유형 | ③ 코드 | ④ 계정과목 | ⑤ 적요 | ⑥ 매출처 | | ⑦ 공급가액 | ⑧ 세액 | ⑨ 합계 |
|---|---|---|---|---|---|---|---|---|---|---|
| 월 | 일 | | | | | 코드 | 매출처명 | | | |
| 6 | 30 | 과세 | 404 | 제품매출 | | *** | (주)한도물산 | 58,000,000 | 5,800,000 | 63,800,000 |
| | | | | | | | | | | |
| | | | | | | | | | | |

② 부가가치세 매입세액 ('부가세대급금'또는 '선급부가세'라 한다.)
사업자가 사업과 관련하여 물품 등을 구매하는 경우 물품대금의 10%를 부가가치세로 물품 등을 판매하는 자에게 더 주어야 한다. (매입세액)
과세사업자의 경우 특정한 경우(경승용차를 제외한 승용차의 취득 및 유지비용, 접대비 등)를 제외하고는 매입세액을 납부하여야 할 매출세액에서 공제받을 수 있으므로 구분하여 기록하여야 한다.

단, 매출세액에서 공제를 받을 수 없는 매입세액은 해당 비용 또는 자산에 포함하여 처리한다. 예를 들어 매입세액을 공제받을 수 없는 거래처 선물용품을 매입하고 부담한 매입세액은 기업업무추진비(접대비)에 포함하여 처리하여야 하며, 경승용차(배기량 1,000cc 미만인 승용차를 말한다.) 이외의 승용차 매입시 부담한 매입세액은 차량운반구로 처리하여야 하는 것이다.

▶ 매입장에 기재하여야 하는 것
○ 매입세금계산서(매입세금계산서 중 매입세액불공제분 포함), 매입계산서
○ 신용카드매출전표, 현금영수증 중 매입세액을 공제받을 수 있는 것

□ 매입장 예시

| ① 일자 | | ② 유형 | ③ 코드 | ④ 계정과목 | ⑤ 적요 | ⑥ 매입처 | ⑦ 공급가액 | ⑧ 세액 | ⑨ 합계 |
|---|---|---|---|---|---|---|---|---|---|
| 월 | 일 | | | | | | | | |
| 7 | 10 | 과세 | 460 | 상품 | 상품매입 | (주)한양 | 10,000,000 | 1,000,000 | 11,000,000 |
| 7 | 12 | 불공 | 208 | 차량운반구 | 소나타 매입 | 현대자동차 | 25,000,000 | 2,500,000 | 27,500,000 |
| 7 | 15 | 카드 | 811 | 복리후생비 | 직원식대 | 대미식당 | 90,909 | 9,091 | 100,000 |
| | | | | | | | | | |
| | | | | | | | | | |
| | | | | | | | | | |

### 보충 | 매입세액불공제

① 비영업용 소형승용자동차의 구입 및 유지와 관련한 매입세액

영업용 소형승용자동차라 함은 운수사업자(택시운수업, 렌트카업체 등)가 소형승용차를 이용하여 직접 사업에 사용하는 경우를 말한다.

② 기업업무추진비(접대비) 및 이와 유사한 비용의 지출과 관련한 매입세액
③ 면세사업 및 토지 관련 매입세액
④ 매입처별세금계산서합계표 미제출·부실기재분
⑤ 세금계산서 미수취 및 필요적 기재사항 부실기재
⑥ 사업과 직접 관련이 없는 지출에 대한 매입세액
⑦ 위장 및 가공거래와 관련한 매입세금계산서의 매입세액

# 4  회계연도 및 기업회계기준

## ❶  회계연도

기업의 경영활동을 일정 기간단위로 구분하여 파악하기 위한 기간단위를 회계연도라고 한다. 회계연도는 1년을 초과하지 못하도록 상법, 법인세법, 소득세법 등에 규정되어 있으며 통상 1년을 회계연도로 한다. 내국법인의 경우 일반적으로 1. 1 ~ 12. 31 기간(신설법인은 법인설립등기일 ~ 12. 31)을 회계연도로 정하고 있으나 외국인 투자기업이나 외국인 회사의 경우 자국의 회계기간에 맞추어 그 기간을 달리하기도 한다. 회계연도는 회계기간이라고도 하며, 법인세법에서는 사업연도, 소득세법에서는 과세기간이라 칭한다.

## ❷  기업회계기준 및 기준서

기업회계기준이란 기업이 회계처리 및 재무제표 작성시 준수해야 할 통일된 기준을 말하며, 모든 기업은 원칙적으로 '일반적으로 인정된 회계원칙'에 따라서 회계처리를 하고, 그에 따라 재무제표를 작성해야 한다. 기업회계기준은 주식회사의 외부감사에 관한 법률 제13조의 규정에 의하여 동법의 적용을 받는 회사의 회계와 감사인의 감사에 통일성과 객관성을 부여하기 위하여 회계처리 및 보고에 관한 기준을 정함을 목적으로 한다.

## ❸  2023년 회계연도 외부감사대상법인

① 2023년 회계연도 기준으로 아래 4개 기준(자산, 부채, 종업원 수, 매출액) 중 **2개 이상**을 충족하면 외부감사 대상에 해당한다.

| 자산 | 부채 | 매출액 | 종업원 수 |
|---|---|---|---|
| 120억원 이상 | 70억원 이상 | 100억원 이상 | 100인 이상 |

② 주식회사로서 직전 사업연도의 자산 또는 부채총액 등의 규모가 외부감사대상 법인에 해당하는 경우 사업연도 개시 후 45일(**외부감사 첫해는 4개월 이내**) 이내에 외부감사인을 선임하여야 한다.

□ **주식회사 등의 외부감사에 관한 법률 시행령**
제5조(외부감사의 대상) ① 법 제4조제1항제3호 본문에서 "직전 사업연도 말의 자산, 부채, 종업원 수 또는 매출액 등 대통령령으로 정하는 기준에 해당하는 회사"란 다음 각 호의 어느 하나에 해당하는 회사를 말한다. <개정 2020. 10. 13.>
1. 직전 사업연도 말의 자산총액이 500억원 이상인 회사
2. 직전 사업연도의 매출액(직전 사업연도가 12개월 미만인 경우에는 12개월로 환산하며, 1개월 미만은 1개월로 본다. 이하 같다)이 500억원 이상인 회사
3. 다음 각 목의 사항 중 2개 이상에 해당하는 회사
가. 직전 사업연도 말의 자산총액이 120억원 이상
나. 직전 사업연도 말의 부채총액이 70억원 이상
다. 직전 사업연도의 매출액이 100억원 이상
라. 직전 사업연도 말의 종업원(「근로기준법」 제2조제1항제1호에 따른 근로자를 말하며, 다음의 어느 하나에 해당하는 사람은 제외한다. 이하 같다)이 100명 이상
   1) 「소득세법 시행령」 제20조제1항 각 호의 어느 하나에 해당하는 사람
   2) 「파견근로자보호 등에 관한 법률」 제2조제5호에 따른 파견근로자
부 칙 <대통령령 제31113호, 2020. 10. 13.>
제1조(시행일) 이 영은 공포한 날부터 시행한다.

■ **기업회계기준 [한국회계기준원(www.kasb.or.kr) 홈페이지 참조]**

- 중소기업회계기준
- 중소기업회계기준 해설
- 일반기업회계기준
- 특수분야 회계기준
- 한국채택 국제회계기준
- 국제회계기준

# 3 계정과목 기초

## 1 계정과목 이해

계정과목은 자산, 부채, 자본 형태별로 그 명칭을 통일·요약한 것과 지출 또는 수입의 원인에 대한 명칭을 통일·요약한 것으로 각각의 회사마다 자산, 부채, 자본 형태별로 그 명칭이 다르거나 지출 또는 수입에 대하여 요약하는 명칭이 다르면 금융기관, 세무서, 신용보증기금, 기타 회사의 이해관계자에게 많은 혼란이 초래되므로 유사한 항목에 대하여 그 명칭을 통일하여 요약한 것을 말한다.

한편, 계정과목은 일반적으로 인정된 회계원칙에 의하여 항목을 분류한 사회적 약속이다. 따라서 계정과목은 법적근거를 가지거나 강제성을 가지는 것이 아니므로 회사의 사정이나 그 중요도에 따라 계정을 통합하거나 보다 세분화하기 위하여 특정한 명칭이 없는 경우 계정과목을 새로 설정하여 처리할 수 있는 것이다.

기업회계기준의 변경으로 계정과목이 아래와 같이 통합하여 변경되었으나 종전의 계정과목을 그대로 사용하고 결산 후 재무제표 작성시 기업회계기준에 의한 계정과목으로 변경하여 재무제표를 작성한다.

| 통합 계정과목 | 변경전 계정과목 |
|---|---|
| 현금및현금성자산 | 현금, 당좌예금, 보통예금, 환매조건부 채권(3개월 이내) |
| 단기투자자산 | 단기금융상품(정기예금, 정기적금), 단기매매증권, 단기대여금 |
| 매출채권 | 외상매출금, 받을어음 |
| 기타 당좌자산 | 가지급금, 부가세대급금, 선납세금, 주·임·종단기채권 |
| 기타비유동자산 | 전세권, 임차보증금, 부도어음 |
| 매입채무 | 외상매입금, 지급어음 |
| 기타 유동부채 | 부가세예수금 당좌차월, 가수금, 예수보증금 |

# 2  혼동하기 쉬운 계정과목

## ❶ 외상매출금(자산)과 미수금(자산)

상품 및 제품을 판매하고 그 대금을 나중에 받기로 한 채권의 명칭을 '외상매출금'이라 하며, 비유동자산을 처분하고 그 대금을 나중에 받기로 한 채권의 명칭은 '미수금'이라고 한다.

## ❷ 외상매입금(부채), 미지급금(부채), 미지급비용(부채)

물품 등을 외상으로 구입하는 경우에 장차 지급하여야 할 대금의 명칭을 통상 '외상매입금'이라고 한다.
그러나 회계원칙에서 외상대금의 명칭을 세분화하여 상품, 원재료 등 재고자산을 외상 구입하고 나중에 지급할 금액을 '외상매입금'이라 하고,
토지, 건물, 기계장치, 차량운반구 등 비유동자산을 외상으로 구입하는 경우에는 '미지급금'이라 하며, 비용의 미지급시에는 '미지급비용'이라 한다.

## ❸ 선급금(자산), 선급비용(자산)

선급금이란 물품 등을 인도받기 전 미리 그 대금을 지급한 금액을 말한다. 반면, 선급비용이란 일정 계약에 따라 용역을 제공받기로 하고, 그 대가를 지급하였으나 결산시점에 그 용역제공의 기한이 종료되지 않은 경우 아직 남아 있는 용역제공 기간에 해당하는 비용은 선급한 것으로 기간 손익을 정확히 계산하기 위하여 선급한 비용은 다음연도에 해당 비용으로 대체한다.
예를 들어 보험료, 임차료, 이자비용, 보증보험료 등의 기간 미경과분 등이 있다.

### ❹ 잡비(판매비와관리비), 잡손실(영업외손실)

기타 달리 분류되지 않는 비용으로 그 금액이 소액이고 자주 발생하지 않는 비용으로 영업활동과 관련한 비용은 '잡비'로 처리하고, 영업활동과 관련 없이 발생하는 비용은 '잡손실'로 처리한다.

### ❺ 원재료(자산) 및 원재료비(제조경비)

원재료란 제조기업이 제품제조와 관련하여 사용되는 원료, 재료 등을 구입하는 경우 처리하는 계정과목이다. 원재료는 제품제조에 사용되기 전까지는 자산에 해당하며, 제품제조에 투입되는 시점에 원가항목인 원재료비로 대체한다.

### ❻ 자산의 취득과 관련한 비용

자산의 취득과 관련한 운반비 등 비용은 해당 자산의 취득가액으로 한다.

① 상품 또는 원재료의 매입과 관련하여 운반비를 지급한 경우 운반비는 '상품' 또는 '원재료' 계정으로 처리한다.
② 토지, 건물, 차량 등의 취득과 관련한 제비용(토지의 정지비용, 등록세, 취득세, 법무사수수료 등)은 해당 자산(토지, 건물, 차량운반구)의 취득가액에 포함하여 처리한다.
③ 수입물품의 취득과 관련한 제비용(관세, 보험료, 운반비 등)은 수입물품의 취득가액으로 처리한다.
④ 기계장치, 건물 등 감가상각대상자산의 수선비는 원칙적으로 수선비로 처리하되, 수선으로 인하여 그 가치가 증가 또는 개량되거나 내용연수를 연장시키는 수선비는 기계장치, 건물 계정으로 처리하며, 이러한 지출을 **'자본적지출'** 이라 한다.

## 재무상태표 계정과목

### ▶ 유동자산

◆ 당좌자산

| 계정과목 | 코드 | 내용 |
|---|---|---|
| 현금및현금성자산 | | 통화 및 금융상품으로 만기일이 3개월 이내인 것 |
| 현금 | 101 | 통화, 자기앞수표, 타인발행 당좌수표, 송금수표, 가계수표 |
| 당좌예금 | 102 | 당좌거래와 관련한 예금 |
| 보통예금 | 103 | 통상의 보통예금 |
| 단기투자자산 | | 기업의 여유자금 활용 목적으로 보유하는 단기의 투자자산 |
| 정기예적금 | 105 | 이자수익을 목적으로 일정 기간 동안 예치 또는 적립하여 둔 예금 |
| 기타단기금융상품 | 106 | 만기가 1년 이내에 도래하는 단기금융상품 |
| 단기매매증권 | 107 | 1년 이내에 처분할 목적으로 보유하는 유가증권 |
| 매출채권 | | 일반적 상거래에서 발생한 외상매출금과 받을어음 |
| 외상매출금 | 108 | 상품 또는 제품을 매출하고 그 대금을 외상으로 한 금액 |
| 받을어음 | 110 | 매출대금등을 어음으로 수취한 것 |
| 단기대여금 | 114 | 타인에게 대여한 대여금(대여기간 1년 이내) |
| 미수수익 | 116 | 당기수익에 속하는 금액 중 미수된 금액 |
| 미수금 | 120 | 비유동자산(고정자산)을 매각하고 그 대금을 외상으로 한 금액 |
| 소모품 | 122 | 소모품비로 처리한 금액 중 미사용분을 기말에 자산으로 처리한 것 |
| 매도가능증권 | 123 | 재무상태표일로부터 1년 내에 만기가 도래하거나 처분할 것이 거의 확실한 매도가능증권 |
| 선급금 | 131 | 물품을 인도받기 전 대금을 미리 지급한 금액 |
| 선급비용 | 133 | 각종 비용을 미리 지급한 금액(미경과비용) |
| 가지급금 | 134 | 대표이사 일시 대여금, 착오에 의한 금전 지급금액 |
| 부가세대급금 | 135 | 물품 등의 구입시 부담한 부가가치세 |
| 선납세금 | 136 | 예금이자에 대한 이자소득세, 중간예납세액 등 |
| 주임종단기채권 | 137 | 업무와 관련 없이 종업원에게 대여하여 준 금액 |
| 전도금 | 138 | 업무와 관련한 자금을 지출 확정 전 전도한 금액 |
| 이연법인세자산 | 140 | 세무조정으로 인하여 일시적으로 발생하는 자산 가치 |
| 현금과부족 | 141 | 장부상 잔액과 실제 현금잔액의 차액을 일시 처리하는 계정 |
| 미결산 | *** | 거래가 발생하였으나 즉시 수익·비용으로 처리할 수 없는 경우 처리하는 가 계정 |

◆ 재고자산

| 계정과목 | 코드 | 내용 |
|---|---|---|
| 상품 | 146 | 도·소매업종이 판매를 목적으로 취득한 상품 |
| 매입환출및에누리 | 147 | 상품 매입액 중 반품한 것 및 불량 등의 사유로 에누리 받은 것 |
| 매입할인 | 148 | 외상매입대금을 지급기일보다 조기에 결제하는 경우 할인받은 금액 |
| 제품 | 140 | 제조업의 완성제품 |
| 원재료 | 155 | 제조업이 제품제조를 위하여 취득한 원료 및 재료 |
| 매입환출및에누리 | 154 | 원재료 매입액 중 반품한 것 및 불량 등의 사유로 에누리 받은 것 |
| 매입할인 | 155 | 원재료 외상매입대금을 지급기일보다 조기에 결제하는 경우 할인받은 금액 |
| 저장품 | 167 | 소모공구기구비품, 수선용부분품 및 기타 저장품 |
| 미착품 | 168 | 원재료 등의 수입시 발생하는 수입비용 및 수입대금을 일시 처리하는 계정 |
| 재공품 | 169 | 일정 시점 생산과정에 있는 미완성된 제품의 평가액 |

# 재무상태표 계정과목

### ▶ 비유동자산

#### ◆ 투자자산

| 계 정 과 목 | 코드 | 내 용 |
|---|---|---|
| 장 기 성 예 금 | 176 | 만기가 재무상태표일로부터 1년 이후의 장기예금 |
| 특정현금및예금 | 177 | 설비확장 및 채무상환 등에 사용할 특정 특정목적의 예금 |
| 매 도 가 능 증 권 | 178 | 매도가능증권 중 단가매매증권에 속하지 아니하는 것 |
| 장 기 대 여 금 | 179 | 대여기간이 1년을 초과하는 장기의 대여금 |
| 투 자 부 동 산 | 187 | 투자를 목적으로 취득한 부동산 |
| 만 기 보 유 증 권 | 181 | 장기투자를 목적으로 취득한 주식(1년 초과 보유목적) |
| 지분법적용투자주식 | 182 | 지분법을 적용하여야 하는 투자주식 |
| 장 기 금 융 상 품 | *** | 유동자산에 속하지 아니하는 장기의 예금, 적금 등 |

#### ◆ 유형자산

| 계 정 과 목 | 코드 | 내 용 |
|---|---|---|
| 토 지 | 201 | 토지 |
| 건 물 | 202 | 사무실, 공장, 창고 등 회사소유 건물 |
| 구 축 물 | 204 | 용수설비, 폐수처리장치, 지하수공사비, 정원설비 등 |
| 기 계 장 치 | 206 | 각종 기계장치 |
| 차 량 운 반 구 | 208 | 화물자동차, 승용자동차, 지게차, 중기 등 |
| 공 구 와 기 구 | 210 | 공구, 기구 등 |
| 비 품 | 212 | 사무용집기비품(컴퓨터, 복사기 등) |
| 건 설 중 인 자 산 | 214 | 건설중인 자산의 가액 |

#### ◆ 무형자산

| 계 정 과 목 | 코드 | 내 용 |
|---|---|---|
| 영 업 권 | 231 | 영업상의 권리로서 유상으로 취득한 것 |
| 특 허 권 | 232 | 특허취득과 관련하여 지출한 것 |
| 광 업 권 | 237 | 광물채굴에 대한 권리 |
| 개 발 비 | 239 | 개발과 관련하여 발생한 비용으로 개발비로 계상한 것 |
| 소 프 트 웨 어 | 240 | 고가의 소프트웨어 구입비 |
| 산 업 재 산 권 | 241 | 특허권, 상표권, 실용신안권, 의장권 등 |

#### ◆ 기타비유동자산

| 계 정 과 목 | 코드 | 내 용 |
|---|---|---|
| 이연법인세자산 | 901 | 세무조정에서 익금산입유보 처분한 금액의 차기 이후 법인세 감소 예상금액 |
| 임 차 보 증 금 | 902 | 사무실, 공장 등의 임차보증금 |
| 장 기 매 출 채 권 | | 장기외상매출금 및 장기 받을어음 |
| 장기외상매출금 | 965 | 외상매출금 중 회수기간이 결산일로부터 1년 초과의 것 |
| 장 기 받 을 어 음 | 968 | 받을어음 중 만기일이 결산일로부터 1년 초과의 것 |
| 부 도 어 음 과 수 표 | 976 | 어음 또는 수표가 부도처리된 경우 사용하는 계정 |
| 장 기 미 수 금 | *** | 장기의 미수금 |

# 재무상태표 계정과목

## ▶ 유동부채

| 계 정 과 목 | 코드 | 내　　　용 |
|---|---|---|
| 매 입 채 무 |  | 외상매입금 및 지급어음 |
| 외 상 매 입 금 | 251 | 물품 등을 구입하고 그 대금을 나중에 지급하기로 한 것 |
| 지 급 어 음 | 252 | 물품대금결제를 위하여 어음을 발행하여 지급한 것 |
| 미 지 급 금 | 253 | 비유동자산 등을 구입하고 그 대금을 나중에 지급하기로 한 것 |
| 예 수 금 | 254 | 근로소득세, 4대보험 종업원부담금을 근로자로부터 일시 받아둔 금전 |
| 부 가 세 예 수 금 | 255 | 매출시 매입자로부터 받아 둔 부가가치세 |
| 당 좌 차 월 | 256 | 당좌예금잔액을 초과하여 발행한 수표금액(사전약정 체결) |
| 가 수 금 | 257 | 원인불명의 입금금액을 일시적으로 처리하는 계정 |
| 선 수 금 | 259 | 상품 등을 인도하기 전 그 대금을 미리 받은 것 |
| 단 기 차 입 금 | 260 | 1년 이내에 상환하여야 하는 차입금 |
| 미 지 급 세 금 | 261 | 법인세 등의 미지급액 |
| 미 지 급 비 용 | 262 | 비용과 관련하여 그 대금을 나중에 지급하기로 한 것 |
| 선 수 수 익 | 263 | 수입금 중에서 차기 이후의 것 |
| 유동성장기부채 | *** | 장기차입금 중 기간이 경과하여 결산일로부터 1년 이내인 것 |
| 미 지 급 배 당 금 | 265 | 주주들에게 지급할 배당금을 회계기말에 부채로 계상한 것 |
| 이연법인세부채 | 273 | 세무조정에서 손금산입유보 처분한 금액의 차기 이후 법인세 증가 예상금액 |

## ▶ 비유동부채

| 계 정 과 목 | 코드 | 내　　　용 |
|---|---|---|
| 사　　채(社債) | 291 | 1년 이후에 상환하는 회사채(개인사채가 아님) |
| 사채할인발행차금 | 292 | 사채를 액면가액보다 적은 금액으로 발행하는 경우 그 차액 |
| 장 기 차 입 금 | 293 | 상환기간이 1년을 초과하는 차입금 |
| 임 대 보 증 금 | 294 | 건물 등을 임대하여 주고받아 둔 보증금 |
| 퇴직급여충당부채 | 295 | 퇴직금 비용으로 계상한 미지급 채무 |
| 장 기 미 지 급 금 | 297 | 재무상태표일로부터 1년 이후에 지급하여야 할 장기의 미지급금 |
| 주임종장기차입금 | 303 | 재무상태표일로부터 1년 이후에 지급하여야 할 장기의 임원 종업원 차입금 |
| 외화장기차입금 | 305 | 재무상태표일로부터 1년 이후에 상환하여야 할 장기 외화차입금 |
| 장기임대보증금 | 307 | 장기의 임대보증금 |

▶ 대손충당금 및 감가상각누계액은 해당 자산에서 차감하는 형식으로 처리한다.

| 계 정 과 목 | 코드 | 계 정 과 목 | 코드 | 계 정 과 목 | 코드 | 계 정 과 목 | 코드 |
|---|---|---|---|---|---|---|---|
| 외 상 매 출 금 | 108 | 건　　　물 | 202 | 기 계 장 치 | 206 | 비　　　품 | 212 |
| 대 손 충 당 금 | 109 | 감가상각누계액 | 203 | 감가상각누계액 | 207 | 감가상각누계액 | 213 |
| 받 을 어 음 | 110 | 구 축 물 | 204 | 차량운반구 | 208 |  |  |
| 대 손 충 당 금 | 111 | 감가상각누계액 | 205 | 감가상각누계액 | 209 |  |  |

# 재무상태표 계정과목

## ▶ 자본

| 분류 | 계정과목 | 코드 | 내용 |
|---|---|---|---|
| 자본금 | 자본금 | 331 | 법인의 납입자본금 |
| 자본잉여금 | 주식발행초과금 | 341 | 주식할증발행의 경우 액면가액을 초과하는 금액 |
| | 감자차익 | 342 | 감자시 액면가액보다 적은 금액 상환시 발생하는 차익 |
| | 자기주식처분이익 | 343 | 자기주식의 처분으로 인하여 발생하는 이익 |
| 이익잉여금 및 결손금 | 미처분이익잉여금 | 377 | 미처분된 이익잉여금 |
| | 미처리결손금 | 378 | 미처리된 결손금 |
| | 당기순이익 | 379 | 당기의 순이익 |
| | 당기순손실 | 380 | 당기의 순손실 |
| 자본조정 | 주식할인발행차금 | 381 | 주식발행가액이 액면가액에 미달하는 경우 그 차액 |
| | 자기주식처분손실 | 395 | 자기주식의 처분으로 인하여 발생하는 손실 |
| 기타포괄손익누계액 | 매도가능증권평가손익 | *** | 매도가능증권의 평가손익 |
| | 해외사업환산손익 | *** | 해외지사 등의 재무제표를 기말시점 환율로 환산시 발생하는 손익 |

### ⓠ 인출금 (338)

개인기업은 법인기업과 달리 자본금의 입금 및 출금이 자유로우며 언제든지 자본금을 인출할 수 있고, 또 회수할 수 있다. 따라서 개인기업 대표자가 회사자금을 개인용도로 인출하는 것은 전부 인출금(대표자에게 자본금 반환)으로 처리하며, 반대로 대표자가 회사에 금전 등을 입금한 경우에는 인출금을 회수한 것으로 처리한 다음 결산시 자본금과 대체처리한다.

□ 인출금 회계처리 사례

① 5. 31 종합소득세 및 지방소득세 5,000,000원을 회사 자금으로 현금납부하다.

| 인출금 | 5,500,000 | / | 현금 | 5,500,000 |

② 7. 31 개인 사업주의 재산세 800,000원을 회사 자금으로 현금 납부하다.

| 인출금 | 800,000 | / | 현금 | 800,000 |

③ 10. 20 회사 자금이 부족하여 사업주가 3,000,000원을 보통예금에 입금하다.

| 보통예금 | 3,000,000 | / | 인출금 | 3,000,000 |

④ 회계기말에 인출금 잔액 3,300,000원을 자본금과 대체하다.

| 자본금 | 3,300,000 | / | 인출금 | 3,300,000 |

# 손익계산서 계정과목

## ▶ 매출

| 계 정 과 목 | 코드 | 내　　　　　용 |
|---|---|---|
| 상 품 매 출 | 401 | 도·소매업 매출 |
| 매출환입및에누리 | 402 | 상품반품 및 불량등에 의한 에누리액 |
| 매 출 할 인 | 403 | 상품 외상대금을 조기에 회수하는 경우 할인하여 준 금액 |
| 제 품 매 출 | 404 | 제조업 매출 |
| 매출환입및에누리 | 405 | 제품반품 및 불량등에 의한 에누리액 |
| 매 출 할 인 | 406 | 제품 외상대금을 조기에 회수하는 경우 할인하여 준 금액 |

## ▶ 매출원가

| 계 정 과 목 | 코드 | 내　　　　　용 |
|---|---|---|
| 상 품 매 출 원 가 | 451 | 기초상품재고액 + 당기상품매입액 - 기말상품재고액 |
| 제 품 매 출 원 가 | 455 | 기초제품재고액 + 당기제품매입액 - 기말제품재고액 |

## ▶ 제조비용(제조업의 제품제조와 관련한 비용)

| 계 정 과 목 | 코드 | 내　　　　　용 |
|---|---|---|
| 원 재 료 비 | 501 | 기초원재료재고액 + 당기원재료매입액 - 기말원재료재고액 |
| 부 재 료 비 | 502 | 부재료비 |
| 임　　　　금 | 504 | 생산부서 직원에게 지급하는 급여 및 제수당, 상여금 등 |
| 퇴 직 급 여 | 508 | 생산부서 직원의 퇴직시 지급하는 퇴직급여 |
| 복 리 후 생 비 | 511 | 식대, 차대, 건강·고용보험 회사부담금, 직원경조사비, 회식비, 피복비 |
| 여 비 교 통 비 | 512 | 직무와 관련한 각종 출장비 및 여비 |
| 접 대 비 | 513 | 거래처 접대비 및 선물대, 거래처 경조사비 등 |
| 통 신 비 | 514 | 전화요금, 휴대폰요금, 정보통신요금, 각종 우편요금 등 |
| 가 스 수 도 료 | 515 | 수도·가스요금, 난방비용 |
| 전 력 비 | 516 | 전기요금 |
| 세 금 과 공 과 금 | 517 | 재산세, 종합부동산세, 자동차세, 면허세, 국민연금회사부담금 등 |
| 감 가 상 각 비 | 518 | 유형자산 감가상각비 |
| 지 급 임 차 료 | 519 | 공장 임차료 |
| 수 선 비 | 520 | 공장 수리비, 기계장치 수리비 등 |
| 보 험 료 | 521 | 공장 건물화재보험료, 운반차량 보험료 등 |
| 차 량 유 지 비 | 522 | 유류대, 주차요금, 통행료, 자동차수리비, 검사비 등 |
| 운 반 비 | 524 | 제품 배송비용, 택배요금, 퀵서비스요금 등 |
| 교 육 훈 련 비 | 525 | 생산부서 직원교육 및 업무훈련과 관련하여 지급한 금액 |
| 도 서 인 쇄 비 | 526 | 신문대, 도서구입비, 서식인쇄비, 복사요금, 사진현상비 등 |
| 포 장 비 | 528 | 제품의 포장과 관련한 비용 |
| 사 무 용 품 비 | 529 | 문구류 구입대금, 서식구입비 등 |
| 소 모 품 비 | 530 | 각종위생용 소모품, 철물 및 전기용품, 기타 소모품 |
| 지 급 수 수 료 | 531 | 전기가스점검 수수료 등 |
| 보 관 료 | 532 | 원재료, 제품 등의 보관비용 |
| 외 주 가 공 비 | 533 | 원재료 등의 외주가공비용 |
| 잡 비 | 536 | 달리 분류되지 않는 기타 경비 |

## ▶ 판매비와관리비

| 계정과목 | 코드 | 설명 |
|---|---|---|
| 급　　　　　료 | 801 | 임직원에게 매 월 지급하는 급여 및 제수당, 상여금 등 |
| 퇴 직 급 여 | 808 | 임직원의 퇴직시 지급하는 퇴직급여 |
| 복 리 후 생 비 | 811 | 식대, 차대, 건강·고용보험 회사부담금, 직원경조사비, 회식비, 피복비 |
| 여 비 교 통 비 | 812 | 직무와 관련한 각종 출장비 및 여비 |
| 접　대　비 | 813 | 거래처 접대비 및 선물대, 거래처 경조사비 등 |
| 통　신　비 | 814 | 전화요금, 휴대폰요금, 정보통신요금, 각종 우편요금 등 |
| 수 도 광 열 비 | 815 | 수도·가스요금, 난방비용, 전력비(전력비를 구분하지 않는 경우) |
| 세 금 과 공 과 금 | 817 | 재산세, 종합부동산세, 자동차세, 면허세, 국민연금회사부담금 등 |
| 감 가 상 각 비 | 818 | 유형자산의 감가상각비 |
| 지 급 임 차 료 | 819 | 사무실 임차료 |
| 수　선　비 | 820 | 사무실 수리비, 비품수리비 등 |
| 보　험　료 | 821 | 건물화재보험료, 승용자동차 보험료 등 |
| 차 량 유 지 비 | 822 | 유류대, 주차요금, 통행료, 자동차수리비, 검사비 등 |
| 경상연구개발비 | 823 | 신기술의 개발 및 도입과 관련하여 지출하는 경상적인 비용 |
| 운　반　비 | 824 | 상품 배송비용, 택배요금, 퀵서비스요금 등 |
| 교 육 훈 련 비 | 825 | 직원교육 및 업무훈련과 관련하여 지급한 금액 |
| 도 서 인 쇄 비 | 826 | 신문대, 도서구입비, 서식인쇄비, 복사요금, 사진현상비 등 |
| 사 무 용 품 비 | 829 | 문구류 구입대금, 서식구입비 등 |
| 소 모 품 비 | 830 | 각종위생용 소모품, 철물 및 전기용품, 기타 소모품 |
| 지 급 수 수 료 | 831 | 기장수료, 송금, 추심, 신용보증, 보증보험수수료, 전기가스점검 수수료 등 |
| 광 고 선 전 비 | 833 | 광고선전과 관련한 광고비용 |
| 대 손 상 각 비 | 835 | 외상매출금, 미수금 등의 회수불능대금 및 대손충당금전입액 |
| 무 형 자 산 상 각 | 840 | 무형자산 상각비용 |
| 잡　　　비 | 848 | 달리 분류되지 않는 기타 경비 |

## ▶ 영업외수익

| 계정과목 | 코드 | 설명 |
|---|---|---|
| 이 자 수 익 | 901 | 예금 및 적금이자, 대여금 이자수입 등 |
| 만기보유증권이자 | 902 | 국채, 지방채, 공채, 사채(社債) 등의 이자수익 |
| 배 당 금 수 익 | 903 | 주식투자와 관련하여 소유주식 회사로부터 지급받는 배당금 |
| 수 입 임 대 료 | 904 | 부동산임대업을 주업으로 하지 않는 회사의 부동산 임대수입 |
| 단기매매증권평가이익 | 905 | 회계기말 단기매매증권의 평가금액이 장부가액보다 많은 경우 발생하는 이익금액 |
| 단기투자산처분이익 | 906 | 단기매매증권 처분시 발생하는 이익 |
| 외 환 차 익 | *** | 외화자산, 부채의 회수 및 상환시 환율변동으로 발생하는 이익 |
| 대손충당금환입 | 908 | 대손충당금으로 설정한 금액 중 환입된 금액 |
| 수 입 수 수 료 | 909 | 수입수수료 |
| 외 화 환 산 이 익 | 910 | 기말에 화폐성 외화자산의 평가금액이 장부가액보다 많은 경우 발생하는 손실금액 |
| 사 채 상 환 이 익 | 911 | 사채 상환시 발생하는 이익 |
| 유형자산처분이익 | 914 | 유형자산처분시 발생하는 이익 |
| 투자자산처분이익 | 915 | 투자자산의 처분시 발생하는 이익 |
| 상각채권추심이익 | 916 | 전기 이전의 대손금 중 당기에 회수된 금액 |
| 자 산 수 증 이 익 | 917 | 주주 또는 제3자로부터 증여받은 금액 |
| 채 무 면 제 이 익 | 918 | 기업의 채무를 채권자로부터 면제받은 금액 |
| 보 험 차 익 | 919 | 보험사고로 인하여 지급받은 금액이 해당 자산의 장부가액을 초과하는 금액 |
| 잡 이 익 | 930 | 기타 달리 분류되지 않는 이익 |

## ▶ 영업외비용

| 계 정 과 목 | 코드 | 내                          용 |
|---|---|---|
| 이 자 비 용 | 931 | 이자비용, 어음할인료 등 |
| 외 환 차 손 | 932 | 환율변동으로 인하여 발생하는 손실금액 |
| 기 부 금 | 933 | 교회·사찰헌금, 학교기부금, 불우이웃돕기 성금, 수재의연금 등 |
| 기타의대손상각비 | *** | 매출채권 이외의 채권 회수불능금액 |
| 외 화 환 산 손 실 | 935 | 기말에 화폐성 외화자산의 평가금액이 장부가액보다 적은 경우 발생하는 손실금액 |
| 매출채권처분손실 | 936 | 받을어음의 할인시 발생하는 이자손실금액 |
| 단기매매증권평가손실 | 937 | 회계기말 단기매매증권의 평가금액이 장부가액보다 적은 경우 발생하는 손실금액 |
| 단기투자자산처분손실 | 938 | 단기매매증권의 처분시 발생하는 손실금액 |
| 재고자산평가손실 | 940 | 재고자산의 멸실, 손상 및 분실금액 |
| 재 해 손 실 | 941 | 화재, 풍수해 등으로 인하여 멸실 또는 손괴된 금액 |
| 전기오류수정손실 | 942 | 전기의 오류수정손실금액 중 이익잉여금의 처분에 의하지 아니한 것 |
| 유형자산처분손실 | 950 | 유형자산(기계장치, 차량운반구 등)의 처분시 발생하는 손실 |
| 투자자산처분손실 | 951 | 투자자산의 처분시 발생하는 손실 |
| 잡 손 실 | 960 | 분실금, 기타 달리 분류되지 않는 영업외비용 |

## ▶ 법인세비용

| 계 정 과 목 | 코드 | 내                          용 |
|---|---|---|
| 법 인 세 등 | 998 | 법인세, 지방소득세 법인세분 |
| 소 득 세 등 | 999 | 소득세, 지방소득세 소득세분 |

전표 및 제장부 작성

## 1 전표

기업은 거래가 발생하면 일정한 원칙에 의하여 먼저 거래사실을 기록한다. 거래를 일정한 원칙에 의하여 기록하는 것을 분개라 한다. 전표란 분개내용을 일정한 방법으로 전표라는 종이쪽지에 기록하여 거래와 관련한 증빙서류(영수증 등)를 첨부하여 보관하는 양식지다.

### ❶ 전표 종류

전표의 종류에는 일반적으로 입금전표, 출금전표, 대체전표 등 3가지 종류의 전표가 있으며, 기업실정에 따라 대체전표(일명 분개전표)만을 사용하기도 한다.
대체전표란 분개 내용을 그대로 옮겨 적은 것이다. 따라서 대체전표를 분개전표라고 하기도 한다. 전표양식은 과거 기업의 수입 및 지출이 대부분 현금이었던 시절 고안한 관계로 현금 입금은 입금전표를, 현금 출금은 출금전표를 사용하고, 기타 모든 거래는 대체전표를 작성하도록 되어 있음에도 계속하여 사용하고 있다.

그러나 요즈음 기업의 대부분 거래는 인터넷뱅킹, 폰뱅킹 등의 확산으로 기업의 입출금거래는 대부분 보통예금을 통하여 이루어지므로 현금 수입 및 지출발생 건수는 점차 감소하고 있어 입금전표 및 출금전표를 별도로 작성하는 실익은 별로 없다. 따라서 최근에는 입금전표, 출금전표, 대체전표를 별도 구분함이 없이 분개내용을 그대로 기입하는 대체전표 한 종류만을 사용하는 것이 일반적이다.

## ▣ 입금전표

입금전표는 현금 입금시에만 작성하는 전표로 현금 입금시 분개는 현금이 언제나 차변(왼쪽)에 위치하므로 전표기록을 줄이기 위하여 입금전표라는 용지를 사용하여 대체전표 내용 중 차변내용(현금 증가)을 기록하지 않고 대변 상대계정(현금이 입금된 원인)만을 기록하기로 약속한 것이다.

[예 시] 6. 10 (주)한양으로부터 외상매출금 3,000,000원이 현금으로 입금하다.

| 차 변 | | 대 변 | |
|---|---|---|---|
| 현금 | 3,000,000 | 외상매출금 | 3,000,000 |

| 대 체 전 표 NO_____ 200×년 6월10일 | | | | 결재 | 담당 | 대리 | 과장 | 부장 | 대표 |
|---|---|---|---|---|---|---|---|---|---|
| 계정과목 | 적요 | 금액 | 계정과목 | 적요 | | | 금액 | | |
| 현 금 | | 3,000,000 | 외상매출금 | (주)한양 외상대 | | | 3,000,000 | | |
| | | | | | | | | | |
| 합 계 | | 3,000,000 | 합 계 | | | | 3,000,000 | | |

위 대체전표를 현금 입금의 경우 차변(왼쪽) 현금란은 생략하고 입금전표 양식을 사용한다.

| 입 금 전 표 200× 년 6 월 10 일 | | | | 사장 |
|---|---|---|---|---|
| | | | | 전무 |
| 과 목 | | 항 목 | 외상매출금 | 상무 |
| 적 요 | | 금 액 | | |
| (주)한양 | 외상대금 회수 | | 3,000,000 | 부장 |
| | | | | 과장 |
| | | | | 담당자 |
| 합 계 | | | 3,000,000 | |

## ▣ 출금전표

현금 출금시에만 작성하는 전표로 현금 출금시 분개는 현금이 언제나 대변(오른쪽)에 위치하므로 전표기록을 줄이기 위하여 출금전표라는 용지를 사용하여 대체전표 내용 중 대변내용(현금 감소)을 기록하지 않고 차변 상대계정(현금이 출금된 원인)만을 기록하기로 약속한 것이다.

[예 시] 6. 10 직원 식대 50,000원을 현금으로 지급하다.

| 차 변 | | 대 변 | |
|---|---|---|---|
| 복리후생비 | 50,000 | 현 금 | 50,000 |

**대 체 전 표**
NO_____    20××년 6월10일
결재: 담당 | 대리 | 과장 | 부장 | 대표

| 계정과목 | 적요 | 금액 | 계정과목 | 적요 | 금액 |
|---|---|---|---|---|---|
| 복리후생비 | 식대 | 50,000 | 현 금 | | 50,000 |
| | | | | | |
| 합 계 | | 50,000 | 합 계 | | 50,000 |

대체전표를 현금 출금의 경우 대변(오른쪽) 현금란은 생략하고 출금전표 양식을 사용한다.

**출 금 전 표**
20××년 6월 10일

| 과 목 | | 항 목 | 복리후생비 | 사 장 |
|---|---|---|---|---|
| | 적 요 | | 금 액 | 전 무 |
| | 직원 식대 | | 50,000 | 상 무 |
| | | | | 부 장 |
| | | | | 과 장 |
| | | | | 담당자 |
| | 합 계 | | 50,000 | |

### ▣ 대체전표

현금 입금 및 현금 출금 이외의 모든 거래는 대체전표를 작성한다. 분개내용을 그대로 기록하면 된다. 요즈음 기업의 대부분 거래는 인터넷뱅킹, 폰뱅킹 등의 확산으로 기업의 입출금거래는 대부분 보통예금을 통하여 이루어지므로 입금전표, 출금전표, 대체전표를 별도 구분함이 없이 분개내용을 그대로 기입하는 대체전표 한 종류만을 사용하는 것이 업무에 효율적일 것이다.

[예 시] (주)한우리는 의류제조업체로 5월 중 의류 10,000,000원(공급가액)을 신세계 백화점에 납품하고 5. 31 세금계산서를 발급한 한 후 그 대금은 나중에 지급받기로 하다. (공급가액 10,000,000원 세액 1,000,000원 합계 11,000,000원)

| 차 변 | | 대 변 | |
|---|---|---|---|
| 외상매출금 | 11,000,000 | 매출 | 10,000,000 |
| | | 부가세예수금 | 1,000,000 |

**대 체 전 표**  20××년 5월31일

| 계정과목 | 적요 | 금액 | 계정과목 | 적요 | 금액 |
|---|---|---|---|---|---|
| 외상매출금 | 외상매출 | 11,000,000 | 매 출 | 신세계백화점 | 10,000,000 |
| | | | 부가세예수금 | | 1,000,000 |
| 합 계 | | 11,000,000 | 합 계 | | 11,000,000 |

## ❷ 전표 작성방법

### ▣ 전표 작성일자

전표작성일은 거래가 발생한 날이다. 거래가 발생한 날이란 자산, 부채, 자본의 증가 또는 감소를 가져오는 상거래일 또는 수익은 수익이 실현된 날, 비용은 비용이 발생한 날을 말한다. 예를 들어 살펴보면, 상품을 매출하고 그 대금을 나중에 받기로 한 외상거래의 경우 '외상매출금'이란 자산이 증가하고 '매출'이라는 수익이 실현된 것으로 물품인도일이 거래가 발생한 날로 이에 대한 거래를 기록한다. 그리고 나중에 외상대금을 받은 거래는 새로운 자산(보통예금 또는 현금 입금)이 증가하고, 외상매출금이란 자산이 감소한 거래로 외상매출대금 입금에 대한 거래를 기록하는 것이다.

○ 외상매출 : 자산 증가(외상매출금) 및 수익(매출) 발생
○ 외상매출대금 회수 : 새로운 자산(보통예금 등) 증가 및 기존 자산(외상매출금) 감소

한편, 비용발생일과 그 대금지급일이 다른 경우, 예를 들어 거래처 접대를 하고 신용카드를 사용하였다면, 비용발생일은 신용카드사용일이고, 그 대금지급일은 신용카드대금결제일로 신용카드사용일(비용이 발생한 날)에 비용발생에 대한 거래를 기록한 다음 그 대금결제일에 대금결제에 관한 거래(외상대금을 지급한 거래)를 다시 기록하는 것이다.

○ 신용카드사용일 : 비용 발생(접대비) 및 부채(미지급금) 증가
○ 신용카드결제일 : 부채(미지급금) 감소 및 자산(보통예금) 감소

▶ 매출거래 : 세금계산서 작성일자 (재화인도일, 용역제공완료일)
▶ 매입거래 : 세금계산서 작성일자 (재화인수일, 용역제공완료일)
  ○ 세금계산서에 해당하는 신용카드전표는 신용카드사용일이 전표작성일이며, 세금계산서에 해당하는 전기요금청구서, 전화요금청구서, 지로영수증 등은 작성일자가 거래일자로 매입세금계산서와 동일한 방법으로 전표를 작성한다.
▶ 외상매출금, 미수금 등의 회수일
▶ 외상매입금, 미지급금, 미지급비용 등의 지급일
▶ 비용발생일 : 신용카드대금 사용일, 급료발생일(급료를 해당 월의 다음달에 지급하는 경우), 전기요금영수증 수취일 등
  ○ 대부분의 소액비용은 비용 발생일에 그 대금을 지급하므로 지급일에 거래를 기록한다. 단, 비용에 대한 결제를 나중에 하는 경우 영수증 작성일자와 그 지급일이 다르므로 발생일에 비용발생 및 미지급비용 증가에 대한 거래를 기록하고, 나중에 미지급비용을 결제한 날 미지급비용 반제에 대한 전표를 작성한다.
▶ 일반 비용지출일 : 현금 등의 지급일

## ■ 입금전표 및 출금전표 작성방법

① 과목 ~ 계정과목의 대분류 또는 중분류를 기록한다. 업체실정에 따라 과목구분이 필요한 경우(제조업종이 원가와 비용을 구분하여야 하는 경우 등)이외에는 기재하지 않아도 무방하다.
- 손익계정 : 예를 들어 제조업 및 건설업종의 경우 제조원가 및 판매비와관리비 비용을 구분하기 위하여 원가성 비용은 '원가'로 판매비와관리비에 해당하는 비용은 '판관비'로 기록하며, 기타 '영업외비용' 및 '영업외수익' 등으로 구분하여 기록한다.
- 재무상태표 계정 : 재무상태표 계정과목의 대분류 (유동자산, 비유동자산, 유동부채, 비유동부채, 자본) 또는 중분류(유동자산의 경우 당좌자산, 재고자산)를 기록한다. 실무에서는 통상 기재하지 아니한다.

② 항목 ~ 해당 계정과목을 기재한다.
③ 적요 ~ 거래내역을 구체적으로 기록한다.

## ■ 대체전표 작성방법

① 계정과목 ~ 차변 및 대변의 해당 계정과목을 기재한다.
② 적요 ~ 거래내역을 구체적으로 기록한다.

▶ 동일날짜에 여러 건의 거래가 있는 경우에는 전표 종류별로 구분하여 여러 건을 한 장의 전표에 작성하여도 무방하다.

### 보 충 | 세금계산서 및 거래명세서 보관 방법

세금계산서 및 거래명세서는 전표에 첨부하지 않고 별도로 보관한다. 세금계산서는 매출과 매입세금계산서를 구분한 다음 일자별로 철하여 보관한다. 일정 기간의 거래를 합하여 정규영수증으로 세금계산서를 수취하는 경우 거래명세서는 거래에 관한 내역서로 매 건의 거래시마다 거래명세서를 수취하여 업체별, 일자별로 별도로 철하여 보관한다.

## 2  장부 작성 과정

### ❶ 거래 발생

자산, 부채 또는 자본의 증감이 발생한 사건을 거래라 하며, 거래가 발생하면, 분개장에 먼저 기록한 다음 총계정원장에 전기(옮겨 적는 것을 말한다.)한다.

#### ■ 주요부 작성

주요부란 경영활동과정에서 발생하는 모든 거래를 총괄하여 기록하는 장부로 분개장과 총계정원장이 있다.

거래가 발생하면, 주요장부인 분개장에 먼저 기록한 다음 해당 계정과목별 증감내용을 기록하는 총계정원장에 거래내용을 전기(옮겨 적음)한다.

□ 거래의 기록과 장부 및 재무제표 작성 과정

### ❷ 분개

거래가 발생하면, 분개장에 해당 거래 내용을 분개하여 기록하거나 전산으로 장부를 정리하는 경우 분개내용을 입력한다.

## ❸ 총계정원장 전기

총계정원장이란 해당 계정과목별 증감내용을 기록하는 주요장부로 분개장을 작성한 다음 총계정원장에 거래내용을 전기(옮겨 적음)하며, 총계정원장은 계정별원장이라고도 한다.

① 자산, 비용 항목의 증가는 해당 계정과목의 총계정원장 차변에 상대 계정과목 및 금액을 기재한다.

② 자산, 비용 항목의 감소는 해당 계정과목의 총계정원장 대변에 상대 계정과목 및 금액을 기재한다.

③ 부채, 자본, 수익 항목의 증가는 해당 계정과목의 총계정원장 대변에 상대 계정과목 및 금액을 기재한다.

④ 부채, 자본, 수익 항목의 감소는 해당 계정과목의 총계정원장 차변에 상대 계정과목 및 금액을 기재한다.

☐ 총계정원장 작성 예시(자산 및 부채·자본 계정)

현 금

| 월 | 일 | 계정과목 | 금액 | 월 | 일 | 계정과목 | 금액 |
|---|---|---|---|---|---|---|---|
| 12 | 1 | 자본금 | 500,000 | 12 | 1 | 임차보증금 | 300,000 |
| 12 | 31 | 외상매출금 | 50,000 | 12 | 2 | 보통예금 | 150,000 |
| | | | | 12 | 5 | 비품 | 22,000 |
| | | | | 12 | 15 | 복리후생비 | 2,000 |
| | | | | 12 | 20 | 업무추진비 | 1,000 |
| | | | | 12 | 31 | 급여 | 5,000 |
| | | | | 12 | 31 | 지급임차료 | 10,000 |
| | | | | 12 | 31 | 부가세예수금 | 1,000 |

외상매입금

| 월 | 일 | 계정과목 | 금액 | 월 | 일 | 계정과목 | 금액 |
|---|---|---|---|---|---|---|---|
| 12 | 31 | 보통예금 | 30,000 | 12 | 10 | 상품 | 4,000 |
| | | | | 12 | 10 | 부가세예수금 | 4,000 |

보 통 예 금

| 월 | 일 | 계정과목 | 금액 | 월 | 일 | 계정과목 | 금액 |
|---|---|---|---|---|---|---|---|
| 12 | 2 | 현금 | 150,000 | 12 | 15 | 통신비 | 5,000 |
| 12 | 2 | 단기차입금 | 200,000 | 12 | 31 | 외상매입금 | 30,000 |
| 12 | 15 | 이자수익 | 1,000 | 12 | 31 | 이자비용 | 1,000 |

부가세예수금

| 월 | 일 | 계정과목 | 금액 | 월 | 일 | 계정과목 | 금액 |
|---|---|---|---|---|---|---|---|
| | | | | 12 | 12 | 외상매출금 | 8,000 |

### 외상매출금

| 월 | 일 | 계정과목 | 금액 | 월 | 일 | 계정과목 | 금액 |
|---|---|---|---|---|---|---|---|
| 12 | 12 | 매출 | 88,000 | 12 | 31 | 보통예금 | 50,000 |
| 12 | 12 | 부가세예수금 | 8,000 | | | | |

### 단기차입금

| 월 | 일 | 계정과목 | 금액 | 월 | 일 | 계정과목 | 금액 |
|---|---|---|---|---|---|---|---|
| | | | | 12 | 2 | 보통예금 | 200,000 |

### 부가세대급금

| 월 | 일 | 계정과목 | 금액 | 월 | 일 | 계정과목 | 금액 |
|---|---|---|---|---|---|---|---|
| 12 | 5 | 현금 | 2,000 | | | | |
| 12 | 10 | 외상매입금 | 4,000 | | | | |
| 12 | 31 | 현금 | 1,000 | | | | |

### 자본금

| 월 | 일 | 계정과목 | 금액 | 월 | 일 | 계정과목 | 금액 |
|---|---|---|---|---|---|---|---|
| | | | | 12 | 1 | 현금 | 500,000 |

### 상품

| 월 | 일 | 계정과목 | 금액 | 월 | 일 | 계정과목 | 금액 |
|---|---|---|---|---|---|---|---|
| 12 | 10 | 외상매입금 | 40,000 | | | | |

### 비품

| 월 | 일 | 계정과목 | 금액 | 월 | 일 | 계정과목 | 금액 |
|---|---|---|---|---|---|---|---|
| 12 | 5 | 현금 | 20,000 | | | | |

### 임차보증금

| 월 | 일 | 계정과목 | 금액 | 월 | 일 | 계정과목 | 금액 |
|---|---|---|---|---|---|---|---|
| 12 | 1 | 현금 | 300,000 | | | | |

- 자산, 부채, 자본 계정의 잔액은 재무상태표를 구성하며, 잔액은 차기로 이월된다.
- 자산 계정의 증가는 차변에 기록하며, 부채·자본 계정의 증가는 대변에 기록한다.

☐ 총계정원장 작성 예시(비용 및 수익 계정)

### 급여

| 월 | 일 | 계정과목 | 금액 | 월 | 일 | 계정과목 | 금액 |
|---|---|---|---|---|---|---|---|
| 12 | 31 | 현금 | 5,000 | | | | |

### 상품매출

| 월 | 일 | 계정과목 | 금액 | 월 | 일 | 계정과목 | 금액 |
|---|---|---|---|---|---|---|---|
| | | | | 12 | 12 | 외상매출금 | 80,000 |

### 복리후생비

| 월 | 일 | 계정과목 | 금액 | 월 | 일 | 계정과목 | 금액 |
|---|---|---|---|---|---|---|---|
| 12 | 15 | 현금 | 2,000 | | | | |

### 이자수익

| 월 | 일 | 계정과목 | 금액 | 월 | 일 | 계정과목 | 금액 |
|---|---|---|---|---|---|---|---|
| | | | | 12 | 12 | 보통예금 | 1,000 |

### 접대비

| 월 | 일 | 계정과목 | 금액 | 월 | 일 | 계정과목 | 금액 |
|---|---|---|---|---|---|---|---|
| 12 | 20 | 현금 | 1,000 | | | | |

### ▶ 장부 분류

### ❹ 보조부 기록

보조부란 주요장부(분개장, 총계정원장)에서 그 거래내용을 충분히 기록할 수 없는 내용을 보다 자세히 기록.관리하기 위하여 작성하는 장부로서 현금출납장, 매출처원장, 매입처원장, 현금출납장, 매입매출장, 받을어음기입장, 지급어음기입장 등이 으며, 보조부는 기업 실정에 따라 필요하지 않는 경우 작성하지 않아도 된다.

### ▶ 지출결의서

기업에서 발생하는 거래는 원칙적으로 전표를 작성하여 거래를 기록하여야 한다. 반면, 지출결의서란 소규모 기업이 출금에 관한 내용만을 기록하는 출금전표 대용으로 작성하는 것으로 지출결의서만을 작성하는 기업의 경우 입금에 관한 사항은 사장 또는 부서장이 별도로 관리한다. 따라서 거래를 정상적으로 기록하기 위해서는 전표를 작성하여야 한다.

#### ▶ 지출결의서 작성방법
지출결의서는 현금 및 예금이 출금된 날 작성하며, 전표를 사용하지 않는 소규모기업이 출금에 대한 영수증 등을 첨부하기 위한 것이다.

○ 발의란 : 물품대금 등을 결제하기 위하여 결정한 날을 말하며, 특별한 의미가 없으므로 통상 기재하지 않는다.
○ 결재란 : 물품대금 등을 결제하기 위하여 관리자의 승인을 받는 날

○ 지출란 : 물품대금 등을 실제 결제한 날짜를 기록한다.
○ 계정과목란 : 유사한 성격의 지출항목을 요약하여 통일된 용어로 축약한 것을 계정과목이라 한다. (복리후생비, 통신비, 여비교통비 등) 손익계산서를 작성할 필요가 없는 경우에는 계정과목을 기록할 필요가 없는 것이나 회사의 지출 및 수입내역에 대한 계정과목별 집계가 필요한 회사의 경우 기재한다.
○ 적요란 : 지출에 대한 내역을 간략하게 기재한다.
○ 금액란 : 지출금액
○ 영수자란 : 거래와 관련하여 대금을 지급하고, 입금표를 수취하지 않는 경우에 그 지급 사실을 증명하기 위하여 영수자의 성명 및 날인을 받아둔다.

| 결제 | 담당 | 대리 | 과장 | 부장 | 상무 | 전무 | 사장 |
|---|---|---|---|---|---|---|---|
|  |  |  |  |  |  |  |  |

## 지 출 결 의 서

일금 _____  ₩ _____

| 발의 | 년 월 일 | 인 |  | 처리사항 |  |
|---|---|---|---|---|---|
| 결제 | 년 월 일 | 인 |  | 계정과목 | |
| 지출 | 년 월 일 | 인 |  | | |

| 내 역 | | |
|---|---|---|
| 적 요 | 금 액 | 비 고 |
|  |  |  |
|  |  |  |
|  |  |  |
|  |  |  |
|  |  |  |
| 합 계 |  |  |

위 금액을 영수(청구)하나이다.
200 년 월 일
영수자

# 5 보조장부 작성

> 보조장부란 주요장부(분개장, 총계정원장)에서 그 거래내용을 충분히 기록할 수 없는 내용을 보다 자세히 기록·관리하기 위하여 작성하는 장부다. 예를 들면, 외상매출금이나 외상매입금등의 입출금거래에 대하여 별도의 보조부를 작성하지 않고 매출장, 매입장에만 기입하면 거래처별로 받을 금액이나 지급할 금액의 변동내역을 알 수가 없으므로 거래처별 외상매출금 원장, 거래처별 외상매입금 원장을 작성하여 잔액을 관리하여야 하는 것이다. 이러한 보조부는 반드시 작성하여야 하는 것은 아니며, 회사 실정에 따라 선택하여 작성한다.

## 1 현금출납장

### ❶ 현금출납장

현금출납장이란 현금의 입금 및 출금에 대한 거래내역을 기록하는 장부로서 현금에는 통화(현금)외에 타인발행수표, 자기앞수표 등 통화대용증권을 포함한다.

현금출납장은 회계원칙에 의하여 장부를 작성하는 기업뿐만 아니라 개인 또는 개인사업자의 경우에도 금전 등의 입금 및 출금에 대한 거래를 기록하는 장부로 일명 금전출납부라고도 한다.

현금의 입금 및 출금에 대하여 그 거래내역을 현금출납장에 기록함으로서 기업이 보유하고 있는 현금잔고를 즉시 파악할 수 있고, 그 수입 및 지출의 원인을 알아볼 수 있다.

전통적으로 현금출납장은 기업에서 작성하는 매우 중요한 장부로 인식되어 왔으나 오늘날에는 기업의 결제거래가 주로 보통예금 이체를 통하여 이루어지고 현금을 회사내에 보관하게 되면, 분실 또는 도난 위험으로 점차 현금거래가 줄어들면서 현금거래는 소액자금의 즉시 결제를 위하여 자금을 집행하는 부서(경리부, 영업부 등)에 전도하여 그 지출에 대한 내역을 기록하는 정도의 장부로 기록하고 있는 추세다.

한편, 복식부기에 의하여 장부를 작성하는 기업의 경우 대부분 전산프로그램으로 경리업무를 처리하고 있으므로 현금출납장의 경우에도 전산으로 출력하나 현금 입출금거래에 대하여는 수기장부가 가지고 있는 편의성이 있으므로 기업에 따라서는 현금 입출금거래에 대하여 먼저 수기로 장부를 작성한 다음 전산에 입력하기도 한다.

## ❷ 현금출납장 작성 사례

① 8. 1 보통예금에서 현금 1,000,000원을 인출하다.
② 8. 1 식대 30,000원을 대성식당에 현금으로 지급하다.
③ 8. 2 직원 김길동에게 시내교통비 10,000원을 현금으로 지급하다.
④ 8. 2 색동문구에서 문구류를 구입하고 12,000원을 현금으로 지급하다.
⑤ 8. 2 직원 식대 15,000원을 대성식당에 현금으로 지급하다.
⑥ 8. 3 신문대금 12,000원을 납부하다.
⑦ 8. 4 거래처 직원과 식사를 하고 50,000원을 현금으로 지급하다.
⑧ 8. 4 직원 식대 8,000원을 대성식당에 현금으로 지급하다.
⑨ 8. 5 신문대금 15,000원을 현금으로 지급하다.
⑩ 8. 5 수도요금 30,000원을 현금으로 지급하다.

## 현 금 출 납 장

| 년 | | 적 요 | 입 금 | 출 금 | 잔 액 |
|---|---|---|---|---|---|
| 월 | 일 | | | | |
| 8 | 1 | 보통예금 현금인출 | 1,000,0000 | | |
| 8 | 2 | 식대 | | 30,000 | 970,000 |
| 8 | 2 | 시내출장비 | | 10,000 | |
| 8 | 2 | 문구대 | | 12,000 | |
| 8 | 2 | 직원 식대 | | 15,000 | 933,000 |
| 8 | 3 | 신문대금 | | 12,000 | 921,000 |
| 8 | 4 | 거래처 식대 | | 50,000 | 871,000 |
| 8 | 4 | 직원 식대 | | 8,000 | 863,000 |
| 8 | 5 | 신문대금 | | 15,000 | 848,000 |
| 8 | 5 | 수도요금 | | 30,000 | 818,000 |
| | | | | | |
| | | | | | |

## 2 매출장 및 매출처원장

### ❶ 매출장

매출장이란 매출발생시 매출거래에 대하여 별도로 작성하는 장부로 물품 등의 공급일 (통상 세금계산서 작성일)에 매출장을 작성한다.

### ■ 거래명세서와 월합계 세금계산서

상품 또는 제품 등의 매출시 그 대금영수 여부와는 관계없이 상품 등의 출고된 시점마다 원칙적으로 매출세금계산서를 발행하여야 한다.

그러나 계속적인 거래가 있는 업체의 경우 상거래의 편의를 제공하기 위하여 세법은 매 번의 거래시에는 거래명세서를 주고받고 1개월간 거래를 합하여 해당 월의 다음 달 10일(작성일자는 반드시 해당 월의 말일을 기재하여야 함)까지 월합계 세금계산서를 주고받을 수 있도록 규정하고 있다. 한편, 월합계 세금계산서를 주고받는 업체의 경우에는 매 번의 거래내역인 거래명세서 내역 또는 상품(원재료) 수불부를 거래처별로 기록하여야 월간 총매출액을 계산할 수 있고, 월합계 세금계산서 발행의 근거자료가 된다.

## ❷ 매출처원장(매출 거래처원장)

외상거래로서 거래처별로 관리를 하여야 하는 경우 거래처원장을 작성한다. 거래처원장이란 물품 등을 판매하고 그 대금을 외상으로 하는 경우 각각의 거래처별로 물품 판매대금의 외상발생 및 입금에 관한 내용을 기록하기 위하여 작성하는 거래처별 외상매출장부이다. 따라서 거래처별로 별도 외상관리가 필요 없는 단 건 거래 및 현금거래시에는 거래처원장을 작성할 필요가 없다.

### ▶ 매출과 대금회수과정

■ 표시 거래에서 대금 회수 완료

## ❸ 매출장 및 매출처원장 작성 예시

(주)리치는 의류제조업체로 20××년 6월 중 의류 10,000,000원(공급가액)을 신세계 백화점에 납품하고 6. 30 세금계산서를 발행하여 발급하다. 그 대금은 나중에 지급받기로 하다. (공급가액 10,000,000원, 세액 1,000,000원)

### ▣ 물품 출고시 거래명세서 발행 및 상품(재고)수불부 작성

도, 소매업의 경우 상품(제조업은 원재료 및 제품)의 입고 및 출고에 대하여 품목별, 업체별, 일자별로 입고 및 출고에 대한 거래내역을 기입하는 장부다. 상품수불부는 업체규모 또는 업종별로 상품수불부를 작성하여야 할 사유가 각각 다르므로 업체 실정에 맞게 작성하면 된다.

## 상 품 수 불 부

업체명 : 신세계백화점

| 일자 | | 품 목 | 수 량 | 단 가 | 거 래 금 액 | | 합계금액 | 비 고 |
|---|---|---|---|---|---|---|---|---|
| 월 | 일 | | | | 공급가액 | 세 액 | | |
| 6 | 2 | 원사 | | | 1,700,000 | 170,000 | | |
| 6 | 5 | 원사 | | | 1,200,000 | 120,000 | | |
| 6 | 10 | 원사 | | | 2,500,000 | 250,000 | | |
| 6 | 15 | 원사 | | | 800,000 | 80,000 | | |
| 6 | 29 | 원사 | | | 3,800,000 | 380,000 | | |
| | | | | | | | | |
| 6 | 30 | 거래금액총합계 | | | 10,000,000 | 1,000,000 | 11,000,000 | |
| 6 | 30 | 매출세금계산서 | | | 10,000,000 | 1,000,000 | 11,000,000 | |
| | | 차 월 이 월 | | | 0 | 0 | 0 | |

- 재고관련 전산프로그램을 사용하지 않는 소기업
  계속 거래처인 경우 1개월간의 거래내용을 집계하기 위하여 작성한다.
- 재고관련 전산프로그램을 사용하는 기업
  전산프로그램에 의하여 재고 입고 및 출고를 관리한다.

## ▣ 매출세금계산서 발행시(6월 30일)

- 세금계산서 발행(◎)
- 전표 발행(◎)
- 매출장 작성(◎)
- 거래처원장 작성(◎)
- 총계정원장 작성(◎)

□ 매입매출거래 입력

| 차 변 | | 대 변 | |
|---|---|---|---|
| 외상매출금 | 11,000,000 | 매출 | 10,000,000 |
| | | 부가세예수금 | 1,000,000 |

□ 전표 발행

**대 체 전 표**

NO _____   20××년 6월30일

결재: 담당 / 대리 / 과장 / 부장 / 대표

| 계정과목 | 적 요 | 금 액 | 계정과목 | 적 요 | 금 액 |
|---|---|---|---|---|---|
| 외상매출금 | 외상매출 | 11,000,000 | 매 출 | 신세계백화점 | 10,000,000 |
| | | | 부가세예수금 | | 1,000,000 |
| | | | | | |
| | | | | | |
| | | | | | |
| 합 계 | | 11,000,000 | 합 계 | | 11,000,000 |

□ 매출장

**매 출 장**

| 월 | 일 | 적 요 | 거래처명 | 품 명 | 수 량 | 단 가 | 공급가액 | 세 액 |
|---|---|---|---|---|---|---|---|---|
| 6 | 30 | 매출 | 신세계백화점 | | | | 10,000,000 | 1,000,000 |
| | | | | | | | | |

# ③ 매입장 및 매입처원장

## ❶ 매입장

매입장이란 물품(상품, 원재료 등) 등을 매입하고 세금계산서를 수취하는 거래에 대하여 별도로 작성하는 장부로 물품 등의 인수일 (통상 세금계산서 작성일)에 매입장을 작성한다.

### ▣ 거래명세서와 월합계 세금계산서

상품 또는 제품 등의 매입시 그 대금영수 여부와는 관계없이 상품 등의 입고된 시점마다 원칙적으로 매입세금계산서를 수취하여야 한다. 그러나 계속적인 거래가 있는 업체의 경우 상거래의 편의를 제공하기 위하여 세법은 매 번의 거래시에는 거래명세서를 주고받고 1개월간 거래를 합하여 해당 월의 다음 달 10일(작성일자는 반드시 해당 월의 말일을 기재하여야 함)까지 월합계 세금계산서를 주고받을 수 있도록 규정하고 있다. 한편, 월합계 세금계산서를 주고받는 업체의 경우에는 매 번의 거래내역인 거래명세서 내역을 거래처별로 기록하여야 월간 총매입액을 계산할 수 있고 월합계 세금계산서 수취의 근거자료가 된다.

## ❷ 매입처원장(매입거래처원장)

외상거래로서 매입처별로 관리를 하여야 하는 경우 거래처원장을 작성한다. 거래처원장이란 물품 등을 매입하고 그 대금을 외상으로 하는 경우 각각의 거래처별로 물품 매입대금의 외상발생 및 결제에 관한 내용을 기록하기 위하여 작성하는 거래처별 외상관리장부다. 따라서 거래처별로 별도 외상관리가 필요 없는 단 건 거래 및 현금거래시에는 거래처원장을 작성할 필요가 없다.

## ❸ 매입장 및 매입처원장 장부 작성 예시

(주)리치는 원사(원재료) 10,000,000원을 (주)대일원사로부터 7월 중에 납품받고 7. 31. 매입세금계산서를 수취하다.
(공급가액 10,000,000원, 세액 1,000,000원, 합계 11,000,000원)

### ▣ 물품 입고시 거래명세서 수취 및 상품수불부 작성

도, 소매업의 경우 상품(제조업은 원재료 및 제품)의 입고 및 출고에 대하여 품목별, 업체별, 일자별로 입고 및 출고에 대한 거래내역을 기입하는 장부로서 상품수불부는 업체규모 또는 업종별로 상품수불부를 작성하여야 할 사유가 각각 다르므로 업체 실정에 맞게 작성하면 된다.
최근에는 상품수불부를 작성하여야 하는 기업의 경우 대부분 재고관련 전산프로그램을 도입하고 있는 실정이며 본 장에서는 일반적인 내용을 살펴보자.

### 상 품 수 불 부

업체명 : **(주)대일원사**

| 일 자 | | 품 목 | 수 량 | 단 가 | 거 래 금 액 | | 합계금액 | 비 고 |
| --- | --- | --- | --- | --- | --- | --- | --- | --- |
| 월 | 일 | | | | 공급가액 | 세 액 | | |
| 7 | 2 | 원사 | | | 1,700,000 | 170,000 | | |
| 7 | 5 | 원사 | | | 1,200,000 | 120,000 | | |
| 7 | 10 | 원사 | | | 2,500,000 | 250,000 | | |
| 7 | 15 | 원사 | | | 800,000 | 80,000 | | |
| 7 | 29 | 원사 | | | 3,800,000 | 380,000 | | |
| | | | | | | | | |
| 7 | 31 | 거래금액총합계 | | | 10,000,000 | 1,000,000 | 11,000,000 | |
| 7 | 31 | 매입세금계산서 | | | 10,000,000 | 1,000,000 | 11,000,000 | |
| | | 차 월 이 월 | | | 0 | 0 | 0 | |

- 재고관련 전산프로그램을 사용하지 않는 소기업
  계속 거래처인 경우 1개월간의 거래내용을 집계하기 위하여 작성한다.
- 재고관련 전산프로그램을 사용하는 기업
  전산프로그램에 의하여 재고 입고 및 출고를 관리한다.

## ▣ 매입세금계산서 수취시(7월 31일)

- 매입매출전표입력
- 전표(◎)
- 매입장(◎)
- 총계정원장 작성(◎)
- 거래처원장(◎)

☐ 매입거래 입력

| 차 변 | | 대 변 | |
|---|---|---|---|
| 원재료 | 10,000,000 | 외상매입금 | 11,000,000 |
| 부가세대급금 | 1,000,000 | | |

☐ 전표발행

**대 체 전 표**  NO_____  20××년 7월31일

결재: 담당 / 대리 / 과장 / 부장 / 대표

| 계정과목 | 적요 | 금액 | 계정과목 | 적요 | 금액 |
|---|---|---|---|---|---|
| 원재료 | 원사 매입 | 10,000,000 | 외상매입금 | (주)대일원사 | 11,000,000 |
| 부가세대급금 | | 1,000,000 | | | |
| | | | | | |
| | | | | | |
| 합 계 | | 11,000,000 | 합 계 | | 11,000,000 |

☐ 매입장

**매 입 장**

| 월 | 일 | 적요 | 거래처명 | 품명 | 수량 | 단가 | 공급가액 | 세액 |
|---|---|---|---|---|---|---|---|---|
| 7 | 31 | 원재료 매입 | (주)대일원사 | | | | 10,000,000 | 1,000,000 |

# ④ 재고자산수불부

## ❶ 재고자산수불부

상품, 원재료, 제품 등의 수불과 관련하여 작성하는 장부로 상품수불부, 원재료수불부, 제품수불부를 통틀어 재고수불부라 한다. 재고수불부는 재고자산의 입고 및 출고를 계속적으로 기록하는 장부로서 상품의 종류 및 거래처가 많고, 입고 및 출고가 빈번하면 수기로 재고수불부를 작성하기가 쉽지 않으므로 대부분 전산으로 처리한다.

한편, 상품의 품목이 많고, 상품의 등급, 규격 등이 다양한 경우 상품 종류별, 업체별로 상품수불부를 작성하는 데는 많은 시간과 노력이 필요하므로 기업의 규모, 업종에 따라 그 유용성을 판단하여 실정에 맞는 상품수불부를 작성한다.
예를 들어 원재료를 가공하여 제품을 생산.판매하는 제조기업의 경우에

[원재료 창고 입고 ▶ 원재료 공장 출고] → 가공 → [제품 완성 ▶ 제품 출고]

라는 과정이 이루어지므로 원재료수불부와 제품수불부를 별도로 작성하여야 한다. 그러나 소규모 기업에서 이와 같은 방법으로 장부를 기록하다 보면 실익도 없이 관리업무만 복잡하게 되는 결과가 초래 될 것이다. 따라서 소규모 제조기업으로 원재료 수불관리가 필요하다면, 기업 실정을 감안하여 회사상황에 적합한 원재료 수불부를 작성하여야 할 것이다.

일반적으로 소규모 기업의 경우에는 원재료수불부를 작성하기보다는 고정거래처와 거래시 매 번의 재고자산 입고 및 출고시 거래명세서에 근거하여 거래처별로 재고자산 입고 및 출고장부를 기록하고 1개월간의 총거래금액을 합산하여 월합계 세금계산서를 주고받는 근거장부를 작성하는 정도로 재고자산의 입고 및 출고에 대한 내용만 기록하고 있는 것이 현실이다.

## ▣ 재고자산 입고 및 세금계산서 수취시 작성하는 장부

① 월합계 세금계산서 수취업체
- 거래명세서 수취 : 재고수불부
- 세금계산서 수취 : 전표, 매입장, 총계정원장, 거래처원장(계속 거래처와의 거래 또는 외상거래시 작성)
- 매입대금결제 : 전표, 현금(보통예금)출납장, 거래처원장, 총계정원장

② 매 번의 거래시마다 세금계산서를 수취하는 업체
- 세금계산서 수취시 : 재고수불부, 전표, 매입장, 총계정원장, 거래처원장(계속 거래처와의 거래 또는 외상거래시 작성)
- 매입대금결제시 : 전표, 현금(보통예금)출납장, 거래처원장, 총계정원장

## ▣ 재고자산 출고 및 세금계산서 발행시 작성하는 장부

① 월합계 세금계산서 발행업체
- 거래명세서 발행 : 재고수불부
- 세금계산서 발행 : 세금계산서발행, 전표, 매출장, 총계정원장, 거래처원장 작성
- 매출대금 입금시 : 전표, 현금(보통예금)출납장, 거래처원장, 총계정원장

② 매 번의 거래시마다 세금계산서를 발행하는 업체
- 세금계산서 발행시 : 재고수불부, 세금계산서발행, 전표, 매출장, 총계정원장, 거래처원장(외상거래시)
- 매출대금 입금시 : 전표, 현금(보통예금)출납장, 거래처원장, 총계정원장

| 보 충 | 재고자산의 취득가액에 포함하여야 하는 것

- 매입 운임, 매입 물품의 보험료
- 수입물품 : 수입시 발생하는 제비용(관세, 통관수수료, 창고보관료, 운임 등)

## ❷ 재고수불부 작성 사례

### 예제 | 상품수불 내역

① 7. 1  볼펜 전월이월액 20,000원 (20개, 매입단가 1,000원)
② 7. 2  (매입) 가가상사에서 볼펜 36,000원(30개, 매입단가 1,200원)어치를 매입하고 거래명세서를 받다.
③ 7. 5  (매출) 갑진상사에게 볼펜 37,500원(25개, 매출단가 1,500원)어치를 판매하고 거래명세서를 발행하여 주다.
④ 7. 10  (매입) 안동상사에서 볼펜 22,000원(20개, 매입단가 1,100원)어치를 매입하고 세금계산서를 수취한 다음 그 대금은 현금으로 지급하다.
⑤ 7. 12  (매입) 가가상사에서 볼펜 13,000원(10개, 매입단가 1,300원)어치를 매입하고 거래명세서를 받다.
⑥ 7. 15  (매출) 갑진상사에게 볼펜 32,000원(20개, 매출단가 1,600원)어치를 판매하고 거래명세서를 발행하여 주다.
⑦ 7. 20  (매출) 세진상사에게 볼펜 18,000원(10개, 매출단가 1,800원)어치를 판매하고 세금계산서를 발행한 다음 그 대금은 현금으로 받다.
⑧ 7. 25  (매입) 가가상사에서 볼펜 80,000원(50개, 매입단가 1,000원)어치를 매입하고 거래명세서를 받다.
⑨ 7. 27  (반품) 가가상사에서 7. 25 매입한 볼펜 중 하자가 있는 상품 10개를 반품하고, 반품에 대한 거래명세서를 받다.
⑩ 7. 30  (매출) 갑진상사에게 볼펜 60,000원(40개, 매출단가 1,500원)어치를 판매하고 거래명세서를 발행하여 주다.
⑪ 8. 5  가가상사에서 월합계 세금계산서(작성일자: 7. 31)를 수취하고 그 대금은 나중에 주기로 하다. [공급가액 88,000원, 세액 8,800원]
⑫ 8. 6  갑진상사에 월합계 세금계산서(작성일자: 7. 31)를 발행하여 주고 그 대금은 나중에 받기로 하다. [공급가액 129,500원, 세액 12,950원]

▶ 재고관련 프로그램을 사용하지 않는 업체로서 월합계 세금계산서를 수수하는 업체인 경우 매번의 거래내용에 대하여 거래내역을 기록하고, 월간 합계를 집계하기 위하여 매입처별 거래내역 또는 매출처별 거래내역을 기록하여 관리한다.

☐ 매입처별거래명세내역

**매입처별거래명세내역**

거래처명 : 가가상사

| 일자 월 | 일 | 품 목 | 수량 | 단가 | 거래금액 공급가액 | 세 액 | 외상매입금 차변 (증가) | 외상매입금 대변 (감소) | 외상매입금 잔 액 |
|---|---|---|---|---|---|---|---|---|---|
| 7 | 2 | 볼펜 | 30 | 1200 | 36,000 | 3,600 | | | |
| 7 | 12 | 볼펜 | 10 | 1300 | 13,000 | 1,300 | | | |
| 7 | 25 | 볼펜 | 50 | 1000 | 50,000 | 5,000 | | | |
| 7 | 27 | 볼펜 반품 | 10 | 1000 | -10,000 | -1,000 | | | |
| | | 거래금액총합계 | | | 89,000 | 8,900 | | | |
| 7 | 31 | 매입세금계산서 | | | 89,000 | 8,900 | 97,900 | | |
| | | 차 월 이 월 | | | | | | | |

☐ 매입장 예시

**매 입 장**

| 년 월 | 일 | 유형 | 코드 | 계정과목 | 거래처명 코드 | 거래처명 | 품명 | 거래내용 수량 | 단가 | 매입액 금액 | 세액 |
|---|---|---|---|---|---|---|---|---|---|---|---|
| 7 | 10 | 과세 | 146 | 상품 | *** | 안동상사 | 볼펜 | 20 | 1100 | 22,000 | 2,200 |
| 7 | 31 | 과세 | 146 | 상품 | *** | 가가상사 | 볼펜 | | | 89,000 | 8,900 |

☐ 매출처별거래명세내역

**매출처별거래명세내역**

거래처명 : 갑진상사

| 일자 월 | 일 | 품 목 | 수량 | 단 가 | 거래금액 공급가액 | 세 액 | 외상매출금 차변 (증가) | 외상매출금 대변 (감소) | 외상매출금 잔 액 |
|---|---|---|---|---|---|---|---|---|---|
| 7 | 5 | 볼펜 | 25 | 1500 | 37,500 | 3,750 | | | |
| 7 | 15 | 볼펜 | 20 | 1600 | 32,000 | 3,200 | | | |
| 7 | 30 | 볼펜 | 40 | 1500 | 60,000 | 6,000 | | | |
| | | 거래금액총합계 | 85 | | 129,500 | 12,950 | | | |
| 7 | 31 | 매출세금계산서 | 85 | | 129,500 | 12,950 | 142,450 | | |
| | | 차 월 이 월 | | | | | | | |

☐ 매출장 예시

**매 출 장**

| 년 월 | 일 | 유형 | 코드 | 계정과목 | 거래처명 코드 | 거래처명 | 품명 | 거래내용 수량 | 단가 | 매출액 금액 | 세액 |
|---|---|---|---|---|---|---|---|---|---|---|---|
| 7 | 20 | 과세 | 402 | 상품매출 | *** | 세진상사 | 볼펜 | 10 | 1800 | 18,000 | 1,800 |
| 7 | 31 | 과세 | 402 | 상품매출 | *** | 갑진상사 | 볼펜 | 85 | | 129,500 | 12,950 |

# 5  받을어음기입장

## ❶ 받을어음기입장

받을어음기입장이란 수취한 어음의 양도, 할인, 만기추심 등에 관하여 기록하기 위한 별도의 장부(보조부)로서 어음 수취 및 받을어음 양도, 어음할인 및 어음만기추심 등 어음의 수취 및 양도에 관한 내용을 기록·관리하기 위하여 작성한다.

### ▣ 어음 수취

외상이란 물품 등을 구입하는 자가 물품구입 후 물품을 판매한 자에게 나중에 물품대금을 지급하여 줄 것을 구두로 약속하는 것이고, 어음이란 어음증서를 사용하여 주로 매입자가 매출자에게 거래 후 일정 시점에 대금 지급을 약속하는 외상거래의 일종으로 매출대금으로 어음을 수취한 자는 어음법에 의하여 대금지급을 보호받을 수 있으므로 상거래에서 어음을 많이 사용한다. 매출대금으로 어음을 받는 경우 받을어음기입장에 받을어음 수취에 대한 내용을 기재한다.

### ▣ 어음의 양도, 할인, 만기추심

어음이란 어음을 발행한 자가 일정 시점(지급을 약속한 날)에 어음상의 금액을 어음발행인이 지정한 거래은행에서 어음을 소지한 자에게 그 지급을 약속하는 일종의 차용증서로서 상거래에서 대금 결제 수단으로 많이 사용된다.
따라서 어음을 소지한 자는 어음상의 금액을 나중에 지급받을 수 있는 채권을 보유한 것으로 타인에게 양도하거나, 만기일(대금지급을 약속한 날) 이전에 이 어음을 담보로 금융기관에서 돈을 빌릴 수도 있는 것이다.

- 배서양도 : 외상매입금 등을 결제하기 위하여 받을어음을 양도하는 것
- 어음할인 : 받을어음을 담보로 돈을 빌리는 것
- 만기입금 : 어음 만기일에 거래은행에 추심하여 현금화하는 것

> 보 충 | 당좌예금

기업이 은행과 당좌거래를 개설한 후 예치한 당좌예금 범위 내에서 은행이 교부한 당좌수표 결제에 필요한 금액을 기입하여 타인에게 발행하여 주면, 수표를 수취한 자는 은행에 당좌수표 제시와 동시에 수표금액을 현금화 할 수 있다. 따라서 수표를 발행하는 기업은 당좌예금 예치금액 범위 내에서 수표를 발행하여야 하며, 만일 수표 또는 어음의 소지인이 은행에 그 지급을 하였으나 발행인의 당좌예금 잔고가 부족하면 수표는 부도처리되는 것이다.

반면, 어음의 경우에는 발행인이 지정한 지급기일(만기일)에 현금화 할 수 있으므로 어음의 소지인은 지급기일에 어음을 현금화 할 수 있다. 따라서 어음의 발행인은 어음상에서 지정한 만기일 이전에 거래은행의 당좌예금에 어음발행금액 이상을 예치하여야 한다.

> 보 충 | 당좌차월

은행과의 사전 약정에 의하여 당좌예금잔고가 없는 경우에도 일정 금액까지 당좌수표를 발행할 수 있으며, 예금 잔고를 초과하여 수표를 발행한 금액을 당좌차월이라 한다. 즉, 당좌차월은 금융기관으로부터 자금을 일시 빌린 부채에 해당한다.

> 보 충 | 진성어음(상업어음) 및 융통어음

상품을 매입하고 그 대금은 어음을 발행하여 지급(지급어음)하거나, 물품 등을 판매하고 어음을 받은 경우(받을어음) 등과 같이 정상적인 영업활동에서 사용하는 어음을 상업어음 또는 진성어음이라 한다. 반면, 상품의 판매와는 관계없이 기업에서 자금을 차입하기 위하여 자금을 빌려주는 자에게 차용증서 대신 어음을 발행하여 주는 경우가 있으며, 이러한 어음을 융통어음이라 한다.

## ❷ 받을어음기입장 작성 사례

### ■ 외상 매출 회계처리 및 장부 작성

7. 31 (주)진도에 물품 20,000,000원(부가가치세 2,000,000원 별도)을 판매하고 세금계산서를 발급한 후 대금은 나중에 받기로 하다.

☐ 매입매출거래 입력

| 차 변 | | 대 변 | |
|---|---|---|---|
| 외상매출금 | 22,000,000 | 매출 | 20,000,000 |
| | | 부가세예수금 | 2,000,000 |

☐ 매출장(◎)

| 매 출 장 | | | | | | | |
|---|---|---|---|---|---|---|---|
| 월 | 일 | 적 요 | 거래처명 | 품 명 | 수 량 | 단 가 | 공급가액 | 세 액 |
| 7 | 31 | 매출 | (주)진도 | | | | 20,000,000 | 2,000,000 |

### ■ 외상 매입 회계처리 및 장부 작성

7. 31 한미상사에서 원재료 6,000,000원 (부가세 600,000원 별도)을 구입하고 세금계산서를 발급받은 후 그 대금은 나중에 지급하기로 하다.

☐ 일반전표입력

| 차 변 | | 대 변 | |
|---|---|---|---|
| 원재료 | 6,000,000 | 외상매입금 | 6,600,000 |
| 부가세대급금 | 600,000 | | |

☐ 매입장(◎)

| 매 입 장 | | | | | | | |
|---|---|---|---|---|---|---|---|
| 월 | 일 | 적 요 | 거래처명 | 품 명 | 수 량 | 단 가 | 공급가액 | 세 액 |
| 7 | 31 | 매입 | 한미상사 | | | | 6,000,000 | 600,000 |

### ■ 외상매출대금 어음 입금 회계처리 및 장부 작성

8. 20 (주)진도로부터 외상매출대금 22,000,000원을 어음으로(3장) 지급받다.
· 지급장소 : 한미은행 종로지점 · 만기일 11. 30
· 어음금액  6,000,000원, 4,000,000원, 12,000,000원

□ 일반전표입력

| 차 변 | | 대 변 | |
|---|---|---|---|
| 받을어음 | 22,000,000 | 외상매출금 | 22,000,000 |

□ 받을어음기입장(◎)

| 200× | | 적요 | 금액 | 어음번호 | 지급인 | 발행인 | 발행일 | | 만기일 | | 지급장소 | 처리전말 | | | 비고 |
|---|---|---|---|---|---|---|---|---|---|---|---|---|---|---|---|
| 월 | 일 | | | | | | 월 | 일 | 월 | 일 | | 월 | 일 | 전 말 | |
| 8 | 20 | 매출대금 | 6,000,000 | ***** | (주)진도 | (주)진도 | 8 | 20 | 11 | 30 | 한미 종로 | | | | |
| 8 | 20 | 매출대금 | 4,000,000 | ***** | (주)진도 | (주)진도 | 8 | 20 | 11 | 30 | 한미 종로 | | | | |
| 8 | 20 | 매출대금 | 12,000,000 | ***** | (주)진도 | (주)진도 | 8 | 20 | 11 | 30 | 한미 종로 | | | | |

## ■ 어음할인대금 보통예금 입금 회계처리 및 장부 작성

8. 22 받을어음 12,000,000원을 은행에 할인하고 할인료 332,054원을 공제한 11,667,946원이 국민은행 보통예금에 입금되다. (할인율 : 10%)

▶ 어음할인의 경우 매출채권을 매각하는 거래로 보아 액면금액과 매각금액의 차액을 '매출채권매각손실'로 처리할 수도 있으나 실무에서는 통상 차입거래로 보아 이자비용으로 처리한다.

□ 일반전표입력

| 차 변 | | 대 변 | |
|---|---|---|---|
| 보통예금 | 11,667,946 | 받을어음 | 12,000,000 |
| 이자비용 | 332,054 | | |

* 이자비용 : 12,000,000원 × 10%(할인율) × 101(할인일수 : 8.22 ~ 11.30)/365

□ 받을어음기입장(◎)

| 월 | 일 | 적요 | 금액 | 어음번호 | 지급인 | 발행인 | 발행일 | | 만기일 | | 지급장소 | 처리전말 | | | 비고 |
|---|---|---|---|---|---|---|---|---|---|---|---|---|---|---|---|
| | | | | | | | 월 | 일 | 월 | 일 | | 월 | 일 | 전 말 | |
| 8 | 20 | 매출대금 | 6,000,000 | ***** | (주)진도 | (주)진도 | 8 | 20 | 11 | 30 | 한미 종로 | | | | |
| 8 | 20 | 매출대금 | 4,000,000 | ***** | (주)진도 | (주)진도 | 8 | 20 | 11 | 30 | 한미 종로 | | | | |
| 8 | 20 | 매출대금 | 12,000,000 | ***** | (주)진도 | (주)진도 | 8 | 20 | 11 | 30 | 한미 종로 | 8 | 22 | 어음할인 | |

| 보 충 | 어음할인 |

타인으로부터 받은 어음은 나중에 그 금액을 받을 수 있는 채권이다. 따라서 어음을 발행한 자가 그 지급을 약속한 날짜(지급기일)에 틀림없이 어음금액을 지급할 것으로 믿을 수 있다면,(어음을 발행한 자의 신용이 높은 경우) 금융기관은 이 어음을 담보로 지급기일까지 어음소지인에게 이자를 받고 돈을 빌려 줄 수 있을 것이다. 즉 어음소지인이 어음을 담보로 은행에 돈을 빌리는 것을 어음할인이라 한다.

## ■ 받을어음 배서양도 회계처리 및 장부 작성

8. 31 어음금액 6,000,000원은 한미상사에 대한 외상매입금을 지급하기 위하여 (주)진도로부터 받은 어음을 한미상사에 양도하다.
잔액 600,000원은 국민은행 보통예금에서 PC뱅킹으로 이체하다.

☐ 일반전표입력

| 차 변 | | 대 변 | |
|---|---|---|---|
| 외상매입금 | 6,600,000 | 받을어음 | 6,000,000 |
| | | 보통예금 | 600,000 |

☐ 받을어음기입장(◎)

| 월 | 일 | 적요 | 금액 | 어음번호 | 지급인 | 발행인 | 발행일 월 | 발행일 일 | 만기일 월 | 만기일 일 | 지급장소 | 처리전말 월 | 처리전말 일 | 처리전말 전말 | 비고 |
|---|---|---|---|---|---|---|---|---|---|---|---|---|---|---|---|
| 8 | 20 | 매출대금 | 6,000,000 | ***** | (주)진도 | (주)진도 | 8 | 20 | 11 | 30 | 한미 종로 | 8 | 31 | 배서양도 | |
| 8 | 20 | 매출대금 | 4,000,000 | ***** | (주)진도 | (주)진도 | 8 | 20 | 11 | 30 | 한미 종로 | | | | |
| 8 | 20 | 매출대금 | 12,000,000 | ***** | (주)진도 | (주)진도 | 8 | 20 | 11 | 30 | 한미 종로 | 8 | 22 | 어음할인 | |

## ▶ 배서양도와 회계처리

어음은 어음에 기재된 금액을 지급기일에 어음발행인으로부터 지급받을 수 있는채권으로 어음상의 권리를 양도할 수 있으며, 양도시 어음 뒷면(背)에 필요한 사항을 기입(書)하고 서명날인하여 양도하기 때문에 배서양도라 한다.

배서양도한 어음은 지급기일에 발행인이 지급을 완료하여야 비로소 채권채무 관계가 소멸되므로 어음을 배서양도한 경우에도 추후 지급기일에 어음발행인이 지급을 하지 못하였을 때 어음을 배서양도한 자도 어음을 양도받은 자에게 어음상의 금액을 변제하여야 할 책임이 있으므로 어음대금이 결제될 때까지는 우발적인 채무가 존재하게 된다. 이 사실을 기록하기 위하여 받을어음 배서양도시에는 배서어음이란 우발채무계정을 사용하고 나중에 배서양도한 어음이 결제된 경우에 배서어음이란 계정과목은 소멸되고 받을어음도 없어지게 된다.

[예시 1] 일동상사에 대한 외상매입대금 1,000,000원을 지급하기 위하여 매출대금으로 대동상사에서 받은 받을어음 1,000,000원을 배서양도하다.

| 차 변 | | 대 변 | |
|---|---|---|---|
| 외상매입금 | 1,000,000 | 배서어음 | 1,000,000 |

[예시 2] 일동상사에 배서양도한 어음이 결제되었음을 통보받다.

| 차 변 | | 대 변 | |
|---|---|---|---|
| 배서어음 | 1,000,000 | 받을어음 | 1,000,000 |

단, 받을어음의 배서양도가 빈번히 발생하지 않고 외부회계감사대상법인이 아닌 경우 약식으로 받을어음양도 즉시 받을어음이 감소된 것으로 거래를 기록하고 배서양도한 어음이 부도발생하면 어음대금 지급금액을 부도어음으로 대체처리 하여도 무방하다.

[예시 1] 받을어음 배서양도시

| 차 변 | | 대 변 | |
|---|---|---|---|
| 외상매입금 | 1,000,000 | 받을어음 | 1,000,000 |

[예시 2] 배서양도한 어음 부도시

| 차 변 | | 대 변 | |
|---|---|---|---|
| 부도어음 | 1,000,000 | 현금 | 1,000,000 |

## ▣ 받을어음 만기 추심 회계처리 및 장부 작성

11. 30 받을어음 4,000,000원이 만기가 되어 거래은행에 추심하고 추심수수료 10,000원을 공제한 3,990,000원이 국민은행 보통예금에 입금되다.

□ 일반전표입력

| 차 변 | | 대 변 | |
|---|---|---|---|
| 보통예금 | 3,990,000 | 받을어음 | 4,000,000 |
| 지급수수료 | 10,000 | | |

□ 받을어음기입장(◎)

| 월 | 일 | 적요 | 금액 | 어음번호 | 지급인 | 발행인 | 발행일 월 | 발행일 일 | 만기일 월 | 만기일 일 | 지급장소 | 처리전말 월 | 처리전말 일 | 전말 | 비고 |
|---|---|---|---|---|---|---|---|---|---|---|---|---|---|---|---|
| 8 | 20 | 매출대금 | 6,000,000 | ***** | (주)진도 | (주)진도 | 8 | 20 | 11 | 30 | 한미 종로 | 8 | 31 | 배서양도 | |
| 8 | 20 | 매출대금 | 4,000,000 | ***** | (주)진도 | (주)진도 | 8 | 20 | 11 | 30 | 한미 종로 | 11 | 30 | 만기입금 | |
| 8 | 20 | 매출대금 | 12,000,000 | ***** | (주)진도 | (주)진도 | 8 | 20 | 11 | 30 | 한미 종로 | 8 | 21 | 어음할인 | |

## ▣ 부도어음 발생 및 회수 회계처리 및 장부 작성

200×. 12. 30 국민은행에 할인한 어음 (8. 30 덕원개발로부터 받은 받을어음 할인)이 부도가 되었음을 한미은행으로부터 통보받고 어음금액 10,000,000원 및 기타 제 비용 50,000원을 한미은행 보통예금에서 인출하여 즉시 한미은행에 지급하고, 덕원개발에 부도어음 금액의 상환을 청구하다.

□ 일반전표입력

| 차 변 | | 대 변 | |
|---|---|---|---|
| 부도어음 | 10,050,000 | 보통예금 | 10,050,000 |

매출대금으로 수취한 어음을 금융기관에 어음을 할인하거나 배서.양도한 후 만기에 부도가 난 경우 사업자는 금융기관에 할인한 어음 또는 배서양도한 어음금액을 지급하여야 한다. 그리고 어음을 양도받은 거래처 또는 어음의 발행인에게 즉시 부도금액을 청구하여야 한다.

# 6 지급어음기입장

## ❶ 지급어음기입장

지급어음기입장이란 거래은행과 어음발행에 대한 당좌계약을 체결하고 어음을 발행하는 경우 어음발행 및 그 결제에 대한 내용을 기록하는 보조장부다.

물품 등을 구입하고 어음을 발행하여 그 대금을 지급하는 것은 어음이란 채무증서를 발행하여 장차 일정 시점에 대금을 지급하겠다는 일종의 외상매입이다.
따라서 물품대금 등을 어음을 발행하여 지급하는 경우 그 지급을 약속한 지급기일(만기일)에 어음을 소지한 자가 어음대금의 지급을 청구하면 그 때 어음발행인의 당좌예금에서 어음금액이 인출된다.

## ❷ 지급어음기입장 작성 사례

### ■ 외상 매입

(주)진보는 원사 5,000,000원(부가세 별도)을 (주)고려물산으로부터 8월중 납품받고, 8. 31 매입세금계산서를 수취한 후 그 대금은 나중에 지급하기로 하다.

□ 매입매출거래 입력

| 차 변 | | 대 변 | |
|---|---|---|---|
| 원재료 | 5,000,000 | 외상매입금 | 5,500,000 |
| 부가세대급금 | 500,000 | | |

□ 매입장

매 입 장

| 월 | 일 | 적 요 | 거래처명 | 품 명 | 수 량 | 단 가 | 공급가액 | 세 액 |
|---|---|---|---|---|---|---|---|---|
| 8 | 31 | 매입 | (주)고려물산 | | | | 5,000,000 | 500,000 |

## ▣ 외상매입대금 어음발행 지급

(주)고려물산에 대한 외상매입대금 5,500,000원을 9. 10 어음을 발행하여 지급하다. 지급일자 : 200×. 11. 30 지급장소 : 농협 중동지점

☐ 일반전표입력

| 차 변 | | 대 변 | |
|---|---|---|---|
| 외상매입금 | 5,500,000 | 지급어음 | 5,500,000 |

☐ 지급어음기입장

| 월 | 일 | 적요 | 금액 | 어음번호 | 수취인 | 발행인 | 발행일 월 | 발행일 일 | 만기일 월 | 만기일 일 | 지급장소 | 처리전말 월 | 처리전말 일 | 전말 | 비고 |
|---|---|---|---|---|---|---|---|---|---|---|---|---|---|---|---|
| 9 | 10 | 어음발행 | 5,500,000 | *** | (주)고려물산 | (주)진보 | 9 | 10 | 11 | 30 | 농협중동 | | | | |
| | | | | | | | | | | | | | | | |

## ▣ 지급어음 결제 회계처리 및 장부 작성

11. 30 (주)진보의 농협 당좌예금에서 9. 10 (주)고려물산에 발행한 어음발행 금액 5,500,000원이 인출되다.

☐ 일반전표입력

| 차 변 | | 대 변 | |
|---|---|---|---|
| 지급어음 | 5,500,000 | 당좌예금 | 5,500,000 |

☐ 지급어음기입장

| 월 | 일 | 적요 | 금액 | 어음번호 | 수취인 | 발행인 | 발행일 월 | 발행일 일 | 만기일 월 | 만기일 일 | 지급장소 | 처리전말 월 | 처리전말 일 | 전말 | 비고 |
|---|---|---|---|---|---|---|---|---|---|---|---|---|---|---|---|
| 9 | 10 | 어음발행 | 5,500,000 | *** | (주)고려물산 | (주)진보 | 9 | 10 | 11 | 30 | 농협중동 | 11 | 30 | 결제 | |
| | | | | | | | | | | | | | | | |

# 6 일계표 및 시산표

## 1 일계표

### ❶ 일계표

일계표란 동일 날짜에 발생한 거래를 같은 계정과목별로 집계하여 대차평균의 원리에 의하여 일정한 순서로 작성한 표를 말한다. 일계표는 매일의 거래 건수가 많고, 거래와 관련한 각종 장부를 통제하여야 할 필요가 있는 경우 작성하는 장부로 거래 건수가 많지 않은 소규모기업의 경우에는 통상 작성하지 않는다.

일계표를 작성하는 경우 각각의 계정과목별로 증가 및 감소를 기록하는 총계정원장에의 전기는 매일 합계금액을 총계정원장에 전기한다. 한편, 전산프로그램을 사용하는 경우 자동으로 처리되므로 별도로 작성할 필요는 없다.

### ❷ 일계표 작성 사례

**예 제** 거래일자 20××. 7. 25

① 전일 현금 이월액 852,000원
② (주)동원상사에 상품 5,500,000원(부가세 포함)을 매출하고 그 대금은 나중에 받기로 하다.
③ 한라상사에 상품 990,000원(부가세 포함)을 매출하고 그 대금은 현금으로 영수하다.

④ 국도상사에서 상품 2,200,000원(부가세 포함)을 매입하고 그 대금은 어음으로 지급하다.
⑤ 일진문구에서 문구용품 50,000원을 구입하고 그 대금은 현금으로 지급하다.
⑥ 직원 김봉구의 업무출장시 출장여비 200,000원을 현금으로 지급하다.
⑦ 보통예금에서 1,500,000원을 현금으로 인출하다.
⑧ 대한물산 외상매입금 2,000,000원을 보통예금에서 인터넷뱅킹으로 이체하다. 이체수수료 500원 인출되다.
⑨ 직원 식대 80,000원을 현금으로 지급하다.
⑩ 전화요금 120,000원을 현금으로 납부하다.

▶ 분개

| NO | 차변 | | 대변 | |
|---|---|---|---|---|
| | 계정과목 | 금액 | 계정과목 | 금액 |
| ② | 외상매출금 | 5,500,000 | 매출 | 5,000,000 |
| | | | 부가세예수금 | 500,000 |
| ③ | 현금 | 990,000 | 매출 | 900,000 |
| | | | 부가세예수금 | 90,000 |
| ④ | 상품 | 2,000,000 | 지급어음 | 2,200,000 |
| | 부가세대급금 | 200,000 | | |
| ⑤ | 사무용품비 | 50,000 | 현금 | 50,000 |
| ⑥ | 여비교통비 | 200,000 | 현금 | 200,000 |
| ⑦ | 현금 | 1,500,000 | 보통예금 | 1,500,000 |
| ⑧ | 외상매입금 | 2,000,000 | 보통예금 | 2,000,500 |
| | 지급수수료 | 500 | | |
| ⑨ | 복리후생비 | 80,000 | 현금 | 80,000 |
| ⑩ | 통신비 | 120,000 | 현금 | 120,000 |

■ 일계표 작성 방법

• 매일 발생한 거래에 대하여 전표를 작성하여 계정과목별로 집계한다.
• 계정과목별 합계금액을 자산, 부채, 자본, 수익, 비용순으로 기록한다.

- 현금 입금거래는 입금의 원인인 해당 계정과목 현금 입금란에, 현금 출금거래는 출금의 원인인 해당 계정과목 현금 출금란에 기입한다.
- 현금 입·출금거래를 제외한 기타 모든 거래는 계정과목별로 집계하여 대체전표의 차변금액은 차변란에, 대변금액은 대변란에 기입한다.
- 대체거래의 차변금액 및 대변금액은 반드시 일치하여야 하므로 불일치시 그 원인을 규명하여 정정하여야 한다.
- 소계를 계산한 다음 현금전일 잔고와 금일잔고를 예시와 같이 기입한다.
- 합계란의 금액은 반드시 일치하여야 하며, 일치되지 않는 경우 그 원인을 규명하여 일치하도록 하여야 한다.

## 일 계 표

20××. 7. 25

| 차 변 | | | 계정과목 | 대 변 | | |
|---|---|---|---|---|---|---|
| 합계 | 대체 | 현금출금 | | 현금입금 | 대체 | 합계 |
| | | | 보 통 예 금 | 1,500,000 | 2,000,500 | 3,500,500 |
| 5,500,000 | 5,500,000 | | 외 상 매 출 금 | | | |
| 200,000 | 200,000 | | 부 가 세 대 급 금 | | | |
| 2,000,000 | 2,000,000 | | 상 품 | | | |
| 2,000,000 | 2,000,000 | | 외 상 매 입 금 | | | |
| | | | 지 급 어 음 | | 2,200,000 | 2,200,000 |
| | | | 부 가 세 예 수 금 | 90,000 | 500,000 | 590,000 |
| | | | 매 출 | 900,000 | 5,000,000 | 5,900,000 |
| 80,000 | | 80,000 | 복 리 후 생 비 | | | |
| 200,000 | | 200,000 | 여 비 교 통 비 | | | |
| 120,000 | | 120,000 | 통 신 비 | | | |
| 500 | | 500 | 지 급 수 수 료 | | | |
| 50,000 | | 50,000 | 사 무 용 품 비 | | | |
| | | | | | | |
| | | | | | | |
| 10,150,500 | 9,700,000 | 450,500 | 소 계 | 2,490,000 | 9,700,500 | 12,190,500 |
| | | | 현금(전일잔고) | 852,000 | | 852,000 |
| 2,891,500 | | 2,891,500 | 현금(금일잔고) | | | |
| 13,042,000 | 9,700,000 | 3,342,000 | 합 계 | 3,342,000 | 9,700,000 | 13,042,000 |

◦ 현금을 제외한 기타 계정과목 전기방법은 시산표와 같다.

## 2  시산표

### ❶ 시산표

거래를 분개장에 기입한 후 모든 거래가 대차평균의 원리에 의하여 정확히 기록된 것인지 분개된 거래가 총계정원장에 바르게 전기되었는지를 검증하기 위하여 계정과목별 합계(수익, 비용 계정) 및 잔액(자산, 부채, 자본 계정)을 집계한 시산표를 작성한다.

시산표는 계정과목별로 합계 및 잔액을 표시하는 합계잔액시산표, 합계만을 표시하는 합계시산표, 잔액만을 표시하는 잔액시산표가 있으며, 일반적으로 합계잔액시산표를 작성한다.

### ❷ 시산표 오류 정정

복식부기에 의한 장부기장시 차변금액 합계와 대변금액 합계는 반드시 일치한다. 따라서 시산표의 차변금액 합계 및 대변금액 합계가 일치하지 않을 경우 회계처리 과정에서 오류가 있는 것으로 조사하여 오류사항을 정정하여야 한다.

① **시산표의 차변 및 대변합계가 일치하지 않는 경우 확인할 사항**
㉠ 분개가 정확하게 되었는가?
㉡ 총계정원장 전기시 계정과목 및 금액을 정확히 기재하였는가?
㉢ 총계정원장 각 계정항목별 금액집계가 정확한가?
㉣ 시산표 금액 집계가 정확한가?

② **아래 사항은 시산표에서 발견할 수 없는 오류로 거래내용을 모두 정확하게 기재하였는가를 다시 체크하여야 한다.**
㉠ 분개시 차변과 대변 계정과목을 반대로 기록한 경우
㉡ 분개시 차변금액과 대변금액을 같이 잘못 기재한 경우
㉢ 거래를 중복기재하거나 누락한 경우 또는 다른 계정과목으로 전기한 경우

## ❸ 합계잔액시산표 작성 사례

### 합계잔액시산표
20×× 년 12월 현재

업체명 : 경주상사(주) (단위 원)

| 차변 잔액 | 차변 합계 | 계정과목 | 대변 합계 | 대변 잔액 |
|---:|---:|:---|---:|---:|
| 779,000 | 1,356,000 | &lt;자　　　산&gt; | 577,000 | |
| 59,000 | 550,000 | 현　　　　　금 | 491,000 | |
| 315,000 | 351,000 | 보 통 예 금 | 36,000 | |
| 38,000 | 88,000 | 외 상 매 출 금 | 50,000 | |
| 7,000 | 7,000 | 부 가 세 대 급 금 | | |
| 40,000 | 40,000 | 상　　　　　품 | | |
| 20,000 | 20,000 | 비　　　　　품 | | |
| 300,000 | 300,000 | 임 차 보 증 금 | | |
| | 30,000 | &lt;부　　　채&gt; | 252,000 | 222,000 |
| | 30,000 | 외 상 매 입 금 | 44,000 | 14,000 |
| | | 부 가 세 예 수 금 | 8,000 | 8,000 |
| | | 단 기 차 입 금 | 200,000 | 200,000 |
| | | &lt;자　　　본&gt; | 500,000 | 500,000 |
| | | 자　본　금 | 500,000 | 500,000 |
| | | &lt;매　　　출&gt; | 80,000 | 80,000 |
| | | 상 품 매 출 | 80,000 | 80,000 |
| 23,000 | 23,000 | &lt;판매비 및 관리비&gt; | | |
| 5,000 | 5,000 | 급　　　　　여 | | |
| 2,000 | 2,000 | 복 리 후 생 비 | | |
| 1,000 | 1,000 | 접　대　비 | | |
| 5,000 | 5,000 | 통　신　비 | | |
| 10,000 | 10,000 | 지 급 임 차 료 | | |
| | | &lt;영 업 외 수 익&gt; | 1,000 | 1,000 |
| | | 이 자 수 익 | 1,000 | 1,000 |
| 1,000 | 1,000 | &lt;영 업 외 비 용&gt; | | |
| 1,000 | 1,000 | 이 자 비 용 | | |
| 803,000 | 1,410,000 | 합　　　　　계 | 1,410,000 | 803,000 |

## 기타 각종 거래와 관련하여 기록하는 장부

- 매출거래 및 세금계산서, 계산서 수취거래, 기타 매입세액공제대상 거래를 제외한 모든 수입 및 지출

# 2

# 계정과목

# 1 자산 계정과목

**자산**이란 일반적으로 재산이라고도 하며, 기업이 소유하고 있는 물건 및 권리로서 금전적 가치가 있는 것을 말한다. 자산에는 1년 내에 현금화할 수 있는 **유동자산**과 투자를 목적으로 취득하거나 사업에 사용하기 위하여 장기간 보유(1년 초과)할 목적으로 취득하는 **비유동자산**(고정자산)이 있다.

**유동자산**이란 금전적 가치가 있는 물건 및 권리로서 1년 내에 현금화할 수 있는 것을 말한다. 유동자산에는 **당좌자산**과 판매 또는 제조를 목적으로 취득한 **재고자산**이 있다.

**비유동자산**(고정자산)이란 기업이 소유하고 있는 물건 및 권리로서 투자를 목적으로 보유하는 **투자자산** 및 물리적 실체가 있는 자산으로 사업을 위하여 장기간 보유하는 **유형자산**, 물리적 실체는 존재하지 않으나 재산적 가치가 있는 **무형자산**, 비유동자산 중 투자수익이 없는 **기타비유동자산**으로 구분한다.

# 1 유동자산

## 1 당좌자산

### ■ 현금및현금성자산

현금은 통화 및 타인발행수표 등 통화대용증권을 말하며, 현금성자산이란 큰 거래비용 없이 현금으로 전환이 용이하고, 이자율 변동에 따른 가치변동의 위험이 중요하지 않은 금융상품으로서 취득 당시 만기일이 3개월 이내인 것으로 당좌예금, 보통예금 등이 있다. 실무에서는 현금, 당좌예금, 보통예금 등을 구분하여 회계처리하고 결산시 현금 및 현금성자산으로 대체한다. (전산처리시 자동으로 처리됨)

### ● 현금

현금은 통화 및 타인발행수표 등 통화대용증권을 말하며, 가계수표, 우편환증서 등을 포함한다.

□ 통화대용증권
타인발행 가계수표, 타인발행당좌수표, 자기앞수표, 3개월 이내의 환매조건부 채권

### ● 당좌예금

어음(또는 수표)을 발행하는 회사는 당좌예금 통장을 개설하여야 하며, 어음만기일 전에 만기가 도래되는 어음금액 이상(당좌수표의 경우에는 수표발행일 현재)을 예치하여야 한다. 따라서 어음 또는 수표를 발행하는 회사에 한하여 당좌예금이란 계정과목을 사용한다.

□ 어음 발행 및 당좌수표 발행
어음은 발행인이 지정한 지급기일에 지정한 금융기관에 어음소지인이 어음을 제시하여 현금화할 수 있으나, 당좌수표는 그 소지인이 지급기일에 관계없이 금융기관에 제시하여 현금으로 교환할 수 있다.

□ 당좌차월
은행과의 약정에 의하여 당좌예금잔고가 없는 경우에도 일정 금액까지 당좌수표를 발행할 수 있으며, 예금잔고를 초과하여 수표를 발행한 금액을 당좌차월이라 한다. 즉, 당좌차월은 은행으로부터 자금을 일시 빌린 부채에 해당한다.

□ 선일자수표(연수표)
당좌수표는 일람출급(수표 제시 즉시 결제)으로 은행에 지급제시 즉시 현금화 할 수 있다. 한편, 수표발행인과 수령인의 합의에 의하여 미래의 날짜에 수표를 지급제시 하기로 하고 미래의 날짜를 발행일자로 기재하여 발행하는 수표를 '선일자수표' 또는 '연수표'라 한다.

① 《어음 발행》 외상매입금 중 3,000,000원을 어음 발행하여 지급하다.

| 외상매입금 | 3,000,000 / 지급어음 | 3,000,000 |

② 《보통예금을 당좌예금으로 이체》 지급어음 결제를 위하여 보통예금에서 당좌예금으로 3,000,000원을 대체 입금하다.

| 당좌예금 | 3,000,000 / 보통예금 | 3,000,000 |

③ 《지급어음 결제》 외상매입대금을 결제하기 위하여 발행한 어음의 만기가 도래하여 당좌거래은행이 3,000,000원을 인출하여 어음소지인에게 지급하다.

| 지급어음 | 3,000,000 / 당좌예금 | 3,000,000 |

## ● 보통예금

가장 일반적으로 사용하는 예금으로 입출금이 자유로운 통상의 예금이다.

① 《외상 매입》 (주)미도에서 상품 5,000,000원(부가세 별도)을 매입하고 그 대금은 나중에 지급하기로 하다.

| | | | |
|---|---|---|---|
| 상품 | 5,000,000 / | 외상매입금 | 5,500,000 |
| 부가세대급금 | 500,000 | | |

② 《외상매입대금을 보통예금에서 이체하여 지급》 (주)미도에 대한 외상매입금 중 2,000,000원을 지급하기 위하여 국민은행 보통예금에서 인터넷뱅킹으로 이체하다. 송금수수료 500원이 인출되다.

| | | | |
|---|---|---|---|
| 외상매입금 | 2,000,000 / | 보통예금 | 2,000,500 |
| 지급수수료 | 500 | | |

## ■ CMA, MMF 회계처리

CMA는 증권회사가 투자자로부터 투자자금을 모집하여 다른 금융상품에 투자해서 수익을 되돌려 준다. 즉, 고객들로부터 자금을 모아 단기금융상품에 집중 투자해 수익을 얻은 뒤 고객에게 되돌려 주는 단기금융상품으로 CMA는 예금의 성격과 유가증권의 성격이 혼재되어 있다.

따라서 예금으로 보는 경우에는 그 수익을 이자로 처리하여야 하는 것이며, 유가증권으로 보는 경우에는 유가증권평가처분이익으로 처리하여야 한다. 실무에서는 CMA를 예금의 성격으로 보아 현금성자산(만기일이 3월 이내인 것) 또는 단기금융상품으로 처리하며, CMA투자수익은 이자수익으로 처리한다.

① 《CMA 매입》 CMA 2천만원을 매입하고(매입시 기준가격 1,014.18/ 1,000)보통예금에서 인출하여 지급하다.
∘ 구입좌수 19,720,365 [20,000,000 ÷ 매입시 기준가격(1,014.18) × 1,000]

| | | | |
|---|---|---|---|
| 현금성자산 | 20,000,000 / | 보통예금 | 20,000,000 |

② 《CMA 매도》 CMA 20,000,000원(구입좌수 19,720,365)을 매각하다. 매각 당시 1,000원당 기준가격은 1,030.25원으로 CMA 평가금액은 20,316,906원이며, 평가차

익 316,906원(20,316,906 - 20,000,000)에 대한 법인세 44,360원 및 지방소득세 4,430을 공제한 잔액 20,272,546원이 보통예금에 입금되다.

| 보통예금 | 20,268,116 | / | 현금성자산 | 20,000,000 |
| 선납세금 | 48,790 | | 이자수익 | 316,906 |

\* 평가차익 : 316,906원 매각좌수(19,720,365)/1,000 × [매각시 기준가격(1,030.25) - 매입시 기준가격 (1,014.18)]

◆ 기준가격 및 거래좌수

기준가액이란 1,000원당 금융기관의 평가금액을 말한다. CMA 금융상품 신규 매입시 1,000원에 대한 당일의 금융기관 기준가액이 1,034.55인 경우 투자 당일의 거래좌수는 9,666,038좌[10,000,000원 ÷ 기준가액(1,034.55) × 1,000]이며, 기준가액은 금융기관의 투자성과에 따라 항상 변동한다.

- 매입시 매입좌수 = 입금금액 ÷ 기준가격 × 1,000

◆ 평가이익(① - ②)

① 출금금액 = 출금(매각)좌수 × 출금시 기준가격 ÷ 1,000
② 입금금액 = 입금(매입)좌수 × 입금시 기준가격 ÷ 1,000

◆ 출금금액

- 출금금액 = 평가금액(입금금액 + 평가차익) - 평가차익에 대한 이자소득세
- 평가금액 = 출금좌수 × 매각시 기준가격 ÷ 1,000
- 이자소득세 = 과세표준(평가차익) × 법인세율(14%) 또는 이자소득세율(14%)
- 지방소득세 = 이자소득세(법인의 경우 법인세) × 10%

> **사례** 퇴직연금, 펀드, CMA 평가이익의 익금산입
> 
> 퇴직연금 및 펀드의 경우 사업연도 종료일 현재 평가대상은 아니나, 사업연도 중에 재투자하기로 약정되어 있는 경우에는 재투자 시점에는 종전 장부가액과의 차액을 수익으로 인식하여야 한다. (법인22601-1699, 1990.08.28)
> CMA에서 발생하는 수입이자의 손익귀속시기는 예금인출일이 속하는 사업연도로 하는 것이나, 그 수입이자가 원본에 전입하는 특약에 의하여 원본에 전입되는 경우에는 그 특약에 의하여 원본에 전입되는 날이 속하는 사업연도로 하는 것임

## 단기투자자산

단기투자자산은 기업이 여유자금의 활용 목적으로 보유하는 단기예금, 단기매매증권, 단기대여금 및 유동자산으로 분류되는 매도가능증권과 만기보유증권 등의 자산을 포함한다.

### 정기예금 및 정기적금

① 정기예금이란 이자수익을 목적으로 금융기관에 금전 등을 일정 기간 동안 예치한 예금을 말한다. 정기예금 중 재무상태표 작성일로부터 1년 이후에 만기가 도래하는 금액은 장기금융상품으로 분류한다.

② 정기적금이란 일정한 기간을 정해 놓고 매 월 또는 일정 단위 기간별로 일정 금액을 불입하는 저축성 예금을 말한다.

▶ 정기예금 및 정기적금의 계정과목 분류
정기예금 및 정기적금의 경우 현금성자산으로 분류할 것인지 단기투자자산으로 분류할 것인지에 대하여는 이견이 있을 수 있으나 정기예금 및 정기적금의 경우 통상 현금화 기간이 3개월을 초과하므로 단기투자자산으로 분류함이 타당하므로 단기투자자산으로 분류하였다.

① 《정기적금 불입》 3년 만기 매 월 불입액 1,000,000원의 정기적금에 가입하고 보통예금에서 이체하다.

| 정기적금 | 1,000,000 | 보통예금 | 1,000,000 |
|---|---|---|---|

② 《정기적금 해지 및 정기예금이자 입금》 정기적금이 만기가 되어 정기적금 이자 5,000,000원에 대한 이자소득 원천징수액 700,000원을 차감한 4,300,000원 및 원금 36,000,000원이 보통예금에 입금되다.

| 보통예금 | 40,300,000 | 정기적금 | 36,000,000 |
|---|---|---|---|
| 선납세금 | 700,000 | 이자수익 | 5,000,000 |

## 매출채권

### 외상매출금

일반적인 상거래에서 발생하는 외상미수대금을 말한다. 외상매출금의 거래처별 관리가 필요한 경우 거래처원장을 작성하여야 한다. 단, 전산처리시 외상매출금의 발생 및 회수시 거래처별 관리코드를 부여하면 자동으로 처리된다.

▶ 외상매출금과 미수금 구분
미수금이란 일반적인 상거래 이외의 거래에서 발생하는 미수채권을 일반적인 상거래에서 발생하는 외상매출금과 구분하기 위하여 사용하는 계정과목으로 비유동자산(고정자산) 등을 처분하고 그 대금을 나중에 받기로 한 경우 미수금 계정과목을 사용한다.

① 《외상 매출》 6월 중 의류제품 10,000,000원(부가세 별도)을 신세계 백화점에 납품하고 6. 30 세금계산서를 발행하여 교부한 후 그 대금은 나중에 지급받기로 하다. (공급가액 10,000,000원 세액 1,000,000원 합계 11,000,000원)

| 외상매출금 | 11,000,000 | / | 제품매출 | 10,000,000 |
|---|---|---|---|---|
|  |  |  | 부가세예수금 | 1,000,000 |

② 《외상매출대금 보통예금 입금》 7. 31 신세계백화점에 대한 외상매출금 중 5,000,000원이 농협 보통예금에 입금되다.

| 보통예금 | 5,000,000 | / | 외상매출금 | 5,000,000 |
|---|---|---|---|---|

### 받을어음

외상이란 물품 등을 판매하는 자가 매입자의 신용을 바탕으로 거래 후 나중에 물품대금을 지급하여 줄 것을 구두로 약속하는 것이고, 어음이란 어음이라는 증서를 사용하여 매입자가 매출자에게 거래 후 일정시점에 어음을 발행한 자의 당좌예금에서 대금 결제를 약속하는 외상거래의 일종이다.

받을어음이란 매출대금을 어음으로 받은 경우 처리하는 계정과목으로 받을어음은 어음을 담보로 금융기관에 대출을 받을 수 있고, (어음할인) 외상매입금 등 채무변제를 위하여 타인에게 그 지급받을 권리를 양도(배서양도)할 수도 있으므로 상거래에서 많이 사용한다.

□ 어음 수취 및 양도, 할인, 만기추심
- 배서양도 : 외상매입금 등을 결제하기 위하여 받을어음을 양도하는 것
- 어음할인 : 받을어음을 담보로 돈을 빌리는 것
- 만기입금 : 어음 만기일에 거래은행에 추심하여 현금화하는 것

□ 어음추심
어음소지인은 보유하고 있는 어음을 만기일에 어음발행인의 거래은행에 어음을 제시하여 어음금액을 지급받아야 하나 어음소지인의 거래은행에 수수료를 지급하고 그 업무를 위임(어음소지인 거래은행에 어음상의 금액을 대신 청구 → 어음발행인 거래은행 지급)하는 것을 추심이라 한다.

① 《외상매출》 7. 31 (주)진도에 제품 2천만원(부가가치세 2,000,000원 별도)을 판매하고 세금계산서를 발행하여 교부한 후 그 대금은 나중에 받기로 하다.

| 외상매출금 | 22,000,000 / 제품매출 | 20,000,000 |
|---|---|---|
| | 부가세예수금 | 2,000,000 |

② 《외상매입》 7. 31 한미상사에서 원재료 6,000,000원 (부가세 600,000원 별도)을 구입하고 세금계산서를 발급받은 후 그 대금은 나중에 지급하기로 하다.

| 원재료 | 6,000,000 / 외상매입금 | 6,600,000 |
|---|---|---|
| 부가세대급금 | 600,000 | |

③ 《외상매출대금 어음 입금》 8. 20 (주)진도로부터 외상매출대금 22,000,000원을 어음으로(3장) 지급받다. (지급장소 : 한미은행 종로지점)
- 어음금액  6,000,000원  만기일 11. 30
- 어음금액  4,000,000원  만기일 11. 30
- 어음금액 12,000,000원  만기일 11. 30

| 받을어음 | 22,000,000 / 외상매출금 | 22,000,000 |
|---|---|---|

④ 《어음할인 보통예금 입금》 8. 21 어음 12백만원을 은행에 할인하고 할인료 332,054원을 공제한 11,667,946원이 국민은행 보통예금에 입금되다. (할인율 10%)

| 보통예금 | 11,667,946 | / | 받을어음 | 12,000,000 |
| 이자비용 | 332,054 | | | |

* 할인료 계산 ▸ 12,000,000원 × 10%(할인율) × 101(할인일수)/365
* 매출채권등을 타인에게 양도 또는 할인하는 경우 당해 채권에 대한 권리와 의무가 양도인과 분리되어 실질적으로 이전되는 때에는 동 금액을 매출채권에서 차감하고(처분손실은 매출채권매각손실로 처리함) 그 이외의 경우에는 매출채권등을 담보제공한 것으로 본다.(이자비용) 실무에서는 통상 담보제공한 것으로 하여 이자비용으로 처리한다.

⑤ 《받을어음 배서양도》 8. 31 어음금액 6,000,000원은 한미상사에 대한 외상매입금을 지급하기 위하여 (주)진도로부터 받은 어음을 한미상사에 양도하다.
잔액 600,000원은 국민은행 보통예금에서 인터넷뱅킹으로 이체하다.

| 외상매입금 | 6,600,000 | / | 받을어음 | 6,000,000 |
| | | | 보통예금 | 600,000 |

⑥ 《받을어음 만기 추심》 (주)진도로부터 받은 어음 4,000,000원이 11. 30 만기가 되어 거래은행에 추심하고 추심수수료 10,000원을 공제한 3,990,000원이 국민은행 보통예금에 입금되다.

| 보통예금 | 3,990,000 | / | 받을어음 | 4,000,000 |
| 지급수수료 | 10,000 | | | |

⑦ 《받을어음 부도》 8. 30 덕원개발로부터 받은 어음 11,000,000원을 국민은행에 어음할인을 하였으나 만기일인 12. 30 할인한 어음이 부도가 되었음을 국민은행으로부터 통보받고 어음금액 11,000,000원을 국민은행 보통예금에서 인출하여 즉시 국민은행에 지급하고, 덕원개발에 부도어음 금액의 상환을 청구하다.

| 부도어음 | 11,000,000 | / | 보통예금 | 11,000,000 |

♣ 상세내용 → 경영정보사 홈페이지 참조

## 🅠 유가증권

유가증권이란 단기매매증권, 매도가능증권, 만기보유증권을 통칭하는 개념으로 사용한다. 단기투자자산 항목의 유가증권은 단기(통상 1년 이내) 자금운용을 목적으로 소유한 시장성 있는 주식으로 한다. 시장성 있는 주식이란 증권거래소에서 공개적인 매매거래가 이루어지고 있는 것을 말한다.

따라서 시장성이 없는 주식, 특수관계자가 발행한 주식, 관계회사의 주식투자금, 장기보유목적(1년 초과)의 채권 등은 투자유가증권으로 분류한다.

### ■ 유가증권 분류

유가증권은 지분증권과 채무증권으로 구분하며, 취득한 유가증권은 만기보유증권, 단기매매증권, 그리고 매도가능증권 중의 하나로 분류한다. 분류의 적정성은 재무상태표일 마다 재검토한다.

- 지분증권에는 회사, 조합 또는 기금 등의 순자산에 대한 소유지분을 나타내는 유가증권(보통주, 우선주, 수익증권 등)과 일정금액으로 소유지분을 취득할 수 있는 권리(예: 신주인수권 또는 콜옵션)가 있다.
- 채무증권에는 발행자에 대하여 금전을 청구할 수 있는 권리를 표시하는 유가증권으로 국채, 공채, 사채(社債) 등이 있다.

① 단기매매증권 ~ 주로 단기간내에 매매차익을 목적으로 취득한 유가증권으로서 매수와 매도가 적극적이고 빈번하게 이루어지는 것을 말하며, 단기매매증권의 취득과 관련한 매입부대비용은 취득원가에 포함하지 않는다.

② 매도가능증권 ~ 단기매매증권이나 만기보유증권으로 분류되지 아니하는 유가증권으로 투자자산으로 분류한다.

③ 만기보유증권 ~ 만기가 확정된 채무증권으로서 상환금액이 확정되었거나 확정이 가능한 채무증권을 만기까지 보유할 적극적인 의도와 능력이 있는 경우에는 만기보유증권으로 분류한다.

단기매매증권은 유동자산으로 분류하고, 매도가능증권과 만기보유증권은 투자자산으로 분류한다. 다만, 재무상태표일로부터 1년 내에 만기가 도래하거나 또는 매도 등에 의하여 처분할 것이 거의 확실한 매도가능증권과, 재무상태표일로부터 1년 내에 만기가 도래하는 만기보유증권은 유동자산으로 분류한다.

▶ 유가증권 분류 요약
- 단기 매매차익 획득 목적 → 단기매매증권 (유동자산)
- 만기보유 목적의 채무증권 → 만기보유증권
- 기타 → 매도가능증권 (유동자산 또는 고정자산)

## 유가증권 종류

① 국·공채 ~ 공채란 재원조달을 목적으로 국가, 지방자치단체 등이 발행한 채무증서를 말하며, 일반적으로 국채와 같은 개념으로 사용된다. 공채는 공사입찰, 차량운반구, 부동산 등의 취득, 국가기관과의 거래시에 공채 등을 취득하여야 하는 경우가 있다. 이 경우 취득한 공채는 그 회수기간이 길고 이자율이 낮으므로 일반적으로 취득 즉시 증권회사 등에 할인하여 현금화한다.

② 주식 ~ 유가증권시장에 상장되어 있는 상장주식 및 상장하지 못하거나 하지아니한 비상장주식 등을 말한다.

③ 사채(社債) ~ 기업(주로 대기업)이 자금조달목적으로 기업의 신용을 바탕으로 일반인으로부터 자금을 빌리고 그 상환기간, 이자율 등을 명시한 차용증서로 일정한 형식에 의하여 발행한 증서를 말한다. 타 사가 발행한 사채는 통상 투자 목적으로 취득하므로 투자유가증권으로 분류한다.

## 유가증권 평가 및 세무상 유의사항

유가증권은 회계기말에 그 가치를 평가하여 공정가격(재무상태표일 현재 종가)으로 장부상 반영하여야 한다. 이를 유가증권평가라 한다. 기업회계기준에서는 단기매매증권의 평가차손 또는 차익을 당기 영업외손익에 반영하도록 규정하고 있으나 세법에서는 유가증권 평가손익을 인정하지 않는다. 따라서 기업이 계상한 유가증권평가손익은 인정하지 않으므로 결산시 유가증권을 평가한 경우 평가손실은 손금불산입하고, 평가이익은 익금불산입한다. 단, 법인의 파산, 부도, 회생계획인가 결정 등을 받은 주식은 손상차손(감액손실)을 계상할 수 있다.

◆ 주식의 취득가액 계산
(법인, 법인46012-313 , 2002.05.28)
법인이 취득원가가 서로 다른 "동일 법인이 발행한 주식"을 보유하고 있는 경우로서 그 보유주식의 일부가 소각됨에 따라 법인세법 제16조제1항제1호의 규정에 의한 의제배당금액을 산정함에 있어서 "감자한 법인의 주식을 취득하기 위하여 소요된 금액"은 당해 주식을 같은법 제75조의 규정에 의한 총평균법·이동평균법에 의한 평가방법 중 납세지관할세무서장에게 신고한 방법에 의하여 평가한 금액을 당해 주식의 취득가액으로 하여 계산하는 것이며, 법인이 유가증권의 평가방법을 납세지관할 세무서장에게 신고하지 아니한 경우에는 **총평균법**에 의하여 계산하는 것입니다.

※ 회계기말에 총평균법으로 유가증권평가손익인 인식한 후 이동평균법에 의하여 계산한 금액과의 차액은 세무조정에서 익금불산입 또는 손금불산입하여야 할 것으로 판단됨

▶ 유가증권평가손익에 대하여 세무조정을 하지 않고자 하는 경우
사업연도의 종료일 전 3개월이 되는 날까지 재고자산등(유가증권 포함) 평가방법 신고서를 제출하여야 한다.

▶ 유가증권에 대하여 감액손실로 처리할 수 있는 경우
[법인세법 제42조(자산·부채의 평가)]
비상장법인 중 경제적 연관관계 또는 경영지배관계 등 관계에 있지 않은 법인이 발행한 주식 또는 주권상장법인이 발행한 주식등으로 다음의 어느 하나에 해당하는 경우 장부가액을 감액할 수 있다.
1. 부도가 발생한 경우
2. 「채무자 회생 및 파산에 관한 법률」에 따른 회생계획인가의 결정을 받은 경우
3. 「기업구조조정 촉진법」에 따른 부실징후기업이 된 경우
4. 파산한 경우

## ➡ 단기매매증권 회계처리 사례

### ■ 단기매매증권 취득

단기투자 목적으로 (주)진로의 주식 10,000,000원을 보통예금에서 인출하여 취득하고, 취득시 부대비용으로 50,000원을 현금으로 지급하다.

| 단기매매증권 | 10,000,000 | / | 보통예금 | 10,000,000 |
| 지급수수료 | 50,000 | | 현금 | 50,000 |

- 단기매매증권 취득시 제수수료 등은 지급수수료로 처리한다.

### ■ 단기매매증권 평가

회계기말 (주)진로의 주식 시가는 12,000,000원으로 평가이익을 계산하다.

| 단기매매증권 | 2,000,000 | / | 단기매매증권평가이익 | 2,000,000 |

- 세법은 유가증권평가손실 또는 평가이익을 인정하지 아니하므로 회계기말에 평가를 이익 또는 손실로 처리한 금액은 세무조정에서 평가이익은 익금불산입하고, 평가손실은 손금불산입하여야 한다. [법인세법 제42조]

<세무조정>
익금불산입
단기매매증권평가이익  2,000,000 (△유보)

▶ 회계기말 시가
(1) 시장성있는 유가증권은 시장가격을 공정가치로 보며 시장가격은 보고기간말 현재의 종가로 한다. 다만, 보고기간말 현재 종가가 없는 경우 직전 거래일의 종가로 할 수 있다.
(2) 시장성있는 유가증권이란 한국거래소가 개설한 유가증권시장, 코스닥시장 또는 공신력 있는 외국의 증권거래시장(뉴욕증권거래소, 런던증권거래소 등)에서 거래되는 유가증권을 말한다.

▶ 평가손실 및 평가이익 상계 여부

단기매매증권평가손실과 평가이익이 발생한 경우 원칙적으로 상계하지 않지만, 그 금액이 중요하지 않은 경우 상계 처분하여도 무방할 것이다.

■ 단기매매증권 처분

㈜진로 주식을 11,000,000원에 매각하고 수수료 100,000원을 공제한 10,900,000원이 보통예금에 입금하다.

| | | | |
|---|---|---|---|
| 보통예금 | 10,900,000 / | 단기매매증권 | 12,000,000 |
| 유가증권처분손실 | 1,100,000 | | |

- 주식 매도 시에는 증권사 수수료 및 증권거래세가 발생한다. 단기매매증권을 처분할 때 발생되는 수수료는 처분이익에서 차감하거나, 처분손실에 가산한다.

<세무조정>
익금산입
단기매매증권평가이익  2,000,000 (유보)

㈜ 전년도 회계기말에 계상한 평가이익을 법인세법 제42조에 의하여 세무조정에서 익금불산입한 금액은 이익이 실제 실현되는 시점(처분시점)에 익금산입하여야 한다.

### ▣ 매도가능증권 회계처리 사례

■ 매도가능증권 취득

비상장법인인 ㈜한일산업 주식 10,000,000원을 취득하고, 수수료 200,000원을 포함한 10,200,000원을 보통예금에서 결제하다.

| | | | |
|---|---|---|---|
| 매도가능증권 | 10,200,000 / | 보통예금 | 10,200,000 |

- 매도가능증권의 경우 주식 취득시 발생하는 비용은 취득원가에 가산한다.

## ■ 매도가능증권 평가

매도가능증권 중 비상장주식은 공정가치를 신뢰성 있게 측정할 수 없는 경우가 대부분이므로 중소기업의 경우 회계기말에 별도의 평가를 하지 않는다. 단, 평가를 하는 경우 평가이익은 순자산증가에 따른 자본조정계정(잉여금 증가)로 익금산입(기타)하고 다시 매도가능증권평가이익을 익금불산입(△유보)하는 두 개의 세무조정으로 처리하여야 하며, 평가손실이 발생한 경우에는 반대로 손금산입(기타), 손금불산입(유보)하는 두 개의 세무조정을 하여야 한다.

■ 단기매매증권, 매도가능증권 평가손익 회계처리 및 세무조정

| 구 분 | | 회 계 처 리 | 세 무 조 정 |
|---|---|---|---|
| 단기매매증권 | 평가이익 | 영업외 이익 | 익금불산입(△유보) |
| | 평가손실 | 영업외 손실 | 손금불산입(유보) |
| 매도가능증권 | 평가이익 | 기타포괄손익누계액 가산 | 익금산입(기타), 익금불산입(△유보) |
| | 평가손실 | 기타포괄손익누계액 차감 | 손금산입(기타), 손금불산입(유보) |

## ▣ 국·공채 매입 및 처분

▶ 국·공채

국가는 나라 살림의 운용을 위하여 필요한 돈을 세금으로 징수하는 것이 원칙이지만, 세금이 부족하거나 특정 사업을 위하여 많은 돈이 필요할 때 국민으로부터 일정 기간 돈을 빌리고 나중에 상환을 하는 방식으로 재정수요에 충당할 수도 있다.

이 경우 요식화된 증서를 만들어 그 증서에 차용금액, 상환기간, 이자율 등을 기재하여 증서를 판매하고 국가는 이 증서를 매입하는 사람으로부터 돈을 빌리게 된다. 또한 이 증서를 무기명으로 발행하여 증서에 기재한 상환일에 증서를 가져오는 자에게 그 금액을 지급하는 것이다. 이 경우 증서를 발행한 국가는 채무자가 되는 것이며, 증서를 구입한 사람은 상환일에 증서에 표시된 금액을 지급받을 수 있는 채권자가 되는 것이다.

이와 같은 방식으로 국가가 발행하는 증서를 국채(국민주택채권 등)라고 하는 것이며, 지방자치단체가 발행하는 증서는 지방채(지역개발공채 등)라고 하며, 이를 통틀어 공채

(公債)라고 한다. 공채는 일반적으로 시장이자율보다 낮고, 상환기간이 장기여서 일반투자자들이 매입을 잘 하지 않으므로 주택이나 자동차 등 등기를 요하는 자산을 취득하거나 정부 공사등을 하는 경우 의무적으로 매입을 하도록 하고 있다.

공채를 매입한 후 즉시 할인하는 경우 매입 및 할인으로 인하여 실제 부담한 금액만을 잡손실(자산 취득의 경우 자산의 취득가액에 포함) 등으로 처리를 할 수 있다.

□ 일반기업회계기준 제10장 유형자산 유형자산의 취득원가

10.8 유형자산은 최초에는 취득원가로 측정하며, 현물출자, 증여, 기타 무상으로 취득한 자산은 공정가치를 취득원가로 한다. 취득원가는 구입원가 또는 제작원가 및 경영진이 의도하는 방식으로 자산을 가동하는 데 필요한 장소와 상태에 이르게 하는 데 직접 관련되는 원가인 (1) 내지 (9)와 관련된 지출 등으로 구성된다. 매입할인 등이 있는 경우에는 이를 차감하여 취득원가를 산출한다.

(5) 유형자산의 취득과 관련하여 국·공채 등을 불가피하게 매입하는 경우 당해 채권의 매입금액과 일반기업회계기준에 따라 평가한 현재가치와의 차액

① 《공채 매입》 관급공사와 관련하여 공채 4,000,000원을 현금으로 매입하다.

| 유가증권 | 4,000,000 | / 현금 | 4,000,000 |

② 《공채 매각》 공채 4,000,000원을 증권회사에 할인하고, 제공제액을 차감한 3,620,000원을 현금으로 수령하다. 계산서내역은 아래와 같다.
이자수익 200,000원, 이자소득세 28,000원, 수수료 50,000원, 할인료 502,000원

| 현금 | 3,620,000 | / 유가증권 | 4,000,000 |
| 선납세금 | 28,000 | 이자수익 | 200,000 |
| 유가증권처분손실 | 552,000 | | |

* 선납세금 : 이자수입에 대한 이자소득세로 법인세신고시 납부할 세액에서 공제받는다.

## 단기대여금

단기대여금은 금전소비대차계약(금전을 빌려주고 받는 것을 내용으로 하는 계약)에 의하여 타인에게 대여한 금액을 처리하는 계정으로 관계회사 단기대여금, 주주·임원·종업원 단기대여금, 특수관계자 단기대여금, 기타 타인에 대한 단기대여금등이 있다. 대여금에 대한 회수기간이 1년 내에 도래하는 것은 '단기대여금'으로 분류하고, 1년 이후에 도래하는 것은 '장기대여금'으로 분류한다. '회수기간이 1년 내'라고 하는 것은 그 기준일이 자금 대여가 일어난 시점(계약일)을 말하는 것이 아니라 결산기말(재무상태표일)을 기준으로 한다.

실무에서 단기, 장기대여금을 구분하는 것이 모호할 수 있으나 계약기간이 1년을 초과하더라도 결산기말 시점에서 만기가 1년 내 도래하는 것은 단기대여금으로 처리하며, 당초 장기대여금으로 분류된 대여금이라도 계약기간이 경과하여 결산기말 시점을 기준으로 1년 내에 도래하는 금액은 단기대여금 계정으로 대체한다.

회사 업무와 관련하여 그 지출이 확정되기 전에 대표이사 등에게 지급하는 금액은 단기대여금이라기 보다는 일시 가지급한 금액으로 가지급금 또는 전도금계정을 사용하여 처리하고 차후 그 지출영수증 등을 수취할 시 가지급금 또는 전도금과 상계처리한다.

### 단기대여금 회계처리 사례

① 《거래처에 대한 자금 대여》 7. 31 거래처 동일물산에 1천만원을 무이자로 대여하여 주기로 하고 보통예금에서 인출하여 지급하다.

| 단기대여금 | 10,000,000 | / | 보통예금 | 10,000,000 |

② 《거래처 대여금 회수》 12. 31 동국물산이 빌려간 차입금 10,000,000원을 현금으로 상환하다.

| 현금 | 10,000,000 | / | 단기대여금 | 10,000,000 |

# 가지급금

가지급금이란 법인의 대표이사 등 임직원에게 업무와 관련없이 회사의 자금을 일시 대여한 금전 또는 직원이 부담하여야 할 제세공과금 등을 회사가 미리 대신 납부한 금액 등을 처리할 때 사용하는 계정과목이다.

## 가지급금 관리

대표이사 등에게 업무와 관련이 없는 가지급금을 지급하는 경우(업무와 관련하여 지급한 가지급금은 실무에서 전도금으로 처리한다.) 그 지급 및 회수에 대한 거래를 기록하기 위하여 가지급금 대장을 별도로 작성하여 관리하며, 업무와 관련없는 자금을 다수의 임직원이 개별적으로 사용하는 경우 사용인 별로 관리하여야 한다.

업무와 관련 없이 회사 돈을 대표이사에게 지급하는 경우 가지급금으로 처리한 다음 가지급금을 회수하거나, 업무와 관련한 영수증을 증빙으로 수취한 때에는 가지급금과 정산하고, 정산되지 않는 금액은 가지급금 잔액으로 남겨 두어야 한다. 한편, 정산되지 않은 가지급금은 회계기말에 기업회계기준의 재무상태표 작성기준에 의하여 '주·임·종단기대여금' 등 그 내용을 나타내는 과목으로 표시하여야 한다.

## 가지급금 회계처리 사례

### 가지급금 지급 및 정산

① 《가지급금 지급》 8. 5 대표이사의 요청에 의하여 회사 자금 5백만원을 보통예금에서 인출하여 대표이사에게 지급하다.

| 가지급금 | 5,000,000 | / | 보통예금 | 5,000,000 |

② 《가지급금 회수》 9. 10 가지급금 중 3,000,000원을 대표이사로부터 회수하여 보통예금에 입금하다.

| 보통예금 | 3,000,000 | / | 가지급금 | 3,000,000 |

## ■ 업무용도 자금 일시 가지급 및 정산

① 《업무용도 자금 일시 가지급》 대표이사에게 업무용도 자금 2,000,000원을 국민은행 보통예금에서 인출하여 일시 가지급하다.

| 전도금 | 2,000,000 / 보통예금 | 2,000,000 |
|---|---|---|

- 전도금 : 업무용도의 가지급금은 업무와 관련 없이 지급하는 금액과 구분하기 위하여 실무에서는 통상 전도금으로 처리한다.

② 《업무용도 전도금 정산》 8. 31 대표이사로부터 업무관련 지출증빙 영수증 1,800,000원을 받아 전도금과 정산하고, 잔액 200,000원은 현금으로 회수하다.
(영수증내용 : 기업업무추진비 1,200,000원, 여비교통비 600,000원)

| 현금 | 200,000 / 전도금 | 2,000,000 |
|---|---|---|
| 기업업무추진비 | 1,200,000 | |
| 여비교통비 | 600,000 | |

## ■ 착오에 의하여 외상매입금을 잘못 송금한 경우

① 《착오로 외상매입금을 타 업체에 착오 송금》 갑을상사에 대한 외상매입금 2,000,000원을 착오에 의하여 동국상사로 보통예금에서 인출하여 송금하다.

| 가지급금 | 2,000,000 / 보통예금 | 2,000,000 |
|---|---|---|

② 《착오로 송금한 금액 입금》 착오에 의하여 잘못 송금된 사실을 동국상사에 통지한 바 동국상사에서 2,000,000원을 당 사의 보통예금에 입금하여 주다.

| 보통예금 | 2,000,000 / 가지급금 | 2,000,000 |
|---|---|---|

## ● 임직원 단기대여금 및 가지급금의 세무상 유의사항

업무와 관련 없이 대표이사 등에게 지급하는 가지급금은 회사의 자금을 대표이사 등이 개인적으로 유용하게 되어 회사의 자금사정을 악화시키게 되고, 가지급금을 지급받은 자에게 특혜를 주는 결과가 되므로 세법에서는 엄격한 규제를 하고 있다.

예를 들면, 법인의 대표이사, 임원, 직원 등 특수관계인에게 무이자 또는 저리로 자금을 대여한 금액에 대하여는 **가중평균차입이자율**을 인정이자로 계산하여 세무조정 사항에서 익금에 산입하여야 한다. 다만, 가중평균차입이자율을 적용할 수 없는 경우 **당좌대출이자율**[2022년 현재 4.6%, 법인세법 시행규칙 제43조]을 적용한다.

한편, 인정이자상당액은 세무조정에서 익금에 산입한 다음 해당 직원에 대한 상여로 처분하여 근로소득세를 징수하여야 한다. 단, **업무무관 가지급금에서 제외하는** 다음의 금액은 인정이자를 계상하지 아니한다.

◆ 가중평균차입이자율
법인의 자금대여시점 현재 각각의 차입금 잔액(특수관계자로부터의 차입금 제외)에 차입 당시 각각의 이자율을 곱한 금액의 합계액을 차입금 잔액의 총액으로 나눈 이자율을 말한다.

### 업무무관 가지급금에서 제외하는 금액
1. 소득세법상 지급의제규정에 의하여 지급한 것으로 보는 배당소득 및 상여금을 법인이 대납하고 이를 가지급금으로 계상한 경우
2. **소득의 귀속이 불분명**하여 대표자에게 상여처분한 금액에 대한 소득세를 법인이 납부하고, 이를 가지급금으로 계상한 금액
3. 사용인에 대한 월정급여액의 범위안에서의 일시적인 급료의 가불금
4. 사용인에 대한 경조사비의 대여액
5. 사용인(사용인의 자녀를 포함한다)에 대한 학자금의 대여액
6. 해외현지법인에 종사하거나 종사할 자에게 여비·급여·기타비용을 가지급한 금액

### ▶ 가지급금 인정이자가 있는 경우 차입금 지급이자의 손금불산입

가지급금 인정이자가 있고, 차입금 지급이자가 있는 경우 총차입금 중 가지급금에 상당하는 금액만큼의 지급이자는 손금불산입하여야 한다.

### 차입금 지급이자 중 손금불산입하여야 하는 금액

$$\text{지급이자} \times \frac{\text{업무무관 부동산 적수} + \text{업무무관 동산적수} + \text{업무무관 가지급금 적수}}{\text{차입금 적수}}$$

▶ **인정이자상당액을 임직원에 대한 상여로 처분하지 않아도 되는 경우**

인정이자상당액을 미수수익(미수수익/이자수익)으로 계상한 다음 1년 이내에 회수하는 경우 상여처분하지 아니할 수 있다.

## 13 종업원대여금 (주·임·종단기채권)

회사의 자금을 종사 직원에게 일시 빌려준 가불금은 '종업원대여금' 또는 '주주.임원.종업원단기채권'이라고 한다. 종업원대여금이 빈번히 발생하는 경우 종업원별로 별도의 대장을 만들어 입금 및 출금내역을 기록한다.

종업원대여금은 업무와 관련 없이 회사의 자금을 회사의 사용인에게 대여하는 금액으로 그 금액이 크고 장기에 걸쳐 무상으로 대여하는 경우 기업의 자금이 업무와 관련 없이 지출되어 기업의 자금사정을 악화시킬 수 있으며, 특정인에게 이익을 주어 조세회피의 수단으로 사용될 수 있으므로 세법에서는 이러한 지출에 대하여 엄격한 규제를 하고 있다.

따라서 업무와 관련 없이 기업의 특수관계자(대표이사, 주주, 임원, 사용인등)에게 자금을 대여하는 경우 결산시 그 명칭에 불문하고 가지급금으로 보아 인정이자를 계상하여 법인의 익금에 산입하는 세무조정을 하여야 한다. 다만, 기업의 사용인에 대한 월정급여액의 범위안에서 일시적으로 지급하는 아래의 가불금 등은 인정이자를 계상하여야 하는 가지급금에 해당하지 아니한다.

○ 사용인에 대한 월정급여액의 범위안에서의 일시적인 급료의 가불금
○ 사용인에 대한 경조사비의 대여액
○ 사용인(사용인의 자녀를 포함한다)에 대한 학자금의 대여액
○ 내국법인이 당해 국외투자법인에 종사하거나 종사할 자의 여비·급료 기타 비용을 대신하여 부담하고 이를 가지급금등으로 계상한 금액

▶ **개인기업의 종업원 대여금**

개인기업의 경우 가지급금, 종업원대여금 등은 대표자에 대한 인출금으로 처리하며, 별도의 인정이자를 계상하지 아니한다.

## ◼ 가지급금, 종업원대여금, 전도금 구분

① 가지급금 ~ 통상 업무와 관련 없이 대표이사, 임원, 종업원 등에게 일시 지급하는 금액을 말하며, 인정이자를 계상하지 않아도 되는 가지급금을 제외한 금액은 법인세법의 규정에 의하여 인정이자를 계상하여 익금산입하고, 인정이자에 상당하는 금액을 가지급금을 지급한 자의 급여에 합산하여 연말정산을 하여야 한다.(인정상여라고 함)

② 종업원대여금 ~ 업무와 관련없이 금전소비대차계약에 의하여 대표이사, 임원, 종업원에게 회사의 자금을 빌려 주는 금액을 말한다.

③ 전도금 ~ 전도금이란 회사에 종사하는 직원에게 직무와 관련하여 그 지출금액이 확정되기 전에 먼저 지급하는 금액을 말한다. 업무관련 경비를 먼저 지급하는 경우 그 계정과목이 확정되기 전이므로 가지급금으로 처리하는 경우도 있으나 업무무관 가지급금과 업무와 관련한 가지급금을 혼용하여 같은 계정과목을 사용할 경우 결산시 업무무관 가지급금에 대한 인정이자를 계산하여야 하므로 이를 구분하기 위하여 실무에서는 업무와 관련한 지출은 전도금으로 업무와 관련이 없이 대표이사 등에게 지급하는 금액은 가지급금으로 처리한다.

## ▶ 종업원대여금 회계처리 사례

①《종업원대여금 지급》9. 20 직원 김상욱에게 500,000을 국민은행 보통예금에서 인출하여 빌려주다.

| 종업원대여금 | 500,000 | / | 보통예금 | 500,000 |
|---|---|---|---|---|

②《종업원대여금 회수》10. 31 직원 김상욱이 회사에서 빌려간 돈 500,000원은 급여지급시 상계하고 근로소득세 등 예수금 80,000원을 공제한 1,420,000원을 현금으로 지급하다.

| 급여 | 2,000,000 | / | 종업원대여금 | 500,000 |
|---|---|---|---|---|
| | | | 예수금 | 80,000 |
| | | | 현금 | 1,420,000 |

## ● 종업원대여금 세무상 유의사항

### ▶ 종업원에 대한 주택자금대출
법인이 직원에게 주택자금을 대출하는 경우에도 업무무관 가지급금에 해당되어 인정이자를 계산하여야 한다.

[세법 개정] 중소기업 근로자 주택구입 대여금 등에 대한 지원(법인칙 §44)
중소기업의 근로자(임원·지배주주등 제외)에 대한 주택구입·전세자금 대여금을 업무무관 가지급금 적용대상에서 제외
<적용시기> 2020.1.1. 이후 개시하는 사업연도 분부터 적용

### ▶ 이자소득 지급에 대한 원천징수
법인으로부터 자금을 융자받은 자는 이자를 지급하여야 하며, 이자 지급시 종업원은 원천징수의무자로서 비영업대금의 이익에 대한 원천징수세율 25%를 적용하여 법인세를 원천징수하여 다음달 10일까지 신고·납부하여야 한다.

## Q 전도금

전도금이란 회사에 종사하는 직원에게 직무와 관련하여 그 지출금액이 확정되기 전에 먼저 지급하는 금액을 말한다. 업무관련 경비를 먼저 지급하는 경우 그 계정과목이 확정되기 전이므로 가지급금으로 처리하는 경우도 있으나 업무무관 가지급금과 업무와 관련한 가지급금을 혼용하여 같은 계정과목을 사용할 경우 결산시 업무무관 가지급금에 대한 인정이자를 계산하여야 하므로 이를 구분하기 위하여 실무에서는 업무와 관련한 지출은 전도금으로 업무와 관련성 없이 대표이사 등에게 지급하는 금액은 가지급금으로 처리한다. 따라서 업무와 관련한 지출금액이 확정되기 전 대표이사, 임원, 종사 직원 등에게 미리 지급하였다가 나중에 지출증빙에 의하여 정산하는 경우 전도금으로 처리하고, 정산시 대체처리한다.

### ▶ 전도금 처리 사례
(1) 사무실에서 소요되는 각종 소액자금 지출을 위하여 경리직원에게 일정금액을 먼저 지급하였다가 나중에 정산하는 경우

(2) 회사내 각 부서별로 소액자금의 신속한 집행을 위하여 전도금을 지급하고 나중에 영수증에 의하여 전도금을 정산하는 경우
(3) 건설업의 공사현장에서 소요되는 각종 경비를 현장소장 또는 현장관리직원에게 미리 전도금을 지급하고 추후에 정산하는 경우

전도금의 지급 및 정산에 대한 장부정리는 다소 복잡하다. 따라서 그 금액이 소액이고 자주 발생하지 않는 경우에는 지급시 그 금액이 확정되지 않더라도 출장시에는 여비교통비, 공사현장 전도금의 경우 지급시 현장운영비 등으로 전액 비용으로 처리한 다음 나중에 정산시 잔여금액이 있을 시에 전도금을 지급받은 자가 잔여금액을 입금한 경우에는 해당 계정과목에서 차감하거나 잡이익으로 처리하고, 추가금액을 지급한 경우에는 해당 비용으로 기록하기도 한다.

### ▶ 전도금 회계처리 사례

#### ■ 전도금 지급 및 정산

① 《전도금 지급》 8. 1 공사현장 소액자금 결제를 위하여 국민은행의 보통예금에서 1,000,000원을 인출하여 전도금으로 현장소장에게 지급하다.

| 전도금 | 1,000,000 | / | 보통예금 | 1,000,000 |

② 《전도금 정산》 8. 31 공사현장 전도금을 정산한바 그 지출내역은 다음과 같다.
(총지출금액은 862,000원)
복리후생비 250,000원, 수도광열비 80,000원, 세금과공과금 222,000원
여비교통비 180,000원(시내), 도서인쇄비 20,000원, 사무용품비 110,000원

| 복리후생비 | 250,000 | / | 전도금 | 862,000 |
| 수도광열비 | 80,000 | | | |
| 세금과공과금 | 222,000 | | | |
| 여비교통비 | 180,000 | | | |
| 도서인쇄비 | 20,000 | | | |
| 사무용품비 | 110,000 | | | |

■ **전도금을 지급받은 현장, 부서의 전도금 관리**

회사의 업무와 관련한 비용을 전도(가지급)받는 경우 전도금을 사용하는 개인 또는 부서는 개인별 또는 부서별로 별도의 전도금사용대장을 만들어 전도금을 지급받은 사실 및 전도금을 사용한 내역을 기록 및 정리하여야 한다.
부서별 전도금관리를 위한 대장은 일정 형식에 의하여 기록할 필요는 없으며 업체실정에 맞도록 작성하며 된다. 일반적으로 현금출납부 양식을 사용한다.

▶ 전도금 대장 예시 (공사현장)

### 전 도 금

공사현장

| 년 월 | 일 | 적 요 | 정수 | 수 입 | 지 출 | 잔 액 |
|---|---|---|---|---|---|---|
| 8 | 1 | 전도금 입금 | | 1,000,0000 | | |
| 8 | 1 | 식대 | | | 30,000 | 970,000 |
| 8 | 2 | 시내출장비 | | | 10,000 | |
| 8 | 2 | 문구대 | | | 12,000 | |
| 8 | 2 | 식대 | | | 15,000 | 933,000 |
| | | | | | | |

## 미수금

미수금이란 일반적인 상거래이외에 발생한 미수채권으로 예를 들면, 기계장치 외상매각대금, 차량운반구 외상매각대금, 환급세금 미수금 등이 있다.

▶ **미수금 계정을 사용하는 경우**
 ○ 비유동자산(고정자산) 매각대금, 유가증권매각대금 중 미회수금액
 ○ 부가가치세환급세액 발생금액
 ○ 연말정산시 환급금 발생금액, 건강보험료 연말정산 환급금 발생금액
 ○ 고용보험료, 산재보험료 과오납 미수금 발생금액

## ▶ 미수금 회계처리 사례

### ■ 부가가치세 환급금 발생시 회계처리

① 《부가세대급금 및 부가세예수금 상계》 2기 확정 매출세액은 20,000,000원 이며, 매입세액은 24,000,000원으로 기말 결산시 부가세대급금 20,000,000원과 부가세예수금 20,000,000원을 상계처리하고, 잔액은 미수금으로 계상하다.

| 부가세예수금 | 20,000,000 | / 부가세대급금 | 24,000,000 |
| 미수금 | 4,000,000 | | |

② 《부가세 환급금 입금》 2. 20 부가세 환급금액을 세무서에서 당사의 국민은행 보통예금에 입금하다.

| 보통예금 | 4,000,000 | / 미수금 | 4,000,000 |

### ■ 건강보험료 연말정산 환급금 발생시 회계처리

① 《건강보험료 연말정산환급금 발생》 건강보험료 연말정산 결과 과오납 금액 1,800,000원이 발생하다.

| 미수금 | 1,800,000 | / 미지급금 | 900,000 |
| | | 잡이익 | 900,000 |

- 미수금 : 건강보험료 환급금 미수금액
- 미지급금 : 건강보험료 환급금 미수금액 중 종업원에게 돌려주어야 하는 금액

② 《4월분 보험료와 상계》 4월분 보험료 2,200,000원을 건강보험료 연말정산 환급금 발생금액 1,800,000원과 상계처리하고, 잔액은 현금으로 납부하다.

| 복리후생비 | 1,100,000 | / 미수금 | 1,800,000 |
| 미지급금 | 900,000 | 현금 | 400,000 |
| 예수금 | 200,000 | | |

## 선급금

선급금이란 물품 등을 나중에 인도받기로 하고, 그 대금을 미리 지급한 금액을 말하며, 선수금이란 물품 등을 인도하기 전에 그 대금 등을 미리 지급받은 금액을 말한다.

통상 세금계산서를 수취하기 전 그 대금을 미리 지급한 경우 선급금이란 계정과목을 사용한다.

선급금이 자주 발생하는 거래처의 경우 거래처별로 선급금대장을 만들어 선급금 지급시에는 선급금 증가란(차변 : 자산증가)에 기록하였다가 나중에 물품을 인도받은 후 매입대금을 선급금과 상계할 시에는 선급금 감소란(대변 : 자산감소)에 상계한 금액을 기록하여 관리한다.

### 선급금 회계처리 사례

#### ■ 선급금 지급 및 상계처리

① 《선급금 지급》 6. 15 철강 도매업자인 한일상사에 나중에 철강을 인도받기로 하고 선급금 10,000,000원을 국민은행 보통예금에서 송금하다.

| 선급금 | 10,000,000 | / | 보통예금 | 10,000,000 |
|---|---|---|---|---|

② 《선급금 상계처리 및 외상매입금 발생》 8. 31 한일상사로부터 철강 15백만원(부가세 별도) 상당액을 인도받고 매입세금계산서를 발급받다. 매입대금 중 1천만원은 선급금과 상계하고 잔액 6,500,000원은 나중에 지급하기로 하다.

| 상품 | 15,000,000 | / | 선급금 | 10,000,000 |
|---|---|---|---|---|
| 부가세대급금 | 1,500,000 | | 외상매입금 | 6,500,000 |

## ■ 선급금 지급시 세금계산서를 수취한 경우 회계처리

① 《선급금 지급》 6. 15 철강 도매업자인 한일상사에 나중에 철강을 인도받기로 하고 선급금 11,000,000(부가세 포함)원을 보통예금에서 인터넷뱅킹으로 송금하고, 세금계산서를 발급받다.

| | | | | |
|---|---|---|---|---|
| 선급금 | 10,000,000 | / | 보통예금 | 11,000,000 |
| 부가세대급금 | 1,000,000 | | | |

② 《선급금 상계처리 및 외상매입금 발생》 8. 31 한일상사로부터 철강 15백만원(부가세 별도) 상당액을 인도받고, 잔액(공급가액 5,000,000원 세액 500,000원)에 대한 매입세금계산서를 발급받다. 그 대금은 보통예금에서 송금하다.

| | | | | |
|---|---|---|---|---|
| 상품 | 15,000,000 | / | 선급금 | 10,000,000 |
| 부가세대급금 | 500,000 | | 보통예금 | 5,500,000 |

* 재화가 인도되기 전 그 대금을 먼저 지급하는 경우 그 지급일에 세금계산서를 발행할 수 있다.

## 🅠 부가세대급금

부가가치세 매입세액을 부가세대급금이라 한다. 사업자의 경우 물품 등 매입시 부담한 부가가치세 매입세액은 세무서로부터 환급받을 수 있는 일종의 채권이다. 따라서 기업의 입장에서는 자산이다. 단, 공제받을 수 없는 매입세액은 매입물품의 취득가액으로 처리한다. 반면, 부가가치세 매출세액은 부가세예수금이라 한다. 사업자가 물품 등의 판매시 거래상대방으로부터 받은 부가가치세 매출세액은 세무서에 납부하여야 할 일종의 채무다. 따라서 부가세예수금은 기업의 입장에서 부채다.

### ▶ 매입세액(부가세대급금) 중 공제받을 수 없는 것
○ 비영업용 소형승용차의 구입과 유지에 관한 매입세액
- 비영업용이란 운수업 등을 영위하지 않는 사업자가 사용하는 것을 말한다.
- 영업용이란 택시운수업 등을 영위하는 운수사업자가 소형승용차를 영업에 사용하는 것을 말한다.

- 소형승용차란 사람의 수송을 목적으로 제작된 차량으로 정원 8인 이하의 일반적 승용자동차를 말한다. 단, 배기량 1,000cc 이하의 경승용차의 취득 및 유지비용과 관련한 매입세액은 공제를 받을 수 있다.
○ 기업업무추진비 및 이와 유사한 비용에 대한 매입세액
○ 면세사업관련 매입세액 또는 토지관련 매입세액
○ 사업과 직접 관련없는 지출에 대한 매입세액
○ 사업자등록전 매입세액

□ 사업자등록전 매입세액을 공제받을 수 있는 경우
공급시기가 속하는 과세기간이 끝난 후 20일 이내에 사업자등록을 신청한 경우에 사업자등록을 신청한 사업자가 사업자등록증 발급일까지의 거래에 대하여 당해 대표자의 주민등록번호를 기재하여 세금계산서를 발급받은 경우에는 매입세액을 공제받을 수 있다.

□ 신용카드 및 현금영수증에 의한 매입세액공제
사업과 관련하여 신용카드로 결제하거나 현금영수증을 수취한 경우로서 위의 공제받지 못하는 사유에 해당하지 않는 경우세금계산서와 동일하게 매입세액을 공제받을 수 있다.

♣ 상세내용 → 경영정보사 홈페이지 참조


# 선납세금

이자소득세 및 지방소득세 납부금액, 법인세 중간예납세액 등 법인세 확정신고 전 미리 납부한 세금을 선납세금이라고 한다.

□ 은행의 이자소득세 및 지방소득세 원천징수 및 납부
금융기관 등이 예금이자를 예금주에게 지급할 시 예금이자금액에 대하여 이자소득세(예금이자의 14%) 및 지방소득세(이자소득세의 10%)를 원천징수하여 세무서에 납부한다. 2015년 이후 금융기관이 법인에게 이자를 지급하는 경우에도 지방소득세를 원천징수한다.

♣ 법인세비용 참조

# 2 재고자산

## 재고자산 개요

### 재고자산 종류

#### 판매용 재고자산

○ 상품 : 도, 소매업종이 판매를 목적으로 취득한 상품
○ 제품 : 원재료를 가공한 상태에 있는 판매 가능한 생산품
○ 완성건물 : 건설업종이 판매를 목적으로 건설한 건물

#### 제조 또는 건설을 위하여 취득한 재고자산

○ 원재료 : 제조업종(건설업종)이 제품의 제조(건설)를 위하여 취득한 것

#### 제조 또는 건설과정에 있는 재고자산

○ 재공품 : 생산과정에 있는 미완성제품의 가액
○ 미완성공사 : 건설과정에 있는 공사의 가액

#### 기타 재고자산

① 반제품 : 자가 제조한 중간제품과 부분품으로 제조과정에서 이직 최종 공정을 거치지 않아 완성제품은 아니지만, 하나 이상의 공정을 거쳐 다음 공정단계를 기다리는 중간제품을 의미한다.
반제품은 완제품의 부품으로 사용되기도 하고 그대로 판매되기도 한다. 실무에서 중소기업의 경우 원가계산의 복잡성으로 반제품은 통상 계산하지 않는다.
② 저장품 : 저장품에는 소모품, 소모공구기구.비품, 수선용부분품 등이 있다.

## 재고자산 평가

### 기말재고수량의 계산방법

**[1] 실지재고조사법**

기말에 재고를 실지 조사하여 재고수량에 재고자산의 단가를 곱하여 계산하는 방법이다. 실지재고조사법에 의한 경우 상품의 매입시마다 종류별로 그 내역을 기록하지만, 매출에 대한 수량은 별도로 기록하지 않는 방법이다.

**[2] 계속기록법**

재고자산의 입고 및 출고에 대한 내역을 재고자산의 종류별로 계속 기록하여 입고된 수량에서 출고된 수량을 차감한 수량이 기말재고수량이며, 계속기록법에 의한 기말재고수량은 장부상 계산된 수량으로 실지 재고와는 차이가 발생할 수 있다. 따라서 실무에서는 통상 계속기록법에 의하여 재고자산을 기록한 다음 기말결산시 재고조사를 실시하여 장부상 재고수량과 실지재고수량과의 차이는 그 원인을 밝혀 처리한다.

### 기말재고수량 단가 결정

재고자산의 가액은 기말재고수량에 매입단가를 곱하여 계산한다. 기말재고수량은 계속기록법 또는 실지재고조사법에 의하여 계산할 수 있으나 문제는 기말재고자산의 매입단가를 어떻게 산출할 것인가?

기중 매입상품의 단가가 모두 동일한 경우에는 기말재고수량에 매입단가를 곱하여 계산할 수 있지만, 개별 재고자산의 매입단가가 다른 경우 기말에 남아 있는 재고자산은 개별 매입단가가 서로 다른 상품이 섞여 있으므로 이를 추적하여 개별 상품의 매입단가를 계산하기는 현실적으로 불가능하다.

따라서 재고자산의 매입단가는 합리적인 기준에 의하여 인위적으로 계상할 수밖에 없을 것이다. 즉, 기말재고자산의 실제 매입단가 계산이 불가능하므로 세법에서는 다음과 같이 규정하고 있다.

## ■ 재고자산 평가방법 및 평가방법 신고

### [1] 재고자산 평가방법

재고자산의 평가는 다음의 하나에 해당하는 방법 중 법인이 납세지 관할세무서장에게 신고한 방법에 의한다.

① 개별법 ~ 재고자산을 개별적으로 각각 그 취득한 가액에 따라 산출한 것을 그 자산의 평가액으로 하는 방법

② 선입선출법 ~ 먼저 입고된 것부터 출고되고 재고자산은 사업연도종료일부터 가장 가까운 날에 취득한 것이 재고로 되어 있는 것으로 하여 산출한 취득가액을 그 자산의 평가액으로 하는 방법

③ 후입선출법 ~ 가장 최근에 입고된 것부터 출고되고 재고자산은 사업연도종료일부터 가장 먼 날에 취득한 것이 재고로 되어 있는 것으로 하여 산출한 취득가액을 그 자산의 평가액으로 하는 방법

④ 총평균법 ~ 자산을 품종별·종목별로 당해 사업연도개시일 현재의 자산에 대한 취득가액의 합계액과 당해 사업연도중에 취득한 자산의 취득가액의 합계액의 총액을 그 자산의 총수량으로 나눈 평균단가에 따라 산출한 취득가액을 그 자산의 평가액으로 하는 방법

⑤ 이동평균법 ~ 자산을 취득할 때마다 장부시재금액을 장부시재수량으로 나누어 평균단가를 산출하고 그 평균단가에 의하여 산출한 취득가액을 그 자산의 평가액으로 하는 방법

### [2] 재고자산 평가방법 신고

재고자산의 평가방법을 신고하고자 하는 때에는 다음의 기한내에 재고자산등 평가방법신고(변경신고)서를 납세지 관할세무서장에게 제출하여야 한다. 이 경우 저가법을 신고하는 경우에는 시가와 비교되는 원가법을 함께 신고하여야 한다.

① 신설법인과 새로 수익사업을 개시한 비영리내국법인은 당해 법인의 설립일 또는 수익사업개시일이 속하는 사업연도의 법인세과세표준의 신고기한

② 재고자산평가방법을 신고한 법인으로서 그 평가방법을 변경하고자 하는 법인은 변경할 평가방법을 적용하고자 하는 사업연도의 종료일이전 3월이 되는 날

## ■ 재고자산평가방법을 신고하지 않은 경우 재고자산평가

법인이 재고자산평가방법을 신고기한내에 재고자산의 평가방법을 신고하지 아니한 경우 **선입선출법**(매매를 목적으로 소유하는 부동산의 경우에는 개별법으로 한다.)에 의하여 재고자산을 평가한다.

▶ 물가가 계속 상승하는 상황에서 선입선출법을 선택하는 경우 후입선출법을 선택하는 경우보다 매출원가는 적어지고, 매출총이익은 많아진다.

♣ 상품수불부 → 경영정보사 홈페이지 참조


## 상품

기업의 정상적인 영업활동을 목적으로 구입한 상품, 미착상품, 적송품 등을 말하며, 부동산매매업에 있어서 매매를 목적으로 소유하는 토지·건물 기타 이와 유사한 부동산은 상품으로 처리한다.

### ▶ 미착상품

수입물품의 경우 수입물품이 창고에 입고되기 전까지 소요되는 수입상품 결제대금, 관세, 통관수수료, 하역료, 창고료 등 수입물품의 취득과 관련하여 발생하는 제비용을 미착상품으로 계상한 다음 창고입고시 상품(원재료) 계정으로 대체처리한다.

### ■ 상품 매입가액

① 상품의 매입과 관련한 제반 매입부대비용은 상품가액에 포함하여 처리한다. 즉, 물품구입과 관련한 운반비 등은 상품계정에 포함하여 처리한다.

② 수입물품 ~ 수입시 부담하는 관세, 보험료, 운임요금, 관세사수수료 등은 모두 수입상품가액에 포함하여 처리한다.

## ■ 매입환출, 매입에누리, 매입할인

① 매입환출 ~ 매입한 상품 중 불량 등의 원인으로 반품한 것을 말한다.
② 매입에누리 ~ 수량부족, 불량 등의 사유로 매입대금을 에누리 받은 것
③ 매입할인 ~ 외상매입대금을 약속한 날짜보다 먼저 지급함으로서 매출자로부터 할인받는 금액을 말한다.

매입환출, 매입에누리 및 매입할인은 매입에서 직접 차감하여야 한다. 따라서 매입 이후 매입환출, 매입에누리, 매입할인이 발생하는 경우 부가가치세법의 규정에 의하여 매출자로부터 감액매출세금계산서를 발급받아야 한다.

## ■ 매출원가 계산

도.소매업의 경우 상품을 구입하여 판매를 함으로서 이익이 발생한다. 즉 매출한 상품가액에서 그 상품의 구매가격을 차감한 금액이 상품매매이익이다.

그런데 상품의 종류가 많고 상품의 구입시 마다 매입가격이 다른 경우 개별 상품별로 해당 매입원가를 계산하는 것은 현실적으로 불가능하다. 따라서 기업은 상품매매이익을 계산하기 위하여 일정 기간 동안의 매출액에서 판매된 상품의 원가를 합리적인 방법으로 계산한 다음 매출원가를 차감하여 상품매매이익을 계산한다.

○ 매출총이익(상품매매이익) = 매출 - 상품매출원가
○ 매출원가 = 기초상품재고액 + 당기 상품매입액 - 기말상품재고액

## ▶ 상품 및 매출원가 회계처리 사례

매출원가는 판매가능한 상품(기초상품재고액 + 당기매입액)에서 기말상품재고액을 차감한 금액이다. 매출에 대응하는 매출원가는 결산처리과정을 거쳐 계상한다.

1. 기초상품재고액은 전기의 장부에서 이월한다.

2. 당기 상품매입시 상품계정으로 회계처리한다.
3. 결산시 당기에 판매가능한 상품가액(기초상품재고액 + 당기매입액)에서 기말상품 재고액을 차감하여 매출원가를 계상한다.

[사례] 상품매입 및 상품매출원가 계산
<예제>
- 기초상품재고액    1,200,000원
- 당기매입액        32,000,000원
- 기말상품재고액    2,500,000원
- 당기매출액        50,000,000원

① 당기 상품매입(합계금액)

| 상품 | 32,000,000 | / | 외상매입금 | 35,200,000 |
| 부가세대급금 | 3,200,000 | | | |

- 외상매입금 : 또는 현금, 보통예금, 지급어음 등

② 당기 상품매출(합계금액)

| 외상매출금 | 55,000,000 | / | 상품매출 | 50,000,000 |
| | | | 부가세예수금 | 5,000,000 |

- 외상매출금 : 또는 현금, 보통예금, 받을어음 등

③ 상품을 당기 매출원가로 대체하는 회계처리
당기 판매가능한 상품(전기이월상품 + 당기매입액)에서 기말 현재 남아 있는 상품가액을 제외한 금액이 당기에 실제 판매된 상품의 원가이므로 당기에 실제 판매된 상품의 원가를 상품매출원가로 대체하는 회계처리를 한다.

| 상품매출원가 | 30,700,000 | / | 상품 | 30,700,000 |

- 상품매출원가 = 기초상품재고액 + 당기 매입액 - 기말상품재고액
                 (1,200,000)  + (32,000,000) - (2,500,000)
- 매출총이익(19,300,000) = 매출(50,000,000) - 상품매출원가(30,700,000)

## 제품

판매를 목적으로 제조하여 판매가 가능한 상태에 있는 생산품 등을 말한다. 제품원가는 원가계산절차에 의하여 계산한다.

① 원재료의 재료비 계정 대체

| 재료비 | ***** | / | 원재료 | ****** |

② 재료비의 재공품 계정 대체

| 재공품 | ***** | / | 원재료 | ****** |

③ 노무비의 재공품 계정 대체

| 재공품 | ****** | / | 임금 | ****** |

④ 경비의 재공품 계정 대체

| 재공품 | ****** | / | 경비 | ****** |

⑤ 재공품 중 완성제품의 제품 계정 대체

| 제품 | ****** | / | 재공품 | ****** |

## 반제품

반제품이란 자가 제조한 중간제품과 부분품 등을 말하며, 제조과정에서 아직 최종 공정을 거치지 않아 완성제품은 아니지만, 하나 이상의 공정을 거쳐 다음 공정 단계를 기다리는 중간제품을 의미한다. 반제품은 완제품의 부품으로 사용되기도 하고 그대로 판매되기도 한다. 실무에서 중소기업의 경우 원가계산의 복잡성으로 인하여 반제품은 통상 계산하지 않는다.

## 원재료

원료, 재료, 매입부분품, 미착원재료 등을 원재료라 한다. 그리고 원재료의 취득과 관련하여 지출하는 운반비 등 기타부대비용(수입의 경우 하역비, 보험료, 관세 등 포함)은 원재료에 포함하여 처리하여야 한다.

### 원재료 회계처리 사례

① 《원재료 구입》 6. 30 제품제조에 사용하기 위하여 일진물산에서 원재료 5,000,000원(부가세 별도) 구매하고 그 대금은 나중에 지급하기로 하다.
원재료 매입시 운반비 150,000원을 현대용달에 보통예금에서 계좌 이체하여 지급하고 간이영수증을 수취하다.

| | | | |
|---|---|---|---|
| 원재료 | 5,000,000 | 외상매입금 | 5,500,000 |
| 부가세대급금 | 500,000 | | |
| 원재료 | 150,000 | 보통예금 | 150,000 |

② 《원재료를 재료비계정으로 대체》 결산시 당기 원재료 사용액 20,000,000원을 재료비로 대체하다.

| | | | |
|---|---|---|---|
| 재료비 | 20,000,000 | 원재료 | 20,000,000 |

## 재공품

재공품이란 제품 또는 반제품의 제조를 위하여 재공과정에 있는 것을 말하며, 제조기업의 경우 결산시점에 원가계산을 위하여 재공품가액을 평가하여야 정확한 원가계산을 할 수 있다. 제조기업은 원재료를 투입하여 가공단계를 거쳐 제품을 생산하여 판매라는 과정을 거쳐 이익을 실현한다. (재료구입 → 가공 → 생산 → 판매)
이 과정이 1사업연도 기간 동안에 완성되어 기말 시점에 제조과정에 있는 재공품 및 판매되지 않고 회사내 남아있는 제품이 전혀 없다면, 재공품 또는 제품의 평가가 필요 없지만 대부분 제조기업의 경우 기말 시점에 제조과정 중에 있는 재공품 및 판매되지 않고 남아 있는 제품이 있기 마련이다.

예를 들어 A기업의 당기 중 총매출액은 5억원이고, 당기 중에 제품의 제조를 위하여 투입한 총 원가가 5억원이라고 가정하자. 이 경우 A기업의 당기 중 매출총이익은 '제로'일 것이다. 그런데 A기업은 당기 중 투입된 총 원가 5억원 중 기말 현재 시점에서 생산과정 중에 있는 재공품 및 생산은 되었으나 판매되지 않고 회사에 남아 있는 제품이 있다면, 기말 현재 시점의 재공품 및 제품가액은 당기 매출과 관련한 원가가 아니므로 원가에서 차감하여야 당기의 정확한 제품매출원가를 계산할 수 있다는 것이다.

따라서 이와 같은 경우 기말 현재 시점의 재공품 및 제품의 원가를 계상하여 당기의 총원가에서 차감하여야 한다. 그렇다면, 재공품 및 제품의 가액은 어떻게 평가할 것인가? 생산과정에 있는 재공품 및 제품의 가액을 원가계산 방식에 의하여 계산하기 위해서는 원가회계에 대한 상당한 수준의 지식이 있어야 하며, 원가계산 방식에 의하여 재공품 가액을 산출한다 하더라도 제조공정의 진행률 (제조과정에 있는 제품의 완성정도) 계산은 자의적이고 주관적인 평가가 불가피하므로 정확한 재공품의 평가는 현실적으로 어렵다. 따라서 소기업의 경우 통상 실무에서는 재공품 가액을 평가하지 않는다.

### ▶ 재공품 회계처리 사례

① 《당기 투입원가 재공품계정 대체》 당기에 투입된 재료비, 노무비, 경비를 재공품 계정으로 대체하다.

| 재공품 | ****** / | 재료비 | ****** |
|---|---|---|---|
| | | 노무비 | ****** |
| | | 경비 | ****** |

② 《재공품 중 완성제품 제품계정 대체》 기말에 생산과정에 있는 재공품가액을 제외한 금액을 제품계정으로 대체하다.

| 제품 | ****** / | 재공품 | ****** |
|---|---|---|---|

## 2  비유동자산 [투자자산]

> 투자자산이란 1년 이상의 장기투자를 목적으로 취득한 자산을 말하며, 장기금융상품, 장기투자증권, 장기대여금, 투자부동산 등이 있다.

### 📖 장기금융상품

유동자산에 속하지 아니하는 금융상품으로 정기예금, 정기적금, 사용이 제한되어 있는 예금 중 장기적 자금운용목적으로 소유하거나 예치일로부터 만기일이 1년을 초과하여 도래하는 금융상품을 말한다. 사용이 제한되어 있는 예금에 대해서는 그 내용을 주석으로 기재한다.

### ▶ 장기금융상품 회계처리 사례

① 《장기성 정기예금 불입》 3년 만기 정기예금에 가입하고 국민은행 정기예금구좌에 1억원을 국민은행 보통예금에서 대체 입금하다.

| 장기금융상품 | 100,000,000 | / | 보통예금 | 100,000,000 |

② 《저축성 보험 불입》 5년 만기 저축성 보험에 가입하고 흥국생명 저축보험에 1,000,000원을 국민은행 보통예금에서 대체 입금하다.

| 장기성예금 | 1,000,000 | / | 보통예금 | 1,000,000 |

- 장기성예금 : 적금식 보험료
- 보험료 : 보장성보험료에 해당하는 금액이 있는 경우 보험료로 처리한다.

## 장기투자증권

장기투자증권이란 기업의 유휴자금을 타 기업의 경영활동에 참가하거나 투자를 목적으로 취득하는 유가증권으로 유동자산에 속하지 아니하는 주식, 사채(社債), 국·공채 및 출자금 등을 말하며, 비유동자산으로 분류되는 매도가능증권과 만기보유증권을 통합하여 장기투자증권으로 표시할 수 있다.

또한 시장성이 없는 투자주식(비상장법인의 주식 등)은 모두 장기투자증권으로 분류하여야 하며, 채권의 경우 장기(통상 1년을 초과하여 보유하는 채권) 보유 목적인 경우에는 장기투자증권으로 처리하며, 단기 보유목적으로 취득한 경우에는 단기투자자산 항목의 단기매매증권으로 분류한다.

### ■ 주식

○ 유가증권의 취득목적이 장기보유목적인 매도가능증권 및 만기보유증권
○ 시장성이 없거나 특수관계자가 발행한 주식을 취득하는 경우

### ■ 채권

○ 장기보유목적의 채권

### ■ 출자금

출자금은 주로 건설업체가 건설공제조합 등에 출자한 금액을 처리하는 계정으로 비유동자산(고정자산)에 해당하며, 출자금은 통상 장기투자증권으로 분류한다.
단, 출자금에 대하여 별도의 계정과목을 설정하여야 할 필요가 있는 경우 출자금이란 계정과목을 별도 설정하여 처리하여도 무방하다. 한편, 조합의 운용수입에 따라 이익배당을 받거나 출자지분이 증가하기도 하며, 출자로 인하여 받는 배당금은 배당금수익으로 처리한다.

## ▶ 장기투자증권 회계처리 사례

① 《건설공제조합 출자》 건설공제조합에 출자금 20,000,000원을 보통예금에서 인출하여 출자하다.

| 출자금 | 20,000,000 | / | 보통예금 | 20,000,000 |

② 《출자금에 대한 배당소득 발생》 출자에 대한 배당금 1,000,000원이 당사의 보통예금 통장으로 입금되다.

| 보통예금 | 1,000,000 | / | 배당금수익 | 1,000,000 |

* 법인에게 배당을 하는 경우 배당소득세는 원천징수하지 아니한다.
* 전문건설공제조합도 내국법인이므로 내국법인이 당해 법인이 출자한 다른 내국법인으로부터 수입배당금을 받은 경우에는 그 출자비율에 따라 익금불산입 하는 것임

▶ 법인이 내국법인으로부터 받는 수입배당금중 일정금액의 익금불산입

| 출자대상 | 지분비율 | 익금불산입율 |
|---|---|---|
| 상장·등록법인 | 100% | 100% |
|  | 30% 초과 | 50% |
|  | 30% 이하 | 30% |
| 비상장법인 | 100% | 100% |
|  | 50% 초과 | 50% |
|  | 50% 이하 | 30% |

③ 《출자금 납입》 건우건설(주)는 건설공제조합에 출자금 150,000,000원(150좌)을 보통예금에서 인출하여 납입하다. (1좌당 1,000,000원 × 150좌)

| 출자금 | 150,000,000 | / | 보통예금 | 150,000,000 |

④ 《출자금평가》 회계기말에 전문건설공제조합에서 출자금에 대한 연말정산 자료에서 출자금이 157,500,000원임을 통보받다. (1좌당 1,050,000원 × 150좌)

| 출자금 | 7,500,000 | / | 출자금평가이익 | 7,500,000 |

* 출자금평가이익은 일종의 지분법이익으로 보아 영업외수익으로 처리하여야 할 것으로 판단된다.

## 장기대여금

대여금 중 유동자산에 속하지 아니하는 장기의 대여금으로 그 기한이 1년을 초과하여 대여하는 대여금을 말한다. 중소기업에서 회사의 자금을 장기로 타인에게 대여하는 경우는 거의 발생하지 않는다. 다만, 대표이사 등 법인의 특수관계자에게 대여한 가지급금 중 약정에 의하여 그 대여기간이 1년을 초과하는 경우 결산 시점에 장기대여금이란 계정과목으로 대체하여야 한다.

기업회계기준에서 재무상태표에 가지급금 등 미결산 계정과목은 그 내용을 나타내는 적절한 계정과목으로 표시하도록 규정하고 있다. 실무에서 단기, 장기대여금을 구분하는 것이 모호할 수 있으나 계약기간이 1년을 초과하더라도 결산기말 시점에 만기가 1년 내 도래하는 것은 단기대여금으로 처리한다.

### 장기대여금 회계처리 사례

① 《타 사에 자금 대여》㈜대동산업은 6. 30 거래처인 ㈜한일에 1억원을 연리 9%로 2년 후 상환조건으로 자금을 대여하여 주기로 하고 보통예금에서 인출하여 지급하다. 이자는 매 월 말일 수취하기로 하다.
(이자계산 일수조건 : 초일불산입 말일산입)

| 장기대여금 | 100,000,000 | / | 보통예금 | 100,000,000 |
|---|---|---|---|---|

② 《장기대여금에 대한 이자 수취》 7. 31 ㈜한일에 빌려 준 대여금에 대한 이자 764,380원(100,000,000 × 9% × 31/365) 중 법인세(법인의 경우 이자소득세가 아님) 191,090원 및 이자소득세 19,100원을 차감한 554,190원이 입금되다.

| 보통예금 | 573,290 | / | 이자수익 | 764,380 |
|---|---|---|---|---|
| 선납세금 | 210,190 | | | |

- 선납세금(210,190) : ㈜한일은 차입금 이자 지급시 그 지급액의 25%를 법인세(법인에게 이자를 지급하는 경우 법인세법에 의한 법인세를 징수한다.) 및 지방소득세를 원천징수하여 납부하여야 하며, 이자소득을 지급받은 자는 원천징수된 법인세 및 지방소득세를 선납세금으로 처리한 다음 납부할 법인세에서 공제한다.

# 3  비유동자산 [유형자산]

> 유형자산은 재화의 생산이나 용역의 제공, 타인에 대한 임대, 또는 자체적으로 사용할 목적으로 보유하고 있으며, 물리적 형태가 있는 비화폐성자산으로서 토지, 건물, 기계장치 등을 포함한다.

## 토지

대지, 임야, 전답, 잡종지 등의 취득시 토지계정으로 회계처리한다. 그리고 토지 구입시 소요되는 관련비용(취득세, 중개수수료 등)은 토지에 포함한다.

### ▶ 유형자산에 해당하는 토지와 구분하여야 하는 것
○ 건설업 등이 건설, 분양을 목적으로 취득하는 토지는 재고자산이다.
○ 투자를 목적으로 취득하는 토지는 투자부동산이다.

□ 토지 취득과 관련한 법무사수수료 및 매입세액 처리
토지관련 법무사수수료는 토지 취득가액으로 처리하여야 하며, 동 매입세액은 공제대상이 아니므로 토지 취득원가에 포함하여야 한다.

### ■ 토지 취득에 대한 증빙서류

① 토지 : 토지의 거래는 면세에 해당하나 공급자가 계산서를 발급하지 않아도 되므로 토지매매계약서 및 토지대금 지급영수증 등을 증빙으로 한다.
② 공인중개사수수료 : 금융기관을 통하여 지급하고, 경비 등의 송금명세서(법인) 또는 영수증수취명세서(개인)를 제출하는 경우 적법한 증빙서류로 인정된다. 단, 중개업자가 일반과세자인 경우 세금계산서를 수취하여야 한다.
③ 법무사수수료 : 세금계산서

◆ 연체이자 등의 취득가액 해당 여부

토지의 매입대금을 지연납부함에 따라 추가 부담하는 연체이자는 당해 손익이 실제로 발생한 날이 속하는 사업연도의 소득금액 계산상 손금에 산입하는 것임
(법인, 서면인터넷방문상담2팀-2785, 2004.12.30.)

## 토지 회계처리 사례

① 《토지 계약금 지급》 공장건물을 신축하기 위하여 공장용지를 1억원에 매입하기로 계약하고, 계약금 1천만원을 5. 10 보통예금에서 인출하여 지급하다.

| 선급금 | 10,000,000 | / | 보통예금 | 10,000,000 |

② 《토지 매입 잔금 지급》 6. 30 잔금 9천만원을 매도인에게 보통예금에서 인출하여 지급하고 공인중개사에게 중개수수료 1백만원을 현금으로 지급하다.

| 토지 | 101,000,000 | / | 선급금 | 10,000,000 |
| | | | 보통예금 | 90,000,000 |
| | | | 현금 | 1,000,000 |

③ 《법무사수수료 등 지급》 6. 30 토지소유권이전과 관련하여 취득세, 기타 제비용 6,700,000원 및 법무사수수료 550,000원(부가세 포함: 세금계산서 수취)을 현금으로 지급하다.

| 토지 | 7,250,000 | / | 현금 | 7,250,000 |

## 건물

건물과 부속설비로 하며, 부속설비에는 당해 건물과 관련된 전기설비, 급배수·위생설비, 가스설비, 냉방·난방·통풍 및 보일러설비, 승강기설비 등 모든 부속설비를 포함한다.

① 건물 매입시 취득 관련 비용(취득세, 중개수수료 등) 및 건물의 취득을 위하여 차입한 차입금에 대한 이자로서 취득완료전의 금액은 건물취득가액에 포함한다.
② 건설업 등이 건설, 분양을 목적으로 취득하는 건물은 '재고자산'으로 처리한다.
③ 투자를 목적으로 취득하는 건물은 '투자부동산'으로 처리한다.

## ■ 토지 및 건물 일괄 취득시 취득가액 계산

법인의 자산에 대한 취득가액은 타인으로부터 매입한 자산은 매입가액에 부대비용을 가산한 금액으로 한다. 단, 토지와 건물을 구분하지 않고 일괄 취득한 경우 토지와 건물 취득가액은 다음의 방법으로 안분하여 계산한다.

① 실지거래가액 중 토지의 가액과 건물 가액의 구분이 분명한 경우에는 실지거래가액에 의한다.
② 실지거래가액 중 토지의 가액과 건물 가액의 구분이 불분명한 경우에는 다음 각 호에 정하는 바에 의한다.
1. 감정평가가액(감정평가법인이 평가한 가액)이 있는 경우에는 그 가액에 비례하여 안분 계산한다.
2. 토지와 건물 등에 대한 기준시가가 모두 있는 경우에는 공급계약일 현재의 기준시가에 따라 계산한 가액에 비례하여 안분계산한다.
3. 토지와 건물 중 어느 하나 또는 모두의 기준시가가 없는 경우로서 감정평가가액이 있는 경우에는 그 가액에 비례하여 안분계산한다.
4. 위 각호의 규정을 적용할 수 없거나 적용하기 곤란한 경우에는 국세청장이 정하는 바에 따라 안분하여 계산한다.
* 아파트(기존아파트)와 같이 기준시가를 토지, 건물분으로 구분하지 아니하고 일괄고시하는 경우에는 지방세법상 과세시가표준액을 기준으로 안분 계산한다.

□ 기준시가(소득세법 제99조)
- 토지 : 지가공시및토지등의평가에관한법률에 의한 개별공시지가로 한다.
- 건물 : 건물(오피스텔 및 상업용건물, 주택 제외)의 신축가격·구조·용도·위치·신축연도 등을 참작하여 매년 1회 이상 국세청장이 산정·고시하는 가액

- 오피스텔 및 상업용 건물 : 건물에 부수되는 토지를 공유로 하고 건물을 구분소유하는 오피스텔 및 상업용 건물(부수되는 토지 포함)에 대하여는 건물의 종류·규모·거래상황· 위치 등을 참작하여 매년 1회 이상 국세청장이 토지와 건물에 대하여 일괄하여 산정·고시하는 가액
- 주택 : 개별주택가격 및 공동주택가격. 다만, 공동주택가격의 경우에는 국세청장이 결정·고시한 공동주택가격이 있는 때에는 그 가격에 의한다.

## ▶ 건물 철거 및 철기비용 세무회계

토지만을 사용할 목적으로 건축물이 있는 토지를 취득하여 그 건축물을 철거하거나, 자기소유의 토지상에 있는 임차인의 건축물을 취득하여 철거한 경우 철거한 건축물의 취득가액과 철거비용은 당해 토지에 대한 자본적 지출로 한다.

□ 법인세법 기본통칙 23-31···1 【고정자산에 대한 자본적 지출의 범위】
영 제31조 제2항 제5호에 규정하는 자본적 지출에는 다음 각호의 예에 따라 처리하는 것을 포함한다.(2001.11.01 개정)
1. 토지만을 사용할 목적으로 건축물이 있는 토지를 취득하여 그 건축물을 철거하거나, 자기소유의 토지상에 있는 임차인의 건축물을 취득하여 철거한 경우 철거한 건축물의 취득가액과 철거비용은 당해 토지에 대한 자본적 지출로 한다.<개정 2001.11.01>

□ 일반기업회계기준 제10장 유형자산
10.13 건물을 신축하기 위하여 사용중인 기존 건물을 철거하는 경우 그 건물의 장부금액은 제거하여 처분손실로 반영하고, 철거비용은 전액 당기비용으로 처리한다. 다만 새 건물을 신축하기 위하여 기존 건물이 있는 토지를 취득하고 그 건물을 철거하는 경우 기존 건물의 철거 관련 비용에서 철거된 건물의 부산물을 판매하여 수취한 금액을 차감한 금액은 토지의 취득원가에 포함한다.

□ 부가가치세법 제39조(공제하지 아니하는 매입세액) ① 제38조에도 불구하고 다음 각 호의 매입세액은 매출세액에서 공제하지 아니한다.
7. 면세사업등에 관련된 매입세액(면세사업등을 위한 투자에 관련된 매입세액을 포함한다)과 대통령령으로 정하는 토지에 관련된 매입세액

## ⏵ 건물 회계처리 사례

① 《업무용 사옥 계약금 지급》 5. 2 업무용 사옥(토지 및 건물)을 사업자등록이 없는 개인으로부터 구입하기로 하고, 계약금 50,000,000원을 보통예금에서 인출하여 지급하다. (매매대금 5억원)

| 선급금 | 50,000,000 | / 보통예금 | 50,000,000 |
|---|---|---|---|

② 《중도금 지급》 6. 30 중도금 2억원을 보통예금에서 인출하여 지급하다.

| 선급금 | 200,000,000 | / 보통예금 | 200,000,000 |
|---|---|---|---|

③ 《잔금 및 수수료 지급》 7. 31 잔금 및 부동산중개수수료, 법무사수수료, 취득세 등을 보통예금에서 인출하여 지급하다. 잔금 250백만원, 사옥 중개수수료 3백만원, 등기관련 수수료 : 토지분 취득세 4,800,000원, 건물분 취득세 3,600,000원, 인지대 등 기타비용 800,000원, 법무사수수료 770,000원(부가세 포함, 세금계산서 수취)

| 선급금 | 254,500,000 | / 보통예금 | 262,970,000 |
|---|---|---|---|
| 토지 | 4,800,000 | | |
| 건물 | 3,600,000 | | |
| 부가세대급금 | 70,000 | | |

- 선급금 : 사옥잔금(250,000,000) + 중개수수료(3,000,000) + 기타 비용(800,000) + 법무사수수료(700,000)

▷ 법무사수수료 중 토지관련 수수료는 그 매입세액을 토지의 취득가액으로 계산하여야 하므로 법무사사무소에서 세금계산서를 발급받을 시 토지 및 건물을 구분하여 발급받는 것이 적절하다. 이를 구분하지 아니한 경우 부가세대급금 중 토지 부분에 상당하는 금액을 안분하여 토지의 매입가액으로 대체처리한다.

④ 《토지 및 건물 안분계산》 7. 31 사옥 취득가액 중 토지 및 건물의 가액구분이 불분명하여, 기준시가에 의하여 토지 및 건물가액을 계산하여 대체하다.

| 토지 | 315,312,500 | / 선급금 | 504,500,000 |
|---|---|---|---|
| 건물 | 189,187,500 | 부가세대급금 | 43,750 |
| 토지 | 43,750 | | |

[예제] 토지 공시지가 : 250,000,000원, 건물의 국세청기준시가 : 150,000,000원

- 토지 : 504,500,000 × $\dfrac{\text{토지공시지가}(250,000,000)}{\text{기준시가}(400,000,000)}$ = 315,312,500

- 건물 : 504,500,000 × $\dfrac{\text{건물기준지가}(150,000,000)}{\text{기준시가}(400,000,000)}$ = 189,187,500

▷ 매입세액 중 토지로 대체할 금액 : 43,750원
부가세대급금(70,000원) × 토지가액(315,312,500) / 토지 및 건물가액(504,500,000)

## 구축물

구축물에는 하수도, 굴뚝, 포장도로, 교량, 도크, 방벽, 철탑, 기타 토지에 정착한 모든 토목설비나 공작물을 포함한다. (지하수개발, 공장부지 정지, 정원설비 등)

### ▶ 건물과 구축물 구분

건물은 건물 본래의 용도에 공하기 위한 구조물을 말하고 건물의 본래 용도에 공하지 아니하거나 건물에 부착되지 않는 구조물은 구축물로 처리한다.
구축물의 감가상각방법은 건물과 동일하게 적용하나 건축물 부속설비를 건축물과 구분하여 회계처리하는 경우 업종별자산내용연수를 적용할 수 있다.

### ▶ 시설장치

구축물로 분류할 수 없는 시설 및 장치, 임차건물의 인테리어설치비용 등은 시설장치로 처리할 수 있다.

### ▶ 인테리어 설치비용

자가 건물의 인테리어 시설비용이 당해 자산의 내용연수를 연장시키거나 자산의 가치를 증가시키고, 건물과 분리되는 별도의 시설물인 경우 구축물로 처리하며, 수선.유지.보수의 경우 또는 인테리어비용이 100만원 이하 소액인 경우 수익적 지출로 보아 소모품비 등으로 처리하여 당기에 전액 비용처리한다.

임차건물의 개보수, 시설물 설치비용 또는 공사비용은 자본적 지출에 해당한다고 볼 수 있다. 시설물 공사비 등의 금액이 중요한 경우 해당 자산의 법인세법상 내용연수를 적용하여 감가상각비를 계상하는 것이 적절하다. 따라서 임차자산개량과 관련하여 발생한 금액은 유형자산 항목에 '시설장치' 또는 '임차자산개량권'이란 계정과목을 설정하여 처리한 다음 업종별내용연수를 적용하여 감가상각을 하여야 한다. 한편, '임차자산개량권'에 대한 감가상각이 종료되기 전 임차계약이 해지되어 철거하는 경우 잔존가액은 전액 손금산입할 수 있다.

□ **임차건물의 자본적지출에 대한 감가상각방법 (소득46011-21249, 2000.10.20)**
병원을 개업하기 위하여 건물을 임차하여 칸막이 및 실내인테리어공사를 하는 것은 자본적지출에 해당하며, 그 공사비는 소득세법시행령 제63조 제1항 제2호 및 같은법시행규칙 제32조 제1항의 규정에 의하여 법인세법시행규칙 별표 6의 업종별 자산의 기준내용연수에 따라 감가상각비를 계산하는 것임.

## ● 시설장치 등 폐기

사업장 이전 또는 시설개체, 기술낙후 등으로 인하여 생산설비의 일부를 폐기하는 경우에 한하여 당해 자산의 장부가액(폐기물 매각대금이 있는 경우에는 그 금액을 차감한 금액)을 폐기일이 속하는 사업연도에 손금산입할 수 있으며, 시설장치를 폐기처리하였음을 객관적으로 입증할 수 있는 근거자료는 보관하여야 한다. (사진, 내부품의서 등)

◆ **법인 사업장 이전으로 업무용 시설물 폐기 (법인46012-4206, 1995.11.15)**
법인이 사업장에 설치한 업무용 시설물(건물에 대한 자본적지출 제외)을 사업장의 이전으로 폐기하는 때에는 당해 자산의 장부가액(폐기물 매각대금이 있는 경우에는 그 금액을 차감한 금액)을 폐기일이 속하는 사업연도에 손금산입하는 것임.

▶ **폐기손실의 손금(필요경비) 산입 및 손금불산입(필요경비불산입)**
법인의 경우 자산 폐기손실은 법인의 손금에 산입할 수 있으나 개인 사업자의 경우에는 필요경비에 산입할 수 없다.

## ▶ 구축물 회계처리 사례

① 《지하수개발공사》 공장에서 사용할 지하수를 개발하고, 개발공사대금 1천만원(부가세 별도)에 대하여 세금계산서를 수취하다. 그 대금은 1개월 뒤 지불하기로 하다.

| | | | |
|---|---|---|---|
| 구축물 | 10,000,000 / | 미지급금 | 11,000,000 |
| 부가세대급금 | 1,000,000 | | |

② 《미지급금 변제》 지하수개발공사대금 11,000,000원을 인터넷뱅킹으로 보통예금에서 인출하여 계좌이체하다. 계좌이체시 수수료 1,000원이 같이 인출되다.

| | | | |
|---|---|---|---|
| 미지급금 | 11,000,000 / | 보통예금 | 11,001,000 |
| 지급수수료 | 1,000 | | |

## 기계장치

기계장치, 운송설비(콘베이어·호이스트·기중기 등)와 기타의 부속설비 등을 말하며, 기계장치의 구입과 관련한 제비용은 기계장치의 취득원가에 포함한다. 기계장치 매입계약을 체결하고 해당 기계장치의 가동을 위하여 추가로 지출하는 비용은 해당 기계장치를 사업에 직접 사용하기 위한 자본적 지출에 해당한다.

### ▶ 기계장치 폐기

화재, 태풍, 장마로 인한 침수피해등 천재지변이나 예상치 못한 돌발사건으로 보유중인 재고자산이나 유형자산에 손실을 입은 경우 재해손실로 처리하는 것이며, 재해손실은 손익계산서상 영업외비용으로 처리한다.

한편, 화재 등의 경우에 대비하여 보험에 가입하고 화재발생으로 인한 보험금을 수령한 경우 보험금은 유형자산폐기손실금액에서 차감하여야 한다. 시설의 개체 또는 기술낙후로 인하여 사업별 유형자산의 일부를 폐기한 경우 당해 유형자산의 장부가액에서 1,000원(비망가액)을 공제한 금액을 폐기일이 속하는 사업연도에 비용처리할 수 있다.

## ▶ 기계장치 회계처리 사례

① 《기계장치 매입시 선급금 지급》 기계장치를 5억원에 매입(부가세 별도)하기로 하고, 선급금 55,000,000원(부가세 포함)을 보통예금에서 인출하여 지급하고, 세금계산서를 수취하다.

| | | | |
|---|---|---|---|
| 선급금 | 50,000,000 / | 보통예금 | 55,000,000 |
| 부가세대급금 | 5,000,000 | | |

② 《기계장치 매입시 중도금 지급》 중도금 2억 2천만원(부가세 포함)을 보통예금에서 인출하여 지급하고, 세금계산서를 수취하다.

| | | | |
|---|---|---|---|
| 선급금 | 200,000,000 / | 보통예금 | 220,000,000 |
| 부가세대급금 | 20,000,000 | | |

③ 《기계장치 인수》 기계장치를 인도받고 잔금에 대한 세금계산서(공급가액 2억 5천만원, 세액 2천5백만원)를 발급받다. 기계장치 잔금 275,000,000원(부가세 포함) 중 2억원은 1개월 후 지급하기로 하고, 잔금 75,000,000원을 보통예금에서 인출하여 지급하다.

| | | | |
|---|---|---|---|
| 기계장치 | 500,000,000 / | 선급금 | 250,000,000 |
| 부가세대급금 | 25,000,000 | 보통예금 | 75,000,000 |
| | | 미지급금 | 200,000,000 |

한편, 설치비 5,500,000원(부가세 포함)을 지급하고 세금계산서를 수취하다.

| | | | |
|---|---|---|---|
| 기계장치 | 5,000,000 / | 보통예금 | 5,500,000 |
| 부가세대급금 | 500,000 | | |

④ 《기계장치 운반비 지급》 기계장치 운송회사에 운반비 7,000,000원(부가세별도)을 보통예금에서 인출하여 지급하고 세금계산서를 수취하다.

| | | | |
|---|---|---|---|
| 기계장치 | 7,000,000 / | 보통예금 | 7,700,000 |
| 부가세대급금 | 700,000 | | |

### ▶ 기계장치 취득시 세무상 유의사항

① 설치중인 기계장치의 시운전을 위하여 지출된 비용에서 시운전 기간 중 생산된 시제품을 처분하여 회수된 금액을 공제한 잔액은 기계장치의 자본적 지출로 한다.

② 장기할부조건으로 자산을 취득함에 있어서 이자상당액을 가산하여 매입가액을 확정하고 그 지불을 연불방법으로 한 경우의 이자상당액은 당해 자산에 대한 자본적 지출로 한다. 이 경우 당초 계약시 이자상당액을 당해 자산의 가액과 구분하여 지급하기로 한 때에도 또한 같다. 다만, 현재가치할인차금(장기할부조건 등으로 취득하는 경우 발생한 채무를 기업회계기준이 정하는 바에 따라 현재가치로 평가하여 현재가치할인차금으로 계상한 경우의 당해 현재가치할인차금)과 매입가액 확정 후 연불대금 지급시에 이자상당액을 변동이자율로 재계산함에 따라 증가된 이자상당액은 그러하지 아니한다.

## 차량운반구

차량운반구의 취득 및 구입시에 지출되는 매입 부대비용, 차량운반구의 취득과 관련한 세금과공과금(취득세 등) 및 제비용(등록대행수수료, 인지세, 번호판대 등)은 차량운반구 취득가액에 포함한다.

### ▶ 차량의 취득과 관련한 매입세액 처리

택시회사 등 운수업을 영위하는 사업자가 영업용으로 매입하는 승용자동차의 매입세액은 공제받을 수 있으나 운수업이 아닌 회사가 비영업용승용자동차의 매입시 부담한 매입세액은 공제받지 못하므로 차량운반구의 취득가액으로 처리한다.

단, 마티즈, 아토스 등 경차의 경우에는 그 매입세액을 공제받을 수 있으며, 비영업용승용자동차란 8인승 이하의 차량을 말한다.

### ▶ 장기할부매입의 경우 이자비용처리

자산을 법인세법 시행령 제68조 제3항의 규정에 의한 장기할부 조건 등으로 구매하는 경우 발생한 채무를 기업회계기준에 의한 현재가치로 평가하여 현재가치할인차금으로 계상하는 경우 해당 현재가치할인차금을 자산의 가액에 가산하지 않는 것이며, 해당 현재가치할인차금에 대하여는 지급이자 손금불산입 대상이 되지 않는다.

한편, 할부구입과 관련하여 현재가치할인차금을 계상하지 않는 경우 해당 이자는 자산(차량)의 가액에 포함하여야 한다. 그러나 자산(차량)의 판매회사가 아닌 캐피탈 등으로부터 할부대금을 차입하고, 그 이자비용을 지급하는 경우 당해 이자는 그 지급시 이자비용으로 처리하여야 할 것으로 판단된다.

### ▶ 리스차량 회계처리

운용리스차량을 임차하고 차량공급자로부터 세금계산서를 발급받은 경우 부가세만 회계처리하고, 기타 리스 비용은 그 지급시 지급임차료 등으로 처리한다.

## ▣ 차량운반구 회계처리 사례

### ■ 차량 구입과 회계처리

① 《화물차 매입》 업무용화물차량을 구입하기 위하여 현대자동차판매(주)와 계약하고, 계약금 1,200,000원을 제외한 잔액은 현대캐피탈(주)에 24개월 할부로 지급하기로 하다. (차량대금 12,000,000원 부가가치세 1,200,000원)
계약금 1,2000,000원 및 기타 인수 제 비용 1,000,000원 (취득세, 증지대, 안전협회비, 인지대, 신용대출수수료, 공채매입 할인료 등)을 6. 22 국민은행 보통예금에서 인출하여 지급하다.

| 선급금 | 1,200,000 | / | 보통예금 | 2,200,000 |
| 차량운반구 | 1,000,000 | | | |

* 유형자산의 취득과 관련하여 국·공채 등을 불가피하게 매입하는 경우 당해 채권의 매입가액과 기업회계기준에 따라 평가한 현재가치와의 차액은 취득가액으로 할 수 있다.

② 《차량매입에 대한 세금계산서 수취》 6. 25 차량구입에 대한 매입세금계산서를 발급받다. (공급가액 12,000,000원, 세액 1,200,000원)

| 차량운반구 | 12,000,000 | / | 선급금 | 1,200,000 |
| 부가세대급금 | 1,200,000 | | 미지급금 | 12,000,000 |

* 비영업용승용자동차를 취득하는 경우에는 그 매입세액은 공제받을 수 없으므로 부가세대급금은 차량운반구의 취득가액에 포함하여 처리한다.

③ 《차량할부원리금 지급》 차량할부 원금 500,000원 및 할부이자 80,000원이 국민은행 보통예금에서 자동이체 되다.

* 할부원금(500,000) = [차량대금(13,200,000) - 계약금(1,200,000)] ÷ 24개월

| 미지급금 | 500,000 | / | 보통예금 | 580,000 |
| 이자비용 | 80,000 | | | |

## ■ 공채 매입 및 할인

① 11/12 서울도시철도채권 매입 1,860,000원

| 유가증권 | 1,860,000 | / | 보통예금 | 1,860,000 |

② 11/13 서울도시채권을 증권사에 매도 후 통장으로 1,644,550원 입금

[내역] 입금액(1,644,550원) = 1,860,000원 - 207,390원 - 9,900원 + 1,840원
◦ 유가증권처분손실(207,390원) = 매입금액(1,860,000원) - 매도금액(1,652,610원)
◦ 지급수수료(8,400원) : 증권회사 수수료
◦ 선급이자 340원(공채발행일 이후 보유기간에 대한 이자수익)

| 보통예금 | 1,644,550 | / | 유가증권 | 1,860,000 |
| 유가증권처분손실 | 207,390 | | 이자수익 | 340 |
| 지급수수료 | 8,400 | | | |

* 지급수수료는 유가증권처분손실에 포함하여 처리하여도 된다.

## ■ 차량 매각시 회계처리

◎ 《차량 매각》 차량운반구를 매각하고 세금계산서를 발행하다. 차량매각대금 4,400,000원(세액 포함)은 현금으로 영수하다.

장부가액 6,000,000원 = 취득가액 14,000,000원 - 감가상각누계액 8,000,000원

| 현금 | 4,400,000 | / | 차량운반구 | 14,000,000 |
| 감가상각누계액 | 8,000,000 | / | 부가세예수금 | 400,000 |
| 유형자산처분손실 | 2,000,000 | | | |

▷ 유형자산처분손실 : 장부가액(6,000,000원) - 처분가액(4,000,000원)
▷ 차량 처분시 당기 감가상각비는 계상하지 않아도 무방하다.

# 건설중인자산

유형자산의 건설을 위한 재료비·노무비 및 경비로 하되, 건설을 위하여 지출한 도급금액 또는 취득한 기계 등을 포함한다. '건설가' 계정이라고도 하며, 기업이 공장건물 등의 신축을 위하여 건설업자에게 도급을 주거나 직접 건축하는 경우 건물이 완성될 때까지 임시로 처리하는 가계정이다. 따라서 건축 중 소요되는 제반경비는 일단, '건설중인자산'으로 처리한 다음 건물이 완성되면, '건물' 계정으로 대체한다.

## 건설중인 자산 회계처리 사례

① 《공장건물 신축 계약금 지급》 (주)대원종합건설과 공장신축에 대한 계약을 체결하고, (총도급금액 10억원, 부가세 별도) 계약금 1억원(부가세 별도)에 대하여 세금계산서를 발급받고, 5. 31 보통예금에서 인출하여 지급하다.
ㅇ 계약조건 : 도급금액 10억원 (중간지급조건부 계약), 공사기간: 1년
ㅇ 대금결제 조건 : 계약시 10%, 중도금 계약일로부터 6개월 뒤 40%
　　잔금 : 공사 준공시점(계약일로부터 1년) 50% 지급조건

| 건설중인자산 | 100,000,0000 | / | 보통예금 | 110,000,000 |
|---|---|---|---|---|
| 부가세대급금 | 10,000,000 | | | |

② 《신축건물 관리비용 지급》 6.30 공사현장 감독자 급여 2백만원을 지급하면서 근로소득세 및 지방소득세 33,000원을 공제한 1,967,000원을 현금 지급하다.

| 건설중인자산 | 2,000,0000 | / | 현금 | 1,967,000 |
|---|---|---|---|---|
| | | | 예수금 | 33,000 |

③ 《중도금 지급》 공사 중도금 지급일인 11.30 중도금 4억원(부가세 별도)에 대하여 (주)대원종합건설로부터 세금계산서를 발급받고, 그 대금은 보통예금에서 인출하여 지급하다.

| 건설중인자산 | 400,000,000 | / | 보통예금 | 440,000,000 |
|---|---|---|---|---|
| 부가세대급금 | 40,000,000 | | | |

④《잔금 지급》다음해 5.30 공사가 준공되어 잔금 5억원(부가세 별도)에 대한 세금계산서를 발급받고, 그 대금은 보통예금에서 인출하여 지급하다.

| | | | |
|---|---|---|---|
| 건설중인자산 | 500,000,000 | / 보통예금 | 550,000,000 |
| 부가세대급금 | 50,000,000 | | |

⑤《건물 준공》5.31 공장건물 준공시 건설중인자산을 건물계정으로 대체하다.
(공사대금 10억원, 현장감독 인건비 3천만원, 기타 비용 5백만원)

| | | | |
|---|---|---|---|
| 건물 | 1,035,000,0000 | / 건설중인자산 | 1,035,000,000 |

▶ **건설중인자산은 감가상각대상자산이 아님**
건설중인자산은 감가상각대상이 아니며, 감가상각은 해당 자산을 법인의 사업에 사용한 날부터 감가상각을 시작한다.

## 비품

비품이란 컴퓨터, 책걸상, 전화기, 복사기, 팩시밀리, 에어컨, 자동판매기, 냉장고, 사무용가구, 선풍기, 정수기, 세탁기, 침대, 비디오 등을 말한다. 비품은 감가상각대상자산으로 이들 비품 중 그 취득금액이 소액인 경우에도 취득시점에 비품으로 처리할 시 감가상각 등 복잡한 회계처리과정이 필요하므로 세법에서는 거래단위별로 100만원 이하인 비품은 취득시점에 전액 비용으로 처리하는 것을 인정하고 있다. 따라서 비품 중 거래 단위별로 100만원 이하인 비품은 취득시 소모품비 등으로 비용 처리한다.

### 비품 회계처리 사례

①《비품 매입》사무용복사기를 2,500,000원(부가세 별도)에 구입하고 그 대금은 나중에 지급하기로 하다.

| | | | |
|---|---|---|---|
| 비품 | 2,500,000 | / 미지급금 | 2,750,000 |
| 부가세대급금 | 250,000 | | |

② 《비품 매각》 복사기를 330,000원(부가세 포함)에 처분하고 세금계산서를 발행하고, 그 대금은 현금으로 받다. 취득가액은 2,500,000원이며, 감가상각누계액은 2,000,000원이다.

| | | | | |
|---|---|---|---|---|
| 현금 | 330,000 | / | 비품 | 2,500,000 |
| 감가상각누계액 | 2,000,000 | | 부가세예수금 | 30,000 |
| 유형자산처분손실 | 200,000 | | | |

## 공구와기구

공구와기구는 주로 생산활동을 원활하게 하기 위하여 사용하는 도구 중 그 사용기한이 1년을 초과하는 경우 처리하는 계정이다. 따라서 내용연수가 1년 이하이고, 거래 건당 100만원 이하인 '공구와기구'는 소모품비로 처리하여 구입시점에 즉시 비용처리한다. 한편, '공구와기구'를 매입시에 소모품비로 처리하였으나 기말에 미사용분이 있는 경우 저장품으로 대체처리한다.

### 공구와기구 회계처리 사례

① 《공구와기구 매입》 공장에서 사용할 공구를 3,000,000원(부가세 별도)에 매입하고 그 대금은 보통예금에서 인출하여 결제하다.

| | | | | |
|---|---|---|---|---|
| 공구와기구 | 3,000,000 | / | 보통예금 | 3,300,000 |
| 부가세대급금 | 300,000 | | | |

## 기타의 유형자산

토지, 건물, 구축물, 기계장치, 선박, 차량운반구, 건설중인자산에 속하지 아니하는 기타의 유형자산으로는 임차자산개량권 등이 있다.

# 4 비유동자산 [무형자산]

> 무형자산이란 물리적 실체는 없지만 그 가치가 식별가능하고, 미래경제적 효익이 있는 비화폐성자산을 말하며, 영업권, 산업재산권, 광업권, 어업권, 개발비 등이 있다.

## 무형자산 개요

### 무형자산 요건

무형자산은 아래 3가지 요건을 모두 충족하여야 한다.

① 식별가능성
무형자산이 식별가능하다는 것은 그 자산이 기업실체나 다른 자산으로부터 분리될 수 있거나 법적 권리를 창출할 수 있는 경우 등을 의미한다.
② 자원에 대한 통제
자원에 대한 통제란 그 자원으로부터 미래 경제적 효익을 획득할 수 있고 그 효익에 대해 제3자의 접근을 제한할 수 있는 경우를 말한다.
③ 미래 경제적 효익의 존재
무형자산의 미래 경제적 효익은 재화의 매출이나 용역수익, 원가절감 또는 그 자산의 사용에 따른 기타 효익의 형태로 발생한다. 무형자산은 미래 경제적 효익이 기업에 유입될 가능성이 매우 높고, 취득원가를 신뢰성 있게 측정할 수 있는 경우에 한하여 자산으로 인식한다. 따라서 내부적으로 창출된 영업권은 취득원가를 신뢰성 있게 측정할 수 없을 뿐만 아니라 기업이 통제하고 있는 식별가능한 자원도 아니기 때문에 자산으로 인식하지 않는다.

### ▣ 무형자산 해당 여부

내부적으로 창출된 무형자산이 인식기준을 충족하는지를 평가하기 위해서 자산의 발생과정을 연구단계와 개발단계로 구분한다. 연구단계에서 발생한 모든 지출은 발생한 기간의 비용으로 인식한다. 개발단계에서 발생한 지출은 무형자산의 인식기준을 모두 충족할 경우에는 자산으로 인식하고, 그 외에는 발생한 기간의 비용으로 인식한다. 한편, 무형자산을 취득한 후에 발생한 지출은 무형자산의 미래 경제적 효익을 실질적으로 증가시킬 가능성이 매우 높고, 그 지출이 신뢰성 있게 측정될 수 있으며, 무형자산과 직접 관련되는 경우에 한하여 자본적 지출로 처리하고 그렇지 않은 경우에는 비용으로 인식한다.

### ▣ 무형자산 취득원가

내부적으로 창출된 무형자산의 취득원가는 그 자산의 창출, 제조, 사용준비에 직접 관련된 지출과 합리적이고 일관성 있게 배분된 간접지출(인건비, 감가상각비, 법적비용 등)을 모두 포함한다.

### ▣ 무형자산 감가상각

무형자산의 상각대상금액은 그 자산의 추정내용연수 동안 체계적인 방법에 의하여 비용으로 배분한다. 무형자산의 상각기간은 독점적·배타적인 권리를 부여하고 있는 관계 법령이나 계약에 정해진 경우를 제외하고는 20년을 초과할 수 없으며, 상각은 자산이 사용가능한 때부터 시작한다.

## 영업권

영업권이란 회사 또는 지명도, 상표, 상호의 소유, 우수한 인력 또는 평판, 우수한 생산·판매조직, 양호한 고객관계 등 영업권을 창출시키는 유·무형자산 물건의 영업상의 기능 내지 특성으로 인하여 동일 또는 유사한 사업에 있어서 장래에 기대되는 이익이 정상이익을 초과하는 경우 초과수익력을 말하며, 유상으로 취득한 경우 무형자산인 영업권으로 처리한다.

### ▣ 영업권의 범위

① 사업의 양도.양수과정에서 양도.양수자산과는 별도로 양도사업에 관한 허가.인가 등 법률상의 지위, 사업상 편리한 지리적 여건, 영업상의 비법, 신용.명성.거래선 등 영업상의 이점 등을 감안하여 적절한 평가방법에 따라 유상으로 취득한 금액
② 합병 또는 분할의 경우 피합병법인 또는 분할법인(소멸한 분할합병의 상대방 법인 포함)의 자산을 평가하여 승계한 경우로서 피합병법인 또는 분할법인의 상호.거래관계 기타 영업상의 비밀 등으로 사업상 가치가 있어 대가를 지급한 것
③ 설립인가, 특정사업의 면허, 사업의 개시 등과 관련하여 부담한 기금.입회금 등으로서 반환청구를 할 수 없는 금액과 기부금 등

### ▣ 영업권 감가상각

법인세법상 영업권은 5년간 정액법으로 균등하게 상각하여야 한다.

### ▣ 영업권 양도 및 세무신고

영업권(점포임차권을 포함한다)의 양도로 인하여 발생하는 소득은 무형자산처분이익으로 법인의 소득에 포함되어 법인세가 과세되며, 개인의 경우 기타소득으로 과세된다. 한편, 토지, 건물, 부동산에 관한 권리인 사업용 유형자산과 영업권을 같이 양도하는 경우에는 양도소득세가 과세된다. (개인의 경우)

#### ▶ 부가가치세 분야
사업의 포괄양도에 해당하지 않는 경우라면 영업권의 양도에 대하여도 재화의 공급으로 보아 세금계산서 발급 대상으로 공급가액에 대하여 세금계산서를 발급하여야 한다.

한편, 영업권대가를 지급하는 자는 기타소득세를 원천징수하여 신고납부하게 되므로 영업권대가를 지급받는자가 개인사업자(법인인 경우 원천징수의무 없음)인 경우 사업소득과는 별도로 기타소득[기타소득금액(기타소득 - 필요경비)이 3백만원을 초과하는 경우]으로 종합소득세 신고시 합산하여 신고 및 납부를 하여야 하며, 기타소득세로 원천징수된 기타소특세는 기납부세액로 공제를 받을 수 있다.

### ▶ 원천세 분야(양수인이 개인인 경우)

영업권을 양수하고 영업원에 대한 대가를 지급하는 자의 경우 영업권은 기타소득에 해당하므로, 대가로 지급하는 금액의 **60%**를 필요경비로 차감하고, 나머지 40%의 금액에 대하여 기타소득세 20%와 지방소득세2%, 합계 22%를 원천징수하여 다음 달 10일까지 납부하는 것이며, 다음 연도 2월말일까지 기타소득지급명세서를 제출하여야 한다.

### ▶ 양도소득세 분야(개인이 양도하는 경우)

1) 사업용고정자산(토지, 건물, 부동산에 관한 권리)과 함께 양도하는 영업권은 소득세법 제94조 제1항 제4호 가목에 따라 양도소득세 과세대상 자산에 해당한다.
2) 사회통념상 자산에 포함되어 함께 양도된 것으로 인정되는 영업권의 경우에는 영업권도 함께 양도한 것으로 보는 것이며, 영업권 양도차익과 부동산(토지, 건물) 양도차익을 구분하여 각각 양도소득세가 과세된다.

## 산업재산권

### ● 특허권

특수한 발명이나 사실에 대하여 특허법상 그 발명인 및 소유자에게 일정 기간 동안 그 발명품의 제조 및 판매에 관하여 법률상 부여한 권리이다
특허권은 '산업재산권'으로 특수한 발명이나 사실에 대하여 특허법상 그 발명인 및 소유자에게 일정 기간 동안 그 발명품의 제조 및 판매에 관하여 법률상 부여한 권리를 말한다. 특허권은 자기 자신이 스스로 창작하여 특허출원을 한 것뿐만 아니라 타인으로부터 승계 취득한 경우도 무형자산인 산업재산권으로 처리한다.

특허권을 타인으로부터 승계 취득하는 경우에는 매입금액과 매입에 소요되는 제반 비용을 자산 취득원가로 계상한다. 한편, 특허권을 일정기간을 사용하기로 하고 그 대금을 지급하는 경우에는 지급수수료(특허권 사용료)로 비용처리를 하여야 한다.

## ■ 특허권 양도 및 세무신고

법인이 특허권을 양도하는 경우에는 양도가액과 취득가액의 차액에 대하여 법인세를 부담하여야 하는 것이나 개인의 경우 특허권의 양도로 인하여 발생하는 소득은 소득세법 제21조 제1항 제7호의 규정에 의하여 기타소득에 해당하는 것이며, 기타소득의 60%를 필요경비로 한다.

### ▶ 특허권 취득 이후 발생하는 경비처리

특허권 취득 후 특허권과 관련한 분쟁으로 인하여 소송비등 여러 가지 비용이 발생할 수 있다. 이때 특허권의 가치를 증가시키거나 내용연수를 연장시키는 자본적 지출은 특허권 원가에 산입하여야 하며, 원상을 회복시키거나 능률유지를 위한 비용, 특허권 방어 소송비용 등은 수익적지출로 당기비용(지급수수료)으로 처리한다.

## ▷ 특허권 회계처리 사례

① 《특허권 출원비용 지급》 특허권을 취득하기 위하여 특허 출원 및 등록에 소요되는 비용 8백만원을 보통예금에서 인출하여 지급하다.

| 선급금 | 8,000,000 | / | 보통예금 | 8,000,000 |
|---|---|---|---|---|

② 《특허권 취득비용 지급》 특허권을 취득하고 제비용 2백만원을 보통예금에서 지급하다.

| 특허권 | 10,000,000 | / | 선급금 | 8,000,000 |
|---|---|---|---|---|
| | | | 보통예금 | 2,000,000 |

- 특허권 : 산업재산권에는 특허권이 포함되므로 특허권을 산업재산권으로 계정처리를 하는 것이나 별도의 특허권 계정을 사용해도 무방하다.
* 변리사 수수료 등 특허권 취득과 관련한 제비용은 특허권의 취득원가로 한다.

③《특허권 연차료 지급》 특허권 취득시 연차료 3백만원(3년치)을 보통예금에서 인출하여 납부하다.

| 선급비용 | 3,000,000 | / | 보통예금 | 3,000,000 |

④《특허권 감가상각비 계상》 기말에 특허권에 대하여 감가상각비를 계상하다.

| 특허권상각 | 1,000,000 | / | 특허권 | 1,000,000 |

* 법인세법상 특허권의 감가상각 내용연수는 7년(2014년 이전 10년)으로 매 결산기말에 감가상각한다.

⑤《연차료를 지급수수료로 대체》 특허권 연차료 선급비용 중 당기 해당 금액에 대하여 지급수수료로 계상하다.

| 지급수수료 | 1,000,000 | / | 선급비용 | 1,000,000 |

* 지급수수료 : 선급비용 ÷ 3년

⑥《특허권 양도》 장부상 가액이 5백만원인 특허권을 3천3백만원(부가세 포함)양도하고, (세금계산서 발행) 그 대금은 보통예금에 입금되다.

| 보통예금 | 33,000,000 | / | 특허권 | 5,000,000 |
| | | | 부가세예수금 | 3,000,000 |
| | | | 무형자산처분이익 | 25,000,000 |

## ● 실용신안권

실용신안권이란 산업상 이용할 가능성이 있는 물품의 형상, 구조 또는 조합한 것 등에 관한 구체적인 기술적 목적과 기술적 구성 및 기술적 효과에 의하여 체계적으로 형성된 신규성 있는 기술적 사상의 창작인 무형의 고안을 보호의 객체로 하는 권리를 말한다.

## ● 의장권(디자인권)

의장권이란 산업적 물품 또는 제품의 독창적이고 장식적인 외관 형상의 보호를 위하여 등록을 통하여 허용된 권리이며 산업재산권의 하나이다. 의장이란 물품에 표현되어 눈으로 보아 미적 감각을 일으키게 하는 디자인이다. 즉, 기술과는 무관하게 물품의 미적외관을 시각적인 관점에서 파악되는 것이며, 반드시 특정된 물품에 표현되어야 한다.

## ● 상표권

상품을 생산·제조·가공 또는 판매하는 자가 자기의 상품을 다른 업자의 상품과 식별코자 그 상품에 대해 사용 표시하는 기호나 문자, 도형 등을 상표라 하는데, 상표권은 생산자 또는 상인이 그 상표를 특허청에 출원해 등록함으로써 부여받는 전용권을 말한다.

▶ **산업재산권의 법인세법상 상각기간**
특허권 7년, 실용신안권 5년, 의장권 5년, 상표권 5년

## ▣ 개발비

개발비란 신제품 또는 신기술개발과 관련하여 제품(재료, 장치, 공정, 시스템 포함) 및 용역의 생산을 위한 계획이나 설계에 적용하는 활동과 관련하여 발생한 비용을 말한다. 단, 연구와 관련하여 발생한 비용은 연구비로 처리한다.

개발비 중 무형자산인 개발비요건을 충족하지 못하는 경우 당기비용인 경상개발비로 처리하고, 무형자산인 개발비 요건에 충족하는 경우에 한하여 무형자산인 개발비로 처리한다.

## ● 무형자산인 개발비와 당기비용인 경상연구개발비 구분

①항과 ②항의 요건을 모두 충족하는 경우 무형자산인 개발비로 처리하고 그렇지 않은 경우에는 발생한 연도의 비용인 경상개발비로 처리한다.

① 아래와 같은 개발단계에 속하는 활동일 것
- 생산 전 또는 사용 전의 시작품과 모형을 설계, 제작 및 시험하는 활동
- 새로운 기술과 관련된 공구, 금형, 주형 등을 설계하는 활동
- 상업적 생산목적이 아닌 소규모의 시험공장을 설계, 건설 및 가동하는 활동
- 새롭거나 개선된 재료, 장치, 제품, 공정, 시스템 및 용역 등에 대하여 최종적으로 선정된 안을 설계, 제작 및 시험하는 활동

② 개발단계에서 발생한 지출은 다음의 조건을 모두 충족하는 경우
- 무형자산을 사용 또는 판매하기 위해 그 자산을 완성시킬 수 있는 기술적 실현가능성을 제시할 수 있다.
- 무형자산을 완성해 그것을 사용하거나 판매하려는 기업의 의도가 있다.
- 완성된 무형자산을 사용하거나 판매할 수 있는 기업의 능력을 제시할 수 있다
- 무형자산이 어떻게 미래 경제적 효익을 창출할 것인가를 보여줄 수 있다. 예를 들면, 무형자산의 산출물, 그 무형자산에 대한 시장의 존재 또는 무형자산이 내부적으로 사용될 것이라면 그 유용성을 제시하여야 한다.
- 무형자산의 개발을 완료하고 그것을 판매 또는 사용하는 데 필요한 기술적, 금전적 자원을 충분히 확보하고 있다는 사실을 제시할 수 있다.
- 개발단계에서 발생한 무형자산 관련 지출을 신뢰성 있게 구분하여 측정할 수 있다.

## ● 개발비, 사용수익기부자산 등의 감가상각

### ▶ 개발비
관련제품의 판매 또는 사용이 가능한 시점부터 20년 이내의 기간내에서 연단위로 신고한 내용연수에 따라 매사업연도별 경과월수에 비례하여 상각한다. (무신고시 5년간 균등상각)

▶ **사용수익기부자산**

당해 자산의 사용수익기간(그 기간에 관한 특약이 없는 경우 신고내용연수)에 따라 균등하게 안분한 금액을 상각

## 개발비 회계처리 사례

① 《개발용 시제품 구입》 신제품 개발과 관련하여 소재 3천만원(부가가치세 별도)을 구입하고 세금계산서를 수취하다. 그 대금은 보통예금에서 인출하여 지급하다.

| | | | | |
|---|---|---|---|---|
| 선급금 | 30,000,000 | / | 보통예금 | 33,000,000 |
| 부가세대급금 | 3,000,000 | | | |

② 《개발비 대체》 신제품 개발이 완성되고, 기업회계기준에 의한 개발비 요건을 충족하여 개발과 관련하여 지출한 비용 2억원을 개발비로 대체하다. 개발과 관련한 제비용은 모두 선급금으로 처리한바 선급금을 개발비로 대체하다.

| | | | | |
|---|---|---|---|---|
| 개발비 | 200,000,000 | / | 선급금 | 200,000,000 |

## 기타의 무형자산

산업재산권(실용신안권, 의장권, 상표권, 특허권), 개발비, 영업권에 포함되지 아니하는 기타의 무형자산으로서 독점적·배타적으로 이용할 수 있는 권리로 한다.

### 광업권

광업권이란 일정한 광구에서 등록을 한 광물과 동 광상중에 부존하는 다른 광물을 채굴하여 취득할 수 있는 권리를 말한다.

# 5 비유동자산 [기타 비유동자산]

> 기타 비유동자산이란 투자자산, 유형자산, 무형자산 등으로 분류할 수 없는 비유동자산으로 장기매출채권, 장기미수금, 장기선급금, 장기선급비용, 임차보증금, 부도어음 등이 기타 비유동자산에 해당한다.

## 장기성매출채권

유동자산에 속하지 아니하는 일반적 상거래에서 발생한 외상매출금 및 받을어음중 회수기간이 결산일로부터 1년 이상인 채권을 말한다. 실무에서는 통상 장기할부조건판매의 경우 외상매출금을 장기성매출채권으로 처리한다.

### 장기할부조건

장기할부조건이라 함은 자산의 판매 또는 양도(국외거래에 있어서는 소유권이전 조건부 약정에 의한 자산의 임대를 포함한다)로서 판매금액 또는 수입금액을 월부·연부 기타의 지불방법에 따라 2회 이상으로 분할하여 수입하는 것 중 당해 목적물의 인도일의 다음날부터 최종의 할부금의 지급기일까지의 기간이 1년 이상인 것을 말한다.

### 매출총액 및 손익귀속시기

**(1) 인도기준에 의한 매출인식(이자상당액을 포함한 명목가치에 의함)**
장기할부판매의 경우에도 매출 인식시기는 원칙적으로 인도기준을 적용한다. 이 경우 인도기준은 명목가치에 의한 인도기준을 말하는 것으로 이자상당액을 구분하지 않고 판매총액을 매출액으로 처리한다.

### (2) 현재가치평가 및 인도기준에 의한 매출인식

기업이 장기할부조건 등에 의하여 자산을 판매하거나 양도함으로써 발생한 채권에 대하여 기업회계기준이 정하는 바에 따라 현재가치로 평가한 금액을 매출로 처리하고, 명목가치와 현재가치의 차액을 계상한 경우 현재가치할인차금상당액은 당해 채권의 회수기간 동안 환입한 금액은 각 사업연도의 익금에 산입한다.

□ 현재가치할인차금

예를 들어 장기매출채권 1억원을 3년에 걸쳐 지급받기로 한 경우 3년에 걸쳐 지급받을 1억원의 가치는 물가상승률 등을 감안하면, 현재보다 낮은 가치가 될 것이다. 따라서 3년 동안 지급받게 될 명목가치 1억원에 대하여 물가상승률 등을 반영하여 현재의 가치로 평가한 가치가 9천만원이라면, 현재의 시점에서 실질 매출채권의 가치는 9천만원이며, 1천만원은 일종의 이자로 보아야 할 것이다. 따라서 이 경우 1천만원은 이자로 보아 현재가치할인차금을 설정하여 매 결산기마다 이자수익으로 처리하는 것이다.

### (3) 회수기일에 매출 및 매출원가 인식

중소기업이 장기할부조건으로 자산을 판매하거나 양도한 경우로서 판매 또는 양도한 자산의 인도일이 속하는 사업연도의 결산을 확정함에 있어서 당해 사업연도에 회수하였거나 회수할 금액과 이에 대응하는 비용을 각각 수익과 비용으로 계상한 경우에는 그 장기할부조건에 따라 각 사업연도에 회수하였거나 회수할 금액과 이에 대응하는 비용을 각각 해당 사업연도의 익금과 손금에 산입한다. 이 경우 인도일 이전에 회수하였거나 회수할 금액은 인도일에 회수한 것으로 본다.

## ▶ 장기성매출채권 회계처리 사례

① 《인도기준에 의한 매출처리》 20×4. 1. 5 대동물산(주)에 기계장치 3억원(부가세 별도)을 판매하고 그 대금은 3회에 걸쳐 나누어 지급받기로 하다.
(20×4. 12. 31, 20×5. 12. 31, 20×6. 12. 31)

| 장기매출채권 | 330,000,000 | / | 매출 | 300,000,000 |
|---|---|---|---|---|
| | | | 부가세예수금 | 30,000,000 |

* 장기할부판매의 경우 대가의 각 부분을 받기로 한 때를 재화의 공급시기로 본다. 다만, 공급시기가 되기 전에 세금계산서를 발급하는 경우 그 때를 공급시기로 본다.

② 《인도기준에 의하여 매출처리하고 현재가치할인차금 계상》 동국물산(주)에20×4. 1. 5 기계장치를 300,000,000원(부가가치세 별도)에 판매하고 그 대금은 3회 (20×4. 12. 31, 20×5. 12. 31, 20×6. 12. 31)로 나누어 지급받기로 하다.
한편, 장기매출채권 3억 3천만원의 현재가치를 297,000,000원으로 평가하고, 차액 33,000,000원은 현재가치할인차금으로 계상하다.

| | | | |
|---|---|---|---|
| 장기매출채권 | 330,000,000 / | 매출 | 267,000,000 |
| | | 부가세예수금 | 30,000,000 |
| | | 현재가치할인차금 | 33,000,000 |

\* 부가가치세의 과세표준은 거래상대방으로부터 받는 대금, 요금, 수수료, 기타 명목여하에 불구하고 대가관계에 있는 모든 금전적가치가 있는 것을 포함하는 것으로 할부판매시 이 자상당액도 과세표준에 포함한다.

③ 《현재가치할인차금상각》 20×4년 회계기말에 현재가치할인차금 11,000,000원을 상각하고 동 금액을 이자수익으로 처리하다.

| | | | |
|---|---|---|---|
| 현재가치할인차금상각 | 11,000,000 / | 이자수익 | 11,000,000 |

## 보증금

보증금이란 특정시설물 또는 배타적 권리를 사용할 수 있는 대가로 일정금액을 지급하고 그 사용기간의 종료시 반환받을 수 있는 것으로 전세권, 임차보증금, 영업보증금, 수입보증금, 공탁보증금, 입찰보증금, 리스보증금 등이 있으며, '기타비유동자산'으로 분류한다.

### 임차보증금 및 전세권

① 임차보증금이란 타인의 부동산을 사용하기 위하여 지급한 보증금을 말한다.
② 전세권이란 전세금을 지급하고 타인의 부동산을 사용·수익할 수 있는 권리를 말하며, 전세권을 설정한 경우 전세권이란 계정과목으로 처리하고 기타의 경우는 임차보증금으로 처리한다.

## ● 영업보증금

대리점, 가맹점 등을 개설하는 경우 본사와 계약에 의하여 통상 영업보증금을 지급하며, 이 보증금을 영업보증금으로 처리한다. 단, 계약 해지시 돌려받을 수 없는 영업보증금은 무형자산(영업권)으로 계상하여 계약기간 동안 감가상각한다.

## ● 수입보증금

수입업자가 수입물품대금의 일부를 은행에 예치하는 보증금

## ● 공탁보증금

공탁이란 변제. 담보. 보관 등의 목적으로 금전 등을 공탁소에 맡기는 것을 말하며, 공탁금은 일종의 보증예치금이다.

### ▶ 임차보증금 회계처리 사례

① 《임차보증금 계약금 지급》 사무실을 임차(임차조건 : 보증금 1천만원, 월세 1백만원, 부가세 별도)하기로 하고, 계약금 1백만원을 보통예금에서 지급하다.

| 선급금 | 1,000,000 | / | 보통예금 | 1,000,000 |
|---|---|---|---|---|

② 《임차보증금 잔금 지급》 잔금 9백만원을 보통예금에서 인출하여 지급하다.

| 임차보증금 | 10,000,000 | / | 보통예금 | 9,000,000 |
|---|---|---|---|---|
|  |  |  | 선급금 | 1,000,000 |

③ 《월 임차료 지급》 5월분 임차료 1,000,000원 및 부가세 100,000원을 보통예금에서 인출하여 지급하고 세금계산서를 수취하다.

| 지급임차료 | 1,000,000 | / | 보통예금 | 1,100,000 |
|---|---|---|---|---|
| 부가세대급금 | 100,000 |  |  |  |

④ 《임차보증금 상계》 월세를 지급하지 못하여 보증금과 상계하기로 하고, 매입세금계산서를 수취하다.

| | | | |
|---|---|---|---|
| 지급임차료 | 1,000,000 | / 임차보증금 | 1,100,000 |
| 부가세대급금 | 100,000 | | |

⑤ 《임차보증금 회수》 임대차계약기간이 종료되어 보증금 중 월세 6개월분 6백 6십만원을 상계한 잔액 3,400,000원을 임대인으로부터 수표로 지급받아 즉시 보통예금에 입금하다.

| | | | |
|---|---|---|---|
| 보통예금 | 3,400,000 | / 임차보증금 | 3,400,000 |

## 부도어음

부도어음이란 매출대금으로 받은 어음 등을 어음만기일에 어음발행인이 지정한 금융기관에 어음을 제시하여 지급을 요구하였으나 지급이 거절된 어음을 말한다.

어음의 부도는 매출대금으로 받은 어음(또는 매출대금으로 받은 어음을 할인하거나 배서.양도한 어음)을 어음발행인이 어음에서 그 지급을 약속한 날짜에 어음상의 금액을 거래은행 당좌예금에 입금하지 않아, 거래은행이 어음소지인에게 지급을 할 수 없는 경우에 부도처리된다.

어음이 부도처리되면, 어음소지인은 어음발행인(어음을 배서.양도받은 경우에는 어음 양도인)에게 어음상의 금액을 지급하여 줄 것을 청구한다. 그러나 어음발행인의 재산이 없는 경우에는 회수가 불가능하며, 이 경우 어음대금회수가 불가능하므로 법절차에 따라 대손상각(비용)처리한다.

한편, 수취한 어음이 부도발생의 우려가 있는 경우 신용보증기금의 어음보험제도를 이용하여 보험에 가입한다.

## 🔁 부도어음 회계처리 사례

① 《받을어음 부도》 20×5. 6. 20 국민은행에 할인한 어음(5. 20 덕원개발로부터 받은 수취한 어음)이 부도가 발생되었음을 국민은행으로부터 통보받고 어음금액 11,000,000원 및 기타 제 비용 100,000원을 한미은행 보통예금에서 인출하여 즉시 국민은행에 지급하고, 덕원개발에 부도어음 금액의 상환을 청구하다.

| 부도어음 | 11,100,000 / 보통예금 | 11,100,000 |

② 《부도어음 대손세액공제》 부도어음의 부가가치세액에 해당하는 1,000,000원을 부도발생일이 속하는 날로부터 6개월이 경과한 날(20×5. 12. 21)이 속하는 부가가치세 확정신고시 대손세액공제를 신청하다.

| 부가세예수금 | 1,000,000 / 부도어음 | 1,000,000 |

• 부가세예수금 : 부도어음금액(11,000,000원) × 10/110

③ 《대손상각》 결산시점에 부도어음을 대손상각처리하다. 단, 대손충당금잔액 은 2천만원이다.

| 대손충당금 | 10,099,000 / 부도어음 | 10,099,000 |

* 수표, 어음 한매당 외상매출금에서 1,000원을 차감한 금액을 대손금으로 한다. 부도어음 잔액 1,000원은 추후 대손요건을 충족하는 사업연도(부도발생일로부터 3년이 경과한 사업연도)에 손금산입한다.
* 대손충당금을 초과하는 금액은 당기의 비용(대손상각비)으로 처리한다.

## ▶ 부도수표, 부도어음 대손상각

1) 부도발생일로부터 6월 이상 경과한 수표 또는 어음상의 채권 및 부도발생일 이전에 발생한 중소기업의 외상매출금 다만, 당해 법인이 채무자의 재산에 대해 저당권을 설정하고 있는 경우를 제외한다. 동 요건에 해당하는 경우 채무자가 부도발생일 이후 사업계속 여부, 다른 재산 소유 여부에 대하여 별도의 조사 없이 대손처리할 수 있으며, 추후 회수하는 때에 익금으로 계상한다.

2) 부도발생일로부터 6월 이상 경과한 날로부터 소멸시효가 완성하는 때 까지는 대손처리를 하여야 한다.
○ 부도발생일 : 소지하고 있는 부도수표나 부도어음의 지급기일 단, 지급기일전에 당해 수표나 어음을 제시하여 금융기관으로부터 부도확인을 받은 경우에는 그 부도확인일
○ 대손처리 방법 : 부도수표 또는 어음 금액 중 1,000원을 공제한 잔액을 대손상각비로 처리하거나 대손충당금이 있는 경우 대손충당금과 상계한다.

## 기타의 비유동자산

장기성매출채권, 보증금, 부도어음에 해당하지 않는 비유동자산으로 이연법인세자산(유동자산으로 분류되는 부분 제외), 장기선급비용, 장기선급금 및 장기미수금 등을 포함하며, 투자자산, 유형자산, 무형자산에 속하지 않는 비유동자산을 포함한다.

이들 자산은 투자수익이 없고 다른 자산으로 분류하기 어려워 기타로 통합하여 표시한다. 다만 이들 항목이 중요한 경우에는 별도 표시한다.

# 2 부채 계정과목

부채란 타인으로부터 차입한 채무(빚)를 말한다. 기업의 자산은 타인으로부터 빌린 부채와 주주들이 출자한 출자금 및 영업활동 결과 발생한 이익금으로 형성되어 있다. 부채는 단기 (재무상태표일로부터 1년 이내)에 상환하여야 하는 유동부채와 재무상태표일로부터 1년 이후에 상환하는 장기부채로 구분된다.

# 1 유동부채

유동부채란 단기(재무상태표일로부터 1년 이내)에 상환하여야 하는 부채를 말하며, 매입채무, 단기차입금, 미지급금, 선수금, 예수금, 미지급비용, 미지급법인세, 미지급배당금, 유동성장기부채, 선수수익, 부가세예수금 등이 있다.

## 매입채무

일반적 상거래에서 발생한 외상매입금과 지급어음으로 한다. 기업회계기준에서는 외상매입금과 지급어음을 통틀어 매입채무란 계정과목을 사용하나 실무에서는 구분하여 사용하고 결산시 외상매입금과 지급어음을 매입채무로 변경한다. (전산처리서 자동 처리된다.)

### 외상매입금

상품, 원재료 등을 외상 구매한 경우 외상채무의 명칭을 '외상매입금'이라 한다.

#### 외상채무의 명칭 구분 (외상매입금, 미지급금, 미지급비용)

O 외상매입금 : 재고자산 외상매입시 나중에 지급하여야 할 외상 매입대금의 명칭을 외상매입금이라 한다.
O 미지급금 : 유형자산(차량운반구, 기계장치, 비품 등) 외상매입시 외상대금의 명칭을 재고자산의 외상매입금과 구분하기 위하여 미지급금이라 한다.
O 미지급비용 : 각종 비용발생과 관련하여 그 대금을 나중에 지급하는 경우 외상대금 명칭을 미지급비용이라 한다.

### ▣ 외상매입금 회계처리 사례

① 《외상매입》 원사(원재료) 10,000,000원을 (주)대일로부터 7월 중에 납품받고 7. 31 세금계산서를 수취하다.
(공급가액 10,000,000원, 세액 1,000,000원, 합계 11,000,000원)

| 원재료 | 10,000,000 | / | 외상매입금 | 11,000,000 |
|---|---|---|---|---|
| 부가세대급금 | 1,000,000 | | | |

② 《외상매입대금 결제》 8. 31 (주)대일에 대한 외상매입대금 중 5,000,000원을 농협 보통예금에서 인터넷뱅킹으로 지급하다.

| 외상매입금 | 5,000,000 | / | 보통예금 | 5,000,000 |
|---|---|---|---|---|

#### ☐ 매입처원장의 작성

외상거래시 매입처별로 외상관리를 하여야 하는 경우 매입처원장을 작성한다. 매입처원장이란 물품 등을 판매하고 그 대금을 외상으로 하는 경우 각각의 거래처별로 물품 매입대금의 외상발생 및 지급에 관한 거래내용을 기록하기 위하여 작성하는 거래처별 외상관리장부이다. 따라서 거래처별로 별도 외상관리가 필요 없는 현금거래시에는 매입처원장을 작성할 필요가 없다.

## ● 지급어음

외상이란 거래 당사자간의 신용을 바탕으로 물품대금을 거래 후 일정 시점에 지급할 것을 구두로 약속하는 것이고, 어음이란 대금지급을 어음이라는 증서로 거래 후일에 지급을 약속하는 외상거래의 일종으로 어음수취인(물품을 공급하고 그 대금으로 어음을 받은 자)은 어음을 발행한 자가 어음증서에서 대금지급을 약속한 날짜에 그 지급을 지정한 은행에 어음을 제시하면, 은행에서 어음발행인의 당좌예금에서 어음대금을 지급하는 방식이다.

## ▶ 지급어음 회계처리 사례

① 《어음 발행》 (주)대일의 외상매입금 6,000,000원을 결제하기 위하여 9. 3 어음을 발행하여 지급하다. (지급일자 11. 30 지급장소 우리은행 종로지점)

| | | | |
|---|---|---|---|
| 외상매입금 | 6,000,000 / | 지급어음 | 6,000,000 |

② 《당좌예금 입금》 11. 29 어음대금결제를 위하여 6,000,000원을 농협 보통예금에서 우리은행 당좌예금으로 계좌이체하다.

| | | | |
|---|---|---|---|
| 당좌예금 | 6,000,000 / | 보통예금 | 6,000,000 |

③ 《지급어음 결제》 11. 30 우리은행 당좌예금에서 9. 3 (주)대일에 발행한 어음금액 6,000,000원이 결제되다.

| | | | |
|---|---|---|---|
| 지급어음 | 6,000,000 / | 당좌예금 | 6,000,000 |

## 단기차입금

금융기관으로부터의 당좌차월액과 1년내에 상환될 차입금을 차입한 경우 처리하는 계정과목이다.

◆ 유동부채 및 비유동부채 [기업회계기준서 제21호(재무제표의 작성과 표시 39)]
부채는 1년을 기준으로 유동부채와 비유동부채로 분류한다. 다만, 정상적인 영업주기 내에 소멸할 것으로 예상되는 매입채무와 미지급비용 등은 재무상태표일로부터 1년 이내에 결제되지 않더라도 유동부채로 분류한다. 이 경우 유동부채로 분류한 금액 중 1년 이내에 결제되지 않을 금액을 주석으로 기재한다. 당좌차월, 단기차입금 및 유동성장기차입금 등은 재무상태표일로부터 1년 이내에 결제되어야 하므로 영업주기와 관계없이 유동부채로 분류한다. 또, 비유동부채 중 재무상태표일로부터 1년 이내에 자원의 유출이 예상되는 부분은 유동부채로 분류한다. (A16, A21)

## ▣ 당좌차월

당좌거래를 이용하는 회사는 금융기관과의 사전 약정에 의하여 회사의 신용을 바탕으로 일정한도내의 금액을 당좌예금 잔고를 초과하여 당좌수표를 발행할 수 있으며, 이 때 당좌예금 잔고를 초과하여 발행된 당좌예금 마이너스금액이 당좌차월이다. 당좌차월은 당좌예금 잔고없이 인출한 일종의 차입금으로 당좌예금 부수(-)금액이다. 당좌예금 부수(-)금액은 결산시점에 당좌차월로 대체처리한다.

## ▣ 개인사채 차입 및 이자 지급 원천징수

회사의 자금이 일시 부족하여 금융권이 아닌 개인(대표자의 친.인척, 지인, 사채업자)으로부터 차입하는 경우 차입금은 단기차입금으로 처리하고, 그 이자 지급시 소득세법의 규정에 의하여 이자소득세(비영업대금의 이익 원천징수세율 : 25%)를 원천징수하여 관할세무서에 납부하여야 한다.

## ▣ 마이너스 통장 회계처리

마이너스 통장이란 금융기관과의 사전약정에 의하여 별도의 대출절차없이 회사 신용을 바탕으로 일정한도내의 금액을 보통예금 잔고를 초과하여 사용할 수 있는 통장이다. 따라서 보통예금 잔고 없이 인출한 금액은 일종의 차입금으로 보통예금 부수(-)금액에 대하여 단기차입금으로 처리한다. 단, 실무에서는 보통예금 부수(-)가 있는 경우 별도의 회계처리 없이 보통예금 마이너스 금액으로 처리하고, 결산시점에 단기차입금으로 대체처리한다.

□ 법인세법 기본통칙 4 - 0…8 [타인명의 차입금에 대한 취급]
① 차입금의 명의인과 실질적인 차용인이 다른 경우에는 실질적인 차용인의 차입금으로 한다.
② 제1항의 실질적인 차용인은 금전대차계약의 체결, 담보의 제공, 차입금의 수령, 각종 비용의 부담 등 차입에 관한 업무의 실질적인 행위내용과 차입한 금액의 용도 등을 기준으로 판단한다. 이 경우 차입금을 분할한 경우에는 차입한 금액의 전부 또는 일부를 타인에게 다시 대여한 것으로 인정되는 경우에 한하여 당해 차입금 총액을 당초 차용인의 차입금으로 한다.

## 단기차입금 회계처리 사례

①《차입금 입금》20×3. 6. 1 우리은행으로부터 운전자금 100,000,000원을 차입하고 근저당 설정수수료 및 기타 수수료 600,000원을 차감한 99,400,000원이 우리은행 보통예금에 입금되다.
(대출 상환기한: 20×4. 5. 31 대출이자율 6%, 만기 일시상환 방식)

| 보통예금 | 99,400,000 / 단기차입금 | 100,000,000 |
| 지급수수료 | 600,000 | |

②《차입금이자 지급》6. 30 우리은행 단기차입금에 대한 이자 500,000원이 우리은행 보통예금에서 인출되다.

| 이자비용 | 500,000 / 보통예금 | 500,000 |

③《차입금 상환》20×4. 5. 31 우리은행으로부터 차입한 단기차입금 1억원 및 이자비용 500,000원을 우리은행 보통예금에서 인출하여 상환하다.

| 단기차입금 | 100,000,000 / 보통예금 | 100,500,000 |
| 이자비용 | 500,000 | |

④《개인사채 차입》10. 20 회사의 자금이 일시 부족하여 김○○으로부터 2억 원을 차입하여(차입기간 : 1년, 이자율 10%) 국민은행 보통예금에 입금하다.

| 보통예금 | 200,000,000 / 단기차입금 | 200,000,000 |

- 단기차입금 : 이자비용을 정상적으로 지급하는 개인차입금은 단기차입금으로 처리하나 그렇지 못한 경우에는 가수금 등으로 처리한 다음 회계기말에 그 내용을 나타내는 적절한 과목으로 대체처리한다.

⑤《보통예금 마이너스 발생》외상매입금 25,000,000원을 보통예금에서 인출하여 결제하다. (잔고 5,000,000원, 마이너스 인출금액 20,000,000원)

| 외상매입금 | 25,000,000 / 보통예금 | 5,000,000 |
| | 단기차입금 | 20,000,000 |

⑥《마이너스 금액 상환》외상매출대금 5천만원이 보통예금에 입금되다.

| | | | |
|---|---|---|---|
| 단기차입금 | 20,000,000 | / 외상매출금 | 50,000,000 |
| 보통예금 | 30,000,000 | | |

## 미지급금

일반적 상거래 이외에서 발생한 채무(미지급비용을 제외한다) 예를 들면, 차량운반구, 비품, 기계장치 등 유형자산을 구입하고 그 대금을 나중에 지급하는 경우 매입채무의 명칭을 미지급금이라 하며, 비용의 미지급시에는 그 채무명칭을 미지급비용이라 한다.

### ▣ 미지급금, 미지급비용, 외상매입금 구분

물품 등을 구입하거나 서비스 등을 제공받고 그 대금을 나중에 지급하기로 한 경우 그 채무의 명칭을 회계기준에서는 아래와 같이 구분하고 있다.

○ 외상매입금 : 상품, 원재료등을 구입하고 그 대금을 나중에 지급하는 경우
○ 미지급금 : 차량운반구, 비품, 기계장치 등 유형자산을 구입하고 그 대금을 나중에 지급하는 경우
○ 미지급비용 : 전기요금, 기업업무추진비(접대비) 등 용역을 제공받고 그 대금을 나중에 지급하는 경우

실무에서 매입채무의 명칭을 위와 같이 엄격히 구분하여 회계처리하다 보면 상당히 혼란스러울 수 있다. 따라서 외부회계감사를 받지 않는 소규모 기업의 경우 이들 채무(외상매입금, 미지급금, 미지급비용)의 명칭을 외상매입금으로 통일하여 사용하더라도 세무상 특별한 문제는 없으므로 업체실정에 따라 통합 사용하여도 무방하다.

## ▶ 미지급금 회계처리 사례

① 《비품 외상구입》 10. 10 신도리코에서 사무용복사기를 2,500,000원(부가세 별도)에 구입하고 그 대금은 나중에 지급하기로 하다.

| | | | | |
|---|---|---|---|---|
| 비품 | 2,500,000 | / | 미지급금 | 2,750,000 |
| 부가세대급금 | 250,000 | | | |

- 미지급금 : 비유동자산(고정자산) 등의 구입과 관련하여 그 대금을 나중에 지급하기로 한 경우 상품, 원재료 등 외상구입시 발생하는 외상매입금과 구분하기 위하여 미지급금이란 계정과목을 사용한다.

② 《미지급금 지급》 10. 31 신도리코에 대한 미지급금 2,750,000원을 인터넷뱅킹으로 지급하다. 송금수수료 1,000원 인출되다.

| | | | | |
|---|---|---|---|---|
| 미지급금 | 2,750,000 | / | 보통예금 | 2,751,000 |
| 지급수수료 | 1,000 | | | |

## 📖 선수금

선수금이란 수주공사 및 기타 일반적 상거래에서 발생한 선수액을 말하며, 선급금과 반대되는 계정과목으로 물품 등을 나중에 인도하기로 하고, 물품 등을 인도하기 전 그 대금을 미리 지급받은 금액을 말한다. 통상 세금계산서를 발행하기 전 그 대금을 미리 지급받은 경우 선수금이란 계정과목을 사용한다.

## ▶ 선수금 회계처리 사례

### ■ 선수금 입금 및 매출채권 상계

① 《선수금 입금》 6. 20 고신상사로부터 물품대금 선수금 6,000,000원이 국민은행 보통예금에 입금되다.

| | | | | |
|---|---|---|---|---|
| 보통예금 | 6,000,000 | / | 선수금 | 6,000,000 |

② 《선수금과 매출채권 상계》 8월중 고신상사에 물품을 인도하고, 8. 31 세금계산서를 발급하다. 매출대금 중 6백만원은 선수금과 상계하고 잔액 5백만원은 나중에 지급받기로 하다.
(공급가액 10,000,000원, 세액 1,000,000원, 합계 11,000,000원)

| 선수금 | 6,000,000 | / | 제품매출 | 10,000,000 |
| 외상매출금 | 5,000,000 | | 부가세예수금 | 1,000,000 |

## ■ 재화 공급(인도)전 선수금 수취 및 세금계산서 발행

재화의 공급시 원칙적으로 재화의 공급이 이루어진 시점(통상 재화를 인도한 날)에 세금계산서 발행하여야 한다. 다만, 공급시기 이전에 대가를 받고 발행한 세금계산서의 경우에는 정당한 세금계산서로 인정이 되며, 선수금을 받은 시점에 세금계산서를 발행하는 경우 회계처리는 아래와 같다.

① 《선수금 입금 및 세금계산서 발행》 (주)동일철강은 4. 10 한국상사에 철강 1억원 어치(부가세 별도)를 5. 31 공급하기로 계약하고, 선수금 22,000,000원을 수취하여 보통예금에 입금하다. 선수금 22,000,000원(부가세 포함)에 대하여 세금계산서를 발행하다.

| 보통예금 | 22,000,000 | / | 선수금 | 20,000,000 |
| | | | 부가세예수금 | 2,000,000 |

② 《선수금 매출 대체》 (주)동일철강은 5. 31 한일상사에 철강 1억원 어치(부가세 별도)를 납품하고, 선수금을 제외한 8천만원(부가세 별도)에 대하여 세금계산서를 발행하고 그 대금은 나중에 받기로 하다.

| 외상매출금 | 88,000,000 | / | 매출 | 100,000,000 |
| 선수금 | 20,000,000 | | 부가세예수금 | 8,000,000 |

③ 《외상매출금 보통예금 입금》 6. 5 한일상사로부터 외상매출금 88,000,000원이 보통예금에 입금되다.

| 보통예금 | 88,000,000 | / | 외상매출금 | 88,000,000 |

## 예수금

예수금이란 회사의 종업원이 부담하고 납부하여야 하는 각종 세금 및 공과금을 법령에 의하여 회사가 대신하여 납부하는 경우 급여 지급시 종업원으로부터 일시 받아둔 금전을 말한다. 예를 들어 사업주는 근로자에게 매 월 급료 또는 임금을 지급할 시 근로자로부터 근로소득세 및 지방소득세(근로소득세의 10%), 국민연금, 건강보험료, 고용보험료 중 종업원부담금 등을 징수하여 보관하여 두었다가 납부기한(징수일 또는 급여지급일의 다음달 10일)내 금융기관에 납부하여야 한다. 이 경우 급여 지급시 종업원으로부터 징수하여 납부시까지 회사내에 일시 보관하는 돈의 명칭을 '예수금'이라고 한다.

♣ 비용 → 급여 참조

## 미지급비용

비용 항목의 물품을 구입하거나 용역을 제공받고, 그 대금을 나중에 지급하기로 한 경우 외상대금의 명칭을 미지급비용이라고 한다. 한편, 상품, 원재료 등을 외상으로 매입하고 그 대금을 나중에 지급하기로 한 경우 외상대금의 명칭은 외상매입금이라 하고, 기계장치, 비품 등 유형자산 매입 후 그 대금을 나중에 지급하기로 한 경우 외상채무의 명칭은 '미지급금'이라고 한다.

### 미지급비용 회계처리 사례

① 《사무용품 구입》 5. 20 사무용 팩시밀리를 385,000원(부가세 포함)에 구입하고 그 대금은 월말에 지급하기로 하고, 세금계산서를 수취하다.

| 사무용품비 | 350,000 | / | 미지급비용 | 385,000 |
|---|---|---|---|---|
| 부가세대급금 | 35,000 | | | |

* 거래단위별로 100만원 이하인 비품은 소모품비 또는 사무용품비로 처리한다.

② 《미지급비용 결제》 5. 31 팩시밀리 구입대금 385,000원을 국민은행 보통예금에서 이체하여 결제하다.

| | | | | |
|---|---|---|---|---|
| 미지급비용 | 385,000 | / | 보통예금 | 385,000 |

## 부가세예수금

부가가치세 매출세액을 부가세예수금이라 한다. 사업자의 경우 물품 등 매출시 거래상대방으로부터 징수한 부가가치세 매출세액은 공급받는자를 대신하여 세무서에 납부하여야 하는 채무(예수금)이다.

반대로 부가가치세 매입세액은 부가세대급금이라 한다. 사업자가 물품 등의 매입시 거래상대방에게 지급한 부가가치세 매입세액은 세무서로부터 돌려받을 수 있는 채권으로 기업의 입장에서는 자산이다. 따라서 사업자가 부가가치세 신고기한내 납부하여야 할 세금은 채무인 부가세예수금에서 채권인 부가세대급금을 차감한 부가세예수금 잔액이 되는 것이다.

### 부가세예수금 회계처리 사례

① 《부가세예수금과 부가세대급금 상계》 1기 확정 부가가치세 과세기간 종료일인 6월 30일 1기 확정기간의 부가세예수금 합계 24,000,000원에서 부가세대급금 합계 20,000,000원을 상계처리하고, 잔액은 미지급금으로 계상하다.

| | | | | |
|---|---|---|---|---|
| 부가세예수금 | 24,000,000 | / | 부가세대급금 | 20,000,000 |
| | | | 미지급금 | 4,000,000 |

② 《부가가치세 납부》 7월 25일 1기 확정 부가가치세 신고를 하고, 납부할 세액 4,000,000원을 보통예금에서 인출하여 납부하다.

| | | | | |
|---|---|---|---|---|
| 미지급금 | 4,000,000 | / | 보통예금 | 4,000,000 |

## 가수금

가수금이란 금전 등이 회사에 입금되었으나 입금에 대한 원인이 불분명한 경우, 회사에 귀속되지 아니하는 자금 등이 일시 가입금되는 경우, 기업의 자금이 일시 부족하여 대표이사 등으로부터 일시 차입한 금전 등을 처리하는 계정이다. 이 경우 가수금으로 처리한 다음 반환시 가수금과 상계처리한다. 한편, 가수금 거래가 여러 사람으로부터 발생하는 경우 개인별 가수금대장을 별도로 작성하여 관리한다.

### 가수금 회계처리 사례

① 《가수금 입금》 7. 30 회사 운영자금이 일시 부족하여 대표자로부터 3천만원을 빌려 국민은행 보통예금에 입금하다.

| 보통예금 | 30,000,000 | / | 가수금 | 30,000,000 |
|---|---|---|---|---|

② 《가수금 상환》 9. 10 대표자로부터 차입한 금액 중 1천만원을 국민은행 보통예금에서 인출하여 상환하다.

| 가수금 | 10,000,000 | / | 보통예금 | 10,000,000 |
|---|---|---|---|---|

③ 《가수금을 단기차입금으로 대체》 결산시 가수금잔액 20,000,000원을 단기차입금으로 대체하다.

| 가수금 | 20,000,000 | / | 단기차입금 | 20,000,000 |
|---|---|---|---|---|

④ 《착오 입금》 보통예금 통장에 거래처에서 착오에 의하여 700,000원이 입금되다.

| 보통예금 | 700,000 | / | 가수금 | 700,000 |
|---|---|---|---|---|

⑤ 《착오 입금액 송금》 거래처에서 착오로 입금된 금액 700,000원을 보통예금에서 인출하여 송금하여 주다.

| 가수금 | 700,000 | / | 보통예금 | 700,000 |
|---|---|---|---|---|

## 2  비유동부채

> 비유동부채(고정부채)란 재무상태표일로부터 1년 이후에 상환하여야 하는 부채를 말하며, 사채(社債), 장기차입금, 장기성매입채무, 퇴직급여충당금등이 있다.

### Q  사채(社債)

사채(社債)란 주식회사가 상법의 절차에 의하여 일반인으로부터 자금을 차입하는 것으로 기업이 특정 개인으로부터 자금을 빌리는 사채(私債)와 구분되며, 기업의 자본금을 일반인으로부터 공모하는 주식과도 구분된다.

즉 사채는 기업의 신용을 바탕으로 다수인으로부터 자금을 차입하고 차입조건에 따라 이자를 지급하며, 일정 기간 후 상환하여야 하는 부채로서 중소기업의 경우 기업의 대외적인 공신력이 낮은 관계로 현실적으로 사채(社債)를 발행하여 자금을 조달하기가 쉽지 않고, 실무에서도 거의 발생하지 않으므로 사채조달절차와 상환방법, 회계처리 등에 대한 설명은 생략한다.

□ 전환사채

사채(社債)로서 발행되었지만 일정기간 경과 후 사채 발행시 약정에 의하여 주식(보통주식)으로 전환할 수 있는 사채를 말한다.

□ 신주인수권부 사채

신주인수권부사채(社債)란 사채발행 후 일정 기간이 경과한 다음 소정의 주식을 인수할 수 있는 권리를 부여한 사채를 말한다.

전환사채는 사채의 원본을 주식인수대금으로 대체하는데 반해 신주인수권부사채는 신주를 인수할 수 있는 권리만 부여하므로 신주를 인수하기 위해서는 주금을 별도로 납입하여야 하는 것이다.

## 장기차입금

차입금 중 1년 후에 상환되는 차입금으로 하며 차입처별 차입액, 차입용도, 이자율, 상환 방법 등을 주석으로 기재한다. 한편, 장기차입금 중 상환기간이 결산일로부터 1년 이내에 도래하는 금액은 유동성장기부채로 대체하여야 한다.

□ 단기차입금 및 장기차입금 구분
- 단기차입금 : 재무상태표일로부터 1년 이내에 상환하는 단기부채
- 장기차입금 : 재무상태표일로부터 1년을 초과하여 상환하는 장기부채

### 장기차입금 회계처리 사례

① 《장기차입금(만기 일시상환) 조달》 20×4. 6. 1 우리은행으로부터 시설자금 100,000,000원을 차입하고 근저당 설정수수료 및 기타 수수료 600,000원을 차감한 99,400,000원이 우리은행 보통예금에 입금되다.
(대출 상환기한: 20×9. 5. 31 대출이자율 6%, 5년 만기 일시상환 방식)

| 보통예금 | 99,400,000 | / | 장기차입금 | 100,000,000 |
|---|---|---|---|---|
| 지급수수료 | 600,000 | | | |

② 《차입금 이자지급》 6. 30 우리은행 단기차입금 1억원에 대한 이자 500,000원이 우리은행 보통예금에서 인출되다.

| 이자비용 | 500,000 | / | 보통예금 | 500,000 |
|---|---|---|---|---|

③ 《원리금 분할상환 방식 장기차입금의 원리금 상환》 10. 25 국민은행에서 차입한 장기차입금 원금 5,000,000원 및 이자 1,500,000원(합계 6,500,000원)이 국민은행 보통예금에서 인출되다.
(차입금액 1억원 상환기간 5년, 이자율 6%, 매 3개월 원리금 분할상환방식)

| 장기차입금 | 5,000,000 | / | 보통예금 | 6,500,000 |
|---|---|---|---|---|
| 이자비용 | 1,500,000 | | | |

## 퇴직급여충당부채

♣ 결산 참조

## 퇴직연금충당부채

♣ 결산 참조

## 장기성 매입채무

일반적 상거래에서 발생한 외상매입금 및 지급어음 중 그 상환기일이 1년을 초과하는 경우의 채무를 장기성 매입채무라 한다. 기업회계기준에 의하면, 장기성 매입채무금액에는 이자비용이 포함된 것으로 미래에 지급할 매입채무금액을 현재가치로 평가하여 현재가치를 초과하는 금액은 현재가치할인차금으로 처리한 다음 매 회계기말에 이자비용에 상당하는 금액은 이자비용으로 대체처리한다.

□ 법인세법 기본통칙42-0-1 [현재가치평가에 의한 채권채무평가차익의 처리]
장기금전대차거래에서 발생하는 채권·채무를 현재가치로 평가하여 명목가액과 현재가치의 차액을 현재가치할인차금으로 계상하여 당기손익으로 처리한 경우 이를 각 사업연도 소득금액 계산상 익금 또는 손금에 산입하지 아니하며, 추후 현재가치할인차금을 상각 또는 환입하면서 이를 이자비용 또는 이자수익으로 계상한 경우에도 각 사업연도 소득금액 계산상 익금 또는 손금에 산입하지 아니한다.

# 3 자본 계정과목

기업의 자산은 타인으로부터 빌린 부채와 주주들이 출자한 자본금 및 영업활동 결과 발생한 이익금으로 형성되어 있다. 자본금에는 주주들이 직접 출자한 자본금과 영업활동 결과 발생한 이익잉여금, 영업활동과 관계없이 발생한 자본잉여금 등이 있다. 자본은 자본금, 자본잉여금, 자본조정, 기타포괄손익누계액 및 이익잉여금(또는 결손금)으로 구분한다.

# 1  자본금

## Q 자본금

기업은 사업을 운영하기 위하여 운영자금(현금 및 예금), 원재료, 출자금, 토지 및 건물, 기계장치, 차량운반구, 공구.기구, 비품, 시설장치 등 각종 재산이 필요하며, 사업의 개시와 동시에 수익이 발생하는 기업도 있지만, 어떤 경우에는 상당 기간 동안 계속하여 투자를 해야 수익이 발생하는 경우가 있다. 이와 같이 기업을 운영하려면, 사업초기에 많은 자금이 필요하며, 이 자금을 자기돈으로 조달하기도 하고, 타인으로부터 빌려서 조달하기도 한다. 이 때 자기돈으로 조달한 자금을 자본이라 하며, 타인으로부터 조달한 자금을 부채라고 한다.

개인사업자의 경우 자기 자본조달은 사업주 본인이 직접 출자하여 기업을 운영하면 되나 회사 규모가 큰 경우에는 많은 소요자금이 필요하게 되며, 이 자금의 대부분을 타인으로부터 빌려서 조달하게 되면, 기업의 비용 중 차입금에 대한 이자가 과다하게 지출되어 기업의 운영이 대단히 어려워지게 될 것이다.

따라서 기업의 아이템이 성장가능성이 충분하고 향후 많은 이익이 예상되는 경우 기업을 설립하는 자(발기인)가 자금이 부족한 경우 사업의 성장가능성이 있고, 나중에 기업이 이익이 발생할 경우 투자자금에 대하여 일정 비율의 배당을 주겠다고 널리 알리고 이를 법적으로 보장하여 준다면, 여유자금이 있는 자는 해당 기업에 투자를 할 것이다. 즉, 한 개인이 자금을 조달하는 데는 한계가 있으므로 여러 사람으로부터 투자를 받아 기업을 설립하면, 기업은 보다 풍부한 자금으로 기업 본연의 업무에 전력하여 성장을 이룰 수 있을 것이다. 여기서 투자를 목적으로 조달된 자금은 기업이 나중에 상환하여야 하는 차입금이 아니라 기업이 이익이 발생하였을 때 일정한 절차를 통하여 배당을 하는 것으로 기업의 입장에서는 자기자본이 되는 것이다. 즉, 부채는 이자를 지급하여야 하나 출자금(자본)은 별도의 이자 지급이 없고 이익이 발생하는 경우 합의에 의하여 배당이라는 절차를 통하여 이익을 배분하는 것이다.

이와 같이 출자자를 모집하여 기업을 만드는 대표적인 예가 주식회사다. 주식회사의 자금은 출자자들이 출자한 자금에 의하여 그 실체가 형성되고, 주식회사는 하나의 독립된 권리의무의 주체로서 상법에 의하여 그 인격을 부여받는 것이다.

주식회사의 경우 투자를 목적으로 다수의 출자자(주주라 한다.)가 금전을 출자하고 그 이해관계가 성립됨으로 법률적 규제가 필요하다. 법률적 규제의 대표적인 법이 상법이며, 주식회사는 상법이 정한 절차에 의하여 설립하여야 하고 그 모든 권리의무행사에 있어 상법의 규정에 의하여야 한다. 따라서 자본금액, 자본금의 증자 등에 관하여 등기절차를 거쳐야 하므로 주식회사의 자본금은 법적 절차에 따라 변경할 수 있다. 즉, 주식회사의 자본금은 법인등기부 등본에 등기한 금액을 말한다.

다시 말하면, 개인사업자의 경우에는 내 돈을 회사에 투자하는 데 있어 특별한 절차를 필요로 하지 않으나 법인기업의 경우에는 반드시 법적인 절차에 의하여 자본을 조달한다. 법인 설립시 상법 규정에 의하여 주주들이 출자하여 자본금을 납입하여야 하며, 회사 운영 중 자본금을 증자하는 경우에도 법적인 절차에 의하여 자본금을 증자하여야 하는 것이다.

## ● 자본금 납입

자본금 납입이란 상법이 정한 절차에 의하여 출자자가 주식회사의 자본금을 납입하는 것을 말한다. 출자자로부터 자본의 납입을 받는 경우 주식회사는 그 납입을 증명하기 위하여 주식을 발행하여 교부한다.

### ▷ 자본금 회계처리 사례

① 《주금납입》 주식회사를 설립하고, 자본금을 납입하기 위하여 주주로부터 주식청약증거금1억원을 받아 회사의 별단예금에 입금되다.

| 별단예금 | 100,000,000 / 주식청약증거금 | 100,000,000 |

- 별단예금 : 그 사용목적이 자본금전입에만 사용하여야 하므로 별단예금으로 처리한다.
- 주식청약증거금 : 자본금 납입시까지의 임시계정으로 가수금으로 처리하기도 한다.

② 《자본금 등기완료》 법정자본금 등기를 완료하다.

| 주식청약증거금 | 100,000,000 | / | 자본금 | 100,000,000 |
|---|---|---|---|---|

▷ 자본금 증자를 위하여 자금을 일시 차입(상법의 규정에 위배되는 것임)한 후 그 자본금을 대표이사가 다시 인출하여 가져간 경우 기업의 자금을 대표이사에게 빌려준 것으로 처리하며, 가지급금에 대하여는 차후 법인세신고시 그 이자상당액을 익금산입하고, 대표이사에 대한 급여로 처리하여야 한다.

③ 《자본금 납입수수료》 법무사사무소에서 자본금 등기에 소요된 등록면허세, 교육세, 인지세 500,000원, 공증수수료 300,000원, 법무사 수수료 440,000원(부가세 포함)을 청구하여 대표이사로부터 일시 빌려 지급하다.

| 창업비 | 1,200,000 | / | 가수금 | 1,240,000 |
|---|---|---|---|---|
| 부가세대급금 | 40,000 | | | |

- 창업비 : 법인의 창업과 관련하여 발생하는 제비용은 창업비로 처리하여 그 지출연도에 손금산입한다. 단, 증자와 관련한 비용은 세무조정에서 손금불산입처리하여야 한다.

④ 《보통예금 대체》 자본등기 완료 후 별단예금을 보통예금으로 대체하다.

| 보통예금 | 100,000,000 | / | 별단예금 | 100,000,000 |
|---|---|---|---|---|

## 자본금 증자

자본금 증자란 법인의 자본금을 증액하는 것으로 통상 출자자금을 증액하는 것을 말한다. 자본금을 증자하는 경우 법인기업은 법적 절차에 의하여 등기하여야 한다. 자본금을 증자하는 사유는 기업의 재무구조를 개선하거나 새로운 사업을 확장할 시 투자자 등으로부터 출자를 받는 경우 자본금을 증액한다. 자본금 증자시 주식을 주금납입금액과 동일한 금액으로 발행하는 액면발행과 액면보다 높은 가격으로 발행하는 할증발행, 액면보다 낮은 가격으로 발행하는 할인발행이 있다.

▶ **주식등변동상황명세서 제출 및 자본금 변동분 재무제표 반영**
자본금 증자시에는 주주의 구성원이 변동되므로 법인세 신고시 반드시 '주식변동상황명세서'를 제출하여야 하며, 증자금액을 회계처리하여 자본금이 증자된 내용의 재무제표를 법인세 신고시 제출하여야 한다. 또한 자본금 증자로 과점주주가 되는 경우 취득세를 다시 납부하여야 하는 문제가 있으므로 '주식양도양수'를 참조한다.

## ● 유상증자

### ■ 액면발행

주식을 주금납입금액과 동일한 금액으로 발행하는 것을 말한다.

### ■ 할증발행

주식은 통상 액면가액으로 발행하는 것으로서 납입한 자본금액은 발행한 주식의 총수에 액면금액을 곱한 금액과 같은 금액이 된다. 그러나 회사의 영업전망이 좋고 차후 높은 기대수익이 예상되거나 주식시장에서 그 가치가 높을 것으로 판단되는 경우 많은 사람이 출자를 원할 것이다. 이 경우 주식은 액면가액보다 높은 가치가 형성하게 되어 액면가액 이상으로 발행하여도 출자자는 주식을 매입하게 되며, 주식회사는 납입자본금을 초과하는 자금을 운용할 수 있는 것이다. 이 때 액면금액을 초과하여 납입된 금액을 주식발행초과금이라 한다.

## ● 무상증자

무상증자란 법인기업의 준비금 또는 이익잉여금 등을 자본금으로 전입하면서 기존주주들에게 무상으로 신주를 발행(발급)하는 것을 말한다. 무상증자는 자금조달을 목적으로 하지 않고, 자본구성을 시정하거나 사내유보의 적정화 등을 위해 실시되는 것으로서 회사의 총자산에는 변동이 없이 재무제표상 항목간의 변경을 통하여 새로운 주식을 발행하는 형식적 증자로 실질적인 재산은 증가하지 않는다.

① 이익잉여금을 자본금으로 전입하는 것은 기업의 이익을 주주들에게 현금배당하는 것이 아니라 주주총회의 결의에 의하여 기존의 주주에게 주식을 추가로 배정하는 것

으로 주주의 입장에서는 주식 추가 배정금액만큼 이익을 얻게 되는 것이다. 따라서 이와 같은 배당을 의제배당이라고 하며, 배당금액의 14%를 배당소득세로 납부하여야 한다. 다만, 자본준비금 및 재평가적립금을 자본에 전입하는 경우는 제외한다.
② 주식배당은 주주총회의 결의에 의하여 이익의 배당을 새로이 발행하는 주식으로써 할 수 있다. 그러나 주식에 의한 배당은 이익배당총액의 2분의 1에 상당하는 금액을 초과하지 못한다.

## ▣ 무상증자 재원

무상증자는 법정준비금 (이익준비금, 자본준비금)으로 증자하는 것을 원칙으로 한다. 다만, 예외적으로 임의적립금을 주주총회의 결의에 의하여 이를 이익준비금으로 항목변경을 통해 무상증자의 재원으로 활용이 가능하다.

## ▣ 무상증자시 배당소득 원천징수 및 원천징수시기

### ▶ 의제배당

의제배당이란 법인의 잉여금의 전부 또는 일부를 자본 또는 출자의 금액에 전입함으로써 취득하는 주식 또는 출자의 가액을 말하며, 의제배당금액은 해당 주주, 사원, 그 밖의 출자자에게 배당한 것으로 본다. 다만, 자본준비금 및「자산재평가법」에 따른 재평가적립금을 자본에 전입하는 경우는 제외한다.

### ▶ 의제배당 원천징수시기

법인의 잉여금의 전부 또는 일부를 자본에 전입함으로써 취득하는 주식의 가액으로서 의제배당에 해당하는 경우 동 배당소득에 대한 원천징수시기는 「자본에의 전입을 결정한 날(다만 이사회의 결의에 의하는 경우에는 상법 제461조 제3항의 규정에 의하여 정한 날)」이며, 여기서 「자본에의 전입을 결정한 날」이라 함은 "주주총회에서 자본에 전입할 것을 결의한 날"을 말하며, 「상법 제461조 제3항의 규정에 의하여 정한 날」이라 함은 "신주배정기준일"을 말한다.

### ▶ 의제배당에 대한 배당소득세 및 지방소득세 원천징수

의제배당금액(액면가액)에 대하여 배당소득세 14%와 지방소득세(배당소득세의 10%)를 주주들로부터 원천징수하여 납부하여야 하되, 법인에 대하여는 원천징수하지 아니한다. 한편, 배당소득을 지급하는 법인은 이익잉여금을 자본에의 전입을 결정한 날을 배당시기로 보아 그 지급일이 속하는 과세기간의 다음 연도 2월 말일까지 지급명세서를 제출하여야 한다. 단, 법인에게 지급되는 의제배당에 대하여는 원천징수의무는 없으나 지급명세서는 제출하여야 한다.

## ▶ 자본금 증자 회계처리 사례

### ■ 액면발행

① 《자본금 증자》 자본금을 증자하기로 하고 주주로부터 증자금액 1억원이 회사의 보통예금에 입금되다.

| 보통예금 | 100,000,000 | / | 주식청약증거금 | 100,000,000 |
|---|---|---|---|---|

• 주식청약증거금 : 자본금 납입시까지의 임시계정으로 가수금으로 처리하기도 한다.

② 《자본전입》 자본금을 등기완료하다.

| 주식청약증거금 | 100,000,000 | / | 자본금 | 100,000,000 |
|---|---|---|---|---|

③ 《자본금 증자비용 지급》 법무사사무소에서 자본금 증자에 소요된 등록세, 교육세, 인지세 500,000원 공증수수료 300,000원, 법무사 수수료 440,000원(부가세 포함)을 청구하여 보통예금에서 인출하여 지급하다.

| 신주발행비 | 1,200,000 | / | 보통예금 | 1,240,000 |
|---|---|---|---|---|
| 부가세대급금 | 40,000 | | | |

• 자본금 증자시 소요되는 주식발행비용은 주식할인발행차금에 해당하는 것으로 주식발행초과금에서 차감하여야 한다. 다만, 액면발행의 경우 실무에서는 비용항목인 '신주발행비'처리하기도 한다. 이 경우 신주발행비는 세무조정에서 손금불산입하여야 한다.
☐ 법인세법 제20조 (자본거래등으로 인한 손비의 손금불산입)

**[개정] 유상증자 관련비용의 매입세액 공제 여부**
[부가, 기준-2021-법령해석부가-0112] (2021.06.23)
사업자가 과세사업 확장, 설비투자 목적으로 유상증자를 하면서 관련 법률자문 및 컨설팅 자문용역을 제공받고 수수료를 지급한 경우로서 해당 자문용역이 자기의 과세사업과 직접 관련된 경우 수수료에 대한 매입세액은 공제할 수 있는 것임

## ■ 할증발행

① 《주금납입》 (주)한일물산은 액면가 500원의 주식을 2,000원에 할증발행하기로 하다. 100,000주에 대한 납입금 1억원이 주주로부터 보통예금에 입금되다.

| 보통예금 | 200,000,000 | / | 주식청약증거금 | 200,000,000 |
|---|---|---|---|---|

• 주식청약증거금 : 자본금 납입시까지의 임시계정으로 가수금으로 처리하기도 한다.

② 《자본금 등기완료》 법정자본금 등기를 완료하다.

| 주식청약증거금 | 200,000,000 | / | 자본금 | 50,000,000 |
|---|---|---|---|---|
| | | | 주식발행초과금 | 150,000,000 |

③ 《자본금 납입수수료》 법무사사무소에서 자본금 등기에 소요된 등록세, 교육세, 인지세 2,500,000원, 공증수수료 300,000원, 법무사 수수료 440,000원(부가세 포함)을 청구하여 보통예금에서 결제하다.

| 주식발행초과금 | 3,200,000 | / | 보통예금 | 3,240,000 |
|---|---|---|---|---|
| 부가세대급금 | 40,000 | | | |

### ★ 자본금 증자의 장부 기장 확인
자본금 증자는 일상적인 업무가 아님으로 해서 세무사사무소에서 수임업체의 장부를 기장하면서 착오에 의하여 자본금 증자에 관한 회계처리내용을 누락하는 경우가 있을 수 있으며, 자본금 증자에 관한 내용을 누락한 경우 부채비율, 건설업의 자기자본비율 문제 등이 발생할 수 있으므로 특히 유의를 하여야 한다.

# ② 자본잉여금

회사의 사업활동과 관련한 이익이 발생하여 자본이 증가한 것을 이익잉여금이라 한다. 반면, 사업활동과는 관계없이 자본거래로 법인의 자본이 증가하는 경우가 발생할 수 있는데 이런 경우 증가한 자본을 이익잉여금과 구분하여 자본잉여금이라 한다. 자본잉여금은 자본금의 전입 또는 결손금의 보전시에만 사용할 수 있다.

## 주식발행초과금

주식할증발행의 경우 액면가액은 자본금으로 처리하고 초과하는 금액은 주식발행초과금으로 처리한다.

① 《주금납입》 (주)한일물산은 액면가 500원의 주식을 2,000원에 할증발행하기로 하다. 100,000주에 대한 납입금 1억원이 주주로부터 보통예금에 입금되다.

| 별단예금 | 200,000,000 | / | 주식청약증거금 | 200,000,000 |
|---|---|---|---|---|

- 별단예금 : 그 사용목적이 자본금전입에만 사용하여야 하므로 별단예금으로 처리한다.
- 주식청약증거금 : 자본금 납입시까지의 임시계정으로 가수금으로 처리하기도 한다.

② 《자본금 등기완료》 법정자본금 등기를 완료하다.

| 주식청약증거금 | 200,000,000 | / | 자본금 | 50,000,000 |
|---|---|---|---|---|
| | | | 주식발행초과금 | 150,000,000 |

③ 《자본금 납입수수료》 법무사사무소에서 자본금 등기에 소요된 등록면허세, 교육세, 인지세 2,500,000원, 공증수수료 300,000원, 법무사 수수료 440,000원(부가세 포함)을 청구하여 보통예금에서 결제하다.

| 주식발행초과금 | 3,200,000 | / | 보통예금 | 3,240,000 |
|---|---|---|---|---|
| 부가세대급금 | 40,000 | | | |

## 감자차익

자본금 감자시 주식 액면가액보다 낮은 금액을 주주에게 자본금을 돌려주는 경우 발생하는 차액을 감자차익이라 한다. 감자란 과거에 발생한 결손금의 보전, 사업축소 등을 위하여 자본금을 감소하는 것을 말한다.

## 자기주식처분이익

자기주식의 처분으로 인한 이익은 자본잉여금 항목으로 한다.

□ 자기주식의 취득 [상법 제341조]
제341조(자기주식의 취득) ① 회사는 다음의 방법에 따라 자기의 명의와 계산으로 자기의 주식을 취득할 수 있다. 다만, 그 취득가액의 총액은 직전 결산기의 대차대조표상의 순자산액에서 제462조제1항 각 호의 금액을 뺀 금액을 초과하지 못한다.
1. 거래소에서 시세(時勢)가 있는 주식의 경우에는 거래소에서 취득하는 방법
2. 제345조제1항의 주식의 상환에 관한 종류주식의 경우 외에 각 주주가 가진 주식수에 따라 균등한 조건으로 취득하는 것으로서 대통령령으로 정하는 방법

② 제1항에 따라 자기주식을 취득하려는 회사는 미리 주주총회의 결의로 다음 각 호의 사항을 결정하여야 한다. 다만, 이사회의 결의로 이익배당을 할 수 있다고 정관으로 정하고 있는 경우에는 이사회의 결의로써 주주총회의 결의를 갈음할 수 있다.
1. 취득할 수 있는 주식의 종류 및 수
2. 취득가액의 총액의 한도
3. 1년을 초과하지 아니하는 범위에서 자기주식을 취득할 수 있는 기간

# 3 자본조정

## 개요

자본조정은 당해 항목의 성격으로 보아 자본거래에 해당하나 최종 납입된 자본으로 볼 수 없거나 자본의 가감 성격으로 자본금이나 자본잉여금으로 분류할 수 없는 항목이다. 예를 들면, 자기주식, 주식할인발행차금, 주식매수선택권, 출자전환채무, 감자차손 및 자기주식처분손실 등이 포함된다. 자본조정계정은 자본에 부가 또는 차감하는 형식으로 다음과 같이 표시한다.

**자 본 변 동 표**

제×기 20××년×월×일부터   20××년×월×일까지
제×기 20××년×월×일부터   20××년×월×일까지

회사명                                                                (단위 : 원)

| 구 분 | 자본금 | 자본잉여금 | 자본조정 | 이익잉여금 | 총 계 |
|---|---|---|---|---|---|
| 20××.×.×(보고금액) | ××× | ××× | ××× | ××× | ××× |
| 연차배당 |  |  |  | (×××) | (×××) |
|  |  |  |  |  |  |
| 처분후 이익잉여금 |  |  |  | ××× | ××× |
| 중간배당 |  |  |  | (×××) | (×××) |
| 당기순이익(손실) |  |  |  | ××× | ××× |
| 자기주식 취득 |  |  | (×××) |  | (×××) |
| 20××.×.× | ××× | ××× | ××× | ××× | ××× |
|  |  |  |  |  |  |
| 20××.×.×(보고금액) | ××× | ××× | ××× | ××× | ××× |
| 연차배당 |  |  |  | (×××) | (×××) |
|  |  |  |  |  |  |
| 처분후 이익잉여금 |  |  |  | ××× | ××× |
| 중간배당 |  |  |  | (×××) | (×××) |
| 유상증자(감자) | ××× | ××× |  |  | ××× |
| 당기순이익(손실) |  |  |  | ××× | ××× |
| 해외사업환산손익 |  |  | ××× |  | ××× |
| 20××.×.× | ××× | ××× | ××× | ××× | ××× |

## 주식할인발행차금

주주로부터 현금을 수령하고 주식을 발행하는 경우에 주식(상환우선주 등 포함)의 발행금액이 액면금액보다 작다면 그 차액을 주식발행초과금의 범위내에서 상계처리하고, 미상계된 잔액이 있는 경우에는 자본조정의 주식할인발행차금으로 회계처리한다. 이익잉여금(결손금) 처분(처리)으로 상각되지 않은 주식할인발행차금은 향후 발생하는 주식발행초과금과 우선적으로 상계한다. [일반기업회계기준 제15장]

<개정 전> 상법 제454조 (신주발행비용의 계상)
① 신주를 발행한 경우에는 그 발행에 필요한 비용의 액은 대차대조표 자산의 부에 계상할 수 있다.
② 전항의 계상금액은 신주발행후 3년내의 매결산기에 균등액이상의 상각을 하여야 한다.
<개정> 제454조 삭제 <2011. 4. 14.>

## 배당건설이자

개업전 일정한 기간내에 주주에게 배당한 건설이자를 말한다. 주식회사는 이익이 발생하지 않는 경우 원칙적으로 배당을 할 수 없다. 그러나 철도, 전기, 가스사업 등과 같이 그 사업에 있어 장기간이 소요되는 경우 투자자는 장기간 동안 이익을 배당받을 수 없음으로 인하여 투자 자체가 어려울 수도 있다. 따라서 이러한 문제점을 해결하기 위하여 기업의 이익잉여금이 없더라도 상법에서는 일정한 요건을 갖춘 경우 예외적으로 개업전 일정기간동안 법원의 인가를 얻어 일정한 이자를 주주에게 배당할 수 있도록 하고 있다. 결국 배당건설이자는 자본금에서 지급하는 성격이므로 자본에서 차감하는 형식으로 표시한다.

## 자기주식

자기주식이란 회사가 이미 발행한 주식을 주주로부터 취득한 경우 그 취득가액을 말한다.

# 4 기타포괄손익누계액

## 매도가능증권평가손익

유가증권은 만기보유증권, 단기매매증권, 그리고 매도가능증권 중의 하나로 분류한다. 지분증권과, 만기보유증권으로 분류되지 아니하는 채무증권은 단기매매증권과 매도가능증권 중의 하나로 분류한다.

만기보유증권이란 만기가 확정된 채무증권으로서 상환금액이 확정되었거나 확정이 가능한 채무증권을 만기까지 보유할 적극적인 의도와 능력이 있는 경우 만기보유증권으로 분류한다.

단기매매증권은 유동자산으로 분류하고, 매도가능증권과 만기보유증권은 투자자산으로 분류한다. 다만, 재무상태표일로부터 1년 내에 만기가 도래하거나 또는 매도 등에 의하여 처분할 것이 거의 확실한 매도가능증권과, 재무상태표일로부터 1년 내에 만기가 도래하는 만기보유증권은 유동자산으로 분류한다.

단기매매증권과 매도가능증권은 회계기말에 공정가액(재무상태표일 현재의 종가)으로 평가한다. 단기매매증권평가손익은 당기손익에 반영하나 매도가능증권평가손익은 자본 계정의 기타포괄손익누계액으로 처리한 다음 매도가능증권을 처분하거나 감액손실을 인식하는 시점에 일괄하여 당기손익에 반영한다.
한편, 세법에서는 유가증권의 평가손익을 인정하지 아니하므로 단기매매증권 평가손익을 계상한 경우 세무조정에서 손금불산입(또는 익금불산입)하여야 한다.

- 단기매매증권 : 단기매매증권은 주로 단기간 내의 매매차익을 목적으로 취득한 유가증권으로서 매수와 매도가 적극적이고 빈번하게 이루어지는 것을 말한다.
- 매도가능증권 : 단기매매증권이나 만기보유증권으로 분류되지 아니하는 유가증권은 매도가능증권으로 분류한다.

① 《매도가능증권 취득》 20×3년 5월 31일 장기 보유목적으로 (주)삼양사 주식 1,000주를 3천만원에 취득하고 그 대금은 보통예금에서 결제하다.

| 매도가능증권 | 30,000,000 | / | 보통예금 | 30,000,000 |
|---|---|---|---|---|

② 《매도가능증권 평가》 20×3년 회계기말에 (주)삼양사의 종가는 주당 35,000원으로 평가이익을 계상하다.

| 매도가능증권 | 5,000,000 | / | 매도가능증권평가이익 | 5,000,000 |
|---|---|---|---|---|

③ 《매도가능증권 처분》 (주)삼양사 주식을 20×4년 2월 20일 32,000,000원에 매각하고, 그 대금은 보통예금에 입금하다.

| 보통예금 | 32,000,000 | / | 매도가능증권 | 35,000,000 |
|---|---|---|---|---|
| 매도가능증권평가이익 | 3,000,000 | | | |

| 매도가능증권평가이익 | 2,000,000 | / | 투자자산처분이익 | 2,000,000 |
|---|---|---|---|---|

- 매도가능증권평가이익 : 기타포괄손익누계액

▶ 유가증권을 처분한 때에는 유가증권을 양도한 대가로 받은 금액과 유가증권의 장부가액의 차이금액에, 자본항목에 포함되어 있는 미실현보유이익을 가산하고 미실현보유손실을 차감한 금액을 당기손익으로 처리한다. [기업회계기준서 제8호 유가증권 NO 53]

## 해외사업환산대(또는 해외사업환산차)

해외지점등의 외화환산이익(또는 외화환산손실)으로 한다. 해외사업환산차(대)란 해외 소재의 지점이나 해외사무소의 재무제표를 기말 시점의 환율로 환산하는 경우 발생하는 환산차액을 말한다.

# 5   이익잉여금

## 이익잉여금 개요

이익잉여금이란 회사의 사업활동 결과 창출된 당기순이익에서 주주 등에게 배당한 금액 및 이익준비금으로 처분한 금액을 제외하고 회사에 유보된 잉여금을 말한다. 회사의 자산은 반드시 자기자본(자본)과 타인자본(부채)으로 형성된다.

예를 들어 회사 설립시 자본금 1억원을 주주들이 출자하였고, 은행으로부터 2억원을 차입하였다 하자. 이 경우 자본은 1억원이고 부채는 2억원이다. 3억원을 가지고 사업을 운영하기 위하여 사용한 지출내역 및 자금현황을 살펴보니 다음과 같다.

### ▶ 기초 재무상태표

| 자 산 | | 부채 및 자본 | |
|---|---:|---|---:|
| 현금 | 500,000 | 차입금 | 200,000,000 |
| 보통예금 | 10,000,000 | 자본금 | 100,000,000 |
| 가지급금 | 39,500,000 | | |
| 임차보증금 | 50,000,000 | | |
| 상품 | 100,000,000 | | |
| 차량운반구 | 20,000,000 | | |
| 기계장치 | 80,000,000 | | |
| 합 계 | 300,000,000 | 합 계 | 300,000,000 |

사업개시 후 열심히 사업을 운영하여 30,000,000원의 이익이 발생한 경우 이 이익금은 증자라는 법적절차에 의한 자본이 증가한 것은 아니지만 기업의 이익이 발생한 금액만큼 기업내부에 현금, 보통예금, 상품(위 사례의 경우) 등이 사업초기보다 3천만원 증가한 자산의 형태로 남아 있고 이 증가한 자산의 원천은 타인으로부터 빌려서 취득한 것이 아니고, 기업에서 발생한 이익으로 그 만큼 증가한 것이다. 즉 이 이익금을 납입자본금과 구분하여 이익잉여금이라 한다.

▶ 이익의 발생과 재무상태표 변동

| 자 산 | | 부채 및 자본 | |
|---|---|---|---|
| 현금 | 1,500,000 | 차입금 | 200,000,000 |
| 보통예금 | 20,000,000 | 자본금 | 100,000,000 |
| 가지급금 | 39,500,000 | 이익잉여금 | 30,000,000 |
| 임차보증금 | 50,000,000 | | |
| 상품 | 119,000,000 | | |
| 차량운반구 | 20,000,000 | | |
| 기계장치 | 80,000,000 | | |
| 합 계 | 330,000,000 | 합 계 | 330,000,000 |

한편, 이익이 발생한 금액은 상법의 규정에 의하여 출자자인 주주에게 배당이라는 절차를 통하여 분배할 수 있다. 왜냐하면, 주주는 이 출자금에 대한 배당 수익을 목적으로 기업에 출자를 하였기 때문이다. 위의 이익잉여금 중 1천만원을 주주에게 배당하게 되면, 이익잉여금(자본)이 감소하게 되고 배당한 금액만큼 자산(보통예금)이 감소하게 되어 배당 후 기업의 자산상태는 아래와 같다.

▶ 배당이 기업의 재무상태표에 미치는 영향

| 자 산 | | 부채 및 자본 | |
|---|---|---|---|
| 현금 | 1,500,000 | 차입금 | 200,000,000 |
| 보통예금 | 10,000,000 | 자본금 | 100,000,000 |
| 가지급금 | 39,500,000 | 이익잉여금 | 20,000,000 |
| 임차보증금 | 50,000,000 | | |
| 상품 | 119,000,000 | | |
| 차량운반구 | 20,000,000 | | |
| 기계장치 | 80,000,000 | | |
| 합 계 | 320,000,000 | 합 계 | 320,000,000 |

## ● 이익준비금

기업이 이익이 발생한 금액 전액을 배당하게 되면, 투자를 저해하고 재무구조를 악화시키는 결과를 초래하기 때문에 상법에서는 이익잉여금처분시 자본금의 2분의 1이 될 때까지 매 결산기 금전배당액의 10분의 1 이상을 이익준비금으로 적립하도록 규정하고 있다.

[예 시]《이익준비금 적립》미처분이익잉여금 중 1,000,000원(금전 배당액 1천만원의 10분의 1 이상)을 이익준비금으로 적립하다.

| | | | |
|---|---|---|---|
| 미처분이익잉여금 | 1,000,000 / | 이익준비금 | 1,000,000 |

* 이익준비금은 자본항목으로 이익잉여금을 또 다른 자본형태인 이익준비금으로 대체한 것에 불과하다.

## ● 기타 법정적립금

상법 이외에 법령에 따라 적립하여야 하는 적립금으로 조세특례제한법의 규정에 의한 기업합리화적립금 등이 있다.

## ● 임의적립금

특정한 목적사업을 위하여 임의로 적립한 적립금을 말한다. 임의적립금에는 감채적립금, 사업확장적립금, 결손보전적립금 등이 있다

## ● 차기이월미처분이익잉여금

차기이월미처분이익잉여금은 처분전이익잉여금과 임의적립금이입액의 합계액에서 이익잉여금처분액(이익준비금, 기타 법정적립금, 배당 등)을 차감한 금액을 말하며, 잔액은 차기이월미처분이익잉여금으로 다음연도로 이월된다.

# 이익의 자본화 과정 및 배당 실무

## 이익의 자본화 과정

기업에서 회계기간 동안 이익이 발생하였다는 구체적인 의미는 이익이 발생한 금액 만큼에 해당하는 자산이 회계기초보다 회계기말에 증가하였다는 것이다. 이 자산 증가의 원인은 사업을 통한 이익으로 창출된 것으로서 기업의 입장에서는 자산이 증가하고 자본이 증가한 것이다.

물론 증가한 자산으로 빚을 상환할 수도 있으며, 빚을 상환한 경우 그 금액만큼 순자산은 증가하게 될 것이다. 예를 들어 회계기초의 자본이 10,000원 이었고, 회계기간 동안 2,000원의 이익창출로 자산이 2,000원 증가하였으며, 이 증가한 자산으로 빚 2,000원을 상환한 경우 회계기말의 자본은 12,000원이 되는 것이다.

▶ 이익의 창출 및 부채 상환과 회계기말 자본의 증가

자산은 여러 가지 형태(현금, 보통예금, 외상매출금, 원재료, 기계장치, 건물 등)로 회계기말에 기업내에 남아 있게 될 것이며, 기업이 창출된 이익은 어떤 과정을 거쳐 자본화 되는 것인지를 살펴보기로 한다.

### 당기순이익의 미처분이익잉여금 대체 [법인]

당기순이익이 발생한 경우 아래의 분개과정을 거쳐 손익계정으로 대체된 다음 차액은 미처분이익잉여금으로 대체처리되고, 당기순손실은 다음의 분개과정을 거쳐 미처리결손금으로 대체된다.

[1] 비용 계정의 손익계정 대체

[2] 수익 계정의 손익계정 대체

### 손 익

| 계정과목 | 금 액 | 계정과목 | 금 액 |
|---|---|---|---|
| 제품매출 | 4,000,000,000 | 제품매출원가 | 3,000,000,000 |
| 이자수익 | 10,000,000 | 급여 | 300,000,000 |
|  |  | 복리후생비 | 50,000,000 |
|  |  | 여비교통비 | 20,000,000 |
|  |  | 기업업무추진비 | 30,000,000 |
|  |  | 통신비 | 20,000,000 |
|  |  | 세금과공과금 | 5,000,000 |
|  |  | 감가상각비 | 200,000,000 |
|  |  | 보험료 | 5,000,000 |
|  |  | 차량유지비 | 20,000,000 |
|  |  | 사무용품비 | 10,000,000 |
|  |  | 지급수수료 | 3,000,000 |
|  |  | 대손상각비 | 10,000,000 |
|  |  | 광고선전비 | 10,000,000 |
|  |  | 이자비용 | 27,000,000 |
|  |  | 미처분이익잉여금 | 300,000,000 |
|  | 4,010,000,000 |  | 4,010,000,000 |

[3] 당기순이익의 미처분이익잉여금 대체 분개

| 손익 | 300,000,000 | / | 미처분이익잉여금 | 300,000,000 |

▶ 미처분이익잉여금의 이월이익잉여금 대체 과정

미처분이익잉여금은 주주총회의 결의를 거쳐 확정한 후 이월이익잉여금으로 대체한다.

## ▣ 전기이월이익잉여금, 미처분이익잉여금, 차기이월이익잉여금

법인기업의 경우 사업활동 결과 얻은 기업의 이익은 주주총회의 결의를 거쳐 확정이 된다. 주주총회는 통상 회계기말의 다음해 3월 중 개최되므로 회계기말에는 주주총회 결의 전으로서 이익을 어떻게 처분할 것인지가 미확정된 상태이므로 당기에 발생한 이익은 손익계정을 거쳐 미처분이익잉여금으로 대체처리하는 것이다. 그리고 다음해 3월 중 주주총회에서 이익을 처분하게 되면, 미처분이익잉여금은 이월이익잉여금으로 대체되는 것이다.

예를 들어 20×5년 3월 중 주주총회의 결의로 미처분이익잉여금을 처분하여 이월이익잉여금으로 대체한 금액은 20×5년 회계기말에 다시 미처분이익잉여금으로 대체처리하고, 20×5년의 이익도 미처분이익잉여금으로 대체하게 된다. 따라서 회계기말의 재무상태표에는 전기 이전에 누적된 이익잉여금과 당기의 이익이 미처분이익잉여금으로 보고되는 것이다.

### [1] 회계기말 이월이익잉여금의 미처분이익잉여금 대체

| 이월이익잉여금 | 1,000,000,000 | 미처분이익잉여금 | 1,000,000,000 |
|---|---|---|---|

### [2] 다음해 주주총회 이후 미처분이익잉여금 처분 및 이월이익잉여금 대체

| 미처분이익잉여금 | 1,500,000,000 | 미지급배당금 | 200,000,000 |
|---|---|---|---|
| | | 이익준비금 | 20,000,000 |
| | | 이월이익잉여금 | 1,280,000,000 |

## ● 주주에 대한 이익 배당

법인기업의 주주는 배당을 받을 목적으로 출자를 한다. 따라서 주주는 출자한 기업에서 이익이 발생하는 경우 배당을 받을 권리를 가지게 된다.
이익이란 수익에서 비용을 차감한 것을 말하며, 이익이 발생하면, 이익이 발생한 만큼 기업의 순자산이 증가하게 된다. 예를 들어 회사의 사업연도 초 순자산총액이 10억원이고, 1년간 사업을 하여 3억원의 이익이 발생하였다면, 회계연도 말 순자산총액은 13억원으로 3억원의 순자산이 증가하게 되는 것이다.

배당이란 기업의 사업활동으로 증가한 자산을 주주총회의 결의를 거쳐 주주들에게 분배하는 것으로 배당처분을 하는 경우 주주에게 현금등을 지급하게 되므로 자산이 감소(유출)되고, 자본(이익잉여금)이 감소하게 된다.

이익배당은 주주총회의 결의로 정하지만, 재무제표를 이사회가 승인하는 경우에 이사회의 결의로 정할 수 있으며, 회사는 재무상태표의 순자산액으로부터 다음의 금액을 공제한 금액을 한도로 하여 이익배당을 할 수 있다.

1. 자본금의 액
2. 그 결산기까지 적립된 자본준비금과 이익준비금의 합계액
3. 그 결산기에 적립하여야 할 이익준비금의 액

## ▣ 결산배당 및 중간배당

배당의 종류에는 여러 가지가 있으나 우리나라 상법에서는 현금배당과 주식배당만을 인정하고 있다.

배당은 결산을 확정한 후 연1회의 이익배당을 하는 것이 원칙이지만, **정관에 정함이 있는 경우**에는 이사회의 결의에 의하여 영업연도 중 1회에 한하여 일정한 날을 정하여 그 날의 주주에게 금전에 의한 중간배당을 실시할 수 있다.
중간배당은 금전에 의한 배당이므로 주식배당은 하지 못하며, 결산배당과 동일하게 결산시점에서 중간배당에 상당하는 이익준비금을 적립하여야 하며 원칙적으로 중간배당은 중간배당을 실시하는 회계연도의 직전 회계연도말 배당가능 이익이므로 직전 회계연도말에 이월결손금이 있는 경우에는 중간배당을 할 수 없으며, 당해 회계연도에 결손이 발생하여 배당가능이익이 발생하지 않을 우려가 있는 경우에는 중간배당을 하지 못한다.

## ■ 이익잉여금 처분

미처분이익잉여금은 주주총회의 의결로 이익잉여금을 처분하며, 일반적으로 다음과 같은 내용으로 처분한다.

① 미처분이익잉여금 ~ 당기순이익은 미처분이익잉여금으로 대체하며, 이익의 처분 후 이익잉여금으로 대체된다.
② 현금배당 ~ 이익잉여금 중 일부를 주주들에게 출자금액에 비례하여 현금으로 배당하는 것을 말하며, 배당결의 후 배당금 지급전까지 미지급배당금이란 명칭으로 재무제표에 공시되며, 현금배당시 미지급배당금과 상계처리한다.
③ 이익준비금 ~ 상법에서는 주식회사가 현금배당을 할 경우 그 배당액의 10분의 1이상을 이익준비금으로 적립하도록 규정하고 있다. 왜냐하면, 법인에서 발생한 이익금을 모두 배당하게 되면, 기업의 재무구조를 악화시킬 수 있기 때문에 일정 금액의 처분을 제한하는 것이다.
④ 이월이익잉여금 ~ 이익잉여금 중 처분하지 않은 금액은 그대로 차기 이후로 이월되며, 이를 이월이익잉여금이라고 한다.

### ▶ 미지급배당금

회사는 사업활동 결과 발생한 이익을 임의대로 처분하는 것이 아니라 이사회의 결의 또는 주주총회의 결정으로 이익을 처분한다. 그러나 주주총회는 통상 당해 사업연도의 다음해 3월에 개최한다. 따라서 당해 회계연도의 이익발생에 관한 처분사항을 이익잉여금처분계산서에 반영할 수 없게 됨에 따라 기업의 재무정보이용자들은 재무제표를 통하여 회사의 이익 처분에 관한 중요한 정보를 알 수 없게 된다.

한편, 이사회에서는 주주총회 전 이익잉여금의 처분계획을 의결할 수 있고, 이사회에서 의결한 처분계획은 대부분 주주총회에서 수용하게 되므로 이사회의 의결사항을 재무제표에 공시하게 되면, 정보이용자들은 당기순이익의 처분에 관한 정보를 제공받을 수 있을 것이다. 따라서 당기순이익에 대한 이사회의 결의사항을 반영한 재무제표를 작성할 수 있으며, 이 경우 나중에 지급할 배당금을 미지급배당금으로 한다. 즉, 미지급배당금이란 주주들에게 지급할 배당금에 대하여 회계기말에 부채로 계상한 금액을 말한다.

▶ **배당기준일**

배당기준일이란 배당을 받을 권리가 있는 주주를 확정짓는 날이다. 따라서 배당기준일에 주주명부에 기록된 자에 한하여 배당금이 지급되며, 배당기준일 이후에 취득한 주식의 주주는 권리락(權利落)된 상태로 배당을 받을 수 없다. 배당기준일은 통상 회계연도말이며, 배당기준일에는 별도의 회계처리를 하지 않는다.

■ **이익잉여금처분계산서**

이익잉여금처분계산서란 기업이 당해 사업연도 영업활동 결과 발생한 이익(손익계산서의 당기순이익)과 전년도까지 매 년 장부상 발생한 이익을 처분하지 아니하여 이월되어 온 전기이월이익잉여금을 합한 금액을 당기에 어떻게 처분하였는가를 나타내는 계산서이다.

▶ **배당금 지급 회계처리 사례**

① 《미지급배당금 계상》 결산결과 당기순이익 3억원이 발생하였으며, 전기에 이월되어 온 잉여금 10억원이 있다. 회계기말에 이사회에서 당기에 처분할 수 있는 잉여금(미처분이익잉여금) 13억원을 아래와 같이 처분하기로 결의하다.
  ◦ 주주에 대한 배당    100,000,000원
  ◦ 이익준비금           10,000,000원
  ◦ 차기이월         1,190,000,000원

| | | | |
|---|---|---|---|
| 이월이익잉여금 | 1,000,000,000 / | 미처분이익잉여금 | 1,300,000,000 |
| 당기순이익 | 300,000,000 | | |

\* 이월이익잉여금 및 당기순이익을 미처분이익잉여금으로 대체한 다음 처분한다.

| | | | |
|---|---|---|---|
| 미처분이익잉여금 | 1,300,000,000 / | 미지급배당금 | 100,000,000 |
| | | 이익준비금 | 10,000,000 |
| | | 이월이익잉여금 | 1,190,000,000 |

\* 미지급배당금 : 주주에 대하여 현금배당할 금액으로 기말 현재 미지급한 부채계정이다.

② 《배당금지급 및 배당소득세 원천징수》 3월 10일 주주에 대한 배당금 1억원을 지급하기 위하여 배당소득세 14,000,000원(2017년 배당소득세율 : 14%) 및 지방소득세 1,400,000원을 공제한 84,600,000원을 보통예금에서 인출하여 주주에게 지급하다.

| 미지급배당금 | 100,000,000 | / | 보통예금 | 84,600,000 |
|---|---|---|---|---|
| | | | 예수금 | 15,400,000 |

③ 《배당소득세 및 지방소득세 납부》 배당금 지급일의 다음달 10일 배당소득세 14,000,000원 및 지방소득세 1,400,000원을 보통예금에서 인출하여 납부하다.

| 예수금 | 15,400,000 | / | 보통예금 | 15,400,000 |
|---|---|---|---|---|

### 참고 배당 결의 이전 및 이후의 재무상태표 변동

▶ 아래 표는 배당이 자본에 미치는 영향을 이해하기 쉽도록 하기 위하여 작성한 것으로 실제 재무제표는 다음과 같이 작성되는 것이 아니다.

| 과 목 | 배당 결의 전 | 배당 결의일 | 배당금 지급 후 |
|---|---|---|---|
| **[자 산 총 계]** | 3,800,000,000 | 3,800,000,000 | 3,700,000,000 |
| [유 동 부 채] | 1,000,000,000 | 1,100,000,000 | 1,000,000,000 |
| 미지급배당금 | | 100,000,000 | |
| [비유동부채] | 1,000,000,000 | 1,000,000,000 | 1,000,000,000 |
| [자 본] | 1,800,000,000 | 1,700,000,000 | 1,700,000,000 |
| 자 본 금 | 500,000,000 | 500,000,000 | 500,000,000 |
| 이 익 준 비 금 | | 10,000,000 | 10,000,000 |
| 이 익 잉 여 금 | 1,300,000,000 | 1,190,000,000 | 1,190,000,000 |
| 미처분이익잉여금 | 1,300,000,000 | | |
| 이월이익잉여금 | | 1,190,000,000 | 1,190,000,000 |
| (당 기 순 이 익) 300,000,000 | | | |
| **[부채와자본총계]** | 3,800,000,000 | 3,800,000,000 | 3,700,000,000 |

현금배당을 하는 경우 기업의 순자산이 유출되고 자본(잉여금)이 감소하는 결과가 되어 부채비율이 증가하므로 기업의 재무상태에는 나쁜 영향을 초래한다.
배당 전 부채비율 : 153.85% (부채 20억원 ÷ 자본 13억원)
배당 후 부채비율 : 166.67% (부채 20억원 ÷ 자본 12억원)

## 이익잉여금처분계산서

제□기 20×4년 01월 01일부터  제□기 20×3년 01월 01일부터
20×4년 12월 31일까지     20×3년 12월 31일까지
처분예정일 : 2015년 3월 10일  처분확정일 : 2014년 3월 10일

업체명 : (주)한국페인트 (단위 원)

| 과 목 | 제 (당)기 금액 | | 제 (전)기 금액 | |
|---|---|---|---|---|
| Ⅰ 미처분이익잉여금 | | 1,300,000,000 | | |
| 1. 전기이월이익잉여금 | 1,000,000,000 | | | |
| 2. 전기오류수정이익 | | | | |
| 3. 전기오류수정손실 | | | | |
| 4. 당 기 순 이 익 | 300,000,000 | | | |
| Ⅱ 임의적립금등의이입액 | | | | |
| 합      계 | | 1,300,000,000 | | |
| Ⅲ 이익잉여금처분액 | | | | |
| 1. 이 익 준 비 금 | 10,000,000 | | | |
| 2. 배    당    금 | 100,000,000 | | | |
| Ⅳ 차기이월미처분이익잉여금 | | 1,190,000,000 | | 1,000,000,000 |

### ▣ 회계기말에 이익처분에 대한 결의를 하지 않는 경우의 이익처분

회계기말에 별도의 이익처분에 대한 결의를 하지 않는 경우 당기순이익 등은 재무상태표에 미처분이익잉여금으로 표시하며, 이후 배당처분시 미처분이익잉여금은 이월이익잉여금으로 대체 처리한다.

① 《이익잉여금 처분》 결산결과 당기순이익 2천만원이 발생하였다. 2013년 3월 15일 주주총회에서 당기에 처분할 수 있는 잉여금(미처분이익잉여금) 2천만원을 아래와 같이 처분하기로 결의하다.
• 현금배당 10,000,000원  • 이익준비금 1,000,000원  • 차기이월 9,000,000원

| 미처분이익잉여금 | 20,000,000 | / | 미지급배당금 | 10,000,000 |
|---|---|---|---|---|
| | | | 이익준비금 | 1,000,000 |
| | | | 이월이익잉여금 | 9,000,000 |

② 《배당금 지급》 3월 31일 주주에 대한 배당금을 보통예금에서 인출하여 지급하면서 배당금 10,000,000원에 대한 배당소득세(배당금액의 14%) 1,400,000원 및 지방소득세(배당소득세의 10%) 140,000원을 차감한 8,460,000원을 지급하다.

| 미지급배당금 | 10,000,000 / | 보통예금 | 8,460,000 |
|---|---|---|---|
| | | 예수금 | 1,540,000 |

③ 《배당소득세 및 지방소득세 납부》 배당금 지급일의 다음달 10일 배당소득세 및 지방소득세를 보통예금에서 인출하여 납부하다.

| 예수금 | 1,540,000 / | 보통예금 | 1,540,000 |
|---|---|---|---|

## 배당과 관련한 세무실무

### 배당소득세 원천징수

주주에게 배당소득을 지급하는 경우 그 지급액의 100분의 14를 배당소득세로 배당소득세의 10%를 지방소득세로 징수하여 징수일의 다음달 10일까지 관할 세무서에 신고 및 납부를 하여야 한다. 단, 법인에게 배당소득을 지급하는 경우에는 배당소득세를 원천징수하지 않는다.

### 배당소득 지급시기 의제

배당소득은 원천징수의무자가 배당소득을 지급하는 때를 지급시기로 한다. 다만, 배당소득을 실제 지급하지는 않았으나 세법의 규정에 의하여 일정한 시점에 배당소득을 지급한 것으로 간주하여 배당소득세를 원천징수하는 것을 배당소득 지급시기 의제라 한다.

법인이 이익 또는 잉여금의 처분에 따른 배당 또는 분배금을 그 처분을 결정한 날부터 3개월이 되는 날까지 지급하지 아니한 경우에는 그 3개월이 되는 날에 그 배당소득을 지급한 것으로 보아 소득세를 원천징수한다.

다만, 11월 1일부터 12월 31일까지의 사이에 결정된 처분에 따라 다음 연도 2월 말일까지 배당소득을 지급하지 아니한 경우에는 그 처분을 결정한 날이 속하는 과세기간의 다음 연도 2월 말일에 그 배당소득을 지급한 것으로 보아 소득세를 원천징수한다.

한편, 법인세법에 따라 처분되는 배당소득은 해당 법인이 법인세 과세표준 및 세액의 신고기일에 지급한 것으로 보아 소득세를 원천징수하고, 지급명세서는 다음연도 2월 말일까지 제출하여야 한다.

## 이익잉여금의 자본금 전입(무상증자)과 세무 문제

이익잉여금을 자본금으로 전입하는 것을 무상증자라고 하며, 무상증자는 기업의 이익을 주주들에게 현금배당을 하는 것이 아니라 주주총회의 결의에 의하여 기존의 주주에게 주식을 추가로 배정하는 것으로 주주의 입장에서는 주식 추가 배정금액만큼 이익을 얻게 되는 것이다. 따라서 이와 같은 배당을 의제배당이라고 하며, 소득세법 제17조 제3호의 규정에 의한 의제배당에 해당되어 배당소득세(주식배당금액의 14%) 및 지방소득세(배당소득세의 10%)를 납부하여야 한다.

주식배당은 주주총회의 결의에 의하여 이익의 배당을 새로이 발행하는 주식으로 할 수 있다. 그러나 주식에 의한 배당은 이익배당총액의 2분의 1에 상당하는 금액을 초과하지 못한다.

무상증자는 법정준비금(이익준비금, 자본준비금)으로 증자하는 것을 원칙으로 한다. 다만, 예외적으로 임의적립금을 주주총회의 결의에 의하여 이를 이익준비금으로 항목변경을 통해 무상증자의 재원으로 활용이 가능하다.

## 배당권리 포기

주주총회에서 특정주주는 배당을 받지 않고 다른 주주들은 주식수에 따라 배당을 받기로 결의한 경우 주주총회에서 배당을 결의한 금액 중 배당을 받지 않은 주주의 지분에 상당하는 금액에 대하여 배당을 받지 않는 주주가 다른 주주들에게 증여한 것으로 보아 증여세가 부과된다. 예를 들어 주주인 대표이사에게만 배당을 하는 경우 다른 주주는 배당권리를 포기한 것이므로 배당을 받을 금액에 상당하는 금액을 대표이사에게 증여한 것으로 보아 대표이사는 증여세를 부담하여야 하므로 배당시 유의하여야 할 것이다.

다만, 법인이 현금배당을 지급함에 있어 각 주주들이 소유하고 있는 주식의 수에 따라 배당금을 지급하지 않은 경우로서 균등한 조건에 의하여 지급받을 배당금을 초과하는 금액을 소득세법상 배당소득으로 보아 소득세가 과세되는 경우에는 증여세를 과세하지 않는다. 예를 들어 비상장법인이 정기주주총회에서 소액주주에게는 액면가액의 10%를, 대주주에게는 액면가액의 5%를 배당결의하고 배당금을 현금으로 지급하는 경우 증여세 과세대상이 아니다.

[개정 세법] 초과배당 증여이익에 대한 과세 강화(상증법 §41의2, 상증령 §31의2)
ㅇ 초과배당 증여이익에 대해 소득세·증여세 모두 과세
① 초과배당에 대해 소득세 과세
② (초과배당 - 소득세)에 대해 증여세 과세
<적용시기> '21.1.1. 이후 증여받는 분부터 적용

## ● 배당소득 원천징수영수증 교부 및 제출

① 국내에서 배당소득을 지급하는 원천징수의무자는 이를 지급하는 때에 그 배당소득 기타 필요한 사항을 기재한 원천징수영수증을 배당소득을 지급받는 자에게 교부하여야 한다.
② 원천징수의무자는 지급명세서를 그 지급일이 속하는 연도의 다음연도 2월 말일까지 관할세무서에 제출하여야 한다.

### ▶ 법인에게 배당하는 경우

법인에게 배당금을 지급하는 경우 소득세법에 의한 배당소득세는 원천징수하지 않는다. 다만, 배당금 지급에 대한 지급명세서는 그 지급일이 속하는 연도의 다음연도 2월 말일까지 관할세무서에 제출하여야 한다.

## 중간배당

중간배당이란 결산을 하기 전에 직전결산기의 미처분이익잉여금을 재원으로 실시하는 이익 분배를 말한다. 중간배당은 「상법」 제462조의3의 규정에 의하거나 상장법인의 경우 「자본시장과 금융투자업에 관한 법률」에 의한 분기배당제도가 있다.

□ 상법 제462조의3(중간배당) ①년 1회의 결산기를 정한 회사는 영업년도중 1회에 한하여 이사회의 결의로 일정한 날을 정하여 그 날의 주주에 대하여 이익을 배당(이하 이 條에서 "中間配當"이라 한다)할 수 있음을 정관으로 정할 수 있다.

### ▶ 결산배당 및 중간배당 요약

| 구분 | 결산배당 | 중간배당 |
|---|---|---|
| 근거 법률 | 「상법」 제462조 | 「상법」 제462조의3 |
| 배당 결정 | 이사회 결의와 정기주총에서 승인 | 이사회 결의 |
| 배당 결정 시기 | 정기주주총회일 | 정관으로 정함 |
| 배당기준일 | 결산기 말일 기준 | 사업연도 중 1회(정관으로 정함, 통상 사업연도 개시 일로부터 6월 말일 기준) |
| 배당금 지급 시기 | 정기주총 결의일로부터 1월 이내(주총결의로 따로 정할 수 있음) | 이사회 결의일로부터 1월 이내(이사회 결의로 따로 정할 수 있음) |
| 배당한도 | 대차대조표상 순자산액에서 자본의 액, 그 결산기까지 적립된 자본준비금 및 이익준비금, 그 결산기에 적립하여야 할 이익준비금의 합계액을 공제한 금액 | 직전 결산기 대차대조표 순자산액에서 직전 결산기의 자본의 액, 직전 결산기 까지 적립된 자본준비금 및 이익준비금, 직전 결산기 정기주총에서 이익배당하기로 정한 금액, 배당에 따라 당해 결산기에 적립할 이익준비금의 합계액을 공제한 금액 |

> **[회계 실무] 중간배당시 이익준비금 설정**
>
> 상법에서는 이익잉여금처분시 자본금의 2분의 1이 될 때까지 매 결산기 금전배당액의 10분의 1 이상을 이익준비금으로 적립하도록 규정하고 있으며, 중간배당의 경우 회계기말에 금전배당액의 10분의 1을 이익준비금으로 설정한다.

# 수익 계정과목

수익은 통상적인 경영활동에서 발생하는 경제적 효익의 총유입을 말하며, 자산의 증가 또는 부채의 감소로 나타난다. 다만, 주주의 지분참여로 인한 자본증가는 수익에 포함하지 아니한다. 또한 수익은 기업에 귀속되는 경제적 효익의 유입만을 포함하므로 부가가치세와 같이 제3자를 대신하여 받는 금액이나, 대리 관계에서 위임자를 대신하여 받는 금액 등은 수익으로 보지 아니한다.

# 1  매 출

> 매출이란 영업활동과 관련하여 상품 또는 제품의 판매나 용역을 제공하고 그 대가를 받는 것을 말한다.
> 매출액은 업종 또는 부문별로 구분하여 표시할 수 있으며, 매출액, 반제품, 부산물매출액, 작업폐물매출액, 수출액, 장기할부매출액 등이 중요한 경우에는 이를 구분하여 표시할 수 있다.

## 매출

상품(제품) 등을 판매한 것을 매출이라 하며, 상거래에서 수익을 인식하는 시기인 매출시기는 매우 중요하다. 일반적인 경우 매출인식시기(매출기록)는 상품(제품)등의 인도일자이다. (대금수취일이 아님)

### 매출에서 차감하여야 하는 것

매출에누리, 매출환입, 매출할인은 매출에서 차감한다. 따라서 매출에누리 및 매출환입, 매출할인이 발생한 경우 감액 수정세금계산서를 발행하여야 하며, 매출액에서 차감하는 형식으로 손익계산서를 작성하여야 한다.

- 매출환입 : 매출된 제품이 불량 등의 원인으로 반품된 것을 말한다.
- 매출에누리 : 수량부족, 불량 등의 사유로 매출대금을 깎아 주는 것
- 매출할인 : 외상대금을 매입자가 약속한 날짜보다 일찍 외상대금을 갚을 시 매출자가 외상매출대금의 일부를 깎아 주는 것

## ● 매출 구분

① 상품매출 ~ 도, 소매업의 경우 판매를 목적으로 구입한 상품을 판매하는 것
② 제품매출 ~ 제조회사가 제조한 제품을 판매하는 것
③ 용역수입 ~ 용역매출, 서비스매출이라고도 하며 용역(서비스)을 제공하고 그에 따른 대가를 지급받는 것
④ 공사수입 ~ 건설회사에서 건설용역을 제공하는 것

## ● 부가가치세법의 매출 과세표준

과세표준이란 부가가치세 부과기준이 되는 금액을 말하며, 재화 또는 용역의 공급에 대한 부가가치세의 과세표준은 다음 가액의 합계액으로 한다. 단, 사업자가 재화 또는 용역을 공급하고 그 대가로 받은 금액에 공급가액과 세액이 별도 표시되어 있지 아니한 경우와 부가가치세가 포함되어 있는지 불분명한 경우에는 거래금액 또는 영수할 금액의 110분의 100에 해당하는 금액이 과세표준이 된다.

▶ 부가가치세 과세표준에 포함하지 않는 것
1. 에누리액 및 환입된 재화의 가액, 매출할인
2. 공급받는 자에게 도달하기 전에 파손·훼손 또는 멸실된 재화의 가액
3. 국고보조금과 공공보조금
4. 공급대가의 지급지연으로 인하여 지급받는 이자로서 계약등에 의하여 확정된 대가의 지급지연으로 인하여 지급받는 연체이자

▶ 판매장려금
사업자가 자기 재화의 판매촉진을 위하여 거래상대자의 판매실적(공급이후)에 따라 재화 또는 용역의 공급없이 판매장려금을 금전으로 지급(또는 수령)하는 경우 당해 판매장려금에 대하여는 부가가치세가 과세되지 아니하는 것이며, 당초 공급한 과세표준에서 판매장려금 상당액을 공제하지 아니한다.

## ● 공급시기

공급시기란 거래시기라고도 하며, **재화 또는 용역을 공급하는 때**에 재화 또는 용역을 공급받는 자에게 세금계산서를 발급하여야 한다. 다만, 세금계산서 발급의무가 면제되는 소매업 등 주로 최종소비자에게 물품 등을 판매하는 경우에는 발급하지 않아도 된다.

### ▣ 재화의 공급시기

#### [1] 일반적인 경우 재화의 공급시기
○ 물품 등의 이동이 필요한 경우에는 물품 등을 인도하는 때
○ 물품 등의 이동이 필요하지 않는 경우에는 이용가능하게 된 때

> **보 충** 세금계산서 발급특례 (부가가치세법 시행령 제54조)
> 사업자가 거래처별로 1역월의 공급가액을 합계하여 당해 월의 말일자를 발행일자로 하여 세금계산서를 발급하는 경우 재화 또는 용역의 공급일이 속하는 달의 다음달 10일까지 세금계산서를 발급할 수 있다.

#### [2] 거래형태별 공급시기
○ 현금, 외상판매, 할부판매 : 물품 등을 인도하는 때
○ 위탁매출 : 수탁자가 판매한 시점
○ 완성도기준지급, 중간지급조건부판매 : 그 대가의 각 부분을 받기로 한 때
  ○ 완성도기준지급이란 재화의 제작기간이 장기간을 요하는 경우 그 진행도 또는 완성도를 확인하여 그 비율만큼 대가를 지급하는 것을 말한다.
  ○ 중간지급조건부판매란 재화가 인도되기 전 또는 이용가능하게 되기 전에 계약금 이외의 대가를 분할하여 지급하는 경우로서 계약금을 지급하기로 한 날의 다음 날부터 잔금을 지급하기로 한 날까지의 기간이 6개월 이상인 경우를 말한다.
○ 장기할부판매 : 장기할부 계약에 의하여 대가의 각 부분을 받기로 한 때
  장기할부판매란 2회 이상 분할하여 대가를 받는 것으로 당해 물품 인도일의 다음날부터 최종 할부대금의 지급기일까지 기간이 1년 이상인 경우를 말한다.

- 반환, 동의, 기타조건부판매 및 기한부판매 : 반환조건부판매, 동의조건부판매, 기타 조건부 및 기한부판매의 경우에는 그 조건이 성취되거나 기한이 경과되어 판매가 확정되는 때이다.
- 수출하는 재화
  - 내국물품을 외국으로 수출하는 경우 : 수출재화의 선적일
  - 내국신용장에 의하여 공급하는 재화 : 재화를 인도하는 때
  - 대외무역법에 의한 위탁판매수출 : 수출재화의 공급가액이 확정되는 때

## ▣ 용역(서비스 등)의 공급시기

용역이란 생산과 소비에 필요한 노무를 제공하는 것을 말한다. 따라서 재화는 재산적 가치가 있는 유체물과 무체물로 공급시기가 분명하게 나타나지만, 용역의 공급은 역무(서비스)의 제공이므로 그 공급시기가 분명하지 않은 경우가 많다.

### [1] 일반적 기준
역무(서비스)가 제공되거나 재화, 시설물 또는 권리가 사용되는 때이다.

### [2] 거래형태별 공급시기
- 통상적인 용역공급 : 역무의 제공이 완료되는 때
- 완성도기준지급, 중간지급조건부판매 : 그 공급단위를 구획할 수 없는 용역을 계속적으로 공급하는 경우 계약에 따라 그 대가의 각 부분을 받기로 한 때

### ▶ 공급시기 도래 전 세금계산서 발행
세금계산서는 재화 또는 용역의 공급시기에 발행하여야 한다. 다만, 공급시기가 도래하기 전에 재화 또는 용역에 대한 대가의 전부 또는 일부를 받고, 이와 동시에 그 받은 대가에 대하여 세금계산서 또는 영수증을 발급하는 경우에는 그 발급하는 때를 각각 당해 재화 또는 용역의 공급시기로 본다. 따라서 공급시기가 도래하기 전에 대가를 받지 아니하고, 발행한 세금계산서는 적법하지 아니한 것으로 매입자는 그 매입세액을 공제받을 수 없으며, 매출자는 세금계산서불성실가산세를 부담하여야 한다.

단, 세금계산서를 발급하고, **7일 이내 대가를 지급받은 경우**에는 발급한 때를 공급시기로 보아 적법한 세금계산서로 인정한다. 또한 당사자 간의 계약서·약정서 등에 세금계산서 발급시기와 대금지급시기가 별도로 기재되고, 대금청구시기와 대금지급기간이 30일 이상 차이가 나지 않는 경우에도 적법한 세금계산서로 본다.

## ● 매출 증빙서류

○ 과세매출 : 세금계산서
○ 면세매출 : 계산서
○ 신용카드매출 : 신용카드매출전표
○ 소매매출 : 현금영수증, 간이영수증, 매출장

## ▶ 매출 회계처리 사례

① 《외상매출》 6월 중 의류 10,000,000원(공급가액)을 신세계백화점에 납품하고 6. 30 세금계산서를 발행하여 교부하고 그 대금은 나중에 지급받기로 하다. (공급가액 10,000,000원 세액 1,000,000원 합계 11,000,000원)

| | | | |
|---|---|---|---|
| 외상매출금 | 11,000,000 / | 매출 | 10,000,000 |
| | | 부가세예수금 | 1,000,000 |

② 《매출에누리》 신세계백화점에 납품한 의류 중 일부 불량제품이 있어 1백만원(부가세 별도)을 에누리하여 주고, 감액 수정세금계산서를 발행하여 주다.

| | | | |
|---|---|---|---|
| 매출 | 1,000,000 / | 외상매출금 | 1,100,000 |
| 부가세예수금 | 100,000 | | |

③ 《외상매출대금 입금》 외상매출금 중 8,000,000원이 보통예금에 입금되다.

| | | | |
|---|---|---|---|
| 보통예금 | 8,000,000 / | 외상매출금 | 8,000,000 |

## 2 영업외수익

> 영업외수익이란 직접적인 영업활동과 관련없이 발생하는 수익으로 이자수익, 수입임대료(부동산 임대업자가 아닌 자의 임대수입), 유가증권처분이익, 외환차익, 외화환산이익, 판매장려금, 투자자산처분이익, 유형자산처분이익, 잡이익 등이 있다.

### ◐ 이자수익

이자수익이란 이자수익을 사업목적으로 하지 않는 기업이 여유자금을 운용하기 위하여 금융기관에 예치하여 두거나 타인에게 대여하여 준 경우 예치 또는 대여기간에 대하여 약정한 이자율에 의하여 수취하는 금전수익을 말한다. 보통예금이자, 정기예금이자, 정기적금이자, 대여금이자 등이 있다.

### ● 예금이자에 대한 이자소득세 징수 및 납부

① 법인에게 이자를 지급하는 금융기관은 예금이자의 14%(2017년 현재)를 이자소득세로 징수하여 세무서에 납부한다. 한편, 법인이 금융기관에 징수당한 이자소득세는 법인 결산시 납부할 법인세에서 공제되므로 예금이자에 대하여 납부한 이자소득세가 있는 경우 '선납세금'으로 처리한 다음 법인세 신고시 납부할 법인세에서 공제받는다.

② 법인에게 이자를 지급하는 경우 이자 지급에 대하여 원천징수하는 세금은 소득세법에 의한 이자소득세를 징수하는 것이 아니라 법인세법에 의한 법인세를 징수하여 신고 및 납부하여야 한다.

## 🔁 이자수익 회계처리 사례

① 《보통예금에 대한 이자수익 입금》 6. 11 보통예금 이자수익 1,000,000원이 발생하였으며, 금융기관으로부터 예금이자에 대한 법인세 140,000원 및 지방소득세 14,000원을 공제한 846,000원이 입금되다.

| 보통예금 | 846,000 | / | 이자수익 | 1,000,000 |
|---|---|---|---|---|
| 선납세금 | 154,000 | | | |

## ● 이자수익의 세무상 유의사항

### ▣ 회계기말 미수이자 처리

세법에서는 이자수익에 대하여 현금주의로 계상하도록 규정하고 있는바 이자수익의 귀속시기는 이자입금일(원본전입일, 해약일)이다. 따라서 결산을 확정함에 있어 수취하지 않은 이자(미수수익)를 이자수익으로 계상한 경우 세무조정에서 익금불산입하여야 한다. 따라서 외부회계감사를 받지 않는 중소기업의 경우 실무에서는 회계기말에 미수이자를 계상하지 않는 것이 적절하다.

### ▣ 개인사업자의 이자수익은 총수입금액에 산입하지 않음

개인사업자의 이자소득은 사업소득과는 별도로 이자소득으로 과세하므로 사업과 관련한 장부에 기장하지 않는 것이 적절하며, 기장하는 경우 이자수익은 총수입금액에 산입하지 않는다.

♣ 개인의 금융소득(이자수익 + 배당금수익)이 2천만원을 초과하는 경우 종합과세
국세청 홈페이지 → 국세정책/제도 → 통합자료실 → 국세청발간책자 → 분야별 해설책자 → 소득세 → 금융소득종합과세 해설

## 🅠 배당금수익

배당금수익이란 타 회사의 주식을 보유하거나 공제조합 등에 의하여 출자한 금액에 대하여 피투자법인(주식발행법인)이 이익잉여금을 처분하여 주주 또는 출자자에게 배당하는 경우 발생하는 수익을 말한다. 이 경우 배당금이 확정되는 시기는 주주총회의 결의일로 투자회사는 주주총회의 결의일에 투자수익을 인식하여야 한다. 다만, 투자회사는 피투자법인의 내부의결사항을 잘 알 수 없으므로 실무에서는 통상 실제 현금배당을 받은 날에 투자수익을 인식하기도 한다.

《배당금 수익 발생》 (주)진로의 보유주식에 대하여 배당금 5백만원이 발생하였음을 통보받다.

| 미수금 | 5,000,000 | / | 배당금수익 | 5,000,000 |

## ● 배당금수익 세무상 유의할 사항

1) 법인이 피투자회사로부터 배당금을 지급받는 경우 배당금 전액을 배당금수익으로 처리한다. 이는 법인이 법인으로부터 배당을 받는 경우 배당소득세가 원천징수되지 않기 때문이다. 참고로 법인이 법인에게 배당금을 지급하는 경우 배당소득세는 원천징수하지 아니하나 배당소득 지급명세서는 다음해 2월 말일까지 제출하여야 한다.

2) 법인이 내국법인으로부터 받는 수입배당금중 아래의 일정금액은 익금에 산입하지 아니하므로 세무조정에서 익금불산입처리한다.

▶ 지분비율에 따른 익금불산입율

| 출자대상 | 지분비율 | 익금불산입율 |
|---|---|---|
| 상장·등록법인 | 30% 초과 | 50% |
| | 30% 이하 | 30% |
| 비상장법인 | 50% 초과 | 50% |
| | 50% 이하 | 30% |

- 지분비율 100%인 경우 익금불산입율 : 100%
- 전문건설공제조합도 내국법인이므로 내국법인이 당해 법인이 출자한 다른 내국법인으로부터 수입배당금을 받은 경우에는 그 출자비율에 따라 익금불산입 하는 것임

## 수입임대료

부동산임대를 사업목적으로 하는 경우 매출로 처리하여야 하며, 부동산임대를 사업의 주목적으로 하지 아니하는 사업자가 사무실 또는 제조공장의 일부를 타인에게 임대하고 임대료를 받는 경우 영업외수익인 수입임대료로 처리한다.

임대료수입과 관련한 세금계산서는 임대료 영수 여부와 관계없이 임대료를 받기로 한 날 발행하여야 하며, 전세보증금이 있는 경우 간주임대료를 계산하여 부가가치세 신고시 납부하여야 한다.

▶ 간주임대료 계산 : 당해 기간의 전세금 또는 임대보증금 × 과세대상기간의 일수 ÷ 365(윤년의 경우 366) × 간주임대료 이자율(2024년 3.5%)
○ 2025년 간주임대료 이자율 : 3.1% [소득세법 시행규칙 제23조]

### 수입임대료 회계처리 사례

《임대료수입에 대한 세금계산서 발행》 사무실 중 일부를 임대하여 주고 임대료 1,000,000원(부가세 별도)에 대하여 세금계산서를 월말에 발행하여 주고 그 대금은 다음달 10일에 받기로 하다.

| | | | |
|---|---|---|---|
| 미수금 | 1,100,000 / | 수입임대료 | 1,000,000 |
| | | 부가세예수금 | 100,000 |

## 외환차익

외환차익이란 외환거래에 있어 발생하는 이익금액으로 외화를 원화로 환전하거나 수출대금 입금시 주로 발생하며, 그 내용은 다음과 같다.

1) 수출업자가 물품 등을 수출할 시 선적일에 수출대금을 원화로 환산(실제 수출대금이 입금된 금액이 아니라 수출면장상 수출금액을 선적일의 기준환율을 적용한

금액임)하여 매출로 처리한 다음 수출대금 결제(네고)일에 선적일의 환율보다 결제일의 환율이 높은 경우 발생하는 환차익

2) 외화를 차입한 후 차입 당시 환율과 상환시 환율변동으로 인하여 상환하는 차입금이 차입할 당시의 원화환산금액 보다 더 적은 경우 발생하는 환차익

3) 외화를 대여한 후 대여당시 환율과 상환시 환율변동으로 인하여 상환받는 금액이 대여할 당시 보다 많은 경우 발생하는 환차익

① 《수출물품 선적》 7. 10 미국에 수출할 수출물품 $20,000 을 선적하다.
(선적일 기준환율 1,200원/$)

| 외상매출금 | 24,000,000 | 매출 | 24,000,000 |

* 수출신고필증에 기재된 FOB 가격은 관세법 또는 대외무역법 등의 규정에 따라 수출실적 통계 등의 기준금액이므로 (34) 결제금액이 수출매출금액이다.
* 환율계산 : 달러의 경우 기준환율을 적용한다

② 《수출대금 입금》 7. 30 외국환은행으로부터 수출대금 $20,000 이 네고되다. 원화환가액 25,000,000원(전신환매도율 1,250/$)에서 환가료 70,000원 및 전신료 15,000원을 차감한 24,915,000원이 보통예금에 입금되다.

| 보통예금 | 24,915,000 | 외상매출금 | 24,000,000 |
| 지급수수료 | 85,000 | 외환차익 | 1,000,000 |

* 외환차익 : $20,000 × (1,250/$ - 1,200/$)
* 지급수수료 : 환가료 및 전신료

③ 《외화 차입》 7. 10 미화 $20,000을 차입하다. (차입당시 환율 1,200원/$)

| 보통예금 | 24,000,000 | 외화차입금 | 24,000,000 |

④ 《외화차입금 상환》 12. 10 미화 $20,000을 상환하다.
(상환당시 환율 1,100원/$)

| 외화차입금 | 24,000,000 | 보통예금 | 22,000,000 |
| | | 외환차익 | 2,000,000 |

## 외화환산이익

기업회계기준에 의하여 화폐성외화자산 또는 부채의 장부상 원화기장액과 사업연도 종료일 현재의 화폐성외화자산 또는 부채잔액을 기준환율(또는 재정환율)로 평가하여 차익이 발생하는 경우 당해 사업연도에 외화환산이익으로 처리한 다음 세무조정에서 익금불산입하여야 한다.

화폐성외화자산·부채는 취득일 또는 발생일 현재의 매매기준율등으로 평가하되, 관할세무서장에게 사업연도 종료일 현재의 매매기준율등으로 평가하는 방법을 신고한 경우 그 방법에 의하여 평가할 수 있으며, 이 경우 세무조정대상은 아니다.

▶ 화폐성 외화자산·부채 및 비화폐성 외화자산·부채

| 구 분 | 화폐성(평가대상) | 비화폐성(평가대상 아님) |
|---|---|---|
| 자 산 | 외화현금, 외화예금, 외화채권, 외화보증금, 외화대여금, 외화매출채권 | 선급금, 재고자산<br>비유동자산(고정자산) |
| 부 채 | 외화채무, 외화차입금, 외화사채 | 선수금 |

① 《기말 외화자산 평가》 외화매출채권($10,000)의 장부상 가액은 1천만원이나 결산시점의 기준환율은 $당 1,200원으로 차액을 외화환산이익으로 계상하다.

| 외화외상매출금 | 2,000,000 | / | 외화환산이익 | 2,000,000 |

## 외환 거래 실무 처리

[1] 보유중인 외화로 수입물품대금을 결제한 경우
보유중인 외화를 환가하지 아니한 상태에서 수입물품대금으로 지급한 경우 장부상 원화 입금시 환율을 적용하여 수입상품원가로 처리를 하여야 한다. 단, 외화가 수차에 걸쳐 입금되고, 입금시 기준환율을 적용하여 장부상 원화금액으로 계상한 경우 원화기장액 산정방법은 선입선출법을 적용하는 것이나 이동평균법을 준용한 평가방법을 계속적으로 적용하여 온 경우 그 평가방법을 적용할 수 있다.

□ 외화예금 인출시 원화기장액 산출방법 [법인세 집행기준 42-76-5]
법인이 수차례에 걸쳐 입금한 외화예금의 일부를 원화로 인출하는 경우 외화예금의 원화기장액 산정방법은 선입선출법을 적용하는 것이나 이동평균법을 준용한 평가방법을 계속적으로 적용하여 온 경우 그 평가방법을 적용할 수 있다. (2010. 6. 23. 제정)

[2] 여러 차례 입금된 외화를 환전하는 경우의 장부가액
위와 같은 방법으로 장부가액을 계상하여 외환차손익을 인식한다. 즉, 원화기장액 산정방법은 선입선출법을 적용하는 것이나 이동평균법을 준용한 평가방법을 계속적으로 적용하여 온 경우 그 평가방법을 적용할 수 있다.

**사례** 수차에 걸쳐 입금된 외화 출금시 인출된 외화의 장부가액 계산

| 외화입금일 | 외화출금일 | 외화입금액 | 외화출금액 | 기준환율 | 원화입금장부금액 | 원화출금장부가액 |
|---|---|---|---|---|---|---|
| 11.01 | | $3,000 | | 1,100/$ | 3,300,000 | |
| 11.10 | | $2,000 | | 1,050/$ | 2,100,000 | |
| 11.20 | | $1,000 | | 1,080/$ | 1,080,000 | |
| | 11.30 | | $4,000 | 1,090/$ | | 4,350,000 |

| 보통예금 | 4,360,000 | / | 보통예금(외화) | 4,350,000 |
|---|---|---|---|---|
| | | | 외환차익 | 10,000 |

## 유가증권처분이익

♣ 자산 → 유가증권 참조

## 유가증권평가이익

♣ 자산 → 유가증권 참조

## 투자자산처분이익

투자를 목적으로 보유한 매도가능증권 등 장기투자주식의 처분시 발생하는 이익을 처리하는 계정으로 투자자산의 장부가액보다 처분가액이 많은 경우 그 차액을 말한다.

### 투자자산처분이익 회계처리 사례

① 《투자주식 취득》 (주)갑을은 장기투자를 목적으로 제일은행 주식 1,000주(주당 40,000원)를 취득하고 그 대금은 보통예금에서 인출하여 지급하다.

| | | | |
|---|---|---|---|
| 매도가능증권 | 40,000,000 / | 보통예금 | 40,000,000 |

② 《투자주식 처분》 제일은행 주식 1,000주를 주당 50,000원에 처분하다. 그 대금은 보통예금에 입금되다.

| | | | |
|---|---|---|---|
| 보통예금 | 50,000,000 / | 매도가능증권 | 40,000,000 |
| | | 투자자산처분이익 | 10,000,000 |

## 유형자산처분이익

유형자산처분이익이란 토지, 건물, 기계장치, 비품, 차량운반구 등 유형자산의 처분가액이 장부상 가액보다 많은 경우 발생하는 이익금액을 말한다. 유형자산 처분시 해당 유형자산에 대한 감가상각누계액이 설정되어 있는 경우 감가상각누계액과 먼저 상계하여야 한다. 즉, 처분손익은 매각금액(부가가치세 제외금액)에서 장부가액(취득가액 - 감가상각누계액)을 차감한 금액으로 계산한다.

토지 및 건물의 처분에 대하여 개인기업은 양도소득세 신고를 별도로 하여야 하나 법인은 양도소득세 신고의무가 없으며, 유형자산처분손익은 법인의 익금 및 손금에 산입한다.

▶ 유형자산 처분연도 감가상각비 계상 여부

법인의 경우 처분연도의 처분 월까지의 감가상각비를 하지 않는 경우 감가상각비로 계상하지 않은 금액은 처분손익에 반영되므로 별도의 감가상각을 하지 않는다.

## 관세환급금

물품 등을 외국으로부터 수입하는 경우 관세를 세관에 납부한다. 그런데 수출을 하기 위하여 원자재를 수입하는 경우에도 원자재 수입시에 관세를 부담할 경우 결과적으로 수출물품의 수출가격이 높아지게 되어 국제가격경쟁력이 저하되어 수출에 지장이 있으므로 수출물품에 대한 국제가격경쟁력을 높이기 위하여 수출업자 또는 수출품생산업자가 수출물품을 생산하기 위한 원자재를 수입시 부담한 관세를 수출업자 또는 수출품생산업자에게 되돌려 주는 것이 관세환급금이다

관세환급금은 원칙적으로 매출원가(판매한 제품의 원가)에서 차감하여야 하나 그 금액이 중요하지 않은 경우 실무에서는 영업외수익 항목인 '관세환급금' 또는 '잡이익'으로 처리하기도 한다.

▶ 개별환급과 정액환급

관세환급금은 개별환급과 여러 건을 합쳐서 1년에 한 번 정산해 주는 정액환급방법이 있다. 개별환급방법은 수출물품 제조에 소요된 원재료의 품명·규격·수량과 동원재료의 수입시 납부세액을 원재료별로 개별적으로 확인하여 환급금을 산출하는 방법이며, 정액환급방법은 정부가 정하는 일정한 금액(정액환급율표 상의 금액)을 소요원재료의 수입시 납부세액으로 보고 환급금을 산출하도록 하는 방법이다.

## 관세환급금 회계처리 사례

① 《관세 환급》 관세를 납부하고 수입한 원재료를 사용하여 제품을 만들어 수출하다. 기 납부한 관세 1,000,000원이 세관으로부터 보통예금 통장에 입금되다.

| 보통예금 | 1,000,000 | / | 관세환급금 | 1,000,000 |

## 판매장려금수익

판매장려금이란 주로 대리점 형태의 도매 및 소매업종으로서 판매실적에 따라 본사로부터 지급받는 장려금으로 이러한 장려금은 본사가 국세청에 판매장려금 지급내용을 통보하는 바 판매장려금을 받는 경우 장려금을 받은 사실을 장부에 누락하지 않도록 특히 유의하여야 한다.

판매장려금은 판매장려금을 지급하는 자는 비용처리를 하는 것이며, 지급받는 자는 영업외수익(판매장려금수익)으로 처리한다.

## 국고보조금 수익

### ❶ 국고보조금

국고보조금이란 국가, 지방자치단체로부터 무상으로 지급받는 보조금을 말한다. 무상으로 지급받는 보조금은 법인의 자산을 증가시키는 거래로 익금에 산입하여야 한다.

그리고 사업승패 여부에 따라 사업성공시 일부(통상 지원금액의 10% 내외)금액을 상환하는 보조금은 상환할 금액이 확정된 시점 (출연금 일부의 반환통지 또는 기술료의 납부통지를 받은 날)이 속하는 사업연도에 반환할 금액을 익금에서 차감하거나 손금에 산입하여야 한다.

### ❷ 자산의 취득과 관련하여 받은 국고보조금 처리

기업회계기준에 의하면, 자산의 취득에 사용될 국고보조금을 받은 경우에는 관련자산을 취득하기 전까지 받은 자산의 차감계정으로 처리한 다음 자산의 취득에 충당한 국고보조금은 취득자산에서 차감하는 형식으로 표시하고, 당해 자산의 내용연수에 걸쳐 상각금액과 상계처리하여야 하며, 자산의 취득에 사용하지 않는 기타의 국고보조금은 영업외수익으로 처리한다

### ▶ 외부감사대상이 아닌 사업자의 자산 취득 관련 국고보조금 회계처리

외부회계감사를 받지 아니하는 중소기업의 경우 국고보조금 교부통지를 받은 날 국고보조금 전액을 잡이익 등 영업외수익으로 처리한 다음 기술개발의 성공으로 출연금 일부의 반환통지 또는 기술료의 납부통지를 받은 날 잡손실 등 영업외수익으로 처리하여도 무방하다. 이 경우 상환하여야 하는 금액은 장기차입금 등 적절한 계정과목으로 처리한다. 또한 전액 무상으로 지원받는 교육훈련보조금, 고용촉진장려금, 고용유지지원금 등 소액의 국고보조금은 국고교부금 통지를 받은 날 전액 잡이익으로 처리한다.

## ❸ 수익과 관련하여 받은 국고보조금 처리

수익관련보조금을 받는 경우에는 **당기의 손익**에 반영한다. 다만, 수익관련보조금을 사용하기 위하여 특정의 조건을 충족해야 하는 경우에는 그 조건을 충족하기 전에 받은 수익관련보조금은 선수수익으로 회계처리한다. 단, 수익관련보조금은 대응되는 비용이 없는 경우 회사의 주된 영업활동과 직접적인 관련성이 있다면 영업수익으로 그렇지 않다면 영업외수익으로 회계처리한다.

반면, 수익관련보조금이 특정의 비용을 보전할 목적으로 지급되는 경우에는 당기손익에 반영하지 않고 특정의 비용과 상계처리한다. 예를 들어, 공공성이 많은 재화나 용역을 제공하는 무연탄채굴회사나 버스회사로 하여금 매출가격이 매출원가에 미달하는 재화나 용역을 계속 제공하게 할 목적으로 지급되는 보조금은 매출액(영업수익)으로 회계처리하고, 벤처회사의 신기술개발을 지원하기 위해 지급되는 보조금은 영업외수익으로 회계처리한다. 반면 저가로 수입할 수 있는 원재료를 국내에서 구입하도록 강제하는 경우에 지급되는 수익관련보조금은 제조원가에서 차감한다.

### ▶ 국고보조금 반환
통상 국고보조금은 사업승패 여부에 따라 사업성공시 일부(통상 지원금액의 30%) 금액을 상환하는 보조금은 상환할 금액이 확정된 시점 (출연금 일부의 반환통지 또는 기술료의 납부통지를 받은 날)이 속하는 사업연도에 반환할 금액을 익금에서 차감하거나 손금에 산입하여야 한다.

## ❹ 국고보조금 세무 및 회계처리

### ① 국고보조금 입금(기업회계기준에 의한 회계처리방법)

① 《정부출연금 입금》 신제품 개발목적으로 산업자원부에 자금신청을 한 바 승인되어 신기술개발자금 2억원이 보통예금에 입금되다.

동 자금은 정부지원금이며, 사업실패시에는 전액 상환의무가 없으나 성공시에는 30%를 상환하여야 하는 자금이다. 지원자금은 전액 신기술 개발에 사용하기로 하다.

| 보통예금 | 200,000,000 | / | 국고보조금(1) | 140,000,000 |
|---|---|---|---|---|
|  |  |  | 장기차입금 | 60,000,000 |

\* 국고보조금 : 자산의 취득(유형자산, 무형자산)에 사용하는 국고보조금은 관련 자산을 취득하기 전까지 받은 자산(보통예금)에서 차감하는 형식으로 처리하여야 한다.

| [재무상태표 표시형식] | | [자산취득 후 재무상태표 표시형식] | |
|---|---|---|---|
| 보통예금 | 1,000,000,000 | 보통예금 | 800,000,000 |
| 국고보조금 | (140,000,000) | 개발비 | 140,000,000 |
|  |  | 국고보조금 | (140,000,000) |

② 《국고보조금 자금 집행》 국고보조금 전액을 기술개발비로 사용하다.

| 선급금 | 200,000,000 | / | 보통예금 | 200,000,000 |
|---|---|---|---|---|

③ 《기술개발 성공》 신제품 기술개발에 성공하여 개발비용을 무형자산인 개발비로 대체하다. 개발비는 향후 5년간 정액법으로 상각하기로 하다.

| 개발비 | 200,000,000 | / | 선급금 | 200,000,000 |
|---|---|---|---|---|
| 국고보조금(1) | 140,000,000 | / | 국고보조금(2) | 140,000,000 |

\* 국고보조금(1) : 보통예금 차감계정
\* 국고보조금(2) : 개발비 차감계정, 국고보조금으로 취득한 자산은 취득자산에서 차감하는 형식으로 표시하여야 한다.

④《개발비 상각》회계기말에 개발비 40,000,000원을 감가상각하다.

| 개발비상각 | 40,000,000 | / | 개발비 | 40,000,000 |

| 국고보조금(2) | 28,000,000 | / | 개발비상각 | 28,000,000 |

\* 국고보조 : 국고보조금(2) 140,000,000 ÷ 5(5년간 상각)

▷ 수익과 관련한 국고보조금인 경우 또는 외부감사대상 법인이 아닌 경우에는 국고보조금이 확정된 날 전액 잡이익으로 처리할 수 있다.

| 별단예금 | 100,000,000 | / | 잡이익 | 100,000,000 |

### ■ 국고보조금 세무조정

① 국고보조금 교부통지를 받은 날이 속하는 사업연도
[익금산입] 국고보조금 입금금액 200,000,000원(유보)

② 사업성공일이 속하는 사업연도
[손금산입] 상환할 금액 60,000,000원(△유보)
\* 익금산입 유보금액 : 국고보조금(200,000,000원) - 상환할 금액(60,000,000원)

③ 개발비 상각일(개발비 상각이 종료되는 시점까지 매 회계연도 말)
[손금산입] 개발비 140,000,000원 중 당기 상각액 28,000,000원(△유보)

### 2 국고보조금을 당기의 수익으로 처리하는 경우

①《정부출연금 입금》신제품 연구개발을 목적으로 산업자원부에 자금신청을 한 바 승인되어 기술개발자금 2억원이 보통예금에 입금되다. 동 자금은 정부지원금이며, 사업실패시에는 전액 상환의무가 없으나 성공시에는 30%를 상환하여야 하는 자금이다. 지원자금은 전액 신기술 개발에 사용하기로 하다.

| 보통예금 | 200,000,000 | / | 잡이익 | 200,000,000 |

② 《국고보조금 자금 집행》 국고보조금 전액을 연구개발비로 사용하다. 단, 무형자산인 개발비 요건을 충족하지 아니하여 개발비용 전부를 연구비로 처리하다.

| 연구비 | 200,000,000 / 보통예금 | 200,000,000 |

③ 《연구개발 성공》 신 기술개발에 성공하였으나 무형자산인 개발비 여건을 충족하지 못하여 당기비용인 연구비로 처리하다. 산업자원부로부터 연구개발이 성공한 것으로 판정되어 상환할 의무가 있는 국고보조금 60,000,000원은 당기의 비용인 잡손실로 처리하고, 상환의무 있는 국고보조금은 장기차입금으로 대체하다.

| 잡손실 | 60,000,000 / 장기차입금 | 60,000,000 |

### 3 무상보조금 반환 회계처리

① 《보조금 일부 상환》 정부보조금으로 개발한 기술이 성공하여 국고보조금의 30%에 해당하는 금액인 6천만원을 상환하다.

| 장기차입금 | 60,000,000 / 보통예금 | 60,000,000 |

<세무조정>
보조금이 지급이 확정된 날이 속하는 사업연도에 전액 익금산입한 금액 중 정부에 반환하는 금액은 반환일이 속하는 사업연도에 손금산입한다.
[손금산입]   상환할 금액 60,000,000원(△유보)

## ❺ 국고보조금의 세무상 익금산입 및 손금산입

### 1 익금산입

▶ **극고보조금은 교부통지를 받은 날에 익금산입하는 것임**

법인이 「기술개발촉진법」 제8조의 규정에 따라 정부로부터 기술개발에 소요되는 경비를 출연금 명목으로 지원받은 경우, 출연금 교부통지를 받은 날이 속하는 사업연도에 각 사업연도 소득금액 계산상 익금에 산입하는 것임
(법인, 서면인터넷방문상담2팀-1825 , 2006.09.18.)

▶ **지급시기를 달리하여 순차적으로 지원받는 국고보조금 익금시기**

법인이 정부로부터 기술개발에 소요되는 경비를 별도의 교부통지서 수령 없이 협약서에 의해 지급시기를 달리하여 순차적으로 지원받는 경우, 당해 출연금은 실제 지급받은 날이 속하는 사업연도의 각 사업연도 소득금액 계산상 익금에 산입하는 것임
(법인, 서면 2015법인-0276 , 2015.07.09.)

② **손금산입**

▶ **출연금 일부의 반환통지 또는 기술료의 납부통지를 받은 날이 속하는 사업연도에 반환할 금액을 익금에서 차감하거나 손금에 산입하는 것임**

익금에 산입한 출연금 중 기술개발의 성공으로 출연금 일부의 반환통지 또는 기술료의 납부통지를 받은 날이 속하는 사업연도에 반환한 금액은 손금에 산입하는 것임.
(서면2팀-1510, 2005.9.21.)

▶ **국고보조금의 일시 손금산입**

① 내국법인이 「보조금 관리에 관한 법률」, 「지방재정법」, 그 밖에 다음에 정하는 법률에 따라 보조금 등의 자산(국고보조금등)을 지급받아 그 지급받은 날이 속하는 사업연도의 종료일까지 사업용고정자산을 취득·개량하는 데에 사용한 경우 국고보조금등에 상당하는 금액은 그 사업연도의 소득금액을 계산할 때 손금에 산입할 수 있다. [법인세법 제36조(국고보조금등으로 취득한 사업용자산가액의 손금산입)]
1. 「농어촌 전기공급사업 촉진법」
2. 「전기사업법」
3. 「사회기반시설에 대한 민간투자법」
4. 「한국철도공사법」
5. 「농어촌정비법」
6. 「도시 및 주거환경정비법」

② 제1항의 규정에 의하여 손금에 산입하는 금액은 당해 사업용자산별로 다음 각 호의 구분에 따라 일시상각충당금 또는 압축기장충당금으로 계상하여야 한다.
1. 감가상각자산 : 일시상각충당금
2. 제1호외의 자산 : 압축기장충당금

▶ **국고보조금으로 연구·인력개발비를 지출한 경우 세액공제 제외**

연구개발출연금등을 지급받아 연구개발비로 지출하는 금액은 연구인력개발과 관련한 세액공제대상에서 제외하여야 한다. (법인세과-411, 2012.06.22.)

◆ 고용노동부 지원금(일자리안정자금 등)은 중소기업특별세액감면 감면소득에서 제외하여야 함 (조특, 법인세과-1257, 2009.11.09.)
한국장애인고용촉진공단으로부터 받는 국고보조금, 장애인을 고용함으로써 받는 관리비용, 노동청의 종합고용지원센터에서 받는 휴업수당지원금은 「조세특례제한법」 제7조의 중소기업 특별세액 감면대상 소득에 해당하지 않음

## 상각채권추심이익

대손금으로 손금에 산입된 부도채권 등의 금액(대손충당금과 상계한 금액을 포함한다) 중 그 후 다시 회수된 때에는 그 회수된 금액은 회수된 날이 속하는 사업연도의 소득금액 계산상 익금에 산입한다. 단, 대손처리시 대손충당금과 상계한 금액을 회수된 경우 대손충당금을 다시 설정한 것으로 본다.

## 전기오류수정이익

전기 또는 그 이전 기간의 재무제표를 작성할 때 발생하였던 오류가 당기에 발견되어 이를 수정하는 것을 전기오류수정이라 한다. 회계오류가 재무상태표(결산종료일 또는 외부감사일로서 재무상태표를 확정한 이후)일 이전에 발견한 경우에는 바로 수정하면 되나 재무상태표일 이후에는 전기오류수정사항으로 정리하여야 한다.

당기에 발견한 전기 또는 그 이전기간의 오류는 당기 손익계산서에 영업외손익 중 전기오류수정손익으로 보고한다. 다만, 중대한 오류에 대해서는 전기이월이익잉여금을 수정한다.

세무상으로는 과거 연도의 수익을 누락하거나 비용을 이중으로 계상한 경우 손익은 그 해당 사업연도별로 적용하여야 하므로 법인세신고내용을 수정(세무조정 사항에서 익금산입)하여 법인세를 납부하여야 하는 것이며, 오류를 반영한 사업연도의 전기오류수정이익은 익금불산입(전기 이전의 수익 누락에 대하여 법인세 수정신고로 이미 익금으로 처리한 것임)처리한다.

### ■ 전기 자산 항목을 비용으로 처리한 경우

[예제] 전기에 에어컨 2백만원을 구입하여 비품으로 처리하여야 하였으나 소모품비로 처리하여 당기에 전기 법인세 신고내용을 수정신고하고, 비품으로 회계처리하다.

<전기 세무조정>
손금불산입    2,000,000 (유보)

<당기 회계처리> 비품 2백만원을 자산으로 계상하다.

| 비품 | 2,000,000 / 전기오류수정이익 | 2,000,000 |

<당기 세무조정> 익금불산입
전기오류수정이익 2,000,000원 (△유보)

### ■ 자산이 장부에 누락된 경우

실제 자산이 있으나 장부상 누락된 경우로서 그 원인을 알 수 없는 경우 전기오류수정이익으로 처리할 수 있으며, 이 경우 잉여금 항목의 전기오류수정이익으로 처리할 시 별도의 세무조정은 하지 않아도 된다.

[예제] 거래처 외상매출금 1백만원이 있으나 장부에 누락되었음을 발견하고, 잉여금 항목의 전기오류수정이익으로 처리하다.

| 외상매출금 | 1,000,000 / 전기오류수정이익 | 1,000,000 |

## 법인세환급액

♣ 법인세비용 참조

## 잡이익

기타 달리 분류되지 않는 이익금으로 단수차이에 따른 납부이익, 전자신고세액공제액, 외상매입금 할인액, 폐품 판매수익, 원인불명의 현금과다액 등이 있으며, 별도의 계정과목을 사용하지 않는 국고보조금은 잡이익으로 처리한다.

## 보험차익

보험차익이란 보험에 가입한 자산의 보험사고(화재, 차량사고, 풍.수해, 도난 등)로 인하여 보험회사로부터 지급받는 보험금액이 해당 자산의 장부가액을 초과하는 경우 그 초과하는 이익금을 말한다.

### ▶ 미결산 계정과목
보험에 가입한 물건의 화재 등 보험사고발생시 보험금액이 확정되기 전까지는 보험금액을 알 수 없으므로 임시 설정하여 두는 가계정이다.

### 보험차익 회계처리 사례

① 《보험에 가입한 차량의 사고로 인한 폐차》 차량사고로 인하여 차량을 폐기처리하다. 해당 차량은 자기차량에 대하여 보험에 가입되어 있다.
- 차량 취득가액   20,000,000원
- 감가상각누계액   11,108,957원

| 감가상각누계액 | 11,108,957 | / | 차량운반구 | 20,000,000 |
| 미결산 | 8,891,043 | | | |

② 《보험금 수령》 보험회사에서 보험금 12,500,000원이 보통예금에 입금하다.

| 보통예금 | 12,500,000 | / | 미결산 | 8,891,043 |
| | | | 보험차익 | 3,608,957 |

◆ 보험차익으로 취득한 자산의 손금산입 [법인세법 제38조]
내국법인이 유형자산의 멸실 또는 손괴로 인하여 보험금을 지급받아 그 지급받은 날이 속하는 사업연도의 종료일까지 그 멸실한 유형자산에 대체하여 동일한 종류의 유형자산을 취득하거나 손괴된 유형자산을 개량하는 경우 그 유형자산의 취득 또는 개량에 사용된 보험차익에 상당하는 금액은 당해 사업연도의 손금에 산입할 수 있다.

## 채무면제이익

채무면제이익이란 기업의 채무를 채권자로부터 면제받은 금액을 말한다. 통상 채무면제이익은 기업의 결손이 누적되거나 경영이 악화될 경우 기업의 임원 및 주주가 기업에 대한 채권을 포기하는 경우 발생한다.

## 자산수증이익

주주 또는 제3자로부터 현금이나 기타자산을 증여받는 경우 그 자산가액을 자산수증이익이라 한다. 비상장법인이 개인주주로부터 자기주식을 무상취득시 자산수증이익에 해당하며 취득가액은 법인세법시행령 제89조의 규정에 의한 시가로 한다.

### 자산수증이익 회계처리 사례

① 《자산 수증》 주주로부터 현금 2억원을 증여받다.

| 현금 | 200,000,000 | / | 자산수증이익 | 200,000,000 |
|---|---|---|---|---|

◆ 채무면제이익과 자산수증이익의 익금불산입 [법인세법 제18조 제6호]
채무면제이익과 자산수증이익 중 이월결손금의 보전에 충당한 금액은 익금불산입한다.

[세법 개정] 결손금 이월공제기간 확대(법인법 §13 · §76의13, 소득법 §45)
[종전] 공제기간 10년 → [개정] 공제기산 15년
<적용시기> 2021.1.1. 이후 신고하는 결손금부터 적용

# 5 비용 계정과목

비용이란 수익을 얻기 위해서 지급하거나 발생한 경제적 가치의 소비액을 말하며, 비용이 발생한 경우 반드시 현금 등 자산이 감소하거나 부채가 증가로 나타난다. 비용은 기업에 귀속되는 경제적 효익의 유출로서 제3자를 대신하여 지급한 금액이나, 대리 관계에서 위임자를 대신하여 지급한 금액은 비용으로 보지 아니한다.

# １　매출원가

> 매출원가란 제품, 상품 등의 매출액에 대응되는 원가로서 판매된 제품이나 상품 등에 대한 제조원가 또는 매입원가이다. 도·소매업의 경우 판매한 상품의 매입원가를 말하며, 제조업(건설업)의 경우 판매한 제품의 생산원가를 말한다.

## 매출원가

기업의 목적은 이윤추구다. 이윤을 얻기 위해서 도.소매업은 상품을 구입하여 판매하여야 하고, 제조기업은 원재료 등을 가공하여 제품을 생산하여 판매하여야 한다. 즉 판매를 통하여 이윤을 만들 수 있으며, 물품 등을 판매하기 위해서는 여러 가지 비용이 든다. 이 비용 중 판매한 물품 등의 물품구입원가를 매출원가라 하며, 제조업은 판매한 제품의 제품생산원가가 매출원가이다.

예를 들어 상품 한 개를 100,000원에 구입하여 130,000원에 판매하였다면, 상품의 매출원가는 100,000원이다. 그러나 상품 종류가 많고 동일한 상품이라도 구입시마다 상품단가가 다른 경우 각 개별 상품별로 판매한 상품의 구입원가(매출원가)를 계산하기란 현실적으로 어려우므로 일정 기간 동안 판매한 상품의 원가는 아래와 같이 계산한다.

기초상품가액에 당기 상품매입액을 합한 금액은 당기 중 판매가능한 상품가액이다. 당기 중 상품을 전액 판매하였다면, 당기매출액에 대한 매출원가는 기초상품가액에 당기 상품매입액을 합한 금액이다. 그러나 기말에 판매되지 않고 남아 있는 상품이 있다면, 판매가능한 상품가액에서 기말상품재고금액을 차감한 가액이 당기 매출원가다. 따라서 당기 매출원가를 산출하려면 반드시 기말상품재고를 파악하고 그 금액을 계산하여야 한다.

기말에 남아있는 상품의 가액을 계상하기 위해서는 상품의 입고 및 출고에 대한 상품수불부를 작성하여 계속 기록하는 방법(계속기록법)과 기말에 재고조사를 실시하여 기말재고자산가액을 산정하는 방법(실지재고조사법)이 있다.

## 매입액

당기상품매입액은 상품의 총매입액에서 매입에누리와 환출 및 매입할인을 차감한 금액으로 한다. 이 경우에 일정기간의 거래수량이나 거래금액에 따라 매입액을 감액하는 것은 매입에누리에 포함한다.

한편, 상품매입에 직접 소요된 제비용은 매입액에 포함한다. 예를 들어 수입물품의 경우 수입시 발생하는 제비용(관세, 통관수수료, 운임 등)은 수입물품의 원가에 포함한다.

### 매입환출, 매입에누리, 매입할인

매입환출, 매입에누리, 매입할인은 매입에서 차감한다. 따라서 매입에누리 및 매입환출이 발생한 경우 감액 수정세금계산서를 발급받아야 하며, 매입액에서 차감하는 형식으로 손익계산서를 작성하여야 한다.

○ 매입환출 : 매입된 제품이 불량 등의 원인으로 반품한 것을 말한다.
○ 매입에누리 : 수량부족, 불량 등의 사유로 매입대금을 할인받은 것
○ 매입할인 : 매입자가 외상대금을 약속한 날짜보다 일찍 상환할 시 매출자가 외상매출대금의 일부를 깎아 준 금액을 말한다.

## 2 판매비와관리비

> 판매비와관리비는 상품과 용역의 판매활동 또는 기업의 관리와 유지에서 발생하는 비용으로 급여, 퇴직급여(명예퇴직금 포함), 복리후생비, 임차료, 기업업무추진비, 감가상각비, 무형자산상각비, 세금과공과금, 광고선전비, 사무용품비, 연구비, 경상개발비, 대손상각비 등 매출원가에 속하지 아니하는 모든 영업비용을 포함하며, 당해 비용을 표시하는 적절한 항목으로 구분한다.

### 급료 및 임금

#### 개요

① 급료란 통상 근로를 제공한 종사 직원에게 지급하는 금전적 지출금액을 말하며, 급료에는 제수당을 포함한다.

② 임원급여란 대표이사, 전무, 상무, 이사, 감사 등 법인기업체의 임원에게 지급하는 급여로서 직원에게 지급하는 급여와 구분할 필요가 있는 경우에만 임원에게 지급하는 급여를 구분하여 계정과목을 임원급여로 분류하며, 임원급여를 구분할 필요가 없는 경우 '급료' 계정과목으로 처리한다.

③ 임금이란 생산현장 또는 건설현장에 근무하는 직원에게 지급하는 급료로 제조기업 또는 건설업으로 비용과 원가를 구분하는 경우에 '임금'이란 계정과목을 사용한다.

☐ 사업주가 근로소득세 및 4대보험 종업원부담금을 부담하기로 한 경우 급여 처리
근로소득세 및 지방소득세, 국민연금, 건강보험, 고용보험료 종업원부담금을 회사가 부담하는 금액은 급여성 대가로 보아 급여에 포함하여 근로소득세를 원천징수하여야 한다.

▶ 상여금

상여금이란 사업성과 또는 명절이나 휴가 때에 지급하는 기본급 외의 수당을 말하며, 근로기준법에서는 따로 규정한 바가 없으나 상여금이 취업규칙 기타 근로계약에 미리 지급조건 등이 명시되어 있거나 관례로서 계속 지급하여 온 경우에는 상여금 지급이 법적인 의무로서 구속력을 가지게 되며, 퇴직금 산정 기초가 되는 평균임금에 포함된다.

▶ 제수당

기업의 실정 및 수당의 성격에 따라 임의의 명칭을 사용하며 수당에는 아래와 같은 종류의 수당들이 있다. 한편, 급여지급시 급여대장에는 각종 수당을 구분하여 기록하나 회계처리시에는 제수당을 급여에 포함하여 처리한다.

▶ **급료 지급과 관련한 계정과목**
- 국민연금보험료 회사부담금 : 세금과공과금
- 국민건강보험료, 고용보험료 회사부담금 : 복리후생비
- 급료가불금 : 종업원대여금 또는 가지급금
- 일용근로자, 아르바이트생 급여 : 잡급

[핵심 실무] 개인사업자 사업주 본인 국민연금 및 건강보험료 계정과목
- 급여 : 개인사업자 사업주 본인은 급여 지급대상이 아님
- 국민연금 : 필요경비 산입대상 아님(인출금 / 보통예금)
  - 사업자의 소득에서 소득공제를 하여야 함
- 건강보험료 : 필요경비에 산입할 수 있음(보험료 / 보통예금)

## ● 급료 증빙서류

- 급여대장, 근로소득세 납부영수증
- 개인별근로소득원천징수부
- 근로소득지급명세서
- 인사기록부, 출근부, 송금영수증 등

## 🌑 주요 비과세 근로소득

### [1] 비과세 차량보조금(자가운전보조금)
종업원 소유차량을 종업원이 직접 운전하여 사용자의 업무수행에 이용하고 시내출장 등에 소요된 실제여비를 지급받는 대신에 그 소요경비를 당해 사업체의 규칙 등에 의하여 정하여진 지급기준에 따라 지급받는 금액 중 월 20만원 이내의 금액

### [2] 식사기타 음식물을 제공받지 않는 근로자의 월 20만원 이하 식사대
식사대를 매월 30만원을 지급받는 경우 20만원은 비과세 하고 10만원은 과세
회사에서 식사를 제공하면서 별도로 식대를 지급하는 경우 식대는 과세됨

[세법 개정] 식대 비과세 한도 기존 10만원→20만원 상향
2023년 1월 1일부터 적용

### [3] 비과세 학자금
다음 요건을 모두 갖춘 근로자 본인의 학자금으로서 초·중등교육법 및 고등교육법에 의한 학교(외국에 있는 이와 유사한 교육기관 포함) 및 「근로자직업능력개발법」에 의한 직업능력개발훈련시설의 입학금·수업료·수강료 기타 공납금 중 당해 연도에 납입할 금액
① 근로자가 종사하는 사업체의 업무와 관련있는 교육·훈련을 위하여 지급받는 학자금으로서,
② 당해 업체의 규칙 등에 정해진 지급기준에 의하여 지급되고,
③ 교육·훈련기간이 6월 이상인 경우에는 교육·훈련후 교육기간을 초과하여 근무하지 않는 경우 반환하는 조건일 것.

#### ▶ 과세대상이 되는 학자금
위의 요건을 충족하지 않는 학자금은 과세대상 근로소득에 해당하므로 학자금을 무상으로 지원하는 경우 근로소득에 합산하여야 한다. 단, 학자금(자녀 학자금 포함)의 무상대여액에 대한 인정이자상당액은 근로소득으로 보지 아니한다.

## [4] 출산·보육수당

1) 근로자 또는 그 배우자의 출산과 관련하여 자녀의 출생일 이후 2년 이내에 사용자로부터 최대 두 차례에 걸쳐 지급받는 급여(2021년 1월 1일 이후 출생한 자녀에 대하여 2024년 1월 1일부터 2024년 12월 31일 사이에 지급받은 급여를 포함한다) 전액

2) 근로자 또는 그 배우자의 해당 과세기간 개시일을 기준으로 6세 이하(6세가 되는 날과 그 이전 기간을 말한다.)인 자녀의 보육과 관련하여 사용자로부터 지급받는 급여로서 월 20만원 이내의 금액

## [5] 보장성보험료 중 연 70만원 이하의 금액

종업원의 사망·상해 또는 질병을 보험금 지급사유로 하고 종업원을 피보험자와 수익자로 하는 보험으로서 만기에 납입보험료를 환급하지 아니하는 보험(단체순수보장성보험)과 만기에 납입보험료를 초과하지 아니하는 범위안에서 환급하는 보험(단체환급부보장성보험)의 보험료중 **연 70만원 이하의 금액**

## [6] 생산직근로자등의 야간근로수당 등 [소령 제17조]

**생산직 및 그 관련직에 종사하는 근로자**로서 급여수준 및 직종 등을 고려하여 월정액급여 210만원 이하로서 직전 과세기간의 총급여액이 3천만원 이하인 근로자(일용근로자 포함)가 연장근로·야간 또는 휴일근로를 하여 받는 급여 중 **연 240만원** (광산근로자 및 일용근로자는 해당 급여 총액) 이내의 금액

▶ 생산직 및 그 관련직에 종사하는 근로자
① 공장 또는 광산에서 근로를 제공하는 자로서 통계청장이 고시하는 한국표준직업분류에 의한 생산 및 관련 종사자 중 「소득세법 시행규칙」 별표 2에 규정된 직종에 종사하는 근로자
③ 한국표준직업분류에 의한 운전원 및 관련 종사자와 배달 및 수화물 운반 종사자 중 「소득세법 시행규칙」 별표 2에 규정된 직종에 종사하는 근로자

☐ 「소득세법 시행규칙」 별표 2 → 법제처 홈페이지

## 급료 회계처리 사례

### 급료지급과 근로소득세, 4대보험 징수 및 납부

① 《급여 지급 및 근로소득세, 4대보험료 원천징수》 (주)한성산업은 실제 지급한 급여를 기준으로 4대 보험료를 징수하며, 징수금액에서 고지되어 납부한 금액을 차감한 예수금 잔액은 정산분 고지시 추가 납부하기로 한다.

◎ 전년도 과세대상 급여총액 3억원(대표이사 급여 6천만원 포함)

| 구 분 | 공단 월별 부과기준금액 | | 급여 지급액 | |
|---|---|---|---|---|
| | 과세소득 | 비과세소득 | 과세대상급여 | 비과세급여 |
| 급여(종업원) | 20,000,000 | 4,800,000 | 25,000,000 | 4,800,000 |
| 급여(대표이사) | 5,000,000 | 200,000 | 5,000,000 | 200,000 |
| 급여총액 | 25,000,000 | 5,000,000 | 30,000,000 | 5,000,000 |

| 구 분 | 대표자 | 회사 부담금 | 종업원부담금 | 징수금액 | 예수금 잔액 |
|---|---|---|---|---|---|
| 근로소득세 | 포함 | | 1,000,000 | 1,000,000 | |
| 지방소득세 | 포함 | | 100,000 | 100,000 | |
| 국민연금 | 포함 | 1,125,000 | 1,125,000 | 1,125,000 | 0 |
| 건강보험료 | 포함 | 798,000 | 798,000 | 957,600 | 159,600 |
| 고용보험료 | 제외 | 180,000 | 130,000 | 162,500 | 32,500 |
| 산재보험료 | 제외 | 296,000 | | | |
| 합  계 | | 2,399,000 | 3,153,000 | 3,345,100 | 192,100 |

• 산재보험료 : 2천만원 × [전액 회사부담(섬유업 : 14/1,000) + 임금채권부담금(8/10,000)]

4월 30일 실제 지급한 4월분 급여 3천5백만원[과세대상급여 3천만원(대표이사 급여 5백만원 포함), 비과세 급여 5백만원)]에서 공제액(3,345,100원)을 차감한 잔액 31,654,900원을 보통예금에서 인출하여 임직원에게 지급하다.

| | | | | |
|---|---|---|---|---|
| 급여 | 35,000,000 | / | 예수금(근로소득세) | 1,000,000 |
| | | | 예수금(지방소득세) | 100,000 |
| | | | 예수금(국민연금) | 1,125,000 |
| | | | 예수금(건강보험) | 957,600 |
| | | | 예수금(고용보험) | 162,500 |
| | | | 보통예금 | 31,654,900 |

② 《4대보험료 납부》 5월 10일 4대보험료를 보통예금에서 이체하여 납부하다.

| | | | | |
|---|---|---|---|---|
| 예수금(국민연금) | 1,125,000 | / | 보통예금 | 4,452,000 |
| 세금과공과금 | 1,125,000 | | | |
| 예수금(건강보험료) | 798,000 | | | |
| 복리후생비(건강보험료) | 798,000 | | | |
| 예수금(고용보험료) | 130,000 | | | |
| 복리후생비(고용보험료) | 180,000 | | | |
| 복리후생비(산재보험료) | 296,000 | | | |

▶ 4대보험료 요율 [종업원 및 사업주 부담금 비율] 2025년 기준

| 구 분 | | 회사분 | 종업원분 | 합계 | 비 고 |
|---|---|---|---|---|---|
| 국민연금 | | 4.50% | 4.50% | 9.00% | |
| 건강보험요율(합계) | | 4.004% | 4.004% | 8.008% | |
| 국민건강보험료 | | 3.545% | 3.545% | 7.090% | |
| 노인성장기요양보험 | | 0.459% | 0.459% | 0.918% | |
| 고 용 보험료 | 실업급여 | 0.90% | 0.90% | 1.8% | |
| | 고용안정 직업능력 개발사업 | 0.25% | - | 0.25% | 150명 미만 사업장 |
| | | 0.45% | - | 0.45% | 150명 이상(특정업종) |
| | | 0.65% | - | 0.65% | 150명 ~ 1,000명 |
| | | 0.85% | - | 0.85% | 1000명 이상 |
| 산재보험료 | | 회사부담 | 없음 | | 업종별로 다름 |
| 임금채권부담금 | | 0.06% | 없음 | | |

▶ 국민연금 보험료 요율 [종업원 및 사업주 부담금 비율]

| 연도 | 회사분 | 종업원분 | 합계 |
|---|---|---|---|
| 2025년 | 4.50% | 4.50% | 9.00% |
| 2026년 | 4.75% | 4.75% | 9.50% |

## ● 중도 퇴사자 근로소득 연말정산 및 4대보험료 정산

### [1] 근로소득 연말정산
① 퇴사자의 경우 **퇴직하는 월의 급여를 지급하는 때까지** 연말정산을 하여야 한다.

연말정산 결과 결정세액이 매 월 간이세액표에 의하여 징수한 금액보다 적은 경우 퇴사한 회사에서 환급을 하여야 하며, 결정세액이 매 월 간이세액표에 의하여 징수한 금액보다 많은 경우 퇴사 전에 근로소득세 및 지방소득세를 추가로 징수하여야 한다.
② 퇴사자에 대한 근로소득지급명세서 및 퇴직소득지급명세서는 그 지급일이 속하는 연도의 다음연도 3월 10일까지 제출하여야 한다.

### [2] 퇴사자 건강보험료 정산
직원이 퇴사한 경우 건강보험료는 당해 연도 초일부터 퇴사일까지 지급한 급여를 기준으로 정산한 다음 과다 징수한 금액은 돌려주고, 과소 징수한 금액은 추가 징수하여야 한다. 한편, 건강보험 자격을 상실한 경우 상실한 달(상실한 달 전 날을 기준)까지 보험료를 납부하여야 한다. 즉, 퇴사자의 경우 퇴사 월의 보험료는 직장가입자로 납부하여야 하는 것이다.

### [3] 퇴사자 국민연금
국민연금은 전년도 급여를 기준으로 고지되고, 별도의 정산절차없이 확정되므로 퇴사자에 대하여 정산을 하지는 않는다. 단, 국민연금직장가입자 자격을 상실한 경우 상실한 달(상실한 달 전 날을 기준)까지 보험료를 납부하여야 한다. 즉 자격을 상실한 달의 보험료는 자격을 상실할 당시 자격 기준으로 납부하여야 하므로 퇴사자의 경우 퇴사 월의 보험료는 직장가입자로 납부하여야 하는 것이다.

### [4] 퇴사자 고용보험료 정산
퇴사 월까지 지급한 보수총액에 대하여 종업원부담금을 정산하여 과다 징수한 금액은 돌려주고 과소 징수한 금액이 있는 경우 추가 징수하여 납부하여야 한다.
퇴사시 건강보험, 고용보험료의 과오납이 있을 수 있으므로 개인별 징수내역을 충분히 검토하여 착오가 없도록 유의하여야 한다.

### [5] 퇴사자 산재보험
산재보험료는 전액 회사가 부담하므로 별도의 정산은 하지 않는다.

## ▶ 퇴사자 근로소득세 및 4대보험료 정산 회계처리

① 《퇴사자 연말정산 결과 환급세액 발생》 4월 10일 직원이 퇴사하여 1월 1일 부터 퇴사 일까지의 급여를 중도 정산한 결과 환급세액이 110,000원(근로소득세 100,000원, 지방소득세 10,000원)이 발생하였다.

| | | | |
|---|---|---|---|
| 미수금(서초세무서) | 100,000 / 미지급금 | 110,000 |
| 미수금(서초구청) | 10,000 | | |

- 미수금 : 중도퇴사자 근로소득세 정산환급금은 근로소득세 과다납부금액으로 세무서로부터 돌려받을 금액으로 계속 근로자의 납부할 세액과 상계처리한다.
- 미지급금 : 퇴사자의 근로소득세 과다납부금액으로 세무서에서 돌려받아 퇴사자에게 지급하여야 하는 금액이다. 단, 계속 근로자의 납부할 금액에서 상계처리할 수 있으므로 계속 근로자로부터 징수한 금액으로 지급하거나 징수 전 회사가 미리 지급한다.

② 《건강보험료 과다납부 금액 발생》 퇴사자에 대한 건강보험료 정산결과 건강보험료 과다납부 금액 80,000원을 건강보험공단에 대한 미수금으로 계상하고 직원부담금 40,000원을 퇴사한 직원에 대한 미지급금으로 계상하다.

| | | | |
|---|---|---|---|
| 미수금(건강보험공단) | 80,000 / 미지급금 | 40,000 |
| | | 복리후생비 | 40,000 |

- 미수금 : 건강보험료 과다납부 금액
- 미지급금 : 건강보험료 환급금 중 종업원부담금은 종업원에게 돌려주어야 하는 채무로 미지급금으로 처리한다.
- 복리후생비 : 퇴직자 건강보험료 회사부담금은 회계처리시 복리후생비로 처리하였으므로 과오납 금액 중 회사부담금은 당해 연도 복리후생비에서 차감하여야 한다.

③ 《고용보험료 과다납부 금액 발생》 퇴사자에 대한 고용보험료 정산결과 과다납부한 금액 30,000원을 근로복지공단에 대한 미수금으로 계상하고 직원부담금 12,580원을 퇴사한 직원에 대한 미지급금으로 계상하다.

| | | | |
|---|---|---|---|
| 미수금(근로복지공단) | 30,000 / 미지급금 | 12,580 |
| | | 복리후생비 | 17,420 |

④ 《퇴직금 및 근로소득세 환급금 지급》 4월 30일 퇴직금 10,000,000원에서 퇴직소득세 210,000 및 지방소득세 21,000원을 차감한 9,769,000원 및
근로소득세 환급금 100,000원, 지방소득세 환급금 10,000원, 건강보험료 과다납부 금액 40,000원, 고용보험료 과다납부 금액 12,580원을 더한 9,931,580원을 보통예금에서 인출하여 지급하다. 단, 퇴직급여는 전액 퇴직급여충당금과 상계처리하다.

| | | | |
|---|---|---|---|
| 퇴직급여충당금 | 10,000,000 | 예수금(퇴직소득세) | 210,000 |
| 미지급금 | 162,580 | 예수금(지방소득세) | 21,000 |
| | | 보통예금 | 9,931,580 |

- 퇴직급여충당금 : 퇴직급여충당금이 없거나 부족한 경우 퇴직금으로 처리하여 퇴직연도의 비용으로 한다.

## ● 계속 근로자 건강보험료 및 고용 및 산재보험료 연말정산

건강보험료, 고용보험, 산재보험료는 전년도 과세대상 급여를 기준으로 공단에서 매월 고지한 금액을 납부한 다음, 당해 연도 실제 지급한 급여를 기준으로 확정 정산하여 과소납부한 금액은 추가 고지되며, 과다 납부한 금액은 다음연도 4월분 보험료에서 차감된다. 따라서 이 경우 추가 고지되거나 차감된 금액에 대한 회계처리를 하여야 한다. 단, 국민연금은 전년도 급여에 의하여 납부한 금액으로 확정되므로 별도의 정산은 하지 않는다.

### ▣ 건강보험료 연말정산에 의한 과오납금액 회계처리

① 《건강보험료 연말정산환급금 발생》 건강보험료 연말정산 결과 과오납 금액 1,800,000원이 발생하다.

| | | | |
|---|---|---|---|
| 미수금 | 1,800,000 | 미지급금 | 900,000 |
| | | 잡이익 | 900,000 |

- 미수금 : 건강보험료 환급금 미수금액
- 미지급금 : 건강보험료 환급금 미수금액 중 종업원부담금은 원칙적으로 종업원에게 돌려주어야 하는 채무로 미지급금으로 처리한다.

② 《4월분보험료와 상계》 4월분 보험료 1,200,000원을 건강보험료 환급금액과 상계처리하다.

| 미지급금 | 600,000 | / | 미수금 | 1,200,000 |
|---|---|---|---|---|
| 복리후생비 | 600,000 | | | |

- 미지급금 : 4월분보험료 중 직원부담금을 급여징수시 징수하여야 하나 전년도에 납부한 금액이 과다 납부되어 당해연도 4월분과 상계처리한 금액으로 직원개인별 건강보험료 원천징수부에는 징수하여 납부한 것으로 처리하고, 미지급금과 상계처리한다.
- 복리후생비 : 4월분 보험료 중 회사부담금으로 회사자금으로 납부하여야 하나 전년도에 납부한 금액이 과다 납부되어 건강보험공단으로부터 받을 미수금과 상계한다.

③ 《건강보험료 환급금 입금》 1개월분을 초과하는 금액 600,000원이 건강보험공단으로부터 보통예금통장에 입금되다.
▷ 환급금액 : 과오납 금액(1,800,000원) - 4월분 충당금액(1,200,000원)

| 보통예금 | 600,000 | / | 미수금 | 600,000 |
|---|---|---|---|---|

④ 《건강보험료 환급금 중 직원부담분 지급》 건강보험료 환급금 중 직원분 과오납금 300,000원을 보통예금에서 인출하여 해당 직원에게 환급하다.

| 미지급금 | 300,000 | / | 보통예금 | 300,000 |
|---|---|---|---|---|

## 건강보험료 연말정산에 의한 추가 납부금액 회계처리

① 《연말정산 건강보험료 추가 납부 → 급여일이 다음달 10일 이후인 경우》 건강보험 연말정산 결과 추가 납부하여야 할 건강보험료 1,000,000원이 발생하여 4월분 건강보험료 납부시 4월분 보험료 800,000원과 같이 예금에서 인출하여 납부하다.
ㅇ 4월분보험료 중 종업원부담금 징수금액 400,000원
ㅇ 추가 납부금액 중 종업원부담금 대신 지급금 500,000원

| 예수금 | 400,000 | / | 보통예금 | 1,800,000 |
|---|---|---|---|---|
| 가지급금 | 500,000 | | | |
| 복리후생비 | 900,000 | | | |

②《종업원 부담분 건강보험료 등 징수》 4월분 급여 18,000,000원을 5월 25일 지급하다. 급여지급시 건강보험료 추가 고지분 중 회사가 대납한 금액 500,000원 및 근로소득세, 지방소득세 440,000원, 당월분 건강보험료 종업원부담금 400,000원 국민연금 종업원부담금 800,000원, 고용보험 종업원부담금 70,000원을 차감한 잔액 15,790,000원을 보통예금에서 인출하여 지급하다.

| | | | |
|---|---|---|---|
| 급여 | 18,000,000 | 예수금(갑근세) | 440,000 |
| | | 가지급금 | 500,000 |
| | | 예수금(건강보험) | 400,000 |
| | | 예수금(국민연금) | 800,000 |
| | | 예수금(고용보험) | 70,000 |
| | | 보통예금 | 15,790,000 |

## ▶ 고용보험료 정산에 의한 과오납금액 회계처리

①《고용보험료 과다납부 금액 발생》전년도 고용보험료 납부금액을 정산한결과 과다납부한 금액 155,000원을 근로복지공단에 대한 미수금으로 계상하고 직원부담금 65,000원을 퇴사한 직원에 대한 미지급금으로 계상하다.

| | | | |
|---|---|---|---|
| 미수금(근로복지공단) | 155,000 | 미지급금 | 65,000 |
| | | 복리후생비 | 90,000 |

• 미지급금 : 고용보험료 과다납부금액 직원에 대한 미지급금으로 처리한다.
• 복리후생비 : 과다납부한 금액 중 회사부담금은 당해 연도 복리후생비에서 차감한다.

②《전년도 고용보험료 과다납부 금액을 당해 연도 고용보험료와 상계》당해연도 4월분 보험료 1,550,000원(사업주부담금 900,000원, 근로자부담금 650,000원)에서 전년도 과다납부금액 155,000원을 차감한 1,395,000원을 5월 10일 납부하다.

| | | | |
|---|---|---|---|
| 복리후생비 | 900,000 | 미수금(근로복지공단) | 155,000 |
| 예수금 | 585,000 | 보통예금 | 1,395,000 |
| 마자급금 | 65,000 | | |

• 예수금 : 근로자로부터 징수한 금액 585,000원(근로자부담금 - 전년도 과다납부금액)

## ▶ 산재보험료 정산에 의한 과오납금액 회계처리

① 《산재보험료 과다납부 금액 발생》 전년도 산재보험료 납부금액을 정산한결과 과다납부한 금액 300,000원을 근로복지공단에 대한 미수금으로 계상하다.

| 미수금(근로복지공단) | 300,000 | / | 복리후생비 | 300,000 |
|---|---|---|---|---|

② 《전년도 산재보험료 과다납부 금액을 당해 연도 산재보험료와 상계》 당해 연도 4월분 보험료 1백만원에서 전년도 과다납부금액 300,000원을 차감한 700,000원을 5월 10일 납부하다.

| 복리후생비 | 1,000,000 | / | 미수금(근로복지공단) | 300,000 |
|---|---|---|---|---|
| | | | 보통예금 | 700,000 |

## 퇴직금(퇴직급여)

1년 이상 근무한 직원의 퇴직시 근로자퇴직급여보장법 또는 회사의 퇴직금지급규정에 의하여 지급하는 퇴직금으로 퇴직금 지급시에 퇴직금에 대한 퇴직소득세를 계산하여 퇴직금 지급 월의 다음달 10일까지 퇴직소득세를 납부하여야 한다.

퇴직금은 종업원의 퇴직시 지급하는 것으로 근로자퇴직급여보장법의 규정에 의하면 계속 근무연수 1년에 대하여 30일분 이상의 평균임금을 지급하도록 규정하고 있다. 그러나 직원의 퇴직시 퇴직금을 지급하고, 지급한 당해 연도에 전액 비용으로 처리할 경우 퇴직금을 지급한 회계연도 비용이 일시에 과다하게 발생하여 퇴직한 연도에는 비용이 많이 계상되어, 불합리한 손익계산이 될 것이다. 따라서 기업회계기준은 당기의 수익에 대응하는 비용으로서 장래에 지출할 것이 확실하고 당기의 수익에서 차감하는 것이 합리적인 것에 대하여는 그 금액을 추산하여 부채성충당금(퇴직급여충당금)으로 계산하도록 규정하고 있다.

♣ 퇴직급여충당부채 참조

## 🅠 잡급

잡급이란 근로기간이 3개월(건설업 : 1년)미만인 일용근로자에 대한 일당을 말한다. 일용근로자란 근로를 제공한 날 또는 시간의 근로성과에 따라 급여를 계산하여 지급받는 자로 다음에 해당되지 아니하는 자를 말한다.

○ 건설공사 종사자와 하역(항만)작업 종사자를 제외한 근로자로써 근로 계약에 따라 일정한 고용주에게 3월 이상 계속하여 고용된 자
○ 하역(항만)작업 종사자 : 통상 근로를 제공한 날에 급여를 지급받지 아니하고 정기적으로 근로대가를 받는 자
○ 건설공사 종사자 : 동일한 고용주에게 계속하여 1년 이상 고용된 자
   건설공사에 종사하는 자가 1년 이상 계속하여 동일한 고용주에게 고용된 경우에는 1년이 되는 날이 속하는 월부터 일반급여자로 보아 원천징수한다.

### ▶ 급여, 임금, 잡급 구분
○ 급여 : 판매 및 일반관리업무에 주로 종사하는 직원에 대한 임금
○ 임금 : 제조업의 생산현장에 종사하는 직원에 대한 임금
○ 잡급 : 일용직근로자에 대한 노무비(일당)

## ● 일용근로자 세무실무

### [1] 개요
일용근로자란 근로를 제공한 날 또는 시간에 따라 급여를 계산하거나 근로를 제공한 날 또는 시간의 근로성과에 따라 급여를 계산하여 지급받는 자로 다음에 해당되지 아니하는 자를 말한다.

1. 건설공사 종사자, 하역(항만)작업 종사자가 아닌 자 : 근로자로써 근로계약에 따라 일정한 고용주에게 3월 이상 계속하여 고용되는 자
2. 하역(항만)작업 종사자 : 통상 근로를 제공한 날에 급여를 지급받지 아니하고 정기적으로 근로대가를 받는 자
3. 건설공사 종사자 : 동일한 고용주에게 계속하여 1년 이상 고용된 자

## [2] 일용근로자 근로소득세 및 지방소득세 원천징수

다음의 산식에 의하여 계상한 근로소득세를 원천징수하여 지급일의 다음달 10일까지 관할 세무서에 신고 및 납부하며, 근로소득세 연말정산은 하지 아니한다.

① 일급여액 - 비과세급여 = 과세대상급여
② 과세대상급여 - 근로소득공제(150,000원) = 근로소득과세표준
③ 근로소득과세표준 × 원천징수세율(6%) = 근로소득산출세액
④ 근로소득산출세액 - 근로소득세액공제(산출세액의 55%) = 원천징수세액

> **사례** 일용근로자 근로소득세 계산 사례
>
> ◎ 하루 일당 200,000원인 일용근로자가 10일을 근로한 경우 원천징수할 금액
> ① 과세표준(500,000원) = [일당(200,000원) - 근로소득공제(150,000원)] × 10일
> ② 산출세액(30,000원) = 과세대상급여 (500,000원) × 세율(0.06)
> ③ 납부할 세액(13,500원) = 산출세액(30,000원) - 세액공제(16,500원)

## [2] 일용근로자와 일반근로자의 세무신고 비교

| 구 분 | 일용근로자 | 일반근로자 |
|---|---|---|
| 대 상 자 | 근로일수나 시간에 따라 일당계산 | 월급으로 지급 |
| 원 천 징 수 | 일당에서 근로소득공제 후 세율적용 | 간이세액표 적용 |
| 연 말 정 산 | 하지 않음 | 연말정산(종합과세) |
| 지 급 명 세 서 | 분기 마지막달의 다음달 말일까지 제출 | 다음해 3월 10일 |

> **보충** 생산직 일용근로자의 연장, 야간근로수당은 비과세되는 것임
>
> 생산직 일용근로자의 경우 월정액급여에 관계없이 연장시간근로, 야간근로로 인하여 통상임금에 가산하여 받는 급여(한도 없음)는 비과세 된다.단, 건설업을 영위하는 업체의 건설현장에서 근로를 제공하는 일용근로자는 "공장 또는 광산에서 근로를 제공하는 자"에 해당하지 아니하므로 연장. 야간 또는 휴일근로로 인하여 받는 급여는 과세대상 근로소득에 해당한다.

> **사례** 일용근로자로서 3개월 이상 근무시 원천징수방법 예시
>
> 1. 20×6년 1월 일용근로자로 고용 : 1월 ~ 3월 일용근로자로 원천징수
> 2. 20×6년 4월부터 : 상용근로자로 간이세액표에 의거 원천징수
> 3. 20×7년 2월 연말정산 : 20×6년 1월 ~ 12월의 급여액을 합산하여 연말정산
> ※ 일용근로동안의 원천징수세액은 기납부액에 포함하여 차감함

### [3] 일용근로자에 대한 임금 지급과 증빙서류
일용노무비지급명세서(또는 일용근로자 임금지급대장)에 일당을 지급받아가는 자의 서명을 받아두고, 일용근로자의 신원을 확인할 수 있는 주민등록등본이나 주민등록증 앞·뒤 사본을 첨부하여 둔다. 그리고 지급사실을 확인할 수 있는 서류 (무통장입금표 등 금융기관을 통한 지급증빙서류)를 비치하여 둔다.

### [4] 일용근로자 지급명세서 제출 관련 가산세
일용근로자의 근로소득에 대한 지급명세서의 경우에는 제출하지 아니한 분의 지급금액의 1만분의 25(제출기한이 지난 후 1개월 이내에 제출하는 경우에는 지급금액의 10만분의 125)로 한다.

◆ 근로내역확인신고서 제출시 일용근로자 지급명세서 제출의무 면제
고용노동부에 '근로내용확인신고서'를 제출하는 경우 국세청에 일용근로소득지급명세서를 별도 제출하지 않아도 된다.

◆ 일용근로자의 '근로내용확인신고서' 제출
일용직근로자의 경우 고용보험 및 산재보험 신고시 근로내역확인서를 작성하여 채용일의 다음달 15일까지 고용노동부에 제출하여야 하며, 제출하지 않는 경우 고용노동부로부터 300백만원 이하의 과태료가 부과될 수 있다.

◆ 배우자가 일용근로자인 경우 기본공제대상자에 해당함
공제대상 부양가족이 일용근로자인 경우 소득액에 관계없이 기본공제대상자에 해당한다.

## ● 일용근로자 노무 및 4대보험 실무

### [1] 1년 이상 근속한 일용근로자에 대한 퇴직금 지급
① 일용근로자의 경우에도 근로기간이 1년 이상인 경우 퇴직금을 지급하여야 한다.
② 퇴직금 산정의 기준이 되는 일용직근로자의 평균임금은 통상근로자와 동일하게 퇴사일로부터 역산하여 3개월 동안의 임금을 기준으로 계산한다. 다만, 근로일수가 통상의 근로와 달리 현저히 적을 때에는 통상근로계수(0.73)를 적용하여 평균임금을 산정할 수 있다. (1일 임금 × 통상근로계수)

## [2] 일용근로자의 주휴일 및 주휴수당
근로기준법상 1주간의 소정근로일수를 개근한 근로자에게는 1일의 유급휴가를 주어야 하는데 1일단위로 근로계약을 체결하는 일용근로자의 경우 1주간의 소정근로일수를 산정할 수 없으므로 유급 주휴일을 부여하지 않는다. 다만, 일용근로자가 계속적으로 근로를 제공하는 경우에는 실제 근로일수를 기준으로 1주일에 소정근로일수를 개근한 경우 주휴일을 부여하여야 한다.

## [3] 일용근로자의 연장·야간·휴일근로 가산수당
일용근로자도 연장 및 야간근로에 대하여 가산수당을 지급하여야 하며. 휴일근로의 경우 주휴수당을 포함하여 임금을 지급하기로 사전에 약정하지 아니한 계속근로자는 휴일근로에 대하여 가산수당을 지급하여야 한다.

## [4] 일용근로자 4대보험
세법상 일용근로자에 해당한다 하더라도 4대보험 각 법령에 의하여 가입을 하여야 하는 경우에는 4대보험에 가입하여야 한다.

◆ 국민연금 가입대상 근로자에서 제외되는 자
건설공사 사업장 등에서 근로를 제공하는 경우: 1개월 동안의 근로일수가 8일 이상이거나 1개월 동안 소득)이 보건복지부장관이 정하여 고시하는 금액(220만원) 이상인 사람

◆ 건강보험 가입대상 근로자에서 제외되는 자
1월 미만의 기한부로 사용되는 근로자

◆ 고용보험 및 산재보험
고용보험 및 산재보험은 근무일수와 시간에 관계없이 모든 일용근로자에 대하여 가입을 하여야 한다.

■ 고용보험 가입대상이 아닌 자 [고용보험법 시행령 제3조]
① 사업주 본인
② 65세 이상인 자 단, 고용안정·직업능력개발 사업에 관하여는 고용보험에 가입하여야 다. (실업급여만 가입대상 아님)
③ 소정근로시간이 60시간 미만인 자

## 🅠 복리후생비

종업원의 복리후생을 위하여 지출하는 비용으로 그 수혜자가 종업원이어야 한다. 따라서 특정 종업원을 위하여 지출하는 비용이 아닌 것으로 직원식대, 직원의 식사 제공을 위하여 직원으로부터 식사대를 받지 않고 운영하는 구내식당 양곡 및 식품 자재 구입비, 차류 및 음료수 구입비, 생수 구입비, 종업원 경조사비, 피복비, 회식비, 야유회경비, 산재보험료, 의료보험료, 고용보험료 중 회사가 부담하는 금액 등을 복리후생비라 한다. 단, 직원이 부담하여야 할 근로소득세, 국민연금, 의료보험료, 고용보험료 등을 회사가 부담하는 경우 급여에 포함하여 처리하여야 한다.

### ■ 종업원 복리후생적 지출 중 과세대상 급여로 처리하여야 하는 것

#### 1. 업무상 재해가 아닌 종업원에 대한 치료비 지원금
회사의 경비(복리후생비)로 처리하되, 그 금액은 해당 직원의 근로소득에 합산하여 근로소득세를 원천징수하여야 한다.

#### 2. 종업원에 대한 선물
명절에 종업원에게 지급하는 선물은 원칙적으로 과세대상 급여로 처리하여야 한다.

#### 3. 종업원 시상금
1. 업무와 관련한 시상금은 근로자에 대한 급여로 처분하여야 한다.
2. 업무와 관련이 없는 시상금 등은 기타소득에 해당하므로 그 지급액의 20%를 기타소득세로 원천징수하여야 한다.

□ 종업원 시상금 중 비과세되는 것
종업원의 직무와 관련된 우수발명 중 다음 각호에 해당하는 사유로 사용자로부터 받는 보상금은 기타소득세가 과세되지 아니한다.
1. 품질경영촉진법에 의하여 품질명장으로 선정된 자(분임 포함)가 받는 상금과 부상
2. 직장새마을운동·산업재해예방운동등 정부시책의 추진실적에 따라 중앙행정기관장 이상의 표창을 받은 종업원이나 관계 중앙행정기관의 장이 인정하는 국내외 기능경기대회에 입상한 종업원이 그 표창 또는 입상과 관련하여 사용자로부터 받는 상금 중 1인당 15만원 이내의 금액

## 복리후생비 회계처리 사례

① 《차 및 음료구입》 사무실에서 사용할 차 및 음료를 구입하고 30,000원을 현금으로 지급하고 현금영수증을 수취하다.

| | | | |
|---|---|---|---|
| 복리후생비 | 30,000 | / 현금 | 30,000 |

② 《직원회식비 카드결제》 6. 2 사무실직원 회식시 성원갈비에서 회식을 하고 회식비 330,000원을 법인신용카드로 결제하다. 한편, 수취한 신용카드매출전표에는 공급가액과 세액이 구분 기재되어 있다.

| | | | |
|---|---|---|---|
| 복리후생비 | 300,000 | / 미지급금 | 330,000 |
| 부가세대급금 | 30,000 | | |

## 복리후생비 지출증빙서류

복리후생비 지출금액이 3만원을 초과하는 경우 세금계산서, 신용카드매출전표(신용카드결제시), 현금영수증, 계산서 등 정규영수증을 수취하여야 한다. 단, 3만원 이하인 지출로 정규영수증을 수취할 수 없는 경우 간이영수증을 수취하여 보관할 수 있다.

### ▶ 식대 지급과 관련한 지출증빙서류

자체 구내식당이 없는 기업이 특정 식당을 지정하여 직원들에게 점심식사 등을 제공하고 그 대금을 결제하는 경우 3만원 초과시 식당으로부터 세금계산서 또는 현금영수증을 발급받거나 신용카드를 사용하여 결제하여야 세법상 적법한 지출증빙서류로 인정을 받을 수 있다. 그러나 거래식당이 일반사업자나 신용카드가맹점이 아닌 경우 적법한 증빙서류를 수취하는 것은 현실적으로 불가능하다.

따라서 이런 경우(간이과세자로서 신용카드가맹점이 아니거나 사업자등록을 하지 않은 일반 개인 등) 적법한 증빙서류는 아니더라도 지출에 대한 증빙서류로 간이영수증을 거래에 대한 증빙으로 전표 등에 첨부하고 대금은 금융기관을 통하여 결제하여 증빙서류만이라도 반드시 갖추어 두어야 증빙불비가산세는 적용되더라도 비용은 인정받을 수 있다. 한편, 읍·면지역의 경우 거래 식당이 간이과세자로서 신용카드가맹점이 아닌 사업자로부터 수취한 간이영수증은 적법한 증빙서류로 인정된다.

### ▶ 금전으로 지급하는 식대 보조금

직원에게 식사를 제공하는 대신 매 월 식대를 지급하는 경우 월 10만원(2023년 이후 20만원) 이내의 금액은 별도의 증빙 없이 복리후생비로 처리할 수 있다.

### ▶ 식대 보조금을 지급하지 아니하고, 구내식당을 운영하는 경우

구내식당의 운영과 관련하여 지출하는 비용은 복리후생비로 처리한다. 한편, 구내식당의 운영과 관련하여 식당 종사자에게 지급하는 인건비는 급료로 처리하여야 하며, 각종 주.부식비, 식자재 등의 구입비는 건 당 그 지출금액이 3만원을 초과하는 경우 정규영수증을 수취하여야 한다.

### ▶ 종업원 선물대금 세무처리 및 지출증빙

창립기념일, 야유회, 명절에 직원들에게 선물을 지급하는 경우 과세대상 급여로 처리를 하여야 한다. 구입하는 선물은 정규영수증 수취대상으로 거래 건당 3만원을 초과하는 경우 세금계산서를 수취하거나 신용카드로 결제하여야 한다.

한편, 종업원 선물증정과 관련하여 수취한 세금계산서의 매입세액을 공제받는 경우 직원들에게 선물지급시 부가가치세법상 간주공급에 해당되어 부가가치세를 납부하여야 한다. 단, 당초 그 매입세액을 공제받지 않는 경우에는 간주공급에 해당되지 않으므로 실무에서는 통상 그 매입세액을 불공제처리한다.

[개정 세법] 2019년 이후 1인당 연간 10만원 이내의 경조사와 관련된 재화의 경우 매입세액을 공제받더라도 개인적 공급으로 보지 아니함

### ▶ 경조사비 계정과목과 지출증빙

임직원에 대하여 지급하는 경조사비는 적격증빙수취대상이 아니므로 별도의 증빙서류를 수취할 필요는 없으나 이를 입증할 수 있는 근거자료(청첩장 등) 등을 출금전표에 첨부하여 둔다.

경조사비 지급에 관하여는 회사내 지급규정 등을 비치하여 두는 것이 바람직하며, 사회 통념상 인정할 수 없는 정도의 과다한 경조사비(지급기준에 의하지 아니하고, 특정 직원에게 차별적으로 지급하는 금액)는 해당 직원에 대한 급여로 처분하여 근로소득세 등을 원천징수하여야 한다.

## 🔲 여비교통비

### ● 국내 여비교통비

여비교통비란 임직원의 직무수행과 관련하여 출장을 가는 경우 발생하는 제비용을 말한다. 여비교통비의 내용은 업무출장과 관련하여 지출되는 제경비로 교통비, 식대, 일비, 주차비 등의 지출이다.

### ▣ 여비교통비 지출증빙서류

여비교통비는 그 지출성격상 증빙을 수취할 수 없는 경우가 많다. 따라서 회사에 여비교통비 지출에 대한 지급규정을 작성하여 운영하는 것이 바람직하며, 지급규정이 있다하더라도 그 지출에 대하여 정규영수증을 수취하여야 한다. 단, 정규영수증을 수취할 수 없는 경우 출장신청서, 출장계획서 등에 의하여 지출을 증명하여야 하며, 이 경우에도 증빙불비가산세는 면제되지 아니한다.

출장여비지급에 관한 내부규정을 정하고 식대, 교통비 등을 일비로 지급하는 경우에도 거래 건당 3만원을 초과하는 지출의 경우로서 정규영수증 수취대상거래인 경우에는 정규영수증을 수취하여야 한다. 단, 불가피하게 증빙을 수취할 수 없는 경우 등으로서 실비변상정도의 지급액은 사규에 의하여 그 지급기준이 정하여져 있고, 사회통념상 타당하다고 인정되는 범위 내에서는 손금에 산입할 수 있다.
직무와 관련한 국내 출장여비 중 시내교통비 등 지출에 대한 증빙서류를 수취하기가 어려운 경우 시외출장은 국내출장신청서 또는 여비정산서에 의하여 정산하고 시내출장은 시내출장비 지출명세서 또는 지출결의서를 증빙서류로 사용한다.

### ▶ 여비교통비 증빙 방법
1. 출장지 숙박요금, 음식점 등에 대하여 거래 건별로 그 금액이 3만원을 초과하는 경우 신용카드를 사용하여 결제하거나 세금계산서를 수취하여야 한다.
2. 출장여비를 내부지급기준에 의하여 일정 금액을 실비로 지급하는 경우라 하더라도 원칙적으로 지출증빙을 수취하여야 한다. 단, 현실적으로 증빙을 수취하기

어려운 경우(시내버스요금, 택시요금 등)에는 회사 내부 품의서 또는 출장여비신청서 등을 지출증빙으로 사용할 수 있는 것이나 사회통념상 적정한 것으로 인정되는 범위내의 금액인 경우에 한하여 손금산입할 수 있다.
3. 법인이 업무와 관련하여 출장하는 사용인에게 지급한 교통비, 숙박비, 식대등이 당해 법인의 여비지급규정 및 객관적인 거래증빙에 의하여 법인에게 귀속시키는 것이 정당함이 입증된 경우에 손금에 산입한다.
4. 철도비지니스카드는 구입시 주로 할인혜택을 받기 위한 카드로 일정기간(6개월 또는 1년)동안만 할인혜택을 받을 수 있는 제도이며, 계약기간 종료시 당초 구입비를 돌려받을 수 없는 비용으로 여비교통비로 처리한다.
5. 출장여비 청구 및 정산서에 지출 영수증 등을 첨부하여야 하며, 택시요금 등 영수증 수취가 불가능한 경우에는 그 지출내역을 기록한다.
6. 시외출장과 관련하여 출장자가 자가운전신청서를 작성하여 제출하고 한 달 단위 또는 일 단위로 3만원을 초과하여 지출하였다하더라도 거래 건별로 3만원을 초과하지 않는 경우 정규영수증을 수취하지 않아도 지출증빙가산세가 적용되지 아니한다.

## ▶ 시내출장비 지출증빙

임직원의 시내 및 당일 인근지역 출장에 따른 교통비로서 시내출장비의 경우 시내버스요금, 택시요금, 직원소유 차량 업무용 운행경비 (고속도로 통행료, 유류대, 주차비 등) 등으로 영수증 수취가 현실적으로 어려운 경우 그 지급규정을 만들고 시내여비교통비지출일지 등을 작성한다. (목적지와 업무내용 등 기재)

회사 실정에 따라 시내출장이 많은 직원의 경우 직원 소유차량을 직접 운전하여 업무수행에 이용할 시 시내출장비를 별도로 지급하는 대신 월정액을 시내출장비로 지급할 수 있다. 이 경우 월 20만원 이하의 출장여비는 증빙서류가 없어도 세법상 정당한 지출로 인정되며, 시내출장비를 월정액으로 지급받은 직원의 근로소득에도 합산하지 아니한다. (비과세소득)

### ▣ 시내교통비 지출증빙서류
1. 시내버스요금, 택시요금 : 지출증빙 수취의무 없음
2. 통행료 영수증 : 통행료영수증, 정액권영수증, 정액카드 등

## ▶ 시외출장비 지출증빙

출장비 지급규정 등을 두어 출장비를 지급하여야 하며, 그 지출에 대한 증빙서류 수취가 가능한 지출은 증빙서류를 수취하여 출장여비 정산서 등에 첨부하여 두어야 한다. 법인이 업무와 관련하여 출장하는 사용인에게 지급한 교통비, 숙박비, 식대 등이 당해 법인의 여비지급규정 및 객관적인 거래증빙에 의하여 법인에게 귀속시키는 것이 정당함이 입증된 경우에는 소득금액계산상 손금에 산입하는 것이나, 이 경우 당해 사용인이 지출한 경비 중 사업자로부터 거래 건당 3만원을 초과하는 지출금액에 대하여 정규영수증을 수취하지 아니한 경우에는 정규영수증 미수취에 대한 증빙불비가산세가 적용된다. 단, 사규에 의하여 정액으로 지급되는 실비 정도의 일일교통비는 정규영수증 수취 대상이 아니다.

◆ 시외출장비 지출증빙서류
○ 항공료 : 항공권
○ 호텔비 : 호텔비 지급영수증
○ 식사비 : 음식점이 발행한 영수증

□ 항공료 및 고속철도요금 신용카드결제시 매입세액공제 여부
1. 여객운송사업자가 교부하는 항공권은 부가가치세법시행령 제79조의 2의 규정에 의하여 영수증 교부의무자의 범위에 해당하는 것이므로 부가가치세법 제16조의 세금계산서 발급대상에서 제외되는 것이며, 부가가치세법 제32조의 2에서 규정하는 신용카드사용 매입세액공제 대상에 제외되는 것임.
2. 부가가치세 과세사업자가 자기의 과세사업과 관련하여 출장시 고속철도건설촉진법에 규정된 고속철도에 의한 여객운송용역을 공급하는 자로부터 용역을 공급받는 경우 공급자는 영수증만을 교부하는 것으로서 당해 영수증을 교부받은 사업자는 당해 영수증에 의하여는 거래징수당한 부가가치세를 공제(환급)할 수 없는 것임

## ▶ 여비교통비 회계처리 사례

① 《출장비 지급》 직원 김문식의 출장과 관련하여 시외 출장비 500,000원을 6. 2 국민은행 보통예금에서 인출하여 즉시 지급하다.

| 가지급금 | 500,000 / 보통예금 | 500,000 |
|---|---|---|

② 《출장비 정산》 6. 30 직원 김문식이 출장을 마치고 출장여비를 정산한바 실제 사용한 출장비는 420,000원으로 잔액 80,000원은 현금으로 회수하다.

| | | | |
|---|---|---|---|
| 여비교통비 | 420,000 | / 가지급금 | 500,000 |
| 현금 | 80,000 | | |

## ● 해외 여비교통비

해외출장비란 법인이 업무와 관련하여 임직원이 해외에 출장을 가는 경우 그 소요되는 경비를 말한다. 해외출장비는 업무상 해외출장으로 객관적인 거래증빙 등이 있는 경우 손금에 산입할 수 있다. 해외출장비 정산시 해외는 국내와는 달리 적격증빙 수취의무가 적용되지 아니하나 해외출장과 관련한 증빙이 없다거나 있다 하더라도 외국영수증이므로 이런경우 해외출장비정산서를 통하여 출장비를 정산하여야 한다.

업무와 관련한 해외출장시 대개의 경우 출장업무를 종료할 때까지 그 금액이 확정되지 않으므로 대략의 금액을 산정하여 해외출장여비를 지급한다.
이 경우 해외출장여비 지급시 출장자에 대한 가지급금으로 일단 출금 처리하고 해외출장을 마친 후 출장경비 정산시 이미 지급한 가지급금(해외출장여비로 대략 지급한 금액)과 대체처리하고 해외출장과 관련하여 확정된 해외출장여비를 여비교통비로 처리한다.

### ▶ 해외출장사용경비정산서

1. 회사의 업무상 해외출장여비에 한하여 비용으로 계상하여야 하며, 해외출장사용경비정산서에 해외출장여비명세서를 기록하여야 한다.
2. 해외출장비는 사용금액이 많고 외국화폐의 원화환산, 각종 지출영수증에 대한 계산의 어려움 등으로 가능한 출장자가 해외출장사용경비정산서를 직접 작성하도록 하며, 해외출장사용경비정산서에 지출에 관한 영수증을 첨부한다.

□ 법인세법 기본통칙 19-19…22 [해외여비의 손금산입기준]
임원 또는 사용인의 해외여행에 관련하여 지급하는 여비는 그 해외여행이 당해 법인의 업무수행상 통상 필요하다고 인정되는 부분의 금액에 한한다. 따라서 법인의 업무수행상 필요하다고 인정되지 아니하는 해외여행의 여비와 법인의 업무수행상 필요하다고 인정되는 금액을 초과하는 부분의 금액은 원칙적으로 당해 임원 또는 사용인에 대한 급여로 한다. 다만, 그 해외여행이 여행기간의 거의 전기간을 통하여 분명히 법인의 업무수행상 필요하다고 인정되는 것인 경우에는 그 해외여행을 위해 지급하는 여비는 사회통념상 합리적인 기준에 의하여 계산하고 있는 등, 부당하게 다액이 아니라고 인정되는 한 전액을 당해 법인의 손금으로 한다. (2001.11.1. 번호개정)

□ 법인세법 기본통칙 19-19…23 [업무수행상 필요한 해외여행의 판정]
① 임원 또는 사용인의 해외여행이 법인의 업무수행상 필요한 것인가는 그 여행의 목적, 여행지, 여행기간 등을 참작하여 판정한다. 다만, 다음 각호의 1에 해당하는 여행은 원칙적으로 법인의 업무수행상 필요한 해외여행으로 보지 아니한다. (2001.11.1. 개정)부칙
1. 관광여행의 허가를 얻어 행하는 여행
2. 여행알선업자 등이 행하는 단체여행에 응모하여 행하는 여행
3. 동업자단체, 기타 이에 준하는 단체가 주최하여 행하는 단체여행으로서 주로 관광목적이라고 인정되는 것
② 제1항 단서에 해당하는 경우에도 그 해외여행기간중에 있어서의 여행지, 수행한 일의 내용 등으로 보아 법인의 업무와 직접 관련이 있는 것이 있다고 인정될 때에는 법인이 지급하는 그 해외여행에 소요되는 여비 가운데 법인의 업무에 직접 관련이 있는 부분에 직접 소요된 비용(왕복교통비는 제외한다)은 여비로서 손금에 산입한다.

□ 법인세법기본통칙 19-19…24 [해외여행동반자의 여비처리]
임원이 법인의 업무수행상 필요하다고 인정되는 해외여행에 그 친족 또는 그 업무에 상시 종사하고 있지 아니하는 자를 동반한 경우에 있어서 그 동반자와 관련된 여비를 법인이 부담하는 때의 그 여비는 그 임원에 대한 급여로 한다. 다만, 그 동반이 다음 각호의 1의 경우와 같이 분명히 그 해외여행의 목적을 달성하기 위하여 필요한 동반이라고 인정되는 때에는 그러하지 아니하다. (2001.11.1. 번호개정)부칙
1. 그 임원이 상시 보좌를 필요로 하는 신체장애자이므로 동반하는 경우
2. 국제회의의 참석 등에 배우자를 필수적으로 동반하도록 하는 경우
3. 그 여행의 목적을 수행하기 위하여 외국어에 능숙한 자 또는 고도의 전문적 지식을 지니는 자를 필요로 하는 경우에 그러한 적임자가 법인의 임원이나 사용인 가운데 없기 때문에 임시로 위촉한 자를 동반하는 경우

## ▣ 해외 여비교통비 지출증빙서류

국외에서 제공받는 재화와 용역에 대하여는 세금계산서 등 적격지출증빙 수취대상에 해당하지 아니하므로 거래 건 당 3만원을 초과하는 경비지출의 경우에도 정규영수증 수취대상거래는 아니나 해외출장지에서 교부받은 해당 국가의 영수증은 반드시 지출증빙으로 보관하여야 한다.

해외출장비는 그 경비를 원화로 지급하든 외화로 지급하든 관계없이 실제 해외에서 출장과 관련한 비용을 사용한 경우 그 증빙서류(출장국의 현지에서 발행한 영수증)에 의하여 정산하는 경우 해외출장비로 처리할 수 있는 것이나 해외출장과 관련하여 일정 금액을 포괄적으로 지급하는 경우 영수증에 의하여 해외출장비로 사용한 것이 확인되는 금액은 법인의 손금에 해당하나 그 지급근거를 전혀 찾을 수 없는 경우에는 그 귀속자를 밝혀 소득처분(손금불산입 상여처분)하여야 한다. 한편, 국외에서 접대를 하는 경우 건당 3만원 초과 기업업무추진비에 대하여는 국내와 같이 신용카드를 사용하여 신용카드매출전표를 수취하여야 하는 것이며, 신용카드로 결제하지 않은 경우 손금불산입된다. 다만, 현금외의 다른 결제수단이 없는 아프리카 지역등의 경우에는 예외로 한다.

◆ **여행사를 이용한 해외출장시 증빙서류 (부가46015-1296, 2000.06.02)**
관광진흥법에 의한 일반여행업을 영위하는 사업자가 여행객에게 여행용역을 제공하고 그 대가를 받는 경우에 부가가치세 과세표준은 여행객으로부터 받는 대금·요금·수수료 기타 명목여하에 불구하고 대가관계에 있는 모든 금전적 가치있는 것을 포함하는 것이나, 여행알선수수료와 여행객이 부담하여야 하는 숙박비, 교통비, 식사비, 입장료 등을 구분 계약하여 그 대가를 받는 경우에는 당해 숙박비, 교통비, 식사비, 입장료 등은 부가가치세 과세표준에 포함하지 아니하는 것이며, 당해 숙박비 등에 대하여는 부가가치세법 제16조 제1항의 규정에 의한 세금계산서를 여행객에게 발급할 수 없는 것이다.
통상적으로 여행사의 알선용역과 숙박비 등을 구분하여 그 대가를 지급하게 되므로 여행사에게 지급되는 여행사의 알선수수료에 대해서는 세금계산서를 수취하는 등 정규증빙을 발급받아야 하며, 해외에서 실제로 용역을 제공받게 되는 숙박비, 교통비 등과 해외항공용역(항공권)에 대해서는 증빙수취특례가 적용되어 관련 영수증 등으로 증빙이 가능하며 가산세 적용이 배제된다.

◆ 여행사가 여행경비를 대신 지급하는 경우 지출증빙 (법인46012-268, 2000.11.16)

법인이 여행사에게 여행알선용역의 대가를 지급함에 있어서 당해 용역의 대가에 해당하는 수수료 외에 교통비, 숙박비, 입장료 등 여행경비를 함께 지급한 후 동 여행 경비를 여행사로 하여금 대신 지급하도록 한 경우 그 위탁 지급한 여행 경비에 대하여도 법인세법 시행령 제158조 제2항 각호에 규정한 경우(국외에서 재화 또는 용역을 공급받은 경우 및 항공기의 항행용역을 제공받은 경우 등에는 지출증빙서류의 수취특례가 적용)를 제외하고는 당해 법인이 실제 용역을 제공한 자로부터 같은법 제116조 제2항 각호의 지출증빙서류를 수취하여야 하는 것으로 이를 수취하지 아니한 경우에는 법인세법 제76조 제5항의 규정에 의한 가산세(증빙불비가산세)를 납부하여야 하는 것이나, 이 경우에도 입장권 등 다른 객관적인 자료에 의하여 당해 법인의 사업과 관련하여 지출된 사실이 확인되는 경우에는 이를 각 사업연도의 소득금액 계산시 손금에 산입하는 것임.

## 해외 여비교통비 회계처리 사례

### ■ 일반적인 경우

① 《해외출장여비 지급》 직원의 해외출장과 관련하여 출장여비 2,000,000원을 보통예금에서 인출하여 지급하다.

| 가지급금 | 2,000,000 | / | 보통예금 | 2,000,000 |

② 《해외출장여비 정산》 해외 출장 후 출장여비 2,000,000원을 전액 사용하였고, 법인신용카드로 해외에서 800,000원을 사용한 바 지출영수증 및 신용카드전표를 수취하여 여비교통비로 처리하다.

| 여비교통비 | 2,800,000 | / | 가지급금 | 2,000,000 |
| | | | 미지급금 | 800,000 |

### ■ 해외출장비 지급시 외화로 환전하여 지급하고 잔여 외화 반환시

① 《해외출장여비 지급》 직원 해외출장과 관련하여 출장여비를 미화 $1,000로 환전하여 지급하다. 환전시 환율은 $당 1,100원이며, 보통예금에서 인출하여 결제하다.

| 가지급금 | 1,100,000 | / | 보통예금 | 1,100,000 |

▶ 해외출장비를 외화로 환산하여 지급한 경우 환전 당시 금액을 가지급금으로 처리한다.

② 《해외출장비 미사용금액 외화회수》 해외 출장 후 출장여비 $900을 사용하고, $100은 반환받아 보관하다.

| | | | |
|---|---|---|---|
| 여비교통비 | 990,000 | / 가지급금 | 1,100,000 |
| 현금 | 110,000 | | |

* 해외여비를 외화로 지급하였으나 출장 후 미사용한 외화를 일부 반납한 경우 환전당시 원화환산금액을 해외출장비에서 차감 정산하여 입금처리한다.

③ 《외화환전》 $100을 외국환은행에서 원화로 환전하다. (매입율 1,000원/$)

| | | | |
|---|---|---|---|
| 현금 | 100,000 | / 현금 | 110,000 |
| 외환차손 | 10,000 | | |

▶ 임직원 해외출장시 출장여비를 외화로 환전하지 아니하고 현금으로 지급하였으나 출장 종료 후 출장여비 미사용금액을 외화로 반납한 경우 반납한 당시의 기준환율(재정환율)을 적용하여 입금처리한 다음 반납한 외화를 금융기관에서 원화로 환산할 시 반납시점과 환산시점의 환율차이에 대한 금액은 외화차손익으로 처리한다.

## 기업업무추진비(접대비)

**기업업무추진비(2024년 이후 접대비 명칭 변경)**라 함은 사업상 필요에 의하여 특정거래처나 이해관계자에 대한 접대 및 교제비, 사례비 기타 명목 여하에 불구하고 이와 유사한 성질의 비용으로서 기업의 업무와 관련하여 지출한 금액을 말한다. 따라서 기업이 업무와 관련 없이 지출한 기부금과는 그 성격이 다르며, 불특정다수를 상대로 회사의 광고선전을 목적으로 지출하는 광고선전비와도 구별된다.

기업업무추진비는 소비성 지출로 기업의 접대비 지출에 대한 비용을 과세당국이 모두 인정한다면, 소비·향락적인 문화를 조장할 수 있고, 조세회피의 수단, 기업의 불건전한 소비지출로 인한 투자 저해 등 여러 가지 사회문제가 발생될 수 있으므로 과세당국은 기업의 업무추진비 지출에 대하여 세법에서 엄격하게 규정하여 일정 금액 이상의 지출 및 그 증빙서류가 적절하지 않은 경우 세무상 비용으로 인정하지 않고 있다.

▶ 기업업무추진비에 해당하는 지출 항목

○ 접대, 교제 등을 위한 비용 : 사업상 필요에 의하여 사업과 관계가 있는 자에게 접대, 향응, 위안, 선물기증 등 접대행위로 지출된 모든 금품의 가액
○ 사례금, 정보제공, 거래의 알선 및 중개 등 법인의 사업상 효익을 유발시킨 자에게 통상적으로 인정할 수 없는 가액의 금품을 지급한 경우
○ 회의비 중 사회통념상 인정될 수 있는 범위를 초과하는 금액과 유흥을 위하여 지출하는 금액

[세법상 기업업무추진비의 판별기준] 다음에 해당하는 경우에는 모두 업무추진비로 본다.
① 지출의 목적 ~ 업무와 관련하여 지출하는 것으로 새로운 사업개발이나 현재 사업상 거래관계를 보다 원활하게 하기 위한 활동을 포함한다.
② 지출의 상대방 ~ 업무와 관련있는 자로서 법인이 경영하는 사업과 직접 관계가 있는 자이거나, 간접적 이해관계에 있는 특정인을 상대한 접대이어야 한다.
③ 통상 필요로 하는 범위내의 금액 ~ 사업상의 대화, 교섭 등 이익을 얻기 위한 교제, 응대, 위안, 사례 등 접대활동과 관련하여 통상 필요로 하는 금액으로 한다.

■ 기업업무추진비가 아닌 지출 항목

○ 광고선전을 목적으로 불특정다수인에게 견본품, 달력, 수첩, 부채, 컵 등 이와 유사한 물품을 불특정다수인에게 기증하기 위하여 지출한 비용은 광고선전비에 해당한다.
○ 일정 요건(성명이 뚜렷하고 영구히 새겨진 증정품, 펜.사무용품 등 일반인에게 보편적으로 나누어줄 수 있는 식별가능 품목 등)을 갖춘 10,000원 이하 소액 물품 구입비의 경우 조건없이 전액 광고선전비로 인정한다.
○ 업무와 관련 없이 특정인에게 기증하는 금품은 기부금에 해당한다.

■ 기업업무추진비 지출증빙서류

[1] 1회 지출한 기업업무추진비 지출금액이 3만원 이하인 경우
원칙적으로 세금계산서, 현금영수증 등 정규영수증을 수취하여야 하나 간이영수증 등을 수취한 경우에도 적법한 증빙서류로 인정된다.

## [2] 1회 지출한 기업업무추진비가 3만원을 초과하는 경우

1회의 접대에 지출한 접대비 중 3만원을 초과하는 업무추진비에 대하여는 법인명의 카드를 사용하여 결제(직불카드 포함)하거나 세금계산서, 계산서, 현금영수증 등을 수취하여야 적격증빙으로 인정된다. 한편, 직원 개인명의카드를 사용하는 경우 업무추진비 이외의 지출은 업무관련성이 인정될 시 손금으로 인정이 되나 법인의 경우 1만원을 초과하는 금액은 법인카드로 결제하여야 손금으로 인정될 수 있다.

[개정 세법] 적격증빙 없는 소액접대비 기준금액 인상(법인령 §41, 소득령 §83)
적격증빙이 없더라도 손금불산입하지 않는 소액접대비 기준금액
[적격증빙] 신용카드매출전표, 현금영수증, 세금계산서 등
(종전) 1만원 → (개정) 3만원
<적용시기> 2021.1.1. 이후 지출하는 분부터 적용

## [3] 기업업무추진비 지출과 관련하여 적법한 증빙을 수취할 수 없는 경우

계정과목을 기업업무추진비로 회계처리한 다음 세무조정에서 손금불산입한다. 증빙불비가산세는 별개로 하더라도 그 지출을 증빙할 수 있는 증빙서류는 구비하여 두어야 세무조정시 불이익처분을 받지 아니한다. 왜냐하면, 영수증 자체가 없는 경우 기업업무추진비를 손금불산입하고, 대표이사 또는 그 사용자에 대한 상여 등으로 처분하나 정규영수증은 아니더라도 관련 영수증을 구비하여 둔 경우 세무조정시 손금불산입하고, 그 소득처분은 기타사외유출로 할 수 있기 때문이다.

## [4] 거래처 경조사비 지출증빙

거래처에 대한 경조사비의 경우 적격증빙 수취가 현실적으로 불가능한 경우가 대부분이지만, 화환대 등 적격증빙 수취가 가능한 것은 계산서 등 적격증빙을 수취하여야 한다. 단, 축의금 및 조의금 등은 적격증빙을 수취할 수 없는 경우라도 **20만원 이하의 금액**은 업무추진비로 인정될 수 있다.

## [5] 해외업무추진비 지출증빙

국외에서 접대를 하는 경우에도 건당 1만원 초과 업무추진비에 대하여는 국내와 같이 정규지출증빙을 수취하여야 하는 것이며, 이를 수취하지 아니하는 경우에는 손금산입할 수 없다. 다만, 현금 외에 다른 지출수단이 없어 신용카드전표 등의 증빙을 구비하기 어려운 경우의 당해 국외지역은 예외로 한다.

## ▶ 기업업무추진비 회계처리 사례

① 《거래처 접대》 6. 2 거래처 직원을 접대하고 식대 및 주대 300,000원을 법인명의 국민카드로 결제하다.

| 기업업무추진비 | 300,000 / 미지급금 | 300,000 |

② 《신용카드대금 결제》 6. 30 거래처 접대시 사용한 국민카드 대금 300,000원이 보통예금에서 이체되다.

| 미지급금 | 300,000 / 보통예금 | 300,000 |

## ● 기업업무추진비의 세무상 유의 사항

### ■ 개인카드로 기업업무추진비를 지출한 경우 세무처리

| 구 분 | 세무처리 내용 |
|---|---|
| 건당 지출액이 3만원(2021년 이후 1만원 → 3만원) 초과 | 법인 : 손금불산입하고 기타 사외유출로 처분함<br>개인 : 1만원을 초과하는 경우에도 필요경비로 인정됨 |
| 건당 지출액이 3만원(2021년 이후 1만원 → 3만원) 초과 | 법인, 개인사업자 구분없이 접대비로 인정된다. |

◆ 접대비와 관련한 상품권 등 구입시 지출증빙 (부가 46015 - 3650, 2000.10.26)
상품권 등을 구입하는 것은 재화 또는 용역을 공급받는 것이 아니므로 세금계산서 또는 계산서를 수취해야 하는 것은 아니다. 다만, 접대비로서 1만원을 초과하는 상품권을 구입하는 경우에는 신용카드 등으로 구입하지 아니하는 경우 손금불산입된다.

### ■ 기업업무추진비 한도초과액의 손금불산입

기업업무추진비(정규영수증 미수취로 손금불산입하는 금액 제외)로서 다음 ① + ②의 합계액을 초과하는 금액은 세무조정에서 손금불산입하여야 한다.

[개정 세법] 중소기업 접대비 한도액 상향조정 (법인세법 §25, 소득세법 §35)
① 1,200만원[중소기업의 경우 3,600만원] × 당해 사업연도의 월수 / 12
(종전) 1,200만원[중소기업 2,400만원] → (개정) 1,200만원[중소기업 3,600만원]
② 수입금액을 일반수입금액과 특정수입금액으로 구분하여 다음과 같이 계산한 금액
▶ 특수관계자와의 거래에서 발생한 수입금액에 대하여는 그 수입금액에 적용률을 곱하여 산출한 금액의 10% 상당액

| 종 전 | | 개 정 | |
|---|---|---|---|
| 수입금액 | 적 용 률 | 수입금액 | 적 용 률 |
| 100억원 이하 | 1만분의 20 | 100억원 이하 | 1만분의 30 |
| 100억원 초과 500억원 이하 | 2천만원 + (100억원을 초과하는 금액의 1만분의 10) | 100억원 초과 500억원 이하 | 3천만원 + [(수입금액 - 100억원) × 1만분의 20] |
| 500억원 초과 | 6천만원 + (500억원을 초과하는 금액의 1만분의 3) | 500억원 초과 | 1억1천만원 + [(수입금액 - 500억원) × 1만분의 3] |

<적용시기> 2020.1.1. 이후 개시하는 사업연도(과세기간) 분부터 적용

## 통신비

통신과 관련하여 발생하는 비용으로 전화요금, 휴대폰사용요금, 정보통신이용료, 초고속인터넷사용료, 등기 및 우편요금, T.V 수신료 등이 있다.

### ▶ 정액으로 지급하는 통신비 세무처리

근로자가 소유하고 있는 휴대폰을 회사의 업무에 사용하도록 하고 당해 통신비의 일정액을 회사가 부담하는 경우 업무수행상 필요하다고 인정되는 부분은 손금에 산입할 수 있다. 단, 통신비지급규정을 만들고 통신비보조금에 대한 직원개인별 통신비영수증을 수취하여 두어야 한다. 그러나 업무와 관련하여 발생한 휴대폰비영수증을 제시하고 지급받는 대신에 전직원에 대하여 월정액으로 지급하는 금액인 경우 직원개인별 근로소득으로 처분하여야 하며, 이 때 통신비는 실비변상비적급여에 해당하지 않으므로 과세소득에 포함하여 처리한다.

## ▣ 통신비 지출증빙서류

전화요금, 휴대폰사용료 등은 전화사업자, 휴대전화사업자가 전자세금계산서를 발행하며, 그 발행내역은 국세청 「이세로」에서 확인할 수 있으며, 전자세금계산서가 정규영수증에 해당한다. 한편, 대표자 명의의 휴대폰을 회사용도로 사용하고 이와 관련하여 실제 소요된 경비를 지급하는 경우 손금 산입이 가능할 것이다.

## ▶ 통신비 회계처리 사례

① 《우편요금 지급》 6. 22 우편물 발송시 등기요금 3,340원을 현금 지급하다.

| 통신비 | 3,340 | / | 현금 | 3,340 |
|---|---|---|---|---|

② 《전화요금청구서 수취》 전화요금청구서(작성일 6. 15 공급가액 162,570원, 부가세 16,257원, 자동이체 할인액 1,000원, 단수할인액 7월 청구금액합계 177,820원)를 6. 11 수취하다. 단, 공급받는자란에는 공급받는자의 사업자등록번호가 기재되어 있다.

| 통신비 | 162,570 | / | 미지급비용 | 177,820 |
|---|---|---|---|---|
| 부가세대급금 | 16,257 | | 잡이익 | 1,007 |

* 할인액 1,000원 및 원단위 이하 절사금액 7원은 잡이익으로 처리한다.

③ 《전화요금 자동이체》 6. 25 사무실 전화요금 177,820원이 국민은행 보통예금에서 자동 인출되다.

| 미지급비용 | 177,820 | / | 보통예금 | 177,820 |
|---|---|---|---|---|

## ▣ 수도광열비

수도광열비에는 상.하수도요금, 도시가스요금, 냉·난방용 유대, 난방용 가스요금, 전기료 등이 있다. 단, 원가를 구분하여 계산하는 제조업 및 건설업 등의 경우 전기요금은 '전력비'라는 별도의 계정과목을 사용한다.

## ● 수도광열비 지출증빙서류

전기요금, 도시가스요금은 한국전력공사, 도시가스공사가 발행하는 영수증을 증빙으로 수취한다. 한편, 당해 사업자가 발행하는 영수증은 그 양식이 일반세금계산서 양식은 아니나 국세청으로부터 승인을 받은 세금계산서로 당해 사업자 명의로 가입한 전기요금, 도시가스요금은 매입세금계산서로 분류하여 매입세액을 공제받는다.

○ 상.하수도요금 : 상하수도요금 영수증
○ 도시가스요금 : 도시가스공사가 발행한 요금영수증
○ 기타 냉난방비용 : 3만원 초과시 세금계산서 등 적격증빙 수취대상

### ■ 사무실, 공장 임차시 수도광열비 지출증빙

① 상하수도요금은 면세되므로 계산서를 수취하여야 한다.
② 전기요금 및 가스요금청구서가 임대인 명의로 청구되고 임대인이 관리비 명목으로 청구하는 경우 임대인으로부터 세금계산서를 수취하여야 한다.

### ▶ 수도광열비 회계처리 사례

①《상수도요금 납부》6. 25 상.하수도요금 210,000원을 현금으로 납부하다.

| 수도광열비 | 210,000 | / | 현금 | 210,000 |
|---|---|---|---|---|

* 수도요금은 그 납부일에 전표처리한다.

②《도시가스요금 청구서 수취》6월 10일 도시가스공사로부터 가스요금 지로영수증(작성일자 6. 15 공급가액 287,240원 세액 28,724원, 단수할인액 4원, 청구금액 315,960원)을 수취하다.

| 수도광열비 | 287,240 | / | 미지급비용 | 315,960 |
|---|---|---|---|---|
| 부가세대급금 | 28,724 | | 잡이익 | 4 |

③ 《도시가스요금 자동이체》 6. 25 도시가스요금 315,960원이 국민은행 보통예금에서 자동 인출되다.

| 미지급비용 | 315,960 | / | 보통예금 | 315,960 |

## ● 수도광열비 세무상 유의사항

비영업용승용자동차의 유류대를 제외한 난방용 유류대 발생비용에 대하여 세금계산서를 수취하거나 신용카드로 결제한 경우 그 매입세액을 공제받을 수 있으므로 공제받을 수 있는 매입세액을 불공제처리하지 않도록 유의한다.

## 전력비

제조경비의 전기요금은 판매비와 일반관리비의 수도광열비와 구분하여 전력비로 처리하여야 한다.

## ● 전력비 지출증빙서류

### ■ 전자세금계산서 및 전기요금 청구서

① 한국전력공사는 사업자인 경우 전기요금에 대하여 전자세금계산서를 발급하며, 전자세금계산서가 정규영수증에 해당한다. 한편, 부가가치세 과세사업자는 전자세금계산서의 매입세액을 매출세액에서 공제를 받을 수 있다.

② 전기요금청구서에 당해 사업자의 사업자등록번호가 기재되지 않은 경우 일반영수증으로 그 납부일에 청구서영수증을 전표 이면에 첨부하여 보관한다.
한편, 한국전력공사가 발행한 전기요금청구서는 거래금액이 3만원을 초과하는 경우에도 적법한 영수증이다.

◆ 전기요금의 매입세액공제

전기요금은 공급받는자가 사업자인 경우 그 매입세액을 공제받을 수 있으므로 공급받는자가 사업자명의로 되어 있지 않는 경우 한국전력공사에 사업자명의로 신청하여 매입세액을 공제받을 수 있도록 한다.

◆ 임차한 건물의 전력비 지출증빙

건물 등의 임대인이 임차인으로부터 전기요금 등 관리비를 징수하는 방법은 임대인이 임대건물 전체에 대한 전기요금 매입세금계산서를 수취하고, 각 세입자별로 해당 금액에 대하여 세금계산서를 발행하여 발급하는 방법과 단순히 납부의 대행만을 위하여 그 금액을 임대료와 구분하여 계산하는 경우가 있다. 전기요금 등 관리비와 임대료를 구분하여 계산하는 경우 관리비 등의 항목은 통상 별도의 세금계산서를 발행하지 아니하고 수령하는 바 이 경우 임차인은 관리비영수증을 증빙서류로 사용할 수 있으나 그 금액이 3만원을 초과하는 경우 임대인에게 세금계산서 발행을 요구하여 세금계산서를 수취하여야 한다.

◆ 임차인이 임대인으로부터 발급받은 전기요금 세금계산서 (부가46015-18, 2001.01.05)

부동산임대사업자가 한국전력공사로부터 전기요금에 대한 세금계산서를 발급받고 부가가치세법시행규칙 제18조의 규정에 의하여 전력을 실지로 소비하는 자인 임차인에게 세금계산서를 발급하는 경우 임차인에게 발급한 세금계산서상의 공급가액은 부동산임대사업자의 과세표준에 포함하는 것이며, 동 부동산임대사업자가 한국전력공사로부터 발급받은 세금계산서상의 매입세액을 공제받을 수 있는 것임. 이 경우 임차인은 부동산임대사업자로 부터 발급받은 세금계산서상의 매입세액을 공제받을 수 있는 것임

◆ 임차인이 실제 부담한 임대인명의 전기요금청구서와 지출증빙

임차사업자가 실제 전기를 사용하고 이와 관련한 요금을 부담한 경우 임차사업장의 소득금액을 계산함에 있어 손금에 산입할 수 있다. 즉, 명의는 임대인으로 되어 있지만, 당해 임차사업장에서 임대인에게 입금한 사실 또는 이러한 상황을 명시하여 당해 임차인이 납부한다는 계약서 및 실제 납입한 공과금 출금계좌 등의 객관적 증빙을 보관하는 경우 임차인의 경비로 인정될 수 있는 것이다.

## ➡ 전력비 회계처리 사례

### ■ 전자세금계산서를 수취한 경우

① 《전자세금계산서 수취》 6. 7 생산공장의 전기사용료에 대하여 전자세금계산서를 (공급받는자란에 당해 사업자의 사업자등록번호가 기재되어 있음) 수취하다.
작성일자 6. 9 공급가액 568,250원, 부가세 56,825원, T.V 수신료 2,500원 전력기금 21,020원 청구금액 648,590원(청구시 원 단위 이하금액 절사함)

| | | | |
|---|---|---|---|
| 전력비 | 591,765 / | 미지급비용 | 648,590 |
| 부가세대급금 | 56,825 | | |

* T.V 수신료는 통신비에 해당하나 전력비에 포함하여 처리하여도 무방하다.
* 전력기금은 부가세가 과세되지 않는 것이나 공급가액에 포함하여 처리한다.
* 공장의 전기요금은 제조경비로 처리하여야 한다.
* 원단위 이하금액은 전기요금청구시 한국전력공사에서 절사함

② 《전기요금 자동이체》 6. 25 생산공장의 전기요금 648,590원이 국민은행 보통예금에서 자동 인출되다.

| | | | |
|---|---|---|---|
| 미지급비용 | 648,590 / | 보통예금 | 648,590 |

### ■ 세금계산서에 해당하지 않는 전기요금청구서를 수취한 경우

① 《전기요금청구서 수취》 6. 10 사무실 전기요금청구서(금액 80,000원)를 수취하다. 단, 공급받는자란에는 사업자등록번호가 기재되어 있지 않다.

| | | | |
|---|---|---|---|
| 수도광열비 | 80,000 / | 미지급비용 | 80,000 |

* 사무실의 전기요금은 수도광열비로 처리한다.

② 《전기요금 현금납부》 6. 25 전기요금 80,000원을 현금으로 납부하다.

| | | | |
|---|---|---|---|
| 미지급비용 | 80,000 / | 현금 | 80,000 |

## 세금과공과금

기업이 부담하는 각종 세금 및 공과금으로 자동차세, 균등할 주민세(8. 31 납기), 인지세, 증지대, 재산세, 종합부동산세, 등록면허세, 사업소세, 환경개선부담금, 벌금 및 과태료, 상공회의소회비, 적십자회비, 조합비, 협회비, 각종 분담금, 각종 세금 미납에 따른 가산세 및 가산금 등을 통칭한다.

### 손금으로 인정되는 세금과 손금으로 인정되지 않는 세금

세금은 법인의 순자산을 감소시키는 것으로 업무와 관련한 것은 손금으로 인정이 되지만, 가산세, 벌금, 과태료 등은 손금인정이 되지 아니한다.

**[1] 손금으로 인정되는 세금**
- 손금인정되는 세금 : 재산세, 종합부동산세, 등록면허세, 인지세, 증지대, 사업소세, 자동차세, 균등할주민세 환경개선부담금 등
- 취득원가에 가산한 후 감가상각으로 손금으로 처리되는 세금 : 취득세 등

**[2] 손금인정되지 않는 세금**
- 각 사업연도에 납부하였거나 납부할 법인세 또는 법인세분 지방소득세와 각 세법에 규정된 의무불이행으로 인하여 납부하였거나 납부할 세액(가산세 포함)
- 종합소득세 및 소득세분 지방소득세, 농어촌특별세
- 벌금, 과료, 과태료, 가산금 및 체납처분비

◆ 자산 또는 비용으로 처리하여야 하는 매입세액 및 세금과공과금에 해당하는 매출세액
과세사업자가 재화 또는 용역을 공급받고 발급받은 부가가치세매입세액은 부가가치세매출세액에서 공제받을 수 있는 일종의 채권으로 세금과공과금에 해당하지 아니한다. 단, 다음 각 호의 경우 세금과공과로 처리하거나 해당 계정과목에 포함하여 처리하여야 한다.
① 해당 계정과목에 포함하여야 하는 것
- 면세사업자의 매입세액
- 비영업용승용자동차의 취득시 매입세액(차량운반구로 처리) 및 유지비용(차량유지비등)
- 접대비 관련 매입세액

② 세금과공과금으로 처리하여야 하는 것
- 간주임대료에 대한 부가가치세액
- 개인적공급(간주공급)시 회사가 부담하는 부가가치세액

◆ 수입인지 회계처리
수입인지를 매입하는 즉시 인지세 과세대상 문건에 첨부하는 경우에는 '세금과공과금'으로 처리하나 미리 매입하여 두는 경우에는 '선급비용'으로 처리한다.

## ■ 공과금

공과금이란 상공회의소회비, 적십자회비, 조합비, 협회비, 국민연금 회사부담금 등을 말하며, 공과금은 원칙적으로 손금으로 인정이 되나, 법령에 의하여 의무적으로 납부하는 것이 아닌 것 및 법령에 의한 의무 불이행 또는 금지·제한 등 위반에 대한 제재로서 부과되는 것은 손금으로 인정이 되지 않는다.

주무 관청에 등록된 조합, 협회 등이 법령 또는 정관에 규정한 바에 따라 경상경비를 충당할 목적으로 협회 회원사에게 월정액 또는 사업 실적에 따라 정기적으로 부과하는 정상적인 회비는 '세금과공과금'에 해당하나 정상적인 회비 이외의 특별회비는 '일반기부금(2024년 이후 명칭 변경 지정기부금 → 일반기부금)'에 해당한다. 한편, 주무관청에 등록되어 있지 아니하고 영업자가 임의로 조직한 단체 또는 조합에 대하여 회원 또는 조합원의 자격으로 지출하는 회비는 '지정기부금'에 해당한다.

## ■ 세금과공과금 지출증빙서류

국가 및 지방자치단체, 비영리법인(법인세법 시행령 제2조제1항의 규정에 해당하는 수익사업과 관련된 부분은 제외한다)과의 거래는 적격증빙 수취대상이 아니므로 해당기관에서 발행한 영수증을 증빙서류로 보관한다.

○ 조세 : 국가 또는 지방자치단체에 발행하는 납부영수증
○ 공과금 : 상공회의소회비, 대한적십자회비, 직업훈련부담금 등의 공과금은 적격증빙수취대상이 아니므로 각 기관이 발행한 영수증을 수취한다.

### ▶ 세금과공과금 회계처리 사례

① 《재산세 납부》 7. 31 회사 건물에 대한 재산세 250,000원을 현금으로 납부하다.

| 세금과공과금 | 250,000 | / | 현금 | 250,000 |
|---|---|---|---|---|

② 《간주임대료 납부》 1기 부가가치세 신고시 임대보증금에 대한 간주임대료 5,000,000원에 대한 부가가치세액 500,000원 및 부가세예수금 2,000,000원을 보통예금에서 인출하여 납부하다.

| 세금과공과금 | 500,000 | / | 보통예금 | 2,500,000 |
|---|---|---|---|---|
| 부가세예수금 | 2,000,000 | | | |

## ◎ 감가상각비

♣ 결산 참조

## ◎ 지급임차료

지급임차료란 토지, 건물, 기계장치, 차량운반구 등을 임차하고 지급하는 사용료를 말한다.

건물의 임차와 관련하여 임차료는 별도로 지급을 하고 청소비, 소독비, 승강기유지비, 수선유지비, 오물수거비, 화재보험료, 전기료, 수도료 등의 관리비를 지급하는 경우에도 모두 '지급임차료'로 처리하여도 무방하지만, 지출 성격에 맞는 적절한 계정과목으로 처리하여도 된다.

## 🌑 지급임차료 지출증빙서류

### ■ 임차료

(1) 임대인이 법인 또는 일반과세자인 경우
임차료에 대하여 세금계산서를 수취하여야 한다.
(2) 임대인이 간이과세자인 경우
임차료를 금융기관을 통하여 송금하고 송금영수증 등을 증빙서류로 첨부하여 두어야 한다.

### ■ 임차보증금

임차보증금은 적격증빙 수취대상이 아니므로 임대인으로부터 받은 영수증 및 전세계약서 등을 보관한다.

▶ 임차인이 부담하는 전기요금이 3만원을 초과하는 경우
임대사업자의 경우 전기요금은 통상 한국전력에서 해당 건물 전기요금을 임대사업자(건물주) 명의로 세금계산서를 일괄고지하기 때문에 임대사업자는 임차인에게 사무실별로 수금하여 임대사업자가 대신 납부한다. 한편, 임차인은 전기요금이 3만원을 초과하는 경우 세금계산서를 수취하여야 하므로 임대인에게 세금계산서 발행을 요구하여야 한다.

▶ 부동산임대업자의 전기요금에 대한 세금계산서 발급
부동산임대사업자가 한국전력공사로부터 전기요금에 대한 세금계산서를 발급받고 전력을 실지로 소비하는 자인 임차인에게 세금계산서를 발급하는 경우 임차인에게 발급한 세금계산서상의 공급가액은 부동산임대사업자의 과세표준에 포함하는 것이며, 동 부동산임대사업자가 한국전력공사로부터 발급받은 세금계산서상의 매입세액을 공제받을 수 있는 것임. 이 경우 임차인은 부동산임대사업자로 부터 발급받은 세금계산서상의 매입세액을 공제받을 수 있는 것임

▶ 간이과세자로부터 부동산임대용역을 공급받은 경우 증빙수취방법
간이과세자로부터 부동산임대용역을 공급받은 경우에 그 거래금액을 금융기관을 통하여 지급하고 과세표준확정신고서에 그 송금명세서를 첨부하여 관할세무서장에게 제출한 경우에는 증빙불비가산세를 적용하지 아니하는 것임.

▶ 미등록사업자와의 부동산임대용역거래시 지출증빙특례적용 여부

거주자가 미등록사업자로부터 부동산임대용역을 공급받는 경우에는 지출증빙특례규정이 적용되지 아니하는 것임.

## 지급임차료 회계처리 사례

### 임차료 세금계산서 수취 및 결제

① 《임차료에 대한 세금계산서 수취》 5월분 사무실 임차료에 대한 세금계산서(공급가액 2,000,000원 세액 200,000원)를 5. 31수취하다.

| | | | |
|---|---|---|---|
| 지급임차료 | 2,000,000 / | 미지급비용 | 2,200,000 |
| 부가세대급금 | 200,000 | | |

② 《임차료 계좌이체 지급》 6. 10 사무실 임차료 2,200,000원을 농협 보통예금에서 인터넷뱅킹으로 송금하다. 그리고 송금수수료 1,000원이 같이 인출되다.

| | | | |
|---|---|---|---|
| 미지급비용 | 2,200,000 / | 보통예금 | 2,201,000 |
| 지급수수료 | 1,000 | | |

### 선급임차료 지급 및 임차료 계상

① 《임차료 선급》 1년분 임차료 6,000,000원을 7. 1 보통예금에서 인출하여 선급하다.

| | | | |
|---|---|---|---|
| 선급비용 | 6,000,000 / | 보통예금 | 6,000,000 |

② 《선급임차료를 임차료로 대체》 회계기말에 선급임차료 중 당해 사업연도분을 지급임차료로 대체하다.

| | | | |
|---|---|---|---|
| 지급임차료 | 3,000,000 / | 선급비용 | 3,000,000 |

* 지급임차료 : 선급비용(6,000,000원) × 6개월/12개월

# 경상연구개발비

연구와 관련하여 발생한 비용은 연구개발비로 처리한다. 단, 무형자산 항목인 개발비 요건을 충족하는 경우 개발비로 처리하여야 한다. 즉, 개발비 중 무형자산인 개발비 요건을 충족하지 못하는 경우 당기비용인 경상연구개발비로 처리하고, 무형자산인 개발비 요건에 충족하는 경우에는 무형자산인 개발비로 처리한다.

## ■ 무형자산인 개발비와 당기 비용인 경상연구개발비 구분

①항과 ②항의 요건을 모두 충족하는 경우 무형자산인 개발비로 처리하고 그렇지 않은 경우에는 발생한 연도에 비용항목인 경상개발비로 처리한다.

① 아래와 같은 개발단계에 속하는 활동일 것
- 생산 전 또는 사용 전의 시작품과 모형을 설계, 제작 및 시험하는 활동
- 새로운 기술과 관련된 공구, 금형, 주형 등을 설계하는 활동
- 상업적 생산목적이 아닌 소규모의 시험공장을 설계, 건설 및 가동하는 활동
- 새롭거나 개선된 재료, 장치, 제품, 공정, 시스템 및 용역 등에 대하여 최종적으로 선정된 안을 설계, 제작 및 시험하는 활동

② 개발단계에서 발생한 지출은 다음의 조건을 모두 충족하는 경우
- 무형자산을 사용 또는 판매하기 위해 그 자산을 완성시킬 수 있는 기술적 실현가능성을 제시할 수 있다.
- 무형자산을 완성해 그것을 사용하거나 판매하려는 기업의 의도가 있다.
- 완성된 무형자산을 사용하거나 판매할 수 있는 기업의 능력을 제시할 수 있다
- 무형자산이 어떻게 미래 경제적 효익을 창출할 것인가를 보여줄 수 있다. 예를 들면, 무형자산의 산출물, 그 무형자산에 대한 시장의 존재 또는 무형자산이 내부적으로 사용될 것이라면 그 유용성을 제시하여야 한다.
- 무형자산의 개발을 완료하고 그것을 판매 또는 사용하는 데 필요한 기술적, 금전적 자원을 충분히 확보하고 있다는 사실을 제시할 수 있다.
- 개발단계에서 발생한 무형자산 관련 지출을 신뢰성 있게 구분하여 측정할 수 있다.

### ▣ 경상연구개발비 지출증빙서류

경상개발비와 관련한 지출시 증빙서류는 적격증빙 수취대상으로 일반적인 기준에 의하며, 인건비 등은 급여대장, 원천징수영수증 등을 증빙으로 보관한다.

### ▶ 경상연구개발비 회계처리 사례

① 《개발비 지급》 신제품 개발과 관련하여 시험용재료 1천만원(부가세 별도)어치를 구입하고 세금계산서를 수취하다. 대금은 보통예금에서 인출하여 지급하다.

| | | | |
|---|---|---|---|
| 경상개발비 | 10,000,000 | / 보통예금 | 11,000,000 |
| 부가세대급금 | 1,000,000 | | |

## 수선비

수선비란 보유중인 자산의 유지 및 보수관리를 위하여 지출하는 비용을 말한다. 단, 차량의 수리와 관련한 비용은 차량유지비로 처리한다. 수선비와 관련하여 발생한 수익적 지출은 비용(수선비)으로 처리하고 당해 자산의 가치를 현실적으로 증가시키는 자본적 지출은 당해 자산 금액으로 처리한다.

다시 말하면, 사업자가 소유하는 사업용 유형자산의 원상을 회복하거나 능률유지를 위하여 지출한 수선비는 수익적 지출로 비용 발생시 손금으로 처리하고, 당해 사업용 비유동자산(고정자산)의 내용연수를 연장시키거나 그 가치를 현실적으로 증가시키는 수선비는 자본적 지출로 당해 비유동자산(고정자산)의 원본에 가산한 다음 감가상각을 통하여 비용화한다.

### ▣ 수익적 지출(수선비 계정으로 처리)

법인이 각 사업연도에 지출한 수선비가 다음 각 호에 해당하는 경우로서 그 수선비를 당해 사업연도의 손금으로 계상한 경우 이를 자본적 지출에 포함되지 아니하는 것으로 한다. 즉, 비용으로 처리한다.

① 거래단위별로 그 **취득가액이 100만원 이하**인 것

다음 각 호의 것을 제외하고 그 취득가액이 거래단위별로 100만원 이하인 감가상각자산에 대하여는 이를 그 사업에 사용한 날이 속하는 사업연도의 손금으로 계상한 것에 한하여 이를 손금에 산입한다.
1. 그 고유업무의 성질상 대량으로 보유하는 자산
2. 그 사업의 개시 또는 확장을 위하여 취득한 자산

거래단위라 함은 이를 취득한 법인이 그 취득한 자산을 독립적으로 사업에 직접 사용할 수 있는 것을 말한다.

② 다음의 자산
1. 영화필름, 공구(금형을 포함한다), 가구, 전기기구, 가스기기, 가정용 기구·비품, 시계, 시험기기, 측정기기 및 간판
2. 전화기(휴대용 전화기를 포함한다) 및 개인용 컴퓨터(그 주변기기 포함)

③ 법인이 각 사업연도에 지출한 수선비가 다음의 하나에 해당하는 경우로서 그 수선비를 당해 사업연도의 손금으로 계상한 경우에는 이를 자본적 지출에 포함되지 아니하는 것으로 한다.
1. 개별자산별로 수선비로 지출한 금액이 **600만원 미만**인 경우
2. 개별자산별로 수선비로 지출한 금액이 직전 사업연도종료일 현재재무상태표상의 자산가액(취득가액에서 감가상각누계액상당액을 차감한 금액을 말한다)의 100분의 5에 미달하는 경우
3. 3년 미만의 기간마다 주기적인 수선을 위하여 지출하는 경우

[세법 개정] 소액수선비에 대한 감가상각비 부담 완화(소득령 §67, 법인령 §31)
개별자산별로 수선비로 지출한 금액이 300만원 미만인 경우 → 600만원 미만
<적용시기> 2020.1.1. 이후 개시하는 사업연도·과세기간 분부터 적용

④ 다음의 지출
1. 건물 또는 벽의 도장
2. 파손된 유리나 기와의 대체
3. 기계의 소모된 부속품 또는 벨트의 대체

4. 자동차 타이어의 대체
5. 재해를 입은 자산에 대한 외장의 복구·도장 및 유리의 삽입
6. 기타 조업가능한 상태의 유지등을 위한 지출

## ■ 자본적 지출

법인이 소유하는 감가상각자산의 내용연수를 연장시키거나 당해 자산의 가치를 현실적으로 증가시키기 위하여 지출한 수선비를 말하며, 다음 각 호의 1에 해당하는 것에 대한 지출을 포함하는 것으로 한다.
1. 본래의 용도를 변경하기 위한 개조
2. 엘리베이터 또는 냉난방장치의 설치
3. 빌딩 등에 있어서 피난시설 등의 설치
4. 재해 등으로 인하여 멸실 또는 훼손되어 본래의 용도에 이용할 가치가 없는 건축물·기계·설비 등의 복구 및 기타 개량·확장·증설 등

▶ 비유동자산(고정자산)에 대한 자본적 지출 예시
■ 설치 중인 기계장치의 시운전을 위하여 지출된 비용에서 시운전기간 중 생산된 시제품을 처분하여 회수된 금액을 공제한 잔액은 기계장치의 자본적 지출로 한다.
■ 수입기계장치를 설치하기 위하여 지출한 외국인 기술자에 대한 식비 등 체재비는 기계장치에 대한 자본적 지출로 한다.

□ 감가상각이 완료된 자산에 대한 자본적 지출액 처리 [법인세법 기본통칙 23-28…2]
감가상각이 완료된 고정자산에 대하여 자본적 지출이 발생한 경우에는 당초 신고한 내용연수에 의한 상각률에 따라 이를 상각한다. (2001. 11. 1. 개정)

[개정 세법] 즉시상각 적용자산에서 금형 제외(법인령 §31⑥, 소득령 §67⑦)
□ 즉시상각 대상자산
공구, 어구, 영화필름, 가구, 전기기구, 가스, 시험기기, 측정기기 등
(개정) 금형을 즉시상각 적용자산에서 제외
<적용시기> 2020.1.1. 이후 개시하는 사업연도(과세기간) 분부터 적용

## ● 수선비 지출증빙서류

수선비 지출에 대한 증빙서류는 적격증빙 수취대상으로 3만원 초과지출에 대하여 세금계산서 등 정규영수증을 수취하여야 한다. 단, 개인에게 수리용역을 제공받고, 그 대가를 지급하는 경우에는 일용노무비 지급방법에 따라 처리한다.

## ▷ 수선비 회계처리 사례

① 《비품수리》 6. 30 사무실 복사기를 수리하고 수리비 88,000원(부가세 포함)을 현금으로 지급하고 세금계산서를 수취하다.

| | | | |
|---|---|---|---|
| 수선비 | 80,000 | 현금 | 88,000 |
| 부가세대급금 | 8,000 | | |

## ● 보험료

보험이란 사망·화재·사고 등 뜻하지 않은 사고에 대비하여, 미리 일정한 보험료를 납부하고, 사고가 일어났을 때 보험금을 수령하여 그 손해를 보상받는 제도로 보험가입과 관련하여 납부하는 제비용을 말한다. 보험료에는 승용자동차 보험료, 승용차 운전자보험, 사무실 화재보험료, 상해보험료, 손해보험료, 보증보험료, 해상보험료 등이 있다. 법인이 종업원의 업무상 재해 및 사망을 보험금 지급사유로 하고 당해 법인을 수익자로 하여 만기시에 일정액을 환급받는 보험에 가입하고 보험료를 불입하는 경우 만기환급금에 상당하는 보험료 상당액은 자산으로 계상하고 기타의 부분은 손비로 처리하는 것이며, 법인이 보험사고의 발생으로 받는 보험금 및 재해종업원의 치료비로 충당한 금액은 각각 당해 사업연도의 익금 또는 손금으로 각각 계상하여야 한다.

▶ 회사가 부담한 보험료를 근로소득으로 처분하여야 하는 보험료

임원 또는 직원이나 그 배우자를 수익자로 하는 보험, 신탁 또는 공제와 관련하여 사용자가 부담하는 보험료, 신탁부금 또는 공제부금

## ▣ 보험료 지출증빙서류

공급자가 금융보험업자인 경우 금융·보험용역에 대하여는 적격증빙 수취대상 사업자가 아니므로 금융보험업자가 발행하는 영수증을 증빙서류로 보관한다.

## ➡ 보험료 회계처리 사례

### ■ 건물보험료 납부 및 선급보험료 계상

① 《건물보험료 납부》6. 5 건물 화재보험료 1년분 1,200,000원을 보통예금에서 인출하여 지급하다. (보험기간 6. 5 ~ 다음해 6. 4)

| 보험료 | 1,200,000 | / | 보통예금 | 1,2000,000 |
|---|---|---|---|---|

② 《미경과보험료 계상》회계기말에 건물 화재보험료 미경과분을 선급비용으로 대체하다

• 미경과 보험료 : 보험료(1,200,000원) × 미경과일수(175일)/365일 = 575,342원

| 선급비용 | 575,342 | / | 보험료 | 575,342 |
|---|---|---|---|---|

### ■ 차량보험료 납부 및 선급보험료 계상

① 《차량보험료 납부》4. 1 차량종합보험료 760,000원(종합보험료 560,000원 임의보험료 200,000원, 보험기간 : 4. 1 ~ 다음해 3. 31)이 계산되어 종합보험료는 일시납, 임의보험료는 2회 분납하기로 하고, 1회분 보험료 660,000원(종합보험료 560,000원 + 임의보험료 1회분 100,000원)을 보통예금에서 인출하여 지급하다.

| 보험료 | 760,000 | / | 보통예금 | 660,000 |
|---|---|---|---|---|
|  |  |  | 미지급비용 | 100,000 |

② 《차량보험료 분납》10. 1 임의보험료 2회분 100,000원을 보통예금에서 인출하여 지급하다.

| 미지급비용 | 100,000 | / | 보통예금 | 100,000 |
|---|---|---|---|---|

③《미경과보험료 계산》회계기말(12. 31)에 미경과보험료를 계산하여 선급비용으로 대체하다.

| | | | |
|---|---|---|---|
| 선급비용 | 187,397 / | 보험료 | 187,397 |

* 선급비용(187,397) : 보험료(760,000원) × 90/365(다음해 1/1 ~ 3/31)

## ■ 저축성 보험료 및 보장성 보험료 납부 회계처리

①《상해보험료 납부》종업원의 업무상 재해 및 사망을 보험금 지급사유로 하고 당해 법인을 수익자로 하여 만기시에 일정 금액을 환급받는 보험에 가입하고 적립식 보험료 100,000원 및 보장성보험료 20,000원을 보통예금에서 이체하여 불입하다.

| | | | |
|---|---|---|---|
| 장기성예금 | 100,000 / | 보통예금 | 120,000 |
| 보험료 | 20,000 | | |

- 장기성예금 : 적립식보험료
- 보험료 : 소멸성 보험료
○ 만기수익자가 법인일 경우
- 적립성 : 장기성예금, 소멸성 : 보험료
○ 상해보험가입시 만기수익자가 직원일 경우
- 적립되는 부분 : 급여에 합산, 소멸성 : 급여에 합산

[핵심 실무] 보험료의 손금산입 방법 등 (서면2팀-1631, 2006.08.28.)
○ 법인이 피보험자를 임원(대표이사 포함) 또는 종업원으로, 수익자를 법인으로 하여 보장성 보험과 저축성 보험에 가입한 경우, 법인이 납입한 보험료 중 만기환급금에 상당하는 보험료 상당액은 자산으로 계상하고, 기타의 부분은 이를 보험기간의 경과에 따라 손금에 산입하는 것임.
○ 법인이 보험계약자이고, 임원이 피보험자 또는 수익자인 경우 법인이 납입한 보험료 중 법인세법 시행령 제43조의 규정에 따라 정관, 주주총회 또는 이사회 결의에 의해 결정된 급여지급기준을 초과하는 금액은 손금불산입하여 상여처분하는 것임.
○ 법인이 보험계약자이고 종업원이 피보험자 또는 수익자인 경우 법인이 납입한 보험료는 종업원의 급여로 보아 손금에 산입하는 것임.

## 🅠 차량유지비

회사의 업무를 위하여 운행하는 차량의 유지 및 관리비를 차량유지비라 하며, 유류대, 차량수리비, 통행료, 주차요금, 세차비, 검사비, 부품교환대, 오일교환대 등이 있다. 차량수리비의 경우 수리와 관련한 매입세액을 공제받기 위해서는 수리한 차량이 부가가치세법상 그 취득 및 유지비용이 공제되는 차량(9인승 이상 승합차, 화물차 등)이어야 한다. 따라서 차량의 유지비용이 공제되는 차량(9인승 이상 승합차, 화물자동차 등)인 경우 그 유지비 발생과 관련하여 세금계산서를 수취하거나, 신용카드로 결제하고 수취한 신용카드매출전표에 공급가액과 세액이 구분되어 있는 경우 그 매입세액을 공제받을 수 있다.

### ▶ 차량유지비 계정과목 분류
- 자동차세 : 세금과공과금
- 자동차보험료 : 보험료
- 출장계획에 의하여 출장시 운행하는 차량의 유지비 : 여비교통비
- 리스차량에 대한 사용료 : 지급임차료
- 차량의 취득과 관련하여 지출하는 취득세, 기타비용 : 차량운반구
- 과실로 인하여 타인의 차량을 수리하여 준 경우 : 잡손실
- 차량소모품 : 차량유지비
- 차량수리비 : 수선비
- 차량검사비용 : 차량유지비
- 주차요금 : 출장시 주차요금 → 여비교통비, 기타의 경우 → 차량유지비

◆ 직원 소유 차량을 업무에 사용하고 그 유지비를 지급한 경우 경비 인정 여부

직원이 회사업무를 위해서 직원 본인차로 운행을 하고 유지비를 청구할 경우 그 유지와 관련한 비용을 직원 개인신용카드로 사용하여 지출하거나 적법한 영수증을 수취하여 청구하고 회사가 그 비용을 지급하는 경우 비용으로 인정이 되나 업무와 관련한 지출임을 입증하여야 한다. 한편, 이와는 별도로 월정액으로 차량유지비를 지급할 시에는 동 차량유지비는 해당 직원에 대한 급여로 처리하여야 한다.

♣ 상세내용 → 업무용승용차 편 참조

# 운반비

기업이 영업활동을 영위하는 과정에서 발생하는 운송비용을 처리하는 계정으로 택배요금, 용달운임, 퀵서비스요금, 상차비, 하차비, 화물배송비, 선박 또는 항공운임요금, 기계장치 이전비용 등이 있다. 한편, 수출과 관련하여 부담하는 운반비는 '수출제비용'에 포함하여 처리한다. (수출비용을 항목별로 구분하여 운반비로 처리하기도 함)

▶ **매입과 관련한 운반비용의 회계처리**
매입과 관련한 운반비용은 당해 자산의 취득원가에 산입한다.

## 운반비 지출증빙서류

적격증빙 수취대상으로 운반용역을 제공받은 경우에는 세금계산서를 수취하여야 하며, 간이과세자로부터 운송용역을 공급받는 경우에는 금융기관을 통하여 그 대금을 송금하고 법인세과세표준신고시 '경비 등 송금명세서'를 제출하여야 한다.

◆ **용달사업자로부터 용달용역을 제공받는 경우 지출증빙**
용달사업자가 일반과세자인 경우 세금계산서를 발급받아야 하는 것이며, 간이과세자인 경우 공급받은 재화 또는 용역의 거래금액을 금융기관을 통하여 지급한 경우로서 법인세법 제60조의 규정에 의한 법인세과세표준신고서에 송금사실을 기재한 경비 등의 송금명세서를 첨부하여 납세지관할세무서장에게 제출하는 경우 간이영수증을 수취하여도 됨

## 운반비 회계처리 사례

① 《택배비 지급》 6. 10 거래업체에 견본품을 택배로 보내고 택배비 50,000원을 현금으로 지급하다.

| 운반비 | 50,000 / 현금 | 50,000 |

② 《상품 매입 및 운반비 지급》 6. 10 상품 2,000,000원(부가세별도)을 구입하고, 세금계산서를 수취한 후 그 대금은 보통예금에서 인출하여 즉시 결제하다.
한편, 상품구입과 관련한 용달비용 100,000원에 대하여 간이영수증을 수취하고 그 대금은 보통예금에서 인터넷뱅킹으로 용달업자에게 이체하다.

| 상품 | 2,000,000 | / 보통예금 | 2,200,000 |
| 부가세대급금 | 200,000 | | |

| 상품 | 100,000 | / 보통예금 | 100,000 |

## 교육훈련비

교육훈련비란 직무와 관련하여 임.직원의 사내.외 교육훈련을 위하여 지출하는 비용으로 강사초빙비용, 학원수강료, 위탁교육비, 연수원 임차비, 간부수련비, 워크샵비용 등이 있다.

### 교육훈련비 지출증빙서류

**(1) 교육훈련기관에 지급하는 교육비**
교육훈련기관은 부가가치세가 면제되는 사업자로서 적격증빙인 계산서를 수취하여야 한다.

**(2) 사내 강사료**
소속 직원이 사내 직원을 대상으로 교육을 실시하고 회사가 지불하는 강사료는 직원의 급여로 처분하여 근로소득세를 원천징수하여야 한다.

**(3) 외부강사료**
계속적이고 반복적으로 강사활동을 영위하는 자인 경우 사업소득으로 외부강사료 지급시 사업소득세(지급금액의 3%) 및 지방소득세(사업소득세의 10%)로 원천징수하여 납부한다. 단, 일시적으로 강의를 하는 자의 경우에는 기타소득세를 원천징수하여야 한다. 징수한 사업소득세 또는 기타소득세는 징수일의 다음달 10일까지 납부하여야 하며, 지급명세서를 작성하여 다음해 2월말일(사업소득의 경우 3월 10일)까지 관할세무서에 제출하여야 한다.

◆ 인적용역 사업소득 또는 기타소득 원천징수
○ 사업소득 원천징수세액 = 지급금액 × 3%
○ 기타소득 원천징수세액 = [지급금액 - 필요경비(지급금액 × 60%)] × 20%

필요경비를 공제한 후의 금액이 5만원 이하인 경우 기타소득세를 과세하지 아니한다. 예를 들어 기타소득에 해당하는 강사료 지급금액이 25만원 이하인 경우 징수하지 않음

## 교육훈련비 회계처리 사례

### ■ 외부강사료 지급

① 《강사료 지급 및 기타소득세 징수》 직원 직무교육을 위하여 외부강사(일시제공)를 초빙하여 교육을 실시하고, 강사료 300,000원에서 기타소득세 12,000원 및 지방소득세 1,200원을 차감한 286,800원을 보통예금에서 인출하여 지급하다.

| | | | |
|---|---|---|---|
| 교육훈련비 | 300,000 / | 보통예금 | 286,800 |
| | | 예수금 | 13,200 |

* 기타소득세 계산 : [지급금액(300,000) - 필요경비(240,000)] × 20%

② 《기타소득세 납부》 다음달 10일 기타소득세 및 지방소득세를 납부하다.

| | | | |
|---|---|---|---|
| 예수금 | 13,200 / | 보통예금 | 13,200 |

### ■ 노동부에서 교육비 중 일정 금액을 무상으로 지원받는 경우

① 《교육훈련비 지급》 7. 10 직원의 직무교육훈련과 관련하여 교육훈련기관에 등록하고 교육비 1,000,000원을 현금으로 지급하다.

| | | | |
|---|---|---|---|
| 교육훈련비 | 1,000,000 / | 현금 | 1,000,000 |

② 《교육비 환급》 7. 30 직업능력개발훈련대상으로 노동부로부터 교육훈련보조금 800,000원이 국민은행 보통예금에 입금되다.

| 보통예금 | 800,000 / 잡이익 | 800,000 |
|---|---|---|

## 도서인쇄비

도서인쇄비란 도서구입 및 각종 인쇄비용을 말하며, 신문대금, 서식인쇄비, 도서구입비, 고무인 및 도장제작비, 명함제작비, 사진현상비용, 인터넷사이트 정보이용료(주로 문서로 된 것) 등이 있다.

### 도서인쇄비 지출증빙서류

적격증빙 수취대상으로 그 금액이 3만원을 초과하는 경우 세금계산서 등 정규 지출증빙서류를 수취하여야 한다. 단, 도서구입의 경우 도서는 면세대상으로 그 금액이 3만원을 초과하는 경우 계산서 또는 현금영수증을 수취하거나 카드로 결제한 다음 신용카드매출전표를 보관하여야 한다.

### 도서인쇄비 회계처리 사례

① 《신문대금 지급》 신문대금 12,000원을 현금으로 지급하다.

| 도서인쇄비 | 12,000 / 현금 | 12,000 |
|---|---|---|

② 《도서 구입》 세법편람을 70,000원에 현금 구입하고, 계산서를 수취하다.

| 도서인쇄비 | 70,000 / 현금 | 70,000 |
|---|---|---|

## 회의비

업무와 관련한 회의 진행시 소요되는 각종 비용으로 식음료 및 다과비용, 기타 회의진행 관련 비용, 세미나 비용 등의 지급시 처리하는 계정과목이다.
단, 회의비 중 사회통념상 인정될 수 있는 범위를 초과하는 금액과 유흥을 위하여 지출하는 금액은 기업업무추진비로 처리하여야 한다.

### 회의비 지출증빙서류

적격증빙 수취대상으로 그 금액이 3만원을 초과하는 경우 세금계산서를, 면세거래인 경우에는 계산서 등을 수취하거나 신용카드로 결제하여야 적법한 증빙으로 인정되며, 현금결제시 현금영수증을 수취한 경우에도 적법한 증빙으로 인정된다.

### 회의비 회계처리 사례

① 《회의진행시 다과 구입》 업무와 관련한 회의 진행시 회의참석자들을 위한 과일, 음료, 다과 등 127,000원 어치를 할인점에서 구입하고 대금은 현금으로 지급하다. 한편, 영수증으로 현금영수증을 수취하다.
현금영수증내역 : 과세 공급가액 70,000원, 세액 7,000원, 면세가액 50,000원

| 회의비 | 120,000 | / 현금 | 127,000 |
|---|---|---|---|
| 부가세대급금 | 7,000 | | |

## 포장비

포장비는 상품, 또는 제품의 포장과 관련하여 발생하는 비용으로 포장지, 포장박스, 쇼핑백 구입비 등을 말한다. 제품포장과 관련된 비용은 그 내역에 따라 구분하여 정리한다.

예를 들어 화장품과 같이 포장이 제품의 일부로 구성되는 경우에는 재료비에 해당하는 것이나 제품과는 별도로 배송 등을 위하여 포장을 하는 경우에는 포장비로 처리한다. 한편, 포장용품이 비록 소모성비용이라 할지라도 업무의 특성상 대량으로 보유하여야 하는 자산이라면, 자산으로 처리한 후 감가상각을 통하여 비용화한다.

### ■ 포장비 지출증빙서류

적격증빙 수취대상으로 3만원을 초과하는 거래시에는 세금계산서를 수취하여야 하며, 간이과세자로부터 구입시에는 신용카드로 결제하여야 한다.

### ▶ 포장비 회계처리 사례

① 《포장박스 매입》 상품배송용 포장박스 1,500,000원(부가세 별도)을 구입하고, 그 대금은 나중에 지급하기로 하다.

| | | | |
|---|---|---|---|
| 포장비 | 1,500,000 | 미지급비용 | 1,650,000 |
| 부가세대급금 | 150,000 | | |

## 사무용품비

사무용품비란 사무와 관련한 제비용을 처리하는 계정으로 문구대금, 서식대금, 사무용소모품 등이 있다. 한편, 사무용품비는 소모품비, 비품과 그 성격이 유사한 바 이를 구분하여 설명하면, 다음과 같다.

### ▶ 비품

캐비넷, 책걸상, 책장, 컴퓨터, 냉장고, 복사기, 팩시밀리, 프린트, 전화기 등을 비품이라고 한다. 이들 제품을 구입하고 비품으로 계정과목처리하면, 매 년 감가상각을 하여야 하므로 매우 번거롭다.

세법에서는 비품 중 거래단위별로 그 취득금액이 100만원 이하인 경우 그 구입연도에 전액비용으로 처리할 수 있도록 규정하고 있으므로 취득금액이 100만원을 초과하는 경우에만 그 계정과목을 비품으로 처리하고, 100만원 이하인 경우에는 소모품비 또는 사무용품비로 처리한다.

▶ **소모품비**
캐비넷, 책걸상, 책장, 전화기, 냉장고 등의 취득금액이 100만원 이하인 것, 위생용품, 철물 및 전기용품 등

▶ **사무용품비**
컴퓨터, 복사기, 프린트기, 스캐너 등의 취득금액이 100만원 이하인 것, 문구, 복사지, 노트 등

## 사무용품비 지출증빙서류

사무용품비 지출에 대한 증빙서류는 적격증빙 수취대상으로 3만원 초과지출에 대하여는 세금계산서, 현금영수증 등 정규영수증을 수취하여야 한다. 한편, 사무용품비 등을 문구점에서 빈번히 구매하는 경우 고정거래처를 두고 매 번의 거래시에는 거래장을 사용하고 월 말에 일괄하여 세금계산서 또는 현금영수증을 수취하거나 신용카드를 사용하여 결제하는 경우 그 매입세액을 공제받을 수 있다.

## 소모품비

청소용구 및 쓰레기봉투 등 각종 소모, 전기자재 및 철물, 전화기, 책상유리제작비, 랜카드 구입비, 기타 소모품 및 비품으로 취득가액이 100만원 이하인 것으로 한다.

▶ **소모품과 소모품비 구분**
소모품이란 당기에 비용처리한 소모품비 중 사용.소비되지 아니하고, 기말에 재고로

남아 있는 부분을 당좌자산인 소모품으로 대체하는 경우 사용하는 계정과목으로 자산에 해당한다.

## 소모품비 회계처리 사례

① 《소모품 구입》 생산현장에 필요한 잡자재 2,000,000원(부가세 별도)을 구입하고, 현금 결제한 다음 세금계산서를 수취하다.

| | | | |
|---|---|---|---|
| 소모품비 | 2,000,000 / | 현금 | 2,200,000 |
| 부가세대급금 | 200,000 | | |

② 《소모품 대체》 기말 결산시점에 소모품에 대한 재고조사를 실시한 바 재고소모품이 800,000원으로 당해 연도 소모품비에서 차감하는 결산분개를 하다.

| | | | |
|---|---|---|---|
| 소모품 | 800,000 / | 소모품비 | 800,000 |

# 지급수수료

지급수수료란 주로 용역(서비스)을 제공받고 그 대가를 지급하는 경우 처리하는 계정과목으로 지급수수료 계정과목으로 처리하는 지출항목은 다음과 같다.

송금수수료, 각종 증명서발급수수료, 신용보증수수료, 전기가스점검수수료, 기장수수료, 세무조정수수료, 근저당 설정비용, 컨설팅수수료, 감정수수료, 공증수수료, 컴퓨터유지보수비 및 소프트웨어유지비용, 비자발급수수료, 도매인 관련 등록비 및 수수료, 청소용역비, 품질검사수수료, 채권추심수수료, 카드연회비 등

## 지급수수료 지출증빙서류

**(1) 금융기관 등에 지급하는 수수료 지출증빙**
적격증빙수취대상이 아니므로 금융기관이 발행하는 영수증 또는 계산서 등을 수취하면 된다.

### (2) 기타 지급수수료 지출증빙

청소용역비, 전산유지보수료, 시험검사수수료 등 부가가치세가 과세되는 용역을 제공받는 경우에는 세금계산서를 수취하여야 하며, 정화조청소용역, 일반폐기물처리용역, 작업환경 측정용역 등 면세용역을 제공받는 경우에는 해당 사업자로부터 계산서를 수취하여야 한다.

## ▶ 지급수수료 회계처리 사례

① 《신용보증수수료 지급》 신용보증기금에 신용보증수수료 1,200,000원을 국민은행 보통예금 인터넷뱅킹으로 송금하다. 송금수수료 500원도 같이 인출되다.

| 지급수수료 | 1,200,500 / | 보통예금 | 1,200,500 |
|---|---|---|---|

# 보관료

보관료란 주로 상품, 제품 등 재고자산을 창고업자에게 보관하고 그에 대한 창고보관료, 보관수수료 등 대가를 지급할 경우 처리하는 계정이다.

## ■ 보관료 지출증빙서류

적격증빙 수취대상으로 3만원을 초과하는 거래시에는 세금계산서 등 적격증빙을 수취하여야 한다.

## ▶ 보관료 회계처리 사례

① 《창고보관료 발생》 상품을 보관하고, 상품보관료 1,500,000원(부가세 별도)에 대하여 세금계산서를 수취하고 그 대금은 나중에 지급하기로 하다.

| 보관료 | 1,500,000 / | 미지급비용 | 1,650,000 |
|---|---|---|---|
| 부가세대급금 | 150,000 | | |

## 광고선전비

광고선전비란 상품이나 제품 등의 판매촉진이나 기업이미지 제고 등을 위하여 불특정다수를 상대로 각종 매체를 통하여 홍보하는 비용을 말한다.
T.V, 인터넷, 라디오편집 및 광고비, 신문, 잡지광고비, 전단지제작비 및 전단지 배포비, 카다로그 제작비용, 간판설치비, 마케팅대행비, 교차로 및 벼룩시장 광고비,

◆ 광고선전비, 기업업무추진비, 기부금 구분
- 광고선전의 목적으로 불특정다수인에게 견본품, 달력, 수첩, 부채, 컵 등 이와 유사한 물품을 불특정다수인에게 기증하기 위하여 지출한 비용은 광고선전비에 해당한다.
- 업무와 관련하여 특정인에게 향응을 제공하거나 선물 등 물품을 제공하는 것은 기업업무추진비로 처리한다.
- 업무와 관련 없이 특정인에게 기증하는 금품은 기부금에 해당한다.

### ▶ 협찬금 계정과목
회사 상품 또는 제품의 선전을 위하여 지급하는 협찬금은 광고선전비로 처리한다.

### ▶ 간판설치비 계정과목
간판의 취득금액이 100만원을 초과하는 경우에는 '비품'으로 처리하여 매년 감가상각을 하여야 하나, 취득금액이 100만원 이하인 경우 '광고선전비'로 처리한다.

### ▶ 전시회 참가와 관련한 제비용 계정과목
광고선전비로 처리한다. 예를 들어 전시회 참가용으로 제품을 전시하고 사은품을 무료로 증정한 것은 광고선전비로 처리하고, 전시장에서 판매를 한 것은 통상의 매출로 처리한다.

### ▶ 홈페이지 제작비용 계정과목
법인이 대외 홍보를 목적으로 인터넷 홈페이지를 구축하면서 소요되는 비용은 자산(기구 및 비품)으로 계상한다. 단, 인터넷 쇼핑몰을 운영하는 회사의 경우 인터넷 홈페이지의 구축비용은 일반적으로 측정가능성을 충족하고, 당해 지출로 인하여 미래 경제적 효익의 유입을 매우 높게 기대할 수 있기 때문에 기타의 무형자산으로 처리하는 것이 적절하다.

◆ 소액 광고물품의 광고선전비 처리[법인세법 시행령 제19조 18]
광고선전 목적으로 기증한 물품의 구입비용[특정인에게 기증한 물품(개당 3만원 이하의 물품은 제외한다)의 경우에는 연간 5만원 이내의 금액으로 한정한다]

## ■ 광고선전비 지출증빙서류

적격증빙 수취대상으로 3만원을 초과하는 거래시에는 세금계산서 등 정규영수증을 수취하여야 하며, 간이과세자로부터 구입시에는 신용카드로 결제하여야 적법한 증빙으로 인정받을 수 있다.

## ▶ 광고선전비 회계처리 사례

① 《신문광고비 지급》 회사 홍보를 위하여 일간신문에 광고를 의뢰하고, 광고비용 5,500,000원(부가세 포함)을 보통예금에서 계좌이체하고, 세금계산서를 발급받다. 그리고 송금수수료 1,000원이 보통예금에서 같이 인출되다.

| 광고선전비 | 5,000,000 | / | 보통예금 | 5,501,000 |
|---|---|---|---|---|
| 부가세대급금 | 500,000 | | | |
| 지급수수료 | 1,000 | | | |

## ■ 판매촉진비

판매촉진비란 판매의 촉진을 위하여 상품 등의 다량 구매자나 고정거래처의 매출에 따른 거래수량이나 거래금액에 따라 장려의 뜻으로 지급하는 금액 등을 처리하는 계정으로 기업회계기준에서는 일정 기간의 거래수량이나 거래금액에 따라 매출액을 차감하는 것은 매출에누리에 포함한다고 하여 판매장려금을 매출에누리와 동일하게 매출액의 차감항목으로 규정하고 있다.

그러나 세법의 규정은 판매장려금에 대하여 부가가치세를 과세하지 않으므로 실무에서는 판매비와관리비로 처리한다. 한편, 판매장려금을 지급받는 자는 장려금을 반드시 영업외수익으로 처리하여야 한다.

◆ 판매장려금은 부가가치세가 과세되지 아니하는 것임 (부가46015-6, 1999.1.5)

사업자가 자기 재화의 판매촉진을 위하여 거래상대자의 판매실적(공급이후)에 따라 재화 또는 용역의 공급없이 판매장려금을 금전으로 지급(또는 수령)하는 경우 당해 판매장려금에 대하여는 부가가치세가 과세되지 아니하는 것이나 별도의 판매관련 알선 등의 용역을 제공하고 그 대가를 리베이트(또는 수수료) 형식으로 받는 경우, 당해 제품 등을 공급받은 자가 동 제품 등을 공급자가 제시한 특정한 조건에 맞게 판매한 경우 별도로 지급하는 금액에 대하여는 부가가치세법 제1조의 규정에 의하여 부가가치세가 과세되는 것임

## ▣ 판매촉진비 지출증빙서류

판매촉진비는 재화 또는 용역을 공급받고 그 대가를 지급받은 것이 아니므로 정규영수증 수취대상 거래에 해당하지 아니한다.

## ▶ 판매촉진비 회계처리 사례

### ■ 금전으로 지급하는 판매장려금

① 《판매촉진비 현금 지급》 (주)한도물산은 상반기 매출금액 1억원을 초과 달성한 고정 매출처에 판매촉진비 3,000,000원을 현금으로 지급하다.

| 판매촉진비 | 3,000,000 | 현금 | 3,000,000 |

### ■ 물품으로 지급하는 판매장려금품

판매실적에 따라 물품으로 지급하는 판매장려금품은 부가가치세법상 간주공급에 해당되며, 물품시가를 과세표준으로 하여 부가가치세를 계산하여 납부하여야 한다. 단, 부가가치세는 거래상대방으로부터 거래징수하여 납부하는 것이 아니므로 이 경우 세금과공과금으로 처리한다.

▶ 판매장려금을 재화로 지급하는 경우에는 사업상증여에 해당하는 것임

사업자가 자기의 사업과 관련하여 취득한 부가가치세가 과세되는 재화를 자기의 고객

(거래처 등)에게 증여하는 경우에는 부가가치세가 과세되는 것이며, 이 경우 부가가치세 과세표준은 당해 재화의 시가가 되는 것이고, 세금계산서 발급의무는 면제되는 것임

① 《판매촉진비 지급》 (주)한성전자는 상반기 매출금액 5억원을 초과 달성한 고정 매출처에게 매입원가 2,000,000원인 상품(시가 3,000,000원)을 판매장려금품으로 지급하다.

| | | | |
|---|---|---|---|
| 판매촉진비 | 2,000,000 | 상품 | 2,000,000 |
| 세금과공과금 | 300,000 | 부가세예수금 | 300,000 |

## 대손상각비

♣ 결산 참조

## 견본비

상품 또는 제품의 판매를 위하여 거래처에 무상으로 제공하는 상품 또는 제품 샘플비용을 말한다. 견본품은 상품을 판매하기 위하여 타인으로부터 취득한 상품의 일부를 견본품으로 제공하는 경우와 샘플용 견본품을 별도로 제작하는 경우가 있다.

소량이고 일시적으로 견본품을 제작하는 경우 견본품 제작과 관련한 비용은 견본비로 처리하고, 회사가 계속적으로 샘플을 별도로 제작하는 경우에는 원가계산에 의하여 견본품원가를 재고자산으로 계상한 다음 그 사용 시 견본비로 대체처리 하여야 한다.

◆ 사업상 증여와 부가가치세 (부가46410-2689, 1999.09.03)
사업자가 자기의 사업과 관련하여 생산하거나 취득한 재화를 자기의 고객이나 불특정다수인에게 증여하는 경우로서 증여되는 재화의 대가가 주된 거래인 재화의 공급대가에 포함되지 아니한 경우에는 부가가치세가 과세되는 것입니다. 이 경우 부가가치세 과세표준은 당해 재화의 시가가 되는 것이고, 동법시행령 제57조의 규정에 의하여 세금계

산서 발급의무는 면제되는 것임. 다만, 당해 증여되는 재화에 대한 매입세액을 공제받지 아니하는 경우에는 과세되는 재화의 공급으로 보지 아니하는 것임.

◆ **견본품의 부가가치세 과세 여부 (부가, 부가22601-1091 , 1985.06.14)**
사업자가 자기의 사업을 위하여 그 대가를 받지 아니하고 다른 사업자에게 인도 또는 양도하는 견본품은 부가가치세가 과세되지 아니하나, 그 대가를 받는 경우에는 부가가치세가 과세됨

## 견본비 지출증빙서류

견본품을 별도로 구입하는 경우, 견본품을 제작하는데 소요되는 비용은 적격증빙 수취대상으로 세금계산서 등 정규영수증을 수취하여야 한다.

## 견본비 회계처리 사례

①《견본품 제작》제품홍보를 위하여 동일물산에 샘플용 견본품 제작을 의뢰하다. 7. 20 샘플용품을 공급받고 매입세금계산서(공급가액 200만원, 부가세 20만원)를 수취하다. 그 대금 중 2,000,000원은 보유하고 있던 어음을 배서양도하고, 잔액은 현금으로 지급하다.

| 견본비 | 2,000,000 | / | 받을어음 | 2,000,000 |
| 부가세대급금 | 200,000 | | 현금 | 200,000 |

## 외주가공비

외주가공비란 재화를 가공할 목적으로 외부에 용역을 주는 것을 말한다. 예를 들어 제품의 제조과정 중 조립 등 일부를 외부에 맡기고 그 비용 지출할 시 처리하는 계정으로 '외주비'라고도 한다. 또한 기업이 가내부업적인 용역을 가정주부 등으로부터 제공받고 그 대가를 지급하는 것은 대표적인 '외주비'에 속한다.

## ■ 외주가공비 지출증빙서류

적격증빙수취대상으로 세금계산서등 정규영수증을 수취하여야 한다. 단, 외주가공의 경우에도 부품의 단순 조립 등을 위하여 사업자등록을 하지 않은 개인(동네 아주머니 등)에게 가공을 의뢰하는 경우 '잡급'으로 처리한다.

◆ 가정주부로부터 임가공용역을 제공받는 경우 지출증빙(법인 46012 - 77, 2000.1.11 )
법인이 가정주부로부터 소득세법기본통칙 14 - 1에 해당하는 가내부업적인 용역을 제공받고 소득세법 제14조 제3항 제2호에 해당하는 대가를 지급하는 경우에는 법인세법 제116조 제2항의 지출증빙서류수취대상에서 제외됨.

## ▶ 외주가공비 회계처리 사례

① 《외주가공비 발생》 제품제조공정의 일부를 하청업체에게 가공하게 하고, 가공료 5,000,000원(부가세 별도)에 대하여 세금계산서를 수취하고 그 대금은 나중에 지급하기로 하다.

| | | | |
|---|---|---|---|
| 외주가공비 | 5,000,000 | / 미지급비용 | 5,500,000 |
| 부가세대급금 | 500,000 | | |

## ■ 하자보수비

판매한 상품에 대한 하자보수와 관련하여 A/S 기간 동안 소요되는 부품 구입비용은 소모품비로 처리하나 그 금액이 많은 경우 이를 별도로 구분하여 처리하기 위하여 하자보수비 또는 기업의 특성에 맞는 별도 계정과목을 만들어 사용한다.

사업자가 재화를 공급함에 있어 사전약정에 의하여 당초 공급한 재화가 일정기간 내에 품질불량 등으로 하자가 발생한 때에는 동일한 종류의 다른 재화를 무상으로 교체하여 주기로 한 경우 당초 공급한 재화의 하자로 인하여 무상으로 재화를 교체하여 주는 것은 재화의 공급에 해당하지 아니한다.

## ■ 하자보수비 지출증빙서류

하자와 관련하여 물품 등을 구입하는 경우 정규영수증인 세금계산서를 수취하거나 신용카드로 결제하여야 한다.

## ▶ 하자보수비 회계처리 사례

① 《하자발생에 따른 부품교체》 판매한 제품에 하자가 발생하여(무상수리 기한내) 부품 300,000원 상당액을 교체하여 주다.

| | | | |
|---|---|---|---|
| 하자보수비 | 330,000 / | 소모품 | 300,000 |

# 잡비

기타 달리 분류되지 않는 비용으로 그 금액이 소액이고, 자주 발생하지 않는 비용으로 영업활동과 관련한 비용은 잡비로 처리한다.

오.폐수처리비, 정화조청소비, 청소비, 세탁비, 렌트차량수리비, 방화관리용역비

### ▶ 잡비, 소모품비와 잡손실 구분

기타 달리 분류되지 않는 비용으로 영업활동과 관련한 비용은 잡비로 처리하고, 영업활동과 관련없이 발생하는 비용은 잡손실로 처리한다.

### ■ 잡비 지출증빙서류

○ 국가기관, 공공기관에 지급한 것 : 해당 기관이 발행한 영수증
○ 일반과세자와의 거래 : 세금계산서, 신용카드전표, 현금영수증 등
○ 간이과세자 : 신용카드결제 도는 현금영수증
○ 사업자가 아닌 개인 : 일용노무비로 처리(잡급 참조)

# 3 영업외비용

영업외비용이란 직접적인 영업활동과 관련 없이 발생하는 비용으로 이자비용, 외환차손, 유가증권처분손실, 기부금, 잡손실, 외화환산손실, 법인세추납액, 재고자산감모손실, 유형자산처분손실, 등이 있다.

## 이자비용

이자비용이란 타인으로부터 금전 등을 차입하고 그 차입금에 대한 대가로 지불하는 비용을 말하며 금융기관 차입금에 대한 이자비용, 어음할인료, 기타 이자비용 등이 있다. 금융기관 등 제도권으로부터 차입한 차입금에 대한 이자는 회계처리에 있어 달리 문제될 점은 없으나 개인 또는 사채업자 등으로부터 금전을 차입하고 그 이자를 지급하는 경우 법원칙에 의하여 회계처리를 하기가 쉽지 않은 문제로 경리실무자들은 많은 어려움이 있을 것으로 판단되나 기업 현실에서 이자지급시 처리할 수 없는 문제는 개별 기업이 적절한 방법을 강구하여야 할 것이다.

### ■ 이자 지급과 이자소득세 및 지방소득세 원천징수

▶ 이자소득에 대한 원천징수세율

| 지급자 | 지급받는자 | 원천징수 | 지방소득세 |
|---|---|---|---|
| 개인 | 개인 | 이자소득세 25% | 이자소득세의 10% |
| | 법인 | 법인세 25% | 법인세의 10% |
| | 금융기관 등에 이자 지급 | 징수하지 않음 | 징수하지 않음 |
| 법인 | 개인 | 이자소득세 25% | 이자소득세의 10% |
| | 법인 | 법인세 25% | 법인세의 10% |
| | 금융기관 등에 이자 지급 | 징수하지 않음 | 징수하지 않음 |

## ▣ 이자비용 지출증빙서류

금융·보험용역을 제공받은 경우 정규영수증 수취대상거래가 아니다. 따라서 금융기관에 이자비용을 지급한 것은 해당 금융기관이 발행한 영수증 등을 수취하여 거래증빙으로 보관하면 되나 금융기관이 아닌 개인사채업자 등에게 이자비용을 지급한 경우에는 당해 사업자가 이자소득세 원천징수의무자로 이자소득세를 징수한 다음 징수일의 다음달 10일까지 원천징수이행상황신고서에 포함하여 신고하고, 이자소득세를 납부하여야 하며, 다음해 2월 말일까지 이자소득 지급에 관한 지급명세서를 관할세무서에 제출하여야 한다.

## ▣ 이자비용 회계처리 사례

### ■ 금융기관에 이자를 지급한 경우

① 《차입금 이자지급》 우리은행 단기차입금 1억원에 대한 이자비용 780,820원이 우리은행 보통예금에서 자동인출 되다.

| 이자비용 | 780,820 | / | 보통예금 | 780,820 |
|---|---|---|---|---|

### ■ 개인 또는 사채업자로부터 차입한 차입금에 대한 이자 지급

① 《개인사채이자 지급》 개인 사채(私債)에 대한 이자 1,000,000원을 지급하면서 이자소득세 250,000원 및 지방소득세 25,000원을 공제한 725,000원을 국민은행 보통예금에서 인출하여 지급하다.

| 이자비용 | 1,000,000 | / | 보통예금 | 725,000 |
|---|---|---|---|---|
| | | | 예수금 | 275,000 |

② 《이자소득세 납부》 개인 사채(私債)에 대한 이자지급시 징수한 이자소득세 250,000원 및 지방소득세 25,000원을 보통예금에서 인출하여 납부하다.

| 예수금 | 275,000 | / | 보통예금 | 275,000 |
|---|---|---|---|---|

## ■ 이자 선급과 결산분개

① 《선이자 지급》 9. 30 국민은행에 1년 만기 단기차입금 50,000,000원을 차입하고, 1년 분 이자비용 4,000,000원 및 기타 근저당수수료 등 차입관련 수수료비용 850,000원을 공제한 45,150,000원이 국민은행 보통예금에 입금되다.

| | | | |
|---|---|---|---|
| 보통예금 | 45,150,000 / | 단기차입금 | 50,000,000 |
| 지급수수료 | 850,000 | | |
| 이자비용 | 4,000,000 | | |

② 《선급이자 계상》 결산시 이자 선급액에 대하여 선급비용으로 계상하다.

| | | | |
|---|---|---|---|
| 선급비용 | 2,991,780 / | 이자비용 | 2,991,780 |

\* 선급비용: 4,000,000원 × 273(미경과일수)/365 = 2,991,780원

## ■ 이자비용 세무상 유의사항

대표이사 등 특수관계자에게 업무와 관련 없이 회사의 자금을 대여한 가지급금이 있고, 인정이자를 계상하여 법인의 익금에 산입한 경우로서 차입금이자가 있는 경우 지급이자에 총차입금에서 차지하는 가지급금 등의 비율을 곱하여 계산한 금액을 세무조정에서 손금불산입하여야 한다.

## ■ 지급이자 손금불산입액 계산

$$\text{지급이자} \times \frac{\text{업무무관 부동산 적수 + 업무무관 동산적수 + 업무무관 가지급금 적수}}{\text{차입금 적수}}$$

- 차입금 및 가지급금 등의 가액은 적수로 계산한다.
- 적수계산 : 적수계산 대상 차입금, 부동산, 동산 등의 매일 잔액을 1회계 기간 동안 합한 금액을 말한다.

## ♣ 외환차손

♣ 외환차익 참조

## ♣ 외화환산손실

♣ 외화환산이익 참조

## ♣ 기부금

기부금은 기업의 사업활동과는 직접적인 관계없이 타인에게 무상으로 기부하는 금품으로 기업의 사회적 책임 측면에서 정부는 기부금 지출을 장려하여야 할 것이나 그 지출이 과다할 경우 기업의 재무구조를 악화시키고 모든 기부금품에 대하여 손금으로 인정한다면, 조세회피의 수단으로 악용될 수도 있는바 세법에서는 기부금의 순기능과 역기능을 고려하여 기부금의 종류[특례기부금(2024년 이후 명칭 변경 : 법정기부금 → 특례기부금), 일반기부금(2024년 이후 명칭 변경 : 지정기부금 → 일반기부금)]에 따라 손금인정범위를 구체적으로 정하고 있다.

▶ 사업자가 자기의 상품 또는 제품을 국가 등에 기부하는 경우 부가가치세 과세 여부
사업자가 자기 과세사업과 관련하여 생산하거나 취득한 재화를 국가·지방자치단체·지방자치단체조합 또는 공익단체에 무상으로 공급하는 재화 또는 용역은 부가가치세가 면제되는 것이나 기타 무상으로 기부하는 것은 사업상증여에 해당하여 부가가치세가 과세되는 것임

▶ 인가받지 못한 사회복지시설 또는 단체(개인)에 기부한 경우 손금 인정 여부
세법상 기부금공제대상이 아니므로 손금으로 인정을 받을 수 없다. 따라서 일반기부금 대상단체에 해당하지 않는 경우 기부금으로 처리하고 세무조정에서 손금불산입하여야 한다. 다만, 이를 지급한 사실을 입증하는 증빙(보통예금 이체, 영수증)을 갖추어 두어야 한다.

## ▣ 기부금 지출증빙서류

기부금은 사업과 관련하여 사업자로부터 재화와 용역을 공급받고 대가를 지급하는 것이 아니므로 법인세법 제116조(지출증빙서류의 수취 및 보관) 및 제76조 제5항(지출증빙가산세) 규정은 적용되지 아니한다. 단, 특례기부금 또는 일반기부금을 기부한 경우 기부금영수증(별지 제63호의 3 서식)을 수취하여 보관하여야 한다.

## ▷ 기부금 회계처리 사례

① 《기부금 지급》 대한맹아인협회에 1,000,000원을 현금으로 기부하다.

| 기부금 | 1,000,000 | / | 현금 | 1,000,000 |
|---|---|---|---|---|

## ● 기부금 세무상 유의사항

① 법인이 지출하는 기부금은 소득금액의 50% 한도내에서 손금으로 용인되는 기부금(법정기부금)과 소득금액의 10% 한도내에서 손금에 산입하는 일반기부금 및 손금에 산입하지 않는 비일반기부금으로 구분되며, 일반기부금 중 손금산입 범위액을 초과하는 금액과 비일반기부금은 손금에 산입할 수 없다.
* 지정기부금 대상단체 : 법인세법 시행령 제36조 및 법인세법 시행규칙 제18조 참조
② 기부금을 미지급금으로 계상한 경우 실제로 지출할 때까지는 기부금으로 보지 아니한다.
③ 기부금을 금전 외의 자산으로 제공한 경우 이를 제공한 때의 장부가액으로 기부금을 계상한다.

## ▣ 유가증권처분손실

유가증권처분손실이란 유가증권의 처분시 처분금액이 장부상 가액보다 적은 경우 발생하는 손실금액을 말한다.

기업이 일시적으로 여유자금이 발생하는 경우 단기 투자목적으로 주식 등 유가증권을 취득하기도 하지만, 중소기업의 경우 회사자금을 주식에 투자하는 경우는 자주 발생하지 않는다. 다만, 유형자산(차량운반구, 부동산 등)의 취득, 국가기관, 지방자치단체와의 거래시에 국채, 공채 등을 취득하여야 하는 경우가 있다. 이런 경우 취득한 국채, 공채는 그 회수기간이 길고 이자율이 낮으므로 대개의 경우 취득 즉시 증권회사, 사채업자 등에게 할인하여 현금화 하기도 한다.

### 유가증권처분손실 회계처리 사례

① 《상장주식 취득》 단기 투자를 목적으로 (주)진로의 주식 10,000,000원을 보통예금에서 인출하여 취득하고, 취득시 부대비용으로 50,000원을 현금으로 지급하다.

| | | | |
|---|---|---|---|
| 단기매매증권 | 10,000,000 | 보통예금 | 10,000,000 |
| 지급수수료 | 50,000 | 현금 | 50,000 |

* 유가증권 중 단기매매를 목적으로 취득한 것은 구분하여 단기매매증권으로 처리한다.
* 유가증권을 취득할 때 제수수료는 지급수수료로 처리한다.

② 《주식 매각》 (주)진로의 주식을 8,000,000원에 매각하고, 매각대금 중 수수료 100,000원을 공제한 7,900,000원이 보통예금에 입금하다.

| | | | |
|---|---|---|---|
| 보통예금 | 7,900,000 | 단기매매증권 | 10,500,000 |
| 유가증권처분손실 | 2,600,000 | | |

* 매각시 수수료 등 제비용을 지급수수료로 구분하여 처리하기도 한다.

### 투자자산처분손실

장기보유주식, 투자부동산 등 투자를 목적으로 소유하였으나 처분시 손실이 발생한 경우 처리하는 계정으로 투자자산의 장부가액보다 처분가액이 적은 경우 그 차액을 말한다.

### ▶ 투자자산처분손실 회계처리 사례

① 《투자주식 취득》 (주)갑을은 장기 투자를 목적으로 삼양사 주식 1,000주(주당 40,000원)를 취득하고 그 대금은 보통예금에서 인출하여 지급하다.

| | | | | |
|---|---|---|---|---|
| 매도가능증권 | 40,000,000 | / | 보통예금 | 40,000,000 |

② 《투자주식 처분》 삼양사의 주식을 주당 30,000원에 처분하다. 그 대금은 보통예금에 입금되다.

| | | | | |
|---|---|---|---|---|
| 보통예금 | 30,000,000 | / | 매도가능증권 | 40,000,000 |
| 투자자산처분손실 | 10,000,000 | | | |

## 유형자산처분손실

유형자산처분손실이란 토지, 건물, 기계장치, 비품, 차량운반구 등 유형자산의 처분가액이 장부상 가액보다 적은 경우 발생하는 손실금액을 말한다. 유형자산 처분시 해당 유형자산에 대한 감가상각누계액이 설정되어 있는 경우 감가상각누계액과 먼저 상계하여야 한다. 그리고 유형자산의 처분시 해당 연도 처분 월까지의 감가상각비를 계상하지 않아도 되므로 처분연도의 감가상각충당금은 계상하지 않는다.

### ▶ 유형자산처분손실 회계처리 사례

◎ 《기계장치 처분》 취득가액 2천만원인 기계장치를 3,000,000원(부가세 별도)에 처분하고 그 대금은 현금으로 수취하다. (감가상각누계액 5,000,000원)

| | | | | |
|---|---|---|---|---|
| 현금 | 3,300,000 | / | 기계장치 | 20,000,000 |
| 감가상각누계액 | 5,000,000 | | 부가세예수금 | 300,000 |
| 유형자산처분손실 | 12,000,000 | | | |

### ▶ 유형자산처분손실
매각금액(부가세 제외금액) - 장부가액(취득가액 - 감가상각누계액)

## ● 유형자산처분손실 세무상 유의사항

유형자산 처분시 유형자산에 대한 감가상각비를 세법상 감가상각비 한도내의 금액을 계상한 경우에는 달리 문제될 점이 없으나 세법상 감가상각비 한도액을 초과 계상하여 세무조정에서 손금불산입한 경우 당해 자산의 양도시 상각부인액은 양도일이 속하는 사업연도의 세무조정에서 손금산입한다. 왜냐하면, 상각부인액이란 기업이 장부상 계상한 감가상각비가 세법에 규정한 범위액을 초과하는 경우 그 초과액에 대하여 손금으로 인정하지 아니한 금액으로 감가상각자산의 양도시 잔존가액은 세무조정에서 상각부인을 하기 전 잔액이다. 따라서 상각부인액은 손익귀속연도의 차이로 인한 금액으로 처분시 손금산입하여야 한다.

## ◘ 유형자산감액손실

유형자산의 가치하락 또는 시장가치의 급격한 하락 등으로 인하여 유형자산의 미래 경제적 효익이 장부가액에 현저하게 미달할 가능성이 있는 경우에는 기업회계기준에 의하여 감액손실로 처리할 수 있다. 한편, 천재지변.화재 등 사유로 인하여 손실이 발생한 금액은 재해손실에 해당하며, 재해손실은 개정 기업회계기준서에 의하여 영업외비용으로 분류한다.

### ▣ 유형자산감액손실 증빙서류

유형자산 폐기시에는 유형자산을 매각하지 아니하고, 폐기하였다는 사실을 구체적으로 입증할 수 있는 관련 증빙자료를 반드시 보관하여야 한다.

### ▶ 유형자산감액손실 회계처리 사례

◎《유형자산 폐기》회사의 기계장치가 진부화되어 더 이상 사용이 불가능하게 되었다. 따라서 해당 기계장치를 폐기하다. 폐기시 잔존가치에서 1,000원을 공제한

금액을 전액 감액손실로 처리하다. (기계장치 취득원가 15,000,000원, 감가상각누계액 9,000,000원)

| 감가상각누계액 | 9,000,000 | / | 기계장치 | 14,999,000 |
| 유형자산감액손실 | 5,999,000 | | | |

## ● 유형자산감액손실 세무상 유의사항

유형자산이 진부화되거나 시장가치가 급격히 하락한 자산에 대하여 기업회계기준에 의하여 감액손실을 계상한 경우 세법에서는 이를 인정하지 않으므로 외부회계감사를 받지 않는 중소기업의 경우 유형자산감액손실을 계상하지 않아도 무방하다. 단, 시설개체나 기술낙후로 인하여 생산설비의 일부를 폐기하는 경우에 한하여 유형자산감액손실을 계상할 수 있다.

## 전기오류수정손실

### ♣ 전기오류수정이익 참조

### ▷ 전기오류수정손실 회계처리 사례

#### ■ 전기 비용 항목을 자산으로 처리한 경우

[예제] 전기에 기계장치 수리비 2백만원을 수선비로 처리하여야 하였으나 기계장치로 처리하였다. 따라서 당기에 전기 법인세 신고내용을 수정신고하고, 기계장치에서 차감하는 분개처리를 하다.

<전기 세무조정>
손금산입   2,000,000 (△유보)

<당기 회계처리> 기계장치 2백만원을 차감하는 분개처리를 하다.

| 전기오류수정손실 | 2,000,000 | / | 기계장치 | 2,000,000 |

<당기 세무조정> 손금불산입
전기오류수정손실 2,000,000원 (유보)

### ■ 부채가 장부에 누락된 경우

실제 부채가 있으나 장부상 누락된 경우로서 그 원인을 알 수 없는 경우 전기오류수정손실로 처리할 수 있으며, 이 경우 잉여금 항목의 전기오류수정손실로로 처리하는 경우 별도의 세무조정은 하지 않아도 된다.

[예제] 거래처 외상매입금 1백만원이 있으나 장부에 누락되었음을 발견하고, 잉여금 항목의 전기오류수정손실로 처리하다.

| 전기오류수정손실 | 1,000,000 | / | 외상매입금 | 1,000,000 |

## 잡손실

영업활동과 관계없이 발생하는 기타 손실금액을 말한다. 단, 잡손실이 중요한 금액인 경우 별도의 계정을 만들어 사용한다. 한편, 영업활동과 관련하여 발생하는 손실금액은 잡비로 처리한다.

소액의 손해배상금, 지체상금, 소액의 매출대금회수손실, 현금분실금액, 기타 손실금액, 업무와 관련하여 손해를 입은 피해자에 대한 보상금 또는 병원치료비등

▶ 잡비와 잡손실 계정과목 구분
통상의 거래에서 빈번히 발생하지 않는 영업외적인 손실금액은 잡손실로 처리하며, 영업활동과 관련있는 손실금액은 잡비로 처리한다.

## ▣ 잡손실 증빙서류

정규영수증을 수취하지 않아도 되는 예외거래를 제외한 경우 이외에는 정규영수증을 수취하여야 한다. 단, 손해배상금의 경우 재화나 용역의 공급에 해당하지 아니하므로 적격증빙수취대상거래는 아니나 지급사실에 대한 증빙서류(손해배상금 수령증 등)는 수취하여야 손금으로 인정받을 수 있다.

## ▶ 잡손실 회계처리 사례

◎ 《피해합의금 지급》 직원이 업무 중 차량 접촉사고를 일으켜 피해합의금 십만원을 현금으로 지급하다. 피해합의금은 회사가 부담하기로 하다.

| 잡손실 | 100,000 / 현금 | 100,000 |
|---|---|---|

## ■ 재해손실

재해손실이란 화재, 천재지변, 풍수해 등으로 인하여 재고자산 및 유형자산이 멸실된 경우 처리하는 계정이다.

## ▶ 재해손실 회계처리 사례

① 《화재로 인한 건물 소실》 화재로 인하여 공장 건물이 전소되었다. 건물 취득가액 600,000,000원, 감가상각누계액 100,000,000원

| 감가상각누계액 | 100,000,000 / 건물 | 600,000,000 |
|---|---|---|
| 미결산 | 500,000,000 | |

② 《화재보험금 수령》보험회사로부터 보험금 400,000,000원을 수령하다.

| 보통예금 | 400,000,000 / 미결산 | 500,000,000 |
|---|---|---|
| 재해손실 | 100,000,000 | |

## 4  법인세비용

> 법인세비용이란 법인세법에 의하여 당해 사업연도에 부담할 법인세 및 법인세에 부가되는 세액의 합계액을 말한다. 법인세는 사업소득과 관련하여 발생한 비용이 아니라 법령에 의하여 납부하는 세금으로 손금산입대상이 아니다. 따라서 법인세는 세무조정에서 손금불산입처리한다.

### Q 법인세비용

법인세는 결산 시점에 결산서상 당기순이익을 기준으로 납부할 법인세 및 법인세분 지방소득세를 산출하여 장부상 계상한 다음 세무조정으로 인하여 실제 납부할 법인세와 차액이 발생하는 경우 추가로 납부하는 금액은 '법인세비용' 또는 '법인세추납액'으로 처리하며, 실제 납부할 금액이 회계기말에 계상한 법인세보다 적은 경우 그 차액은 '법인세환급액'으로 처리한다.

▶ 법인세추납액은 법인 세무조정 등에 의하여 실제 납부할 세금이 전년도 결산시 장부상 계상한 미지급법인세 잔액보다 많은 경우 또는 세무조사 등에 의하여 추징되는 법인세를 처리하는 계정으로 영업외비용으로 처리한 다음 세무조정에서 손금불산입한다.

▶ 법인세환급액은 전년도 결산시점 장부상 잡혀있는 미지급법인세 잔액이 법인 세무조정 결과 실제 납부할 세금보다 많은 경우 처리하는 계정으로 법인세환급액은 영업외수익으로 처리한 다음 세무조정에서 익금불산입한다.

회계기말에 납부할 법인세를 계상하여 '법인세비용'으로 처리하여야 하나 회계기말에 납부할 세액을 계상하지 아니하고, 실제 납부시에만 회계처리하는 경우에도 과세소득에 영향이 없고, 그 결과가 동일하므로 실무에서는 회계기말에 별도로 납부할 세액을 계상하지 아니하고 납부시에만 '법인세비용'으로 처리하기도 한다.

법인세는 회계기간 중 법인세중간예납세액을 납부하여야 하며, 법인이 예금에 대한 이자수입이 발생하는 경우 금융기관이 법인에게 예금이자를 지급할 시 이자소득세를 원천징수하게 되므로 미리 납부하는 경우가 있다. 미리 납부하는 법인세는 '선납세금'으로 처리한 다음 납부할 법인세에서 차감한다.

■ 법인세

법인세법의 규정에 의하여 법인의 각 사업연도소득에 대하여 사업연도종료일(12월말 법인 12. 31)로부터 3개월 내에 신고 및 납부하여야 하는 세금이다.

■ 법인세분 지방소득세

법인세와는 별도로 지방세법의 규정에 의하여 법인세의 10%를 사업연도종료일(12월말 법인 12. 31)로부터 4개월 내에 신고 및 납부하여야 하는 세금이다.

■ 법인세 중간예납세액

내국법인으로서 각 사업연도의 기간이 6월을 초과하는 법인은 당해 사업연도개시일부터 6월간을 중간예납기간으로 하여 직전 사업연도의 법인세로서 확정된 산출세액(가산세를 포함하며, 토지등 양도소득에 대한 법인세를 제외한다)에서 다음 각 항의 금액을 공제한 금액을 직전 사업연도의 월수(12개월)로 나눈 금액에 6을 곱하여 계산한 금액(중간예납세액)을 그 중간예납기간(12월말 법인의 경우 6. 30)이 경과한 날부터 2월 이내(8. 31)에 납세지 관할세무서·금융기관 또는 체신관서에 납부하여야 하는 것이다.

① 직전 사업연도에 감면된 법인세액(소득에서 공제되는 금액을 제외한다)
② 직전 사업연도에 법인세로서 납부한 원천징수세액
③ 직전 사업연도에 법인세로서 납부한 수시부과세액

▶ 법인세 중간예납세액
[(직전사업연도 산출세액 + 가산세) - 감면세액 - 원천납부세액 - 수시부과세액] × 6/12

## ■ 선납세금

금융기관 등으로부터 이자를 수령할 시 원천징수되는 이자소득원천징수세액은 선납세금으로 처리한 후 법인세 납부시 납부할 세금에서 공제한다.

### ▶ 법인세비용 회계처리 사례

① 《이자수입에 대한 법인세 납부》 정기예금을 예치하여 둔 거래은행에서 정기예금이자 1,000,000원이 발생하여 법인세 140,000원 및 지방소득세 14,000원을 원천징수하고 잔액 846,000원을 보통예금통장으로 입금하다.

| | | | |
|---|---|---|---|
| 보통예금 | 846,000 / 이자수익 | 1,000,000 |
| 선납세금 | 154,000 | | |

② 《법인세 중간예납세액 납부》 법인세 중간예납세액 5,000,000원을 보통예금에서 인출하여 납부하다.

| | | | |
|---|---|---|---|
| 선납세금 | 5,000,000 / 보통예금 | 5,000,000 |

③ 《법인세 계상》 회계기말 결산시 법인세 10,000,000원 및 법인세분 지방소득세 1,000,000원을 계상하다.

| | | | |
|---|---|---|---|
| 법인세비용 | 11,000,000 / 선납세금 | 5,154,000 |
| | | 미지급법인세 | 5,846,000 |

④ 《미지급법인세 납부》 세무조정 후 법인세 12,000,000원 및 법인세분 지방소득세 1,200,000원이 계상되어 납부할 법인세 12,000,000원에서 선납세금 5,154,000원을 공제한 6,846,000원을 보통예금에서 인출하여 납부하다.

| | | | |
|---|---|---|---|
| 미지급법인세 | 5,846,000 / 보통예금 | 6,846,000 |
| 법인세비용 | 1,000,000 | | |

⑤ 《법인세분 지방소득세 납부》 법인세분 지방소득세 1,200,000원을 보통예금에서 인출하여 납부하다.

| 법인세비용 | 1,200,000 | / | 보통예금 | 1,200,000 |
|---|---|---|---|---|

## 법인세등추납액

법인세등추납액은 전년도 결산시점에 계상한 미지급법인세보다 법인 세무조정 등에 의하여 실제 납부할 세금이 많은 경우 또는 세무조사등에 의하여 추징되는 '법인세등'을 처리하는 계정으로 세무조정에서 손금불산입한다. 반면, 법인세환급액은 전년도 결산시점에 계상한 미지급법인세가 세무조정 후 실제 납부할 세금보다 많은 경우 처리하는 계정으로 법인세환급액은 그 발생 원인에 따라 전기오류수정이익(영업외수익)으로 처리한 다음 세무조정에서 익금불산입 하여야 한다.

### 법인세등추납액 회계처리 사례

① 《법인세 등 추징세액 납부》 법인세조사 결과 법인세 5,000,000원 및 동 가산세 1,500,000원, 부가가치세 3,000,000원 및 동 가산세 500,000원이 추징되어 보통예금에서 인출하여 납부하다.

| 법인세등추납액 | 8,000,000 | / | 보통예금 | 10,000,000 |
|---|---|---|---|---|
| 세금과공과금 | 2,000,000 | | | |

# 3

# 결산정리·재무제표
# 차량세무·지출증빙

# 1 결산 및 결산과정

## 1 결 산

결산이란 1사업연도 (통상 1. 1 ~ 12. 31) 기간 동안 기업의 사업활동과 관련하여 발생한 수많은 거래를 기록한 자료를 근거로 기업회계기준에 의하여 일정 시점(12. 31)에 기업이 보유하고 있는 자산상태를 표시하는 재무상태표, 일정 기간(1. 1 ~ 12. 31) 동안 사업실적(손익)을 나타내는 손익계산서, 제조업 및 건설업의 경우 제조현장 및 건설현장에 직접 소요된 원가를 표시하는 원가명세서, 법인사업자의 경우 법인의 사업활동 결과 발생한 이익의 처분내역을 나타내는 이익잉여금처분계산서(손실이 발생한 경우에는 결손금처리계산서) 등을 작성하기 위한 일련의 과정을 말한다. 다시 말하면, 결산이란 기업이 일정 시점에 보유하고 있는 자산 및 부채, 자본 현황을 정확히 측정하고 일정 기간 동안의 사업실적을 보다 명백히 파악하기 위한 일련의 회계과정을 결산이라 한다.

재무제표란 이러한 결산 과정을 거쳐 작성한 재무상태표, 손익계산서, 이익잉여금처분계산서(또는 결손금처리계산서), 현금흐름표, 자본변동표로 구성되며, 주석을 포함한다.

**보 충 | 현금흐름표**

현금흐름표란 회계기간동안 발생한 현금유입과 현금유출에 관한 정보를 제공하는 재무보고서로 외부감사를 받는 법인의 경우 법인세신고시 제출하여야 한다. 따라서 외부회계감사를 받지 않는 중소기업의 경우 통상 현금흐름표를 작성하지 않는다.

## 2  결산과정은 왜 필요한가?

기업에서 발생한 각종 거래를 기록·정리한 다음 결산과정을 거치지 않고 총계정원장을 마감 및 집계하여 사업연도 말 현재 시점의 기업 재산상황을 나타내는 재무상태표 및 사업연도 기간 동안의 사업실적을 나타내는 손익계산서를 작성한 경우 기업의 재무상태 및 경영성과를 정확하게 표현한 것인가? 를 살펴보면, 아래와 같은 문제점을 알 수 있을 것이다. 따라서 기업은 결산시 반드시 결산정리과정을 거쳐야 비로소 정확한 기업재무상태 및 경영성과를 알 수 있다. 최근 대부분의 기업은 장부정리 및 결산정리과정을 수기로 처리하지 않고 전산으로 처리하므로 본 장에서는 그 개념을 이해하는 정도의 대략적인 흐름만을 살펴보자.

○ 당기 중에 구매한 원재료(또는 상품)매입액 전액이 기말재고자산으로 남아 있어 매출원가에 반영되지 않았다.
○ 유형자산(건물, 기계장치, 차량운반구, 공구·기구, 비품 등)의 감가상각비가 당기 중 반영되지 않아 이익이 과대하게 계상되었다.
○ 기말 현재 현금시재가 장부상 현금시재와 차액이 있는 경우 차액이 반영되지 않았다.
○ 기업이 보유하고 있는 유가증권의 시가가 장부상 금액(취득원가)과 차이가 있는 경우 그 시가가 반영되지 않았다. (세법은 평가손익을 인정하지 아니함)
○ 당기 중에 지급한 각종 비용 중 그 기간이 다음연도까지 미치는 경우에도 당기에 전액 비용으로 계상함으로서 비용을 과대하게 계상하였다.
○ 당기 중에 발생한 수익 중 일부금액은 다음연도의 수익에 해당함에도 당기에 전액 수익으로 계상함으로서 이익을 과대하게 계상하였다.
○ 당기에 발생한 비용임에도 사업연도말까지 지급을 하지 않은 경우 비용이 과소 계상되었다.
○ 당기에 실현된 수익임에도 이를 수익에 반영하지 않아 수익이 과소 계상되었다. (임대료 등의 미수수익)
○ 장차 일시에 발생할 수 있는 손실에 대하여 당기에 일정금액을 비용에 반영하지 못하여 이익이 과대하게 계상되었다. (대손상각, 퇴직급여 등)

## 3 결산정리과정

| 결 산 절 차 | | |
|---|---|---|
| 결산 예비절차 | 결산 본 절차 | 결산보고서 작성 |
| 1 수정전 합계잔액시산표<br>2 보조장부와 대조<br>3 재고조사 실시<br>4 결산정리분개<br>5 정산표 작성 | 1 수정후 합계잔액시산표<br>2 장부마감과 이월 | 1 재무상태표<br>2 손익계산서<br>3 이익잉여금처분계산서<br>4 현금흐름표<br>5 부속명세서 |

## 결산 예비절차

### ❶ 합계잔액시산표 작성

기업에서 발생하는 모든 거래는 항상 분개 방식으로 기록하므로 계정과목을 집계하면 차변 계정과목 금액 합계와 대변 계정과목 금액합계는 언제나 일치하도록 되어 있다. 따라서 총계정원장(계정별원장)에 있는 모든 계정과목의 합계를 아래 예시와 같이 나열하여 표를 작성한 것이 시산표이다. 시산표는 잔액만을 표시하는 잔액시산표, 합계만을 표시하는 합계시산표, 합계 및 잔액을 표시하는 합계잔액시산표가 있으며 실무에서는 대부분 합계잔액시산표를 작성한다.

```
        차  변                          대  변
(계정과목)         ******      (계정과목)         ******
```

[합계잔액시산표]

| 차 변 | | 계정과목 | 대 변 | |
|---|---|---|---|---|
| 잔 액 | 합 계 | | 합 계 | 잔 액 |
| | | | | |

## ❷ 보조장부와 대조

계정별원장만으로는 거래내용을 파악하기가 불충분한 경우 필요에 따라 보조장부를 작성한다. 보조장부에는 거래처원장, 기타 거래처원장(예금 통장별원장, 차입금별원장 등), 지급어음관리대장, 받을어음관리대장 등이 있으며 계정별원장 잔액과 보조장부 금액(채권.채무조회 및 거래처별 잔액 및 합계금액)의 일치 여부를 대조한다.

## ❸ 재고조사 실시

결산일 현재 재고자산을 조사하여 장부상 금액과 일치 여부를 검토한 다음 차액에 대하여 결산정리분개를 한다.

## ❹ 결산정리 분개

결산정리할 사항에 대하여 체크리스트를 작성하여 결산정리분개 후 계정별원장에 전기한다.

## ❺ 정산표 작성

수정전 잔액시산표를 기준으로 결산정리분개 사항을 정리기입한 후 차가감하여 손익계산서 및 재무상태표란 차변 및 대변란에 기입한다. 단, 전산처리시 별도로 정산표를 작성하지 않아도 자동으로 처리된다.

《정산표 양식》

| 계정과목 | 잔액시산표 | | 정리기입 | | 손익계산서 | | 재무상태표 | |
|---|---|---|---|---|---|---|---|---|
| | 차 변 | 대 변 | 차 변 | 대 변 | 차 변 | 대 변 | 차 변 | 대 변 |
| | | | | | | | | |
| | | | | | | | | |

## 결산 본 절차

### ❶ 수정후 합계잔액시산표 작성

총계정원장(계정별원장)의 각 계정과목별 장부를 마감한다.

### ❷ 장부마감과 이월

제장부를 마감한 다음 이월한다. 전산처리시 자동으로 처리된다.

## 결산보고서 작성

### ❶ 재무상태표 작성

장부를 마감한 다음, 자산은 자산의 종류별(계정과목)로 구분하여 표시하고, 자산을 형성한 원천인 부채 및 자본을 종류별(계정과목)로 일정한 순서에 의하여 기록하여 작성한다. (자산 = 부채 + 자본)

### ❷ 손익계산서 작성

장부를 마감한 다음 매출을 표시하고, 매출과 관련하여 발생한 제비용(판매비 및 일반관리비)을 종류별로 표시한 다음 영업외 수익과 영업외 비용을 차가감한 후 당기순이익을 계산한다.

### ❸ 이익잉여금처분계산서 작성

법인기업의 경우 이익잉여금의 처분에 관한 내역서를 작성한다.

# 2 결산정리사항

## 1 상품매출원가 계산(도·소매업)

기업의 목적은 이윤추구다. 이윤을 얻기 위해서 도.소매업은 상품을 구입하여 판매하여야 하고, 제조기업은 원재료 등을 가공하여 제품을 생산하여 판매하여야 한다. 즉 판매를 통하여 이윤을 만들 수 있으며, 물품 등을 판매하기 위해서는 여러 가지 비용이 든다. 이 비용 중 판매한 물품 등의 물품구입원가를 매출원가라 하며, 제조업은 판매한 제품의 제품생산원가가 매출원가이다.

예를 들어 상품 한 개를 100,000원에 구입하여 130,000원에 판매하였다면, 상품의 매출원가는 100,000원이다. 그러나 상품 종류가 많고 동일한 상품이라도 구입시마다 상품단가가 다른 경우 각 개별 상품별로 판매한 상품의 구입원가(매출원가)를 계산하기란 현실적으로 어려우므로 일정 기간 동안 판매한 상품의 원가는 아래와 같이 계산한다.

기초상품가액에 당기 상품매입액을 합한 금액은 당기 중 판매가능한 상품가액이다. 당기 중 상품을 전액 판매하였다면, 당기매출액에 대한 매출원가는 기초상품가액에 당기 상품매입액을 합한 금액이다. 그러나 기말에 판매되지 않고 남아 있는 상품이 있다면, 판매가능한 상품가액에서 기말상품재고금액을 차감한 가액이 당기 매출원가다. 따라서 당기 매출원가를 산출하려면 반드시 기말상품재고를 파악하고 그 금액을 계산하여야 한다.

> 매출원가 = 기초상품재고액 + 당기 상품매입액 – 기말상품재고액

## 매입액

당기상품매입액은 상품의 총매입액에서 매입에누리와 환출 및 매입할인을 차감한 금액으로 한다. 즉, 수량부족, 불량 등의 사유로 에누리를 받은 금액 및 매입한 상품 중 반품한 상품을 차감하여야 한다.

[매입환출]
매입된 제품이 불량 등의 원인으로 반품한 것을 말한다.
[매입에누리]
수량부족, 불량 등의 사유로 매입대금을 할인받은 것
[매입할인]
매입자가 외상대금을 약속한 날짜보다 일찍 상환할 시 매출자가 외상매출대금의 일부를 깎아 준 금액을 말한다.

한편, 상품매입에 직접 소요된 제비용은 매입액에 포함한다. 예를 들어 매입상품의 운반비 또는 수입물품의 경우 수입시 발생하는 제비용(관세, 통관수수료, 운임 등)은 수입물품의 원가에 포함한다.

[사례] 도·소매업의 매출원가 계산
1. 회계연도 초일 현재 이월된 상품 : 3천만원
2. 1. 1 ~ 12. 31 기간 중 상품매입액 : 1억 7천만원
3. 당해 회계연도 중 판매 가능한 상품가액 : 2억원(기초상품재고액 + 당기매입액)
4. 12. 31 기말 현재 재고상품 : 2천만원
5. 매출원가(매출한 상품의 매입원가) : 1억 8천만원

◎《상품계정을 매출원가로 대체》당기에 판매가능한 상품(기초상품재고액 + 당기매입액) 중 기말재고상품을 제외한 1억 8천만원을 매출원가로 대체하다.

| 매출원가 | 180,000,000 | / | 상품 | 180,000,000 |

# ② 제품제조원가 및 매출원가 계산

제조기업의 경우 제품의 제조원가를 산출하기 위하여 제품 제조에 투입된 재료비, 노무비, 기타 경비 등을 집계한 다음 제품 생산과정에 있는 재공품 가액을 평가하여 차감한 후 제품계정에 대체하고, 기말제품가액을 평가하여 차감하여야 하는 등 그 계산절차가 매우 복잡하고 어려운 일로 제품의 제조원가를 정확히 산출하기란 쉽지 않으므로 소규모 기업의 경우 재공품재고액 등을 무시하고 생산공정에 투입된 총비용을 단순 계산하여 당기 완성제품가액을 산출한 다음 기초제품가액을 더하고 기말제품가액을 차감하여 매출원가를 계산하기도 한다.

### ▶ 제조업 매출원가계산 흐름도

※ 재료비 : 매입한 원재료 중 제품제조에 투입한 금액(원재료 → 원재료비)

# 종합원가계산에 의한 제품제조원가 및 매출원가 계산

종합원가계산은 단일종류의 제품을 대량생산하는 업종에 적용하는 원가계산방법으로 식품, 금속, 제지제조업, 화학공업 등의 원가계산에 적합한 방법이다.

종합원가계산은 하나 이상의 제조공정을 이용하여 생산되는 제품에 원가를 배분하는 방법으로 각 공정별로 원가계산이 이루어진다.

종합원가계산에서는 각 제조공정별로 제조원가를 집계하고, 일정 기간 동안 그 공정에서 생산한 총생산량에 균등하게 배분하여 생산량의 단위당 원가를 계산하는 방법이다. 즉, 이 방법은 각 공정이나 부문별로 집계한 원가를 생산량으로 나누어 단위당 원가를 산출한다. (재공품수량은 완성품수량으로 환산하여 계상함)

종합원가계산에서는 원가요소를 일반적으로 재료비(직접재료비)와 가공비(직접노무비와 제조간접비)로 구분한다.

■ 종합원가계산 과정

종합원가계산방법에 위한 제품의 매출원가를 계산하기 위해서는 기말 현재 시점의 재고자산 가액을 평가하여 반영하여야 한다. 예를 들어 당기 중 총매출액이 5억원이고, 당기 중 제품생산과 관련하여 원재료를 구입한 금액 및 임금, 제조와 관련한 기타 경비의 총 합계액(생산원가)이 4억 1천만원으로 당기 중 생산된 제품이 전부 판매되었다면 당기 매출총이익은 9천만원이 될 것이다.

그러나 제조기업의 경우 회계기말에 재고자산(원재료, 재공품, 제품)을 제조원가에서 차감하여 원가계산을 하여야 한다.

○ 원재료 : 회계기말에 생산에 투입되지 않고 남아 있는 원재료 재고가액
○ 재공품 : 생산과정에 있는 미완성된 제품가액
○ 제품 : 완성된 제품 중 판매되지 않고 재고로 남아 있는 제품 재고가액

## ❶ 원재료비 계산

기초원재료재고액에 당기 원재료 매입액을 합한 금액에서 기말원재료재고액을 차감한 금액으로 한다.

```
I  재료비                                          150,000,000    ■ 재료비의 계산
   1 기초원재료재고액        40,000,000                              기초원재료재고액
   2 당기원재료매입액       180,000,000                            + 당기원재료매입액
     합  계               220,000,000                            - 기말원재료재고액
   3 기말원재료재고액        70,000,000
II 노무비                                          110,000,000
III 경 비                                          120,000,000
   외주가공비               60,000,000
   전력비                  10,000,000
   유류대                  20,000,000
   소모품비                10,000,000
   감가상각비               20,000,000
IV 당기 총제조원가                                    380,000,000
```

• 재료비(1억 5천만원) = 기초원재료재고액(4천만원) + 당기원재료매입액(1억 8천만원) - 기말원재료재고액(7천만원)

## ❷ 재공품 계산

당기에 투입한 총제조원가에 전기 이월된 미완성 제품가액('재공품'이라 한다.)을 합한 금액이 당기에 제품을 생산할 수 있는 합계금액이며, 당기에 생산 가능한 합계금액에서 전기에서 이월된 재공품과 마찬가지로 당기 말 현재 생산과정에 있는 재공품을 차감한 금액이 당기에 완성된 제품의 제조원가이다.

> 제품제조원가 = 기초재공품재고액 + 당기제조원가 - 기말재공품재고액

단일 종류의 제품을 생산하는 종합원가계산의 경우 회계기말에 생산중에 있는 재공품가액을 별도로 평가하여 완성된 제품을 제품으로 대체한다.

반면, 개별원가계산의 경우 제품의 제조와 관련하여 발생한 모든 제조비용(직접재료비, 직접노무비, 제조간접비)은 제품별로 재공품 계정으로 대체한 다음 완성된 제품은 제품계정으로 대체한다.

▶ 당기 완성제품 제조원가 계산

| | | | |
|---|---|---|---|
| I 재료비 | | 150,000,000 | • 재료비의 계산 |
| 1 기초재료재고액 | 40,000,000 | | 기초재료재고액 |
| 2 당기재료매입액 | 180,000,000 | | + 당기재료매입액 |
| 합  계 | 220,000,000 | | - 기말재료재고액 |
| 3 기말재료재고액 | 70,000,000 | | |
| II 노무비 | | 110,000,000 | |
| III 경 비 | | 120,000,000 | |
| 외주가공비 | 60,000,000 | | |
| 전력비 | 10,000,000 | | |
| 유류대 | 20,000,000 | | |
| 소모품비 | 10,000,000 | | |
| 감가상각비 | 20,000,000 | | |
| IV 당기 총제조원가 | | 380,000,000 | |
| V 기초 재공품재고액 | | 40,000,000 | |
| 합  계 | | 420,000,000 | |
| VI 기말 재공품재고액 | | 70,000,000 | |
| VII 당기 완성제품제조원가 | | 350,000,000 | 완성제품 10,000개 |

## ❸ 기말재공품가액 계산

○ 전기에 이월된 재공품이 4천만원인 경우 당기에 생산 가능한 금액
   합계(4억 2천만원) = 기초재공품 (4천만원) + 총당기 제조비용(3억 8천만원)
○ 당기에 생산된 완성제품 개 수 : 10,000개
○ 생산 중에 있는 미완성제품 개 수 : 2,500개, 완성도가 80%인 경우
  ◦ 완성제품의 생산원가와 미완성제품의 생산원가를 계산하려면 먼저 제품의 단위 당 생산원가를 계산한 다음 환산하여야 한다.

○ 제품 단위 당 생산원가 계산

제품 단위 당 생산가격 (3만 5천원) = [기초재공품재고액(4천만원) +
당기 총제조원가(3억8천만원)] ÷ [(완성제품수량:10,000개) + 완성품 환산량
(2,000개)] = 4억 2천만원 ÷ 12,000개

* 완성품 환산량이란 미완성제품의 화폐적 평가를 위하여 생산 중에 있는 제품 수량
(2,500개)에 완성도(80%)를 곱한 수량(2,000개)을 말하며, 완성도는 제품의 완성정도
로 경험에 의하여 추정한다.

○ 완성제품가액(3억 5천만원) = 수량(10,000개) × 단위 당 생산가격(35,000원)

○ 미완성제품가액(7천만원) = 수량(2,500개) × 완성도(80%) × 35,000원

▶ 완성된 제품을 제외하고 생산 중에 있는 미완성제품(재공품)의 가액을 일정한 기준에 의하여 계산한다는 것은 현실적으로 대단히 어렵다. 따라서 소기업의 경우 재공품가액을 무시하거나 추정에 의하여 평가하기도 한다.

## ❹ 기말재고제품 계산

완성제품에는 판매된 제품과 기말에 판매되지 않고 남아 있는 제품이 있으므로 이를 반영하여야 매출원가를 계산할 수 있다. 예를 들어 전기이월 제품가액이 3천만원이고, 당기 완성제품가액이 3억 5천만원인 경우 당기에 판매 가능한 제품가액은 3억 8천만원이나 기말 현재 당기에 판매되지 않고 남아 있는 기말제품재고액이 3천 5백만원이 있는 경우 당기에 판매된 제품의 원가는 당기에 판매가능한 제품가액 3억 8천만원(11,000개)에서 기말 현재 판매되지 않고 차기로 이월되는 제품가액(3천 5백만원)을 차감한 3억 4천5백만원이 매출원가다.

> 매출원가 계산 (판매된 제품의 생산원가)
> 매출원가 = 기초제품재고액 + 당기 완성제품생산원가 - 기말제품재고액

◦ 당기에 판매가능한 완성제품가액 : 전기 생산제품 중 당기에 이월되어 온
완성제품(1,000개 : 3천만원) + 당기 완성제품생산액(10,000개: 3억 5천만원)

◦ 매출원가(3억 4천5백만원) : 전기이월 제품재고액(3천만원) +
당기 제품제조원가(3억 5천만원) - 기말제품재고액(3천 5백만원)

◘ 당기 매출원가 및 매출총이익 계산

| | | | |
|---|---|---|---|
| I 매출액 | | 500,000,000 | |
| II 매출원가 | | 345,000,000 | |
| 　기초제품재고액 | 30,000,000 | | |
| 　당기제품제조원가 | 350,000,000 | | |
| 　합　계 | 380,000,000 | | |
| 　기말제품재고액 | 35,000,000 | | |
| III 매출총이익 | | 155,000,000 | (매출액 - 매출원가) |

이와 같이 기말재고자산의 평가가액을 얼마로 하느냐에 따라 제품의 판매와 관련한 매출원가가 달라지므로 기말 재고자산의 적정평가는 매우 중요하다.

### 보 충 | 원가계산의 한계

제품을 생산하여 판매하는 제조기업의 경우 제품의 생산원가가 얼마인가는 대단히 중요하다. 왜냐하면, 제품의 생산원가를 알아야 판매가격을 결정할 수 있고, 여러 가지 종류의 제품을 생산하여 판매할 시 각 제품의 생산원가에 대한 계산 자료가 있어야만 판매시 손실이 발생하는 특정제품의 생산을 중단할 수 있을 것이고, 이익이 많이 나는 제품은 더 많이 판매하기 위하여 노력할 것이다. 또한, 도급건설업의 경우 도급공사금액의 결정시 공사에 소요되는 원가를 예측하지 못하여 도급금액을 공사원가보다 낮게 측정한다면 손실이 발생할 수 있는 것이다. 이와 같이 제조업 또는 건설업을 운영하는 사업자에게 있어 원가의 계산은 대단히 중요함에도 원가계산 과정이 복잡하고 어려운 관계로 대다수 중소기업 은 원가를 일정 기준에 의하여 계산하지 않고 있는 실정이다.

## 개별원가계산에 의한 제조원가 및 매출원가 계산

개별원가계산은 제품의 종류나 규격이 상이한 개별적인 생산형태의 기업에 적용되는 원가계산방법으로 조선업, 건설업, 기계제조업 등 주문이나 수요에 따라 특정제품을 개별적으로 생산하는 소품종 개별생산방식, 주문자생산방식 기업의 원가계산에 적합하다.

개별원가계산은 제조지시서에 의하여 개별 작업별로 원가계산을 하여야 하기 때문에 제조직접비와 제조간접비의 구분은 매우 중요하며, 원가가 발생할 때마다 제조직접비는 각 제품에 부과하고, 제조간접비는 원가계산시점에 적정한 기준으로 각 제품별로 배부한다.

개별원가계산의 경우 개별 작업 중 기말 현재 완성된 것은 제품으로, 작업 중에 있는 것은 재공품으로 자동 계산되므로 종합원가계산에서와 같이 별도의 기말재공품 평가과정은 필요하지 않다.

■ 개별원가계산 절차

▎ 개별원가 계산 사례

○ 선박 A : 제조비용   5억원 → 완성(기말재고)
○ 선박 B : 제조비용  28억원 → 완성 → 판매
○ 선박 C : 제조비용   2억원 → 미완성(기말재고)

▶ 제품별 부과 및 배부표                                    (단위 : 백만원)

| 제품 종류 | 제조비용 합계 | 재료비 | 노무비 | 제조간접비 합계 | 제조간접비 ||||
|---|---|---|---|---|---|---|---|---|
| | | | | | 복리후생비 | 전력비 | 소모품비 | 감가상각비 |
| 합 계 | 3,500 | 1,500 | 1,000 | 1,000 | 100 | 300 | 100 | 500 |
| 선박 A | 500 | 200 | 200 | 100 | 10 | 20 | 10 | 60 |
| 선박 B | 2,800 | 1,200 | 750 | 850 | 80 | 270 | 80 | 420 |
| 선박 C | 200 | 100 | 50 | 50 | 10 | 10 | 10 | 20 |

㉠ 두 가지 이상의 제품을 제조하는 개별원가계산에서 제품별로 추적이 가능한 직접재료비는 작업지시서 등에 의하여 각 제품별로 부과한다.

ⓒ 두 가지 이상의 제품을 제조하는 개별원가계산에서 재료비 중 제품별로 직접 추적할 수 없는 간접비는 제조간접비 계정으로 대체한 다음 일정한 기준에 의하여 각 제품별로 배부한다.

❶ [원재료의 원재료비 대체] 당기 원재료매입액 20억원 중 기말원재료재고액 5억원을 제외한 15억원을 원재료비로 대체하다.

| | | | |
|---|---|---|---|
| 원재료비 | 15억원 / | 원재료 | 15억원 |

▓ 재료비의 제품별 부과

| | | | |
|---|---|---|---|
| 제조비용(A) | 2억원 / | 재료비 | 15억원 |
| 제조비용(B) | 12억원 | | |
| 제조비용(C) | 1억원 | | |

❷ [노무비 발생] 임금 10억원을 현금으로 지급하다.

| | | | |
|---|---|---|---|
| 임금 | 10억원 / | 현금 | 10억원 |

▓ 임금의 제품별 부과

| | | | |
|---|---|---|---|
| 제조비용(A) | 2억원 / | 임금 | 10억원 |
| 제조비용(B) | 7억 5천만원 | | |
| 제조비용(C) | 5천만원 | | |

❸ [경비 발생]

㉠ 전력비 3억원을 현금으로 지급하다.

| | | | |
|---|---|---|---|
| 전력비 | 3억원 / | 현금 | 3억원 |

㉡ 복리후생비 1억원을 현금으로 지급하다.

| | | | |
|---|---|---|---|
| 복리후생비 | 1억원 / | 현금 | 1억원 |

㉢ 소모품비 1억원을 현금으로 지급하다.

| | | | |
|---|---|---|---|
| 소모품비 | 1억원 / | 현금 | 1억원 |

㉣ 기계장치 감가상각비 5억원을 계상하다.

| | | | |
|---|---|---|---|
| 감가상각비 | 5억원 / | 감가상각누계액 | 5억원 |

❹ **[경비의 제품별 배부]** 경비(10억원)를 특정한 배부기준(면적, 기계사용시간, 선박 톤수 등)에 의하여 제품별 제조비용으로 배부하다.

| | | | | |
|---|---|---|---|---|
| 제조비용(A) | 1억원 | / | 복리후생비 | 1억원 |
| 제조비용(B) | 8억 5천만원 | | 전력비 | 3억원 |
| 제조비용(C) | 5천만원 | | 소모품비 | 1억원 |
| | | | 감가상각비 | 5억원 |

❺ **[제조비용의 제품계정 대체]** 당기 총제조비용 35억원 중 기말재공품 2억원(선박 C)을 제외한 제품생산액 33억원(선박 A, 선박 B)을 제품계정으로 대체하다.

| | | | | |
|---|---|---|---|---|
| 제품 | 33억원 | / | 제조비용 | 33억원 |

❻ **[제조비용의 재공품 대체]** 미완성제품 2억원(선박 C)을 재공품으로 대체하다.

| | | | | |
|---|---|---|---|---|
| 재공품 | 2억원 | / | 제조비용 | 2억원 |

❼ **[제품 매출]** 선박 B를 40억원에 판매하고 그 대금은 현금으로 받다.

| | | | | |
|---|---|---|---|---|
| 현금 | 40억원 | / | 제품매출 | 40억원 |

❽ **[당기 판매한 제품의 원가를 매출원가로 대체]** 당기에 판매한 선박 B의 제조비용은 28억원이고, 동 금액을 매출원가로 대체하다.

| | | | | |
|---|---|---|---|---|
| 제품매출원가 | 28억원 | / | 제품 | 28억원 |

# ③ 감가상각비 계상

## 감가상각비 개요

사업과 관련하여 취득하는 거의 모든 재화 및 용역은 취득 시점에 비용이 된다. 그러나 어떤 경우에는 취득시점에 취득한 자산을 전액 비용으로 처리하는 것이 불합리한 경우가 있다. 예를 들면, 제품을 생산하기 위하여 향후 10년 간 사용할 수 있는 고가의 기계장치를 구입하였다고 하자. 이 기계장치는 향후 10년 간 사용이 가능함에도 취득시점에 전액비용으로 처리한다면 취득연도에 그 비용이 과다하게 계산되어 잘못된 손익이 계산될 것이다.

이와 같이 사업과 관련하여 취득한 물품(재화) 중 1년을 초과하여 기업의 수익을 얻는데 사용될 수 있는 물품은 그 사용 가능한 기간 동안 배분하여 비용으로 처리하여야 할 것이다. 예를 들어 기계장치를 1억원에 구입하고 앞으로 10년 동안 사용할 수 있다면, 1억원의 가치를 향후 10년 간 나누어 비용으로 처리하는 것이 합리적인 손익계산방법이며, 회계연도별로 자산의 사용가치를 측정하여 비용처리한 명칭을 '감가상각비'라 한다.

그러나 1억원에 취득한 기계장치를 결산연도마다 감가상각비를 정확히 계산하여 손익에 반영한다는 것은 현실적으로 불가능하다. 왜냐하면, 이 기계장치의 사용기간을 10년으로 정하였으나 그 기간 중 가치의 감소분을 객관적으로 측정하는 것이 사실상 불가능할 뿐만 아니라 새로운 생산시스템의 도입으로 전혀 쓸모가 없게 될 수도 있고, 과다한 사용으로 10년이 되기 전 완전히 노후될 수도 있을 것이기 때문이다.

그럼에도 불구하고 감가상각비의 계산을 기업이 임의대로 할 수 있도록 한다면, 기업은 자의적으로 감가상각비를 계산하여 특정연도의 손익을 과소계상하거나 과대계상하여 그 손익을 조정할 수 있으므로 법인세법은 업종별로 감가상각 대상자산의 내용연수를 정하여 두고 있다.

한편, 기업에서 상당기간 사용할 수 있는 전화기, 계산기, 팩스기 등의 경우를 살펴보면 금전적 가치가 있고, 유형의 실체가 존재하며, 그 기간도 1년을 초과하여 사용할 수 있으므로 자산으로 처리하여야 하는 것인가? 라는 의문이 생길 것이다. 만약, 이러한 소액의 자산을 전부 자산으로 처리한 다음 그 감소된 가치를 측정하여 비용화한다면, 회계처리가 매우 복잡하게 될 것이다. 따라서 그 가액이 중요하지 않는 자산의 경우 중요성의 원칙에 의하여 취득시점에 전부 비용처리하는 것이 합리적이므로 기업회계기준에서도 이를 인정하고 있다.

다만, 기업회계기준에서는 중요하지 않는 자산의 범위 및 그 가액에 대하여 구체적인 기준을 제시하고 있지 않아 실무적으로 어려움이 있을 수 있으나 세법에서는 건당 거래금액이 100만원 이하인 경우를 중요하지 않는 것으로 보고 취득시 비용으로 처리할 수 있도록 그 기준을 정한 바(이를 즉시상각의제라 한다.) 실무에서는 세법의 규정에 따라 건당 취득금액이 100만원 이하인 집기 및 비품은 취득시점에 전부 비용(소모품비, 사무용품비 등)으로 처리하여도 무방하다.

## 감가상각비 계산 특징

### ❶ 강제상각 및 임의상각제도

감가상각대상자산을 업무에 사용하는 경우 그 가치는 감소하며, 기업이 정확한 손익계상을 위해서는 기업회계기준이 정하는 바에 따라 회계기말에 감가상각비를 계상하여 비용처리(제조경비 또는 판매비와관리비) 하여야 하며, 이를 강제상각이라 한다. 다만, 법인세법에서는 기업이 감가상각비를 계상하지 않은 경우 감가상각비를 계상하지 않는 사업연도의 이익이 증가하여 법인세를 더 부담하게 되는 결과가 되므로 감가상각비의 계상을 강제할 필요가 없으므로 법인이 감가상각비를 손금으로 계상한 경우에 한하여 손금으로 인정하는 임의상각제도를 택하고 있다. 따라서 기업은 세무적 측면에서 이익이 발생한 사업연도에는 감가상각비를 계상하고, 손실이 발생한 연도에는 감가상각비를 계상하지 아니하기도 한다. 또한 금융거래 등의 목적으로 영업이익률 등을 높이기 위해서 감가상각을 하지 않는 경우도 있다.

▶ 유형자산 감가상각을 특정 회계연도에 계상하지 않는 경우

감가상각은 임의상각제도로 특정 연도에 감가상각을 하지 않아도 무방하다. 따라서 유형자산에 대하여 특정 연도에 감가상각을 하지 않을 경우 차후 감가상각을 하는 연도의 감가상각범위액은 취득가액에서 이미 설정한 감가상각누계액을 공제한 금액(장부가액)이다.

■ 감가상각비 = 장부가액(취득가액 - 감가상각누계액) × 상각율

단, 아래의 감면을 받은 사업연도에는 반드시 감가상각비를 계상하여야 하며, 외부감사대상법인의 경우 회계감사를 받아야 하므로 기업회계기준에 의하여 반드시 감가상각비를 계상하여야 한다.

■ 조세특례제한법
제6조(창업중소기업 등에 대한 세액감면)
제7조(중소기업에 대한 특별세액감면)
제63조(수도권과밀억제권역 밖으로 이전하는 중소기업에 대한 세액감면)
제63조의2(법인의 공장 및 본사를 수도권 밖으로 이전하는 경우 법인세 등 감면)
제64조(농공단지 입주기업 등에 대한 세액감면)
제66조(영농조합법인 등에 대한 법인세의 면제 등)
제67조(영어조합법인 등에 대한 법인세의 면제 등)
제68조(농업회사법인에 대한 법인세의 면제 등)

## ❷ 감가상각비는 세법상 상각범위액을 정함

비유동자산에 대한 감가상각비는 세법에서 정한 상각범위액(감가상각자산종류별로 내용연수를 정하여 두고 있으며, 상각률은 내용연수에 따라 결정됨) 한도로 손금산입할 수 있는 것으로 세법상 한도액을 초과하는 금액은 세무조정에서 손금불산입하여야 한다.

따라서 비상장중소기업의 경우 특별한 사정이 없는 한 세법상 한도내의 금액을 감가상각비로 계상하여 별도의 세무조정을 하지 않는 것이 일반적이다.

## 🅠 감가상각 대상자산

### ❶ 감가상각 대상자산 (법령 제24조 ①)

| 구 분 | 감가상각 대상자산 |
|---|---|
| 유형자산 | 건물 및 구축물, 차량 및 운반구, 공구, 기구 및 비품, 선박 및 항공기, 기계 및 장치, 동물 및 식물, 기타 이와 유사한 유형고정자산 |
| 무형자산 | 영업권, 의장권, 실용신안권, 상표권, 특허권, 어업권, 해저광물자원개발법에 의한 채취권, 유료도로관리권, 수리권, 전기가스공급시설이용권, 공업용수도시설이용권, 수도시설이용권, 열공급시설이용권, 광업권, 전신전화전용시설이용권, 전용측선이용권, 하수종말처리장시설관리권, 수도시설관리권, 댐사용권, 개발비, 사용수익기부자산, 주파수이용권 |

◆ 소프트웨어 감가상각방법 (서이46012-11017, 2003.5.21)
새로운 소프트웨어·설비·기기 등을 구입하거나 사용중인 소프트웨어를 버전업하는 데 소요되는 금액은 자산(기구 및 비품)으로 계상하여 감가상각하는 것임.

### ❷ 감가상각 대상에서 제외되는 자산(법령 제24조 ②)

유형자산 중 시간이 경과하여도 그 가치가 감소하지 않는 토지는 감가상각대상이 아니며, 건설중에 있는 자산은 그 기간 중 건물등의 가치가 감소하는 것이 아니므로 감가상각을 하지 아니한다.

① 사업에 사용하지 아니하는 자산(유휴설비를 제외함)
② 건설중인 것
③ 시간의 경과에 따라 그 가치가 감소되지 아니하는 것(예 : 토지)

## 감가상각 방법

### ❶ 감가상각 방법의 적용 (법령 제26조 ①, ④)

| 자산구분 | 신고하는 경우 상각방법 | 무신고한 경우 상각방법 |
|---|---|---|
| 건 축 물 | 정 액 법 | 정 액 법 |
| 기타유형고정자산 | 정률법,정액법 중 선택가능 | 정률법(광업용 유형고정자산은 생산량비례법) |
| 무형자산 | 정 액 법 | 정 액 법 |
| 광 업 권 | 정액법, 생산량비례법 중 선택가능 | 생산량비례법 |

[개정 세법] 업무용 승용차의 감가상각방법, 감가상각비 한도액
정액법 상각, 연간 한도액 800만원, 임직원 전용보험 의무가입, 차량운행일지 작성
<시행시기> 법인 및 개인사업자 중 성실신고확인대상자 : 2016.1.1. 이후
　　　　　　개인사업자 중 복식부기기장의무자 : 2017.1.1. 이후

♣ 상세내용 : (본서) 업무용 승용차 과세 특례
▷ 국세청 홈페이지 → 국세정보 → 분야별 해설책자

### ❷ 감가상각 방법

① **정액법 : 취득가액 × 상각률**
당해 감가상각자산의 취득가액에 당해 자산의 내용연수에 따른 상각률을 곱하여 계산하는 것으로 각 사업연도의 상각범위액이 매년 균등하게 되는 상각방법이다.

② **정률법 : 장부가액(취득가액 - 감가상각누계액) × 상각률**
당해 감가상각자산의 취득가액에서 이미 감가상각비로 손금에 산입한 금액(감가상각누계액)을 공제한 장부가액에 당해 자산의 내용연수에 따른 상각률(ex : 내용연수인 자산의 상각률 : 0.451)을 곱하여 계산하는 방법으로 각 사업연도의 상각범위액은 매년 체감되는 상각방법을 말한다.

③ 생산량비례법 : 취득가액 × 당해 사업연도의 채굴량 ÷ 총 채굴예정량

당해 감가상각자산의 취득가액을 그 자산이 속하는 광구의 총채굴예정량으로 나누어 계산한 금액에 당해 사업연도의 기간 중 그 광구에서 채굴한 양을 곱하여 계산한 금액을 각 사업연도의 상각범위액으로 하는 상각방법을 말한다.

## 감가상각비 계산요소 및 계산 사례

### ❶ 취득가액

감가상각자산의 취득을 위한 제반비용은 해당 자산의 취득가액에 포함한다.

① 매입한 유형자산 : 매입가액에 취득세, 등록세 기타 부대비용을 가산한 금액
② 자가 제조(건설)한 유형자산 : 원재료비, 노무비, 운임, 하역비, 보험료, 수수료, 공과금(취득세·등록세 포함), 설치비 기타 부대비용의 합계액
③ 기타의 경우 : 취득 당시의 시가

### ❷ 감가상각자산의 잔존가액 (법령 제26조 ⑥, ⑦)

감가상각자산의 잔존가액은 '0'으로 한다. 다만, 정률법에 의하여 상각하는 경우에는 취득가액의 5%에 상당하는 금액으로 하되, 그 금액은 당해 감가상각자산에 대한 미상각잔액이 최초로 취득가액의 5% 이하가 되는 사업연도의 상각범위액에 가산한다.

상각이 종료되는 감가상각자산은 취득가액의 5%와 1,000원 중 적은 금액을 차감한 잔액을 상각이 종료되는 시점에 감가상각비에 추가한다. 한편, 상각종료후 잔액은 상각완료자산 처분시 손금산입한다.

# ❸ 감가상각 내용연수

내용연수란 비유동자산의 감가상각 계산 기간을 말하며, 통상 법인세법 시행규칙에서 규정한 내용연수(시험연구용자산의 내용연수표, 무형고정자산의 내용연수표, 건축물 등의 기존내용연수 및 내용연수범위표, 업종별자산의 기존내용연수 및 내용연수범위표)에 의하여 감가상각비를 계상한다.

[별표 3] 무형고정자산의 내용연수표(제15조제2항관련)

☐ 법인세법 시행규칙 [별표 3] <개정 2019. 3. 20.>

| 구 분 | 내용연수 | 무 형 자 산 |
|---|---|---|
| 1 | 5년 | 영업권, 디자인권, 실용신안권, 상표권 |
| 2 | 7년 | 특허권 |
| 3 | 10년 | 어업권, 「해저광물자원 개발법」에 따른 채취권(생산량비례법 선택 적용), 유료도로관리권, 수리권, 전기가스공급시설이용권, 공업용수도시설이용권, 수도시설이용권, 열공급시설이용권 |
| 4 | 20년 | 광업권(생산량비례법 선택 적용), 전신전화전용시설이용권, 전용측선이용권, 하수종말처리장시설관리권, 수도시설관리권 |
| 5 | 50년 | 댐사용권 |

[별표 6] 업종별 자산의 기준내용연수 및 내용연수범위

☐ 법인세법 시행규칙 [별표 6] <개정 2024. 3. 22.>

| 구분 | 기준내용연수 및 내용연수범위 (하한~상한) | 적용대상 자산 (다음의 한국표준산업분류상 업종에 사용되는 자산) | |
|---|---|---|---|
| | | 대분류 | 중분류 |
| 1 | 4년 (3년~5년) | 제조업 | 15. 가죽, 가방 및 신발 제조업. 다만, 모피 및 가죽 제조업(1511)은 제4호의 기준내용연수 및 내용연수범위[8년(6년~10년)]를 적용한다. |
| | | 교육 서비스업 | 85. 교육 서비스업 |
| 2 | 5년 (4년~6년) | 농업, 임업 및 어업 | 01. 농업. 다만, 과수의 경우에는 제9호의 기준내용연수 및 내용연수범위[20년(15년~25년)]를 적용한다.<br>02. 임업 |

| | |
|---|---|
| 광업 | 05. 석탄, 원유 및 천연가스 광업 |
| 제조업 | 18. 인쇄 및 기록매체 복제업<br>21. 의료용 물질 및 의약품 제조업 |
| 수도, 하수 및 폐기물 처리, 원료 재생업 | 37. 하수, 폐수 및 분뇨 처리업<br>38. 폐기물 수집, 운반, 처리 및 원료재생업. 다만, 해체, 선별 및 원료 재생업(383) 중 재생용 금속·비금속 가공원료 생산업은 제5호의 기준내용연수 및 내용연수범위[10년(8년~12년)]를 적용한다.<br>39. 환경 정화 및 복원업 |
| 건설업 | 42. 전문직별 공사업 |
| 도매 및 소매업 | 45. 자동차 및 부품 판매업<br>46. 도매 및 상품 중개업<br>47. 소매업(자동차는 제외한다) |
| 운수 및 창고업 | 49. 육상운송 및 파이프라인 운송업. 다만, 철도 운송업(491) 및 도시철도 운송업(49211)은 제9호의 기준내용연수 및 내용연수범위[20년(15년~25년)]를 적용하고, 택배업(49401) 및 늘찬 배달업(49402)은 제4호의 기준내용연수 및 내용연수범위[8년(6년~10년)]를 적용한다. |
| 정보통신업 | 58. 출판업<br>59. 영상·오디오 기록물 제작 및 배급업<br>60. 방송 및 영상·오디오물 제공 서비스업<br>62. 컴퓨터 프로그래밍, 시스템 통합 및 관리업<br>63. 정보서비스업 |
| 금융 및 보험업 | 64. 금융업<br>65. 보험업<br>66. 금융 및 보험 관련 서비스업 |
| 전문, 과학 및 기술 서비스업 | 70. 연구개발업<br>71. 전문 서비스업<br>72. 건축기술, 엔지니어링 및 기타 과학기술 서비스업<br>73. 기타 전문, 과학 및 기술 서비스업 |
| 사업시설 관리, 사 | 74. 사업시설 관리 및 조경 서비스업 |

| | | 업 지원 및 임대 서비스업 | 75. 사업지원 서비스업. 다만, 여행사 및 기타 여행보조 서비스업(752)은 제4호의 기준내용연수 및 내용연수범위[8년(6년~10년)]를 적용한다.<br>76. 임대업(부동산은 제외한다) |
|---|---|---|---|
| | | 공공행정, 국방 및 사회보장행정 | 84. 공공행정, 국방 및 사회보장 행정 |
| | | 보건업 및 사회복지 서비스업 | 86. 보건업<br>87. 사회복지 서비스업 |
| | | 예술, 스포츠 및 여가관련 서비스업 | 90. 창작, 예술 및 여가관련 서비스업<br>91. 스포츠 및 오락관련 서비스업 |
| | | 협회 및 단체, 수리 및 기타 개인 서비스업 | 94. 협회 및 단체<br>96. 기타 개인 서비스업 |
| | | 가구 내 고용활동 및 달리 분류되지 않은 자가소비 생산활동 | 97. 가구 내 고용활동<br>98. 달리 분류되지 않은 자가소비를 위한 가구의 재화 및 서비스 생산활동 |
| | | 국제 및 외국기관 | 99. 국제 및 외국기관 |
| 3 | 6년<br>(5년~7년) | 제조업 | 26. 전자부품, 컴퓨터, 영상, 음향 및 통신장비 제조업. 다만, 마그네틱 및 광학 매체 제조업(2660)은 제4호의 기준내용연수 및 내용연수범위[8년(6년~10년)]를 적용하고, 전자코일, 변성기 및 기타 전자 유도자 제조업(26293) 및 유선 통신장비 제조업(26410) 중 중앙통제실 송신용 침입 및 화재경보 시스템 제조는 제5호의 기준내용연수 및 내용연수범위[10년(8년~12년)]를 적용한다. |
| | | 정보통신업 | 61. 우편 및 통신업 |
| 4 | 8년<br>(6년~10년) | 제조업 | 14. 의복, 의복 액세서리 및 모피제품 제조업. 다만, 편조의복 제조업(143) 및 편조의복 액세서리 제조업(1441)은 제5호의 기준내용연수 및 내용연수범위[10년(8년~12년)]를 적용한다. |

| | | | |
|---|---|---|---|
| | | | 20. 화학물질 및 화학제품 제조업(의약품은 제외한다). 다만, 살균·살충제 및 농약 제조업(2032)은 제1호의 기준내용연수 및 내용연수범위[4년(3년~5년)]을 적용하고, 화약 및 불꽃제품 제조업(20494) 중 성냥 제조는 제5호의 기준내용연수 및 내용연수범위[10년(8년~12년)]를 적용한다.<br>34. 산업용 기계 및 장비 수리업 |
| | | 건설업 | 41. 종합 건설업 |
| | | 운수 및 창고업 | 52. 창고 및 운송관련 서비스업 |
| | | 숙박 및 음식점업 | 55. 숙박업<br>56. 음식점 및 주점업 |
| | | 부동산업 | 68. 부동산업 |
| | | 협회 및 단체, 수리 및 기타 개인 서비스업 | 95. 개인 및 소비용품 수리업 |
| 5 | 10년<br>(8년~12년) | 농업, 임업 및 어업 | 03. 어업. 다만, 내수면 양식 어업(03212) 중 수생파충류 및 개구리 양식은 제2호의 기준내용연수 및 내용연수범위[5년(4년~6년)]를 적용한다. |
| | | 광업 | 06. 금속 광업<br>07. 비금속광물 광업(연료용은 제외한다). 다만, 그 외 기타 비금속광물 광업(0729) 중 토탄 채굴은 제2호의 기준내용연수 및 내용연수범위[5년(4년~6년)]를 적용한다.<br>08. 광업 지원 서비스업. 다만, 광업 지원 서비스업(08000) 중 채굴목적 광물탐사활동, 유·무연탄 채굴 지원 서비스 및 갈탄 및 토탄 채굴 지원 서비스는 제2호의 기준내용연수 및 내용연수범위[5년(4년~6년)]를 적용한다. |
| | | 제조업 | 10. 식료품 제조업<br>11. 음료 제조업<br>13. 섬유제품 제조업(의복은 제외한다). 다만, 섬유제품 염색, 정리 및 마무리 가공업(134)은 |

| | | | 제4호의 기준내용연수 및 내용연수범위[8년(6년~10년)]를 적용한다.<br>16. 목재 및 나무제품 제조업(가구는 제외한다)<br>17. 펄프, 종이 및 종이제품 제조업<br>22. 고무 및 플라스틱제품 제조업<br>23. 비금속 광물제품 제조업. 다만, 산업용 유리 제조업(2312) 중 평판 디스플레이용 유리의 제조업과 브라운관용 벌브유리의 제조업은 제2호의 기준내용연수 및 내용연수범위[5년(4년~6년)]를 적용한다.<br>24. 1차 금속 제조업. 다만, 기타 비철금속 제련, 정련 및 합금 제조업(24219) 중 우라늄 제련 및 정련업은 제4호의 기준내용연수 및 내용연수범위[8년(6년~10년)]를 적용한다.<br>25. 금속가공제품 제조업(기계 및 가구는 제외한다)<br>27. 의료, 정밀, 광학기기 및 시계 제조업<br>28. 전기장비 제조업<br>29. 기타 기계 및 장비 제조업<br>31. 기타 운송장비 제조업<br>32. 가구 제조업<br>33. 기타 제품 제조업 |
|---|---|---|---|
| 6 | 12년<br>(9년~15년) | 제조업 | 12. 담배 제조업. 다만, 니코틴이 함유된 전자담배 기기용 용액 제조는 제4호의 기준내용연수 및 내용연수범위[8년(6년~10년)]를 적용한다.<br>30. 자동차 및 트레일러 제조업 |
| | | 운수 및 창고업 | 50. 수상 운송업. 다만, 외항 화물 운송업(50112)은 제9호의 기준내용연수 및 내용연수범위[20년(15년~25년)]를 적용한다.<br>51. 항공 운송업 |
| 7 | 14년<br>(11년~17년) | 제조업 | 19. 코크스, 연탄 및 석유정제품 제조업. 다만, 코크스 및 연탄 제조업(1910) 중 연탄, 갈탄·토탄의 응집 유·무연탄 및 기타 유·무연탄 제조는 제2호의 기준내용연수 및 내용연수범위[5년(4년~6년)]를 적용한다. |
| 8 | 16년 | 전기, 가스, 증기 | 35. 전기, 가스, 증기 및 공기조절 공급업 |

| | (12년~20년) | 및 공기조절 공급업 | |
|---|---|---|---|
| 9 | 20년 (15년~25년) | 수도, 하수 및 폐기물 처리, 원료 재생업 | 36. 수도업 |

비고
  1. 이 표는 별표 3 또는 별표 5의 적용을 받는 자산을 제외한 모든 감가상각자산에 대해 적용한다.
  2. 내용연수범위가 서로 다른 둘 이상의 업종에 공통으로 사용되는 자산이 있는 경우에는 그 사용기간이나 사용정도의 비율에 따라 사용비율이 큰 업종의 기준내용연수 및 내용연수범위를 적용한다.

## ❹ 내용연수 신고

고정자산의 내용연수는 영업을 개시한 날이 속하는 사업연도의 법인세과세표준신고기한까지 신고한 다음 계속 적용하여야 한다. 한편, 법인세법에서는 기준내용연수를 제시하고 있으며, 신고내용연수는 기준내용연수에 25%를 가감한 범위내에서 신고한 내용연수를 적용할 수 있다.

① 내용연수를 신고하지 않는 경우에는 기준내용연수를 적용한다.

② 내용연수를 변경하고자 하는 경우에는 내용연수 범위안에서 법인이 적용할 내용연수를 다음에 게기하는 날이 속하는 사업연도의 과세표준신고기한까지 납 세지 관할세무서장에게 신고하여야 한다.

1. 신설법인과 새로 수익사업을 개시한 비영리내국법인은 그 영업을 개시한 날
2. 자산별.업종별 구분에 의한 기준내용연수가 다른 고정자산을 새로이 취득하거나, 새로운 업종의 사업을 개시한 경우에는 그 취득한 날 또는 개시한 날

## ❺ 유형고정자산 감가상각비 계산 사례

### ▣ 정률법에 의한 감가상각방법

당해 감가상각자산의 취득가액에서 이미 감가상각비로 손금에 산입한 금액(감가상각누계액)을 공제한 장부가액에 당해 자산의 내용연수에 따른 상각률(ex : 내용연수인 자산의 상각률 : 0.451)을 곱하여 계산하는 방법으로 각 사업연도의 상각범위액은 매년 체감된다. [장부가액(취득가액 - 상각상각누계액) × 상각률]

### ▣ 정률법에 의한 감가상각비 계산

[예 제] 차량운반구, 취득일 : 20×3 12. 1 내용연수: 5년 (상각률 : 0.451) 취득금액 20,000,000원인 차량운반구의 연도별 감가상각비 계산

① 20×3 연도 감가상각비 계산 (취득일 이후 월할 상각)
- 취득가액(20,000,000원) × 0.451(상각률 45.1%) × 1/12 = 751,666원
* 1개월 미만의 월수는 1개월로 한다. 자산을 12. 1 취득한 경우 사용월수는 1월이다.
20×3년 상각액 751,666원, 20×3년 장부가액 19,248,334원

| 감가상각비 | 751,666 | / | 감가상각누계액 | 751,666 |

② 20×4년도 감가상각비 계산
- 장부가액 19,248,334원 [취득가액(20,000,000) - 감가상각누계액(751,666)]
  × 상각률(0.451) = 8,680,998원
- 20×4년 상각액 8,680,998원
* 20×4년 장부가액 10,567,336 (20,000,000 - 751,666 - 8,680,998)

| 감가상각비 | 8,680,998 | / | 감가상각누계액 | 8,680,998 |

### ■ 신규 취득자산 등의 감가상각비 계산과 해당 월수 계산
① 사업연도 중 새로이 취득한 자산 ~ 사용월수에 따라 월할 상각한다. 월수는 역에 따라 계산하되, 1월 미만의 일수는 1월로 한다.

② 사업연도 중 양도한 자산 ~ 감가상각비 계상 의무는 없으나 양도시까지의 감가상각비를 계상할 수 있는 것이며, 이 경우 양도일까지 월수에 따라 상각범위액을 계산한다. (감가상각범위액 = 연상각범위액 × 사용월수/12)

### ■ 소프트웨어 감가상각

#### [1] 기업회계기준상의 처리방법

업무지원용 소프트웨어의 경우 개발단계에서 발생한 지출은 개발비 요건을 모두 충족하는 경우에만 무형자산으로 인식하고, 그 외의 경우에는 경상개발비의 과목으로 하여 발생한 기간의 비용으로 인식한다. (기업회계기준해석 41)

#### [2] 법인세법상의 처리

소프트웨어는 당해 자산에 대한 감가상각비가 판매비와관리비를 구성하는 경우에는 법인세법시행규칙 [별표 5]의 구분 1의 기구 및 비품으로 보아 내용연수를 적용하는 것이며, 그 이외의 경우에는 업종별 자산의 내용연수를 적용한다.

## ❻ 무형고정자산 감가상각비 계산

무형자산으로 인식한 개발비는 관련제품의 판매 또는 사용이 가능한 시점부터 20년 이내의 기간 내에서 연단위로 신고한 내용연수에 따라 매사업연도별 경과월수에 비례하여 상각하며, 내용연수를 신고하지 않은 경우 상각연수는 5년으로 한다.

① 제품개발을 목적으로 지출한 비용 1억원(선급금으로 계상)을 개발비로 대체하다.

| 개발비 | 100,000,000 | / | 선급금 | 100,000,000 |
|---|---|---|---|---|

② 기말에 개발비를 정액법으로 감가상각(5년간 균등상각)하다.

| 개발비상각 | 20,000,000 | / | 개발비 | 20,000,000 |
|---|---|---|---|---|

# 4 퇴직급여충당부채 설정

## 개요

퇴직금은 종업원의 퇴직시 지급하는 비용으로 그 지급시 비용처리를 하는 것이 적법한 것으로 생각할 수 있다. 그러나 장기간 근무한 직원의 퇴직시 퇴직금을 지급하고, 퇴직금을 지급한 연도에 전액 비용으로 처리할 경우 퇴직금을 지급한 회계연도 비용이 일시에 과다하게 발생하여 퇴직한 연도에만 비용이 많이 계상되어, 불합리한 손익계산이 될 것이다.

예를 들어 20년 근속한 직원이 퇴사하게 되어 퇴사하기 직전 평균임금의 30일분에 해당하는 금액이 5백만원인 경우 총 1억원(5백만원 × 20년)을 퇴직금으로 지급하게 될 것이다. 이 경우 퇴직금을 지급하는 날이 속하는 회계연도에 비용으로 처리한다면, 퇴직금은 매년 5백만원 정도 발생하였음에도 퇴직한 연도에만 1억원을 일시 비용처리함으로서 기간 손익계산에 중대한 문제가 있음을 알 수 있다. 따라서 매 년 발생한 퇴직금상당액을 퇴직금으로 비용처리하여야 기간 손익을 보다 정확하게 계산할 수 있는 것이며, 이는 발생주의에 의한 비용처리의 대표적 사례에 해당한다.

그런데 문제는 세법의 규정이다. 기업이 퇴직금상당액을 매 년 발생주의에 의하여 비용처리하였으나 퇴직연금 등으로 사외에 불입하지 아니한 경우 세법에서는 일정 금액만을 손금으로 인정하여 왔으나 2016년 이후에는 전액 손금산입할 수 없으며, 세무조정에서 손금불산입하여야 한다.

## 퇴직금의 손금산입 및 세무조정

### ❶ 퇴직금의 손금산입

임원 또는 사용인이 사실상 퇴사하는 경우 및 현실적으로 퇴직하는 경우에 지급하는 것에 한하여 이를 손금에 산입한다.

## ❷ 퇴직금 계상 및 퇴직급여충당부채 설정 개요

충당부채란 지급의무 등이 확정되지는 않았지만, 당기의 수익에 대응하는 비용으로서 장래에 지출할 것이 확실하고 당기의 수익에서 차감하는 것이 합리적인 것에 대하여 적절한 기간 손익 계산을 위하여 합리적인 금액을 추정하여 비용으로 처리하고, 부채로 계상하는 금액을 말한다.

직원이 퇴사할 경우 통상 1년 근속에 1개월 정도의 급여에 해당하는 금액을 퇴직금으로 지급하여야 하는데 직원이 모두 퇴직을 하지 않고 계속 근무하다가 회사의 구조조정 등으로 일정 시점에 많은 직원이 퇴사할 경우 그 해의 퇴직금 비용이 과다하게 계상되며, 이러한 경우 불합리한 손익계산이 될 것이다. 따라서 당해 연도의 퇴직금 발생 상당액을 실제 지급하지는 않았으나 비용으로 계상하는 경우 그 금액은 장차 지급하여야 할 채무로서 퇴직급여충당부채란 부채계정을 설정하였다가 실제 퇴직금을 지급하는 때 퇴직급여충당부채를 변제한 것으로 처리한다.

## 퇴직급여충당금 설정대상 및 한도액

### ❶ 설정대상 및 손금산입방법

① 사업연도 종료일 현재 1년 이상 재직하고 있는 임원과 사용인에 한하여 설정한다. 단, 퇴직금지급규정이 있는 경우 1년 미만 근로자도 충당금을 설정할 수 있다.
② 퇴직급여충당금은 반드시 결산조정사항으로 결산에 그 금액이 반영되어야 하며, 세무조정사항으로 손금에 산입할 수 없다.

### ❷ 손금산입한도액

2016년 이후 퇴직연금에 불입하지 않은 퇴직금상당액은 전액 손금산입할 수 없으므로 기업회계기준에 의하여 퇴직급여충당부채를 설정하였으나 퇴직연금으로 불입하지 않은 퇴직금은 세무조정에서 전액 손금불산입하여야 한다.

### ▶ 퇴직급여충당부채 설정금액의 세무상 한도초과액 처리

세법에서는 퇴직급여충당금의 설정한도를 정하고 있고 이를 초과하여 설정한 금액은 손금불산입하여야 하므로 기업회계에서 정하는 바에 따라 퇴직급여충당부채를 설정하고 한도초과액은 세무조정으로 손금불산입하여야 한다. 예를 들어 퇴직급여충당부채를 1억원 설정하여 비용으로 계상하였으나 세법에서 정한 한도액이 없는 경우 한도초과액 1억원은 세무조정으로 손금불산입하고 유보처분하여야 한다.

[예제] 《퇴직급여충당부채 설정》 2018년 회계기말 현재 퇴직급여지급대상 전직원에 대한 퇴직급여추계액은 5억원이며, 전기까지 충당부채로 설정한 금액은 4억원(전기까지 퇴직급여충당부채 설정액 중 세무상 한도초과액 3억원)이다. 따라서 당기에 퇴직급여충당부채로 1억원을 설정하고, 당기 설정액 1억원은 전액 손금불산입 하다.

| | | | |
|---|---|---|---|
| 퇴직금 | 100,000,000 / | 보통예금 | 47,000,000 |
| | | 예수금 | 3,000,000 |

[세무조정] 손금불산입
퇴직금 100,000,000 (유보)

이후 직원 퇴사시 퇴직금으로 지급하는 금액을 퇴직급여충당부채와 상계함에 있어 한도초과로 손금불산입하고 유보 처분한 금액은 손금산입하고 유보 추인한다.

[예제] 《퇴직금 지급》 직원 김복남의 퇴사시 퇴직금 5천만원을 계상하여 지급하면서 퇴직소득세 및 지방소득세 3백만원을 차감한 47백만원을 보통예금에서 인출하여 지급하다. 퇴직금은 퇴직급여충당부채와 상계처리하다. 단, 퇴직급여충당부채로 설정한 금액은 전기이전에 세무조정에서 손금불산입하였다.

| | | | |
|---|---|---|---|
| 퇴직급여충당부채 | 50,000,000 / | 보통예금 | 47,000,000 |
| | | 예수금 | 3,000,000 |

[세무조정] 손금산입
퇴직금 50,000,000 (유보)

# 5 퇴직연금 손금산입

## 퇴직연금 개요 및 종류

퇴직연금제도는 회사가 근로자의 퇴직급여를 금융기관에 위탁하여 운용한 뒤 근로자가 퇴직할 때, 연금이나 일시금으로 주는 제도로서 기존의 퇴직금제도와 병행하여 실시할 수 있다. 다만, 2012년 7월 26일 이후부터 신설사업장은 퇴직연금을 도입하여야 하나 기존의 퇴직금제도를 실시하더라도 법적으로 문제될 점은 없다.

### ▶ 근로자 수에 따른 퇴직연금 의무가입 연도

2016년 근로자 300인 이상 사업장
2017년 근로자 300~100인 사업장
2018년 근로자 100~30인 사업장
2019년 근로자 30~10인 사업장
**2022년 근로자 10인 미만 사업장**

### 퇴직금과 퇴직연금 비교

| 구 분 | 퇴직금 | 확정급여형 | 확정기여형 |
| --- | --- | --- | --- |
| 비용부담주체 | 사용자 | 사용자 | 사용자 |
| 운용주체 | 사용자 | 사용자 | 근로자 |
| 퇴직급여 형태와 수준 | 일시금 | 연금 또는 일시금 (퇴직금과 같음) | 연금 또는 일시금 (운용실적에 달라짐) |
| 비용부담수준 | 근속기간 1년당 30일분의 평균임금 | 퇴직금과 같음 | 매년 임금 총액의 8.3%(1/12) |
| 적립방식과 수급권보장 | 사내적립, 불안정 | 부분사외적립(100분의 60), 부분보장 | 전액사외 적립, 보장 |

# ❶ 퇴직연금제도 종류

퇴직연금제도에는 「확정급여형 퇴직연금제도」와 「확정기여형 퇴직연금제도」「개인형 퇴직연금제도」가 있으며, 사용자가 퇴직급여제도를 설정하거나 설정된 퇴직급여제도를 다른 종류의 퇴직급여제도로 변경하려는 경우에는 근로자의 과반수가 가입한 노동조합이 있는 경우에는 그 노동조합, 근로자의 과반수가 가입한 노동조합이 없는 경우에는 근로자 과반수의 동의를 받아야 한다.

## ▶ 확정급여형과 확정기여형의 비교

| 구 분 | 확정기여형(Defined Contribution) | 확정급여형(Defined Benefit) |
|---|---|---|
| 개 념 | • 노사가 사전에 부담할 기여금을 확정<br>• 근로자가 일정한 연령에 달한 때에 그 운용 결과에 기초하여 급여를 지급 | • 노사가 사전에 급여 수준·내용을 약정<br>• 근로자가 일정한 연령에 달한 때에 약정에 따른 급여를 지급 |
| 기 여 금 | 확정(연간 임금총액 8.3% 이상) | 산출기초 변경시 변동 |
| 급 부 | 운영실적에 따름, 사용자가 근로자의 근로기간에 대하여 퇴직연금에 불입함으로써 퇴직금 지급의무가 종결됨 | 근로자 퇴사시 사용자가 퇴직연금으로 불입하여 둔 퇴직연금운용자산으로 퇴직금에 해당하는 금액(근속기간 1년당 30일분의 평균임금 이상)을 퇴사한 근로자의 개인형퇴직연금계좌로 이전함 |
| 적립금 운용 | 적립금 운용에 대한 권한과 책임이 근로자에게 있음(제시된 운용방법에 대하여 선택, 지시권이 근로자에게 있음) | 적립금 운용에 대한 권한과 책임이 사용자에게 있음(제시된 운용방법에 대하여 선택, 지시권이 사용자에게 있음) |
| 위험부담 | 물가, 이자율변동 근로자 부담 | 물가, 이자율변동 등 회사 부담 |
| 지급보장 | 운용방법에 원금보장상품 포함 및 동 제도 시행 초기에는 안정적 운영지도[주식직접투자금지, 간접투자상품(수익증권)의 주식 등 위험자산 편입비율 40%로 제한] | 책임준비금제도<br>건전성 감독<br>지급보장장치 마련 |
| 기업부담 | 축소 불가 | 축소 가능(수익률이 높을 경우) |
| 통산제도 | 용 이 | 어려움(대안 : IRP) |
| 연금수리 | 용 이 | 어려움(대안 : IRP) |
| 선호계층 | 단기근속자 및 젊은 층 | 장기근속자 |
| 주요대상<br>(예 상) | 연봉제, 중·소기업 | 중견기업, 대기업, 기존 사외적립기업 |

## ❷ 확정기여형퇴직연금제도(DC)

① 확정기여형(Defined Contribution) 퇴직연금제도는 퇴직급여의 지급을 위하여 **사용자가 부담하여야 할 부담금의 수준이 사전에 결정되어 있는 퇴직연금**을 말한다. 즉, 매 년 발생하는 퇴직금상당액(급여총액의 12분의 1)을 퇴직연금으로 불입함으로써 사용자는 퇴직금 지급의무가 종결된다.

② 확정기여형 퇴직연금에서는 근로자가 적립금의 운용에 대한 책임을 진다. 근로자는 퇴직연금규약에서 금융기관이 제시하는 운용방법 가운데서 선택하여 운용하면서 운용결과에 대해서 책임을 지며, 퇴직금은 퇴직연금으로 불입한 금액의 운용실적에 따라 차이가 있다. 따라서 퇴직연금으로 불입한 금액의 운용실적에 따라 근로자퇴직급여보장법의 규정에 의한 퇴직금(1년 근무에 퇴직전 30일분의 평균임금)에 비하여 적거나 많을 수도 있는 것이다.

③ 확정기여형 퇴직연금제도에서는 적립금이 사용자와 독립되어 개인명의로 적립되므로 근로자의 입장에서는 기업이 도산해도 수급권이 100%보장된다.

④ 기업의 입장에서는 퇴직급여에 대한 부담금이 일정하게 정해져 있으므로 효율적인 재정관리를 할 수 있고, 적립금 운용실적에 대하여 책임을 지지 않는다는 장점이 있다.

### ▶ 확정기여형퇴직연금 회계처리

확정기여형 퇴직연금제도를 설정한 경우에는 당해 회계기간에 대하여 회사가 납부하여야 할 부담금(기여금)을 퇴직급여(비용)로 인식하고, 퇴직연금운용자산, 퇴직급여충당부채 및 퇴직연금미지급금은 인식하지 아니한다. 즉, 확정기여형퇴직연금은 법인외부에 퇴직급여재원을 100% 적립하기 위하여 지출하고 비용으로 계상한 것이므로 전액 손금으로 인정된다.

| 퇴직급여 | ***** / 현금및현금성자산 | ***** |

## [1] 확정기여형퇴직연금으로 불입하였으나 1년 미만 근무한 직원이 퇴사하여 퇴직금불입액을 돌려받은 경우

확정기여형퇴직연금으로 불입하였으나 1년 미만 근무한 직원이 퇴사하여 퇴직금불입액을 돌려받은 경우 퇴직금에서 차감하되 운용수익은 영업외수익 항목의 퇴직연금운용수익 등으로 처리한다.

| 보통예금 | ***** | / | 퇴직급여 | ***** |
| | | | 퇴직연금운용수익 | ***** |

## [2] 퇴직금제도에서 퇴직연금제도로 변경시 회계처리

① 퇴직급여제도를 변경하면서 기존 퇴직급여충당부채를 정산하는 경우 기존 퇴직급여충당금의 감소로 회계처리한다.

② 확정기여형퇴직연금제도가 장래 근무기간에 대하여 설정되어 과거 근무기간에 대하여는 기존 퇴직금제도가 유지되는 경우 임금수준의 변동에 따른 퇴직급여충당부채의 증감은 퇴직급여(비용)로 인식한다.

---
**사 례**  퇴직금제도에서 확정기여형퇴직연금제도로 변경

B회사는 20×3년 12월 31일까지 퇴직금제도를 유지해왔으나 20×4년 1월 1일부터 확정기여형퇴직연금제도를 도입하기로 결정하였다. 20×4년 1월 1일 이후에는 연간 임금총액의 1/12에 해당하는 금액을 확정기여형퇴직연금제도의 부담금으로 납부한다.

---

1. 퇴직금제도와 관련된 퇴직급여충당부채 상당액 전액을 20×4년 1월 1일에 확정기여형퇴직연금에 불입하였다. 기존 퇴직급여충당부채 상당액과 20×4년에 발생한 퇴직급여(비용) 전액을 부담금으로 납부한 경우의 회계처리

| 퇴직급여충당부채 | ***** | / | 현금및현금성자산 | ***** |

| 퇴직급여 | ***** | / | 현금및현금성자산 | ***** |

2. 퇴직금제도와 관련된 퇴직급여충당부채 상당액은 확정기여형퇴직연금에 불입하지 않기로 결정하였다. 기존 퇴직금제도와 관련하여 임금 상승에 따른 효과를 반영하는 회계처리

| 퇴직급여 | ***** | / | 퇴직급여충당부채 | ***** |

## ❸ 확정급여형 퇴직연금제도(DB)

① 확정급여형(Defined Benefit) 퇴직연금제도는 기존의 퇴직금제도와 같이 근로자가 지급받을 급여수준이 결정(1년근속에 대하여 평균임금의 30일분 이상)되어 있는 퇴직연금을 말한다.
• 퇴직급여 : (근속연수 × 30일분 평균임금 이상)으로 확정

② 사업주가 퇴직급여와 관련된 퇴직연금 적립금의 운용을 책임지는 형태이므로, 적립금의 운용실적에 따라 사업주가 부담해야 하는 기여금은 변동될 수 있다.

③ 근로자는 퇴직 후 지급받을 수 있는 퇴직금이 정하져 있으므로 안정적이다.

④ 확정급여형 연금제도에서는 기업주가 부담금의 40%까지는 사내에 적립할 수 있으며, 기업이 도산하는 경우에는 외부에 적립된 60%만 퇴직연금으로 보장받을 수 있다.

⑤ 근로자가 퇴직하는 경우 퇴직급여액(명예퇴직수당과 단체퇴직보험금을 포함) 전액(퇴직연금예치금 + 사용자가 추가로 지급하는 금액이 있는 경우 그 금액)을 퇴직한 날부터 60일 이내에 확정기여형퇴직연금 또는 개인퇴직계좌로 이체 또는 입금하여야 하며, 이 경우 퇴직급여액은 실제로 지급받기 전까지 퇴직소득으로 보지 아니하므로 과세이연된다.

▶ 개인퇴직계좌(IRA: Individual Retirement Account)란 IRP 시행전 퇴직급여제도의 일시금을 수령한 자 등이 그 수령액을 적립·운용하기 위하여 퇴직연금사업자에게 설정한 저축계정을 말한다. 개인퇴직계좌의 가입 여부는 임의사항이었으나 2012년 7월 26일 이후에는 퇴직금상당액을 반드시 개인형퇴직연금(IRP)으로 이전하여야 한다.

▶ 개인형퇴직연금제도(IRP, Individual Retirement Pension)는 개인퇴직계좌(IRA)를 보완한 제도다. 과거 퇴직연금제도에서는 근로자가 퇴사하는 경우 일시불로 퇴직금을 지급하였으나, 2012년 7월 26일 이후 만 55세 이상이거나 퇴직급여가 150만원 이하인 특정한 경우 이외에는 반드시 퇴직금 전액을 개인형퇴직연금으로 이전하여야 한다.

## ▶ 확정급여형퇴직연금 회계처리

### [1] 기존의 퇴직금제도에서 퇴직연금제도로 변경시 회계처리

기존의 퇴직금제도에서 과거근무기간을 포함하여 확정급여형퇴직연금제도로 변경하는 경우, 기존 퇴직급여충당부채에 대해 부담금 납부의무가 생기더라도 이는 사내적립액을 사외적립액으로 대체할 의무에 지나지 않으므로 별도의 추가적인 부채로 인식하지 아니하고 납부하는 시점에 퇴직연금운용자산으로 인식한다.

| 퇴직연금운용자산 | ***** / 현금및현금성자산 | ***** |

### [2] 확정급여형퇴직연금 불입액에 대한 회계처리

사용자가 확정급여형퇴직연금제도에 가입한 경우로서 퇴직금상당액 전액을 퇴직연금으로 불입하는 경우에는 퇴직급여충당부채의 비용처리에 대한 절차없이 퇴직급여 및 퇴직연금충당부채로 계상할 수 있지만, 근로자퇴직급여보장법에서는 가입자별 예상퇴직급여를 합하는 방법에 따라 산정한 금액(기준책임준비금)에 100분의 60 이상을 곱하여 산출한 금액(최소적립금) 이상을 적립금으로 적립할 수 있도록 규정하고 있다.

이 경우 퇴직연금으로 적립하는 금액외의 금액에 대하여는 퇴직급여충당부채를 설정하여 비용처리를 하는 것이 수익비용대응의 원칙에 부합할 것이다. 다만, 세무상 한도액을 초과하는 금액은 세무조정에서 손금불산입하는 절차가 필요하다.

① 《확정급여형퇴직연금 적립》 20×3년 8월 10일 확정급여형 퇴직연금에 가입하고, 300,000,000원을 보통예금에서 인출하여 적립하다.

| 퇴직연금운용자산 | 300,000,000 / 보통예금 | 300,000,000 |

② 《퇴직급여충당금 설정》 회계기말에 퇴직급여충당금 200,000,000원을 설정하다.

| 퇴직급여 | 200,000,000 / 퇴직급여충당부채 | 200,000,000 |

③《퇴직연금에 대한 운용수익 입금》 퇴직연금에 대한 투자수익 5,000,000원이 발생하다.

| | | | |
|---|---|---|---|
| 퇴직연금운용자산 | 5,000,000 | / 퇴직연금운용수익 | 5,000,000 |

④《퇴직연금수수료 출금》 퇴직연금에 대한 수수료 2,000,000원이 퇴직연금에서 퇴직연금사업자로 인출되다.

| | | | |
|---|---|---|---|
| 지급수수료 | 2,000,000 | / 퇴직연금운용자산 | 2,000,000 |

⑤《결산조정에 의한 퇴직연금 손금산입》 퇴직연금을 기말에 손금산입하는 회계처리를 하다. (손금산입대상 퇴직적립금 303,000,000원)

| | | | |
|---|---|---|---|
| 퇴직금 | 303,000,000 | / 퇴직연금충당부채 | 303,000,000 |

⑥《퇴직연금운용사업자로부터 퇴직금을 수령하여 퇴직자에게 지급시》 20×4년 5월 30일 직원의 퇴사에 따라 퇴직금 20,000,000원 중 12,000,000원은 퇴직연금운용사업자가 퇴사한 직원의 개인형퇴직연금(IRP)으로 이체하고 8,000,000원은 회사에서 개인형퇴직연금(IRP)으로 이체지급하다. 단, 퇴직소득세는 과세이연한다.

| | | | |
|---|---|---|---|
| 퇴직연금충당부채 | 12,000,000 | / 퇴직연금운용자산 | 12,000,000 |
| 퇴직급여충당부채 | 8,000,000 | / 보통예금 | 8,000,000 |

## 퇴직연금 손금산입

내국법인이 임원 또는 사용인의 퇴직을 퇴직급여의 지급사유로 하고 임원 또는 사용인을 수급자로 하는 퇴직연금의 부담금으로서 지출하는 금액은 해당 사업연도의 소득금액계산에 있어서 이를 손금에 산입한다.

### ❶ 확정기여형퇴직연금(DC)의 손금산입

① 확정기여형퇴직연금, 개인형퇴직연금제도에 따른 퇴직연금의 부담금은 전액 손금에 산입한다.
② 법인이 임직원의 퇴직을 연금의 지급사유로 하고 임원 또는 사용인을 수급자로 하는 확정기여형 퇴직연금을 설정하면서 퇴직연금 설정 전 근무기간분에 대한 부담금을 지출한 경우 그 지출금액은 퇴직급여충당금의 누적액에서 차감된 퇴직급여충당금에서 먼저 지출된 것으로 보는 것이며, 차감된 퇴직급여충당금을 초과하여 지출한 금액은 이를 손금에 산입할 수 있다.
③ 내국법인이 퇴직급여지급규정에 따라 계속 근로기간이 1년 미만인 근로자에게 퇴직급여를 지급하지 않음에도 확정기여형 퇴직연금에 가입하고 부담하는 보험료 등은 지출한 사업연도의 손금에 산입한다. (법인세과-1186, 2009.10.26.)
④ 법인의 확정기여형퇴직연금부담금은 매년 1회 이상 정기적으로 납부하여야 하는 것으로, 퇴직연금규약상 납입기일이 도래하기 전에 선 불입한 금액은 손금에 산입하지 아니한다. (법인세과-1020, 2010.10.29.)

#### ▣ 임원 확정기여형퇴직연금

임원에 대하여 확정기여형 퇴직연금(D/C형)에 가입하고 법인이 그 부담금을 계속 불입한 경우 그 부담금 총액을 임원의 퇴직급여로 보아 그 전액을 불입 시점에 일단 법인의 손금으로 처리하되, 해당 임원이 현실적으로 퇴직하는 사업연도에 퇴직 시까지 납부된 회사부담금의 누계액을 퇴직급여로 보아 아래의 손금산입한도를 초과하는 경우 퇴직일이 속하는 사업연도의 회사부담금에서 손금부인하되, 그 한도초과액이 퇴직일이 속하는 사업연도의 회사부담금을 초과하는 경우 그 초과액을 익금산입하여야 한다. [법령 제44조의2 ③ 단서 조항]

1. **정관** 또는 정관에서 위임된 퇴직급여지급규정(퇴직위로금 포함)으로 지급할 금액이 정하여진 경우 : 그 정관에 정하여진 금액 단, 임원퇴직금의 경우 정관의 규정에 있더라도 2호 금액의 2배를 한도로 한다.
2. 위 1호외의 경우 : 퇴직전 1년간 총급여 × 1/10 × 근속연수

[세법 개정] 임원 퇴직소득 한도 축소를 통한 과세 합리화(소득법 §20의3)
지급배수 하향 조정 : 3배 → 2배
<적용시기> 2020.1.1. 이후 퇴직하여 지급받는 소득 분부터 적용

## ❷ 확정급여형퇴직연금(DB)의 손금산입

### ■ 확정급여형퇴직연금의 손금산입범위액 계산

① 내국법인이 사용인의 퇴직을 퇴직급여의 지급사유로 하고 사용인을 수급자로 하는 퇴직연금의 부담금으로서 지출하는 금액은 해당 사업연도의 소득금액계산에 있어서 이를 손금에 산입한다.

② 내국법인이 임원의 퇴직금을 퇴직연금에 불입하는 경우에도 손금에 산입할 수 있으나 정관 또는 정관에서 위임한 임원 퇴직급여지급규정에 따라 지급하는 금액을 한도로 하되, 정관 또는 정관에서 위임한 임원 퇴직급여지급규정에도 불구하고, 2012년 이후 다음의 금액을 초과하는 금액은 근로소득으로 본다.

퇴직한 날부터 소급하여 3년동안(근무기간이 3년 미만인 경우에는 개월 수로 계산한 해당 근무기간) 지급받은 총급여의 연평균환산액 × 1/10 × 2012년 1월 1일 이후의 근속연수(1년 미만의 기간은 개월 수로 계산하며, 1개월 미만의 기간이 있는 경우에는 이를 1개월로 본다) × 3

③ 확정급여형퇴직연금은 제1호 및 제2호의 금액 중 큰 금액에서 제3호의 금액을 뺀 금액을 한도로 손금에 산입하며, 둘 이상의 부담금이 있는 경우에는 먼저 계약이 체결된 퇴직연금등의 부담금부터 손금에 산입한다.

1. 해당 사업연도종료일 현재 재직하는 임원 또는 사용인(확정기여형 퇴직연금등이 설정된 사람은 제외)의 전원이 퇴직할 경우에 퇴직급여로 지급되어야 할 금액의 추계액(손금에 산입하지 아니하는 금액 제외)에서 해당 사업연도종료일 현재의 퇴직급여충당금을 공제한 금액에 상당하는 연금에 대한 부담금

2. 다음 각 목의 금액을 더한 금액(손금불산입 금액 제외)에서 해당 사업연도 종료일 현재의 퇴직급여충당금을 공제한 금액에 상당하는 연금에 대한 부담금
가. 「근로자퇴직급여 보장법」 제16조 제1항 제1호에 따른 금액 (2014. 2. 21. 신설)
나. 해당 사업연도종료일 현재 재직하는 임원 또는 사용인(확정기여형 퇴직연금등이 설정된 사람 제외) 중 확정급여형퇴직연금제도에 가입하지 아니한 사람 전원이 퇴직할 경우에 퇴직급여로 지급되어야 할 금액의 추계액과 확정급여형퇴직연금제도에 가입한 사람으로서 그 재직기간 중 가입하지 아니한 기간이 있는 사람 전원이 퇴직할 경우에 그 가입하지 아니한 기간에 대하여 퇴직급여로 지급되어야 할 금액의 추계액을 더한 금액

3. 직전 사업연도종료일까지 지급한 부담금

### ▣ 확정급여형퇴직연금 세무조정

① 퇴직연금 등을 납입하고 퇴직연금운용자산 등으로 자산계상한 경우에는 결산조정에 의해 법인의 손금으로 계상하지 아니하였더라도 신고조정(세무조정)으로 손금에 산입할 수 있다.

② 퇴직연금 등을 손금산입한 법인의 임원 또는 사용인이 실제로 퇴직하는 경우 손금산입할 퇴직금의 범위액은 퇴직급여지급규정에 의한 퇴직금상당액에서 당해 사용인의 퇴직으로 인하여 퇴직연금사업자 등으로부터 수령한 퇴직연금, 퇴직급여충당금 순으로 차감한 금액으로 한다. 다만, 신고조정에 의하여 퇴직연금 등을 이미 손금에 산입한 경우 퇴직금으로 지급한 퇴직연금을 퇴직금으로 계상한 후 동 금액을 익금에 산입해야 한다.

# 6 대손충당금

## Q 대손충당금 설정

기업이 보유하고 있는 매출채권(외상매출금, 받을어음)은 거래처의 파산, 폐업, 부도 등의 사유로 회수를 할 수 없는 경우가 발생할 수 있다. 회수할 수 없는 채권은 손실로 '대손상각비'라고 한다.

결산시점에 기업이 보유하고 있는 매출채권 중 일부 금액은 회수가 안 될 수도 있기 때문에 당기의 손익을 보다 정확히 계산하기 위하여 매출채권 중 일정금액을 회수 불가능한 채권으로 추정하여 미리 비용으로 계산하는 절차가 필요하며 아래와 같이 처리한다.

### ❶ 기업회계기준에 의한 대손충당금 설정

회수가 불확실한 채권은 합리적이고 객관적인 기준에 따라 산출한 대손추산액을 대손충당금으로 설정한다.

충당부채는 지출의 시기 또는 금액이 불확실한 부채를 말하며 다음의 인식요건을 모두 충족하는 경우에 인식한다.

1. 과거사건이나 거래의 결과로 현재의무가 존재한다.
2. 당해 의무를 이행하기 위하여 자원이 유출될 가능성이 매우 높다.
3. 그 의무의 이행에 소요되는 금액을 신뢰성 있게 추정할 수 있다.

현재의무의 존재 여부가 분명하지 않은 경우에는 모든 이용 가능한 증거를 고려하여 대차대조표일 현재 의무가 존재할 가능성이 매우 높다고 판단되면, 과거사건이 현재의무를 발생시킨 것으로 본다.

## ❷ 법인세법 규정에 의한 대손충당금 설정

기업회계기준에서 대손충당금 설정에 대하여 합리적이고 객관적인 기준에 따라 산출한 대손추산액을 대손충당금으로 설정할 수 있도록 규정하고 있으나 그 구체적인 기준을 제시하고 있지 않는 사유로 기업의 합리적인 판단에 의하여 대손충당금을 설정할 수 있다. 그러나 합리적이고 객관적인 기준의 통일적 모델이 없어 주관적인 판단이 개입될 요소가 있을 수 있다.

기업회계기준에 의한 기업의 대손충당금 계상금액을 세법에서 그대로 인정을 한다면, 개별 기업이 조세를 회피할 목적으로 회계기준을 해석하여 대손상각비를 과다계상하여 이익을 과소계상할 수 있을 것이다.
이 경우 과세관청과 개별기업은 상반된 입장 차이(과세관청의 조세징수 목적과 기업의 합법적 절세)로 인하여 분쟁이 발생할 수 있을 것이며, 세무적 측면에서 혼란이 야기될 수 있을 것이므로 세법은 기업의 대손충당금 설정한도액을 매출채권의 1% 또는 대손실적률 중 큰 금액의 범위내에서 손금에 산입하도록 규정하고 있으며, 대손충당금 한도액을 초과하여 대손충당금을 설정하고, 대손상각비를 계상한 경우 초과하는 금액은 손금으로 인정하고 있지 있다.

이와 같은 사유로 대부분 중소기업의 경우 대손상각비로 계상하는 금액은 세법상 한도내의 금액으로 하고 있으며, 세법상 한도내의 금액을 대손충당금으로 설정하는 경우 별도의 세무조정은 필요하지 않으므로 본 절에서는 세법상 한도금액의 계산방법에 대하여 상술하기로 한다.

매출채권의 대손충당금을 손금으로 계상한 내국법인이 대손금이 발생한 경우 그 대손금은 대손충당금과 먼저 상계하여야 하고, 대손금과 상계하고 남은 대손충당금의 금액은 다음 사업연도의 소득금액계산에 있어서 이를 익금에 산입한다.
한편, 손금에 산입한 대손금중 회수한 금액은 그 회수한 날이 속하는 사업연도의 소득금액계산에 있어서 이를 익금에 산입한다.

## 대손충당금 설정 대상 채권 및 설정 금액

### ● 대손충당금 설정대상 채권

① 외상매출금 ~ 상품, 제품의 판매가액 중 미수금액, 가공료, 용역 등의 제공에 의한 사업수입금액의 미수액
② 대여금 ~ 금전소비대차계약 등에 의하여 타인에게 대여한 금액
③ 기타 이에 준하는 채권 ~ 어음상의 채권 및 미수금 등

대손충당금 설정대상 채권은 법인세법상 특별히 대손충당금을 설정할 수 없는 것으로 규정되어 있는 다음의 채권을 제외하고는 원칙적으로 제한이 없다.

○ 채무보증으로 인하여 발생한 구상채권
○ 특수관계자에게 업무와 관련없이 지급한 가지급금
○ 할인어음, 배서양도한 어음, 수탁물품의 판매대금

### ● 대손충당금 설정

당해 사업연도종료일 현재 외상매출금·대여금 기타 이에 준하는 채권의 장부가액의 합계액의 100분의 1에 상당하는 금액과 채권잔액에 대손실적률을 곱하여 계산한 금액 중 큰 금액으로 한다.

#### ■ 대손실적률에 의한 대손충당금 계상

대손실적율 = 당해 사업연도 대손금 ÷ 직전 사업연도종료일 현재의 채권잔액

## 대손충당금 계상 및 상계, 환입

### ❶ 대손충당금 계상

대손충당금은 결산시 설정하여야 하며, 세무조정에 의하여 설정할 수 없다. 즉, 결산시 대손상각비를 비용 처리하고, 대손충당금을 설정하여야 한다는 뜻이다.

| 대손상각비 | ***** / 대손충당금 | ***** |

### ❷ 총액법에 의한 설정

법인세법상 대손충당금 설정은 총액법 즉, 대손충당금잔액을 모두 환입하고 당기의 대손추정액을 다시 설정하는 방법으로 설정한다. 단, 당해 사업연도 대손충당금 설정 범위액내에서 익금에 산입하여야 할 대손충당금을 차감한 잔액만을 설정한 경우에도 이는 단순한 기표상의 생략으로 보아 각각 익금 또는 손금에 산입한 것으로 본다. (법인세법시행규칙 제32조 ①)

### ❸ 대손발생시 대손충당금과 우선 상계

대손충당금을 손금으로 계상한 내국법인이 대손금이 발생한 경우에는 그 대손금을 대손충당금과 먼저 상계하여야 하고, 대손금과 상계하고 남은 대손충당금은 기말결산시 소득금액계산에 있어서 이를 익금에 산입한다.

| 대손충당금 | ***** / 외상매출금 | ***** |

### ❹ 대손금 회수시 처리

손금에 산입한 대손금중 회수한 금액은 그 회수한 날이 속하는 사업연도의 소득금액계산에 있어 이를 익금에 산입한다.

## 🅠 대손금

대손금이란 회수가 불가능한 채권으로 세법의 규정에 의한 대손금에 해당하는 경우 대손상각처리한다. 즉, 내국법인이 보유하고 있는 채권 중 채무자의 파산, 부도 등으로 회수 할 수 없는 채권의 금액은 당해 사업연도의 소득금액계산에 있어서 이를 손금에 산입한다.

### ❶ 대손금 범위 (법령 제19조의 2)

① 법률적으로 청구권이 소멸하여 회수할 수 없게 된 채권
㉠ 소멸시효가 완성된 다음의 채권
- 외상매출금 및 미수금으로서 상법상의 소멸시효(5년 → 민법 단기소멸시효 3년)가 완성된 것
- 어음법에 의한 소멸시효(3년)가 완성된 어음
- 수표법에 의한 소멸시효(6개월)가 완성된 수표
- 대여금 및 선급금으로서 민법상의 소멸시효(10년)가 완성된 것

② 민사집행법 제102조의 규정에 의하여 채무자의 재산에 대한 경매가 취소된 압류채권

③ 물품의 수출로 인하여 발행한 채권으로서 한국은행총재 또는 외국환은행의 장으로부터 채권회수의무를 면제받은 것

④ 「채무자 회생 및 파산에 관한 법률」에 의한 회생계획인가 또는 변제계획인가 결정에 따라 회수불능으로 확정된 채권

①, ②, ③, ④항의 사유로 대손상각을 하는 세무조정 또는 결산조정에 의하여 대손상각처리를 할 수 있으나
⑤, ⑥, ⑦, ⑧항의 사유인 경우 결산조정을 한 경우에만 대손상각처리를 할 수 있다. 결산조정이란 장부에서 대손상각비를 계상하여야 하는 것을 말한다.
결산조정 : 대손상각비 / 외상매출금

⑤ 채무자의 상태로 보아 회수할 수 없다고 인정되는 채권
㉠ 파산한 자에 대한 채권 : 파산법 제14조에서 규정하는 파산채권으로서 법원의 파산선고로 회수할 수 없는 채권
㉡ 사망·실종·행방불명된 자에 대한 채권 : 사망하였거나 실종선고를 받은 채무자에 대한 채권으로서 채무자 소유의 재산이 없는 채권
㉢ 해산한 법인 등에 대한 채권
㉣ 강제집행불능조서가 작성된 채무자에 대한 채권
㉤ 형의 집행 중에 있는 채무자에 대한 채권
㉥ 사업을 폐지한 채무자에 대한 채권
▶ 사업을 폐업한 채무자에 대한 채권으로 회수 가능한 재산이 없는 경우
▶ 합병 이외의 사유로 해산한 법인이 청산을 종료하지 아니한 때에도 사업재개의 전망이 없고 채무의 초과로 회수할 재산이 전혀 없음이 명백한 경우
▶ 압류 또는 근저당권설정 재산 이외의 다른 재산이 없는 경우 압류 또는 근저당권설정 재산의 시가상당액을 초과하는 채권의 가액은 대손처리할 수 있으며, 압류재산에 선순위 채권이 있는 경우 실제 선순위 채권가액을 차감하고 계산한다.

▶ **거래처가 폐업한 경우 매출채권 대손상각**
채무자가 단순히 사업을 폐지하였다고 하여 대손처리할 수는 없으며, 당해 채권의 회수를 위하여 강제집행 등의 법적 제반 절차를 취하여 채무자의 무재산으로 채권회수가 불가능함이 객관적으로 인정되는 경우에는 소멸시효가 완성되기 전에 대손처리할 수 있는 것이다. 한편, 채권회수를 위한 법적 제반 절차를 취하지 아니하고 소멸시효가 완성된 경우에는 기업업무추진비로 보는 것임

▶ **대손요건을 충족하지 못하는 외상매출금, 미수금 등을 장부상 제거하고자 경우**
대손상각처리할 수 없으며, 이 경우 기업업무추진비로 처리한 시부인계산하여야 한다.

⑥ 부도수표·어음상의 채권 등
■ 부도발생일로부터 6월 이상 경과한 수표 또는 어음상의 채권 및 부도발생일 이전에 발생한 중소기업의 외상매출금 다만, 당해 법인이 채무자의 재산에 대해 저당권을 설정하고 있는 경우를 제외한다.
* 위 요건에 해당하는 경우 채무자가 부도발생일 이후 사업계속 여부, 다른 재산 소유 여부에 대하여 별도의 조사 없이 대손처리할 수 있으며, 추후 회수하는 때에는 익금에 산입한다.

⑦ 세무서장으로부터 국세결손처분을 받은 채무자에 대한 채권
단, 저당권을 설정하고 있는 경우 제외한다.

⑧ 회수기일을 6월 이상 경과한 채권 중 회수비용이 당해 채권가액을 초과하여 회수실익이 없다고 인정되는 20만원 이하의 채권 (채무자별 채권가액의 합계액을 기준으로 한다.)

⑨ 기업회계기준에 의한 채권의 재조정에 따라 채권의 장부가액과 현재가치의 차액을 대손금으로 계상한 금액

⑩ 채권의 일부를 회수하기 위하여 해당 채권의 일부를 포기하여야 할 불가피한 사유가 있는 경우 포기한 그 채권금액. 다만, 부당행위계산부인에 해당하는 경우에는 그러하지 아니하다.

[세법 개정] 대손금 손금산입 범위 확대(법인령 §19의2①, 소득령 §55②)
중소기업의 외상매출금 및 미수금으로서 회수기일이 2년 이상 지난 외상매출금등. 다만, 특수관계인과의 거래로 인하여 발생한 외상매출금등은 제외한다.
<적용시기> 2020.1.1. 이후 개시하는 사업연도(과세기간) 분부터 적용

[핵심 실무] 회수기일이 2년 이상 지난 외상매출금은 장부에 대손상각비을 계상한 경우에 한아여 대손처리를 할 수 있으며, 세무조정에 의하여 대손상각비로 손금산입할 수는 없음

◆ 중소기업의 매출채권의 대손 여부
(법인, 서면-2021-법인-0073, 2021.02.08)
중소기업인 내국법인의 외상매출금(특수관계인과의 거래로 인하여 발생한 것은 제외)으로서 회수기일이 2년 이상 지난 외상매출금은 채무자가 사업을 계속 영위하는지 여부에 상관 없이 「법인세법 시행령」 제19조의2 제3항에 따라 대손금으로 비용 계상한 날이 속하는 사업연도에 손금으로 산입할 수 있는 것임.

## ❷ 대손처리할 수 없는 채권

① 채무보증으로 인하여 발생한 구상채권
② 특수관계자에게 업무와 관련없이 지급한 가지급금

## 대손충당금 회계처리 사례

### ■ 대손충당금 설정 및 환입

① 《대손상각비 및 대손충당금 설정》 회계기말(20×4. 12. 31)에 외상매출금 잔액 2억원 및 받을어음 잔액 1억원에 대하여 1%의 대손충당금을 설정하다.

| | | | |
|---|---|---|---|
| 대손상각비 | 3,000,000 / | 대손충당금(외상매출금) | 2,000,000 |
| | | 대손충당금(받을어음) | 1,000,000 |

② 《대손 발생 : 회수 불능채권이 대손충당금 잔액보다 적은 경우》 20×5. 6. 30 (주)대웅물산에 대한 외상매출금 500,000원이 회수 불가능하여 대손처리하다.
단, 외상매출금에 대한 대손충당금잔액은 2,000,000원이다.

| | | | |
|---|---|---|---|
| 대손충당금(외상매출금) | 500,000 / | 외상매출금 | 500,000 |

③ 《대손충당금 설정 : 전기에 설정한 대손충당금 잔액이 있는 경우》 회계기말(20×5. 12. 31)에 외상매출금 잔액 3억원, 받을어음 잔액 2억원에 대하여 1%의 대손상각비를 계상하다. 단, 대손충당금 잔액은 2,500,000원이다.
(대손충당금 잔액 : 외상매출금 1,500,000원, 받을어음 1,000,000원)

| | | | |
|---|---|---|---|
| 대손상각비 | 2,500,000 / | 대손충당금(외상매출금) | 1,500,000 |
| | | 대손충당금(받을어음) | 1,000,000 |

\* 당기 대손충당금 설정가능금액(5,000,000원)에서 이월된 대손충당금 잔액을 차감한 금액(5,000,000원 - 2,500,000원)에 대하여 대손상각비로 계상한다.

◎ 《이월된 대손충당금이 당기 대손충당금 설정가능금액을 초과하는 경우》결산시에 외상매출금 2억원 및 받을어음 1억원에 대하여 1%의 대손상각비를 계상하다. 단, 외상매출금 대손충당금 잔액은 3,000,000원이며, 받을어음 대손충당금 잔액은 2,000,000원이다.

| | | | |
|---|---|---|---|
| 대손충당금(외상매출금) | 1,000,000 / | 대손충당금환입 | 2,000,000 |
| 대손충당금(받을어음) | 1,000,000 | | |

## ▣ 대손 발생 및 대손상각, 대손세액공제 회계처리

① 《대손 발생 : 회수 불능채권이 대손충당금 잔액보다 많은 경우》
20×4. 5 .31 (주)한라상사에 대한 외상매출금 2,000,000원이 회수 불가능하여 대손처리하다. 단, 대손충당금잔액은 1,500,000원이다.

| | | | |
|---|---|---|---|
| 대손충당금(외상매출금) | 1,500,000 | / 외상매출금 | 2,000,000 |
| 대손상각비 | 500,000 | | |

* 대손충당금잔액이 부족한 경우 부족한 금액은 당기의 비용인 대손상각비로 처리한다.

② 《받을어음 부도발생》 매출처 (주)경주건설에서 수취한 받을어음 110,000,000원이 만기일인 20×4. 5 .31 부도발생하다.

| | | | |
|---|---|---|---|
| 부도어음 | 110,000,000 | / 받을어음 | 110,000,000 |

③ 《대손세액공제신청》 부도발생일로부터 6개월이 경과한 날(20×4. 12. 1)이 속하는 부가가치세 확정신고시 대손세액공제를 신청하다.

| | | | |
|---|---|---|---|
| 부가세예수금 | 10,000,000 | / 부도어음 | 10,000,000 |

• 부가세예수금 : 부도어음금액(110,000,000원) × 10/110

④ 《대손상각》 회계기말(20×4. 12. 31)에 부도어음을 대손상각처리하다. 단, 받을어음 대손충당금 잔액은 5,000,000원이다.

| | | | |
|---|---|---|---|
| 대손충당금(받을어음) | 5,000,000 | / 부도어음 | 99,999,000 |
| 대손상각비 | 94,999,000 | | |

# 7  기타 결산정리 사항

## 현금과부족 정리

결산시점에 장부상 현금잔액과 실지 현금잔액이 차액이 발생하는 경우가 있다. 이 경우 그 원인을 밝히어 정리하여야 하며, 원인이 밝혀지지 않는 경우 장부상금액보다 실제 현금잔액이 많으면 잡이익으로, 실제 현금잔액이 적으면 잡손실로 처리한다.

① 《현금과부족 발생》 현금의 실제금액이 장부상 금액보다 200,000원이 부족한 것을 발견하다.

| 현금과부족 | 200,000 | / | 현금 | 200,000 |
|---|---|---|---|---|

② 《현금과부족 정리》 현금과부족의 원인을 조사한바 150,000원은 직원식대를 지급한 금액을 장부상 누락한 금액이고, 50,000원은 그 원인을 알 수 없어 잡손실로 처리하다.

| 복리후생비 | 150,000 | / | 현금과부족 | 200,000 |
|---|---|---|---|---|
| 잡손실 | 50,000 | | | |

## 선급비용 계상

일정 계약에 따라 용역을 제공받기로 하고, 그 대가를 지급하였으나 결산시점에 그 용역제공의 기한이 종료되지 않은 경우 아직 남아 있는 용역제공 기간에 해당하는 비용은 선급한 것으로 기간 손익을 정확히 계산하기 위하여 선급한 비용을 계상하여 다음연도에 해당 비용으로 대체한다.

## ▶ 선급비용 회계처리 사례

### ■ 보증보험료 지급 및 선급비용 계상

① 《보증보험료 지급》 20×4. 7. 16 보증보험료 2,300,000원을 보통예금에서 인출하여 지급하다. (보증보험기간 2년 : 20×4. 07. 16 ~ 20×6. 07. 15)

| 보험료 | 2,300,000 | / | 보통예금 | 2,300,000 |
|---|---|---|---|---|

② 《선급비용 계산》 20×4년도 기말결산시 보험료 미경과분을 선급비용으로 대체하다.

| 선급비용 | 1,767,534 | / | 보험료 | 1,767,534 |
|---|---|---|---|---|

* 계산근거 : 보험료(2,300,000원) × 미경과일수(561일) ÷ 보험가입 총일수(730일)

③ 《선급비용 보험료 대체》 20×5사업연도 결산시 선급보험료 중 당해 연도 귀속분 1,150,000원을 보험료로 대체하다.

| 보험료 | 1,150,000 | / | 선급비용 | 1,150,000 |
|---|---|---|---|---|

* 계산근거 : 보험료(2,300,000원) × 경과일수(365일) ÷ 보험가입 총일수(730일)

### ■ 자동차보험 분납 및 선급비용 계산

① 《자동차보험료 1회분 납부》 5. 20 자동차 보험료 1,344,810원을 2회에 걸쳐 분납하기로 하고, 1회분 보험료 1,021,840원을 보통예금에서 인출하여 납부하다. 2회분 보험료 322,970원은 11. 20 납부하기로 하다.
(보험계약기간 20×4. 05. 20 ~ 20×5. 05. 19)

| 보험료 | 1,344,810 | / | 보통예금 | 1,021,840 |
|---|---|---|---|---|
|  |  |  | 미지급비용 | 322,970 |

② 《자동차보험료 2회분 납부》 11. 20 자동차보험료 2회분 322,970원을 보통예금에서 인출하여 납부하다.

| 미지급비용 | 322,970 | / | 보통예금 | 322,970 |
|---|---|---|---|---|

③ 《미경과보험료 계산》 결산시 미경과보험료를 선급비용으로 계산하다.

| 선급비용 | 512,133 | / | 보험료 | 512,133 |
|---|---|---|---|---|

\* 계산근거 : 보험료(1,344,810원) × 미경과일수(139일) ÷ 보험가입 총일수(365일)

## 미지급비용 계상

당기에 속하는 비용이 발생하였으나 그 대가를 지급하지 않은 경우 보다 정확한 손익계산을 위하여 당기에 비용으로 처리하고 미지급한 금액은 미지급비용으로 회계처리하는 결산분개를 하여야 한다.

예를 들면, 급료 미지급액, 이자비용 미지급액, 세금과공과 미지급액 등이 있다.

① 《미지급비용 계산》 급여일은 급여 해당 월의 다음달 10일이다. 12월 분 급여는 결산기말 현재시점에 지급하지 않은 금액이나 12월분 급여를 당해 연도 비용으로 처리하여야 하므로 급여 30,000,000원을 미지급비용으로 계상하다.

| 급여 | 30,000,000 | / | 미지급비용 | 30,000,000 |
|---|---|---|---|---|

② 《미지급비용 지급》 다음연도 1월 10일 급여 30,000,000원 지급시 근로소득세 및 4대 보험 예수금 등 2,500,000원을 공제한 27,500,000원을 국민은행 보통예금에서 인출하여 지급하다.

| 미지급비용 | 30,000,000 | / | 보통예금 | 27,500,000 |
|---|---|---|---|---|
|  |  |  | 예수금 | 2,500,000 |

## 재고자산감모손실 계상

재고자산은 기말 재고수량과 이에 적용할 단가를 결정함으로써 평가된다. 기말 재고수량은 실사법과 계속기록법에 의해서 결정되는데 이 중 계속기록법의 경우 결정된 수량은 장부상 수량이므로 멸실, 파손 등의 사유로 실제 창고에 보관되어 있는 재고수량하고는 다를 수 있다. 이 경우 수량부족분 또는 파손손실에 대한 재고금액을 재고자산감모손실로 처리한다. 반면, 재고자산평가손실은 재고자산의 진부화 등으로 재고자산의 가치가 하락한 경우 장부상 잔액과 현재가치의 손실차액을 말한다.

> 재고자산감모손실 = (장부상 수량 − 실제 수량) × 장부상 단가

재고자산감모손실 중 정상적으로 발생한 감모손실은 재고자산 수량부족이 사전에 예측된 것이므로 매출원가로 처리하여야 한다. 왜냐하면 정상적인 감모수량에 대한 판매가격은 매출액에 이미 반영되어 있기 때문이다. 한편, 사전에 예측하지 못한 비정상적인 감모손실은 영업외비용으로 처리한다.

### 재고자산감모손실 회계처리 사례

① 《당기매입액을 매출원가로 대체》 기초상품 1천만원 및 당기 상품매입액 5천만원에서 기말상품재고액 1천만원을 차감한 4천만원을 상품매출원가로 대체하다.

| 상품매출원가 | 40,000,000 / 상품 | 40,000,000 |
|---|---|---|

② 《재고감모손실 매출원가 및 재고자산감모손실 대체》 장부상 기말재고수량은 100개이나 (단가 100,000원) 실제 재고를 조사한 바 90개다. 재고자산 감모수량 중 3개는 정상적인 감모이며, 7개는 비정상적인 감모로 판명되다.

| 매출원가 | 300,000 / 상품 | 1,000,000 |
|---|---|---|
| 재고자산감모손실 | 700,000 | |

- 재무상태표상 기말상품재고액 : 9,000,000원
- 손익계산서상 기말상품재고액 : 9,700,000원
- 700,000원은 영업외비용에서 재고자산감모손실로 차감된다.

## 재고자산평가손실 계상

재고자산평가손실이란 가치하락, 품질저하 등의 사유로 재고자산의 가치가 장부상가액보다 하락한 경우 재고자산의 현재가치를 평가하여 그 손실금액을 재고자산에서 감액하는 경우 발생하는 손실금액을 말한다. 그러나 현행 세법에서는 파손, 부패의 경우에는 재고자산감모손실이 용인되나 가치하락, 품질저하 등의 경우에는 재고자산평가방법 신고기한내에 저가법으로 별도의 신고를 한 경우에 한하여 재고자산평가손실을 인정하고 있다. 따라서 적법한 절차에 의하지 아니하고 기업이 임의로 재고자산의 평가손실을 결산에 반영한 경우 전액 손금불산입하고 유보 처분하여야 한다.

### 저가법에 의한 재고자산평가손실 계상

재고자산을 원가법과 기업회계기준이 정하는 바에 따라 시가로 평가한 가액 중 낮은 편의 가액을 평가액으로 하는 방법
기업회계기준에 의하면, 매도가능증권에 해당하는 투자유가증권은 회계기말에 시가로 평가를 하여 원가와 시가와의 차액에 대하여는 자본조정에 계상하였다가 처분시에 자본조정계정을 소멸시키도록 규정하고 있다. (미실현손익을 당기손익에 반영하지 아니함)

## 미수수익 계상

당기에 속하는 수익중 미수액으로 한다. 예를 들면, 미수임대료, 미수이자수익 등이 있다. 미수수익은 계약에 의한 계속적인 역무의 제공이라는 점에서 상품 등의 판매에 의한 외상매출금, 또는 유가증권·토지·건물 등의 매각대금의 미수금과는 구별된다. 즉, 미수수익은 역무의 제공이 당기 기간에 속하는 것이나 그 대가를 수취하지 못한 경우(통상 결산시) 기간 손익을 정확히 반영하기 위하여(이자수익 등) 계상한다. 미수수익은 수익실현주의에 의한 회계원칙으로 인하여 발생한다.

## ▶ 미수수익 회계처리 사례

① 《가지급금 인정이자에 대한 미수수익 계상》 결산시 대표이사 가지급금에 대한 인정이자 2,000,000원을 미수하여 이자수익을 계상하다.

| 미수수익 | 2,000,000 / 이자수익 | 2,000,000 |

* 상환기간 및 이자율에 대한 약정이 있어야 한다.

② 《인정이자 수취》 다음해 3. 31 대표이사 가지급금에 대한 인정이자 미수취분 2,000,000원을 현금으로 수취하다.

| 현금 | 2,000,000 / 미수수익 | 2,000,000 |

## ■ 미수수익과 관련한 세무상 유의사항

원천징수되는 이자 등은 결산을 확정함에 있어서 이미 경과한 기간에 대응하는 이자를 이자수익으로 계상한 경우에는 익금불산입하는 것이며, 지급이자의 경우 결산시 이미 경과한 기간에 대응하는 이자 등을 당해 사업연도의 손금으로 계상한 경우 별도의 세무조정은 필요하지 않다. 즉, 세법에서는 원천징수되는 이자수익에 대하여 현금주의로 계상하도록 규정하고 있는바 이자수익의 귀속시기는 이자입금일(원본전입일, 해약일)로 결산을 확정함에 있어 수취하지 않은 이자(미수수익)을 미수수익으로 계상한 경우 세무조정에서 익금불산입하여야 한다. 따라서 외부회계감사를 받지 않는 중소기업의 경우 정기적금, 정기예금 등 금융상품의 미수취이자를 결산시 반영하지 않아도 무방하다.

## 선수수익 계상 (수익의 이연)

당기에 수익으로 계상하였으나 수익의 귀속연도가 다음연도에 해당하는 금액이 있는 경우 보다 정확한 손익계산을 위하여 결산시점에 다음연도에 해당하는 수익에 대하여 당기 수익에서 차감하는 결산분개를 하여야 한다. 예를 들면, 임대료를 미리 선수한 경우 다음연도에 해당하는 임대료는 수입임대료에서 차감하여야 한다.

①《임대료 수입》 6. 1 공장의 일부를 월세 1,000,000원으로 임대하여 주기로 하고, 1년분 임대료 12,000,000원 및 부가가치세 1,200,000원을 현금으로 수취하고 세금계산서를 발급하여 주다.

| 현금 | 13,200,000 | / | 임대료수입 | 12,000,000 |
|---|---|---|---|---|
| | | | 부가세예수금 | 1,200,000 |

②《선수수익 계상》 회계기말에 공장 임대료로 수취한 금액 중 내년도 임대료에 해당하는 5,000,000원으로 임대료수입에서 차감하고, 선수수익으로 계상하다.

| 임대료수입 | 5,000,000 | / | 선수수익 | 5,000,000 |
|---|---|---|---|---|

## 유가증권 평가

유가증권은 단기매매증권, 매도가능증권, 만기보유증권으로 구분하여 분류한다.

① 단기매매증권은 기말 현재 유가증권의 공정가액과 장부가액의 차액을 영업외손익인 유가증권평가손익으로 처리하여야 하며, 시장성있는 유가증권은 시장가격을 공정가액으로 보며 시장가격은 재무상태표일 현재의 종가로 한다.

② 유가증권은 종목별로 평가하되, 평가이익과 평가손실이 동시에 발생되는 경우에는 상계하여 순액만을 유가증권평가손익으로 표시하여야 한다.

매도가능증권에 대하여 회계기말에 평가손익을 계상한 경우 평가손익은 자본 계정의 기타포괄손익누계액에 반영한다.

◎《단기매매증권 평가》 단기매매목적으로 보유한 상장법인인 (주)삼양사 주식 장부가액은 10,000,000원이고, 회계기말 공정가액은 12,000,000원으로 유가증권평가이익 2,000,000원을 계상하다.

| 단기매매증권 | 2,000,000 | / | 유가증권평가이익 | 2,000,000 |
|---|---|---|---|---|

## ▣ 유가증권 평가에 관한 법인세법 규정

법인세법에서는 총평균법, 이동평균법, 개별법(채권에 한함)에 의한 원가법만 인정되므로 유가증권 평가손익은 인정되지 아니한다. 따라서 외부회계감사를 받지 않는 중소기업의 경우 유가증권평가손익을 인식하지 않아도 무방하다.

한편, 유가증권평가손익을 결산시에 반영한 경우 유가증권평가이익은 세무조정사항에서 익금불산입하고 유보처분하여야 하며, 유가증권평가손실은 세무조정사항에서 손금불산입하고 유보처분하여야 한다.

## ◨ 장기차입금의 유동성장기부채 대체

유동성 장기부채란 당초 차입기한이 1년을 초과하여 장기차입금으로 회계처리 하였으나 기간이 경과하여 결산일로부터 1년 이내에 상환하여야 할 부채를 장기차입금 등 장기부채와 구분하기 위하여 유동성장기부채로 대체한다.

## ▷ 유동성장기부채 회계처리 사례

① 《장기차입금 조달》 20×1. 6. 1 우리은행에서 시설자금 100,000,000원을 차입하고 근저당 설정수수료 및 기타 수수료 600,000원을 차감한 99,400,000원이 우리은행 보통예금에 입금되다.
(대출 상환기한 : 20×6. 5. 31, 대출이자율 9%, 만기 일시상환 방식)

| 보통예금 | 99,400,000 | / | 장기차입금 | 100,000,000 |
| 지급수수료 | 600,000 | | | |

② 《장기차입금을 유동성 장기부채로 전환》 20×5년도 회계기말에 장기차입금중 다음해에 상환하여야 할 금액 100,000,000원을 유동성장기부채로 대체하다.

| 유동성장기부채 | 100,000,000 | / | 장기차입금 | 100,000,000 |

## 가지급금 및 가수금 정리

가지급금 또는 가수금 등의 미결산항목은 그 내용을 나타내는 적절한 과목으로 표시한다.

◎ 《가지급금 정리》 회계기말(20×4. 12 .31)에 대표이사에 대한 가지급금 1천만원을 '주임종단기대여금'으로 대체처리하다.

| | | | |
|---|---|---|---|
| 주임종단기대여금 | 10,000,000 | / 가지급금 | 10,000,000 |

## 부가세예수금 및 부가세대급금 정리

부가세예수금과 부가세대급금은 상계처리한 다음 부가세예수금은 잔액은 관할 세무서에 대한 미지급금으로 부가세대급금 잔액은 관할 세무서에 미수금으로 대체처리하여야 한다. 단, 외부감사를 받지 않는 중소기업의 경우 납부시 부가세예수금과 부가세대급금을 상계처리하고, 잔액은 납부한 것으로 처리하여도 무방하다.

◎ 《부가세예수금과 부가세대급금 상계》 2기 확정 부가가치세 과세기간 종료일인 12월 31일 2기 확정기간의 부가세예수금 합계 30,000,000원에서 부가세대급금 합계 20,000,000원을 상계처리하고, 잔액은 미지급금으로 계상하다.

| | | | |
|---|---|---|---|
| 부가세예수금 | 30,000,000 | / 부가세대급금 | 20,000,000 |
| | | 미지급금 | 10,000,000 |

## 법인세비용 계상

♣ 법인세비용 참고

## 🅠 당기순이익의 미처분이익잉여금 대체

### ■ 당기순이익의 미처분이익잉여금 대체 과정 [법인]

(1) 비용 계정의 손익계정 대체
(2) 수익 계정의 손익계정 대체
(3) 수익에서 비용을 차감한 금액(손익 차액)의 미처분이익잉여금 대체

**(1) 수익계정의 손익계정 대체**

| 제품매출 | 4,000,000,0000 | / | 손익 | 4,010,000,000 |
|---|---|---|---|---|
| 이자수익 | 10,000,000 | | | |

**(2) 비용계정의 손익계정 대체**

| 손익 | 3,500,000,000 | / | 제품매출원가 | 2,800,000,000 |
|---|---|---|---|---|
| | | | 급여 | 300,000,000 |
| | | | 복리후생비 | 50,000,000 |
| | | | 여비교통비 | 20,000,000 |
| | | | 기업업무추진비 | 40,000,000 |
| | | | 통신비 | 10,000,000 |
| | | | 세금과공과금 | 5,000,000 |
| | | | 감가상각비 | 200,000,000 |
| | | | 보험료 | 5,000,000 |
| | | | 차량유지비 | 20,000,000 |
| | | | 사무용품비 | 10,000,000 |
| | | | 지급수수료 | 3,000,000 |
| | | | 대손상각비 | 10,000,000 |
| | | | 이자비용 | 17,000,000 |
| | | | 잡손실 | 10,000,000 |

**(3) 당기순이익의 미처분이익잉여금 대체**

| 손익 | 500,000,000 | / | 미처분이익잉여금 | 500,000,000 |
|---|---|---|---|---|

◆ 수익·비용 계정의 손익 계정 대체 과정

아래의 분개과정을 거쳐 손익계정으로 대체된 다음 차액은 미처분이익잉여금으로 대체처리되고, 미처분이익잉여금은 다시 이월이익잉여금으로 대체된다.

| 수익 계정 | 비용 계정 | 손익계정 |
|---|---|---|
| 손  익 *** / 매  출 *** <br> 영업외수익 *** | 매출원가 *** / 손  익 *** <br> 판매관리비 *** <br> 영업외비용 *** | 매출원가 *** / 매  출 *** <br> 판매관리비 *** / 영업외수익 *** <br> 영업외비용 *** <br> 미처분이익잉여금 *** |

## ■ 전기이월이익잉여금, 미처분이익잉여금, 차기이월이익잉여금

법인기업의 경우 사업활동 결과 얻은 기업의 이익은 주주총회의 결의를 거쳐 확정이 된다. 주주총회는 통상 다음해 3월 중 개최되므로 회계기말(20×4년 12월 31일)에는 주주총회 결의 전으로서 이익을 어떻게 처분할 것인지가 미확정된 상태이므로 당기에 발생한 이익은 손익계정을 거쳐 미처분이익잉여금으로 대체처리하는 것이다. 그리고 20×5년 3월 중 주주총회에서 이익을 처분하게 되면, 미처분이익잉여금이 이월이익잉여금으로 대체되는 것이다.

20×5년 3월 중 주주총회의 결의로 미처분이익잉여금을 처분하여 이월이익잉여금으로 대체한 금액은 20×5년 회계기말에 다시 미처분이익잉여금으로 대체처리하고, 20×4년의 이익도 미처분이익잉여금으로 대체하게 된다. 따라서 회계기말의 재무상태표에는 전기 이전에 누적된 이익잉여금과 당기의 이익이 미처분이익잉여금으로 보고되는 것이다.

### (1) 이월이익잉여금의 미처분이익잉여금 대체

| 이월이익잉여금 | 1,000,000,000 / 미처분이익잉여금 | 1,000,000,000 |
|---|---|---|

### (2) 미처분이익잉여금 처분 및 이월이익잉여금 대체

| 미처분이익잉여금 | 1,500,000,000 | 미지급배당금 | 200,000,000 |
|---|---|---|---|
| | | 이익준비금 | 20,000,000 |
| | | 이월이익잉여금 | 1,280,000,000 |

## 8 결산체크리스트

| 계 정 과 목 | 체크사항(자산 항목) |
|---|---|
| 현　　　금 | • 장부잔액과 실제잔액과의 과부족은 정확히 처리하였는가?<br>• 경리,총무,공장등 소액현금 출납이 분산된 경우 합계하였는가?<br>• 기말 출납 마감 후 회수된 현금, 수표는 입금처리 되었는가? |
| 은 행 예 금 | • 은행별, 예금종류별 장부의 잔액합계와 계정잔액은 일치하였는가?<br>• 은행잔액과 회사잔액의 차이는 있는가? 차액조정은 하였는가?<br>• 당좌차월은 당좌예금과 차월로 구분 계상되었나?<br>• 발행한 당좌수표 중 결제되지 않은 것이 있는가? |
| 받 을 어 음 | • 어음명세서 합계와 계정잔액은 일치하는가?<br>• 보관한 어음중 기일이 경과한 것은 없는가?<br>• 부도어음으로 처리되지 않은 것은 없는가?<br>• 기일을 연기시킨 어음은 별도관리 되고 있는가? |
| 외 상 매 출 금 | • 거래처별 잔액의 합계는 시산표의 계정과 일치하는가?<br>• 거래처별 잔액이 부수(-)로 나타나는 것은 없는가?<br>• 거래처별 잔액확인은 정확히 하였는가?<br>• 기말 현재 반품, 취소된 거래는 없는가? |
| 유 가 증 권 | • 공정가액과 장부가액의 차액에 대하여 평가손익을 계상하였는가?<br>• 유가증권은 기업회계기준에 의하여 정확히 분류하였는가?<br>• 평가손익은 세무조정에서 익금불산입 또는 손금불산입하였는가?? |
| 재 고 자 산 | • 실제재고조사는 계획대로 행하여 졌는가?<br>• 재고수불부의 잔액과 실제 수량은 일치하는가?<br>• 재고조사차이는 정당한 절차로 처리되었는가?<br>• 재고자산평가는 신고한 방법에 따랐는가?<br>• 진부화, 유효기간 경과 등으로 판매불가능한 것은 없는가?<br>• B/S에 계상된 금액은 P/L의 기말재고액과 일치하는가?<br>• 재고자산 기말재고금액을 제외한 금액을 매출원가로 대체하였는가? |
| 가 지 급 금 | • 정산해야 할 것은 없는가?<br>• 오래된 가불금이 남아 있는 상태로 있지 않은가?<br>• 다른 계정과목(대여금,전도금,외상매출금등)에 대체될 것은 없는가?<br>• 다른 계정과목에 정산이 끝난 것이 남아 있지 않은가? |
| 부가세대급금 | • 부가세예수금과 상계처리하였는가?<br>• 공제받지못할 부가세대급금은 비용 또는 자산으로 처리하였는가? |
| 전　도　금 | • 전도금 중 비용정산되지 않은 금액은 있는가?<br>• 대여금으로 정리해야 될 것은 없는가? |

| 계 정 과 목 | 체크사항(자산 항목) |
|---|---|
| 토 지 | • 자본적지출 및 수익적지출을 정확히 계상하였는가? |
| | • 등기부 체크는 하였는가? (미등기,담보권,물건표시등) |
| 건 물 | • 감가상각은 정해진 방법에 따랐는가? |
| | • 토지, 구축물로 처리하여야 할 것은 없는가? |
| | • 수익적 지출과 자본적 지출의 구분은 정확한가? |
| 기 계 장 치 공 구 기 구 | • 수익적지출 및 자본적지출의 구분은 정확히 하였는가? |
| | • 고정자산 관리대장은 정리되어 있는가? |
| | • 현물수량과 장부재고는 일치하는가? |
| | • 기중 취득한 것은 월할 감가상각 하였는가? |
| 차 량 운 반 구 | • 중고취득자산의 내용연수는 적정한가? |
| | • 매입세액불공제차량의 매입세액을 차량운반구로 처리하였는가? |
| | • 수선비, 검사비등은 수선비로 처리되었는가? |
| 건설중인자산 | • 건설중인자산 계정의 분류는 정확한가? |
| | • 당기에 완성하여 본계정으로 교체할 것은 체크하였는가? |
| | • 건설중인자산의 사용개시로 상각할 수 있는 것은 없는가? |
| 무 형 자 산 | • 기업회계기준, 세법에 규정한 내용연수에 따라 상각하였는가? |
| | • 기업회계기준에 의한 무형자산 요건을 충족하였는가? |
| 대 여 금 | • 대여금에 대하여 계약서가 작성되어 있는가? |
| | • 계약서 조건대로 금액이나 기일이 반제 실행되고 있는가? |
| | • 수입이자는 정확히 계산되었나? |
| | • 장기와 단기의 구분은 정확한가? |

| 계 정 과 목 | 체크사항(부채 항목) |
|---|---|
| 지 급 어 음 | • 어음잔액명세와 시산표의 계정잔액은 일치하는가? |
| | • 기일이 도래한 것은 없는가? |
| | • 부외로 발행한 어음은 없는가? |
| | • 어음용지의 미사용 매수는(번호) 체크하였나? |
| 외 상 매 입 금 | • 장부상 매입처별 잔액과 실제 잔액은 일치하는가? |
| | • 외상매입금 대장에서 전기분 외상매입금 잔액이 남아있지 않는가? |
| | • 잔고가 부수(-)로 되어있는 거래처는 없는가? |
| 차 입 금 | • 계약서는 작성되어 있는가? |
| | • 원금, 이자 모두 조건대로 반제하고 있는가? |
| | • 지급이자는 규정대로 계산되고 있는가? |
| | • 장기와 단기의 구분은 정확하게 행해지고 있는가? |
| | • 지급이자 중 세법상 부인되는 금액은 적법하게 세무조정하였는가? |
| 미 지 급 비 용 | • 기초로부터 이월된 것이 남아있지 않은가? |
| | • 당기에 지불 완료된 금액이 미지급비용으로 남아 있지는 않는가? |

| 계 정 과 목 | 체크사항(부채 항목) |
|---|---|
| 예 수 금 | • 예수금의 내역은 종류별로 구분관리 하고 있는가? |
| 부가세예수금 | • 회계기말의 부가세대급금과 상계처리하였는가? |
| | • 부가세대급금과 상계처리한 금액을 미지급금으로 대체처리하였는가? |
| 미지급법인세 | • 법인세등의 계산은 정확하게 계산되었는가? |
| | • 중간예납신고 및 납부는 정확하게 되어있는가? |
| | • 선납세금(이자소득세) 및 중간예납세액을 법인세등과 대체하였는가? |
| 퇴직급여충당금 | • 퇴직급여충당금 설정금액은 회계기준에 따르고 있는가? |
| | • 기중 퇴직자의 충당금대체는 정확하게 처리하였는가? |
| | • 세법상 한도 초과 금액을 세무조정에서 손금불산입하였는가? |

| 계 정 과 목 | 체크사항(자본 항목) |
|---|---|
| 자 본 금 | • 기중 자본금 증감내용을 장부상 반영하였는가? |
| | • 주주 변동시 주식변동상황명세서를 법인세신고서에 첨부하였는가? |
| 이 익 준 비 금 | • 자본금에 1/2에 도달해 있지 않은가? |
| | • 현금배당에 대한 적립이 되어 있는가? |
| 당기미처분이익 | • 재무상태표,손익계산서 등 항목과 금액이 일치하고 있는가? |

| 계 정 과 목 | 체크사항(손익 항목) |
|---|---|
| 매 출 액 | • 매출계상 기준은 기업회계기준에 의하여 정확히 처리되있는가? |
| | • 매출환입, 매출에누리, 매출할인금액은 매출에서 차감하였는가? |
| | • 장기건설의 경우 작업진행율에 의하여 수입금액을 조정하였는가? |
| 매 출 원 가 | • 매입환출, 매입에누리, 매입할인은 매입액에서 차감하였는가? |
| | • 반품해야 할 것의 처리는 끝났는가? |
| | • 상품, 원재료, 재공품, 제품의 기말재고는 시산표와 일치하는가? |
| 급 여 | • 회계기말 현재 미지급한 급여를 급여로 계상하였는가? |
| | • 비과세급여와 과세급여의 구분은 정확히 하였는가? |
| 복 리 후 생 비 | • 급여로 처리되어야 할 금액이 포함되어 있지 않는가? |
| | • 기업업무추진비(대외 경조비 등)에 해당하는 금액이 포함되어 있지 않는가? |
| | • 비과세되는 식대 등은 세법상 비과세에 해당하는가? |
| 여 비 교 통 비 | • 가지급금 중 여비교통비로 대체하여야 할 금액은 없는가? |
| | • 해외출장여비의 정산은 정확히 처리하였는가? |
| 소 모 품 비 사 무 용 품 비 | • 자본적 지출을 경비처리한 것은 없는가? |
| | • 제조원가 및 판매비와관리비의 구분이 정확한가? |
| | • 기말 미사용분에 대하여 소모품으로 대체하였는가? |
| | • 당기 사용분에 대해서만 비용처리 하였는가? |
| 지 급 임 차 료 | • 계상기준은 계약내용에 따르고 있는가? |
| | • 미지급임차료를 지급임차료로 계상하였는가? |
| | • 선급한 임차료는 당기 임차료에서 차감하였는가? |

| 계 정 과 목 | 체크사항(손익 항목) |
|---|---|
| 보 험 료 | • 보험료 중 차기 이후에 해당하는 금액은 선급비용으로 대체하였는가?<br>• 전기이월 선급보험료 중 당기 해당 금액을 보험료로 대체하였는가? |
| 수 선 비 | • 자본적지출로 계상하여야 할 것이 포함되어 있지 않는가? |
| 감 가 상 각 비 | • 세법상 한도초과액이 있는 경우 손금불산입하였는가?<br>• 감면등이 있는 경우 감가상각비를 의제상각하였는가?<br>• 기중 취득자산에 대하여 월할 상각을 하였는가? |
| 광 고 선 전 비 | • 기업업무추진비로 들어가야 할 것이 포함되어 있지 않는가?<br>• 광고목적의 비품등은 자산계상 되어 있는가? |
| 세금과공과금 | • 세금과공과금의 납부는 납기내에 모두 납부하였는가?<br>• 과태료, 벌과금, 가산세 등은 세무조정에서 손금불산입하였는가? |
| 접 대 비 | • 계정 구분(기부금,광고선전비,복리후생비,회의비등)은 정확한가?<br>• 20만원을 초과하는 경조사비는 손금불산입처리하였는가?<br>• 개인카드로 지출한 금액 중 1만원 초과금액은 손금불산입하였는가?<br>• 세무상 기업업무추진비 한도초과액을 손금불산입하였는가? |
| 대 손 상 각 비 | • 매출채권에 대한 대손상각비가 적법하게 계상되었는가?<br>• 대손상각비로 처리한 금액은 세법상 요건을 모두 충족하는가? |
| 이 자 수 익 | • 은행예금이자는 누락없이 계상되어 있는가?<br>• 수입이자에 대한 선납세금은 바르게 처리하였는가?<br>• 원천징수되는 이자 등의 미수수익을 이자수익으로 계상한 경우<br>• 미수이자를 이자수익으로 계상한 경우 세무조정에서 익금불산입하였는가?<br>• 대여금에 대한 미수이자를 적정하게 계상하였는가? |
| 수 입 배 당 금 | • 배당계산서,통지서등은 수취하였는가?<br>• 기말 현재 미입금된 금액은 없는가?<br>• 배당금 수취시 선납세금은 정확하게 처리되고 있는가? |
| 이 자 비 용 | • 계상기준은 약정에 따르고 있는가?<br>• 차기 이후의 기간에 해당하는 이자를 선급비용으로 대체하였는가? |
| 기 부 금 | • 기부한 단체에서 발행한 영수증을 수취하였는가?<br>• 미지급이나 가지급으로 처리한 것은 없는가?(현금주의)<br>• 세법상 기부금한도초과액이 있는가? |
| 유 가 증 권<br>처 분 손 익 | • 매각분의 원가는 정확히 계산되었는가?<br>• 매도가능증권의 평가손실을 매각시 반영하였는가?<br>• 단기매매증권평가손익은 세무조정에서 익금불산입, 손금불산입하였는가? |
| 법 인 세 비 용 | • 법인세등(산출세액 - 공제감면세액 + 지방소득세 법인세분)은 정확히 계산하고, 선납세금을 차감한 금액을 미지급법인세로 계상하였는가? |
| 주 석 사 항 | • 기업회계기준에서 정하고 있는 주석사항은 모두 기재 하였는가? |

# 3 재무제표

## 1 재무제표

재무제표란 결산보고서라고도 하며, 일정한 기간 동안의 경영성과와 회계기말의 재정상태 등에 대한 회계정보를 투자자, 채권자 및 정부당국 등과 같은 이해관계자 집단에 보고하기 위한 각종 보고서를 말한다.

재무제표는 재무상태표, 손익계산서, 현금흐름표, 자본변동표로 구성되며, 주석을 포함한다. 전달하고자 하는 정보의 성격을 충실히 나타내는 범위 내에서 이 장에서 사용하는 재무제표의 명칭이 아닌 다른 명칭을 보충적으로 병기할 수 있다.

### ● 재무제표 항목의 구분과 통합표시

① 중요한 항목은 재무제표의 본문이나 주석에 그 내용을 가장 잘 나타낼 수 있도록 구분하여 표시하며, 중요하지 않은 항목은 성격이나 기능이 유사한 항목과 통합하여 표시할 수 있다.

② 재무제표의 표시와 관련하여 재무제표 본문과 주석에 적용하는 중요성에 대한 판단기준은 서로 다를 수 있다. 예를 들어, 재무제표 본문에는 통합하여 표시한 항목이라 할지라도 주석에는 이를 구분하여 표시할 만큼 중요한 항목이 될 수 있다. 이러한 경우에는 재무제표 본문에 통합하여 표시한 항목의 세부 내용을 주석으로 기재한다.

③ 일반기업회계기준에서 재무제표의 본문이나 주석에 구분 표시하도록 정한 항목이라 할지라도 그 성격이나 금액이 중요하지 아니한 것은 유사한 항목으로 통합하여 표시할 수 있다.

# ② 재무제표의 유용성 및 재무제표의 종류

## 재무제표의 유용성

### ❶ 세무 신고

결산과정을 거쳐 작성한 재무제표는 법인사업자는 법인세, 개인사업자는 사업소득세를 계상하기 위한 가장 중요한 근거자료로서 법인세신고시 또는 종합소득세신고시 세무서에 반드시 제출하여야 한다.

### ❷ 이해관계자에 대한 기업의 사업실적 자료 제출

기업의 이해관계자(금융기관, 정부기관, 납품업체, 종업원)에게 1년간의 경영성과(손익계산서) 및 회계기말의 재무상태(재무상태표)를 제출하여 이해관계자의 의사결정을 도와주는 정보의 원천이 된다.

## 재무제표 종류

재무제표는 각종 금융거래, 국가가 중소기업에 자금 등을 지원하는 경우 해당 기업의 재무제표를 분석하여 기업의 신용도, 안정성, 성장가능성 등을 평가하여 지원여부를 결정하므로 사업자는 재무제표에 대한 내용을 이해하여야 한다.

재무제표는 재무상태표, 손익계산서, 현금흐름표, 자본변동표로 구성되며, 주석을 포함한다. 전달하고자 하는 정보의 성격을 충실히 나타내는 범위 내에서 이 장에서 사용하는 재무제표의 명칭이 아닌 다른 명칭을 보충적으로 병기할 수 있다.

## ❶ 재무상태표

재무상태표란 일정시점(12월말 법인인 경우 12. 31)에 기업이 보유하고 있는 자산 및 부채, 자본내역을 일정한 순서(유동성배열)에 의하여 나타내는 재산목록표를 말한다.

> 자산 = 부채(타인자본) + 자본(자본금 + 자본잉여금 + 이익잉여금)

## ❷ 손익계산서

손익계산서란 1사업연도 (12월말 법인 1. 1 ~ 12. 31) 기간 동안의 경영성과를 표시하는 경영성적표를 말하며, 그 형식은 아래와 같다.

① 매출총이익 = 매출 – 매출원가
② 영업손익 = 매출총이익 – 판매비와관리비
③ 법인세비용차감전순이익 = 영업손익 + 영업외수익 – 영업외비용
④ 당기순손익 = 법인세비용차감전순손익 – 법인세비용

## ❸ 현금흐름표

현금흐름표는 기업의 현금흐름을 나타내는 표로서 현금의 변동내용을 명확하게 보고하기 위하여 당해 회계기간에 속하는 현금의 유입과 유출내용을 표시하는 재무제표이며, 외부감사대상법인이 아닌 법인은 작성하지 않아도 무방하다.

## ❹ 자본변동표

자본변동표는 자본의 크기와 그 변동에 관한 정보를 제공하는 재무보고서로서, 자본을 구성하고 있는 자본금, 자본잉여금, 자본조정, 기타포괄손익누계액, 이익잉여금(또는 결손금)의 변동에 대한 포괄적인 정보를 제공한다.

❺ 주석

주석은 재무제표상의 해당 과목 또는 금액에 기호를 붙이고 난외 또는 별지에 동일한 기호를 표시하여 그 내용을 간결·명료하게 기재하는 방법으로 한다.

## ③ 기타 결산 보고자료

### ❶ 이익잉여금처분계산서

이익잉여금처분계산서란 기업이 당해 사업연도 영업활동 결과 발생한 이익(손익계산서의 당기순이익)과 전년도까지 매 년 장부상 발생한 이익을 처분하지 아니하여 이월되어 온 전기이월이익잉여금을 합한 금액을 당기에 어떻게 처분하였는가를 나타내는 계산서이다. 예를 들어 법인기업의 경우 주주는 기업의 경영활동 결과 발생한 이익금 중 일부를 배당이라는 형태로 출자에 대한 경제적 이익을 얻게 된다. 따라서 이익잉여금을 주주에게 배당하지 않는 경우 기업의 이익금은 장부상 계속 축적된다. 한편, 이사회에서는 주주총회 전 이익잉여금의 처분계획을 의결할 수 있고, 이사회에서 의결한 처분계획은 대부분 주주총회에서 수용하게 되므로 이사회의 의결사항을 재무제표에 공시하게 되면, 정보이용자들은 당기순이익의 처분에 관한 정보를 제공받을 수 있을 것이다. 따라서 당기순이익에 대한 이사회의 결의사항을 반영한 재무제표를 작성하는 것이 적절하므로 실무에서는 이 방법에 의한다.

### ❷ 원가명세서

원가명세서는 기업회계기준에 의한 재무제표에는 해당하지 아니하나 제조업의 경우 제조현장에서 발생한 제조원가를 계산하기 위하여 제조원가명세서를 작성한다. 한편, 건설업의 경우 공사현장에서 발생한 공사원가를 계산하기 위하여 공사원가명세서를 작성한다.

## 재 무 상 태 표

제 기 200×년 월 일 현재

제 기 200×년 월 일 현재

회사명:                                                                단위: 원

| 과           목 | 제 (당)기 | | 제 (전)기 | |
|---|---|---|---|---|
| | 금 | 액 | 금 | 액 |
| **자           산** | | | | |
| Ⅰ 유   동   자   산 | | | | |
| (1) 당   좌   자   산 | | | | |
| 　　현 금 및 현 금 성 자 산 | | | | |
| 　　단  기  투  자  자  산 | | | | |
| 　　매    출    채    권 | | | | |
| 　　(대  손  충  당  금) | | | | |
| 　　단   기   대   여   금 | | | | |
| 　　선          급         금 | | | | |
| 　　선      급      비      용 | | | | |
| 　　미                수                금 | | | | |
| 　　선      납      세      금 | | | | |
| 　　부   가   세   대   급   금 | | | | |
| (2) 재   고   자   산 | | | | |
| 　　상                         품 | | | | |
| 　　제                         품 | | | | |
| 　　재         공         품 | | | | |
| 　　원            재            료 | | | | |
| 　　반            제            품 | | | | |
| Ⅱ 비  유  동  자  산 | | | | |
| (1) 투   자   자   산 | | | | |
| 　　투    자    부    동    산 | | | | |
| 　　장  기  투  자  증  권 | | | | |
| (2) 유   형   자   산 | | | | |
| 　　토                         지 | | | | |
| 　　건                         물 | | | | |
| 　　(감 가 상 각 누 계 액) | | | | |

|  |  |  |  |  |
|---|---|---|---|---|
| 기　계　장　치 |  |  |  |  |
| (감가상각누계액) |  |  |  |  |
| 차　량　운　반　구 |  |  |  |  |
| (감가상각누계액) |  |  |  |  |
| 비　　　　　품 |  |  |  |  |
| (3) 무　형　자　산 |  |  |  |  |
| 　　영　　업　　권 |  |  |  |  |
| 　　산　업　재　산　권 |  |  |  |  |
| 　　개　　　발　　　비 |  |  |  |  |
| (4) 기타비유동자산 |  |  |  |  |
| 　　장　기　매　출　채　권 |  |  |  |  |
| 　　임　차　보　증　금 |  |  |  |  |
| 　　장　기　선　급　금 |  |  |  |  |
| **자　산　총　계** |  |  |  |  |
| **부　　　　　　채** |  |  |  |  |
| Ⅰ　유　　동　　부　　채 |  |  |  |  |
| 　　단　기　차　입　금 |  |  |  |  |
| 　　매　　입　　채　　무 |  |  |  |  |
| 　　미　지　급　법　인　세 |  |  |  |  |
| 　　미　지　급　비　용 |  |  |  |  |
| 　　유　동　성　장　기　부　채 |  |  |  |  |
| Ⅱ　비　유　동　부　채 |  |  |  |  |
| 　　사　　　　　　채 |  |  |  |  |
| 　　장　기　차　입　금 |  |  |  |  |
| **부　채　총　계** |  |  |  |  |
| **자　　　　　　본** |  |  |  |  |
| Ⅰ　자　　본　　금 |  |  |  |  |
| 　　자　　본　　금 |  |  |  |  |
| Ⅱ　자　본　잉　여　금 |  |  |  |  |
| Ⅲ　자　본　조　정 |  |  |  |  |
| Ⅳ　기타포괄손익누계액 |  |  |  |  |
| Ⅴ　이　익　잉　여　금 |  |  |  |  |
| **자　본　총　계** |  |  |  |  |
| **부 채 와 자 본 총 계** |  |  |  |  |

# 손 익 계 산 서

제 기 200×년 월 일부터  200×년 월 일까지
제 기 200×년 월 일부터  200×년 월 일까지

회사명:                                              단위:   원

| 과           목 | 제 (당)기 | | 제 (전)기 | |
|---|---|---|---|---|
| | 금 | 액 | 금 | 액 |
| Ⅰ 매   출   액 | | | | |
| Ⅱ 매  출  원  가 | | | | |
|   1 기 초 제 품 재 고 액 | | | | |
|   2 당 기 제 품 제 조 원 가 | | | | |
|   3 기 말 제 품 재 고 액 | | | | |
| Ⅲ 매  출  총  이  익 | | | | |
| Ⅳ 판 매 비 와 관 리 비 | | | | |
|   1 급                여 | | | | |
|   2 잡                급 | | | | |
|   3 퇴   직   급   여 | | | | |
|   4 복 리 후 생 비 | | | | |
|   5 여 비 교 통 비 | | | | |
|   6 기 업 업 무 추 진 비 | | | | |
|   7 통        신        비 | | | | |
|   8 수 도 광 열 비 | | | | |
|   9 전        력        비 | | | | |
| 10 세  금  과  공  과 | | | | |
| 11 감  가  상  각  비 | | | | |
| 12 지  급  임  차  료 | | | | |
| 13 수        선        비 | | | | |
| 14 보        험        료 | | | | |
| 15 광  고  선  전  비 | | | | |
| 16 연            구            비 | | | | |
| 17 경  상  개  발  비 | | | | |
| 18 대  손  상  각  비 | | | | |
| 19 * * * * * * * * * | | | | |
| Ⅴ 영   업   이   익 | | | | |

| 과목 | 제 (당)기 | | 제 (전)기 | |
|---|---|---|---|---|
| | 금 액 | | 금 액 | |
| Ⅵ 영 업 외 수 익 | | | | |
| 1 이　　자　　수　　익 | | | | |
| 2 배　당　금　수　익 | | | | |
| 3 임　　　　대　　　　료 | | | | |
| 4 단기투자자산처분이익 | | | | |
| 5 단기투자자산평가이익 | | | | |
| 6 외　　　환　　　차　　　익 | | | | |
| 7 외　화　환　산　이　익 | | | | |
| 8 유 형 자 산 처 분 이 익 | | | | |
| 9 전 기 오 류 수 정 이 익 | | | | |
| 10 보　　　험　　　차　　　익 | | | | |
| Ⅶ 영 업 외 비 용 | | | | |
| 1 이　　자　　비　　용 | | | | |
| 2 기 타 의 대 손 상 각 비 | | | | |
| 3 단기투자자산처분손실 | | | | |
| 4 단기투자자산평가손실 | | | | |
| 5 재 고 자 산 감 모 손 실 | | | | |
| 6 외　　　환　　　차　　　손 | | | | |
| 7 외　화　환　산　손　실 | | | | |
| 8 기　　　　부　　　　금 | | | | |
| 9 투 자 자 산 처 분 손 실 | | | | |
| 10 유 형 자 산 처 분 손 실 | | | | |
| 11 전 기 오 류 수 정 손 실 | | | | |
| 12 재　　　해　　　손　　　실 | | | | |
| Ⅺ 법인세비용차감전순이익 | | | | |
| Ⅻ 법　　인　　세　　비　　용 | | | | |
| Ⅷ 당　　기　　순　　이　　익 | | | | |
| Ⅸ 주　　당　　손　　익 | | | | |

□ 기업회계기준서 제14호 "중소기업 회계처리 특례"

- 법인세비용은 법인세법 등의 법령에 의하여 납부하여야 할 금액으로 할 수 있다.
- 손익계산서에서 1주당 경상이익 및 1주당 당기순이익은 주기하지 아니할 수 있다.

## 이익잉여금처분계산서

제 기 200×년 월 일부터    제 기 200×년 월 일부터
　　　200×년 월 일까지　　　　　　200×년 월 일까지
처분확정일 200×년 월 일    처분확정일 200×년 월 일

회사명:　　　　　　　　　　　　　　　　　　　　　　단위: 원

| 과　　　　목 | 제 (당)기 | | 제 (전)기 | |
|---|---|---|---|---|
| | 금 | 액 | 금 | 액 |
| I 처분전이익잉여금 | | | | |
| 　1 전기이월이익잉여금 | | | | |
| 　　(또는 전기이월결손금) | | | | |
| 　2 당기순이익 | | | | |
| 　　(또는 당기순손실) | | | | |
| II 임의적립금등의이입액 | | | | |
| 　1 ×××적립금 | | | | |
| 　2 ×××적립금 | | | | |
| 　　합　　　　계 | | | | |
| III 이익잉여금처분액 | | | | |
| 　1 이익준비금 | | | | |
| 　2 기타법정적립금 | | | | |
| 　3 배당금 | | | | |
| 　　가 현금배당 | | | | |
| 　　나 주식배당 | | | | |
| 　4 ********* | | | | |
| IV 차기이월이익잉여금 | | | | |

- I 처분전 이익잉여금 = 1 전기이월이익잉여금 + 2 당기순이익
- 처분가능한 이익잉여금 = I 처분전 이익잉여금 + II 임의적립금 등의 이입액
- IV 차기이월이익잉여금 = 처분 가능한 이익잉여금 - III 이익잉여금처분액

▶ 현금흐름표 및 자본변동표 (2006.12.31 이후 개시하는 사업연도부터 작성)

현금흐름표는 외부감사대상법인이 아닌 경우 제출할 의무가 없다. 따라서 자본변동표의 경우에도 이에 준하여 제출을 요구할 것으로 예상되나 추후 별도의 법률개정이 있을 것임

## 제 조 원 가 명 세 서

| 과목 | 당 기 | | 전 기 | |
|---|---|---|---|---|
| Ⅰ 재　　료　　비 | | | | |
| 　1 기초 재료 재고액 | | | | |
| 　2 당기 재료 매입액 | | | | |
| 　　　　계 | | | | |
| 　3 기말 재료 재고액 | | | | |
| Ⅱ 노　　무　　비 | | | | |
| 　1 임　　　　　금 | | | | |
| 　2 퇴　직　급　여 | | | | |
| Ⅲ 경　　　　　비 | | | | |
| 　1 전　력　　　비 | | | | |
| 　2 가 스 수 도 비 | | | | |
| 　3 운　　　　　임 | | | | |
| 　4 감 가 상 각 비 | | | | |
| 　5 수　　선　　비 | | | | |
| 　6 소　모　품　비 | | | | |
| 　7 세 금 과 공 과 | | | | |
| 　8 임　　차　　료 | | | | |
| 　9 보　　험　　료 | | | | |
| 　10 복 리 후 생 비 | | | | |
| 　11 여 비 교 통 비 | | | | |
| 　12 통　　신　　비 | | | | |
| Ⅳ 당기 총 제조비용 | | | | |
| Ⅴ 기초재공품재고액 | | | | |
| Ⅵ 합　　　　　계 | | | | |
| Ⅶ 기말재공품재고액 | | | | |
| Ⅷ 타 계 정 대 체 액 | | | | |
| Ⅸ 당기제품제조원가 | | | | |

# 4 경영분석

재무제표의 내용은 각종 금융거래 및 신용보증기금의 신용보증서발급 및 신용상태평가, 공사입찰, 국가, 지방자치단체, 중소기업청 및 중소기업진흥공단 등으로부터 각종 정책자금을 지원 받을 시 중요한 평가자료(특히 부채비율)로 이용되므로 중소기업 경영자는 재무제표에 대한 평가가 어떠한 방식으로 이루어지는 지를 충분히 이해하여 자체결산시 또는 세무관계를 세무사사무소에 대행하고 있는 경우 세무사사무소와 협의하여 경영분석시 좋은 평가를 받을 수 있도록 한다.

## 1 유동성 분석

### Q 유동비율

$$\text{유동비율} = \frac{\text{유동자산}}{\text{유동부채}} \times 100\ \%$$

유동비율이란 유동자산을 단기간 내에 현금화하여 유동부채를 상환할 수 있는 기업의 단기 안정성을 나타내는 지표로 유동비율이 높을수록 안정성이 높으며 그만큼 부도위험도 줄어든다. 유동비율은 200% 이상인 경우 우량한 것으로 판단한다. 예를 들어 기업이 유형자산은 많으나 유동자산이 부족할 경우 단기에 부채를 상환할 수 있는 능력이 줄어들어 지급어음의 결제시 재산이 있음에도 불구하고 재산을 빠른 시간 내에 현금화하지 못하여 일시적으로 부도를 내는 경우(유동성 리스크)가 있을 수 있다.

## ● 유동자산

유동자산이란 단기간에 현금화할 수 있는 자산으로 재무상태표의 당좌자산과 재고자산을 합한 금액이다.

## ● 유동부채

유동부채란 단기에(변제기간이 통상 1년 이하) 지급하여야 하는 부채(빚)로서 외상매입금, 미지급금, 지급어음, 단기차입금, 선수금, 미지급세금 등이 있다.

## 당좌비율

$$당좌비율 = \frac{당좌자산}{유동부채} \times 100\%$$

당좌비율이란 유동자산 중 (1) 당좌자산 만을 유동부채로 나눈 비율로 유동자산에 포함되어 있는 재고자산 등은 판매되지 않으면 단기간 내에 현금화하기가 어려우므로 초단기간 내에 기업의 지급운용능력을 평가하기 위한 비율로서 당좌비율이 높을수록 기업의 자금안정성이 높으며, 100% 이상시 우량한 것으로 판단한다.

# ② 안정성 분석

## 🅠 부채비율

$$부채비율 = \frac{총부채}{자기자본} \times 100\%$$

부채비율이란 기업의 총부채를 자기자본으로 나눈 금액을 말하며, 기업이 소유 하고 있는 모든 재산은 타인자본과 자기자본으로 구성된다. 부채비율은 기업 신용도 평가에 있어 가장 중요한 평가요소로서 부채비율이 높을수록 기업의 안정성은 위험하므로 낮을수록 좋다.

> **보 충** | 부채비율 및 자금지원 제약
>
> 부채비율이 2배를 초과하는 기업은 동종업종과 비교하여 정부 자금지원대상에서 제외되며, 신용보증기금, 금융기관 이용시 여러 가지 제약을 받는다.

## ● 자기자본

① 법인설립자본금 : 법인등기부상 자본금
② 전기이월이익잉여금 : 전기로부터 이월되어 온 이익잉여금
③ 당기순이익 : 당기의 영업활동 결과 발생한 이익금
④ 기타 자본잉여금 및 이익잉여금, 자본조정 등

## ● 총부채(타인자본)

**[1] 총부채 : 유동부채 + 비유동부채**

명칭 여하를 불문하고 재무상태표상 타인으로부터 차입한 모든 빚(법인의 대표이사로부터 일시 차입한 가수금도 포함)을 총부채라 한다.

### [2] 비유동부채

통상 상환 또는 변제기간이 1년을 초과하는 장기차입금, 사채, 외화장기차입금 등을 말한다.

## 자기자본비율

$$자기자본비율 = \frac{자기자본}{총자본} \times 100\ \%$$

총자본(자기자본 + 타인자본)에서 자기자본이 차지하는 비율을 표시한 것으로 40% 이상시 우량한 기업으로 판단 할 수 있다. 즉, 부채비율은 낮을수록 자기자본비율은 높을수록 우량한 기업으로 평가한다.

## 고정비율

$$고정비율 = \frac{고정자산}{자기자본} \times 100\ \%$$

고정비율이란 자기자본으로 취득한 고정자산을 비율로 표시한 것으로 고정비율이 높을 경우 결과적으로 고정자산(비유동자산)을 제외한 유동자산은 타인자본임을 나타내며 100 %이하인 경우를 표준비율로 하고 있다.

# ③ 수익성 분석

## ◎ 매출액 영업이익율

$$\text{매출액 영업이익율} = \frac{\text{영업이익}}{\text{매출액}} \times 100\ \%$$

매출액 영업이익율이란 손익계산서상 매출액에서 영업이익이 차지하는 비율을 말하며, 영업이익율은 높을수록 좋다.

- 영업이익 = 매출액 - 매출원가 - 판매비와관리비

## ◎ 총자본 영업이익율

$$\text{총자본 영업이익율} = \frac{\text{영업이익}}{\text{총자본}} \times 100\ \%$$

총자본 영업이익율이란 기업의 총자본(자기자본 + 타인자본)으로 얼마의 이익을 창출하였느냐를 나타내는 경영지수로 6% 이상이면 경영성과가 양호한 것으로 판단할 수 있다.

## ◎ 매출액 총이익율

$$\text{매출액 총이익율} = \frac{\text{매출총이익}}{\text{매출액}} \times 100\ \%$$

## 4  경영분석의 의의

위의 경영분석자료에 관한 산식 및 비율, 회전율 등은 업종별로 그 유용성에 한계가 있으므로, 일반적인 비율 또는 회전율을 참고하여 작성한 참고자료이며, 세무사사무소에서 재무제표를 작성하는 중소기업의 경우에는 회사의 경영실적에 대한 경영분석 자료라기보다는 각종 금융거래 및 신용보증기금의 신용보증서 발급 및 신용상태평가, 공사입찰, 국가, 지방자치단체, 중소기업청 및 중소기업진흥공단으로부터 각종 정책자금을 지원 받을 경우 평가자료로 활용된다.

## 5  경영분석을 소홀히 한 경우 발생할 수 있는 문제들

### ❶ 개인기업의 법인전환

자산(재고품 및 고정자산 등)이 많은 개인기업을 법인기업으로 전환할 시 법인전환비용을 줄이기 위하여 자본금을 적게 책정한 경우
개인기업이 법인전환 후 법인의 자산(재산)은 납입자본금 + 타인자본으로 구성된다. 따라서 전체 법인 자산에서 납입자본금 + 타인자본(금융권 부채)을 차감한 나머지 잔액은 전액 대표이사 가수금(부채)으로 계상하여야 하므로 법인전환 후 부채비율을 계산하면, 자본금으로 흡수되지 아니한 개인기업의 자산이 대표자 가수금으로 총 부채에 합산되어 기업의 부채비율이 매우 높아짐으로써 신용도가 극히 낮아지는 결과를 초래하게 되어 금융거래 및 정부지원자금 신청시 어려움을 겪는 경우가 종종 발생한다.

### ❷ 부채비율이 높아 정부지원대상에서 제외된 경우

제조업의 경우 금융거래, 신용보증서발급 및 중소기업청 및 중소기업진흥공단으로부터 여러 가지 자금지원을 받을 경우가 많으므로 경영분석비율을 제고(提高)하는데 주의를 기울여야 한다.

# 경 영 분 석 비 율 표

| 구 분 | | 당 기<br>( 년) | 전 기<br>( 년) | 전전기<br>( 년) |
|---|---|---|---|---|
| 매출액총이익률 | 매출총이익 / 매출액 | | | |
| 매출액영업이익률 | 영업이익 / 매출액 | | | |
| 매출액순이익률 | 순이익 / 매출액 | | | |
| 원자재회전율 | 매출액 / 원자재 | | | |
| 총자본이익률 | 순이익 / 총자본 | | | |
| 자기자본이익률 | 순이익 / 자기자본 | | | |
| 재공품(반제품)회전률 | 매출액 / 재공품반제품 | | | |
| 상품회전율 | 매출액 / 상품 | | | |
| 총자본회전율 | 매출액 / 총자본 | | | |
| 자기자본회전율 | 매출액 / 자기자본 | | | |
| 고정비율 | 자기자본 / 고정자산 | | | |
| 부채비율 | 자기자본 / 부채 | | | |
| 유동비율 | 유동자산 / 유동부채 | | | |
| 당좌비율 | 당좌자산 / 유동부채 | | | |
| 수취비율 | 수취 a/c / 재고자산 | | | |

# 차량 및 리스 세무회계
## 업무용 승용차 과세 특례

## 01 차량과 관련한 세무회계

### 1 차량 취득과 취득세 및 공채 매입

#### ❶ 차량 취득세

차량을 취득한 자는 그 취득한 날부터 60일 이내에 과세표준(차량가액에 개별소비세 및 교육세를 포함한 가액으로 한다.)에 해당 세율을 적용하여 산출한 세액을 신고 및 납부하여야 하며 차량의 취득세는 다음과 같다.

| 구 분 | | 세 율 | 비 고 |
|---|---|---|---|
| 승용차 | 비영업용 승용자동차 | 차량가격의 1천분의 70 | |
| | 경자동차 | 차량가격의 1천분의 40 | |
| 그 밖의 자동차 | 비영업용 | 차량가격의 1천분의 50 | |
| | 영업용 | 차량가격의 1천분의 40 | |
| 기타 | | 차량가격의 1천분의 20 | |

* 비영업용 승용자동차란 운수회사 등이 영업에 사용하지 않는 자동차를 말한다.
* 경형 자동차란 배기량이 1000cc 미만으로서 길이 3.6미터, 너비 1.6미터, 높이 2.0미터 이하인 자동차를 말한다(「자동차관리법 시행규칙」 별표 1).

▶ **차량에 부과되는 세금**
1. 개별소비세 : 차량가격의 5% (경형자동차는 개별소비세 면제)
2. 교육세 : 개별소비세의 30%
3. 부가가치세 : 공급가액 + 개별소비세 + 교육세의 10%

## ❷ 공채

차량의 취득시 지방자치단체에서 발행한 공채인 지방채를 매입하여야 하며, 지방자치단체별로 그 매입비율이 각각 다르다. 예를 들어 서울시의 경우 차종 및 배기량에 따라 차량가격의 5~20%에 상당하는 금액의 도시철도공채를 매입하여야 한다. 국공채는 상환기간이 길고 이자율이 낮아 통상 증권회사등에 할인하며, 할인료만을 차량 취득가액에 포함하여 처리할 수 있다.

## ❸ 차량운반구 취득가액 및 매입세액 공제

차량운반구 취득 및 구입시에 지출되는 매입 부대비용, 차량운반구의 취득과 관련한 세금과공과금(취득세 등) 및 제비용(등록대행수수료, 인지세, 번호판대 등)은 차량운반구 취득가액에 포함한다.

### [1] 매입세액 처리

화물차, 9인승이상 승합차등의 매입세액은 매출세액에서 공제를 받을 수 있으나 비영업용승용차의 구입 및 유지와 관련한 매입세액은 매출세액에서 공제를 받을 수 없다. 영업용승용차라 함은 운수사업자(택시운수업, 렌트카업체 등)가 승용차를 이용하여 직접 사업에 사용하는 경우를 말한다.

따라서 운수사업자 등이 아닌 사업자가 사업을 위하여 구입하는 승용차는 모두 비영업용승용차에 해당하며, 그 취득 및 유지(유류대, 수리비 등)와 관련한 매입세액은 공제받을 수 없다. 또한 **비영업용소형승용차의 임차(렌트비용) 및 주차관련 비용도 그 매입세액을 공제받을 수 없다.**

▶ **매입세액을 공제받을 수 없는 승용자동차**
① 정원 8인승 이하 승용자동차
② 지프형자동차, 캠핑용 자동차(캠핑용 트레일러를 포함한다)
③ 2륜자동차. 단, 내연기관을 원동기로 하는 것은 그 총배기량이 125씨씨를 초과하는 것 및 내연기관외의 것은 정격출력이 1킬로와트를 초과하는 것

▶ **매입세액을 공제받을 수 있는 승용자동차**
① 9인승 이상 자동차 및 승합차
② 밴차량(운전석 앞자리는 사람의 탑승이 가능하고, 뒷부분은 화물 적재 차량)
③ 배기량이 1,000cc 이하의 것으로서 길이가 3.6미터 이하이고 폭이 1.6미터 이하인 것(모닝, 마티즈, 아토스 등)
④ 2륜자동차 중 내연기관을 원동기로 하는 것은 그 총배기량이 125cc 이하인 것 및 내연기관외의 것은 그 정격출력이 1킬로와트 이하인 것

## [2] 기타 비용

차량의 취득과 관련한 모든 비용은 차량운반구로 처리를 하여야 하므로 차량번호판대, 탁송료, 책임보험료 등은 모두 차량운반구 가액에 포함한다.

## [3] 장기할부매입의 경우 이자비용처리

자산을 법인세법 시행령 제68조 제3항의 규정에 의한 장기할부 조건 등으로 구매하는 경우 발생한 채무를 기업회계기준에 의한 현재가치로 평가하여 현재가치할인차금으로 계상하는 경우 해당 현재가치할인차금을 자산의 가액에 가산하지 않는 것이며, 현재가치할인차금 상각액은 지급이자 손금불산입 대상이 되지 않는다.

한편, 할부구입과 관련하여 현재가치할인차금을 계상하지 않는 경우 해당 이자는 자산(차량)의 가액에 포함하여야 한다. 그러나 자산(차량)의 판매회사가 아닌 캐피탈 등으로부터 할부대금을 차입하고, 그 이자비용을 지급하는 경우 당해 이자는 그 지급시 이자비용으로 처리하여야 할 것으로 판단된다.

## ▶ 차량 매입 회계처리

① 《화물차 매입》 업무용 화물차를 구입하기 위하여 현대자동차판매(주)와 계약하고, 차량대금 중 일부인 2,500,000원 및 탁송료154,000원을 제외한 잔액은 현대캐피탈(주)에 36개월 할부로 지급하기로 하고, 기타 비용은 보통예금에서 결제하다.

1. 세금계산서 수취내용

차량대금   35,000,000원   부가가치세   3,500,000원

탁송료          140,000원   부가가치세      14,000원

2. 기타 차량취득비용 합계   1,827,000원

취득세  1,757,000원,  단기의무보험료 4,000원, 번호판대 35,000원

증지대(수입인지)   2,000원, 공채매입 및 할인료   29,000원

| | | | |
|---|---|---|---|
| 차량운반구 | 35,140,000 | 보통예금 | 2,654,000 |
| 부가세대급금 | 3,514,000 | 미지급금 | 36,000,000 |

▷ 비영업용승용자동차를 취득하는 경우에는 그 매입세액은 공제받을 수 없으므로 부가세대급금은 차량운반구의 취득가액에 포함하여 처리한다.

| | | | |
|---|---|---|---|
| 차량운반구 | 1,827,000 | 보통예금 | 1,827,000 |

▷ 공채매입 및 할인료 : 유형자산의 취득과 관련하여 국·공채 등을 불가피하게 매입하는 경우 당해 채권의 매입가액과 현재가치와의 차액은 취득가액으로 할 수 있다.

② 《차량할부대출 수수료 지급》 현대캐피탈(주)에 차량할부 수수료 300,000원을 보통예금에서 인출하여 결제하다.

| | | | |
|---|---|---|---|
| 지급수수료 | 300,000 | 보통예금 | 300,000 |

③ 《차량할부원리금 지급》 차량할부원금 890,000원 및 할부이자 230,000원이 국민은행 보통예금에서 자동이체 되다.

| | | | |
|---|---|---|---|
| 미지급금 | 890,000 | 보통예금 | 1,120,000 |
| 이자비용 | 230,000 | | |

## ② 차량운반구 매각 및 차량 사고 세무회계

### ❶ 차량 매각

법인의 경우 유형자산처분시 당기 감가상각비는 계상하지 않아도 된다. 왜냐하면, 감가상각비로 계상하지 않은 금액은 유형자산처분손실에 더하여지거나 유형자산처분이익이 줄어들게 되어 법인의 손익에는 영향이 없기 때문이다. 다만, 업무용승용차의 경우 의무적으로 감가상각을 하여야 하므로 처분연도 감가상각비를 계상하여야 한다.

▶ 직원에게 차량을 유상으로 매각하는 경우
세금계산서 발급대상 사업자의 경우 주민등록분으로 세금계산서를 발급하여야 한다.

◆ 부가, 부가22601-998 , 1990.07.30
제조업을 영위하는 사업자가 자기의 제품을 종업원에게 판매하는 경우에는 세금계산서를 교부해야 하는 것임.

### ▶ 차량운반구 매각 회계처리

[예제]《매각 월까지의 감가상각비 계상》차량 매각 연도에 처분일(9월 10일 처분)까지의 감가상각비를 계상하다.
취득가액(14,000,000원) - 감가상각누계액(6,000,000원) × 상각률(45.1%) × 9개월 (1개월 이하의 일수는 1개월로 한다.)/12개월

| | | | |
|---|---|---|---|
| 감가상각비 | 2,706,000 | / 감가상각누계액 | 2,706,000 |

[예제]《차량 매각》차량운반구를 매각하고 세금계산서를 발행하다. 차량매각대금 5,500,000원(공급가액 5,000,000원, 세액 500,000원)은 현금으로 영수하다.
취득가액 14,000,000원, 감가상각누계액 8,706,000원

| | | | |
|---|---|---|---|
| 현금 | 5,500,000 | / 차량운반구 | 14,000,000 |
| 감가상각누계액 | 8,706,000 | 부가세예수금 | 500,000 |
| 유형자산처분손실 | 294,000 | | |

## ❷ 개인사업자 차량운반구 처분손익 세무회계

### [1] 유형자산처분이익
개인사업자로서 복식부기의무자의 경우 차량, 기계장치 등 유형자산 처분에 따른 이익은 사업소득의 총수입금액에 산입한다. (간편장부대상자는 총수입금액에 산입하지 아니함)

단, 사업용으로 사용하던 토지, 건물 등 양도소득세 과세대상 물건을 처분하는 경우 발생하는 이익은 사업소득과는 별도로 양도소득세를 신고.납부하여야 한다.

### [2] 유형자산처분손실
개인사업자로서 복식부기의무자의 경우 차량, 기계장치 등 유형자산 처분에 따른 손실은 필요경비에 산입한다.(간편장부대상자는 필요경비에 산입하지 아니함)

♣ 차량과 관련한 처분손실 필요경비 상세 내용 → 업무용승용차 과세합리화 참조

[개정 세법] 2018년 이후 복식부기의무자의 사업용 유형 고정자산(부동산 제외)처분소득은 사업소득에 포함함

[예제] 기계장치 취득가액 4000 감가상각누계액 2000 처분가액 1000(부가세 별도)
보통예금           1100    /    부가세예수금    100
감가상각누계액     2000         기계장치         4000
유형자산처분손실   1000

<세무조정>
총수입금액 산입
기계장치 매각금액 1000
필요경비 산입
기계장치 장부가액 2000 (취득가액 4000 - 감가상각누계액 2000)
필요경비불산입
유형자산처분손실  1000

[재정 세법] 개인사업자의 사업용 유형고정자산 처분손익 과세 신설(소득세법 제19조 제1항·제25조 제3항, 같은 법 시행령 제37조의2·제55조 제1항·제144조 제3항)

| 종 전 | 개 정 |
|---|---|
| □ 사업소득의 범위<br>○ 영리를 목적으로 자기의 계산과 책임하에 계속적·반복적으로 행하는 활동을 통하여 얻는 소득<br><br><추 가><br>※ 유형 고정자산 처분손익 중 복식부기의무자의 업무용 승용차 처분손익에 한정하여 과세<br><br><신 설> | □ 사업소득의 범위 확대<br>○ (좌 동)<br><br><br>○ 복식부기의무자의 사업용 유형 고정자산(부동산 제외) 처분소득<br><br><br>□ 과세대상 유형고정자산의 범위<br>○ 영 제62조제2항제1호에 따른 감가상각자산*<br>* 차량 및 운반구, 공구, 기구 및 비품, 선박 및 항공기, 기계 및 장치 등 |
| <신 설> | □ 필요경비<br>○ 유형고정자산의 양도 당시 장부가액 |
| □ 수입금액 추계결정·경정 시 수입금액 가산 항목<br>○ 국가 등으로부터 지급받은 보조금 또는 장려금<br>○ 신용카드 매출세액 공제액<br><br><추 가> | □ 유형고정자산 양도가액 가산<br><br>(좌 동)<br><br><br><br>○ 복식부기의무자의 유형고정자산 양도가액 |

<적용시기 및 적용례>
○ 2018.1.1. 이후 개시하는 과세기간 분부터 적용
※ 건설기계 처분손익 과세의 경우 2018.1.1. 이후 취득하여 2020.1.1. 이후 양도하는 분부터 적용

## ❸ 차량 무상 양도

### [1] 급여로 처리
사업자가 과세사업으로 사용하던 재화를 사용인(종업원)에게 무상으로 증여하는 경우 시가상당액을 급여로 처리를 하여야 한다.

### [2] 부가가치세 과세 여부
과세사업에 사용하던 재화를 사용인(종업원)에게 무상으로 증여하는 경우에는 당초 매입세액 공제 여부에 관계없이 개인적 공급으로 보아 부가가치세가 과세된다.

□ 부가가치세법 제10조(재화 공급의 특례) -요약-
④ 사업자가 자기생산·취득재화를 사업과 직접적인 관계없이 자기의 개인적인 목적이나 그 밖의 다른 목적을 위하여 사용·소비하거나 그 사용인 또는 그 밖의 자가 사용·소비하는 것으로서 사업자가 그 대가를 받지 아니하거나 시가보다 낮은 대가를 받는 경우는 재화의 공급으로 본다.

[예제] 《차량 무상 양도》 차량운반구(비영업용, 소나타)를 종업원에게 무상 양도하다. 장부가액 25,000,000원, 감가상각누계액 22,000,000원, 시가 4,000,000원

| | | | |
|---|---|---|---|
| 급여 | 4,400,000 / | 차량운반구 | 25,000,000 |
| 감가상각누계액 | 22,000,000 | 유형자산처분이익 | 1,000,000 |
| | | 부가세예수금 | 400,000 |

## ❹ 차량사고 발생시 보험료 처리

차량사고시 보험회사로부터 보험금을 지급받는 차량정비사업자는 차량정비용역에 대한 세금계산서를 통상 실제 자기 책임하에 자동차수리용역을 제공받는 자(차량사고업체)에게 발행하며, 부가가치세를 부담하는 자가 일반과세사업자인 경우 그 매입세액은 납부할 세액에서 공제를 받을 수 있다. 다시 말하면, 차량정비사업자는 차량수리용역에 대한 수리대금은 보험회사로부터 수령하는 것이나 세금계산서는 실제 자기 책임하에 자동차수리용역을 제공받는 자(통상 차량사고업체)에게 발행하므로 차량사고업체는 매입세액만 부담하는 것으로서 동 매입세액에 대한 회계처리만 한다.

## ▶ 차량사고 관련 회계처리 사례

① 《차량사고 및 세금계산서 수취》 회사 화물자동차의 교통사고로 인해 당해 차량을 자기 책임하에 수리하고 보험처리를 하였다. 차량수리비 1,500,000원 중 면책금 300,000원은 회사가 부담하여야 하므로 보험회사는 면책금을 제외한 1,200,000원을 차량정비사업자에게 지급하였으며, 차량정비사업자는 차량정비용역에 대하여 당 사 앞으로 세금계산서(공급가액 1,500,000원, 세액 150,000원)를 발행한 바 매입세액 120,000원 및 면책금 330,000원을 보통예금에서 인출하여 지급하다.

| 부가세대급금 | 150,000 / 보통예금 | 450,000 |
|---|---|---|
| 수선비 | 300,000 | |

◆ 차량사고에 대한 세금계산서 발행 (제도46015-10277,2001.03.27)
차량정비사업자가 사고자동차에 대한 보험수리용역을 제공함에 있어서 세금계산서를 발급하는 경우 당해 용역대가의 지급자 또는 차량소유자 여부를 불문하고 실제 자기책임하에 자동차수리용역을 제공받는 자에게 세금계산서를 발급하여야 하는 것으로, 과세사업을 영위하는 사업자가 차량의 교통사고로 인해 당해 차량을 자기책임하에 수리하는 경우 수리용역에 대한 세금계산서는 용역의 대가의 지급자와 관계없이 실제 자동차수리용역을 받은 당해 사업자 명의로 발급받는 것이며 동 매입세액은 매출세액에서 공제받을 수 있는 것임.

◆ 면책금
면책금이란 자동차 종합보험가입시 자기차량손해에서 일정금액(5만원, 10만원 등 가입자가 보험계약시 선택함)을 차주가 부담하도록 하는 제도를 말하는 것이며, 이 제도는 가입자가 부담가능한 정도의 소액 손해를 보험처리 대상에서 제외함으로써, 보험회사는 사무처리의 효율을 높이고 가입자에게는 보험료 부담을 낮추게 하기 위한 제도이다. 면책금 지급금액은 차량수리비로 간주하여 차량유지비 또는 잡손실로 처리한다.

② 《차량사고 및 세금계산서 수취》 소나타의 교통사고로 인해 당해 차량을 자동차정비업소에 수리를 맡기고 보험처리하였다. 자동차정비업소는 보험회사로부터 수리비 100만원은 지급받고, 수리비에 대하여 당사에 세금계산서를 발급하였으며, 부가가치세는 당사가 부담하여야 하므로 10만원을 보통예금에서 이체하여 지급하다.

| 수선비 | 100,000 / 보통예금 | 100,000 |
|---|---|---|

## 02  업무용 승용차 과세합리화

### 1 개요

기업이 승용차를 구입하여 업무용으로 사용하는 경우 그와 관련한 모든 비용을 특별한 제한없이 기업의 비용으로 인정을 받을 수 있음으로 인하여 그동안 고급승용차를 취득하여 개인적으로 이용하는 경우에도 과세관청이 개인적 용도 사용에 대한 사실 관계를 확인하기가 현실적으로 어려워 납세자는 승용차 관련 비용을 손금(법인) 또는 필요경비(개인사업자)로 산입하여 세금을 줄일 수가 있었다. 이러한 문제점으로 과세당국은 2016년 이후 기업의 승용차 관련 비용에 대하여 일정한 기준을 마련하여 업무 관련성을 입증하지 못하는 경우 손금불산입하고, 사적비용인 경우 대표이사 등에 대한 상여 처분을 하도록 하는 법령을 신설하였다.

### 2 적용대상 차량과 임직원보험 및 관련비용

#### ❶ 적용대상 차량 및 제외차량

**[1] 적용대상 차량**

「개별소비세법」 제1조제2항제3호에 해당하는 승용자동차(부가가치세법 제39조에 따른 부가가치세 매입세액공제가 적용되지 않는 승용자동차)

□ 개별소비세법 제1조제2항제3호
3. 다음 각 목의 자동차에 대해서는 그 물품가격에 해당 세율을 적용한다.
가. 배기량이 2천씨씨를 초과하는 승용자동차와 캠핑용자동차: 100분의 5
나. 배기량이 2천씨씨 이하인 승용자동차(배기량이 1천씨씨 이하인 것으로서 **대통령령으로 정하는 규격의 것은 제외한다**)와 이륜자동차 : 100분의 5
다. 전기승용자동차(「자동차관리법」 제3조제2항에 따른 세부기준을 고려하여 대통령령으로 정하는 규격의 것은 제외한다): 100분의 5

## [2] 적용대상에서 제외되는 차량
1. 경차 (정원 8명 이하의 자동차로 한정하되, 배기량이 1,000씨씨 이하의 것으로서 길이가 3.6미터 이하이고 폭이 1.6미터 이하인 것)
2. 화물차, 승합차
3. 운수업, 자동차판매업 등에서 사업에 직접 사용하는 승용자동차
4. 장례식장 및 장의관련업을 영위하는 법인이 소유하거나 임차한 운구용 승용차

## ❷ 임직원 전용자동차 보험 가입과 비용 인정

### [1] 임직원 전용 자동차보험 가입하는 경우
① 운행기록을 통해 입증된 업무사용 비율만큼 비용 인정
② 운행기록을 작성하지 않은 경우 승용차 관련비용(감가상각비 등 차량 관련 모든 비용을 포함한 금액)은 대당 1500만원까지 인정

▶ **임직원 전용 보험가입 대상**
① 법인의 경우 업무용 승용차로 인정받기 위해서는 임직원만 운전 가능한 자동차보험에 가입하여 가족들이 사적으로 사용하지 않도록 일차적으로 제한
② 개인사업자의 경우 승용차를 가정과 사업장에서 함께 사용할 수 있음을 감안하여 임직원 전용 자동차보험 가입 의무 대상에서 제외

### [2] 임직원 전용 자동차보험에 가입하지 않은 경우
법인의 경우 전액 손금불산입하여야 하며, 손금불산입된 금액은 귀속자에게 소득처분(귀속자가 불분명한 경우 대표자에게 소득 처분)하여야 한다.

◆ **사업연도 중 일부기간만 업무전용자동차보험에 가입한 경우(법령 제50조의2 제9항)**
해당 사업연도 중 일부기간만 업무전용자동차보험에 가입한 경우 : 가입일수 비율에 의하여 손금인정

### [3] 리스 또는 렌트차량의 보험가입
법인이 리스 또는 차량을 렌트하는 경우 계약서 작성시 보험 관련하여 특약 사항으로 임직원에 대해서만 보험 적용을 하는 것으로 별도로 가입하여야 함

[개정 세법] 개인사업자의 업무용자동차 전용보험 가입의무 신설
(종전) 개인사업자는 업무용자동차 전용보험* 가입의무가 없음
* 사업관련 종사자만 보장 적용
** 현재 법인은 전용보험 미가입시 업무용승용차 관련비용 전액 손금불산입
(개정) 개인사업자 중 성실신고확인대상자, 변호사·의사 등 전문직 종사자에 대하여 업무용자동차 전용보험 가입의무* 신설
* 사업자별 1대는 전용보험 가입대상에서 제외, 미가입 시 비용의 50%만 인정
<시행시기> 2021.1.1. 이후 업무용승용차 관련 지출 분부터 적용(1년 유예)

[핵심 실무] 개인사업자가 2개 이상의 사업장이 있는 경우 전체 사업장 기준(사업자 기준)으로 1대를 제외한 차량은 업무용승용차 전용보험에 가입을 하여야 함

## ❸ 업무용 승용차 관련 비용의 범위

업무용승용차 관련 비용이란 업무용승용차에 대한 감가상각비, 임차료, 유류비, 보험료, 수선비, 자동차세, 통행료 및 금융리스부채에 대한 이자비용 등 업무용승용차의 취득·유지를 위하여 지출한 비용을 말한다.

## ❹ 업무용 승용차 운행기록 작성 및 차량관련 비용 손금산입

### [1] 개요

업무용 승용차와 관련하여 연간 비용으로 처리할 금액이 1500만원을 초과하는 경우로서 1500만원(법인 부동산임대업 500만원)을 초과하는 금액을 손금산입하고자 하는 경우에는 업무용승용차별로 운행기록 등을 작성·비치하여야 하며, 납세지 관할 세무서장이 요구할 경우 이를 즉시 제출하여야 한다. (법인세법 시행령 제50조의2)

[세법 개정] 업무용승용차 운행기록부 작성의무 기준금액 완화
(법인령 §50의2⑦, 소득령 §78의3⑥)
(개정) 1,000만원 → 1,500만원
<적용시기> 2020.1.1. 이후 개시하는 사업연도(과세기간) 분부터 적용

## [2] 업무용 사용금액 한도내 손금산입

① 업무용 승용차에 대하여 임직원보험에 가입한 경우라도 업무용 사용금액에 해당하지 아니하는 금액은 소득금액을 계산할 때 손금에 산입하지 아니한다.

② 업무용 사용금액이란 다음의 요건 중 하나를 충족하는 경우로서 업무용승용차 관련비용에 업무사용비율을 곱한 금액으로 한다.
1. 해당 사업연도 전체 기간(임차한 승용차의 경우 해당 사업연도 중에 임차한 기간을 말한다) 동안 해당 법인의 임원 또는 사용인이 직접 운전한 경우
2. 계약에 따라 타인이 해당 법인의 업무를 위하여 운전하는 경우만 보상하는 자동차보험(업무전용자동차보험)에 가입한 경우

▶ **업무용 사용금액**
업무용 승용차 관련 비용 × 업무사용비율(업무용 사용거리/총 주행거리)

▶ **업무용 사용거리 [법인세법 시행규칙 제26조의3조 제4항]**
업무용 사용거리란 제조·판매시설 등 해당 법인의 사업장 방문, 거래처·대리점 방문, 회의 참석, 판촉 활동, **출·퇴근** 등 업무수행에 따라 주행한 거리를 말한다.

## [4] 업무용승용차 관련비용 등에 관한 명세서 제출의무
업무용승용차 관련비용 등을 손금에 산입한 법인은 업무용승용차 관련비용 등에 관한 명세서를 납세지 관할 세무서장에게 제출하여야 한다.

[개정 세법] 업무용 승용차 관련 비용 명세서 미제출 가산세 등 신설
(소득법 §81의14, 법인법 §74의2 신설)
(대상) 업무용 승용차 관련 비용을 손금산입하여 신고한 사업자가 해당 명세서 미제출·불성실 제출
(가산세액) 미제출·불성실 제출로 구분 규정
- 미제출 : 업무용 승용차 관련 비용 손금산입액 : 신고액 전체 × 1%
- 불성실 제출 : 업무용 승용차 관련 비용 손금산입액(신고액) 중 명세서 상 사실과 다르게 제출한 금액 × 1%

<적용시기> '22.1.1. 이후 개시하는 과세연도 분부터 적용

♣ 업무용승용차 운행기록부 : 국세청 홈페이지 → 국세청뉴스 → 고시
♣ 업무용승용차 관련비용 명세서 : 국세법령정보시스템 → 법령서식

## ❺ 운행기록을 작성하지 않은 경우 차량관련 비용 손금산입

임직원만 운전 가능한 자동차보험에 가입한 경우 차량 관련 비용을 1500만원까지 손금에 산입할 수 있다. 단, 1500만원 중 감가상각비는 최대 800만원만 손금에 산입할 수 있다.

### ▶ 운행기록을 작성하지 않은 경우 업무 사용비율

1. 해당 사업연도의 업무용승용차 관련비용이 1500만원(해당 사업연도가 1년 미만인 경우에는 1천만원에 해당 사업연도의 개월수를 곱하고 이를 12로 나누어 산출한 금액을 말한다.) 이하인 경우: 100분의 100
2. 해당 사업연도 업무용승용차 관련비용이 1500만원을 초과하는 경우: 1500만원을 업무용승용차 관련비용으로 나눈 비율

### ▶ 운행기록을 작성하지 않은 경우 감가상각비

운행기록을 작성하지 않는 경우로서 차량 관련 비용이 1500만원을 초과하는 경우 차량 감가상각비가 800만원을 초과하더라도 800만원을 감가상각비로 손금산입할 수 있는 것은 아니다. 예를 들어 차량 감가상각비가 2000만원이고, 감가상각비를 제외한 차량관련 비용이 2000만원인 경우 업무사용비율은 25%[1500만원 ÷ 4000만원(차량 전체비용)]로서 감가상각비는 500만원만 손금산입할 수 있는 것이다.

## ❻ 임직원 명의 차량의 유지비용

법인이 업무용승용차를 취득하거나 임차한 경우에 적용되는 것이므로 직원 개인명의의 차량을 이용하는 경우 종전의 규정에 따라 법인의 업무에 실제 사용하는 경우 법인의 손금에 산입할 수 있을 것으로 판단된다.

## ③ 업무용승용차 감가상각비

### ❶ 감가상각비 계산 방법

**[1] 감가상각 방법**
2016년 1월 1일 이후 취득한 차량의 경우 5년간 정액법으로 의무화

▶ **2015년 12월 31일 이전 취득한 승용차의 감가상각비 계상**
2015.12.31. 이전 취득한 승용차는 기존의 감가상각방법을 적용하되, 연간 감가상각비 한도액은 800만원으로 하며, 강제상각규정은 적용하지 않는다.

**[2] 감가상각비 계상**
감가상각비 × 업무사용비율(업무사용비율이란 총 사용거리 중 업무용 사용거리가 차지하는 비율을 말한다.) 단, 800만원(법인 부동산임대업 400만원)을 한도로 한다.

**[3] 리스 또는 렌트 차량의 감가상각비 계상**
1) 시설대여업자로부터 임차한 승용차 : 임차료에서 해당 임차료에 포함되어 있는 보험료, 자동차세, 수선유지비를 차감한 금액. 다만, 수선유지비를 별도로 구분하기 어려운 경우 임차료(보험료와 자동차세를 차감한 금액을 말한다)의 100분의 7을 수선유지비로 계산할 수 있다.
2) 자동차대여사업자로부터 임차한 승용차 : 임차료의 100분의 70에 해당하는 금액

### ❷ 감가상각비 한도액 및 이월공제

**[1] 법인 소유 차량**
감가상각비에 업무사용 비율을 곱한 금액으로 하되, 감가상각비는 매년 800만원까지만 인정하며, 초과금액은 이월하여야 한다.

▶ **사업연도 중 취득한 업무용 승용차**
800만원 × 보유 월수 ÷ 12

▶ **한도초과액**

해당 사업연도 감가상각비 한도액인 대당 800만원 초과하는 감가상각비는 다음연도 이후 800만원에 미달하는 경우 미달하는 금액을 손금추인 할 수 있으며, 처분시까지 손금산입하지 못한 금액은 처분시에 손금추인할 수 있을 것으로 판단이 되나 향후 과세당국의 유권해석이 필요한 사안이다.

### [2] 리스 또는 렌트 차량 감가상각비 한도초과액 소득처분

리스 또는 렌트 차량의 경우 임차료(보험료, 자동차세 등을 제외한 금액) 중 감가상각비 상당액에 대해서만 적용하되, 매 년 800만원까지만 손금으로 인정이 되므로 감가상각비 상당액에 업무사용비율을 곱한 금액이 800만원을 초과하는 경우 해당 금액은 손금불산입하고, 유보로 처분한 후 다음 사업연도부터 해당 업무용승용차의 업무사용금액 중 감가상각비 상당액이 800만원에 미달하는 경우 그 미달하는 금액을 한도로 손금에 산입한다. 단, 업무사용이 아닌 금액은 손금불산입하고, 상여로 처분하여야 한다.

[사례] 렌트 차량 감가상각비 상당액 1500만원 업무사용비율 80%
당해 연도 손금산입한도액 : 800만원
세무조정 손금불산입 : 700만원
감가상각비 : 400만원(유보) → 다음연도 이후 유보 추인하여 손금산입
감가상각비 : 300만원(상여)

▶ **리스 중 승계하여 매입한 차량의 감가상각비는 1대의 차량으로 보고 감가상각비를 계상하여야 하는 것임**

리스 중 소유권을 이전한 경우 동일한 차량으로 보아 손금산입 한도를 적용하는 것으로 판단됨

[핵심 실무] 리스차량을 리스기간 만료로 취득한 경우
업무전용자동차보험에 가입하였으나, 운행기록 등을 작성·비치하지 아니한 업무용승용차를 임차하여 사용하다가 임차기간의 만료로 사업연도 중에 취득하여 계속 사용하는 경우 업무용승용차 관련비용의 손금산입 한도액은 임차 또는 취득 구분 없이 하나의 업무용승용차로 계산하는 것임
(서면-2017-법령해석법인-0554 [법령해석과-3700], 2017.12.26.)

▶ **리스차량 감가상각비 상당액**

임차료 - 해당 임차료에 포함되어 있는 보험료, 자동차세, 수선유지비
단, 수선유지비를 별도로 구분하기 어려운 경우 임차료(보험료와 자동차세를 차감한 금액을 말한다)의 100분의 7을 수선유지비로 계산할 수 있다.

▶ **렌트차량 감가상각비 상당액**

임차료의 100분의 70에 해당하는 금액

▶ **사업연도 중 임차하거나 사업연도 중 임차가 종료된 경우 감가상각비 계상**

해당 사업연도 중에 임차한 기간으로 계산을 하여야 할 것으로 판단이 되며, 월수의 계산은 월수는 역에 따라 계산하되, 1월 미만의 일수는 1월로 한다.

## ❸ 감가상각비 한도초과액 소득처분

### [1] 감가상각비 한도초과액

감가상각비 한도초과액은 손금불산입 (유보) 처분한 이후 감가상각비가 800만원에 미달하는 경우 그 미달하는 금액을 한도로 손금추인(△유보)한다. 단, 차량임차료에 대한 감가상각비 한도초과액은 기타사외유출로 처분한 후 '업무용승용차 관련비용 명세서 3. 감가상각비(상당액) 한도초과금액 이월명세'에 기재하여 관리한다.

### [2] 기타 차량유지관련 비용 중 업무관련임을 입증하지 못하는 경우

업무에 사용하였으나 운행일지 등에 의하여 입증을 하지 못함으로서 손금불산입된 금액은 기타사외유출로 처리할 수 있으나 사적으로 사용한 승용차 관련 비용은 손금불산입하고 해당 사용자에게 상여처분을 하여야 한다.

## ❹ 업무용 차량 매각시 처분손실 손금산입

업무용승용차를 처분하여 발생하는 세무상 손실로서 승용차별로 800만원을 초과하는 금액은 이월하여 매 년 800만원을 한도로 손금에 산입한다. (월할 상각은 하지 않음)

한편, 매각연도 이전 감가상각비한도초과액이 있는 경우 처분연도에 전액 손금추인하며, 처분손실은 세무상 금액으로 하되, 800만원을 초과하는 금액은 다음연도 이후 매년 800만원을 한도로 손금추인한다.

**[사례] 업무용 승용차 처분손실 및 한도초과금액 손금불산입액 계산 (단위 천원)**

| 회계 | | 세무 | |
|---|---|---|---|
| 취득가액 | 80,000 | 취득가액 | 80,000 |
| 감가상각비 누계액 | 70,000 | 감가상각비 누계액 | 70,000 |
| | | (세무상) 감가상각 누계액 | 40,000 |
| | | [세무조정] 한도초과액 이월 | 30,000 |
| 장부가액 | 10,000 | (세무상) 장부가액 | 40,000 |
| 처분가액 | 30,000 | 처분가액 | 30,000 |
| 처분이익(손실) | 20,000 | (세무상) 처분손실 | (10,000) |
| | | [세무조정] 당기손금산입액 | 30,000 |
| | | [세무조정] 처분연도 손금 | 8,000 |
| | | 한도초과 이월 손금산입 | 2,000 |

<세무조정>
(손금산입) 전기이전 한도초과액 30,000 (△유보)
(손금산입) 처분연도 처분손실 한도액 8,000 (△유보)
(손금불산입) 처분손실 한도초과액 2,000 (유보 또는 기타사외유출)

□ 법인세법 제27조의2(업무용승용차 관련비용의 손금불산입 등 특례)
④ 업무용승용차를 처분하여 발생하는 손실로서 업무용승용차별로 800만원(해당 사업연도가 1년 미만인 경우 800만원에 해당 사업연도의 월수를 곱하고 이를 12로 나누어 산출한 금액을 말한다)을 초과하는 금액은 대통령령으로 정하는 방법에 따라 이월하여 손금에 산입한다. <개정 2018. 12. 24.>

⑬ 법 제27조의2제4항에서 "대통령령으로 정하는 방법"이란 해당 사업연도의 다음 사업연도부터 800만원을 균등하게 손금에 산입하되, 남은 금액이 800만원 미만인 사업연도에는 남은 금액을 모두 손금에 산입하는 방법을 말한다. <개정 2020. 2. 11.>

■ 업무용승용차 과세 특례 적용시기
○ 법인 : 2016.1.1. 이후 지출하는 분부터 적용.
○ 개인(복식부기의무자) : 2017.1.1. 이후 적용

## ■ 업무용승용차 관련 비용의 법인과 개인사업자의 비교

| 구 분 | | 법 인 | 개 인 |
|---|---|---|---|
| 적용 대상 | | 모든 법인 | 복식부기의무자 |
| 시행 시기 | | 2016.1.1. 이후 개시하는 사업연도 발생분부터 적용 | 1. 성실신고확인대상사업자<br>   2016. 1.1. 이후<br>2. 복식부기의무자<br>   2017. 1.1. 이후 |
| 업무전용자동차 보험가입 의무 | | 임직원 전용자동차 보험에 가입하여야 하며, 가입하지 않는 경우 업무용 승용차 관련 비용을 전액 손금불산입함 | 가입의무 없음 |
| 감가상각비 손금산입 | 감가상각비 연간 한도액 800만원 | 1. 2015.12.31. 이전에 취득한 업무용승용차<br>- 종전에 신고한 상각방법과 내용연수를 적용하여 계산<br>2. 2016.1.1. 이후 개시하는 사업연도 에 취득한 업무용승용차<br>- 정액법으로 내용연수 5년 적용 감가상각 | 1.성실신고확인대상자<br>- 법인과 같음<br>2.기타 복식부기의무자<br>1) 2016.12.31. 이전에 취득한 업무용승용차 : 종전 신고한 상각방법과 내용연수를 적용하여 계산<br>2) 2017.1.1. 이후에 취득한 업무용승용차 : 정액법으로 내용연수 5년을 적용하여 계산 |
| | 감가상각비 한도초과액 손금불산입의 소득처분 | 1. 자사 소유차량 → 유보<br>2. 리스차량 또는 렌트차량<br>   유보(법령 제50조의2 ⑨ 2)<br>   기타사외유출(법령 제106조 ① 3) | 1. 자사 소유차량 → 유보<br>2. 리스차량 또는 렌트차량<br>   유보 또는 인출 |
| | 업무사용비율을 초과한 감가상각비의 소득처분 | 손금불산입하고 귀속자에 대한 상여 등으로 소득처분 | 필요경비불산입하고 인출로 소득처분 |
| 기 타 | 업무사용금액 | 업무사용금액은 전액 손금산입 | 업무사용금액 전액 필요경비산입 |
| | 업무사용비율을 초과한 금액 | 손금불산입하고 귀속자에 대한 상여 등으로 소득처분 | 필요경비불산입하고 인출로 소득처분 |
| 차량 처분시 발생하는 손실 | | 800만원을 초과하는 금액은 이월하여 800만원씩 손금산입 | 800만원을 초과하는 금액은 이월하여 800만원씩 필요경비에 산입 |
| 차량 처분시 발생하는 이익 | | 처분연도에 전액 익금산입 | 전액 총수입금액 산입<br>1. 성실신고확인대상사업자<br>   2016. 1.1. 이후<br>2. 복식부기의무자<br>   2017. 1.1. 이후 |
| 법인 해산 또는 폐업시 | | 해산시 이월된 금액 중 남은 금액을 해산등기일이 속하는 사업연도에 전부 손금산입 | 복식부기의무자가 사업을 폐업하는 경우 폐업일이 속하는 과세연도에 전부 필요경비 산입 |

## 03 금융리스 및 운용리스 세무회계

리스란 '임차하다' 라는 뜻으로 기계, 자동차 등 고가의 자산을 대여하는 회사로부터 임차(리스)하여 사용하는 것을 말한다. 리스계약은 시설이나 장비를 대여하는 회사 즉, 리스회사와 시설이나 장비를 임차하는 자가 계약을 체결하고 리스료를 지불하며, 계약 내용에 따라 금융리스와 운용리스로 구분한다.

### 1 금융리스

#### ❶ 개요

금융리스란 리스계약의 해지가 불가능하고, 리스계약기간이 끝나게 되면 그 자산의 소유권이 리스이용자(임차인)에게 이전되거나 리스기간이 리스자산의 사용가능기간보다 긴 계약을 말한다. 따라서 금융리스의 경우 리스이용자가 비록 해당 자산을 빌려서 사용하고 있지만, 실질적으로는 해당 자산을 취득한 것과 동일한 효력이 발생하므로 금융리스의 경우 리스물건을 자산으로 계상하고, 리스료로 납부하여야 할 금액은 미지급금으로 처리한 다음 감가상각비를 계상하여 비용처리하여야 한다.

#### ❷ 금융리스 조건(다음 중 한 가지 이상 충족)

① 리스기간 종료시 또는 그 이전에 리스이용자에게 리스자산의 소유권 이전
(무상 또는 당초 계약시 정한 금액)
② 리스기간 종료시 리스실행일 현재 취득가액의 10% 이하 금액으로 구매 할 수 있는 권리가 리스이용자에게 주어진 경우
③ 리스기간이 기준내용연수의 75%이상인 경우
④ 리스자산 용도가 특정목적으로 한정되어 다른 용도로 전용이 불가능한 경우

⑤ 리스실행일 현재 최소 리스료를 기업회계기준으로 현재가치 평가한 가액이 당해 리스자산 장부가액의 90%이상인 경우

## ❸ 금융리스 회계처리

[예제] 3월 1일 차량운반구를 60,000,000원에 36개월간 사용하기로 리스계약을 체결하다. 6,000,000원은 보증금으로 지급하고 잔액 54,000,000원에 대하여 매월 1,800,000원씩(이자 매월 300,000원 가정) 36개월간 지급하기로 하다.

① 금융리스 차량 계약금 지급시 회계처리

| 선급금 | 6,000,000 | / | 보통예금 | 6,000,000 |
|---|---|---|---|---|

② 금융리스 차량 인수시

| 차량운반구 | 60,000,000 | / | 선급금 | 6,000,000 |
|---|---|---|---|---|
|  |  |  | 장기차입금 | 54,000,000 |

③ 금융리스 차량의 취득과 관련한 제비용 지급시

| 차량운반구 | 5,000,000 | / | 보통예금 | 5,000,000 |
|---|---|---|---|---|

④ 매월 리스료 납부시 회계처리

| 장기차입금 | 1,500,000 | / | 보통예금 | 1,800,000 |
|---|---|---|---|---|
| 이자비용 | 300,000 |  |  |  |

⑤ 감가상각비 계상 및 회계처리

| 감가상각비 | 24,429,166 | / | 감가상각누계액 | 24,429,166 |
|---|---|---|---|---|

* 감가상각비 : 취득가액 65,000,000원 × 0.451 × 10/12

### ▶ 금융리스 차량의 양도 및 세금계산서 발급 여부

금융리스의 경우 리스이용자가 새로운 리스이용자에게 당해 리스자산을 넘겨주는 것은 자산의 양도로서 부가가치세가 과세되며, 리스이용자는 새로운 리스이용자에게 세금계산서를 발급하여야 한다.

## ❹ 판매 후 리스

### [1] 개요
판매 후 리스란 리스이용자가 리스회사에게 자산을 판매하고 그 자산을 리스하여 사용하는 거래로 실질은 리스회사가 리스이용자에게 자산을 담보로 금융을 제공하는 것에 해당된다.

□ 판매 후 리스에 대한 세금계산서 발급 (서면3팀-636, 2006.03.31.)
사업자가 신규로 제조하거나 구입한 시설 또는 사용하여 온 시설을 시설대여업법에 의하여 인가를 받은 시설대여회사에 판매한 후 그 시설을 리스하는 경우 당해 사업자는 자기를 공급자 및 공급받는자로 하여 세금계산서를 교부하는 것임.

### [2] 판매 후 리스(금융리스) 회계처리
매매에 따른 손익을 리스실행일에 인식하지 아니하고 리스자산 감가상각기간 동안 이연하여 균등하게 상각 또는 환입한다. (5년 정액법 가정)

(1) 리스실행일 20×4.01.01

| 현금(보통예금) | 100,000,000 | / | 기계장치 | 80,000,000 |
|---|---|---|---|---|
| | | | 이연처분이익 | 20,000,000 |

(2) 회계기말 20×4.12.31

| 이연처분이익 | 4,000,000 | / | 유형자산처분이익 | 4,000,000 |
|---|---|---|---|---|

□ 법인세법 기본통칙 23-24…1【 리스의 회계처리 】
⑦ 취득 또는 사용하던 자산을 리스회사에 매각하고 리스거래를 통하여 재사용하는 "판매 후 리스거래"의 경우 회계처리는 다음 각 호에 의한다. <신설 2001.11.01>
1. 금융리스에 해당하는 판매후 리스거래의 경우 매매에 따른 손익을 리스실행일에 인식하지 아니하고 해당 리스자산의 감가상각기간 동안 이연하여 균등하게 상각 또는 환입한다. <개정 2009.11.10>
2. 판매 후 리스거래가 운용리스에 해당하고 리스료 및 판매가격이 시가에 근거하여 결정된 경우 제1호 및 제2호의 규정에 불구하고 당해 매매와 관련된 손익을 인식할 수 있다. <개정 2009.11.10>

## 2 운용리스

### ❶ 개요

운용리스란 일정한 기간(리스계약기간) 사용 후에 그 해당자산을 리스회사에 반환하는 순수한 의미의 리스(임차)를 말하는 것으로 금융리스에 속하지 않는 리스를 말한다. 기업이 부채비율을 낮추고, 자기자본비율을 높게 유지하려고 하면, 금융리스보다는 운용리스를 이용하는 것이 적절하다. 왜냐하면, 금융리스는 미지급금이라는 부채를 계상하게 되므로 부채비율이 높아지게 되나 운용리스는 별도의 부채를 계상하지 아니하고, 리스료만 경비로 처리하기 때문이다.

□ 법인세법 기본통칙 121-164…6 【시설대여업자의 계산서 작성·교부의무】
「여신전문금융업법」에 의한 시설대여업자가 규칙 제13조의 규정에 의한 금융리스 이외의 리스(운용리스)를 실행하고 리스이용자로부터 리스료를 수취하는 경우에는 계산서를 작성하여 리스이용자에게 교부하여야 한다. (2008. 7. 25. 개정)

▶ **운용리스의 경우 시설 투자와 관련한 세액공제적용대상은 아님**
시설투자를 한 경우 조세특례제한법의 규정에 의하여 투자관련 세액공제를 받을 수 있으나 운용리스의 경우 순수한 의미의 투자가 아니므로 투자와 관련한 세액공제 대상은 아니다.

### ❷ 운용리스자산의 부가가치세 매입세액

운용리스자산의 경우 일반적으로 세금계산서를 수취하지 않으므로 매입세액공제와는 무관하다. 다만, 사업자가 인가를 받은 시설대여회사로부터 시설 등을 임차하고 당해 시설 등을 공급자 또는 세관장으로부터 직접 인도받는 경우에는 리스이용자가 공급자로부터 재화를 공급받거나 외국으로부터 재화를 직접 수입한 것으로 보아 공급자 또는 세관장으로부터 세금계산서를 발급받을 수 있다. 이 경우 매입세액은 리스이용자가 부담하여야 하고 매입세액에 대하여만 회계처리를 한다.

(1) 매입세액공제 리스차량에 대하여 세금계산서를 수취한 경우

| 부가세대급금 | **** / 보통예금 | **** |

(2) 매입세액불공제 리스차량에 대하여 세금계산서(공급가액 3천만원, 세액 3백만원)를 수취한 경우 (리스기간 36개월 가정)

| 선급비용 | 3,000,000 / 보통예금 | 3,000,000 |

(3) 회계기말에 선급비용 중 총리스기간(36개월 가정)에서 당해 연도 리스기간(6개월)에 상당하는 금액을 지급임차료로 대체하는 분개처리

| 리스료 | 500,00 / 선급비용 | 500,000 |

## ❸ 운용리스 회계처리

[예제] 2월 1일 차량운반구를 60,000,000원에 36개월간 사용하기로 리스계약을 체결하다. 6,000,000원은 리스보증금으로 지급하고 잔액 54,000,000원에 대하여 매월 1,800,000원씩(이자 매월 300,000원 가정) 36개월간 지급하기로 하다.

① 리스보증금 지급시 회계처리

| 리스보증금 | 6,000,000 / 보통예금 | 6,000,000 |

② 매월 리스료 납부시 회계처리

| 리스료 | 1,500,000 / 보통예금 | 1,800,000 |
| 이자비용 | 300,000 | |

- 리스료 : 지급임차료 계정을 사용하여도 무방하다.
* 리스료 연체시 납부하는 금액은 '이자비용'으로 처리한다.

③ 보험료 납부시 회계처리

| 보험료 | 1,000,000 / 보통예금 | 1,000,000 |

* 운용리스와 관련하여 리스사용자가 보험료를 부담하여야 하는 경우 보험료 계정으로 처리한다.

▶ **운용리스 차량의 양도 및 세금계산서 발급 여부**

사업자가 운용리스로 차량을 사용하던 중 새로운 리스이용자에게 당해 리스자산을 넘겨주는 것은 재화의 공급에 해당하지 아니하여 세금계산서 발급대상에 해당하지 않는다. 이 경우 리스사업자로부터 영수증은 받아 두면 될 것이다. 단, 새로운 리스이용자에게 대가를 받고 임차인의 지위를 양도하는 경우 그 대가에 대하여는 부가가치세가 과세되어 세금계산서 발급대상에 해당한다.

## ❹ 이용자리스(부가가치세 환급리스)

### [1] 개념

일반적인 운용리스의 경우에는 차량의 명의가 리스회사 명의로 되지만, 부가세 환급 대상차량의 경우는 이용자(고객)명의로 차량이 등록되고 부가세 환급을 받을 수 있는 리스상품으로 사업자가 매입세액공제 대상 차량을 구입하는 경우 부가가치세 환급이 자동차리스에서도 적용된다.

### [2] 부가가치세 매입 대상 차종

(1) 경차 : 모닝, 스파크, 레이, 다마스, 라보
(2) 승합차 : 카니발, 스타렉스, 코란도투리스
(3) 화물차 : 봉고, 포터, 코란도 스포츠

### [3] 부가세환급리스의 진행 방법

① 차량 가격에서 부가세를 뺀 나머지 금액으로 리스를 진행하게 된다.
② 부가세 금액은 차량회사(리스일 경우, 리스회사)에 입금을 하여 세금계산서를 받게 된다.
③ 매입 세금계산서는 해당 분기에 부가세 신고를 하여 매입세액 공제를 받는다.

### [4] 이용자리스 회계처리

이용자리스는 일종의 운용리스로서 부가가치세에 대하여는 별도로 회계처리를 하고, 그 외의 회계처리방법은 운용리스와 같다.

| | | | |
|---|---|---|---|
| 부가세대급금 | **** | / 보통예금 | **** |

# 6 지출증빙 및 정규영수증

## 1 정규영수증

### ❶ 개요

기업은 사업과 관련한 각종 경비지출시 반드시 그 지출을 입증할 수 있는 증빙서류를 첨부하여 보관하여야 한다. 지출에 대한 증빙서류에 대한 법적규제가 없는 경우 사업자가 실제 사용하지 않은 비용에 대하여 사용한 것으로 처리하여

비용을 과다 계상하여 사업과 관련한 소득을 줄여 탈세 수단으로 이용할 수 있으므로 세법은 지출에 대한 증빙을 5년간 보관하여 둘 것을 규정하고 있다.

한편, 비용에 대한 영수증으로 수취하는 **세금계산서, 면세 계산서, 신용카드매출전표, 현금영수증** 등은 그 발급내용이 전부 국세청 전산시스템으로 연계되어 매출자의 매출신고내용 및 매입자의 비용 정당성 여부를 동시에 통제할 수 있다. 따라서 이러한 영수증을 '정규영수증'이라고 하며, 세법에서는 사업자의 비용지출에 대하여 정규영수증을 수취하도록 하여 매출자의 매출신고 누락을 방지하고 매입자가 가짜로 비용처리하는 것을 철저히 관리하는 것이다.

일반적인 지출의 경우 거래금액이 3만원을 초과할 시 세법에서 정규영수증 수취 예외거래를 제외하고는 반드시 **세금계산서 또는 계산서, 현금영수증**을 수취하거나, **신용카드를 사용**하여 지출하여야 적법한 증빙으로 인정하고 있으며, 비용 지출에 대하여 정규영수증을 수취하지 않은 경우 그 거래금액의 **100분의 2**에 해당하는 금액을 가산세로 징수하도록 규정하고 있다.

▶ **정규영수증 미수취시에도 비용처리는 할 수 있음**

법인 또는 개인사업자가 업무와 관련하여 지출한 비용에 대하여 지출증빙서류를 수취하지 아니한 경우에도 다른 객관적인 자료에 의하여 그 지급사실이 확인되는 경우에는 손금 또는 필요경비에 산입할 수 있다.

## ❷ 정규영수증 종류

[1] 세금계산서

[2] 계산서

[3] 신용카드매출전표

| 구 분 | 내 용 |
|---|---|
| 법인카드 | 법인의 신용으로 발급되며, 카드에 법인의 이름만 기재되고, 법인계좌에서 출금되며, 법인의 임직원이 공용으로 사용할 수 있는 카드 |
| 직불카드 | 직불카드회원과 신용카드가맹점간에 전자 또는 자기적 방법에 의하여 금융거래계좌에 이체하는 등의 방법으로 물품 또는 용역의 제공과 그 대가의 지급을 동시에 이행할 수 있도록 신용카드업자가 발행한 증표 |
| 백화점 카드 | 기획재정부장관으로부터 신용카드업의 허가를 받은 백화점운용사업자가 발행하여 금융기관을 통하여 이용대금을 결제하는 카드 |
| 선불카드 | 신용카드업자가 대금을 미리 받고 이에 상당하는 금액을 전자 또는 자기적 방법으로 기록하여 발행한 증표로서 그 소지자의 제시에 따라 신용카드가맹점이 그 기록된 범위 내에서 물품 또는 용역을 제공할 수 있도록 한 카드 |

▶ **임직원개인명의 신용카드를 업무용으로 사용한 경우 정규영수증으로 인정된다. 단, 법인의 기업업무추진비는 손금산입할 수 없는 것임**

신용카드의 명의와 관련하여 법인사업자의 법인명의나 개인사업자의 대표자 명의의 신용카드를 사용하여야 하나 종업원 개인명의의 신용카드를 사용하고 매출전표를 수취한 경우에도 정규증빙으로 인정된다. 단, 법인 업무추진비의 경우로서 **3만원**을 초과하는 업무추진비는 법인카드로 사용한 경우에만 인정된다. 이 때 법인개별 카드(개인형 법인카드)는 법인카드로 간주한다.(법인 46012 - 2098, 2000.10.12)

▶ **임직원 개인명의카드를 업무용도로 사용한 경우 임직원 개인은 연말정산시 신용카드소득공제는 받을 수 없음**

임직원 개인명의의 신용카드를 법인의 비용 지출에 대한 결제수단으로 사용한 경우 임직원 개인은 신용카드사용금액에 대하여 연말정산시 신용카드소득공제를 받을 수 없다.

**[4] 현금영수증**

현금영수증이란 현금영수증가맹점이 재화 또는 용역을 공급하고 그 대금을 현금으로 받는 경우 당해 재화 또는 용역을 공급받는자에게 물품 등의 판매시 현금영수증 발급장치에 의해 발급하는 것으로서 거래일시, 금액 등 결제내역이 기재된 영수증을 말하며, 현금영수증 지출증빙효력은 신용카드매출전표와 동일하다.

## ❸ 지출증명서류 합계표 작성 및 보관의무

법인으로서 직전 사업연도의 수입금액이 30억원 이상으로서 법 제116조(지출증명서류의 수취 및 보관)에 따라 지출증명서류를 수취하여 보관한 법인은 기획재정부령으로 정하는 지출증명서류 합계표를 작성하여 보관하여야 한다.
<신설 2016. 2. 12., 2021. 2. 17.> [법인세법 시행령 제158조 제6항]

♣ 서식 : 국세법령정보시스템 → 별표서식 → 법령서식

## ❹ 정규영수증 과소 수취에 대한 해명 요구

국세청은 법인의 법인세신고 및 개인사업자의 종합소득세 신고내용에 대하여 손금 또는 필요경비로 계상한 금액과 정규영수증을 제출한 금액을 분석하여 손금 또는 필요경비 대비 정규영수증 제출비율이 상대적으로 낮은 사업자에 대하여 실제 경비를 지출하지 않았음에도 경비를 지출한 것처럼 허위로 법인세 또는 소득세를 신고한 혐의가 있는 것으로 보고, 손금산입한 금액과 정규영수증 제출금액에 중대한 차이가 경우 그 사유를 사업자에게 소명요구를 하거나 수정신고를 하도록 하고 있다. 그리고 관할 세무서는 사업자가 지출에 대한 증빙을 제출하지 못한 금액에 대하여

사업자가 소득을 누락한 것으로 보고 법인세 또는 소득세를 추징함으로써 사업자가 소득을 정당하게 신고하지 않으면 안되도록 시스템을 만들었다.

한편, 소규모 사업자의 경우 어려운 현실을 감안하여 소득세 신고시 비용처리란 금액과 정규영수증 제출 내용에 대하여 해명요구를 유보하여 왔지만, 최근 국세청은 소상공인에 대해서도 종합소득세 신고 내용을 분석하여 사업자가 비용처리한 금액과 정규영수증 제출금액을 대비하여 정규영수증 제출비율이 상대적으로 낮은 업체로서 그 차이 금액이 중요한 경우 해명자료를 요구하고 있으며, 사업자가 이와 같이 정규영수증 없이 경비처리한 금액에 대한 해명자료를 받은 경우 정말 어려운 문제가 발생할 수 있다.

이 경우 사업자는 지출에 대한 증빙이 없다하여 이미 간편장부 또는 복식부기기장에 의하여 신고한 내용에 대하여 추계에 의한 종합소득세 신고도 할 수 없고, 관할 세무서에서는 사업자가 장부 및 증빙이 부족하다하여 추계에 의한 결정을 하지 않음으로 사업자가 지출에 대한 명확한 증빙서류를 소명할 수 없는 경우 소명하지 못한 금액을 소득으로 추정하여 감당하기 어려운 세금을 부과할 수도 있다 보니 이러한 소명요구를 받은 사업자가 겪어야 하는 어려움은 매우 심각한 문제다.

뿐만 아니라 소상공인의 거래처가 소득세 또는 법인세를 줄이기 위하여 소상공인에게 실제 거래금액보다 세금계산서를 더 발행하여 줄 것을 요구하거나 압박하는 경우 소상공인은 거래처와의 거래에 생존권이 달려 있다 보니 부득이 실제 거래없이 세금계산서를 발행하는 경우가 있고, 이 경우 거래처는 소득을 줄여 세금을 줄일 수 있으나 소상공인 자신은 종합소득세신고를 함에 있어 가공 매출로 인하여 가공 매출분에 대한 경비가 부족하여 정규영수증 없이 실제 지출하지 않은 것을 지출한 것처럼 장부에 계상하여 소득세 신고를 하게 되는 경우가 있다.

그런데 국세청은 이제 소상공인의 경우에도 소득세 신고서의 경비금액과 정규영수증 제출비율을 분석하여 그 금액이 중요한 경우 해명자료를 요구함으로써 소상공인은 세금문제로 치명적인 어려움을 겪게 되는 것이다. 이러한 국세청의 압박은 향후에도 계속될 것이므로 소규모사업자라 하더라도 지출에 대한 증빙없이 필요경비로 계상하는 일은 없도록 종합소득세 신고시 유의를 하여야 하며, 경비 영수증이 없는 금액이 중요한 경우 종합소득세를 추계로 신고를 하여야 할 것이다.

## ② 정규영수증 수취대상 및 수취대상이 아닌 경우

### ❶ 정규영수증 수취대상 거래

#### ■ 건별 거래금액이 3만원 초과 거래

재화 또는 용역의 거래 건당 공급대가(부가세 포함)가 3만원을 초과하는 거래인 경우 정규영수증을 수취하여야 한다. 따라서 거래 건당 3만원 이하인 거래의 경우 정규영수증을 수취하지 않아도 가산세는 적용되지 아니한다.

한편, 공급대가가 3만원을 초과하는 동일거래에 대해서 여러 장의 간이영수증을 분할하여 수취하는 경우 적격증빙수취의무에 위반되는 것으로 적격증빙을 수취하지 못한 것으로 보아 증빙불비가산세가 적용된다.

#### ■ 사업자와의 거래

정규지출증빙에 관련된 규정은 거래상대방이 아래의 사업자인 경우에 적용되며 거래상대방이 사업자가 아닌 경우에는 적용되지 아니한다. 다만, 거래상대방이 사업자등록을 하지 않았다하더라도 사업의 계속성이 있는 경우 재화 또는 용역을 공급받은 사업자는 정규영수증 미수취에 대한 가산세를 부담하여야 한다.

[1] 법인사업자
내국법인 및 수익사업을 영위하는 비영리법인(외국법인을 포함한다.)

[2] 개인사업자
영수증 발행대상사업자 및 간이과세자를 제외한 모든 개인사업자

## ❷ 정규영수증 수취대상이 아닌 경우

### ■ 정규영수증 수취대상 제외사업자와의 거래

아래 사업자와의 거래시에는 세금계산서, 계산서, 신용카드매출전표, 현금영수증 등 정규영수증을 수취하지 아니하고 일반영수증을 수취하여도 적격증빙미수취 가산세가 적용되지 아니한다.

### [1] 비영리법인
비영리법인과의 거래 단, 법인세법시행령 제2조 제1항의 규정에 해당하는 수익사업과 관련된 부분은 정규영수증을 수취하여야 한다.

○ 지출사례 : 비영리법인에 지출하는 조합비, 협회비, 기부금 등

### [2] 국가 및 지방자치단체
국가 및 지방자치단체에 납부하는 각종 세금은 정규영수증 수취의무가 없으며, 납부영수증을 증빙으로 갖추어 되면 된다.

○ 지출사례 : 각종 세금과공과금, 벌과금 등

### [3] 금융보험업을 영위하는 법인(금융·보험용역 제공에 한함)
거래상대방 공급자가 금융보험업자인 경우 적격증빙수취대상이 아니므로 해당 기관이 발행하는 영수증을 증빙으로 보관하면 된다. 단, 금융보험업자로부터 금융보험용역이 아닌 임대용역을 제공받는 경우에는 반드시 세금계산서 등 정규영수증을 수취하여야 한다.

○ 지출사례 : 보증보험료, 어음할인료, 대출이자, 할부이자, 송금수수료, 환전수수료, 신용카드수수료, 보험료(손해, 화재보험, 보증보험, 해상보험 등), 리스료

### [4] 읍·면지역에 소재 간이과세자로서 신용카드가맹점이 아닌 사업자
읍·면지역(도농복합 시지역의 읍면지역 포함)에 소재하는 간이과세자로 신용카드가

맹점이 아닌 사업자인 경우 해당 사업자가 발행하는 간이영수증 등을 지출증빙으로 수취하면 된다. 시지역의 간이과세자인 경우 정규영수증인 현금영수증을 수취하거나 신용카드로 결제하여야 정당한 증빙으로 인정이 된다.

### [5] 국내사업장이 없는 외국법인
국내사업장이 없는 외국법인과의 거래시 정규영수증 수취의무가 없으며, 이 경우 지출에 대한 증빙으로 영수증(형식은 무관함)을 갖추어 두면 된다.

## ❸ 정규영수증을 수취하지 않아도 되는 거래

### [1] 거래 건당 공급대가(부가세 포함)가 3만원 이하인 거래
거래 건 당 3만원 이하인 거래의 경우 정규영수증을 수취하지 않아도 가산세는 적용되지 아니한다. 3만원 초과 거래 여부의 판단은 거래 1건별 영수증금액(부가세 포함)을 기준으로 판단하며, 동일한 거래에 대하여 영수증을 분할하여 발급받은 경우에도 합산한 금액을 1건의 거래로 본다.

### [2] 다음의 어느 하나에 해당하는 거래
① 농·어민(농업중 작물재배업·축산업·복합농업, 임업 또는 어업에 종사하는자를 말하며, 법인을 제외한다)으로부터 재화 또는 용역을 직접 공급받은 경우
② 재화의 공급으로 보지 아니하는 사업의 양도(사업의 포괄양도.양수)에 의하여 재화를 공급받은 경우
③ 방송용역을 제공받은 경우
④ 전기통신사업법에 의한 전기통신사업자로부터 전기통신용역을 공급받은 경우
⑤ 국외에서 재화 또는 용역을 공급받은 경우(세관장이 세금계산서 또는 계산서를 발급한 경우를 제외한다)
⑥ 공매.경매 또는 수용에 의하여 재화를 공급받은 경우
⑦ 토지 또는 주택을 구입하거나 주택의 임대업을 영위하는 자(법인을 제외한다)로부터 주택임대용역을 공급받은 경우
⑧ 택시운송용역을 제공받은 경우
⑨ 금융.보험용역을 제공받은 경우

⑩ **건물 또는 토지 구입** ~ 건물 또는 토지를 구입하는 경우로서 거래내용이 확인되는 매매계약서 사본을 법인세과세표준신고서에 첨부하여 납세지 관할세무서장에게 제출하는 경우 단, 과세대상 건물을 구입하는 경우로서 그 매입세액을 공제받고자하는 경우에는 세금계산서를 수취하여야 한다. (법인세법 시행령 제164조 ③)
⑪ 입장권.승차권.승선권 등을 구입하여 용역을 제공받은 경우
⑫ 항공기의 항행용역을 제공받는 경우
⑬ 부동산임대용역을 제공받은 경우로서 전세금 또는 임대보증금에 대한 부가가치세액(간주임대료에 대한 부가가치세액)을 임차인이 부담하는 경우
⑭ 재화공급계약.용역제공계약 등에 의하여 확정된 대가의 지급지연으로 인하여 연체이자를 지급하는 경우
⑮ 「유료도로법」에 따른 유료도로를 이용하고 통행료를 지급하는 경우

> 다음의 하나에 해당하는 경우로서 공급받은 재화 또는 용역의 거래금액을 금융기관을 통하여 지급한 경우로서 법인사업자는 법인세과세표준신고서에 송금사실을 기재한 경비 등의 '송금명세서'를 개인사업자는 영수증수취명세서를 관할 세무서장에게 제출하는 경우

① 간이과세자로부터 부동산임대용역을 제공받은 경우

◆ 간이과세자로부터 부동산임대용역을 공급받은 경우 증빙수취방법
간이과세자로부터 부동산임대용역을 공급받은 경우에 그 거래금액을 금융기관을 통하여 지급하고 과세표준확정신고서에 그 송금명세서를 첨부하여 관할세무서장에게 제출한 경우에는 증빙불비가산세를 적용하지 아니하는 것임. 따라서 그 거래금액을 금융기관을 통하지 아니하고 지급한 경우에는 증빙불비가산세의 적용대상이 되는 것이나, 그 거래금액을 지급하지 아니하여 송금명세서를 첨부하지 못한 경우에는 증빙불비가산세의 적용대상에 해당하지 아니하는 것임(제도 46011 - 11294, 2001.6.1)

② 임가공용역을 제공받은 경우(법인과의 거래를 제외한다)

◆ 가정주부로부터 임가공용역을 제공받는 경우(법인 46012 - 77, 2000.1.11)
법인이 가정주부로부터 가내부업적인 용역을 제공받고 소득세법 제14조 제3항 제2호에 해당하는 대가를 지급하는 경우에는 지출증빙서류수취대상에서 제외됨.

③ 운수업을 영위하는 간이과세자가 제공하는 운송용역을 공급받은 경우

◆ 화물운송대행용역의 지출증빙(법인 46012 - 3828, 1999.10.28)
지출증빙서류의 수취특례가 적용되는 운수업을 영위하는 자(부가가치세법상 간이과세자에 한함)가 제공하는 운송용역에는 직접 화물운수사업체를 갖지 아니하고 수수료 또는 계약에 의하여 화물운송에 관한 책임을 지고 탁송자로부터 수령자에게 화물을 운송하는 화물운송대행용역은 포함되지 아니함.

④ 간이과세자로부터 재활용폐자원 등이나 재활가능자원을 공급받은 경우
⑤ 항공법에 의한 상업서류 송달용역을 제공받는 경우
⑥ 부동산중개업법에 의한 중개업자에게 수수료를 지급하는 경우
⑦ 기타 국세청장이 정하여 고시하는 경우
1. 인터넷, PC통신 및 TV홈쇼핑을 통하여 재화 또는 용역을 공급받는 경우
2. 우편송달에 의한 주문판매를 통하여 재화를 공급받는 경우

## [3] 재화 또는 용역의 공급으로 보지 아니하는 거래

재화 또는 용역의 공급으로 보지 아니하는 거래는 정규영수증 수취대상이 아니므로 예를 들어 다음에 예시하는 거래는 해당 거래사실을 입증할 수 있는 증빙을 갖추어 두면 된다.
○ 조합 또는 협회에 지출하는 경상회비,
○ 판매장려금(현금 지급) 또는 포상금 등 지급
○ 거래의 해약으로 인한 위약금, 손해배상금 등
○ 기부금

## [4] 원천징수대상 소득을 지급하는 경우

원천징수대상 소득(근로소득, 퇴직소득, 이자소득, 기타소득, 원천징수대상 사업소득을 지급하는 경우 그 지급에 대한 명세서를 기재한 지급명세서를 제출하여야 하며, 이 경우 지급명세서가 그 지출에 대한 증빙이 되므로 별도의 정규영수증 수취의무가 없다.

# ③ 정규영수증 미수취에 대한 가산세 등

## ❶ 개인사업자

### [1] 증빙불비가산세
① 적용대상 ~ 소규모사업자가 아닌 사업자
* 소규모사업자 : 직전연도 수입금액이 4,800만원 미만인 사업자 및 신규사업자
② 가산세 ~ 정규증빙서류 미수취금액의 100분의 2

### [2] 영수증수취명세서 미제출가산세
① 적용대상 ~ 소규모사업자(직전연도 수입금액이 4,800만원 미만)가 아닌 사업자
② 가산세 ~ 영수증수취명세서를 과세표준확정신고기한 내에 제출하지 아니하거나, 제출한 영수증수취명세서가 불분명한 경우 미제출 거래금액의 100분의 1

## ❷ 법인사업자

① 정규증빙서류 미수취금액의 100분의 2
② 법인은 '경비등의 송금명세서'를 법인세 신고시 제출하여야 하나 제출하지 않는 경우에도 가산세는 없다.

## ❸ 정규영수증 수취시 사업자 주의사항

### ■ 개인과의 거래

#### [1] 개인(사업자 미등록자)으로부터 과세재화를 공급받는 경우
사업자등록이 없는 개인으로부터 과세재화를 공급받는 경우 당해 개인이 물품 또는 재화를 계속적으로 공급하는 사업성을 가진 자가 아닌 경우에는 정규영수증 수

취대상이 아니다. 따라서 사업자등록이 없는 개인으로부터 물품 등을 구입하는 경우 그 지급사실을 증명할 수 있는 영수증(형식은 무방하나 공급자의 인적사항과 연락처, 금액 등을 기재한 영수증)을 수취하고, 금융기관을 통하여 송금한 송금영수증을 보관하면 된다. (개인으로부터 중고자동차 매입 등) 다만, 사업자등록이 없는 개인이라도 사업성이 있고, 물품 등을 계속적으로 공급하는 경우(미등록 부동산임대업자 등)로서 3만원을 초과하는 거래에 대하여 정규영수증을 수취하지 않은 경우 증빙불비가산세(거래금액의2%)를 부담하여야 한다.

### [2] 개인으로부터 일용노무를 제공받는 경우
1) 개인으로부터 일용노무를 제공받는 경우 통상 '잡급'으로 처리하며, 지출증빙서류 수취대상은 아니나 그 지급에 대한 송금영수증, 작업일지(일용노무비대장 등) 등을 보관하여 두고, 그 지급일이 속하는 분기의 다음달 말일(2023년 이후 지급일의 다음달 말일)까지 지급명세서를 관할 세무서에 제출하여야 한다.
2) 일용근로자의 일당이 15만원을 초과하는 경우 근로소득세를 원천징수하여 그 징수일의 다음 달 10일까지 납부하여야 한다.

### [3] 정규영수증 수취의무 면제 거래
사업자가 아닌 자와의 거래로서 아래에 해당하는 경우 정규영수증이 없더라도 증빙불비가산세는 적용되지 아니한다. 단, 그 거래사실을 입증할 수 있는 입금증, 송금영수증, 계약서등은 보관하여야 한다.
1. 폐업한 사업자로부터 폐업시 잔존재화를 공급받는 경우
2. 개인으로부터 중고자동차를 취득하거나 종업원 개인 소유차량을 취득하는 경우

## ■ 면세사업자와의 거래

사업자가 면세재화 또는 용역을 거래할 때에는 거래상대방이 계산서를 발급할 수 있으므로 이들과 거래시에는 반드시 계산서를 발급받거나 신용카드로 결제하여야 하며,(단, 지출증빙수취 특례규정에 해당하는 경우는 제외함) 발급받은 계산서는 매입처별계산서합계표를 작성하여 다음 해 2월 10일까지 제출하여야 하며, 법인 또는 복식부기의무자인 개인사업자가 수취한 계산서합계표를 익연도 2월 10일까지 제출하지 아니할 경우 공급가액의 1%를 가산세로 부담하여야 한다.

## ■ 간이과세자와의 거래

1) 거래상대방이 간이과세자인 경우 간이과세자는 부가가치세가 과세되는 거래에 대하여 세금계산서를 발급할 수 없기 때문에 지출증빙서류 특례규정에 해당하는 경우를 제외하고, 신용카드로 결제하여야 한다.
2) 간이과세자가 신용카드가맹점이 아닌 경우 신용카드결제가 불가능하므로 간이과세자와의 거래금액이 3만원을 초과할 시 부득이 증빙불비가산세를 부담할 수밖에 없을 것이다. 단, 읍.면지역에 소재하는 간이과세자가 신용카드가맹점이 아닌 경우 증빙불비가산세는 해당되지 아니한다.

### ▣ 간이과세자와의 거래시 증빙수취 방법

(1) 간이과세자가 읍, 면지역에 소재한 경우로서 신용카드가맹점이 아닌 경우에는 간이영수증을 증빙으로 수취하면 된다.
(2) 간이과세자가 도시지역에 소재한 경우에는 신용카드로 결제하고, 신용카드매출전표를 수취하여야 한다.
(3) 간이과세자가 도시지역에 소재한 사업자로 신용카드가맹점이 아닌 경우 거래금액을 금융기관을 통하여 지급하고 과세표준확정신고서에 그 송금명세서를 첨부하여 관할세무서장에게 제출한 경우 손금인정은 되지만, 증빙불비가산세는 적용된다.
(4) 간이과세자이나 세금계산서 발급대상 간이과세자와 거래를 한 경우 세금계산서를 수취하여야 한다.

▶ 일반과세자의 간이과세자 전환 및 세금계산서 발급
1. 전년도 공급대가가 4800만원 이상 1억 400만원 미만인 경우
7월 1일 : 간이과세자 전환 → 세금계산서 발급가능
2. 전년도 공급대가가 4800만원 미만인 경우
7월 1일 : 간이과세자 전환 → 세금계산서 발급을 할 수 없음

▶ 세금계산서 발급대상 간이과세자 조회
홈택스 → 조회/발급 → 사업자등록상태조회(휴폐업조회)
세금계산서 발급이 가능한 경우 "부가가치세 간이과세자(세금계산서 발급사업자)"로 표시됨

## 4 영수증 관리 및 보관

### ❶ 매출 및 매입 세금계산서 관리 및 보관

#### ■ 매출세금계산서

개인사업자가 종이로 발행한 매출세금계산서는 작성일자순으로 제1기(1.1 ~ 6.30)와 제2기 (7.1 ~ 12.31)를 구분하여 별도로 철하여 보관한다. 단, 매출세금계산서가 많은 경우 월별 또는 3개월 단위로 철하여도 되지만, 다른 과세기간의 세금계산서를 같이 철하여서는 안된다.

#### [1] 월합계 세금계산서

계속 거래처의 경우 매 번의 거래시에는 '거래명세서'를 발급하고 1개월간의 거래를 합한 '월합계 세금계산서'를 발급할 수 있으며, 월합계로 세금계산서를 발행하는 경우 매 번의 거래에 관한 명세인 거래명세서를 작성하여야 한다.

#### [2] 거래명세서 관리 및 보관방법

거래명세서란 거래에 관한 내역서를 말하며, 거래명세서는 거래에 관한 내역서로 영수증은 아니며, 거래명세서는 해당 업체별로 월별로 별도 철하여 보관하여야 한다.

#### ■ 매입세금계산서

종이로 발급받은 매입세금계산서는 작성일자순으로 제1기(1.1 ~ 6.30)와 제2기 (7.1. ~ 12.31.)를 구분하여 별도로 철하여 보관하여야 한다. 단, 매입세금계산서가 많은 경우 월별 또는 3개월 단위로 철하여도 되지만, 다른 과세기간의 세금계산서를 같이 철하여서는 안된다.

## ❷ 면세 계산서 관리 및 보관

① 계산서란 면세사업자(쌀집, 정육점, 수목 도.소매업, 서점, 학원, 정화조사업자 등)가 면세되는 물품 또는 서비스를 공급하고 발행하는 계산서로 세금계산서 양식에 세액란이 없는 것을 말한다. 면세 계산서를 수취한 경우 세금계산서와 같은 방법으로 철하여 보관한다.

② 면세사업자가 면세 계산서를 발급한 경우 다음해 2월 10일까지 매출처별계산서 합계표를 작성하여 관할 세무서에 제출하여야 한다. 면세사업자가 면세 계산서를 발급받은 경우 다음해 2월 10일가지 매입처별계산서 합계표를 작성하여 관할 세무서에 제출하여야 한다.

## ❸ 신용카드매출전표 및 현금영수증 관리 및 보관

### [1] 신용카드매출전표
신용카드매출전표 중 매입세액을 공제받는 것은 별도로 구분하여 거래일자별로 1기 (1.1 ~ 6.30)와 2기(7.1 ~ 12.31)로 나누어 철한다. 단. 신용카드매출전표가 많은 경우 1개월 또는 3개월 단위로 구분하여 철하여 두면 된다.

▶ 신용카드매출전표를 분실한 경우
신용카드매출전표 등을 분실했을 때 신용카드업자로부터 교부받은 신용카드 월별이용대금명세서를 보관하고 있는 경우에는 신용카드매출전표 등을 수취하여 보관하고 있는 것으로 보는 것임. (서면1팀-527, 2006 .04.26)

[핵심 실무] 신용카드매출전표 보관
1. 신용카드 월별이용대금명세서를 보관하고 있는 경우 신용카드매출전표를 보관하지 않아도 무방하나
2. 신용카드매출전표등에 의한 매입세액을 공제받은 경우에는「부가가치세법」제46조에 따라 신용카드매출전표 등을 그 거래사실이 속하는 과세기간에 대한 확정신고 기한 후 5년간 보관하여야 하는 것임. (부가, 서면-2017-부가-1802, 2017.11.30.)

**[2] 현금영수증 관리 및 보관방법**

① 현금영수증 중 매입세액을 공제받는 것과 매입세액을 공제받지 못하는 것(신용카드매출전표와 동일함)을 구분하여야 하며, 매입세액을 공제받는 것은 별도로 전표 등에 첨부하여 보관하고, 거래일자를 기준으로 과세기간별로 '현금영수증수취명세서'를 작성하여 둔다.

② 매입세액을 공제받지 못하는 것은 영수증으로 전표 등에 일반영수증과 같이 첨부하여 두면 된다.

## ❹ 기타 영수증 관리 및 보관방법

정규영수증외의 영수증인 간이영수증, 각종 수수료 납부영수증, 세금납부영수증, 금전등록기 영수증 등을 수취한 경우 영수증의 종류나 규격, 형태에 상관없이 전표 또는 지출결의서 뒷면에 첨부하여 보관한다.

### ■ 일반영수증 및 간이영수증 보관

세법에서 특정한 거래에 대하여는 정규영수증을 수취하지 아니한 경우에도 적법한 증빙서류로 인정되며, 이러한 영수증은 전표 등에 첨부하여 보관한다.

### ■ 영수증 보관기간

① 법인은 각 사업연도에 그 사업과 관련된 모든 거래에 관한 증빙서류를 작성 또는 수취하여 법인세 신고기한이 지난 날부터 5년간 보관하여야 한다.

② 개인사업자의 경우 각 과세연도에 그 사업과 관련된 모든 거래에 관한 증빙서류를 작성 또는 수취하여 소득세 신고기한이 지난 날부터 5년간 보관하여야 한다.

# 2025년 세제 개편안(2026년 시행 예정)

1) 2025년 세제 개편안(2026년 시행)은 법인세 세율 1% 인상외에 실무에서 적용하여야 하는 세법 개정 내용은 특별히 없습니다.

2) 2025년 세제 개편안 주요 내용은 아래 정책 브리핑 자료를 참고하시되, 전체 자료는 경영정보사 홈페이지 개정 세법 또는 기획재정부 보도자료에서 [2025년 세제개편안 발표] 자료를 다운로드받아 참고하시기 바랍니다.

### (2026년 7월 31일) 정책 브리핑 새 정부 첫 세제개편안 발표

기획재정부는 2021년 7월 31일 서울 은행회관에서 세제발전심의위원회를 열고 '2025년 세제개편안'을 발표했습니다.

'진짜 성장을 위한 공평하고 효율적인 세제'를 비전으로 경제강국 도약 지원, 민생안정을 위한 포용적 세제, 세입기반 확충 및 조세제도 합리화를 3대 목표로 잡았습니다.

■ 경제강국 도약 지원

1) 인공지능(AI), 문화 산업 등을 중심으로 미래전략산업에 대한 지원을 강화한다.
우선 인공지능(AI)을 국가전략기술로 지정한다. 이에 따라 중소기업은 해당 기술 연구개발(R&D) 비용의 40~50%, 중견기업은 30~45%, 대기업은 30~40%를 세액공제 받게 된다.

2) 데이터센터 투자 시 △대기업은 기본 6%에 증가분 10%로 최대 16% △중견기업은 최대 18%(기본 8%+증가분 10%) △중소기업은 최대 35%(기본 25%+증가분 10%)의 세금이 감면된다.

3) 자동차·선박의 AI 지능형 자율 주행·운항 기술과 관련 설비·실증은 국가전략기술에 포함돼 세제 혜택을 준다. 방위 산업에서는 방산 물자의 '글로벌 공급망 진입·안정화 기술'과 관련 시설을 신성장·원천기술에 추가한다.

4) 또 웹툰 콘텐츠 제작비에 대한 소득·법인세 세액공제 항목을 신설했다. 공제율은 일반기업 10%, 중소기업 15%다.

5) 고용 창출에 어려움을 겪는 기업을 위해 통합고용세액공제 기준을 완화한다. 특히 지방에 있는 중소기업 공제액이 1인당 최대 1550만원에서 2000만원으로 확대된다.

6) 자본시장 활성화를 위해 정부는 일정 요건을 충족하는 고배당 기업으로부터 받은 배당소득에 대해 내년부터 분리과세를 허용하기로 했다.

고배당 기업은 현금배당이 전년 대비 감소하지 않은 상장법인 중 배당성향이 40% 이상이거나, 배당성향 25% 이상이면서 직전 3년 대비 5% 이상 배당을 늘린 기업이 해당된다.

이에 따라 그간 최대 45%에 달하던 종합소득 과세 대상에서 제외돼, 고배당 기업 투자자의 세 부담이 상당 폭 완화될 전망이다. 정부는 이를 통해 증시 활성화를 유도하겠다는 입장이다.

분리과세 세율은 배당소득 규모에 따라 달라진다. 과세표준이 △2000만원 이하면 14% △3억원 이하일 경우 20% △3억원 초과 시 35%가 적용된다.

현행 종합소득세율(6~45%)보다 최대 30%포인트(p) 이상 낮은 수준이다.

7) 지역성장 지원을 위해 10만원 초과 20만원 이하 고향사랑기부금에 대한 세액공제율이 기존 15%에서 40%로 상향된다.

인구감소지역, 성장촉진지역, 고용위기지역, 산업위기지역 등으로 공장 또는 본사를 이전할 경우, 최대 15년간 세액감면 혜택이 주어진다.

## ■ 민생안정을 위한 포용적 세제

이외에 정부는 다자녀 가구, 소상공인을 위한 세제 지원 정책도 시행할 예정이다.

1) 취약계층 지원 강화를 위해 정부는 총급여 7000만원 이하이면서 자녀가 2명 이상인 가구에 대해 신용카드 등 소득공제 한도를 기존 300만원에서 최대 400만원으로 상향하기로 했다.

2) 자녀 1인당 월 20만원의 보육수당도 비과세 대상에 포함된다.

3) 미취학 아동에만 지원했던 교육비 공제에 초등학교 1~2학년 자녀의 예체능 학원비도 추가한다. 지출액의 15%가 공제되며, 연간 300만원 한도 내에서 혜택을 받을 수 있다.

4) 다자녀 가구에 대한 월세 공제 대상 주택 기준도 완화된다. 기존에는 전용면적 85㎡ 이하 또는 시가 4억원 이하였지만, 내년부터는 100㎡ 이하 및 시가 4억원 이하로 확대된다.

5) 사적연금을 종신형으로 수령할 경우 원천징수세율이 현행 4%에서 3%로 인하된다.

6) 소상공인과 중소기업 지원도 강화된다.
지역사랑상품권도 기업 업무추진비에 비용으로 인정받을 수 있게 되며, 소상공인의 경영 악화로 노란우산공제 해지 시 '퇴직소득'으로 인정받을 수 있는 기준도 완화된다.

7) '착한 임대인' 세액공제를 3년 연장하고, 사회적기업의 기부금 손금(비용) 인정 한도를 확대한다. 중소기업의 스마트기업 설비투자와 관련한 세액공제 특례도 신설된다.

■ 세입기반 확충 및 조세제도 합리화

1) 법인세는 2022년 이전 수준으로 환원된다. 세율은 구간별 세율을 각각 1%포인트(p)씩 인상한다.

일반 법인의 경우 과세표준 2억원 이하 구간은 9%에서 10%로, 2억~200억원 구간은 19%에서 20%로, 200억~3000억원 구간은 21%에서 22%로, 3000억원 초과 구간은 24%에서 25%로 각각 1%p 오른다. 소규모 법인 역시 구간별로 동일하게 1%p씩 인상된다. 이번 개정은 내년 1월 1일 이후 개시하는 사업연도부터 적용된다.

2) 증권거래세율도 2023년 수준으로 환원한다. 코스피 거래에 대한 증권거래세율은 현행 0%(농어촌특별세 0.15% 별도)에서 0.05%(농특세 0.15%)로 조정된다. 코스닥·K-OTC는 0.15%에서 0.2%로 인상되며, 코넥스 시장은 0.1%로 유지된다.

3) 지난 정부에서 50억원으로 올렸던 주식 양도소득세 관련 대주주 기준을 10억원으로 다시 낮춘다.

기재부는 이번 개편안으로 전년 대비 2026년 ~ 2030년 합계 8조 1672억원의 세수가 더 걷힐 것으로 내다봤다. 개편안은 오는 8월 14일까지 입법예고된 뒤 차관회의, 국무회의를 통해 최종 확정돼 9월 3일 이전 정기국회에 제출될 예정이다.

[출처] 대한민국 정책브리핑(www.korea.kr)

# 2026년 이후 시행 주요 개정 세법(안)

[세법 개정(안) 법인세율 환원(법인법 §55①)

| 현 행 | 개 정 안 |
|---|---|
| □ 법인세율 및 과표구간 | □ 법인세율 상향 조정 |
| ○ (일반법인) | ○ (좌 동) |

| 과 표 | 세 율 | 과 표 | 세 율 |
|---|---|---|---|
| 0~2억원 | 9% | 0~2억원 | 10% |
| 2~200억원 | 19% | 2~200억원 | 20% |
| 200~3,000억원 | 21% | 200~3,000억원 | 22% |
| 3,000억원 초과 | 24% | 3,000억원 초과 | 25% |

○ (성실신고확인대상 소규모 법인*)

○ (좌 동)

* ①~③ 요건을 모두 갖춘 법인
① 지배주주등 지분율 50% 초과
② 부동산임대업이 주된 사업이거나 부동산임대수입·이자·배당소득이 매출액의 50% 이상
③ 상시근로자 수가 5인 미만

| 과 표 | 세 율 | 과 표 | 세 율 |
|---|---|---|---|
| 200억원 이하 | 19% | 200억원 이하 | 20% |
| 200~3,000억원 | 21% | 200~3,000억원 | 22% |
| 3,000억원 초과 | 24% | 3,000억원 초과 | 25% |

<적용시기> '26.1.1. 이후 개시하는 사업연도 분부터 적용

[세법 개정(안)] 중소기업 특별세액감면 적용기한 연장(조특법 §7)

| 현 행 | 개 정 안 |
|---|---|
| □ 중소기업 특별세액감면<br><br>ㅇ (감면율) 소재지·기업규모·업종에 따라 법인세·소득세의 5~30% 감면<br><br>ㅇ (한도) 1억원<br><br> - 직전연도 대비 상시근로자 감소시 1명당 5백만원 차감<br><br>ㅇ (적용기한) '25.12.31. | □ 적용기한 연장<br><br>ㅇ (좌 동)<br><br><br><br><br><br>ㅇ '28.12.31. |

[세법 개정(안)] 생계형 창업중소기업 세액감면 적용 기준금액 상향(조특법 §6)

| 현 행 | 개 정 안 |
|---|---|
| □ 생계형 창업중소기업<br><br>ㅇ (기준금액) 연간 수입금액 8천만원 이하<br><br>ㅇ (감면율) 5년간 소득세·법인세 50~100% 감면<br> * 일반 창업중소기업 5년간 0~50% | □ 기준금액 상향<br><br>ㅇ 8천만원 → 1억 4백만원<br><br>ㅇ (좌 동) |

<적용시기> '26.1.1. 이후 개시하는 과세연도 분부터 적용

[세법 개정(안)] 상가임대료 인하 임대사업자에 대한 세액공제 적용기한 연장
(조특법 §96의3①)

| 현 행 | 개 정 안 |
|---|---|
| □ 상가임대료 인하 임대사업자의 임대료 인하액 세액공제<br><br>○ (공제액) 임대료 인하액의 70%<br>(종합소득금액 1억원 초과시 50%)<br><br>○ (임대인) 「상가임대차법」상 부동산임대업 사업자등록을 한 임대사업자<br><br>○ (임차인*) 「소상공인기본법」상 소상공인, 임대차 계약기간이 남은 폐업 소상공인<br>   * 단, '21.6월 이전부터 계속 임차한 경우에 한함<br><br>○ (적용기한) '25.12.31. | □ 적용기한 연장<br><br><br><br><br><br>○ (좌 동)<br><br><br><br><br><br><br>○ '28.12.31. |

[세법 개정(안)] 상용근로자 간이지급명세서 월별 제출시기 유예
(법률 제19196호 소득법 §81의11·부칙, 법률 19193호 법인법 §75의7·부칙)

| 현 행 | 개 정 안 |
|---|---|
| □ 간이지급명세서 제출<br><br>○ 상용근로소득 : 매월<br><br>○ 시행시기 → '26.1.1. 이후 | □ 시행시기 유예<br><br>○ (좌 동)<br><br>○ 시행시기 → '27.1.1. 이후 |

**[개정 세법(안)] 증권거래세율 환원(증권령 §5)**

| 현 행 | 개 정 안 |
|---|---|
| □ 증권거래세 세율<br><br>○ 기본세율: 0.35%<br><br>○ 탄력세율<br><br>❶ (코스피) 0%(농특세 0.15%)<br><br>❷ (코스닥·K-OTC) 0.15%(농특세 없음)<br><br>❸ (코넥스) 0.1%(농특세 없음) | □ 세율 조정<br><br>○ (좌 동)<br><br>○ 탄력세율<br><br>❶ 0.05%(농특세 0.15%)<br><br>❷ 0.20%(농특세 없음)<br><br>❸ (좌 동) |

<적용시기> 영 시행일 이후 양도하는 분부터 적용

[개정 세법(안)] 주식 양도소득세 대주주 기준 환원(소득령 §157①·②)

| 현 행 | 개 정 안 |
|---|---|
| □ 국내 주식 대주주 과세기준<br><br>ㅇ (판정) 종목별 일정 지분율 또는 일정 보유금액 이상<br><br>- (지분율) 코스피 1%, 코스닥 2%, 코넥스 4% 이상<br><br>- (보유금액) 50억원 이상 | □ 과세기준 조정<br><br>ㅇ (좌 동)<br><br><br><br><br><br>- 10억원 이상 |

| 구 분 | 지분율 | 보유금액 |
|---|---|---|
| 코스피 | 1% | 50억원 |
| 코스닥 | 2% | |
| 코넥스 | 4% | |

| 구 분 | 지분율 | 보유금액 |
|---|---|---|
| 코스피 | 좌 동 | 10억원 |
| 코스닥 | | |
| 코넥스 | | |

<적용시기> 영 시행일 이후 양도하는 분부터 적용

**[개정 세법(안)] 고배당기업에 대한 배당소득 분리과세 도입**
**(조특법 §104의27 신설)**

| 현 행 | 개 정 안 |
|---|---|
| <신 설> | □ 고배당기업 배당소득 분리과세<br><br>ㅇ (대상) 고배당 상장법인* 주주(거주자)<br><br>　* 전년 대비 현금배당이 감소하지 않은 ❶ 또는 ❷ 충족 법인<br>　❶ 배당성향 40% 이상<br>　❷ 배당성향 25% 이상 및 직전 3년 평균 대비 5% 이상 배당 증가<br><br>　- (제외) 공모·사모펀드, 리츠, 투자목적회사(SPC) 등<br><br>ㅇ (과세특례) 고배당기업 배당소득은 금융소득 종합과세 대상에서 제외하여 분리과세<br><br>　- (대상) 현금배당액(중간·분기·결산배당 포함)<br>　- (적용세율) 3단계 누진세율<br><br>{table} <br><br>ㅇ (적용기간) '28.12.31.이 속하는 사업연도에 귀속되는 배당분까지 |

| 과세표준 | 2천만원 이하 | 2천만원 초과 3억원 이하 | 3억원 초과 |
|---|---|---|---|
| 적용세율 | 14% | 20% | 35% |

<적용시기> '26.1.1. 이후 개시하는 사업연도에 귀속되는 배당 분부터 적용

# 법인관리 & 세금폭탄 사례
## 가산세 세무실무 & 절세전략 [전2권]

▶ 발행처 : 경영정보사
▶ [인터넷 서점] → "세금 폭탄" 검색

## ▶ 제1부 법인관리
상법의 규정에 의한 법인관리, 정관 작성, 주주총회 및 이사회를 개최하여야 하는 사안, 주주총회의사록, 이사회의록의 작성, 등기부등본 기재사항의 변경에 대한 내용, 이사·감사의 선임 및 공증, 자본금 총액 10억원 미만 주식회사의 상법 적용 등에 대한 내용 수록

## ▶ 제2부 자본관리·이익배당, 주식이동·주식평가
주주명부 및 주권관리, 자본금 변동에 관한 내용 및 자본금 변동시 세무상 유의하여야 하는 사항, 가수금의 출자전환, 법인의 이익배당 및 배당과 관련한 세무실무, 비상장법인의 자기주식 취득과 관련한 세무 문제, 주식 양도양수와 관련한 유의사항, 주식이동시 반드시 검토하여야 할 사항, 비상장주식의 평가 및 평가방법

## ▶ 제3부 임원 급여·상여금·퇴직금 보험료·가지급금 세무문제
임원 급여, 상여금, 퇴직금 지급시 유의하여야 하는 상법 및 법인세법 규정, 임원 및 근로자 퇴직금 중간정산, 법인의 임직원 인적보험료 불입액에 대한 세무상 문제 등 수록

## ▶ 제4부 세금폭탄 사례
세법에 대한 지식 부족, 업무 착오, 의사 결정 및 사실 판단의 오류, 의도적인 탈세 등에 의하여 과세당국으로부터 세금이 추징되는 다양한 사례 등을 수록

## ▶ 제5부 세금절세 전략
근로·배당·퇴직소득의 세금 비교 및 절세 효과, 연구인력개발비의 세액공제, 중소기업에 대한 조세지원 및 세법의 중소기업, 각종 감면제도

## ▶ 제6부 사례별 세무회계 리스크 관리
대손상각 및 대손세액공제, 회생계획인가에 따른 매출채권 정리, 퇴직연금 손금산입 방법, 국고보조금 세무회계, 리스자산의 세무회계, 업무용 승용자동차의 손금산입 범위 등